JN274066

全国霊場巡拝事典

改訂新版

大法輪閣編集部編

大法輪閣

はじめに

　巡礼・遍路が静かなブームとなっている。聖地を巡ることは、仏教徒ばかりでなく、世界各地のキリスト教・イスラム教・ヒンドゥー教徒などの間でも行われている。日本でも最古の西国三十三観音霊場の開創は7〜8世紀にさかのぼることができる。また観音霊場とは別に、四国では弘法大師への信仰から大師ゆかりの地を巡拝することが、大師入定後まもなく行われるようになったという。

　ただし一般庶民が巡れるようになったのは、どちらも室町末期から江戸時代に入ってかららしい。とはいえ西国も四国も遠い地域の人々にとっては経済的にも肉体的にもなかなか困難であった。また遠い他国へ出向くことは多額の費用を領外に持ち出すことにもなる。そうしたことから各地に西国三十三観音霊場や四国八十八ヵ所霊場を模した霊場が盛んに創設されるようになった。さらに観音菩薩や弘法大師以外の仏・菩薩・諸天や高僧方の霊場も全国各地に開創され、近年は不動霊場や七福神霊場も次々に生まれている。

　人はなぜ霊場を巡るのだろうか。さまざまな悩みや、重い病から救われた話を頼りに巡る人が多いことだろう。長い苦しい巡拝という苦行によって己を清め、より良い人生を得たいという悲しい切実な思いを懐いて。

　その白装束は死出の衣装であり、巡礼・遍路は死と再生の旅だといわれる。かつてから行楽を兼ねた信仰の旅という意味合いもあったろうが、近年は本尊も拝まず御朱印集めや観光が関心事の巡礼者も多いと聞く。花咲く山の辺の道、雪の降りしきる海辺の道を、時には巡礼は行だという本来の意味や歴史を思い出しながら歩いてみたい。日常の生活を断ち切って、聖なる空間を巡るという行為に

よって、きっと多くのものが得られることだろう。

ところで、最近また新しい霊場が次々に誕生しているが、理由はともあれ、喜ばしいことである。本事典はそうした風潮の高まりに呼応して、江湖の要望に適った霊場事典を目指して企画編集したものである。本事典には二つの大きな特徴がある。第一に、現在の我が国において巡礼・遍路ができる霊場のすべてを網羅したことである。本書で取り上げた霊場数は282霊場であり、番外も含めて掲載した延べ札所・霊跡数は実に7750か所を数える。

第二に、宗祖や高僧を偲ぶ霊跡を初め、本山・花の寺めぐりなどの特殊霊場を知り得るかぎり収録したことである。これによって日本の有名寺院のほとんどが入り、さながら古寺名刹事典ともなった。

そのほか、主要な札所については由来・見どころなどの解説を付したこと、全霊場に問い合わせて正確を期したことも挙げられよう。

こうした特徴をもつ本事典は、資料として、また霊場案内として多方面で活用していただけると思うが、とくに索引からは読者の身近な所に霊場（あるいは札所）があることを発見されよう。遠方の霊場へ行けないとか全札所を巡れないという方は、ぜひ身近な札所の霊気に触れていただきたいと思う。多くの人々に礼拝されてきたご本尊に接するだけでも、疲れた心は癒されよう。この事典がそうした使われ方をされるのもまた、私たちが希っていることである。

本事典に収録した各霊場の解説の一部は、かつて月刊『大法輪』誌に掲載された記事に多少の手を加えた上で再掲載させていただいた。ご執筆下された諸氏に、また快く協力して下さった各霊場の関係者各位に、この場を借りて心より御礼申し上げます。

平成9年5月

　　　　　　　　　　　　　　　　　　大法輪閣編集部

全国霊場巡拝事典
目次

はじめに

凡例 …………………………………………………… 17

巡拝の手引き …………………………………………… 21

霊場巡拝の心得 …………………………………… 22

時期　　　　　　日数

必要なもの　　　心得

参拝方法　　　　地方巡礼の注意

遍路入門 …………………………………………… 26

遍路とは　　　　　　遍路に要する日数

霊場での読経　　　　遍路用語

巡拝に必要なもの　　宝印

宿泊　　　　　　　　「うつし」と「お砂踏み」

霊場にまつわる数字のいわれ

観音霊場 ………………………………………………… 35

観音信仰の起こり　　観音信仰の日本伝来

西国三十三観音霊場 ……………………………… 38
坂東三十三観音霊場 ……………………………… 45
秩父三十四観音霊場 ……………………………… 52
北海道・東北の観音霊場 ………………………… 58

北海道三十三観音霊場 ………………………… 58

津軽三十三観音霊場 …………………………… 58

奥州三十三観音霊場 …………………………… 63

秋田三十三観音霊場 …………………………… 65

最上三十三観音霊場 …………………………… 67

置賜三十三観音霊場 …………………………… 70

庄内三十三観音霊場 …………………………… 70

　　会津三十三観音霊場 …………………………… 73

　　会津ころり三観音霊場 ………………………… 76

　　信達三十三観音霊場 …………………………… 76

　　尾花沢大石田三十三観音霊場 ………………… 473

関東の観音霊場 …………………………………… 78

　　那須三十三観音霊場 …………………………… 78

　　下野三十三観音霊場 …………………………… 78

　　高崎観音六観音霊場 …………………………… 81

　　狭山三十三観音霊場 …………………………… 81

　　児玉三十三霊場 ………………………………… 84

　　行徳三十三観音霊場 …………………………… 84

　　安房三十四観音霊場 …………………………… 86

　　新上総国三十三観音霊場 ……………………… 91

　　昭和新撰江戸三十三観音霊場 ………………… 91

　　武蔵野三十三観音霊場 ………………………… 93

　　鎌倉三十三観音霊場 …………………………… 96

　　旧小机領三十三所観音霊場 …………………… 99

　　津久井観音霊場 ………………………………… 101

　　三浦三十三観音霊場 …………………………… 102

　　準西国稲毛三十三所観音霊場 ………………… 473

中部の観音霊場 …………………………………… 104

　　信濃二十三観音霊場 …………………………… 104

　　甲斐国三十三観音霊場 ………………………… 109

　　越後三十三観音霊場 …………………………… 109

　　佐渡西国三十三観音霊場 ……………………… 112

　　北陸三十三観音霊場 …………………………… 116

能登国三十三観音霊場 …………………… 116

　若狭三十三観音霊場 ……………………… 116

　恵那三十三観音霊場 ……………………… 118

　美濃三十三観音霊場 ……………………… 121

　飛騨三十三観音霊場 ……………………… 121

　益田三十三観音霊場 ……………………… 123

　伊豆横道三十三観音霊場 ………………… 123

　遠州三十三観音霊場 ……………………… 128

　駿河三十三観音霊場 ……………………… 130

　遠江三十三観音霊場 ……………………… 130

　尾張三十三観音霊場 ……………………… 130

　三河三十三観音霊場 ……………………… 133

　南知多三十三観音霊場 …………………… 136

　奥三河七観音霊場 ………………………… 477

近畿の観音霊場 ……………………………… 138

　伊勢西国三十三観音霊場 ………………… 138

　東海白寿三十三観音霊場 ………………… 140

　近江三十三観音霊場 ……………………… 140

　綾部三十三観音霊場 ……………………… 145

　洛西三十三観音霊場 ……………………… 147

　丹波国三十三観音霊場 …………………… 147

　天田郡三十三観音霊場 …………………… 150

　新西国三十三観音霊場 …………………… 150

　河内西国三十三観音霊場 ………………… 154

　大坂三十三観音霊場 ……………………… 154

　明石西国三十三観音霊場 ………………… 155

　淡路西国三十三観音霊場 ………………… 155

和歌山西国三十三観音霊場 ……………………………… 159

　　　ぼけ封じ近畿十楽観音霊場 ……………………………… 477

　　　近畿楽寿観音三十三ヶ所霊場 …………………………… 478

　中国の観音霊場 ……………………………………………………… 160

　　　伯耆三十三観音霊場 ……………………………………… 160

　　　因幡三十三観音霊場 ……………………………………… 160

　　　松江三十三観音霊場 ……………………………………… 164

　　　出雲三十三観音霊場 ……………………………………… 164

　　　石見曼荼羅観音霊場 ……………………………………… 169

　　　中国観音霊場 ……………………………………………… 169

　　　瀬戸内三十三観音霊場 …………………………………… 172

　　　長門三十三観音霊場 ……………………………………… 172

　　　周防三十三観音霊場 ……………………………………… 176

　　　備後西国三十三観音霊場 ………………………………… 478

　四国・九州の観音霊場 …………………………………………… 177

　　　阿波西国三十三観音霊場 ………………………………… 177

　　　讃岐三十三観音霊場 ……………………………………… 177

　　　伊予道前道後十観音霊場 ………………………………… 180

　　　九州西国三十三観音霊場 ………………………………… 180

　　　国東三十三観音霊場 ……………………………………… 184

　　　相良三十三観音霊場 ……………………………………… 186

　　　山鹿三十三観音霊場 ……………………………………… 186

　　　豊後西国三十三観音霊場 ………………………………… 478

弘法大師霊場 …………………………………………………… 189

　　弘法大師空海　　　　弘法大師伝説

　　大師と遍路の始まり

四国八十八ヵ所霊場 …………………… 192
関東の弘法大師霊場 ………………………… 208
　　相馬霊場八十八ヵ所 …………………… 208
　　関東八十八ヵ所霊場 …………………… 209
　　埼東八十八ヵ所霊場 …………………… 213
　　印西大師講 ……………………………… 216
　　御府内八十八ヵ所霊場 ………………… 218
　　多摩八十八ヵ所霊場 …………………… 222
　　奥多摩新四国八十八ヵ所霊場 ………… 225
　　玉川八十八ヵ所霊場 …………………… 229
　　豊島八十八ヵ所霊場 …………………… 482
中部の弘法大師霊場 ………………………… 234
　　甲斐百八ヵ所霊場 ……………………… 234
　　諏訪八十八番霊場 ……………………… 238
　　弘法大師越後廿一ヶ所霊場 …………… 240
　　美濃新四国八十八ヵ所霊場 …………… 241
　　伊豆八十八ヵ所霊場 …………………… 244
　　知多新四国八十八ヵ所霊場 …………… 248
　　三河新四国霊場 ………………………… 252
近畿・中国の弘法大師霊場 ………………… 256
　　三重四国八十八ヵ所霊場 ……………… 256
　　摂津国八十八ヵ所霊場 ………………… 259
　　大和新四国八十八ヵ所霊場 …………… 263
　　高野山真言宗美作八十八ヶ所霊場 …… 267
　　広島新四国八十八ヵ所霊場 …………… 270
四国・九州の弘法大師霊場 ………………… 274
　　四国別格二十霊場 ……………………… 274

新四国曼荼羅霊場 ……………………………… 276

　　にいはま新四国八十八ヶ所霊場 ……………… 280

　　篠栗八十八ヵ所霊場 …………………………… 281

　　九州八十八ヵ所霊場 …………………………… 285

島四国弘法大師霊場 ………………………………… 290

　　佐渡新四国八十八ヵ所霊場 …………………… 290

　　淡路四国八十八ヵ所霊場 ……………………… 294

　　児島四国八十八ヵ所霊場 ……………………… 298

　　神島八十八ヵ所霊場 …………………………… 300

　　因島八十八ヵ所霊場 …………………………… 303

　　周防大島八十八ヵ所霊場 ……………………… 306

　　小豆島八十八ヵ所霊場 ………………………… 309

　　えひめ大島准四国八十八ヵ所霊場 …………… 314

　　壱岐四国八十八ヶ所霊場 ……………………… 316

不動霊場 ……………………………………………… 321

　不動尊信仰の初め　　日本の不動尊信仰

　北海道三十六不動尊霊場 ………………………… 323

　東北三十六不動尊霊場 …………………………… 323

　会津五色不動尊霊場 ……………………………… 326

　北関東三十六不動尊霊場 ………………………… 326

　関東三十六不動尊霊場 …………………………… 328

　五色（東都五眼）不動尊 ………………………… 330

　武相不動尊霊場 …………………………………… 331

　北陸不動尊霊場 …………………………………… 332

　東海三十六不動尊霊場 …………………………… 334

　三河三不動霊場 …………………………………… 336

近畿三十六不動尊霊場 ……………………… 337

四国三十六不動霊場 ………………………… 339

九州三十六不動霊場 ………………………… 341

薬師霊場 ……………………………………… 345

薬師如来の由来　　日本の薬師信仰

武相寅歳薬師如来霊場 ……………………… 347

武南十二薬師霊場 …………………………… 348

遠江四十九薬師霊場 ………………………… 348

中部四十九薬師霊場 ………………………… 350

東海四十九薬師霊場 ………………………… 352

西国薬師霊場 ………………………………… 354

播州薬師霊場 ………………………………… 357

因幡薬師霊場 ………………………………… 359

出雲十大薬師霊場 …………………………… 359

伊予十二薬師霊場 …………………………… 360

淡路四十九薬師霊場 ………………………… 361

上総国薬師如来霊場二十八ヵ所 …………… 485

中国四十九薬師霊場 ………………………… 485

九州四十九院薬師霊場 ……………………… 485

地蔵霊場 ……………………………………… 365

地蔵菩薩の由来　　地蔵信仰の発展

山形百八地蔵尊霊場 ………………………… 367

江戸六地蔵 …………………………………… 368

鎌倉二十四地蔵霊場 ………………………… 369

京都六地蔵めぐり …………………………… 369

目次

河泉二十四地蔵霊場 ……………………………… 371

神戸六地蔵霊場 …………………………………… 372

但馬六十六地蔵霊場 ……………………………… 373

松江六地蔵 ………………………………………… 373

九州二十四地蔵尊霊場 …………………………… 375

中国地蔵尊霊場 …………………………………… 490

十三仏霊場 ……………………………………… 377

十王信仰と日本の十三仏

山形十三仏霊場 …………………………………… 379

秩父十三仏霊場 …………………………………… 380

鎌倉十三仏霊場 …………………………………… 381

京都十三仏霊場 …………………………………… 382

おおさか十三仏霊場 ……………………………… 383

淡路島十三仏霊場 ………………………………… 384

大和十三仏霊場 …………………………………… 385

紀伊之国十三仏霊場 ……………………………… 386

出雲国十三仏霊場 ………………………………… 387

伊予十三佛霊場 …………………………………… 388

北海道十三仏霊場 ………………………………… 492

神戸十三仏霊場 …………………………………… 492

十二支霊場 ……………………………………… 391

守り本尊の成り立ち

武州寄居十二支守り本尊霊場 …………………… 393

三河十二支霊場 …………………………………… 393

さぬき十二支霊場 ………………………………… 394

武州路十二支霊場 ……………… 494

七福神霊場 …………………………………… 395

七福神信仰のいわれ　　それぞれの七福神について

北海道・東北の七福神霊場 ……………………………………… 398

北の都札幌七福神	398	羽州山形七福神	496
奥州仙毫七福神	398	上山七福神	496
出羽七福神八霊場	398	山形七福神	496
会津七福神	399	さくらんぼ七福神	496
函館山七福神	495	福島浜三郡七福神	497
陸奥国津軽七福神	495	いわき七福神	497
秋田七福神	495		

関東の七福神霊場 ……………………………………………… 400

奥久慈大子七福神	400	武州川口七福神	404
とりで利根川七福神	400	与野七福神	404
常陸七福神	400	松戸七福神	405
八溝七福神	401	流山七福神	405
上三川七福神	401	利根川いんざい七福神	405
足利七福神	401	横浜七福神	405
下野七福神	402	磯子七福神	406
上州七福神	402	横浜瀬谷八福神	406
上州太田七福神	402	川崎七福神	406
武蔵野七福神	402	武州稲毛七福神	406
秩父七福神	403	鎌倉・江の島七福神	407
小江戸川越七福神	403	藤沢七福神	407
武州寄居七福神	403	湘南七福神	407
武蔵越生七福神	404	三浦七福神	408

箱根七福神 ………… 408
銅七福神 ………… 498
城下町小幡七福神 … 498
桐生七福神 ………… 498
つつじの館林七福神… 499
おうら七福神 ……… 499
小野寺七福神 ……… 499
佐野七福神 ………… 500
おおたわら七福神 … 500
今市宿七福神 ……… 500
とね七福神 ………… 500
佐竹七福神 ………… 501
武州本庄七福神 …… 501
くりはし八福神 …… 501
深谷七福神・七草寺巡り
　　　　　　　　 ………… 502

日光街道すぎと七福神 502
佐倉七福神 ………… 502
上総の七福神 ……… 502
市川七福神 ………… 503
しろい七福神 ……… 503
安房七福神 ………… 503
習志野七福神 ……… 504
しもふさ七福神 …… 504
九十九里七福神 …… 504
九十九里　浜の七福神 505
心の駅　外房七福神… 505
印旛七福神 ………… 505
八千代八福神 ……… 505
相州小出七福神 …… 506
小田原七福神 ……… 506
相模七福神 ………… 506

東京の七福神霊場 ………………… 409

隅田川七福神 ……… 409
谷中七福神 ………… 409
下谷七福神 ………… 409
浅草名所七福神 …… 410
深川七福神 ………… 410
亀戸七福神 ………… 410
柴又七福神 ………… 410
江戸川ライン七福神… 411
板橋七福神 ………… 411
日本橋七福神 ……… 411

東海（品川）七福神 … 412
池上七福神 ………… 412
港区七福神 ………… 412
青山七福神 ………… 412
山手七福神 ………… 413
新宿山手七福神 …… 413
八王子七福神 ……… 413
東久留米七福神 …… 413
多摩（青梅）七福神 … 414
調布七福神 ………… 414

千住宿千寿七福神	･･･ 507	小石川七福神	･･･ 507
荏原七福神	･･･ 507	日野七福神	･･･ 508
いこう七福神	･･･ 507		

中部の七福神霊場 ･･････････････････････････････ 415

佐渡七福神	･･･ 415	三河七福神	･･･ 420
甲洲都留七福神	･･･ 415	東海七福神	･･･ 420
甲州東郡七福神	･･･ 415	知多七福神	･･･ 420
いいやま七福神	･･･ 415	甲斐石和温泉七福神	･･･ 508
信州七福神	･･･ 416	甲斐西八代七福神	･･･ 508
伊那七福神	･･･ 416	甲斐七福神	･･･ 509
木曽七福神	･･･ 416	諏訪湖・湖畔七福神	･･･ 509
伊東温泉七福神	･･･ 417	善光寺七福神	･･･ 509
源氏山七福神	･･･ 417	焼津七福神	･･･ 510
伊豆天城七福神	･･･ 418	藤枝七福神	･･･ 510
伊豆国七福神	･･･ 418	浜松七福神	･･･ 510
遠州七福神	･･･ 418	浜名湖七福神	･･･ 510
なごや七福神	･･･ 419	大府七福神	･･･ 511
尾張七福神	･･･ 419	吉田七福神	･･･ 511
高蔵十徳神	･･･ 419	越中万葉七福神	･･･ 511

近畿の七福神霊場 ･･････････････････････････････ 422

伊勢七福神	･･･ 422	京洛七福神	･･･ 424
鈴鹿七福神	･･･ 422	都七福神	･･･ 424
松阪霊地七福神	･･･ 422	京都泉涌寺七福神	･･･ 425
志摩国七福神	･･･ 422	天龍寺山内七福神	･･･ 425
近江七福神	･･･ 423	丹波七福神	･･･ 425
近江国・びわ湖七福神	423	大阪七福神	･･･ 425
湖西蓬莱七福神	･･･ 423	河内飛鳥七福神	･･･ 426

阪急沿線西国七福神… 426	淡路島七福神 ……… 428
南海沿線七福神 …… 426	大和七福八宝めぐり… 428
神戸七福神 ………… 427	西近江七福神 ……… 512
伊丹七福神 ………… 427	高野七福神 ………… 512
中山寺山内七福神 … 427	兵庫七福神 ………… 512
天台宗丹波七福神 … 428	夢前七福神 ………… 512

中国・四国・九州の七福神霊場 …………………………… 430

北摂七福神 ………… 513	土佐七福神 ………… 433
新丹波七福神 ……… 513	肥前国西海七福神 … 433
西日本播磨美作七福神 430	豊後国臨済七福神 … 434
美作国七福神 ……… 430	豊の国宇佐七福神 … 434
せとうち七福神 …… 430	日向之国七福神 …… 434
周南七福神 ………… 431	小豆島七福神 ……… 514
出雲国七福神 ……… 431	さぬき七福神 ……… 514
石見銀山天領七福神… 431	伊予七福神 ………… 514
四国讃州七福之寺 … 432	南予七福神 ………… 515
四国七福神 ………… 432	わじき七福神 ……… 515
徳島七福神 ………… 432	日向国延岡七福神 … 516
阿波七福神 ………… 432	豊後高田蓬莱七福神… 516
阿波秘境祖谷渓　　大歩危七福神 … 433	

特殊な霊場 …………………………………………… 437

法然上人二十五霊場 ………………………… 438

親鸞聖人二十四輩 …………………………… 440

道元禅師を慕う釈迦三十二禅刹 …………… 445

西山国師遺跡霊場 …………………………… 446

聖徳太子御遺跡霊場	448
長瀞七草寺めぐり	451
真言宗十八本山巡拝	452
日蓮宗の本山めぐり	454
尼寺三十六ヵ所	458
関西花の寺二十五ヵ所	461
ぼけよけ二十四霊場	463
洛陽六阿弥陀巡拝	464
西国愛染十七霊場	465
高野長峰霊場	466
丹波古刹十五ヵ寺霊場	467
伊予府中十三石仏霊場	468
尾張三霊場	468
近江湖北名刹二十七ヶ所霊場	517
近江湖東名刹二十七ヶ所霊場	519
役行者霊蹟札所	519
良寛さん　こころの寺めぐり	521

追補 ……… 471

参考文献 …… 469

都道府県別霊場索引 …… 522

凡　例

★本霊場事典は、観音（三十三ヵ所）・弘法大師（八十八ヵ所）・不動・薬師・地蔵・十三仏・十二支・七福神の各霊場と、これらに分類できない、法然・親鸞・道元・日蓮・西山らの各祖師の霊場、聖徳太子遺跡霊場などを含む特別な霊場を網羅したものである。

★本霊場事典は、各霊場会に問合せ、お答え頂いた資料を基にして、主に編集部がまとめたものである。なお一部、月刊誌『大法輪』に掲載された記事（執筆者明記）も使用させて頂いた。

★地元の研究家などによって調査された霊場（出典明記）、あるいは古い資料が入手できた霊場（県調べ、市調べなど）も参考までに取り上げたが、これらの霊場のなかには所在地が明確でない札所もある。

★各霊場は、開創の由来や主な札所の紹介記事と、札所一覧表で構成されている。各札所の紹介についてはスペースの都合もあり、全ての札所を掲載できなかったことをお詫び申し上げる。ただし、西国・坂東・秩父の百観音と四国八十八ヵ所は、全札所の紹介をした。

★霊場名・寺院名・宗派・本尊・所在地の表記については、各霊場会にお願いしたアンケート調査を基に、また同時にお送り頂いた刊行物に従ってまとめているが、一部編集部で調べて変更・加筆したケースもある。

★札所一覧表中、お堂や庵、無住寺の一部は宗派の記載を省略した。また、明確な資料のない札所の宗派・本尊も一部割愛させて頂いている。

★問合せ先については、調査時点でご返事頂いた霊場会事務局を初め、連絡先の電話番号を掲載させて頂いた。なお、事務局などが交替制をとっている霊場会もあるので注意されたい。各札所へご用の方は、所在地（町名・字名）を記載してあるので電話番号等をお調べのうえ、お問合せ頂きたい。なお、まれに札所が変更する場合もある。

★問合せ先の記載のない霊場は、霊場会等がない場合、あるいは歴史的資料として取り上げた霊場である。

★札所一覧表は、原則として札所番号・札所名（寺院名、別称）・宗派・本尊・所在地の順になっている。なお、十三仏霊場は仏尊名、十二支霊場は生まれ歳、七福神霊場は祀られている七福

神名を記載した。七福神名の表記については、各霊場会から送って頂いた資料に基づいた。
★札所番号欄に「外」とあるのは番外札所、「客」は客番札所、「特」は特別札所を表している。
★本尊は、札所の本尊を記している。寺院の本尊と異なる場合があるのでご注意願いたい。なお観音霊場の本尊は聖（正）観音のほかは、千手観音を千手、十一面観音を十一面、如意輪観音を如意輪、准胝観音を准胝、馬頭観音を馬頭、不空羂索観音を不空羂索などと略記した。
★各霊場の解説の後に「案内書」を掲載させて頂いた。本書をまとめるにあたり、それらの案内書を参考にさせて頂いたことをお断りするとともに、心から感謝申し上げたい。なお、「案内書」のなかには、現在入手困難のものも見受けられるが、労作ばかりなので掲載させて頂いた。
★札所によっては、現在無住だったり、あるいは近郊の方がお守りしているお堂なども数多く見受けられる。御朱印を頂く場合他の寺院が兼ねているケース、個人のお宅が管理しているケースなどまちまちなので（一部注釈を入れてあるが）、お出掛けになる前に霊場会などに問合せてお調べ願いたい。
★文化財については、国宝のほか国指定の重要文化財は「重文」と略記した。地方自治体指定の文化財は、都道府県・市町村の別を個々に記している。
★札所一覧表中、「宗派名」については、一部、以下のように略記させて頂いた。

天台寺門宗…………→天台寺門
天台真盛宗…………→天台真盛
本山修験宗…………→本山修験
金峯山修験宗………→金峯修験
羽黒山修験本宗……→羽黒修験
彦山修験道…………→彦山修験
尾張高野山…………→尾張高野
高野山真言宗………→高野真言
真言宗醍醐派………→真言醍醐
東寺真言宗…………→東寺真言
真言宗東寺派………→真言東寺
真言宗泉涌寺派……→真言泉涌
真言宗御室派………→真言御室
真言宗大覚寺派……→真言大覚
真言宗善通寺派……→真言善通
真言宗智山派………→真言智山
真言宗豊山派………→真言豊山
新義真言宗…………→新義真言
新義真言宗湯殿山派→真言湯殿
真言宗霊雲寺派……→真言霊雲
真言宗須磨寺派……→真言須磨
真言宗犬鳴派………→真言犬鳴
真言宗国分寺派……→真言国分
真言宗大日派………→真言大日
真言宗石鈇派………→真言石鈇

石鎚山真言宗…………→石鎚真言	浄土宗鎮西派…………→浄土鎮西
真言宗花山院派……→真言花山	浄土真宗本願寺派…→真宗本願
真言宗五智教団……→真言五智	真宗大谷派……………→真宗大谷
真言宗九州教団……→真言九州	融通念仏宗……………→融通念仏
霊山寺真言宗………→霊山真言	臨済宗妙心寺派……→臨済妙心
信貴山真言宗………→信貴真言	臨済宗建長寺派……→臨済建長
真言宗中山寺派……→真言中山	臨済宗円覚寺派……→臨済円覚
真言宗室生寺派……→真言室生	臨済宗南禅寺派……→臨済南禅
真言宗寿照派………→真言寿照	臨済宗方広寺派……→臨済方広
真言宗当山派………→真言当山	臨済宗永源寺派……→臨済永源
明算真言宗…………→明算真言	臨済宗仏通寺派……→臨済仏通
真言三宝宗…………→真言三宝	臨済宗東福寺派……→臨済東福
真言毘盧遮那宗……→真言毘盧	臨済宗相国寺派……→臨済相国
広島県真言宗教団→広島真言	臨済宗建仁寺派……→臨済建仁
救世観音宗…………→救世観音	臨済宗天龍寺派……→臨済天龍
一畑薬師教団………→一畑薬師	臨済宗向嶽寺派……→臨済向嶽
大仏教宗本派………→大仏教宗	臨済宗大徳寺派……→臨済大徳
西山浄土宗…………→西山浄土	臨済宗国泰寺派……→臨済国泰
浄土宗西山深草派…→西山深草	法華宗(本門流)………→法華本門
浄土宗西山禅林寺派→西山禅林	

《ご協力頂いた方々》

解説──宇佐美定憲・雲輪瑞法・大野春夫・岡本宜照・尾来義明・加藤成範・金子隆遍・川澄祐勝・菊川春暁・清雲俊元・倉茂良海・小原興道・小峰一允・桜沢孝平・塩入亮乗・清水谷孝尚・白沢運三・杉本宥尚・田上東平・田中茂・塚田芳雄・土屋収・西端さかえ・平幡良雄・広池秋子・藤本勇三・松尾心空・松枝秀顕・松山孝昌・森口市三郎・八木龍生・渡辺信三

資料提供──飯島栄治・志保美円照・首藤一・武田信一・中村龍雄・渡辺良夫・山下喜一

写真──佐藤泰司・国際フォト

イラスト──小松立美・小峰和子・難波淳郎

装丁──清水良洋

巡拝の手引き

霊場巡拝の心得

「巡礼してみたい」あるいは「遍路に出かけてみませんか」と誘われたら、観世音菩薩や弘法大師のはからいと受けて「まったなし」で巡礼・遍路になることをおすすめしたい。

一生に一度は百観音や四国八十八ヵ所を巡拝したいと念じている人は多いけれど、この願いはなかなか適えられず、あこがれの旅になっている。

一般的に巡礼・遍路へ出かけるには三つの条件、つまり心身の健康、家庭の安定、時間と経済的な余裕等が得られなければ巡拝の旅に出かけられないという。しかし、病気を治したい、家庭不和を解決したい、心の不安を解消したい、経済的なゆとりがもてるように等々の願いをもって巡拝している人もある。

その動機は人によってさまざまだが、機縁あって巡礼・遍路となれたなら、まず感謝したいものだ。そして百観音や四国の霊場を巡拝するには相応の準備と約束を心得なければならない。

(1)時期

いつごろ、どのくらいの日数で、いかなる方法により巡拝するか。巡礼シーズンは菜の花が咲く3月から5月まで、そして快い涼風が吹きこむ9月から11月までで、どこの霊場も美しい花々に彩られ、また、目を見はるような紅葉の中を心静かに祈ることができる。この期間は巡拝者が多く、混み合う休日はなるべく避けて平日にしたい。

(2)日数

自動車（乗用車、タクシー、貸切バス）を利用した場合の日数（標準）は、西国（7泊8日）、坂東（7泊8日）、秩父（1泊2日～2泊3日）、四国（7泊8日～10泊11日）、道中の宿泊は旅館、ホテルを避けて、なるべく宿坊に泊まりたい。また、観光（物見遊山）せず、霊場から霊場へとひたすら巡りたい。（巡礼・遍路は歩くことを第一とするので、自動車を利用しても、参道や山門まで汗を流して急な石段を上るほどにおかげがいただける。）

(3)必要なもの

各人の信仰心によるが、長い道中観世音菩薩や弘法大師の導きで願いごとや供養のために巡拝・修行させていただくのだから、白衣をつけて心身ともに清らかになりたい。背広に靴で巡拝することの是非は問わないが、やはり白装束は巡礼・遍路の晴れ着であり、はずかしいなどと他人を意識する必要はない。また、巡礼として当然身につけて持たなければならないものは、購入することをおすすめしたい。

急坂の巡礼道を行く（秩父霊場にて）

○金剛杖（こんごうづえ）……観世音菩薩や弘法大師の分身として大切に護持する。道中、橋の上では杖をつかない約束がある。（弘法大師が一夜を橋の下で休まれた十夜ヶ橋（とよがはし）の故事による。）
○菅笠（すげがさ）、頭陀袋（ずだぶくろ）、手甲（てっこう）、脚絆（きゃはん）、白地下足袋（かたびら）、輪袈裟（わげさ）、鈴、経本、念珠……これらの巡拝用具は1番の寺か門前の仏具店等で頒布している。
○納札（のうさつ）……西国巡礼の中興といわれる花山法皇（かざんほうおう）が粉河寺（こかわでら）に巡拝したとき、歌一首を札に記したのが始まりといわれ、霊場のことを「札所」というのも札を納めることから呼ばれたものであり、巡拝することを「打つ」というのも納札を打ちつけることによる。順番通り巡るのを「順打ち（じゅんうち）」、もとの道を戻るのを「打ちもどり」、同じ道を歩かず次の札所へ行くのを「打ちぬけ」などという。納（紙）札には年月日、願意、住所、氏名などを記し、各霊場の本堂、大師堂の納札箱へ納める。

○納経……観音経や般若心経を浄写して霊場ごとに一巻ずつ納め、その受領証として朱印（しゅいん）を受けるのが本来だが、今日では所定の納経料を納めれば朱印がいただける。受付時間は午前8時（四国は7時）から午後5時まで年中無休。写経して納めるときは納経所または写経箱へ。お堂に貼りつけない。納経帖は観世音菩薩や弘法大師の御縁で巡拝結願（けちがん）できた記録として後世に伝えるよう、仏壇の引き出しなどに保管する。納経軸は結縁できた信仰礼拝の対象として仏間、あるいは床の間に奉安し、家宝として子孫に伝える。笈摺（おいずる）は各霊場の朱印をいただき、死後の旅路に着けるものとされている。

(4) 心得

一、一心に観世音菩薩や弘法大師の御名を唱える。

— 23 —

一、専ら修行の心を持って巡拝する。
一、もろもろの生物を殺さない。
一、異性にたわむれのことばなどかけない。
一、酒は飲まない。
一、同行者や出会いの者と口論なきようつつしむ。
一、身の回りは軽く、多額の金銭は持たない。
一、不必要な荷物は持たない。
一、食物の養生（注意する）をする。
一、保険薬（薬のほか保険証、緊急時の連絡先メモ）を持つ。
一、宿泊するときは早めに入る。
一、夜中に宿を出ない。
一、交通事故に遭わないよう交通規則を守る。
一、文化財の保護に留意し、火の元に気をつける。
一、各寺で定めた約束（時間、立入禁止など）を守る。

(5)参拝方法

一、霊場へ入ったら、まず水屋で口をすすぎ、手を洗う。
一、鐘楼で鐘を撞(つ)く（自由に撞けるところのみ。参拝後は戻り鐘になるので絶対撞かない）。
一、本堂、大師堂の向拝で所定の箱に納札、写経を納める。
一、お灯明、線香、そして賽銭をあげる。
一、御本尊を念じ、合掌し読経（開経偈(きょうげ)、般若心経、観音経、十句観音経、本尊名号(みょうごう)、大師名号、御詠歌、回向文(えこうもん)など）。

一、納経所で所定の納経料を支払い、納経帖、納経軸、笈摺などに納経朱印してもらう。
一、巡拝中いやなこと、苦しいこと、くやしいこと、悲しいことなどいろいろあるが、これはすべて観世音菩薩や弘法大師のはからいと感じ、ひたすら合掌の気持ちで有り難く受けること。また、同行(どうぎょう)はもとより、道中、往き交う人にも親切にする。

その他、巡拝中は何事も無駄にしない。食事でも、一滴の水、一粒の米も観世音菩薩や弘法大師の恵みとし大切にしたい。また、道中、日用品や食料、金銭などの接待があったときは合掌して有り難く受ける。接待は観世音や大師への報恩感謝、先祖、縁者の供養、遠来の信者への援助などで接待するわけである。

テレビ、ラジオ、新聞、雑誌など一切見聞せず、騒々しい俗世間を離れ、観世音や大師のみちを一途に歩く。家庭のこと、会社のことをみな忘れ、清浄な世界へ入る。せわしい人生の中で1週間ぐらいはこうした空白の時間がほしくはなかろうか。巡礼・遍路になるには巡礼・遍路になりきることだ。「同行二人(どうぎょうににん)」とは自分自身が観世音や大師になることでもある。

そして観世音や大師のおかげで後味のよい、有り難い信仰の旅であってほしいと念じたい。

（平幡良雄）

地方巡礼の注意

　日本で巡礼といえば、西国・坂東・秩父の百観音がその主流だが、近年、地方の人々に支えられ、細々とその命脈を保ってきた、いわゆる西国うつしの地方霊場へ遠来の巡礼が訪れるようになった。

　それだけ、観音信仰が普及したわけだが、交通機関の発達や、経済的、時間的余裕が得られるようになったこともあろう。

　また、わずかだが、地方の各霊場が整備され、巡礼の受け入れに関心を持ちはじめてきたといえよう。

　私の主宰する「巡礼の会」も、昭和40年（1965）来、百観音巡拝を重ねてきたが、その数年後より武蔵野・最上・津軽の霊場を巡るようになり、その後も、会津・安房・信濃・伊豆横道・越後・出雲・九州西国などの地方霊場を巡拝した。

　当初はどの霊場も巡礼の受け入れ態勢はなく、巡拝は困難をきわめた。近隣のごく限られた人々が巡拝するさびれた霊場だった。特に札所の管理や納経朱印・巡路など、巡礼にとって欠くことのできないことが不備で、百観音巡礼の感覚では、巡拝することは不可能だった。

　巡礼には約束がある。それをすべて守りながら巡れ、というのではない。

　観音霊場を巡るなら、巡らしい巡り方をしてもらいたいと思うのである。

　巡礼はさまざまな願いを抱いて巡るが、欲をかかず、一つだけお観音さまにお願いして歩くにとどめたい。

　道中出会う人々には親切にして、心のお接待を１日３回はしたいもの。

　巡礼衣裳にこだわることはないけれど（白衣が好ましいが）袈裟、金剛杖、笈摺（おいずる）のいずれか一つは身に着け持ち歩きたい。

　札所参拝の折は般若心経か観音経偈文（げもん・どくじゅ）を読誦し、納経朱印はその後にする。

　お賽銭はせめて、一か所100円から1000円は喜捨し、札所の維持に協力したい。

　巡拝中は観光旅行ではないから日中の飲酒はつつしむべきである。

　百観音と異なり、地方霊場にはいろいろな事情があって巡拝中不便を感じるが、これもお観音さまのおしめしと感謝し、すべて有り難く受けたい。

（平幡良雄）

遍路入門

▽遍路とは

　四国八十八ヵ所霊場を巡拝することを「遍路(へんろ)」といい、巡拝する人をも「遍路」とか、「お遍路さん」といっている。四国遍路といえば、白衣(びゃくえ)に笈(おい)を負い、菅笠(すげがさ)をかぶり、金剛杖(こんごうづえ)をついて、四国（阿波(あわ)、土佐(とさ)、伊予(いよ)、讃岐(さぬき)）に散在する霊場八十八ヵ所を、徒歩で巡拝する行程ほぼ1400キロの旅のことである。この遍路行は、日数がかかるうえに、その間修行として行乞(ぎょうこつ)もし、宿坊にも泊まり、苦しいこと、いやなことのすべてを、耐えてゆかねばならぬ信仰行(ぎょう)であり、また罪業(ざいごう)の深い人は、弘法大師のおとがめの厳しさが、遍路中に如実に示されて、途中で先へ進めなくなることもあるなどといわれる。それだけにいただく功徳、霊験は大きいのだが、重い荷を負い終日歩く遍路行は、体力も消耗し精神の挫折もあるので、信仰心のよほど深く強い人であるか、よくよくの祈願をこめる人以外は、したくてもできかねる行脚である。私もながらく、ご多分にもれない一人であったが、身にすぎる願いを起こしてより、心身の鍛練のためにも、ぜひ遍路がしたくなった。

　ところが実際にお遍路として歩いてみると、文字どおり四国は弘法大師信仰のしみとおった地であり、人々からは「お遍路さん」「お遍路さん」と親切にもてなされ、またお互いに往き交う遍路さん同士とは同信同行というわけで、旧知のような親しさをおぼえる。全行程のうちの高山難所で、私がこれを苦行だと実感したのは、初めの阿波の山々だけであった。その行程が過ぎてからは、体が鍛練(たんれん)されたものか、あるいは足なれしたせいにもよるのか、その後は難所といわれる高山でも、さほどのつらさを感じなかった。やがて歩みを重ね日を経てゆくうちに、だんだんと雑念は浄められ、信心に胸もうるみ、四国路の風光にうっとりとつつまれてゆくゆとりが生じ、楽しくも魂の温まる旅となった。

▽遍路に要する日数

　遍路の日数は遍路をする人の年齢や性別、あるいは健康状態や平常の暮らしかた、あるいは脚の強弱などで違ってくるし、霊場での参拝も疾風のようにあらわれ、サッと拝んで去ってゆく人もあり、丁重をきわめて額(ぬか)づく人、本堂と大師堂だけを拝してゆく人、諸堂ことごとくお詣りしてまわる人など、実にいろいろであるから、お詣りの仕方によっても時間差が生じるわけで、一様には決めがたい。

　徒歩遍路で終始する人はごく少なくなったが、徒歩で全行程に要する日数は40日ともいわれ、また、5、

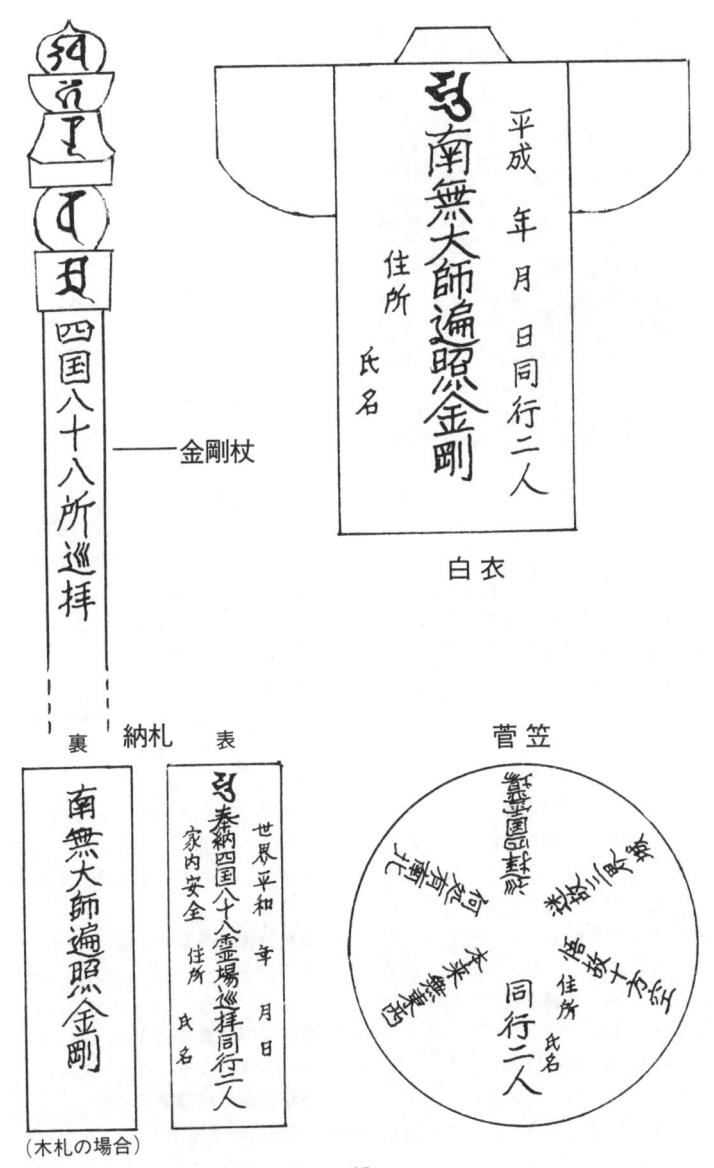

遍路入門

金剛杖

白衣
南無大師遍照金剛
平成　年　月　日　同行二人
住所
氏名

納札
表
奉納四国八十八霊場巡拝同行二人
世界平和　年　月　日
家内安全　住所　氏名

裏
南無大師遍照金剛
（木札の場合）

菅笠
同行二人
住所　氏名

— 27 —

遍路みちを行く（四国霊場71番・弥谷寺にて）

60日はかかるともいわれ、まちまちである。しかし、今ではほとんどの遍路さんは、バスとか列車などの乗り物を利用している。私もそれにならい、乗り物を乗り継ぎながら歩いた。それでも歩くところは多い。（現在は、20日ぐらいかかる。）

▽霊場での読経

遍路はこういうふうな参詣のしかたをしなければならないという定めはない。お経を知らなければ、御本尊の御名（観音さまなら、南無観世音菩薩）をお唱えし、大師宝号「南無大師遍照金剛」とお唱えして、心から拝めばよい。私は開経偈と般若心経を読誦し、御本尊の御名または真言と、大師宝号をお唱えして巡ったが、なかごろの霊場できまり文句とか、拝み文句とかいう言葉を聞いたので、たずねたら、四国では次のような方式の拝み方で巡拝していたと教えてくれた。参考までに記しておく。

●真言（3遍唱えて3遍礼拝）
おんさらば　たたぎゃた　はんなまんな　のうきゃろみ

●祈願文（1遍唱える）
納め奉る　このところの御本尊　大師　大神宮　鎮守　護法諸天善神　総じて日本国中大小の神祇等に祈願し奉る
至心発願　天長地久　即身成仏
国土安穏　風雨順時　五穀豊饒
万邦協和　諸人共栄　意願成就
乃至法界　平等利益

●懺悔文（1遍）
我昔所造諸悪業　皆由無始貪瞋痴
従身語意之所生　一切我今皆懺悔

●三帰文（3遍）
弟子某甲　尽未来際　帰依仏
帰依法　帰依僧

●三竟（3遍）
弟子某甲　尽未来際　帰依仏竟
帰依法竟　帰依僧竟

●十善戒（1遍）
弟子某甲　尽未来際　不殺生
不偸盗　不邪婬　不妄語　不綺語
不悪口　不両舌　不慳貪　不瞋恚
不邪見

●発菩提心真言（3遍）
おんぼうち　しった　ぼだはだやみ

●三摩耶戒真言（3遍）
おん　さんまや　さとばん

●摩訶般若波羅蜜多心経
（経文省略）

●**十三仏真言**（各7遍）

一、不動明王　のうまくさんまんだ　ばざらだん　せんだ　まかろしゃだ　そわたや　うん　たらた　かんまん

二、釈迦如来　のうまくさんまんだ　ぼだなん　はく

三、文殊菩薩　おん　あらはしゃのう

四、普賢菩薩　おん　さんまやさとばん

五、地蔵菩薩　おん　かかか　びさんまえい　そわか

六、弥勒菩薩　おん　ばいたれいや　そわか

七、薬師如来　おん　ころころ　せんだり　まとうぎ　そわか

八、聖観世音菩薩　おん　あろりきゃ　そわか

九、勢至菩薩　おん　さんざんさんさく　そわか

十、阿弥陀如来　おん　あみりた　ていぜいから　うん

十一、阿閦如来　おん　あきしゅびや　うん

十二、大日如来　おん　あびらうんけん　ばざら　だとばん

十三、虚空蔵菩薩　のうぼう　あきゃしゃ　ぎゃらばや　おん　ありきゃ　まりぼり　そわか

●**光明真言**（こうみょうしんごん）（21遍）

おん　あぼきゃ　べいろしゃのう　まかぼだら　まにはんどま　じんばら　はらばりたや　うん

●**大師宝号**（7遍）
南無大師遍照金剛（なむだいしへんじょうこんごう）

●**祈願**（1遍）

種々重罪　五逆消滅　自他平等
即身成仏

●**その霊場の御詠歌**（えいかもん）
●**回向文**
願以此功徳（がんにしくどく）　普及於一切（ふぎゅうおいっさい）
我等与衆生（がとうよしゅじょう）　皆共成仏道（かいぐじょうぶつどう）

▽**遍路用語**

　四国の人も言い、遍路同士もつかう遍路用語がある。方言ではなく、普通につかわれている言葉が多いが、その意味は遍路に関してのことなので、初めて聞くと何のことか分からないものもある。遍路しているとおのずから分かってくるが、幾つか列記しておく。

札所（ふだしょ）八十八ヵ所の霊場のこと。

打つ（うつ）霊場にお詣りすること。昔は板に書いた納め札を打ちつけていったことから、この言葉が残っている。「何番を打ちました」といえば、何番かにお詣りしたこと。

順打ち（じゅんうち）1番、2番、3番というふうに札所の番号順に巡拝すること。

逆打ち（ぎゃくうち）札所を逆番に巡拝すること。例えば、43番から42、41、40と進むこと。

打ちぬけ（うちぬけ）霊場へ来た道を戻らないで、境内から次の札所へ進む道に出ること。

打ちもどり（うちもどり）霊場への往きの道を戻ること。「打ち

四国で出会った遍路さん

もどり何町」などという。

七ヵ所まいり 札所七ヵ所巡拝。日帰りでお詣りする。四国では季節のよいときに盛んに行われている。

十ヵ所まいり 札所十ヵ所巡拝。日帰りまたは1泊詣りで、たいてい何人か連れで来ている。白衣は着なくても札ばさみを首に掛け、金剛杖は必ず持っている。

一国まいり 四国のうちの一国にある霊場、例えば阿波なら二十三ヵ所を巡拝することをいう。毎春一国、または春秋に二国を巡り、4年がかり、または2年がかりで全霊場を巡拝する人もいる。

本四国（ほんしこく）四国霊場八十八ヵ所のこと。

同行さん（どうぎょうさん）遍路同士が相手を呼ぶときにいう。

修行（しゅぎょう）行乞すること。遍路は1日に3軒（7軒ともいう）以上の家の前に立ち、修行しなければならないといわれていて、以前はだれもがしたものという。

修行遍路（しゅぎょうへんろ）修行して巡拝している人。行のためにしている人のほか、お金が足りなくてしている人もいる。

お通夜（おつや）寺に宿泊することをいう。

通夜堂（つやどう）寺内に設けている（ない寺もある）修行遍路さんたちの宿泊する建物（無料）のことをいう。

お接待（おせったい）遍路さんに物品、金銭などを施すこと。

善根宿（ぜんごんやど）善根を積むために遍路さんにする宿泊供養のこと。

▽巡拝に必要なもの

現地で、既製品の白衣（びゃくえ）、ズボン、手甲、脚絆、笈摺（おいずる）、菅笠、輪袈裟、手拭（てぬぐい）などの身に着けるもののほか、金剛杖（こんごうづえ）、念珠、鈴、納め札、納札入、肩に掛ける頭陀袋（ずだぶくろ）などの巡拝用品一式がそろう。各霊場で御宝印をいただく納経帳や掛軸（納経軸）も各種そろっている。

巡拝用品は、現在1番、10番、29番、43番、51番、54番、69番、80番などで調えられる（門前含）。

●**白衣** 白衣の背の正面に「南無

遍路入門

巡拝用品

- 掛軸
- 納経帳
- 案内書
- 菅笠
- 手拭
- 輪袈裟
- 白衣
- 納札入
- 頭陀袋
- 手甲
- 念珠
- 鈴
- ズボン
- 脚絆
- 地下足袋
- 金剛杖

大師遍照金剛」と書き、その右に年月日、「同行二人」、左に住所・氏名を書く。
- ●笈摺(おいずる)　もとは笈を負ったときに背が摺(す)れないように白衣の上に着たもの。現在は御朱印をいただき、着ないで納経帳とともに大切に持っている人がほとんど。背には白衣と同様に記入する。
- ●菅笠　笠の四方に「迷故三界城(まようがゆえにさんがいのしろ)」「悟故十方空(さとるがゆえにじっぽうくう)」「本来無東西(ほんらいとうざいなく)」「何所有南北(いずくにかなんぼくあらん)」と書き、その間に住所・氏名と「同行二人」及び「巡拝四国霊場」と書く。
- ●金剛杖　上部は四角で上の方は五輪に形どられ、梵字で「空風火水地」の5字を四面に書き、少し下に「奉納四国八十八ヵ所巡拝」、その裏側のいくぶん下の方に氏名を書く。八十八ヵ所を巡るうちに9センチくらい短くなるそうだ。杖は弘法大師として大切に護持し、宿に着くとすぐに杖の汚れを洗い部屋に持っていき、床の間かそれに準ずる上座に立てて「南無大師遍照金剛」とお唱えして、その日の感謝をささげる。大切にする人は、梵字の部分を汚さないように白布の袋をかぶせるか、白布を巻く。

霊場にまつわる数字のいわれ

　○○三十三観音などという三十三は、観音が33の姿に変化して衆生を救済すると説く法華経普門品によるという。

　四国八十八ヵ所という八十八の数字のいわれは不明。米という文字を分解したものとか、男四十二、女三十三、子供十三の厄年を足したものという説もあるが、仏教にまつわる裏づけは不明。

　三十六不動は、人間の基本的煩悩36支を36か寺を参詣することにより消除し幸福を招来するためと、不動尊の眷属三十六童子にちなむものという（近畿三十六不動尊霊場会による）。

　十二薬師は、薬師瑠璃光如来は12の大願を発して衆生の病苦をことごとく除くということにちなむ。また四十九薬師は、薬師如来本願功徳経の四十九灯にちなんでのもの。

　六地蔵は、地獄、餓鬼、畜生、修羅、人、天の六道を輪廻する衆生の済度を目的に発願された。六地蔵巡りが敷衍されて、その倍数の十二地蔵、二十四地蔵、三十六地蔵などが後世に成立したと考えられる。

遍路入門

- **納札** 幅4センチくらい、縦15センチ余りの紙札。中央上部に大師の御影、その下に「奉納八十八ヵ所霊場巡拝同行二人」と印刷されている。これに年月日と住所・氏名・願意を書く。本来は印刷されたものでなく、自分で書いたものを持参するものだった。住所は悪用される場合もあるから詳しく書かないほうがよい。納札は、各霊場の本堂や大師堂などに備えられている納札箱に納める。また、お接待を受けたら差し出し、遍路同士で交換する場合もある。遍路の回数で納札の色が変わる。1～4回が白、5～7回が緑、8～24回が赤などとなる。
- **納札入** 納札を入れ首に掛けて胸にたらす。正面になる面には「奉納四国八十八ヵ所順拝」、裏面に氏名を横書きにする。順打ちの人は左から、逆打ちの人は右から横書きにする。

▽宝印

納経帳にいただく宝印は、本来自分で書写した経巻を奉納していただくもの。各霊場では、読経を納経とみなして宝印を押してくださるが、正式に巡拝したい方は謹書して持参されるとよい。

納経帳、納経軸、笈摺にいただく御宝印の料金は、それぞれ決まっている。

▽宿泊

四国霊場は宿坊などの宿泊施設のある札所が多いこと、また、近くに民宿や旅館がある札所が多いことが特徴である。

宿坊のある札所は、1番霊山寺、6番安楽寺、7番十楽寺、13番大日寺、19番立江寺、23番薬王寺、24番最御崎寺、26番金剛頂寺、37番岩本寺、38番金剛福寺、39番延光寺、40番観自在寺、44番大宝寺、51番石手寺、56番泰山寺、61番香園寺、64番前神寺、75番善通寺などで、あらかじめ予約が必要である。

▽「うつし」と「お砂踏み」

四国霊場を模して後に全国各地に創設された八十八ヵ所霊場を「新四国」とか「準四国」などと称するが、こうした模倣霊場を「うつし霊場」ともいう。その多くは西国三十三観音霊場のうつし霊場と同様に、巡礼が盛んとなった江戸時代の末期に各地に創設されている。

また四国霊場の各札所の本堂前からいただいてきた砂を置き、遍路に行けない人たちがそれを踏むことによって、実際に遍路したのと同じ功徳を受けるのを「お砂踏み」というが、これも「うつし霊場」と同時に各地で流行した。

(西端さかえ著『四国八十八札所遍路記』大法輪閣刊より／一部編集部加筆)

観音霊場

◆観音信仰の起こり

観世音菩薩とは慈悲（慈は楽を与える、悲は苦しみを抜くの意）と智慧により、すべての人々を救済することを誓願したほとけである。その名は『妙法蓮華経』の中の第25章「普門品」にある「この観世音菩薩を聞いて、一心に名を称えれば、観世音菩薩は即時にその音声を観じて、皆な解脱を得せしめん」に由来するといわれるが、経典によっては観音菩薩・光世音菩薩・観自在菩薩といった名称、あるいは大悲聖者・救世薩埵（菩薩）・施無畏者・蓮華手・普門・円通大士・慈航大士・南海大士など多数の名が見受けられる。前者の場合には原本（原語）の違いや解釈上の違いによって生じたことが考えられるが、後者のようにその働きや本質がそのまま異名となったものもある。また、観音の別名サマンタ・ムカ（普門、あらゆる方角に顔をむけたほとけ）からは十一面観音が成立し、如意輪観音やヒンドゥー教の影響を受けた千手観音・馬頭観音などの変化観音が出現してそれぞれが固有名詞になるなど、他の仏・菩薩には見られない命名がなされてきたことは観世音菩薩のもつ大きな特徴でもある。裏返せばそれだけ「力あるほとけ」として信奉され、呼称の多さだけ親しまれてきたことを証明するものである。

観世音菩薩像の源流に関しては不明な部分もあるが、一つの説として1～3世紀ごろの北インドにおいて外来の女神が仏教に取り入れられたというもので、イラン系の女神アナーヒーターがこれに該当するとされる。アナーヒーターとは豊饒の神であり、また水を司る神でもあり、その影響は造像面における女性的な体型に加えて、未蓮華（女性の象徴）や水瓶を持つことにも現れているが、仏教では男性神として扱われることから男性名詞を与えられ、髭を生やす姿でも表現されている。ただ、そうした容姿は観音菩薩に限らず弥勒菩薩にも見られることから、西北インドにおける初期の菩薩像に共通した要素であったようにも思われる。

その観世音菩薩信仰はアジア各地に広がり、中国に入ると早くに祖先崇拝信仰と結び付いて多く追善供養のための造像が行われた。また民間信仰と習合して白衣観音や魚籃観音なども生まれ、ことに白衣観音は慈悲のほとけとして家庭内に祀られるほど庶民に浸透した。また鬼子母神信仰と習合したものは観音娘々と呼ばれて我が国の子安観音・悲母観音の母体ともなるなど、土着の信仰と習合することで百観音のような多様な観音が成立した。

◆観音信仰の日本伝来

ところで、観音信仰の日本への伝来は飛鳥時代のことで、経典の上では『法華経』とは独立して受容された感がある。もとより中国の観音信

観音霊場

仰の影響を受けて追善のほとけとして造像されることもあり、一方で国家事業として積極的に観音関係の写経が行われた背景には、国家安泰・病気平癒といった現世利益をもたらすほとけとして重視されていたことがうかがえる。その意味では薬師如来と並んで広く崇敬された。やがて白鳳時代末期からは密教的性格から変化観音が出現し、より呪術的あるいは護国的な性格を帯び、ことに山岳修行者の間に深く浸透して各地には後の観音霊場（西国三十三札所など）の母体となる修行の地が形成されていった。経典の中では観音の住処（観音浄土）をポータラカ（補陀落）といい、世界的にはインドの南端、中国浙江省・舟山諸島の普陀山、チベットのポタラ宮などがこれに相当するとされてきたが、日本の場合は和歌山県の熊野・那智、栃木県の日光などが観音霊場として早くから知られていた。

一方、10世紀ごろより浄土教思想が流布し始めると、六道（地獄〜天上）の苦悩からの救済を六観音（天台宗では聖観音、千手観音、馬頭観音、十一面観音、不空羂索観音、如意輪観音をいい、真言宗では不空羂索観音に替わり准胝観音を入れる）に託す来世信仰が新たに起こってきた。ただそれは大きな発展を遂げることなく、阿弥陀信仰の隆盛や地蔵（六地蔵）の出現に伴なって衰微し、観音信仰は再び現世利益を中心としたものになった。ただし、観音に対する来世信仰が全く無くなったという意味ではなく、日本人のもつ罪穢観（罪や穢れが災難・病魔・来世堕地獄の要因とされる）から、苦行によってこれを祓うことが求められてきた。その苦行とは実際には歩くこと（巡礼や遍路）で、15世紀に入ると西国・坂東・秩父札所も百観音霊場として結ばれ、西国札所を回らねば一生の恥と言われるほどにもなった。

また観音の縁日18日は平安時代から見られるもので、これとは別に室町時代ころより起こった欲日（功徳日ともいい、月に一日が定まっている）と呼ばれる縁日が広まり、今日でも「千日詣（四万六千日）」の行事名で7月（8月）に盛んに行われている。

（塩入亮乗）

チベットのポタラ宮

西国三十三観音霊場

　西国三十三観音霊場の起源は、『中山寺縁起』が徳道上人（656—735）にまつわる話として伝えている。上人が仮死状態のとき、閻魔大王が「お前はまだ死ぬような年齢ではない。霊験あらたかな三十三ヵ所の観音堂があるから、生き返って人々に観音信仰を広めよ」と告げたので息を吹き返して、この霊場を開いたという。

　それから270年後の平安中期に、花山法皇（かざん）が巡礼され、その巡礼道は一段と整えられたものとなる。花山天皇の出家については、『大鏡』が詳しく伝えている。在位わずかに2年、藤原兼家の企みで出家を促された天皇は、落飾後、元慶寺に隠棲していたが、長谷寺の仏眼上人、書写山の性空上人を先達として西国霊場を巡拝したと伝えられる。

　霊場巡礼の克明な記録は、平安末期の三井寺長吏、行尊、覚忠のものが最も古く、それぞれ120日、75日を一巡のために要したと書かれている。

　那智山に始まり、畿内、美濃にまたがる行程1000キロの33霊場に詣でて、安楽往生を乞い、現世利益を祈る、いわば現当二世の幸福を願う観音信仰は、その背後に、限りなく重層した悲哀と苦悩とに織りなされた人間心情の綾が認められる。まさに人生とは長夜の闇であり、われわれは観音さまにすがって光明を求めている。

　我が国の観音巡礼道のなか、最古の歴史と伝統をもつ西国霊場の香煙が絶えることなく、今も盛んなことは、大慈大悲の観音への祈りの変わらぬ深まりと、その神秘な妙智力（みょうちりき）への願いを示している。

第1番　青岸渡寺（せいがんとじ）　那智山の名でも親しまれている。推古帝以来の法灯輝く補陀落浄土（ふだらく）であり、日本一の130メートルの那智大滝、緑の原生林の環境は、自ずから心の憩いとなり、観音信仰を深める。現存の本堂は天正18年（1590）豊臣秀吉が再建したもので、当地方では最も古い建造物。

第2番　紀三井寺（きみいでら）　正式には「紀

1番・青岸渡寺

三井山金剛宝寺護国院」という。本尊の十一面観音は、霊験あらたかな秘仏といわれ、深く信じて拝すれば必ず一願を遂げるという。右手の高所に文安6年（1449）再建の多宝塔（重文）があり、そこから見遙かす名勝和歌浦は絶景。桜が著名。

第3番 粉河寺（こかわでら） 境内は広大で、参道に沿って大小二十有余の諸堂が立ち並ぶ。現存する本堂は享保5年（1720）の再建だが、西国札所中では最大で、その前の庭園は枯山水の名勝。また境内には身代地蔵、水向地蔵、子育地蔵（地蔵堂）などがあり、地蔵信仰の寺でもある。

第4番 槇尾寺（まきおでら） 正式には「槇尾山施福寺」という。寺の縁起によれば、欽明天皇の時代、行満上人が弥勒菩薩像を安置したのに創まり、その後、役小角（えんのおづぬ）の高弟法海上人が刻んで安置した十一面千手千眼観音像が西国霊場の本尊となっている。弘法大師剃髪所跡がある。山道1キロ、渓谷の樹林が美観をそえる。

第5番 葛井寺（ふじいでら） 永長元年（1096）大和国加留の住人・藤井安基が荒廃した伽藍を再建したことから、藤井の姓をとって藤井寺とも呼ばれるようになった。本尊の十一面千手千眼観音（国宝）は725年作の天平の観音像で日本最古、毎月18日に開扉されている。

第6番 壺阪寺（つぼさかでら） 正式には「壺阪山南法華寺」という。世話浄瑠璃『壺坂霊験記』のお里・沢市にちなむ眼疾平癒の霊験は著名。60歳以上

8番・長谷寺の本尊

の眼の不自由な人100名を収容した慈母園や、匂いの花園、音の図書館など、様々な施設が境内に散在する、まさに眼の不自由な方の楽園でもある。最近インド渡来の大観音像は特に著名。

第7番 岡寺（おかでら） 古称は龍蓋寺。天智2年（663）義淵僧正が天智天皇から草壁皇子の岡宮旧跡をもらいうけて寺としたのが創まり。飛鳥王朝の残り香が漂う本尊・二臂如意輪観音像（重文）は、我が国最大の天平塑像で、厄除けの守護神として信仰され、常時その尊顔を拝める。

第8番 長谷寺（はせでら） 真言宗豊山派総本山。朱鳥元年（686）道明上人が天武天皇のために銅板法華説相図を西の岡に安置したのが開創で、後に神亀4年（727）徳道上人が聖武天皇の勅を奉じて東の岡（現在地）に十一面観音菩薩を祀ったと伝えられ

る古寺。牡丹の名所として名高く、また本尊の長谷観音は札所中最大で、身の丈7.9メートルにおよぶ。

番外　法起院　西国霊場を開いた徳道上人が晩年に隠棲された所で、自作の尊像を本尊とする。上人が入寂するとき、松の木の上から法起菩薩に化したというのが寺名のいわれ。その「上人沓脱ぎの石」に触れると願い事がかなうと伝えられている。上人御廟十三重石塔がある。

第9番　南円堂　正式には興福寺南円堂。興福寺は藤原一族の氏寺で、有名な五重塔に対置する八角円堂を南円堂という。西国唯一の不空羂索観音は、人に円かな心を与えようとの誓願をもつ仏。その回りには2メートルほどもある四天王像（国宝）が立ち並び、また法相六祖像（国宝）が坐している。

第10番　三室戸寺　光仁天皇が毎夜、宮中に差し込む霊光を見て、その光の源を探らせたところ、御室戸山の奥、宇治川の上流の滝の中に金色の千手観音像が輝いていた。天皇はいたく感激され、宇治の離宮に行表禅師を召され、この尊像を安置したのが当寺の本尊と伝えられる。明星山の麓、緑に包まれた山中に位置し、静寂と清浄のたたずまいは、都塵の垢を洗い流す心地がする。

第11番　上醍醐寺　醍醐寺は、京都東南端の笠取山（醍醐山、標高454メートル）全山を寺域とする真言宗の一大霊場。札所の准胝堂は山上の上醍醐寺にあり、難所の一つである。本尊の准胝観音は、水が汚れを洗うがごとく罪業を浄め恵みを授けたまう尊。美味この上ない醍醐水をたたえる井戸は有名。

第12番　岩間寺　正式には岩間山正法寺。養老6年（722）元正天皇の御病気を、当寺開山の泰澄大師（加賀の白山を開いた修験者）が祈願し、たちまち治したところから、天皇の勅願所として創建されたという。芭蕉が「古池や……」の名句を生んだのは当寺と伝えられるが、本尊千手観音は「汗かき観音」とか「雷除観音」として著名。

第13番　石山寺　天平勝宝元年（749）聖武天皇の勅願により良弁僧正が開いた寺。本尊如意輪観音（重文）は縁結び・安産・福徳の利益を与え、勅封となっている。本堂かたわらの類のない大理石珪灰岩は、古来人々に畏敬の念を与えてきた。紫式部ゆかりの「源氏の間」が著名。

第14番　三井寺　園城寺とも。白鳳期（686年）に草創され、貞観元年（859）円珍（智証大師）によって中興された天台寺門宗の総本山。寺名は境内の霊泉にちなむ。長等山中腹に位置し、眼下に琵琶湖を眺望する。木尊如意輪観音は智証大師作と伝える。金堂を初めとする諸堂塔、諸仏像の多くが国宝・重文である。

番外　元慶寺　西国巡礼再興の花山天皇の出家の寺。応仁の乱で焼失し、江戸期にその一部が再興されて現在に至る。近くに当寺の開基・遍昭僧正（六歌仙の一人）の墓がある。

西国三十三観音霊場

1	青岸渡寺	天台宗	如意輪	和歌山県東牟婁郡那智勝浦町
2	紀三井寺(金剛宝寺)	救世観音宗	十一面	〃　和歌山市紀三井寺
3	粉河寺	粉河観音宗	千手	〃　那賀郡粉河町粉河
4	槇尾寺(施福寺)	天台宗	千手	大阪府和泉市槇尾山町
5	葛井寺	真言御室	十一面千手	〃　藤井寺市藤井寺
6	壺阪寺(南法華寺)	真言豊山	千手	奈良県高市郡高取町壺阪
7	岡寺(龍蓋寺)	真言豊山	如意輪	〃　〃　明日香村岡
8	長谷寺	真言豊山	十一面	〃　桜井市初瀬
外	法起院	真言豊山	徳道上人	〃　〃　初瀬
9	南円堂	法相宗	不空羂索	奈良市登大路町
10	三室戸寺	本山修験	千手	京都府宇治市莵道滋賀谷
11	上醍醐寺(上醍醐)	真言醍醐	准胝	京都市伏見区醍醐醍醐山
12	岩間寺(正法寺)	真言醍醐	千手	滋賀県大津市石山内畑町
13	石山寺	東寺真言	如意輪	〃　〃　石山寺
14	三井寺(園城寺)	天台寺門	如意輪	〃　〃　園城寺町
外	元慶寺	天台宗	薬師如来	京都市山科区北花山河原町
15	観音寺(今熊野)	真言泉涌	十一面	〃　東山区泉涌寺山内町
16	清水寺	北法相宗	十一面千手	〃　東山区清水
17	六波羅蜜寺	真言智山	十一面	〃　東山区松原通大和大路
18	頂法寺(六角堂)	単立	如意輪	〃　中京区六角通東洞院
19	行願寺(革堂)	天台宗	千手	〃　中京区寺町通竹屋町
20	善峰寺	天台宗	千手	〃　西京区大原野小塩町
21	穴太寺	天台宗	聖観音	京都府亀岡市曽我部町
22	総持寺	高野真言	千手	大阪府茨木市総持寺町
23	勝尾寺	高野真言	十一面千手	〃　箕面市粟生間谷
24	中山寺	真言中山	十一面	兵庫県宝塚市中山寺
外	花山院(菩提寺)	真言花山	薬師如来	〃　三田市尼寺
25	清水寺	天台宗	十一面千手	〃　加東郡社町平木
26	一乗寺	天台宗	聖観音	〃　加西市坂本町
27	円教寺(書写山)	天台宗	如意輪	〃　姫路市書写
28	成相寺	高野真言	聖観音	京都府宮津市成相寺
29	松尾寺	真言醍醐	馬頭	〃　舞鶴市松尾
30	宝厳寺	真言豊山	千手	滋賀県東浅井郡びわ町早崎
31	長命寺	天台単立	千手十一面	〃　近江八幡市長命寺町
32	観音正寺	天台単立	千手	〃　蒲生郡安土町石寺
33	華厳寺	天台宗	十一面	岐阜県揖斐郡谷汲村徳積

16番・清水寺本堂

第15番　観音寺　西国霊場中、唯一の弘法大師が開創した寺。泉涌寺の塔頭で、今熊野観音寺ともいう。本尊十一面観音は厄除け・頭痛封じ・智恵授かり・ぼけ封じなどの「頭の観音さま」として昔から人々に親しまれ、後白河法皇頭痛封じの霊験記を初め数多い霊験譚が伝わる。

第16番　清水寺　坂上田村麻呂が妻の安産のためにと音羽山に鹿を求めたところ、音羽の滝で練行していた延鎮上人に諭されて観音に帰依したことに創まる。本尊十一面千手千眼観音を奉祀する懸崖舞台造の本堂は「清水の舞台」と呼ばれて名高く、国宝。

第17番　六波羅蜜寺　寺伝によると、天暦5年（951）京都に悪疫が流行し、村上天皇からその退散の御願を受けた市聖空也上人が十一面観音を刻み、それを車に安置して市中を引き回し、歓喜踊躍の念仏を称えると、病人が快癒した。喜んだ人々がこの十一面観音を祀って寺を建立したのが創まりという。本堂裏の収蔵庫には運慶作の有名な空也上人像や、多数の仏像が収められている。

第18番　頂法寺　「六角堂」「六角さん」とも呼ばれる。聖徳太子が水浴されたと伝える池のほとりに「池坊」と称する住持の坊があり、累代の池坊執行の手で本邦の華道が生まれた。鎌倉時代に親鸞聖人がこの六角堂にこもって聖徳太子の夢告により浄土真宗を開いたという。

第19番　行願寺　革堂ともいわれる。開基の行円上人は鹿の皮を身に着けて行脚したので「革聖」と呼ばれ、革堂の名もそれにちなむ。お盆に営まれる「幽霊絵馬供養」は有名。文化年間（1804～18）質屋に奉公していた娘お文が、主人に折檻で責め殺され、ひそかに埋められて行方不明になったが、両親が革堂で通夜をしていると、夜中に娘の亡霊が現れて一部始終を物語ったことから遺骸を探すことができ、その御礼に奉納した絵馬という。

第20番　善峰寺　長元2年（1029）源算上人によって創建された寺。天然記念物指定の日本一の五葉の松（遊龍松）は、偉容人の目を奪う。主幹は周囲約180センチ、高さ90センチ、横枝の延長は北に22メートル、西に23メートルある。毎月第2日曜日の薬湯は霊験あらたかで、浴する人が多い。

第21番　穴太寺（あなおじ）　穴穂寺とも書き、農耕信仰の中心寺院であった。その霊験は『今昔物語』に詳しい。本堂内に木造釈迦涅槃像が安置されている。病気の人が自分の悪いところと仏像の同じ個所をなでると快癒するという信仰があり、御利益を得た人は布団を奉納するという。

第22番　総持寺（そうじじ）　開山の山蔭中納言政朝（まさとも）は「包丁の守護神」として板前さんや主婦の方々に信仰され、毎年4月18日には全国の板前さんが政朝の墓に参拝し、寺では「無縁経（せがきえ）」と称する施餓鬼会を催し、山蔭流包丁式が公開される。また本尊の千手観音は火伏せ、子育て、厄除けで有名。

第23番　勝尾寺（かちおじ）　紅葉と滝で著名な箕面（みのお）に所在する。源頼朝が再興に努めたといわれ、頼朝の塔がある。また法然上人も当寺の二階堂に止住したことから、法然上人二十五霊場の第5番となっている。境内の祓荒神は日本三荒神の一つ。

第24番　中山寺　仲哀帝の先后・大仲媛（おおなかひめ）とその二人の皇子の鎮魂のため、聖徳太子が百済僧の恵聡・恵便を招じて開山された。本尊はインドの『勝鬘経』で知られる勝鬘夫人の等身大の十一面観音。代々皇室の崇信篤く、特に明治天皇御平産の霊験は有名。安産祈願では我が国随一の霊場として往古より信仰されている。

番外　花山院（かざんいん）　花山法皇の菩提寺として、本尊の薬師瑠璃光如来を奉安する瑠璃光殿を中心に、法皇の木像を安置した花山法皇殿、御廟などがあり、特に山上の眺めは素晴らしく、法皇終焉の地としての安らぎと雄大さがある。

第25番　清水寺（きよみずでら）　海抜600メートルの御嶽山に建つ。かつては水が乏しい土地だったが、インド僧で空鉢上人といわれた法道仙人がこの地の水神に祈願したところ霊泉が湧出した。これが寺名のいわれとなったという。顔を映すと長命を保つという「おかげの井戸」がある。

第26番　一乗寺（いちじょうじ）　開基は法道仙人と伝える。国宝の三重塔や天台高僧図のほか、重文の本堂（大悲閣）・弁天堂・妙見堂・金銅聖観音など寺宝が多い。6300枚余といわれる本堂天井の巡礼者の納札は江戸時代の年号が見え、当時の賑わいを想像させる。

第27番　円教寺（えんきょうじ）　花山法皇より寺号を賜わる。本堂摩尼殿は開山の性空（しょうくう）上人が立木（桜の老木）に観音像を彫られたため岩山の舞台造となった。摩尼殿から200メートルほど先へ行った広場に、講堂・食堂・常行堂の三堂がコの字型に建てられており、いずれも重文。西の比叡山という。山号の書写山も有名。

第28番　成相寺（なりあいじ）　名勝の天橋立を俯瞰する。雪中の修行僧が鹿肉（実は観音像の腿）を食べることができたが、観音が身代わりになって助けてくれたと知った僧が木屑を像の腿に付け、一心に祈ると元の姿になったという霊験の故事により、寺名が生まれたと伝える。鐘の音が赤子が母を呼ぶ悲しい声に聞こえたので撞

くのを止めたという「撞かずの鐘」や、左甚五郎作の「真向の竜」などがある。

第29番　松尾寺（まつのおでら）　標高700メートルの青葉山（若狭富士）の中腹に位置する。本尊は西国唯一の馬頭観音で、海上・車馬交通安全祈願の信仰をあつめる。5月8日の花祭りの際に奉納される「仏舞」は江戸中期よりの伝統があり、京都府民俗無形文化財として広く知られている。国宝普賢延命像は平安仏画の代表。

第30番　宝厳寺（ほうごんじ）　行基菩薩の開基で、伏見桃山城の一部を移築した観音堂（国宝）がある。琵琶湖の竹生島にあり、西国唯一の船便を利用する札所。宝物館には五重石塔・釈迦三尊像図・如意輪観音像図・弥陀三尊来迎図・十六羅漢図・法華経序品など国宝・重文の宝物が多い。弁財天は日本三大弁天の一つ。

第31番　長命寺（ちょうめいじ）　800余の石段を上ると本堂がある。開基は長命の大臣武内宿禰（すくね）で、「寿命長遠諸願成就」の文字を柳の巨木に記し、長寿を祈った。後に聖徳太子がその霊木で千手十一面観音を彫り伽藍を建立、竹内宿禰の長寿にちなんで「長命寺」と名付けたという。本堂・三重塔は重文。

第32番　観音正寺（かんのんしょうじ）　「願成就寺」「仏法興隆寺」とも号す。東近江にそびえる繖山（きぬがき）は標高433メートル、別名を観音寺山といい、その山上に建っている当寺は西国札所最難所の一つ。「巡礼ころがし」と言い伝えられる山道を人々は懺悔の汗を流して登る。室町時代より修験道の修行場として知られ、毎年8月17日の護摩供養にその伝統が受け継がれており、あわせて箸供養も行われる。

第33番　華厳寺（けごんじ）　山号の谷汲山（たにぐみ）は堂宇に近い岩穴から油が湧き出たため、それを知った醍醐天皇が名付けたもの。満願打ち止めの札所で、笈摺堂、満願堂がある。本堂の太い柱に打ち付けられた青銅の「精進落としの鯉」に触れ、巡礼たちは俗界に還る。山門に向かう参道の数百の桜と紅葉が美しい。　　　（松尾心空）

★問合せ先
西国札所会事務局
青岸渡寺☎07355―5―0404

★案内書
西国札所会編・佐和隆研著『西国巡礼』（社会思想社刊）
平幡良雄著『西国観音巡礼』（満願寺教化部刊）

33番・華厳寺

坂東三十三観音霊場

観音巡礼が普及し、やがて坂東地方にも三十三ヵ所霊場が形成されるようになった。その直接の契機は鎌倉幕府の成立と、源家将軍の篤い観音信仰にあったといわれている。源頼朝のころにその機運が起こり、源実朝のときに機が熟して制定されたという。

それを支えたのは関東武士たちが西上した際、直接西国札所を見聞し、理解を深めたことであった。もちろん、このころ関東の地にそれだけの観音寺院が開創していたので、その組織化が可能だった。

この時期における制定を立証する明確なものは現存しないが、実朝の没後わずか15年後の天福2年（1234）に「坂東札所」を巡礼したものと推定される史料がある。福島県東白川郡棚倉町の都々古別神社の十一面観音像の台座の墨書銘が残っている。

これによれば僧成弁（じょうべん）が三十三ヵ所観音霊地を修行巡錫（じゅんしゃく）中、常陸八溝山（やみぞさん）観音堂に三百ヵ日参籠したときに、都々古別社の別当少僧都に会い、観音像を造立したことが分かる。八溝山観音堂はいうまでもなく坂東21番の札所で、この銘文によって、少なくとも坂東札所は天福2年以前には成立していたといえる。したがって坂東札所は西国に次いで、750有余年の古い歴史をもつ札所である。

相模国に最も多く、次いで武蔵、それから上野・下野・常陸・下総・上総・安房のいわゆる関八州に広がる霊場は1300キロ、その巡路が1000キロの西国と比べ長途であり、特に山岳寺院が多いので、巡礼はなかなか至難だった。八溝山などは遥拝で済ませる者もあり、「八溝知らずの偽（にせ）坂東」などともいわれていた。

それだけに関東の古刹はその恵まれた自然の景観を擁し、巡礼の心をみがいてくれる。最近、自動車道の開発が進みつつあるが、まだ都市化されない素朴なたたずまいの寺が多いのも巡礼者には大きな魅力であろう。

足利市鑁阿寺（ばんなじ）にある納札によって、初めは僧侶や上級武士たちのものであった坂東巡礼も15世紀になると一般庶民の参加が始まったことが分かる。その隆盛は坂東単独の巡礼ではなく、今から400年ほど前に「百観音札所」巡りが起こるようになってからであるのは興味深い。

巡礼には日数と困難がともなうが、西国・秩父、そして坂東と百観音を巡りおおせることに大きな悦びを抱いたもので、坂東はその中の一つとして連帯的に行われたことは現存の納札・供養塔・記念碑に明らかである。百観音を巡る巡礼者の篤い信心には頭の下がる思いである。この習俗はこれからも続くことであろう。

1番・杉本寺

第1番　杉本寺（すぎもとでら）　行基菩薩（ぎょうき）がここを霊地と感じ、十一面観音を祀り、後に慈覚大師、恵心僧都（えしんそうず）も十一面観音を奉安、今にその三尊を伝える。内陣（ないじん）で必ず拝すべきお姿である。鎌倉最古の寺だけに、その寂境は心澄ますものがある。源頼朝の帰依篤く、第1番となる。

第2番　岩殿寺（がんでんじ）　徳道上人（とくどう）と行基菩薩の来錫（らいしゃく）によって開創された古刹。源頼朝が石橋山敗戦の折、本尊が船頭に化身して、房州へ無事渡らせたという霊験は有名。明治の文豪泉鏡花も帰依し、寄進の池が堂前にある。「普門品（ふもんぼん）ひねもす雨の桜かな」の句碑もある。

第3番　安養院（あんよういん）　源頼朝の室政子（まさこ）が本尊に帰依し、頼朝と結ばれたことにより「良縁観音」といって、今でも子女の信仰をあつめている。境内に伝弘法大師作の日限地蔵尊堂（ひぎりの）があり、本堂裏には政子の墓と伝える宝篋印塔（ほうきょういんとう）など数基の石像美術が、鎌倉期のすぐれた造形を見せている。

第4番　長谷寺（はせでら）　大和長谷寺の本尊と同木の高さ10メートルの尊像は、まさに偉容であり、「長谷の観音さん」といって親しまれている。境内からの眺望は素晴らしく、心にやすらぎを与える。厄除阿弥陀如来・千躰地蔵尊など常に賽客で賑わう。宝物館には「懸仏（かけぼとけ）」など見るべきものが多い。

第5番　勝福寺（しょうふくじ）（飯泉観音（いい））　「飯泉かんのん（ずみ）」として親しまれ、本堂・山門・鐘楼などの結構は、1150年の古寺らしいたたずまいを示す。古井戸・石碑など伝説を語るものも多い。二宮金次郎が旅僧から観音経を聞き、普民救済の尊者となった話は有名。12月18日には、だるま市がたつ。

第6番　長谷寺（はせでら）（飯山観音（いいやま））　弘仁年間、領主の飯山権太夫（ごんだゆう）が旅僧から授かった尊像を祀る霊地。後に源頼朝の保護厚く、修験の山ともなる。嘉吉2年（1442）在銘の梵鐘は「かくれ鐘」の伝説をもち、また名鐘として知られる。4月8日は縁結び観音で参拝者多く、境内の桜は見事。

第7番　光明寺（こうみょうじ）（金目観音（かなめ））　海中出現の本尊で、潮汲む海女の家内に安置されたので「かなひ」の観音とも呼ばれる。宝形造（ほうぎょうづくり）の本堂は平塚市最古の建造物。政子（まさこ）が源実朝の出産を祈ったことにより「安産の観音さま」として信仰されている。現在の本尊は室町時代の優れたお姿。

— 46 —

坂東三十三観音霊場

1	杉本寺（杉本観音）	天台宗	十一面	神奈川県鎌倉市二階堂
2	岩殿寺	曹洞宗	十一面	〃 逗子市久木
3	安養院（田代観音）	浄土宗	千手	〃 鎌倉市大町
4	長谷寺（長谷観音）	浄土単立	十一面	〃 鎌倉市長谷
5	勝福寺（飯泉観音）	真言東寺	十一面	〃 小田原市飯泉
6	長谷寺（飯山観音）	高野真言	十一面	〃 厚木市飯山
7	光明寺（金目観音）	天台宗	聖観音	〃 平塚市南金目
8	星谷寺（星の谷観音）	真言大覚	聖観音	〃 座間市入谷
9	慈光寺	天台宗	十一面千手	埼玉県比企郡都幾川村西平
10	正法寺（岩殿観音）	真言智山	千手	〃 東松山市岩殿
11	安楽寺（吉見観音）	真言智山	聖観音	〃 比企郡吉見町御所
12	慈恩寺	天台宗	千手	〃 岩槻市慈恩寺
13	浅草寺（浅草観音）	聖観音宗	聖観音	東京都台東区浅草
14	弘明寺	高野真言	十一面	神奈川県横浜市南区弘明寺
15	長谷寺（白岩観音）	金峯修験	十一面	群馬県群馬郡榛名町白岩
16	水沢寺（水沢観音）	天台宗	千手	〃 北群馬郡伊香保町
17	満願寺（出流観音）	真言智山	千手	栃木県栃木市出流町
18	中禅寺（立木観音）	天台宗	千手	〃 日光市中禅寺歌ヶ浜
19	大谷寺（大谷観音）	天台宗	千手	〃 宇都宮市大谷町
20	西明寺	真言豊山	十一面	〃 芳賀郡益子町益子
21	日輪寺（八溝山）	天台宗	十一面	茨城県久慈郡大子町上野宮
22	佐竹寺	真言豊山	十一面	〃 常陸太田市天神林町
23	観世音寺（佐白観音）	普門宗	千手	〃 笠間市笠間
24	楽法寺（雨引観音）	真言豊山	延命観音	〃 真壁郡大和村本木
25	大御堂	真言豊山	千手	〃 つくば市筑波
26	清滝寺	真言豊山	聖観音	〃 新治郡新治村小野
27	円福寺（飯沼観音）	真言宗	十一面	千葉県銚子市馬場町
28	龍正院（滑河観音）	天台宗	十一面	〃 香取郡下総町滑川
29	千葉寺	真言豊山	十一面	〃 千葉市中央区千葉寺町
30	高蔵寺（高倉観音）	真言豊山	聖観音	〃 木更津市矢那
31	笠森寺（笠森観音）	天台宗	十一面	〃 長生郡長南町笠森
32	清水寺（清水観音）	天台宗	千手	〃 夷隅郡岬町鴨根
33	那古寺（那古観音）	真言智山	千手	〃 館山市那古

13番・浅草寺（江戸名所図会）

第8番　星谷寺（しょうこくじ）　相模国最後の札所。本尊はもと見不知森（みしらぬじげん）に示現されたが、後に行基菩薩によって現在地に移される。嘉禄3年（1227）在銘の梵鐘は東日本最古のもので、撞座（しょうざ）一つの珍しいつくり。昼も星影が映る井戸により寺名がつく。七不思議の伝説も有名。

第9番　慈光寺（じこうじ）　「天台別院」と称された名刹。源頼朝が奥州征討の折に戦勝を祈るなど、鎌倉・室町期の繁栄は、参道の大板碑群が示す。釈迦堂および室町期の木造多宝塔を納めた開山堂、栄朝（えいちょう）禅師の梵鐘などで歴史がしのばれる。大般若経・法華経など宝物殿では見るべき什宝（じゅうほう）が多い。

第10番　正法寺（しょうぼうじ）（岩殿観音）（いわどのかんのん）坂上田村麻呂（たむらまろ）が本尊の冥助（めいじょ）にて悪龍を退治、桓武帝の勅命で伽藍を造営した。後に北条政子と比企一族の庇護で栄えた。境内には大導寺入道（にゅうどう）政繁が戦場を引きずり回したという梵鐘があり、戦国の寺史を伝える。抜け絵馬（ぬえま）、仁王尊の相撲の話なども伝えている。

第11番　安楽寺（あんらくじ）（吉見観音）　源範頼（のりより）とゆかりの深い寺。40余枚の納札は札所としての歴史を示す。欄間の左甚五郎作の「野荒しの虎」は有名。おだやかで和様の朱塗りの三重塔は、地方色豊かな江戸初期の再建。百躰観音堂がある。近くには横穴群墳の吉見百穴がある。

第12番　慈恩寺（じおんじ）　慈覚大師自刻の千手尊を祀る。後に岩槻城主の帰依篤く、天保14年（1843）再建のお堂は、坂東札所中でも屈指の大堂。中国大慈恩寺の風光に似ているので寺名にした。天正17年在銘の南蛮鉄（なんばんてつ）の灯籠は有名。本坊の東南300メートルの大地に玄奘（げんじょう）三蔵法師の霊骨塔がある。

第13番　浅草寺（せんそうじ）（浅草観音）「あさくさかんのん」として知られ、1400余年の伝統に輝く霊験無双の霊場。本尊出現にゆかりの三人は「三社神社」（さんじゃじんじゃ）に祀られている。本堂・雷門（らいもん）・宝蔵門・五重塔などすべてが昭和、戦後の再建。日に数万人の参詣者を迎える。

— 48 —

坂東三十三観音霊場

第14番　弘明寺　本尊は、なた彫りという独特な彫刻によるもの。けやきの一本彫り、横に丸ノミを使った刀跡が鮮やかである。高さ180センチ。身近に拝すべき尊像である。重文指定。聖天堂・竹の観音・厄除大師など参詣所としての雰囲気が濃い。門前町も賑わっている。

第15番　長谷寺（白岩観音）『坂東霊場記』に「当寺大慈の像はもと行基大士厄除の為に作り玉ふ」とあるように、白岩の厄除観音として広く拝まれている。本堂は天正8年（1580）の造建で向拝の重厚な彫刻は、まことに素晴らしい。本尊・前立本尊はそれぞれ鎌倉および室町期の優作。

第16番　水沢寺（水沢観音）伊香保姫護持の観音を祀る古刹。山号のいわれのとおり境内には清冽な水が湧く。山門の偉容、本堂の荘厳さ、延暦寺別院としての寺格がしのばれる。六地蔵尊安置の六角堂にも参詣者が絶えない。名物のうどんはまさに観音さまのお慈悲の賜りものというべきか。

第17番　満願寺（出流観音）勝道上人が若くしてこの聖地に練行、後に開創された山岳修法の道場。懸崖造の奥ノ院の十一面尊は、今に千古の神秘を伝えている。大悲の滝に打たれ、あるいは信徒会館に参籠して祈願を込める行者・団参が多い。特に開運・安産の霊験に信徒が群参する。

17番・満願寺奥ノ院

第18番　中禅寺（立木観音）勝道上人が開創された補陀落浄土。本尊は立木観音として知られ、紺碧の中禅寺湖に彩りをそえて建つ観音堂・五大堂の結構、また湖面に霊姿を映す男体山、まさに坂東第一の聖域。宝物殿には勝道上人ゆかりの什宝などが多く、かたわらの波之利大黒天は霊験著しい。

第19番　大谷寺（大谷観音）弘法大師の開基と伝えられ、大谷の自然石に刻まれた千手観音を本尊と仰ぐ。脇堂の釈迦三尊・薬師三尊・阿弥陀三尊の磨崖仏も、厚肉彫りの精巧な造りのお姿であり、重要文化財指定とともに特別史跡にもなっている。近くに平和観音像を祀る。

第20番　西明寺　行基菩薩の開基、弘法大師の巡錫を縁に独鈷山と称し、西明寺時頼の帰依によって、今の寺名となる。入母屋造、重層の楼門お

— 49 —

よび荘重な姿の三重塔など、いずれも戦国時代の優作。境内には閻魔堂があり、笑いの閻魔として参拝者に親しまれている。風致のよい寺。

第21番　日輪寺（にちりんじ）　八溝山脈の主峰に役行者（えんぎょうじゃ）が開いた霊場。八葉の蓮華のような山の姿により、弘法大師が山号を授けられた。「八溝知らずの偽坂東（にせ）」と、かつては困難な山路をたどらずに、遥拝ですます者もあったほど。最近は林道が開設され、本堂の近くまで車がゆく。

第22番　佐竹寺（さたけじ）　本堂は、桃山時代建築のさきがけをするものとして評価される豪壮な構えで、重文指定。本尊は聖徳太子の作と伝える。当寺を再興した佐竹昌義が出世の瑞相を見た一節の竹が庫裡に保管されている。山門の五本骨目の丸の陣扇（じんせん）が佐竹氏とのゆかりを物語っている。

第23番　観世音寺（かんぜおんじ）（佐白観音）　白雉2年（651）狩人の粒浦氏が発心して開基となる。中央の仏師の作という本尊は十一面千手の坐像で、鎌倉初期の寄木造。端正壮麗なお姿。笠間氏（かさま）の尊信篤く代々堂舎を建立したが、兵火ですべてを失った。近くの笠間城跡に往時を探るとよい。

第24番　楽法寺（らくほうじ）（雨引観音（あまびき））　法輪独守居士（りんどくしゅ）が中国より来て開創。光明皇后のお産守護の霊験があり今日まで安産・子育ての観音として霊名高く、女性の信心篤い寺。本尊は関東造の優作と拝される。山内堂塔の結構はまことに見事。毎年4月のマダラ鬼神祭は奇祭として有名。

第25番　大御堂（おおみどう）　筑波山の中腹に徳一法師（とくいつ）によって開かれた霊場。江戸時代に幕府の保護により18間4面の本堂・三重塔・楼門等の建立をみたが、明治の神仏分離令によって栄光の歴史を閉じた。昔は男体・女体の2峰は千手・十一面観音を本地（なんたい　にょたい）としていた。

第26番　清滝寺（きよたきじ）　行基菩薩の来錫と筑波2神の遊幸を得て、清水の湧く所に観音像を感得、奉安したのに創まる。また徳一法師の開基とも伝えるが、この山の荘の歴史は古い。永禄・元亀の兵火およびその後の回禄（かい　ろく）に堂舎・寺宝を失ったが、村民の篤心により最近新本堂が竣工した。

第27番　円福寺（えんぷくじ）（飯沼観音）　銚子市の要部に位置し、その市街は門前町として発展した。漁民の信仰が特に篤いが、寺伝によれば神亀5年（728）、本尊を感得したのも清六という漁師であったという。その時に天から降来の奇瑞があったので「飯沼」の地名がある。本坊には古文書・什宝が多い。

第28番　龍正院（りゅうしょういん）（滑河観音）　領主小田将治（おだまさはる）の信仰と慈覚大師の来山により開創。本堂は江戸初期の建築で欄間の彫刻は素晴らしい。室町期の遺構たる仁王門は重文指定。その仁王尊が門前の火災を大きな扇で消し止めたという伝説は有名。利根川べりにある「観音応現碑」に縁起をしのびたい。

第29番　千葉寺（ちばでら）　行基菩薩がこの地を訪れ、弥陀・観音二尊がその花

の中で説法したという蓮華を感得し、本尊を刻む。境内で発掘される布目瓦(ぬのめがわら)は奈良期の様式を示し、創立の古さを語る。代々、千葉氏の庇護を受け、繁栄の基礎をかためてきた。最近建立された本堂は、その寺格にふさわしい大堂。

28番・龍正院

第30番 高蔵寺(こうぞうじ)（高倉観音）　用明天皇のころ、大木アサバの梢に示現した本尊を徳儀上人が感得し開基となる。霊験をうけた藤原鎌足(かまたり)とのゆかりを説く地名伝説もある。本堂は斧で削ったままの16角の88本の巨大な柱に支えられた高床式(たかゆかしき)の鎌倉期の壮大な建物。用材は東北からという。

第31番 笠森寺(かさもりでら)　延暦3年（784）伝教大師が創立。後一条天皇が飛騨の工匠(たくみ)一条康頼と堀川友成に命じて造建させた観音堂は、30メートルの高さをもつ四方懸崖造(けんがい)、我が国唯一の結構。重文指定。本堂よりの景観はまことに雄大。日蓮聖人参籠の間がある。霊木・子授け楠はほほえましい。。

第32番 清水寺(きよみずでら)　伝教大師が東国巡錫の折、山城国音羽山に似た景観を嘉(よ)みし、後に慈覚大師が開山となる。像高1.1メートル、寄木造の本尊は、まことに愛くるしい顔立ち、鎌倉後期の作といわれ「房総一の美女」観音として崇められている。本堂前の池は夏も水涸れしない。

第33番 那古寺(なごじ)　坂東結願(けちがん)のこの霊場は、風光明媚(ふうこうめいび)な鏡が浦を望む地。山号にふさわしい浄地である。行基菩薩が霊夢を感じて海中よりの霊木で本尊を刻み安置する。本堂・仁王門・阿弥陀堂・多宝塔など、いずれも見事な結構で、栄光の寺史を示している。本堂前に納札塚がある。

（清水谷孝尚）

★問合せ先

坂東札所霊場会事務局
浅草寺☎03―3842―0181

★案内書

清水谷孝尚著『観音巡礼』（文一出版刊）

清水谷孝尚著『坂東33か所』（保育社刊）

平幡良雄著『坂東観音巡礼』（満願寺教化部刊）

坂東札所霊場会編『坂東三十三所観音巡礼』（朱鷺書房刊）

秩父三十四観音霊場

秩父（埼玉県）には不思議な魅力がある。東京から日帰りで軽く行ける所でありながら、地質学の宝庫といわれる起伏にとんだ盆地で、日本武尊（やまとたけるのみこと）の伝説が残る武甲山（ぶこう）を眺めながら、古い道しるべを頼りに歩いていくと、懐かしい郷愁に心がうるおってくる。

痛ましいほど火災をうけた札所が多く、お堂はほとんどが粗末だが、ひっそりと私たちを待っていてくれ、心が安らぐ。秩父の古い歴史を訪ね、江戸庶民の祈りや苦楽のあとをたどっていくと、土地の人の純朴な人情にふれることができて、観音さまの化身ではないかと感動する。

四季おりおりに変わる木の色、野の花が道端を彩って、桜の季節はとりわけ美しく、切なさがかきたてられる。

秩父の札所の成立年代ははっきりしないが、長享2年（1488）の番付が32番法性寺に残っており、室町時代の中期には成立していたと推測される。初めは33か所だったが後に1か所加えられて34か所になり、西国・坂東と合わせて百観音が成立した。

第1番　四萬部寺（しまぶじ）（妙音寺（みょうおんじ））　関東三大施餓鬼の一つで有名な施餓鬼会が毎年夏に行われる。飢餓に苦しむ生きものに飲食の施しをする供養で、歴史は1000年余も昔の性空上人（しょうくう）が法華経4万部を書写してこの地に経塚を築いたことに創まる。建物は名匠の作で県の文化財に指定され、珍しい施食殿が残っている。

第2番　真福寺（しんぷくじ）　高篠山の中腹にあり、江戸中期には華麗な寺であったそうだが明治に焼失し、今は観音さま一人ぼっちの無住の簡素なお堂である。でもよく見ると向拝（ごはい）の彫刻や唐戸に、桃山調の雄渾な余韻が残され、札所中の逸品である。歩くと九十九折の山道だが、可憐な野仏に出会って感動も深い。天然記念物の金木犀（きんもくせい）も見られる。

第3番　常泉寺（じょうせんじ）　近くに岩と水の美しい横瀬川があり、昔ながらの機屋（はたや）さんが多く、素朴な生活の息吹きが懐かしい。境内には「長命の井戸」があり、霊験あらたかな「子持石」

1番・四万部寺

と眼病に効くという「不睡石」があるが、うっかりしていると見落としてしまう。お堂の彫刻がにぎやかで、向拝の竜の丸彫りが見事である。

第4番　金昌寺（きんしょうじ）　札所随一の仁王門と、千数百体の石仏群で広く知られている。「亡くなった人に巡り合える札所」として写真のない昔は、裏山の峰や谷間で故人の名を呼んで、死霊を呼び戻すことが信じられたという庶民の霊場であった。当時は飢饉や洪水、江戸の大火、浅間の噴火が続いた。寄進者には武士も農民も商人も奥女中もいる。なかでも人気のあるのは、かくれキリシタンのマリヤ像ともいわれる慈母観音像とユーモラスな禁酒地蔵。

第5番　長興寺（ちょうこうじ）　通称「語歌堂（ごかどう）」と呼ばれ、昔本間某が歌道精進のためにこもっていると、観音の化身が現れて教えてくれたという伝説的縁起がある。本尊の准胝観音というのは仏母尊として安産、夫婦和合、諸病平癒の珍しい女性観音。

第6番　卜雲寺（ぼくうんじ）　通称「荻野堂」は丘の中腹に石垣と緑樹に包まれて、民家のような造りである。境内からの見晴らしは、静かな農村と緑の谷を越えて、武甲山とその山波が日によって遠く近く、絵のようにのどかで心も溶け込んでゆきそうな風景である。

第7番　法長寺（ほうちょうじ）　通称「牛伏堂（うしぶせ）」と呼ばれ、平将門（まさかど）伝説や牧童の話、また藤原不比等（ふひと）の絵物語などもある。札所随一の大伽藍。山門には菊の御紋章があり、庫裡は新築の旅館のようで、境内も広い。お堂の扉が閉ざされていても、自分で開けて中を拝むことができるのは有り難い。

第8番　西善寺（さいぜんじ）　武甲山が目の前である。秩父の象徴といわれ秀麗な山容を誇っていたが、今は石灰岩の採掘で無残な姿である。境内には天然記念物の樹齢500年の紅葉があり、由緒ある寺で、欄間には中国二十四孝の絵物語が彫刻され、御利益は嫁と姑が仲よくなるという。

第9番　明智寺（あけちじ）　寺の名と伝説のように昔は縁起のよい神聖な地であったそうだが、今はセメント工場のために白い粉と匂いが一面にただよって、どこもほこりまみれ。民家造りの寺で、本尊の如来輪観音が女性的ということで、安産と子育て祈願の女性に人気がある。千羽鶴や千匹猿が大切にされている。

第10番　大慈寺（だいじじ）　この辺は聖地公園へ続く東丘陵自然歩道に面して、のどかな田園風景がひろがっている。道に面して延命地蔵の情のこもった坐像があり、堂内には病気平癒の「撫（な）で仏」といわれるおビンズルさまが安置されて、村の氏神さまのように親しまれている。

第11番　常楽寺（じょうらくじ）　北側に秩父セメントの大工場があって、石灰石を砕く音がガンガンと響き、建物も庭の名木も痛々しい。でも寺を守る人のこまやかな配慮がみられ、桜の季節には境内一面に花吹雪が舞い、散りしいて、はだしで歩きたいほどの情

緒がある。

第12番　野坂寺（のさかじ）　檀家の多い堂々たる寺だが、昔は山賊の劇的な由来があって面白い。楼門には閻魔大王（えんま）など十王像が並んでいる。この世で悪いことをすると地獄に落ちるという中国の十王信仰だが、現世と地獄の中間にお地蔵さまがいて、ここでは札所の祖、性空上人が地蔵の化身とされ、人間の罪を救ってくれるという。

第13番　慈眼寺（じげんじ）　名の通り眼病に霊験ありといわれる。札所ではここにしかない仏教聖典の一切経蔵があり、また札所開拓の十三聖者像もある。「性空上人、閻魔大王、倶生神、花山法皇、春日開山医王上人、白河法皇、長谷徳道上人、良忠僧都、通観法印、善光寺如来、妙見菩薩、蔵王権現、熊野権現」という奇想天外なメンバーである。

第14番　今宮坊（いまみやぼう）　古い修験道場で、開祖は平安朝時代の役行者と弘法大師（えんの）とされている。霊験記によると、戦国時代の興亡の歴史がしのばれる。檀家をもたないので貧しいが、堂内の飛天像は名品で、心を込めて守られている。

第15番　少林寺（しょうりんじ）　札所唯一の洋風白亜のお堂。そして数百種にのぼる庭木が丹念に育てられ、一年中花が絶えない。堂内には三十三観音の女神のような絵姿が見られる。

第16番　西光寺（さいこうじ）　古い観音堂の原型といわれる札堂が納札を打ちつけた釘跡もそのままに残っている。近年納札が紙になったが、昔は木札を打ちつけていた。本堂は広く、江戸中期、年間4、5万の巡礼者が訪れたころがしのばれる。ここには秘密の天井部屋も残っている。回廊には四国まで行けない人のために、八十八ヵ所の本尊が安置されている。

第17番　定林寺（じょうりんじ）　鎌倉時代には、ここが1番札所であった。通称「林寺」と呼ばれ、史劇的な縁起話があり、土地の氏神さまのように親しまれているが、県文化財指定の梵鐘には、子殺しの悲しい由来がある。

第18番　神門寺（ごうどじ）　神木でうっそうとした昔の面影はなく、住宅に囲まれた気の毒な観音堂である。明治の廃仏毀釈のなごりで、向拝の鬼瓦の上に神社の千木（ちぎ）が取り付けられている。

第19番　竜石寺（りゅうせきじ）　弘法大師と悪竜の伝説が残っている古寺で、荒川に沿った岩盤上にあり、川の氾濫につけ、旱魃（かんばつ）につけ、村人の信仰をあつめてきた。三途婆堂があって、今は子育て婆さんとして親しまれている。

第20番　岩之上堂（いわのうえどう）　荒川西岸の険しい崖上にあり、昔は渡し舟で渡ってきた。長い歳月、内田家個人で大切に守ってきた、札所中で屈指の雰囲気のあるお堂である。天蓋は美しい笠鉾で飾られ、奉納俳句や浮世絵が壁を埋め、本尊が安置されている宮殿形の厨子も立派で、御利益の物語もいろいろ伝えられている。

第21番　観音寺（かんのんじ）　通称「矢之堂」と呼ばれ、平将門が矢を納めたとも、

秩父三十四観音霊場（埼玉県）

1	四万部寺（妙音寺）	曹洞宗	聖観音	秩父市栃谷
2	真福寺	曹洞宗	聖観音	〃 山田
3	常泉寺	曹洞宗	聖観音	〃 山田
4	金昌寺（新木寺）	曹洞宗	十一面	〃 山田
5	長興寺（語歌堂）	臨済南禅	准胝	秩父郡横瀬町横瀬
6	卜雲寺（荻野堂）	曹洞宗	聖観音	〃 横瀬町苅米
7	法長寺（牛伏堂）	曹洞宗	十一面	〃 横瀬町苅米
8	西善寺	臨済南禅	十一面	〃 横瀬町横瀬
9	明智寺	臨済南禅	如意輪	〃 横瀬町中郷
10	大慈寺	曹洞宗	聖観音	〃 横瀬町横瀬
11	常楽寺	曹洞宗	十一面	秩父市熊木町
12	野坂寺	臨済南禅	聖観音	〃 野坂
13	慈眼寺	曹洞宗	聖観音	〃 東町
14	今宮坊	臨済宗	聖観音	〃 中町
15	少林寺	臨済建長	十一面	〃 番場町
16	西光寺	真言豊山	千手	〃 中村町
17	定林寺（林寺）	曹洞宗	十一面	〃 桜木町
18	神門寺	曹洞宗	聖観音	〃 下宮地町
19	竜石寺	曹洞宗	千手	〃 大畑町
20	岩之上堂	臨済南禅	聖観音	〃 寺尾
21	観音寺（矢之堂）	真言豊山	聖観音	〃 寺尾
22	栄福寺（童子堂）	真言豊山	聖観音	〃 寺尾
23	音楽寺	臨済南禅	聖観音	〃 寺尾
24	法泉寺	臨済南禅	聖観音	〃 別所
25	久昌寺（御手判寺）	曹洞宗	聖観音	〃 久那
26	円融寺（岩井堂）	臨済建長	聖観音	〃 下影森
27	大淵寺（月影堂）	曹洞宗	聖観音	〃 上影森
28	橋立寺	曹洞宗	馬頭	〃 上影森
29	長泉院（石札堂）	曹洞宗	聖観音	秩父郡荒川村上田野
30	法雲寺	臨済建長	如意輪	〃 荒川村白久
31	観音院	曹洞宗	聖観音	〃 小鹿野町飯田観音山
32	法性寺	曹洞宗	聖観音	〃 小鹿野町般若
33	菊水寺	曹洞宗	聖観音	〃 吉田町桜井
34	水潜寺	曹洞宗	千手	〃 皆野町日野沢

22番・栄福寺

邪神を神矢で退散させたともいう伝説による。建物は火災で失ったが、本尊が無事であったということから、火難除けの仏さまとされている。

第22番　栄福寺（えいふくじ）　通称「童子堂」。童子仁王が珍しい。犬にされた子供がここで人間に戻ったという、不気味で面白い因縁話があるが、あたりは絵に描きたいようなのどかな田園風景なので、人々の人間性も回復する感じだ。お堂の屋根の形、天井の絵、唐戸の彫刻など、当時は札所きっての華麗さで評判だったという。

第23番　音楽寺（おんがくじ）　1000年余も昔、慈覚大師が関東霊地開拓のためこの地に来たが、小鹿が山上に案内したという伝説に始まり、観音信仰の物語が幾つも残っている。武甲山と秩父盆地を一望におさめる屈指の眺望で、秩父事件では困民党がこの寺で鐘（市文化財）を鳴らして決起した、悲しい記念の場所でもある。

第24番　法泉寺（ほうせんじ）　急勾配の100段余もある古い石段を上ってゆく。白山信仰の修験寺の名残りで白山観音とも呼ばれ、遊女の物語も残ってい

る。観音堂は無住でわびしい。左右に仁王門が取り付けられた、全国に類のない形式である。

第25番　久昌寺（きゅうしょうじ）　茅ぶき屋根の古びた仁王門と、貪欲な鬼女と娘の物語が残っているお堂は、荒れはてているが、裏の竹林越しに弁天池に屋根の映る風景は、印象的である。閻魔大王から賜わったというお手判寺で知られている。

第26番　円融寺（えんゆうじ）　本堂には県文化財の勝軍地蔵や絵などあるが、通称「岩井堂」といわれる観音堂は、心臓破りの石段といわれる300余段を上った崖上にある。難所の一つで、懸崖から張り出した華麗な舞台造のお堂は、当時天下にきこえた絶景であった。今は凄絶な武甲山を目の前にして、高所恐怖症の人は足がすくんでしまう。

第27番　大淵寺（だいえんじ）　26番から27番への尾根伝いの道は、歩くと札所きっての魅力あるコースなのだが、今は町の中を車で行くことが多い。通称「月影堂」と呼ばれ、弘法大師の霊験あらたかな縁起によるものだが、お堂の背景に関東三大観音といわれる護国観音が、どっしりと上半身を見せて頼もしさを与えてくれる。

第28番　橋立寺（はしだてじ）　鍾乳洞で名高い観光地として、売店があり客で賑わっているが、自然の風景によく溶け込んで、神秘な驚きや感動を与え

る。本尊は珍しい馬頭観音。交通の守り神ということだが、今は競馬に凝っている人に人気があるという。

第29番　長泉院　通称「石札堂」といわれ、江戸中期には「笹戸の観音」として栄えた由緒ある寺。山岳宗教の名残りで、霊験あらたかな摩訶不思議な伝説が残っている。堂内には葛飾北斎の絵もみられ、格天井は民芸ふうに納札で飾られている。

第30番　法雲寺　ここから先は札所の距離が10キロ以上も離れ、山の難所もあり、徒歩は困難である。今は門前まで車で行けるが昔は馬に乗る人もいたという。本堂は気品のある江戸中期の建物で、庭木が美しい。本尊は珍しい中国の如意輪観音。それも玄宗皇帝が楊貴妃のために彫刻して、三蔵法師が眼を入れたというから面白い。

第31番　観音院　難所中の難所で、10万8000体の仏像が全山にあるという規模の大きい寺。お堂左手の崖に千体仏が爪彫りされているのが感動を受ける。昔の修行僧が自分の手で血を流して彫りつけた苦行のあとがしのばれる。

第32番　法性寺　通称「お船の観音」で絵や記録に残されている。観音堂は荒れてはいるが舞台造。奥ノ院に船形の岩山があって、昔は命がけの行場であった。今も登ってみると、死の淵をのぞくようなぞくぞくする岩尾根で、先端に美しい大日如来が祀られている。参詣はスリル最高である。

第33番　菊水寺　のどかな山里の風景だが、昔は近くの峠に8人の山賊衆がいたそうで、彼らが旅の僧に諭されて仏道に入った話が縁起になっている。壁の額に赤子を殺している母親の絵があり、貧しい山村での間引きを戒めている。今は子宝に恵まれるという御利益がある。

第34番　水潜寺　お堂の前に「お砂踏み」の石があって、西国・坂東・秩父の百観音のお砂が集められ、足型の上に乗ると、全部を巡拝したことになるという。結願の札所にふさわしく、建物は内陣が広く、見事な彫刻がなされ、納札もいっぱいで満願の笠や杖が納められている。また「再生を念ずる胎内くぐり」という水くぐりの岩屋があって、暗くて狭くてぬれた岩の足元が危ないけれど、ここをくぐって身を浄めてから俗界へ帰るのが巡礼の作法とされている。結願のすがすがしさは格別である。

（広池秋子）

★問合せ先

秩父札所連合会事務局
慈眼寺　☎0494—25—1170

★案内書

平幡良雄著『秩父三十四ヵ所』
（満願寺教化部刊）
山田英二著『心から心への旅路　秩父三十四観音めぐり』（大蔵出版刊）

北海道・東北の観音霊場

北海道三十三観音霊場

　開拓者で徳島県出身の山本ラク（大正15年没）の発願により、大正2年（1913）西国霊場の各本尊を模刻した観音像（名古屋在の仏師・八代目亀井義門刻）を33ヵ寺に奉納したことに創まる。その後衰退していたが、昭和60年（1985）に霊場会を結成、再興した。全札所が真言宗寺院で「弘法大師を祀るお寺」で構成しているのが特徴。北海道全域にわたり、全長2300キロ、車で巡拝する場合、観光も含めて10泊11日が標準。

　1番**高野寺**の本尊大日如来像は、高野山の谷上大日堂より移遷された平安時代の作で国の重文。また霊場（大師堂）本尊の如意輪観音像は山本ラクの念持仏を昭和62年（1987）に徳島の円行寺から移遷したものである。2番**神山教会**の札所本尊弘法大師像は高野山明星院から移遷された尊像である。

　9番**新栄寺**は千葉の成田山新勝寺の札幌別院で、北海道不動霊場の36番札所でもある。16番**金峰寺**の本堂はインド様式の建物で、スリランカ招来の仏歯を奉安した聖石がある。18番**富良野寺**の納経所では巡礼者の延べ通し番号（抽選券付き）をくれるという。

　20番**密厳寺**と30番**日高寺**の裏山にはミニ四国霊場がある。24番**弘道寺**には高村光雲作の阿弥陀如来像がある。29番**龍徳寺**は馬頭観音を祀るが、この辺りは馬産地でもあり、競馬関係者の参詣が多いという。31番**円昌寺**は春は桜、秋は紅葉の名所として知られる。

　33番**大正寺**は西国霊場の29番**松尾寺**より明治37年（1904）松尾了山が渡道して説教所として設立したことに創まる寺で、松尾寺請来の涅槃図（江戸時代作）がある。

★問合せ先
北海道三十三観音霊場会事務局
真言寺☎0164—23—2672
★案内書
平幡良雄著『北海道観音巡礼』
（満願寺教化部刊）

津軽三十三観音霊場

　観世音の聖地を巡拝するために作られた"三十三霊場"は、日本では西国三十三ヵ所が創まりであり、津軽三十三ヵ所も、これにならって定められた。本州の最も北の端に位置する青森県は、古代には文化の外にあったといわれてきた土地であり、文献に初めて登場するのは斉明天皇の4～6年（658～660）で、それには「都加留(つがる)」と書かれている。「陸奥国(むつのくに)」とか「道の奥の国」と呼ばれるようになったのは8世紀の初めで

北海道・東北の観音霊場

北海道三十三観音霊場（北海道）

1	高野寺	高野真言	如意輪	函館市住吉町
2	神山教会	高野真言	十一面	〃　陣川町
3	菩提院奥之院	真言智山	千手	寿都郡寿都町新栄町
4	金剛寺	高野真言	千手	虻田郡倶知安町北6条東
5	本弘寺	高野真言	千手	岩内郡岩内町東山
6	仁玄寺	高野真言	千手	余市郡仁木町西町
7	日光院	高野真言	如意輪	小樽市富岡
8	精周寺	真言豊山	十一面	〃　最上
9	新栄寺	真言智山	不空羂索	札幌市中央区南7条西
10	立江寺	高野真言	千手	石狩市花畔
11	弘清寺	真言善通	准胝	夕張郡栗山町角田
12	遍照寺	高野真言	千手	空知郡奈井江町南町
13	真言寺	高野真言	如意輪	深川市7条
14	丸山寺	高野真言	如意輪	〃　一已町大師
15	春宮寺	高野真言	十一面	上川郡東神楽町東
16	金峰寺	高野真言	千手	旭川市5条通
17	弘照寺	高野真言	十一面	空知郡中富良野町基線北
18	富良野寺	高野真言	如意輪	富良野市本町
19	松光寺	真言智山	千手	帯広市東6条南
20	密厳寺	高野真言	千手	中川郡本別町朝日町
21	西端寺	高野真言	聖観音	釧路市米町
22	清隆寺	真言智山	千手	根室市松本町
23	大法寺	真言智山	千手	枝幸郡中頓別町
24	弘道寺	高野真言	十一面	網走市桂町
25	宝珠寺	高野真言	千手	紋別郡上湧別町
26	大日寺	高野真言	聖観音	紋別市潮見町
27	最北大師真言寺	高野真言	如意輪	稚内市中央
28	弘法寺	高野真言	聖観音	中川郡美深町大手
29	龍徳寺	高野真言	馬頭	静内郡静内町本町
30	日高寺	高野真言	千手	沙流郡門別町富川東
31	円昌寺	真言東寺	聖観音	三石郡三石町本桐
32	亮昌寺	高野真言	千手	虻田郡虻田町清水
33	大正寺	高野真言	十一面	室蘭市沢町

★案内書　資延憲英著『北海道三十三観音』（同成社刊）

あり、青森県が都の遠方であることを示している。

この「道の奥」のはて、津軽に観音さまが紹介されたのは、天平年間（729～49）のことと伝説はいう。大化改新後、大和朝廷の組織下に入り陸奥国として設置されたが、その後も100年間にわたり「蝦夷」と呼ばれ、なお「王化に浴せず」の地であった。聖武天皇に命じられた行基は道の奥に入り、はるばると津軽までやって来て布教に努め、"目屋"附近に滞在して千手観音像を彫り、蝦夷に霊験を示して去って行ったと伝わるが、これが今は第2番札所として存在している。その後、相次いで天台宗や真言宗の僧侶が津軽に入り、観音堂、不動堂、大日如来堂などを建立した。

鎌倉時代をふくめて南北朝時代、室町時代、戦国時代と、津軽では豪族が興亡をくりかえす。鎌倉幕府から地頭代に命ぜられた曾我氏を筆頭に工藤氏、安東氏、藤原氏、金沢氏、葛西氏、南部氏一族、そして津軽氏などの豪族たちは、同族の繁栄を祈願するために、それぞれ「護寺」を建立し、その中には観音堂もあったろう。ここ奥州津軽郡も津軽氏の支配下に入り、急速に開発が進んだ。原野だった土地が美田に変わり、村落が次々と誕生し、住民には産土神が必要となった。村びとの拠金や奉仕や、篤志家たちによって続々と観音堂等が建立され、当然のことながら観音講も生まれ、このような信仰心、堂舎、講組織が津軽三十三霊場の母体となった。

一方、巡礼などによる長期間の出国者が増えれば、領外へ貨幣や労働力が流出し、経済を圧迫しかねない。そこで出国禁止令や取り締まりが強化され、領内の霊場巡拝が奨励される結果になった。明治の廃仏毀釈では壊滅にひとしいような影響を受け、再び観音巡礼が復活するのは明治中期に入ってからである。観世音がもたらす衆生済度は、きめこまかく、活動的といわれ、そのうえ「現世利益」があるとされる。戦乱、貧困、病気によって苦しみ続けた人々にとって、生きている現在を救ってくれる仏さまは大きな魅力であった。信者、特に民衆は、現在の救いに大きな期待をかけたのである。

1番久渡寺は、弘前市の中心部から南へ4.8キロ。津軽霊場の中では一番長い石段、227段を上りつめると、中央が聖観音堂と奥ノ院、左に本堂、右に鶴亀延命堂がある。辺りを包む老杉が600年の古い歴史を物語っている。昭和43年（1968）、弘前市がここに「こどもの森」を設けた。遊び場、キャンプ施設もあり、親子連れで賑わっている。

3番求聞寺は、華麗な岩木山神社のそばにあるが、神社とは少し趣きの異なった仙境である。石段の両側には歴史を語る老杉があり、根元には三十三観音の石像が並んで本堂まで案内してくれる。昭和40年には、本堂横に休憩所をかねた庫裡が建て

津軽三十三観音霊場（青森県）

1	久渡寺（真言宗）	聖観音	弘前市坂元山元
2	清水観音堂（多賀神社）	千手	〃 桜庭清水流
3	求聞寺（真言宗）	聖観音	中津軽郡岩木町百沢寺沢
4	南貞院（浄土宗）	聖観音	弘前市高杉山下
5	巌鬼山観音堂（巌鬼山神社）	十一面	〃 十腰内猿沢
6	湯舟観音堂（高倉神社）	聖観音	西津軽郡鰺ヶ沢町湯舟町
7	北浮田弘誓閣（高倉神社）	聖観音	〃 鰺ヶ沢町北浮田
8	日照田観音堂（高倉神社）	十一面	〃 鰺ヶ沢町日照田
9	見入山観音堂	如意輪	〃 深浦町追良瀬
10	円覚寺（真言宗）	十一面	〃 深浦町深浦浜町
11	下相野観音堂（高城八幡宮）	如意輪	〃 森田村下相野野田
12	蓮川観音堂（月夜見神社）	千手	〃 木造町蓮川清川
13	川倉芦野堂（三柱神社）	聖観音	北津軽郡金木町川倉林下
14	弘誓寺観音堂	千手	〃 中里町尾別胡桃谷
15	薄市観音堂	千手	〃 中里町薄市山
16	今泉観音堂（神明宮）	千手	〃 中里町今泉唐崎
17	春日内観音堂（相内飛竜宮）	聖観音	〃 市浦村相内岩井
18	海満寺（浄土宗）	聖観音	〃 小泊村小泊
19	義経寺（浄土宗）	聖観音	東津軽郡三厩村家ノ上
20	高野山観音堂	十一面	〃 今別町今別
21	鬼泊巌屋観音堂（滝見観音）	聖観音	〃 今別町袰月袰村元
22	正覚寺（浄土宗）	聖観音	青森市本町
23	夢宅寺（曹洞宗）	聖観音	〃 浅虫山下
24	入内観音堂（小金山神社）	聖観音	〃 入内駒田
25	松倉観音堂（松倉神社）	十一面	五所川原市前田野目野脇
26	法眼寺（黄檗宗）	十一面	黒石市山形町
27	袋観音堂（白山姫神社）	馬頭	〃 袋富岡
28	広船観音堂（広船神社）	千手	南津軽郡平賀町広船平沢
29	沖館観音堂（神明宮）	十一面	〃 平賀町沖館宮崎
30	大光寺慈照閣（保食神社）	千手	〃 平賀町大光寺
31	居土普門堂（熊野神社）	千手	〃 大鰐町居土観音堂
32	苦木観音長谷堂（熊野神社）	聖観音	〃 大鰐町熊野平
33	普門院（曹洞宗）	聖観音	弘前市西茂森町

(8番は松源寺、9番は円覚寺、17番は蓮華庵、21番は本覚寺、25番は元光寺、27番は薬師寺が管理もしくは納経所。他に地元の人が管理する観音堂が多い。)

られ、巡拝者に便宜をはかっている。
5番**巌鬼山観音堂**（巌鬼山神社）は、明治の初めまでは「十腰内観音堂」と呼ばれていた。そして今でも、十一面観音像は大山祇命とともに、巌鬼山神社の神殿に安置されている。ここの神域（境内）は130ヘクタールもあり、2本の大杉は県の天然記念物に指定されている。

8番**日照田観音堂**（高倉神社）は、鯵ヶ沢赤石集落から東南へ4キロ、日照田集落を経て、さらに100メートル進むと左手に大きな檜造りの鳥居が風雪にさらされて建っている。「御嶽」と呼ぶ丘があり、そこが十一面観音を祀る高倉神社である。山腹を利用しているので、境内の敷地は狭い。しかし、見事な老木群が霊場の神秘感をかもし出している。

9番**見入山観音堂**は、命がけの霊場と異名があるほど急角度の径を、よじ登るようにして行くと観音堂にたどりつく。お堂は、土台に櫓を組んで縁側に欄干をまわした舞台造。窟の中にはめ込むように建てられているので別名「窟観音」ともいわれている。場所が場所だけに、長い間無住が続き、10番札所の円覚寺が札所集印所となっている。10番**円覚寺**は、津軽三十三霊場の西のはてにあり、樹齢1100余年の"竜灯の杉"を初め、老杉、巨木がうっそうと林立する境内を見れば、古い名刹であることが分かる。「深浦の観音さま」と愛され親しまれ、潤（入江）の奥、渚近くにあるために、信者や船乗りたちに「深浦澗口観音」と呼びならわされてきた。

19番**義経寺**は、義経伝説がある土地である。それによれば、源義経は北へ落ちのび、この地にたどりついて蝦夷ヶ島（北海道）へ渡ろうとしたが、風波が強く渡海不可能であった。そこで、海岸にある巌上に端坐し、3日3晩観世音に悲願した。満願の朝、白髪豊かな老翁が夢枕に現れ、「竜馬三頭を与うべし」と告げた。感謝した彼は、巌上に持仏の聖観音像を安置し、供とともに竜馬にまたがり、蝦夷ヶ島へ渡ったという。

25番**松倉観音堂**は、足腰の弱い巡礼者には厳しい霊場といえる。標高460メートルの梵珠山は、今は県民の森になっている。奈良時代に法相宗の僧、道昭上人が中国留学の後に諸国行脚の折、ここに教義を伝え、悩める人々の救済に努めた。眼下に津軽平野、近くに岩木山、遠くに日本海が眺望でき、読経をすませたあとの気持ちはまさに極楽浄土であり、観音の補陀落世界にいる気分になる。

33番**普門院**は、弘前市内では最も高い土地にある。禅林三十三ヵ寺（曹洞宗寺院が三十三ヵ寺並ぶ）のうちの一つ。明治維新・神仏仕分け以後、普門庵は講中組織に支えられ命脈を保ってきたが、大正7年（1918）に寺格を受け、普門院となった。巡礼を終えた信者たちは、満願祈禱を受けて満足げに下山してゆく。

（白沢運三）

★問合せ先
　久渡寺☎0172—88—3939
　普門院☎0172—32—5105
★案内書
　平幡良雄著『津軽―観音巡礼』
　（満願寺教化部刊）

奥州三十三観音霊場

　保安4年（1123）の開創と伝える。福島・宮城・岩手の3県にまたがり、奥州の歴史と文化を知るうえで貴重な寺もある。また松島・三陸・平泉などの観光地の近くに多くの札所があるのも特徴。全札所巡拝は仙台市を起点にして3泊4日。

　1番**紹楽寺**は高舘山の山麓にあるが、山の中腹に建つ那智神社（名取の老女・旭によって勧請された、奥州三十三観音霊場の発祥の地）へも参詣したい。2番**秀麓斎**は坂上田村麻呂が東征の途次に戦勝祈願を込めて三井寺観音を勧請したのに創まる寺で、後に伊達尚宗が保護し、本堂には本尊の聖観音とともに伊達氏寄進の1000体の地蔵菩薩が奉安されている。

　4番**斗蔵寺**は大同2年（807）弘法大師の開山と伝え、坂上田村麻呂が建立したという観音堂は斗蔵山（海抜238メートル）の山頂にある。5番**名取千手観音堂**は佐藤家の邸内にある。6番**瑞巌寺**は門前の三聖堂が札所で、堂内には恵心僧都作という聖観音を中心に、左に達磨大師、右に菅原道真像が安置されている。

　10番**興福寺**は大同2年（807）坂上田村麻呂によって創建された古寺で、地元では「大嶽の観音さん」と呼び親しまれている。現存の本尊は宝永7年（1710）伊達綱村の寄進によるものと伝える。11番**天王寺**は聖徳太子が四天王寺を創建したに関わる古寺で、太子作と伝える毘沙門天像や、恵心僧都作と伝える聖観音像がある。13番**大聖寺**は弘法大師作の白檀の聖観音像を祀り、後に平泉の藤原秀衡が再興したと伝え、観音堂に秀衡の念持仏・聖観音（秘仏）が奉安されている。

　14番**大慈寺**の本尊聖観音は運慶作と伝える。境内には西行法師が諸国行脚中に当寺に立ち寄って詠んだという「頼もしや大慈の法の誓には玉のうてなに花の白雲」の歌碑が建てられている。15番**華足寺**は馬頭観音の札所で、馬を初めとする動物加護の寺で知られる。

　25番**黒石寺**は天平2年（730）行

25番・黒石寺

奥州三十三観音霊場

1	紹楽寺	曹洞宗	十一面	宮城県名取市高舘吉田真坂
2	秀麓斎	曹洞宗	聖観音	〃　〃　高舘吉田上鹿野東
3	金剛寺	真言智山	十一面	〃　〃　高舘川上八反
4	斗蔵寺	真言智山	千手	〃　角田市小田斗蔵
5	名取千手観音堂		千手	〃　名取市増田字柳田（佐藤宅）
6	瑞巌寺	臨済妙心	聖観音	〃　宮城郡松島町松島町内
7	大仰寺	臨済妙心	千手	〃　〃　松島町富山
8	梅渓寺	曹洞宗	聖観音	〃　石巻市湊牧山
9	箟峰寺	天台宗	十一面	〃　遠田郡涌谷町箟岳神楽岡
10	興福寺	天台宗	十一面	〃　登米郡南方町本郷大嶽
11	天王寺	臨済妙心	聖観音	福島県福島市飯坂町天王寺
12	観音寺	浄土宗	聖観音	〃　伊達郡桑折町万正寺坂町
13	大聖寺	真言豊山	聖観音	〃　〃　桑折町上郡観音沢
14	大慈寺	曹洞宗	聖観音	宮城県登米郡東和町米川
15	華足寺	真言智山	馬頭	〃　〃　東和町米川
16	清水寺	真言智山	聖観音	〃　栗原郡栗駒町岩ケ崎桐木沢
17	大祥寺	曹洞宗	十一面	岩手県西磐井郡花泉町老松水沢屋敷
18	道慶寺	曹洞宗	如意輪	〃　花泉町老松館平
19	新山観音堂		十一面	〃　花泉町金沢永沢前
20	徳寿院	曹洞宗	千手	〃　花泉町花泉西郷目
21	観音寺	曹洞宗	馬頭	宮城県栗原郡金成町有壁館下
22	勝大寺	真言智山	十一面	〃　〃　金成町津久毛小迫三嶋
23	長承寺	曹洞宗	千手	〃　登米郡中田町上沼大泉
24	長谷寺	天台宗	十一面	〃　中田町浅水長谷山
25	黒石寺	天台宗	千手	岩手県水沢市黒石町山内
26	長泉寺	曹洞宗	十一面	〃　東磐井郡大東町大原長泉寺先
27	観福寺	天台宗	聖観音	〃　一関市舞川龍ヶ沢
28	大善院		千手	〃　大船渡市赤崎町鳥沢
29	普門寺	曹洞宗	聖観音	〃　陸前高田市米崎町池竹沢
30	補陀寺	曹洞宗	如意輪	宮城県気仙沼市古町
31	聖福寺	曹洞宗	七面	岩手県岩手郡西根町寺田
32	正覚院	天台宗	十一面	〃　〃　岩手町御堂
33	天台寺	天台宗	聖観音	〃　二戸郡浄法寺町御山

基菩薩の開山と伝え、当初は薬師寺と称した古刹である。慈覚大師が中興して黒石寺と改称され、盛時は伽藍48宇、子院18坊を数えた。旧正月7・8日の黒石寺蘇民将来祭は裸祭として知られ、天下の奇祭といわれる。

33番**天台寺**も行基菩薩が開山し、後に慈覚大師が巡 錫(じゅんしゃく)して諸仏を刻んで再興したと伝える名刹。仁王門には運慶作という仁王像が安置され、本堂には行基菩薩が山中の桂の大木で刻んだと伝える聖観音像が奉安されている。昭和51年(1976)に今春聴師、同62年に瀬戸内寂聴師が住職となって話題をよんだ。

33番・天台寺の十一面観音像

★**問合せ先**
奥州札所連合会事務所
秀麓斎☎022—384—7270
★**案内書**

『奥州三十三所観世音』(連合会事務所刊)

平幡良雄著『奥州観音巡礼』(満願寺教化部刊)

秋田三十三観音霊場

『秋田六郡巡礼記』によると、花山院が西国三十三観音霊場を札打ちしてから100年も経たないころに、保昌房が秋田6郡に三十三観音を請来して巡礼したとある古霊場。南は小野小町の横堀の里から雄物川沿いに巡り、由利から中央を経て、米代の流れを遡って尾去沢へたどる巡礼道は、秋田県の素顔にタップリと接する情緒を秘めている。

10番**永泉寺**は「仁王さまの寺」と呼ばれ、山門は県の重文。

23番**補陀寺**には運慶作と伝える普賢菩薩像がある。

24番**大悲寺**は秋田市最古の寺といわれ、弘安5年(1282)鎌倉将軍の惟康親王(これやす)の武命によって建立された名刹で、本尊の十一面観音像を初め、後水尾天皇宸翰御消息、兆殿司筆の十六善神、狩野元信筆の寒山拾得など県の重文に指定されている寺宝が多い。境内の古木鬱蒼としたヒノキは秋田市指定の保存樹である。

28番**松源院**には五百羅漢大幅がある。

★**問合せ先**
秋田三十三観音奉賛会
補陀寺☎0188—27—2326

秋田三十三観音霊場（秋田県）

1	正伝寺	曹洞宗	横手市大屋新町鬼嵐
2	光明寺	浄土宗	〃　追廻町
3	三井寺	黄檗宗	〃　前郷一番町
4	雲岩寺	曹洞宗	湯沢市相川麓
5	蔵光院	真言御室	平鹿郡雄物川町沼館
6	久昌寺	曹洞宗	雄勝郡羽後町杉宮宿
7	向野寺	曹洞宗	〃　雄勝町小野
8	長谷寺	曹洞宗	本荘市赤田上田表
9	正音寺	浄土宗	雄勝郡雄勝町下院内新馬場（管理誓願寺）
10	永泉寺	曹洞宗	本荘市出戸町給人町
11	大慈寺	曹洞宗	平鹿郡大森町高口下水戸堤
12	常光院	曹洞宗	仙北郡角館町西勝楽町
13	祇薗寺	曹洞宗	横手市金沢寺の沢
14	本覚寺	浄土宗	仙北郡六郷町東高方町
15	永泉寺	曹洞宗	〃　六郷町六郷八百刈
16	円満寺	曹洞宗	〃　西仙北町土川小杉山
17	大川寺	曹洞宗	大曲市須和町
18	昌東院	臨済妙心	秋田市上新城小又行人沢
19	千手院	曹洞宗	河辺郡岩見三内
20	竜門寺	曹洞宗	男鹿市船越
21	源正寺	曹洞宗	秋田市太平目長崎本町
22	永源寺	曹洞宗	南秋田郡若美町鵜木道村
23	補陀寺	曹洞宗	秋田市山内松原
24	大悲寺	臨済妙心	〃　旭北寺町
25	竜泉寺	真言智山	能代市清助町
26	長楽寺	真言智山	男鹿市船川港門前
27	長慶寺	曹洞宗	能代市荻の台
28	松源院	曹洞宗	山本郡八森町八森
29	梅林寺	曹洞宗	〃　二ツ井町上山崎
30	圓通寺	曹洞宗	鹿角市尾去沢中沢
31	玉林寺	曹洞宗	大館市大館
32	仁叟寺	曹洞宗	鹿角市十和田毛馬内番屋平
33	信正寺	曹洞宗	大館市花岡七つ館

最上三十三観音霊場

最上川の中流にひらける山形・新庄地方は、古くは最上(もがみ)と呼ばれていた。最上の霊場は山形県を貫流する最上川の本支流に沿って、山や野に点在するが、その起源については斯波兼頼より5代目の、最上頼宗の娘光姫(ひかりひめ)の観音信仰伝説がある。

観音像の中にはその造立が9世紀にさかのぼるものもあり、若松観音には古い西国巡礼の納札もあるので、最上の観音信仰はかなり古くから盛んであったことが知られる。

現在の札所観音はおよそ380年前、羽前羽後にわたって統一を果たした最上義光(よしあき)のころに成立したといわれるが、その順番が決まったのは江戸中期ころであろう。

最上は紅花(べにばな)の産地として栄えたところ。紅花は最上川と日本海を船に載せて京大坂に運び、帰りは多くの上方文化をもって帰って来た。元禄2年(1689)「おくの細道」行脚で長く杖を留めた芭蕉が、優れた句と文を書きとめた詩情豊かな郷である。

札所観音は山と川岸と野の中に、ほぼ10か所くらいずつ点在する。総行程約360キロ、昔は徒歩で14〜5日を要したが、今は車で3日くらいでかけ巡っている。美しい自然の中に昔のままの素朴な観音堂が静かに巡礼を迎えてくれるが、順路の途中には温泉も多く、かっこうな行楽地にもなっている。

2番・千手院奥ノ院

1番**若松寺**(若松観音)は、「めでためでたの若松さまよ」とうたわれ、古くから縁結びの寺として知られている。本堂は室町末期の建物で、内陣にある青銅の懸仏(かけぼとけ)と、郷目貞繁(ごうのめさだしげ)の神人曳馬図絵馬(じんにんひきうま)はいずれも国の重文である。絵馬も豊富で、本坊には「ムカサリ絵馬」の奉納が今なお続いている。2番**千手院**(山寺)は、立石寺の東方、千手院集落の入り口の山麓に建っているが、昔はここが立石寺の中心であったのだろう。山寺は春の花、夏の青葉、秋の紅葉が美しく、奥ノ院には香煙の絶えるときがない。長い石段の中ほどに芭蕉の「閑さや岩にしみ入る蝉の声」の句碑が立っている。

3番**吉祥院千手堂**の境内入り口の延命橋も、第1番の番札も最上義光の寄進したもの。本堂は昭和45年(1970)に修覆し、本尊の木造千手観音像は国の重文である。千手観音

にあやかり、お針の道の上達を祈願して納めた針子絵馬を初め、算額、俳額や「拝み絵馬」が奉納されている。5番護国寺（唐松観音）のお堂は京都の清水観音と同じ舞台造。昭和51年に再建された。お堂の天井には春光会の画家が描いた花の絵が飾られ、眼下の眺望はまさに絶景。

7番石行寺（岩波観音）は、竜山三百坊の元締めの寺だったといわれ、南北朝時代に書写した大般若経114巻が所蔵されている。幽すいな庭園で鳥の声を聞き、池の鯉を見ると俗塵が洗われる思いがする。8番宗福院（六椹観音）がある鉄砲町は、最上義光が堺から鉄砲鍛冶師を招いて住まわせた所で、六椹とは慈覚大師が巡錫のとき、観音堂の六隅に盛った塚に椹の木を植えた故事に由来する。境内にそびえる樹齢300年の高野槇は徳川幕府8代将軍吉宗の献納したもの。

14番正法寺（岡観音）の観音堂はもと高取山にあったといわれるが、素木一本造りの千手観音像は鎌倉時代の作。同じ堂内に安置されている地蔵菩薩立像は室町時代初期の作といわれている。15番観音寺（落裳観音）。昔小野小町が京からはるばるこの地に来たとき、突然天女が現れ、紫の雲の間から羽衣が落ちてきたが、羽衣の上には十一面観世音のお姿があったという。落裳という地名も観音にあやかって名付けたのである。

18番慈眼院（岩木観音）のなだらかな坂の参道は古木におおわれ、しっとりと苔むしている。本尊の右側にある厨子には、願いを聞いてくれる秤石があり、不確実性の時代を反映し厨子の前に立つ人が多い。

19番秀重院（黒鳥観音）の梵鐘には延宝3年（1675）の銘があり、およその寺の歴史が分かる。天井いっぱいに幻の花嫁を描いた「ムカサリ絵馬」が納められている。

20番清浄院（小松沢観音）では大わらじの掛かった仁王門、静かに立っている後生車の塔婆が印象的。寺伝では行基菩薩が自ら彫刻した阿弥陀・薬師・観音像を安置し、最上三所権現と称したのが始まりだという。各種の絵馬もまた珍しい。21番は喜覚寺（五十沢観音）だ。いさざわとは狭い沢のこと。観音坂の急な石段を上ると苔むした古い石灯籠がある。本尊は一寸八分の黄金仏といわれ、観音堂の下の道を通る時は必ず下馬し、布で作った手綱を引いたので、布引観音とも呼ばれている。

25番養泉寺（尾花沢観音）は、元禄2年（1689）に紅花商の鈴木清風を訪ねた芭蕉が、10日間も逗留した所で、「涼しさをわが宿にしてねまる也」の句は、この観音堂に滞在中に作ったもので、境内にある句碑は涼し塚と呼ばれる。ここは名だたる豪雪地で、「雪を眺むる尾花沢」である。27番清行院（深堀観音）の本尊は数奇な運命の末に京都からここにたどり着いたといわれ、天井裏に安置されている。この本尊をお護り

最上三十三観音霊場（山形県）

1	若松寺	天台宗	聖観音	天童市山元
2	千手院(山寺)	天台宗	千手	山形市山寺
3	吉祥院千手堂	天台宗	千手	〃　千手堂
4	円応寺	真言智山	聖観音	〃　宮町
5	護国寺	曹洞宗	聖観音	〃　釈迦堂
6	耕竜寺	曹洞宗	十一面	〃　平清水
7	石行寺	天台宗	十一面	〃　岩波
8	宗福院	天台宗	聖観音	〃　鉄砲町
9	松尾院		聖観音	〃　蔵王半郷
10	観音寺	真言智山	聖観音	上山市十日町
11	光明院	真言智山	聖観音	〃　高松
12	長光院	真言醍醐	十一面	山形市長谷堂
13	常福寺	曹洞宗	聖観音	東村山郡山辺町三河尻
14	正法寺	真言智山	千手	〃　中山町岡
15	観音寺	曹洞宗	十一面	寒河江市柴橋落裳
16	長念寺	真言智山	十一面	〃　丸の内
17	長登寺	真言宗	十一面	西村山郡西川町睦合
18	慈眼院	天台宗	聖観音	〃　河北町岩木
19	秀重院	曹洞宗	十一面	東根市東根甲
20	清浄院	真言智山	聖観音	村山市小松沢
21	喜覚寺	真宗大谷	聖観音	尾花沢市五十沢
22	竜護寺	曹洞宗	聖観音	〃　延沢
23	円照寺	曹洞宗	聖観音	〃　六沢
24	薬師寺	曹洞宗	聖観音	〃　上柳渡戸
25	養泉寺	天台宗	聖観音	〃　尾花沢
26	川前観音堂		聖観音	北村山郡大石田町川前
27	清行院	曹洞宗	聖観音	〃　大石田町豊田
28	曹源院	曹洞宗	千手	〃　大石田町横山
29	西光寺	時宗	聖観音	〃　大石田町大石田
30	般若院	天台宗	聖観音	尾花沢市丹生
31	東善院	天台宗	馬頭	最上郡最上町富沢
32	明学院	天台宗	十一面	〃　最上町若宮
33	月蔵院	天台宗	聖観音	〃　鮭川村庭月
外	天徳寺	曹洞宗	子安観音	〃　最上町向町

するかのように、正面欄間に笛吹童女の彫刻がある。正面は前立の観音、両側は西国三十三観音像である。

29番**西光寺**（大石田観音）のある大石田は最上川の舟運で栄え、芭蕉の『奥の細道』と斎藤茂吉の秀れた歌に詠まれた町である。西光寺境内には「さみだれをあつめてすずしもがみ川」の句碑があり、本堂には航海安全を祈った北国積問屋の北前船や、能・葵上(あおいうえ)の絵馬など珍しいものが多い。

31番**東善院**（富沢観音）は新庄藩主の祈願寺で、奥羽三馬頭観世音の一つであり、戸沢公が奉納した絵馬を初め、良馬誕生、厩繁昌を祈願した100余枚の絵馬が掲げられ、あたかも絵馬博物館のようである。33番**月蔵院**(げつぞういん)（庭月観音）は、最上の札所では最も遠い43キロの道のりだから、多くは瀬見温泉に泊まって汗を流す。鮭川の庭月橋を渡ると庭月観音で、本尊はもと鮭延城主の守護仏であった。お堂の中には三十三の札所を打ち終えて法悦にひたる巡礼たちを描いた絵馬があり、結願の喜びが画面いっぱいにあふれている。

（渡辺信三）

★**問合せ先**
最上三十三ヵ所観音別当会事務局
石行寺☎0236―41―6514
★**案内書**
平幡良雄『最上観音巡礼』（満願寺教化部刊）
後藤博著『出羽百観音』（みちのく書房刊）

置賜三十三観音霊場

山形県南部、周囲を飯豊連峰や吾妻連峰の名山に囲まれた米沢・長井盆地にある。上杉景勝の時代（安土桃山時代）に定めたと伝わる。札所はすべて地名などを付した「○○観音」の通称があり、見どころとしては鶴の恩返し伝説「夕鶴」で知られる18番**新山観音**（珍蔵寺）や、県内最古の建造物で重文の8番**深山観音（観音寺）**などがある。無住のお堂が多く、1番を初め13札所の朱印所が民家。現在、番外に高鼻町の**大聖寺（亀岡文殊観音）**を入れている。
★**問合せ先・各寺院**
★**案内書**
後藤博著『出羽百観音』（みちのく書房刊）

庄内三十三観音霊場

正徳4年（1714）羽黒山正穏院の空照院胤慶(こうたくじ)、荒沢寺の経堂院大恵東水が三十三札所を選定し、播磨村（現在の鶴岡市）の山伏宝蔵院明慶が西国三十三観音の土を勧請したことに創まる。山形県の庄内地方、羽黒町から鶴岡市、酒田市を巡る霊場で、羽黒山修験で名高い**荒沢寺・正善院**はじめ、即身仏の寺として知られる**大日坊**（真如海上人の即身仏がある）や**注連寺**（鉄門海上人の即身仏がある）など見どころは豊富。
★**問合せ先**
庄内札所会事務局

置賜三十三観音霊場（山形県）

1	金松寺（上小菅観音）	曹洞宗	千手	米沢市広幡町上小菅
2	源居寺（高峰観音）	曹洞宗	十一面	西置賜郡飯豊町手ノ子
3	高伝寺（黒沢観音）	曹洞宗	十一面	〃 飯豊町黒沢
4	天養寺（中村観音）	真言豊山	十一面	〃 飯豊町中
5	観音寺（九野本観音）	曹洞宗	十一面	長井市九野本
6	正法寺（時庭観音）	曹洞宗	聖観音	〃 時庭
7	円福寺（高玉観音）	真言豊山	聖観音	西置賜郡白鷹町高玉
8	観音寺（深山観音）	天台宗	千手	〃 白鷹町深山
9	永泉寺（杉沢観音）	曹洞宗	聖観音	〃 白鷹町畔藤
10	遍照寺（宮野観音）	真言豊山	馬頭	長井市横町
11	瑞雲寺（萩生観音）	真言醍醐	十一面	西置賜郡飯豊町萩生
12	東正寺（赤湯観音）	曹洞宗	聖観音	南陽市赤湯
13	円光寺（関寺観音）	真言豊山	十一面	西置賜郡白鷹町十王
14	大光院（おいため観音）	新義真言	聖観音	東置賜郡川西町上小松
15	弥勒院（火の目観音）	新義真言	十一面	米沢市本町
16	泉蔵院（鮎貝観音）	天台宗	聖観音	西置賜郡白鷹町鮎貝
17	雲洞庵（芦沢観音）	曹洞宗	十一面	長井市芦沢
18	珍蔵寺（漆山新山観音）	曹洞宗	聖観音	南陽市漆山
19	幸徳院（笹野観音）	真言豊山	千手	米沢市笹野本町
20	十王院（仏坂観音）	天台宗	馬頭	西置賜郡白鷹町十王
21	宝珠寺（小野川観音）	真言醍醐	聖観音	米沢市小野川町
22	真言院（広野観音）	真言豊山	聖観音	西置賜郡白鷹町畔藤
23	桃源院（川井観音）	曹洞宗	聖観音	米沢市川井
24	普門寺（桑山観音）	真言醍醐	聖観音	〃 万世町桑山
25	竜性院（赤芝観音）	真言豊山	聖観音	〃 赤芝町
26	西明寺（遠山観音）	真言豊山	十一面	〃 遠山町
27	相応院（高岡観音）	真言豊山	十一面	西置賜郡白鷹町鮎貝
28	綱正寺（宮崎観音）	曹洞宗	聖観音	南陽市宮崎
29	岡応寺（松岡観音）	曹洞宗	聖観音	西置賜郡白鷹町荒砥乙
30	宝積坊（長谷観音）	真言醍醐	聖観音	南陽市宮内
31	正寿院（五十川観音）	真言豊山	聖観音	長井市東五十川
32	真光寺（森の観音）		千手	〃 横町
33	泉養院（浅川観音）	天台宗	聖観音	米沢市浅川

庄内三十三観音霊場（山形県）

首	荒沢寺	羽黒修験	聖観音	東田川郡羽黒町手向羽黒山
1	正善院	羽黒修験	聖観音	〃 羽黒町手向手向
2	金剛樹院	天台宗	聖観音	〃 羽黒町手向手向
3	善光寺	曹洞宗	聖観音	〃 立川町三ケ沢宮田
4	長現寺	曹洞宗	聖観音	〃 羽黒町狩谷野目高坂
5	永鷲寺	曹洞宗	十一面	〃 藤島町添川池苗代
6	光星寺	曹洞宗	十一面	〃 立川町三ケ沢中里
7	法光院	真言智山	如意輪	〃 櫛引町黒川宮の下
8	地蔵院	真言智山	千手	鶴岡市馬町
9	大日坊	真言豊山	聖観音	東田川郡朝日村大網入道
10	持地院	曹洞宗	千手	酒田市日吉町
11	円通寺	曹洞宗	准胝	飽海郡八幡町麓楯の腰
12	総光寺	曹洞宗	聖観音	〃 松山町総光寺沢
13	宝蔵寺	曹洞宗	聖観音	〃 松山町山寺見初沢
14	乗慶寺	曹洞宗	如意輪	東田川郡余目町舘
15	龍沢寺	曹洞宗	聖観音	飽海郡松山町茗ケ沢沼尻
16	海禅寺	曹洞宗	十一面千手	〃 遊佐町吹浦横町
17	東光寺	曹洞宗	十一面	〃 平田町飛鳥大道端
18	延命寺	真言智山	聖観音	酒田市生石大森山
19	龍頭寺	真言智山	十一面	飽海郡遊佐町上蕨岡松ケ岡
20	光国寺	真言醍醐	聖観音	酒田市日吉町
21	松葉寺	真言智山	如意輪	飽海郡遊佐町吹浦丸岡
22	洞泉寺	曹洞宗	千手	東田川郡三川町猪子甲
23	勝伝寺	曹洞宗	聖観音	鶴岡市播磨己
24	冷岩寺	曹洞宗	十一面	東田川郡立川町狩川阿古屋
25	龍宮寺	天台単立	聖観音	鶴岡市加茂
26	長福寺	真言豊山	十一面	〃 湯田川乙
27	井岡寺	真言智山	聖観音	〃 井岡甲
28	龍覚寺	真言豊山	聖観音	〃 泉町
29	南岳寺	真言智山	聖観音	〃 砂田町
30	照光寺	真言豊山	千手	東田川郡羽黒町高寺南畑
31	注連寺	真言智山	聖観音	〃 朝日村大網中台
32	吉祥寺	曹洞宗	千手	〃 櫛引町板井川村西
33	青龍寺	真言豊山	如意輪	鶴岡市青竜寺金峰
外	観音寺	真言智山	十一面	酒田市亀ヶ崎

照光寺 ☎0235—62—3154
★案内書
後藤博著『出羽百観音』(みちのく書房刊)

会津三十三観音霊場

会津三十三観音の起源については、あまりはっきりしないが、会津松平家の祖で、家康の孫、保科正之が寛永20年 (1643) に信州高遠から出羽上の山城主を経て、会津の領主になってから後に定められたと伝えられている。

当時、領内から伊勢参宮、熊野詣で、あるいは西国三十三ヵ所巡礼などに出向く者が多く、多額の費用を領外に持ち出すことを防ぐために、それぞれの神社を会津に勧請し、また高僧らに計って、会津に三十三ヵ所の観音霊場を定めたと伝えている。しかし徳川時代の伊勢参宮の道中記が、各地に沢山残っているところを見ると、上方詣でが禁止されたようでもないから、藩の経済的理由ばかりでなく、他地方同様、だれでも、身近に心易くお観音詣りができるようにとの親心から、先人が決めてくれたものであろう。

会津三十三観音札所は、福島県・会津の全域にわたっているわけではない。会津の中心の平坦部である会津盆地を中心として、一部はその周辺の山ぎわに及ぶ程度の場所に在り、会津の奥地には存在しない。したがって、1番大木の札所から33番御池、それに番外柳津虚空蔵尊を加えても全行程186〜7キロと言われ、昔の徒歩時代でも7日余りで巡拝できた。今はほとんど乗用車、あるいは温泉宿のマイクロバスで1泊2日、あるいは2泊3日で結願である。

大正のころまでは、白襦袢に白股引わらじ姿で、同一村落の若妻らが5人ないし10数人で一団となり、幼児がいる時はその夫も加わり、時には洋傘の上におむつを乗せて乾かしながら巡礼を続けた。これを「会津巡り」と言う。会津巡りに女の多いのは、女の大厄とされたお産の語呂合わせ、「サンサン」を33にかけたものであろう。

昨今でも会津巡りの同行者は一生、姉妹同様のつきあいとなり、観音講と称して一年に幾度かは会合を持ち、飲食をともにする。時には温泉に1泊することもある。会津には至る所出湯がある。また山紫水明の地で、景色の大変良い所である。

1番常安寺 (大木観音) は、天正17年 (1589) の会津葦名家と伊達政宗の戦乱で伽藍を失い、後に上杉景勝の帰依により再建されたと伝えられている。開基は福島県を中心に関東北部および東北南部に多い、伝教大師の論敵として有名な法相の碩学徳一上人としている。

5番示現寺 (熱塩観音) は曹洞宗の名僧・源翁和尚の中興した名刹。山門を入ると本堂で、その左手が観音堂である。国の重文で室町時代作の立派な笈を所蔵する。

10番・勝常寺の十一面観音像

6番**勝福寺**（勝観音）は、昔、京の勝の前が松島へ向かう途中、この地で病死した。後を追って来た恋人の中将が、これを悲しみ、姫の念持仏の観音像を祀ったのが創まりと伝える。寛文5年（1665）再建というお堂は県の文化財。

10番**勝常寺**（勝常観音）は、開基は徳一上人で、大同2年（807）のこととされている。現在も創建当初の仏像多数を伝え、国宝の薬師三尊を初め四天王・十一面観音・聖観音・地蔵菩薩などの一木彫製の仏像9体が国指定の重文であり、関東以北にその比のない古刹である。伊達政宗の侵攻後、寺領を失い、その後、数度の火災に遭って衰退の一途をたどり、一地方本寺に過ぎない状態になった。古い建物も元の講堂（薬師堂）一棟を残すのみで、本坊初め諸堂は近世以後の再建である。

28番**天王寺**（高田観音）の観音堂は寺より500メートルほど離れた所にある。名僧を輩出したことで知られる本寺龍興寺には番外浮身堂観音があり、県の文化財の絹本着色の両界曼荼羅もある。天王寺の近くなので寄ってみたい。本尊は天海僧正の念持仏といわれる永禄年間作の十一面観音である。

29番**法用寺**（雀林観音）は、奈良県の長谷寺と同じ寺伝をもつ。養老4年（720）徳道上人の開基で、後に徳一上人が再興したという。会津に残る唯一の三重塔（県文、徳川時代）があり、仁王門には藤原時代後期（12世紀）の仁王を安置し、本堂内の厨子および須弥壇とともに国指定の重文、十一面観音2軀・徳道上人像・十一面観音版木・銅鐘は県文化財の指定を受けている名刹である。

30番**弘安寺**（中田観音）のお堂は、重層の立派なもので弘安2年（1273）開創と伝え、この時代の金銅造十一面観音と、脇侍が珍しく地蔵菩薩と不動明王で、3体ともに国の重文に指定されている。ほかに寛永19年（1642）の現観音堂再建前の三尊厨子が弁天堂として境内にあり、本尊同様に鎌倉時代作で国の重文に指定されている。

31番**恵隆寺**（塔寺立木観音）は、盆地西部の山ぎわにあり、盆地を一望できる。『新編会津風土記』に欽明天皇元年（532）梁の僧・青岸が、ここより西約2キロの地、高寺山に草庵を結んだとの伝説を載せている。

会津三十三観音霊場（福島県）

1	常安寺（大木）	真言豊山	十一面	耶麻郡塩川町大田木
2	良縁寺（松野）	曹洞宗	千手	喜多方市慶徳松舞家松野
3	金泉寺（綾金）	曹洞宗	十一面	〃 豊川町綾金
4	徳勝寺（高吉）	真言智山	十一面	〃 豊川町高吉
5	示現寺（熱塩）	曹洞宗	千手	耶麻郡熱塩加納村熱塩
6	勝福寺（勝）	真言豊山	十一面	喜多方市関柴町勝
7	光明寺（熊倉）	浄土宗	千手	〃 熊倉町熊倉
8	観音寺（竹屋）	曹洞宗	如意輪	耶麻郡塩川町中屋沢竹屋
9	大光寺（遠田）	曹洞宗	千手	〃 塩川町遠田
10	勝常寺（勝常）	真言豊山	十一面	河沼郡湯川村勝常
11	万蔵寺（束原）	天台宗	馬頭	〃 会津坂下町束原
12	養泉院（田村山）	真言豊山	聖観音	北会津郡北会津村田村山
13	観音寺（舘）	真言智山	聖観音	〃 北会津村舘
14	蓮華寺（下荒井）		聖観音	〃 北会津村下荒井
15	福昌寺（高瀬）	曹洞宗	十一面	会津若松市神指町高瀬
16	国姓寺（平沢）	曹洞宗	聖観音	〃 町北町中沢
17	密蔵院（中ノ明）	真言豊山	聖観音	〃 町北町始中明
18	滝沢寺（滝沢）		聖観音	〃 一箕町滝沢
19	蓮台寺（石塚）		聖観音	〃 常西町
20	照谷寺（御山）	天台宗	聖観音	〃 門田町南御山
21	観音寺（左下り）	臨済妙心	聖観音	大沼郡会津本郷町大石左下り
22	自福寺（相川）	曹洞宗	十一面	〃 会津本郷町相川
23	観音堂（高倉）	天台宗	十一面	〃 会津本郷町高倉
24	日輪寺（関山）	真言豊山	十一面	〃 会津本郷町関山
25	常楽寺（領家）	曹洞宗	十一面	〃 会津高田町領家
26	福生寺（富岡）	天台宗	十一面	〃 会津高田町富岡
27	仁王寺（大岩）	天台宗	聖観音	〃 会津高田町吉田村中甲
28	天王寺（高田）	天台宗	十一面	〃 会津高田町高田甲
29	法用寺（雀林）	天台宗	十一面	〃 会津高田町雀林
30	弘安寺（中田）	曹洞宗	十一面	〃 新鶴村米田堂ノ後甲
31	恵隆寺（塔寺）	真言豊山	千手	河沼郡会津坂下町塔寺
32	正徳寺（青津）	浄土宗	聖観音	〃 会津坂下町青津
33	西光寺（御池）	曹洞宗	聖観音	〃 会津坂下町御池
外	円蔵寺（柳津）	臨済妙心	虚空蔵	〃 柳津町柳津
外	如法寺（野沢）	真言室生	聖観音	耶麻郡西会津町野沢

この堂はその一坊であると伝え、本尊および堂宇はともに鎌倉時代のもので国の重文に指定されている。内陣には8.5メートルの大立像を中心に、二十八部衆・風神・雷神がところせましと安置されている。鎌倉時代と思われる本尊の版木一面も珍しい。

番外円蔵寺(柳津虚空蔵)は、日本三虚空蔵の一つといわれ、13歳になると必ず参詣するお寺。只見川に臨む景勝の地にあり、会津巡りを無事結願したお礼にお詣りする。大同2年(807)、徳一上人が、弘法大師作の尊像を奉安したと伝える。東の坂下に奥ノ院弁天堂があり、室町中期の建立で、国重文である。門前町には温泉宿が多く、巡礼者も1泊するところである。　　　（宇佐美定憲）

★問合せ先・各寺院
★案内書
　平幡良雄著『会津観音巡礼』(満願寺教化部刊)

会津ころり三観音霊場

仏教で説く三毒(貪り・瞋り・愚痴)消滅の観音霊場だが、成立年代は不詳。伝左甚五郎作かくれ猿彫刻のある鳥追観音、2丈8尺(8.5メートル)の立木観音、野口英世が帰依したという中田観音の3か所で、あわせて近くの伊佐須美神社・大山祇神社・円蔵寺を巡る人が多い。東京からだと1泊2日を要する。

★問合せ先
会津三観音奉賛会事務所
☎0241—45—2371
★案内書
『会津ころり三観音』(歴史春秋社刊)
平幡良雄著『会津観音巡礼』(満願寺教化部刊)

信達三十三観音霊場

福島県の信夫(現在の福島市)・伊達両郡にわたるので信達という。開創には諸説あるが、江戸初期説が有力。札所は、徳一(法相宗の学僧で、最澄と論争したことで知られる)が開基した寺が8か寺あり、また陸奥守護職の伊達氏ゆかりの寺や、全国一といわれた養蚕業の信仰を物語る蚕神・馬頭観音養蚕童子などを遺す寺が多い。巡拝は車利用でも3日を要する。

★問合せ先
信達三十三観音札所保存奉賛会
☎0245—25—6026
★参考図書
梅宮茂著『信夫の里札所めぐり』(信楽社刊)

会津ころり三観音霊場（福島県）

1	如法寺(鳥追観音)	聖観音	耶麻郡西会津町野沢如法寺乙
2	恵隆寺(立木観音)	千手	河沼郡会津坂下町塔寺
3	弘安寺(中田観音)	十一面	大沼郡新鶴村米田堂ノ後甲

信達三十三観音霊場（福島県）

1	大蔵寺（小倉寺観音）	臨済妙心	千手	福島市小倉寺拾石
2	安洞院（文知摺観音）	曹洞宗	聖観音	〃 山口寺前
3	薬王寺（羽黒山観音）	天台宗	如意輪	〃 御山岩坂
4	円通寺（円通寺観音）	曹洞宗	如意輪	〃 大森本町
5	〃 （城山観音）	曹洞宗	聖観音	〃 大森本町
6	慈徳寺（慈徳寺観音）	曹洞宗	聖観音	〃 佐原寺前
7	東源寺（白津山観音）	曹洞宗	十一面	〃 桜本白津
8	清水寺（清水観音）	曹洞宗	千手	〃 町庭坂下宮下
9	大福寺（鯉返り観音）	真言豊山	聖観音	〃 大笹生中寺
10	安楽院（宿縁寺観音）	曹洞宗	如意輪	〃 大笹生下ノ寺
11	天王寺（天王寺観音）	臨済妙心	聖観音	〃 飯坂町天王寺
12	無能寺（満願寺観音）	浄土宗	聖観音	〃 飯坂町湯町
13	龍源寺（龍源寺観音）	曹洞宗	聖観音	〃 瀬上町本町
14	宝寿寺（宝寿寺観音）	曹洞宗	聖観音	伊達郡伊達町片町
15	明智寺（明智寺観音）	曹洞宗	聖観音	福島市飯坂町東湯野水口
16	松原寺（法明寺観音）	曹洞宗	十一面	伊達郡桑折町松原館
17	松原寺（大沢寺観音）	曹洞宗	如意輪	〃 桑折町松原山田
18	慈雲寺（慈雲寺観音）	曹洞宗	聖観音	〃 桑折町成田堰上
19	観音寺（観音寺観音）	浄土宗	聖観音	〃 桑折町万正寺坂町
20	松蔵寺（松蔵寺観音）	曹洞宗	聖観音	〃 国見町小坂泉川
21	福源寺（地蔵庵観音）	曹洞宗	馬頭	〃 国見町鳥取鳥取
22	大聖寺（常西寺観音）	真言豊山	聖観音	〃 桑折町上郡観音沢
23	光台寺（平寺観音）	曹洞宗	馬頭	〃 伊達町伏黒観音林
24	長谷寺（卯花広智寺観音）	真言豊山	聖観音	〃 保原町5丁目
25	長谷寺（野崎寺観音）	真言豊山	聖観音	〃 保原町宮脇
26	高福寺（専旦寺観音）	真言豊山	聖観音	〃 保原町富沢下ノ内
27	明福院（寿福寺観音）	真言豊山	聖観音	〃 保原町所沢八光内
28	三乗院（千色寺観音）	曹洞宗	聖観音	〃 霊山町掛田千尋
29	霊山寺（霊山寺観音）	天台宗	千手	〃 霊山町大石倉波
30	称名寺（利生寺観音）	浄土宗	聖観音	〃 梁川町古城町
31	龍宝寺（長谷観音）	真言豊山	十一面	〃 梁川町八幡観音前
32	龍沢寺（清水寺観音）	曹洞宗	聖観音	〃 梁川町白根
33	龍宝寺（龍宝寺観音）	真言豊山	聖観音	〃 梁川町八幡堂庭

関東の観音霊場

那須三十三観音霊場

　開創年代は不詳だが『下野陸奥百観音巡礼』によれば天和2年（1682）に巡礼した記録がある。栃木県の北部、温泉地として名高い那須郡を中心とする霊場で、どの札所寺院の近くにも温泉宿があるのが特徴。
　80数体のハシカ地蔵を祀る6番**会三寺**、明治の傑僧で『十善法語』の著者・釈雲照が開創した16番**雲照寺**（那須大師）、日本一といわれる高さ2.4メートル、木彫の天狗面のある23番**法輪寺**など、札所の見どころも多い。
　また巡礼道には縄文遺跡や古墳が多数散在し、風土記の丘、那須与一伝説の地、芭蕉の句碑、烏山和紙会館、山あげ会館などがあり、季節にもよるが簗場見物もできる。

★問合せ先
　那須三十三観音霊場会事務局
　雲照寺 ☎0287—36—0824
★案内書
　『那須三十三観音霊場』（霊場会刊）

下野三十三観音霊場

　下野すなわち現在の栃木県一円に札所が点在する霊場である。開創は不祥で久しく巡拝も途絶えていたが、平成2年（1990）1月から『下野新聞』に「下野三十三札所巡り」が連載され、さらに同4年にそれが単行本となって復活した。
　日光開山の勝道上人が天平神護2年（766）に建立したという3番**四本龍寺**、高さ70メートルの巨岩に像高18.2メートルの観音像（正式には大日如来像）が線刻された磨崖仏のある5番**佐貫観音**、重文の楼門・三重塔・厨子のある13番**西明寺**、樹齢200年を超えるソメイヨシノがあり、桜の寺と親しまれている15番**長命寺**、丈5メートル余の大仏のある17番**善願寺**、境内に14体の野仏が散在する23番**善応寺**、文豪山本有三が眠り、子育・安産で知られる呑龍上人を祀った呑龍堂のある24番**近龍寺**、足利一門の氏寺で、広大な境内が市民の憩いの場として親しまれている28番**鑁阿寺**、坂東観音霊場の札所でもある29番**満願寺**や32番**大谷寺**など、見どころの多い古寺名刹が豊富。
　なお番外に、枯山水風の庭が見事な**龍蟠寺**（曹洞宗・鹿沼市千渡）と、多気不動尊の名で親しまれている**持宝院**（真言智山・宇都宮市田下町）がある。

★問合せ先・各寺院
★案内書
　『下野三十三札所巡りと小さな旅』（下野新聞社刊）

那須三十三観音霊場（栃木県）

1	明王寺	真言智山	聖観音	那須郡黒羽町向町
2	不動院	真言智山	十一面	〃 黒羽町久野又
3	光厳寺	臨済妙心	聖観音	〃 黒羽町寺宿
4	養福院	真言智山	千手	〃 那須町蓑沢
5	正福寺	真言智山	聖観音	〃 那須町伊王野
6	会三寺	真言智山	聖観音	黒磯市寺子
7	最勝院	曹洞宗	聖観音	那須郡那須町芦野
8	三光寺	高野真言	千手	〃 那須町芦野
9	揚源寺	天台宗	聖観音	〃 那須町芦野
10	与楽寺	真言智山	聖観音	〃 那須町寄居
11	長久寺	高野真言	聖観音	〃 那須町豊原丙
12	長楽寺	真言智山	准胝	〃 那須町寺子丙
13	薬王寺	高野真言	聖観音	黒磯市塩野崎
14	慶乗院	高野真言	聖観音	那須郡西那須野町井口
15	宗源寺	曹洞宗	白衣観音	〃 西那須野町東町
16	雲照寺	真言東寺	准胝	〃 西那須野町三区町
17	長泉寺	真言智山	聖観音	大田原市花園
18	実相院	曹洞宗	施無畏観音	〃 佐久山
19	金剛寿院	真言智山	聖観音	〃 福原
20	宝寿院	真言智山	十一面	那須郡湯津上村片府田
21	頂蓮寺	真言智山	聖観音	〃 湯津上村蛭田
22	極楽寺	真言智山	聖観音	〃 湯津上村湯津上
23	法輪寺	天台宗	玉持観音	〃 湯津上村佐良土
24	宝蔵院	真言智山	如意輪	〃 小川町三輪
25	長泉寺	曹洞宗	十一面	〃 小川町白久
26	養山寺	曹洞宗	朝日聖観音	烏山町滝田
27	安楽寺	真言智山	聖観音	〃 南那須町田野倉
28	天性寺	曹洞宗	聖観音	〃 烏山町南
29	宝蔵寺	真言智山	十一面	〃 烏山町小木須
30	馬頭院	真言智山	馬頭	〃 馬頭町馬頭
31	総徳寺	真言智山	子安観音	〃 馬頭町大山田下郷
32	松慶寺	真言智山	如意輪	〃 馬頭町谷川
33	光照寺	高野真言	千手	〃 小川町小川

下野三十三観音霊場（栃木県）

1	清滝寺	天台宗	千手	日光市清滝
2	観音寺	天台宗		〃　上鉢石
3	四本龍寺	天台宗	千手	〃　山内（連絡先輪王寺）
4	如来寺	浄土宗	聖観音	今市市東郷
5	佐貫観音			塩谷郡塩谷町船生佐貫（連絡先佐貫荘）
6	円満寺		如意輪	〃　塩谷町船生寺小路（連絡先観音寺）
7	寺山観音寺	真言智山	千手	矢板市長井
8	沢観音寺	真言智山	千手	〃　沢
9	竜泉寺	真言智山	千手	大田原市山の手
10	岩谷観音			那須郡黒羽町堀之内（連絡先大平）
11	大平寺	天台宗	千手	〃　烏山町滝
12	永徳寺	真言宗	千手	芳賀郡市貝町市塙
13	西明寺	真言豊山	十一面	〃　益子町益子
14	慈眼寺	真言豊山	十一面	〃　市貝町赤羽
15	長命寺	天台宗	聖観音	〃　芳賀町下高根沢
16	常珍寺	天台宗	聖観音	〃　芳賀町西水沼
17	善願寺	天台宗	如意輪	宇都宮市南大通り
18	能延寺	真言智山	千手	〃　宮町
19	光明寺	曹洞宗	聖観音	〃　本町
20	茂原観音			〃　茂原（連絡先観光協会）
21	興生寺	真言智山	聖観音	下都賀郡壬生町本丸
22	玉塔寺	真言豊山	千手	〃　都賀町原宿
23	善応寺	新義真言		栃木市吹上町（連絡先観光協会）
24	近龍寺	浄土宗	聖観音	〃　万町
25	如意輪寺	真言豊山	如意輪	下都賀郡大平町富田
26	清水寺	天台宗	千手	〃　大平町西山田
27	日向寺			佐野市富岡町（連絡先金成院）
28	鑁阿寺	真言大日	聖観音	足利市家富町
29	満願寺	真言智山	千手	栃木市出流町
30	満照寺			鹿沼市深岩（連絡先観光協会）
31	千手院		千手	〃　千手山公園（連絡先観光協会）
32	大谷寺	天台宗	千手	宇都宮市大谷町
33	岩本観音			〃　新里（連絡先観光協会）

関東の観音霊場

高崎観音六観音霊場（群馬県）

1	慈眼院	真言宗別格本山	聖観音	高崎市石原町
2	白衣大観音		白衣観音	〃 〃
3	光音堂		一願観音	〃 〃
4	山徳園洞窟		洞窟観音	〃 〃
5	馬頭観音堂		馬頭観音	〃 〃
6	清水寺	真言豊山	千手観音	〃 〃

高崎観音六観音霊場

群馬県高崎市の観音山（海抜200メートル）にある6か所を巡る霊場。観音山は大同の昔（9世紀初め）坂上田村麻呂が蝦夷征伐で戦死した兵士の霊を祀った所で、このとき山頂に**清水寺**（京都清水寺の千手観音を勧請）を創建した霊山である。

大正中ごろから昭和初めにかけて、この霊山の山腹をくりぬいた**山徳園洞窟観音**（大小の洞窟に山水の景観を取り入れ、その間に御影石観音像33体を安置）が山田徳蔵氏（昭和39年没）によって完成し、また昭和9年（1934）に鉄筋コンクリート造りの**白衣大観音**（高さ41.8メートル）、同15年に**慈眼院**が造立された。さらに明治年間に焼失した**馬頭観音堂**が昭和43年に再建され、同54年には白衣観音の光背として祀られた聖観音を安置する**光音堂**が創建された。

当霊場は以上の6か所を巡るミニ霊場で、巡拝の所要時間は約1時間。

★問合せ先

慈眼院☎027—322—2269
高崎観光協会☎027—323—5511

狭山三十三観音霊場

寛政10年（1798）の開創と伝える。埼玉県と東京都にまたがり、武蔵野台地の北西部にある狭山丘陵（さやま）の周辺に点在する。この辺りには多摩湖・狭山湖を初め西武球場、西武園などがあり、春は湖周辺に2万本の桜、秋（特に11月後半）は湖に映える紅葉が美しい。

札所では1番**金乗院**（**山口観音**）が名高く、弘仁年間（810〜23）に空海草創と伝える古刹であり、宝暦年間（1751〜63）からの額が多く、また天井の鳴竜（良雪筆）は日光の鳴竜とともに有名。武蔵野観音霊場の13番札所、また武蔵野七福神霊場の布袋尊の寺でもある。

全行程は約20キロ、徒歩で2日間を要する。

★問合せ先

金乗院☎042—922—4258

狭山三十三観音霊場（埼玉県）

1	金乗院（山口観音）	千手	埼玉県所沢市上山口
2	佛蔵院	十一面	〃　〃　山口
3	六斎堂	正観音	〃　〃　上山口
4	正智庵	十一面	〃　〃　上山口
5	勝光寺	白衣	〃　〃　山口
6	瑞岩寺	十一面	〃　〃　山口
7	普門院	千手	〃　〃　上新井
8	新光寺	聖観音	〃　〃　宮本町
9	梅岩寺	聖観音	東京都東村山市久米川
10	滝谷寺	千手	〃　〃　〃　（梅岩寺内）
11	徳蔵寺	白衣	〃　〃　諏訪町
12	永春庵	聖観音	〃　〃　諏訪町
13	正福寺	千手	〃　〃　野口町
14	宝珠禅寺	如意輪	〃　〃　廻田町
15	清水観音堂	正観音	〃　東大和市清水
16	三光院	千手	〃　〃　清水
17	霊性院	如意輪	〃　〃　狭山
18	雲性寺	十一面	〃　〃　奈良橋
19	はやし堂	如意輪	〃　〃　芋窪
20	真福寺	聖観音	〃　武蔵村山市中藤
21	原山観音堂	聖観音	〃　〃　中央
22	吉祥院	正観音	〃　〃　本町
23	慈眼寺	聖観音	〃　〃　三ツ木
24	禅昌寺	聖観音	〃　〃　岸
25	福正禅寺	聖観音	〃　西多摩郡瑞穂町殿ケ谷
26	山際観音堂	十一面	埼玉県入間市宮寺
27	寿昌寺	正観音	〃　〃　二本木
28	円通庵	聖観音	〃　〃　宮寺
29	西勝院	正観音	〃　〃　宮寺
30	松林寺	千手	〃　所沢市林
31	長昌軒	馬頭	〃　〃　堀之内
32	慈眼庵	聖観音	〃　〃　三ケ島
33	妙善院	白衣	〃　〃　三ケ島

関東の観音霊場

児玉三十三霊場（埼玉県）

1	成身院(小平百体観音)	真言豊山	不動明王	児玉郡児玉町小平
2	普明寺	真言豊山	如意輪観音	〃 児玉町小平
3	法養寺	真言豊山	薬師如来	〃 児玉町児玉
4	玉蔵寺	臨済妙心	地蔵菩薩	〃 児玉町児玉
5	実相寺	浄土宗	阿弥陀如来	〃 児玉町児玉
6	浄眼寺	真言豊山	雉岡観音	〃 児玉町八幡山
7	天龍寺	曹洞宗	釈迦如来	〃 児玉町金屋
8	淵龍寺別院長谷観音堂	真言豊山	長谷観音	〃 児玉町金屋
9	円通寺	真言豊山	十一面観音	〃 児玉町金屋
10	直正寺	臨済円覚	釈迦如来	〃 児玉町秋山
11	本覚院	真言豊山	不動明王	〃 児玉町秋山
12	大興寺	臨済妙心	釈迦如来	〃 美里町広木
13	常福寺	真言智山	不動明王	〃 美里町広木
14	智徳寺	真言智山	千手観音	〃 美里町広木
15	永明寺	臨済妙心	正観音	〃 美里町大仏
16	宗清寺	臨済妙心	正観音	〃 美里町白石
17	光厳寺	曹洞宗	正観音	〃 美里町白石
18	光勝寺	真言豊山	白衣観音	〃 美里町阿奈志
19	宥勝寺	真言智山	不動明王	本庄市栗崎
20	正観寺	真言豊山	聖観音	〃 都島
21	西福寺	真言智山	阿弥陀如来	児玉郡上里町七本木
22	陽雲寺	曹洞宗	華厳釈迦尊	〃 上里町金久保
23	福昌寺	曹洞宗	釈迦如来	〃 上里町帯刀
24	吉祥院	真言智山	大日如来	〃 上里町御堂
25	上松寺	真言智山	馬頭観音	〃 上里町長浜
26	真東寺	真言智山	地蔵菩薩	〃 美里町木部
27	龍清寺	真言智山	薬師如来	〃 児玉町保木野
28	光明寺	真言豊山	阿弥陀如来	〃 神川町新里
29	光福寺	曹洞宗	釈迦如来	〃 児玉町宮内
30	淵龍寺	真言豊山	虚空蔵菩薩	〃 児玉町金屋
31	長泉寺	曹洞宗	釈迦如来	〃 児玉町高柳
32	光福寺	真言豊山	延命地蔵	〃 児玉町太駄
33	大光普照寺	天台宗	十一面観音	〃 神川町二ノ宮

（1・2・6・8・10・11・14・19番は納経所が別所となっているので注意。）

児玉三十三霊場

埼玉県北西部にある児玉郡児玉町を中心に札所が点在する霊場だが、正確な開創は不祥。

この地は中世に名を馳せた武士団・児玉党の根拠地であり、また江戸時代の盲目の学者・塙保己一(はなわほきいち)の生家(国指定の史跡)があるなど歴史的にも興味深い地で、それに関連した札所もある。例えば19番**宥勝寺**は児玉党6世の有荘小太郎頼家が、一ノ谷の戦いでの戦死者の菩提を弔うために開山した寺であり、9番**円通寺**は自由民権論により結集した秩父困民党終息の地、また27番**龍清寺**には塙保己一の墓がある。

そのほか、西国・坂東・秩父の百観音を三層楼に奉安した1番**成身院**、骨波田の藤(県指定天然記念物)のある31番**長泉寺**、慈覚大師の開基で元三大師の寺としても信仰をあつめている33番**大光普照寺(がんきんだいし)**など、見どころが多い。

(なお、当霊場は観音霊場とはいい難い面もあるが、三十三ヵ所ということと、観音像を祀る寺が多いことで、観音霊場に加えた。)

★問合せ先

児玉三十三霊場奉賛会事務所
☎0495—72—1038

行徳三十三観音霊場

行徳(ぎょうとく)は現在の千葉県市川市と浦安市にまたがる江戸川三角州の自然堤防を走る道路に沿った旧い浜町で、近世には塩田の広がる製塩地帯であり、ここから水路を経て江戸や関東、中部地方に古積塩を供給していた。地名の起こりは行徳という修験者の草庵(2番**福泉寺**)があったことによるという。ここに江戸時代前期、元禄3年(1690)徳願寺の10世覚誉の発願で開創された霊場と伝えるが、久しく忘れられていたのを当地在住の宮崎長蔵氏が共著『行徳物語』の中で紹介したのが端緒となって、昭和59年(1984)に再興された。

剣豪宮本武蔵の供養塔や円山応挙の幽霊絵のある1番**徳願寺**、『里見八犬伝』にも出てくる4番**自性院**、芭蕉の句碑のある14番**法善寺**、『葛飾記』を書いた青山文豹の墓がある24番**善照寺**など、江戸時代を偲ぶ史跡が多い。

また石仏のある寺が多く、8番**養福院**(観音・道祖神・三猿)、15番**浄閑寺**(六地蔵)、22番**法伝寺**(六観音・閻魔・奪衣婆)、24番**善照寺**(五智如来)、25番**源心寺**(六地蔵)、28番**延命寺**(観音・庚申)、29番**善福寺**(地蔵)、30番**花蔵院**(観音・弘法大師など約30体)、32番**宝城院**(庚申)など、石仏巡りもできる。

★問合せ先・各寺院
★案内書

石井久雄・中津攸子著『観音札所のあるまち行徳・浦安』(中山書房仏書林刊)

行徳三十三観音霊場（千葉県）

1	徳願寺	浄土宗	聖観音	市川市本行徳
2	福泉寺		聖観音	〃　二俣
3	長松寺	臨済大徳	千手・聖観音	〃　本行徳
4	自性院	真言豊山	聖観音	〃　本行徳
5	大徳寺	浄土宗	如意輪	〃　下新宿
6	浄林寺（廃寺）			
7	正源寺	浄土宗	如意輪	市川市河原
8	養福院	真言豊山	焼失（？）	〃　河原
9	雙輪寺	新義真言	三面八臂	〃　稲荷木
10	雙輪寺	新義真言	千手・十一面	〃　稲荷木
11	了極寺	浄土宗	阿弥陀三尊	〃　高谷
12	安養寺	真言豊山	千手	〃　高谷
13	法泉寺	浄土宗	阿弥陀三尊	〃　本行徳
14	法善寺	真宗本願	聖観音	〃　本塩
15	浄閑寺	浄土宗	阿弥陀三尊	〃　本行徳
16	教信寺	浄土宗		〃　本行徳
17	教信寺	浄土宗	聖観音	〃　本行徳
18	徳蔵寺	単立		〃　関ヶ島
19	徳蔵寺	単立	如意輪	〃　関ヶ島
20	清願寺	浄土宗	如意輪	〃　伊勢宿
21	光林寺	浄土宗	阿弥陀三尊	〃　押切
22	法伝寺	浄土宗	埋没	〃　湊
23	圓明院	真言豊山	十一面	〃　湊
24	善照寺	浄土宗	千手・十一面	〃　湊
25	源心寺	浄土宗	十一面	〃　香取
26	了善寺	真宗本願	十一面	〃　相之川
27	新井寺	曹洞宗	流失（？）	〃　新井
28	延命寺	真言豊山	流失（？）	〃　新井
29	善福寺	新義真言	流失（千手）	浦安市当代島
30	花蔵院	新義真言	子育観音	〃　猫実
31	東学寺	真言豊山	流失（？）	〃　堀江
32	宝城院	真言豊山	千手・十一面・如意輪	〃　堀江
33	大蓮寺	浄土宗	阿弥陀三尊	〃　堀江
外	藤原観音堂		身代り観音	船橋市藤原町

安房三十四観音霊場

安房（千葉県房総半島南端）は天富命が四国阿波（徳島県）の忌部を率いて布良に上陸し、この地を開拓したのに始まる。そして上つ総に属したが、養老2年（718）上総国から安房・平群・朝夷・長狭の4郡に分かれて安房国となって独立。しかし天平13年（741）上総国に併合され、再独立したのは天平宝字元年（757）であった。

この間に国府が設けられ、国分寺や総社・鶴岡八幡の一ノ宮・安房神社などが造営された。その後、山伏修験の活躍が目ざましく、山岳仏教が盛んになり、安房各地に寺院が建立されている。

貞永（1232）のころには、一人の行脚僧がこの地を訪れ、山紫水明の地にある観世音を奉安する寺を霊場と定め、宝前に詠歌を納め、開扉して諸人に結縁させたのが、安房国札霊場の創まりと伝える。

このころ関東一円は悪病が流行し、飢饉に襲われるなどして、人心は不安を感じ、社会は混乱していた。こうした災害の救済を観世音に求め、人心の安定をはかるため、西国三十三ヵ所うつしの霊場が開設され、番外花山院になぞらえ、後に一か所つけ加えられて三十四ヵ所になったともいう。いずれにしても人々は悪疫退散、五穀豊穣を祈って観音霊場を巡拝したのである。以来、丑歳と午歳の約6年ごとに開帳され、今日まで続いている。

この間、霊場の興亡があり、それを管理する寺に合併されるなどして、霊場設定当時からはその所在も大きく変動し、これにともない巡路も移動し、順番通りに巡ることは不可能になった。しかし、館山市の那古寺を初めに安房一国を巡る、いわゆる「安房国札霊場」は、訪れる人のない山々や、人影見られない過疎の村々で、静かに巡礼の到来を待ちわびている。

千葉県でも安房は東京より年平均気温が3度高いという温暖地帯で、冬でもタンポポや菜の花が見られ、美しい海岸や、ゆるやかな山々の中に素朴な村落が息づいている。交通も東京から2時間余りという便利なところにある。のんびりと一度は巡ってみたい観音霊場といえよう。

1番**那古寺**は、坂東三十三番の結願所としても知られている。養老元年（717）元正天皇の勅願により、行基菩薩が海中より出現した柳の流木に千手観世音を刻み、一宇を創建して尊像を奉安したのが寺の創まり。承和14年（847）には慈覚大師が来山して中興し、後に源頼朝が諸堂を再建している。本坊が納経所で2番**新御堂**の朱印もいただける。

3番**大福寺**は、「崖の観音」の名で親しまれ、船形山の中腹に朱塗り、舞台造の観音堂がある。養老元年行基菩薩が自然石に本尊を刻み、後に慈覚大師が堂宇を創建した。現存のお堂は大正14年（1925）に建てられ

安房三十四観音霊場（千葉県）

1	那古寺	真言智山	千手	館山市那古
2	新御堂	真言智山	聖観音	〃 亀ヶ原
3	大福寺（崖の観音）	真言智山	十一面	〃 船形
4	真勝寺	真言智山	如意輪	安房郡富浦町青木
5	興禅寺	臨済円覚	十一面	〃 富浦町原岡
6	長谷寺		十一面	〃 鋸南町勝山
7	天寧寺	臨済建長	千手	〃 鋸南町下佐久間
8	日本寺	曹洞宗	十一面	〃 鋸南町元名
9	信福寺	曹洞宗	如意輪	〃 鋸南町大帷子毛沢
10	往生寺（密厳院）	真言智山	聖観音	〃 鋸南町上佐久間
11	金銅寺	真言智山	聖観音	〃 鋸南町上佐久間
12	福満寺	真言智山	十一面	〃 富山町合戸
13	長谷寺	真言智山	十一面	〃 三芳村下滝田
14	神照寺観音堂（泉龍寺）	曹洞宗	十一面	〃 富山町平久里中
15	高照寺	曹洞宗	十一面	〃 富山町山田
16	石間寺	真言智山	十一面	鴨川市下小原
17	清澄寺	日蓮宗	十一面	安房郡天津小湊町清澄
18	石見堂	真言智山	如意輪	鴨川市貝渚
19	普門寺（正文寺）	日蓮宗	聖観音	安房郡和田町中三原
20	石堂寺	天台宗	十一面	〃 丸山町石堂
21	智光寺	真言智山	千手	〃 三芳村山名
22	勧修院	真言智山	千手	〃 三芳村上堀
23	宝珠院（尼寺）	真言智山	十一面	〃 三芳村府中
24	延命寺	曹洞宗	十一面	〃 三芳村本織
25	真野寺	真言智山	千手	〃 丸山町久保
26	小松寺	真言智山	聖観音	〃 千倉町大貫
27	住吉寺	真言智山	聖観音	〃 千倉町南朝夷
28	松野尾寺（自性院）	真言智山	聖観音	館山市神余
29	金蓮院	真言智山	十一面	〃 犬石
30	観音寺	真言智山	十一面	〃 洲崎
31	長福寺	真言智山	千手	〃 館山
32	小網寺	真言智山	聖観音	〃 出野尾
33	観音院	真言智山	聖観音	〃 西長田
34	滝本堂（大山寺）		千手	鴨川市平塚

たもの。舞台造の観音堂からの眺望は安房随一といわれている。

4番が**真勝寺**。行基菩薩は安産祈願のため如意輪観音を刻んだが、たまたまこの尊像を、村人の青木真勝が海中より拾いあげ岩峰山に奉安したのが寺の創まり。永禄年間（1558〜70）には兵火により灰燼に帰したが、尊像は火傷せず、火除けの観音と信仰されている。石段を上りつめると石壁の下にお堂があり幽邃な霊気がただよっている。

7番**天寧寺**(てんねいじ)は、寺伝では二階堂隠岐入道行盛の開創で、後に僧・広智が第1世となっている。本尊は中国よりの将来で毘首羯磨(びしゅかつま)の作と伝えている。天然記念物の柏槙(びゃくしん)がある。根回り6メートル、目通し幹囲3.7メートル、樹高約20メートル、応安7年（1374）僧広智が示寂したとき植栽されたと伝え、樹齢約600年の古木。

8番**日本寺**は、鋸山(のこぎりやま)の中腹にあり、雄大な霊場。旧参道から老樹におおわれた参道を歩くと、元禄7年（1694）再建の仁王門、そして正面に観音堂がある。本尊は慈覚大師の作。神亀2年（725）聖武天皇の勅願により行基菩薩が開創し、最盛期には7堂12院100坊を有する大寺であった。山中には百尺観音や東海千五百羅漢、総高31.2メートルの大仏（薬師如来）などが奉安されている。東京からは安房巡礼の打ち始めの霊場でもある。

12番**福満寺**のある富山(とみさん)は標高349メートル、北に金比羅峰、南が観音峰の二峰に分かれ、観音峰に行基菩薩開創と伝える観音堂がある。今は二合目の近くにあった本堂が西麓にあり、山頂近くに仮観音堂がある。滝沢馬琴の『里見八犬伝』の舞台となっただけに、そのゆかりの遺跡がある。

17番**清澄寺**(せいちょうじ)は、清澄山（海抜383メートル）の山頂にあり、山路6キロ余り登る。宝亀2年（771）不思議法師と称する僧が開創し、日蓮聖人が立宗開教したゆかりの地。寺は天台から真言へ、そして現在は日蓮宗。本堂石段右手前に茅葺の観音堂があり、行基菩薩作と伝える尊像が奉安されている。ここが安房の札所。本堂・祖師堂・客殿など諸堂が建ち並び、安房札所中では大規模な伽藍を有する。

20番**石堂寺**(いしどうじ)は、小高い山の上にあ

17番・清澄寺

り、朱塗りの仁王門を入って老樹におおわれた石段を上る。茅葺の3間4面の美しい本堂（重文）、左右に菩提樹、右手前に多宝塔、一段上に茅葺の薬師堂、左手には太子堂・山王宮・鐘楼など、境内にほどよく配置されている。神亀3年（726）聖武天皇の勅願により行基菩薩が開創、本尊は重文。当初は日本三石塔寺の一つとして栄えたが、火災のため衰退し、後に足利頼氏を寺で養育したことから幼名の石堂丸を寺名とした。境内裏手に尾形家住宅（重文）がある。

23番**宝珠院**（尼寺）の観音堂は仁王門を改築して再建した珍しい建物。本尊は行基菩薩作と伝え、応永11年（1404）妙光尼の創建。後に安房五大寺に数えられ、203石の朱印と末寺100か寺余りを有し、常法談林となった。境内の井戸の水面に宝珠の文字が現れたので寺名としたという、ゆかりの井戸もある。

25番**真野寺**は、神亀2年（725）鹿島大神の託によって行基菩薩が堂宇を創建し、自刻の尊像を奉安したのに創まる。源頼朝、北条義時、里見義堯の支援があって寺は栄えた。本堂外陣には貞観2年（860）慈覚大師作と伝える大黒天が安置され、「真野の大黒天」で親しまれている。境内には「鹿島の国見杉」や「中尾の影向松」の名樹がある。

32番**小網寺**は、仁王門から苔むした45段の石段を上ると観音堂があり、行基菩薩作と伝える尊像が奉安されている。閑寂な霊地だけに観世音のふところに包み込まれてしまうような感じを受ける。一段下に本堂・客殿がある。古くは大荘厳寺と称し、密教修行の道場となり「安房の高野山」といわれるほど栄えた。

33番**観音院**は、行基菩薩の開創。杉の大樹に刻まれた尊像が3間4面の観音堂に奉安されている。天正のころ、堂守の平野三郎左衛門が、鎌倉で罪科に処せられようとしたとき、観世音が身代わりになって救済したとの霊験が伝えられ、身代観音ともいう。安房の結願所らしく、山里奥深き風情がただよい、心ゆくまで観世音に合掌できる。

34番が**滝本堂**（大山寺）。安房の札所は当初三十三ヵ所だったが大山の力が強大で一か所つけ加えられた。大山には大永山長楽寺があり、柏原天皇の勅願所として栄え、この寺が札所に加えられるが、明治維新で大山寺とともに廃寺となり、現在は旧大山寺の不動堂の外陣に行基菩薩が刻んだという尊像を奉安している。一方、旧不動堂の上に滝本堂と称するお堂があり、三十四番の札所と称し、地元の人々はここへも参拝している。

（平幡良雄）

★問合せ先

安房霊場会本部
那古寺☎0470—27—2444

★案内書

平幡良雄著『安房観音巡礼』
（満願寺教化部刊）

新上総国三十三観音霊場（千葉県）

1	高蔵寺（高倉観音）	真言豊山	聖観音	木更津市矢那
2	善雄寺	真言智山	聖観音	〃　茅野
3	円明院	真言智山	十一面	市原市牛久
4	長福寿寺	天台宗		長生郡長南町
5	歓喜寺	天台宗	聖観音	〃　睦沢町寺崎
6	玉泉寺	曹洞宗	観音	〃　長南町市野々
7	最明寺	天台宗	聖観音	夷隅郡御宿町須賀
8	円如寺	真言智山	十一面	君津市小市部
9	圓明院	真言智山	娑羅観音	〃　山本
10	長泉寺	真言智山	聖観音	〃　大井
11	久原寺	真言智山	聖観音	〃　西猪原
12	興源寺	真言智山	千手	富津市東大和田
13	華蔵院	真言智山	十一面	〃　金谷
14	不動院	真言智山	聖観音	〃　竹岡
15	圓鏡寺	真言智山	聖観音	〃　八幡
16	像法寺	真言智山	聖観音	〃　鶴岡
17	寶龍寺	真言智山	十一面	〃　寶龍寺
18	岩富寺	真言智山		〃　亀沢
19	最勝福寺	曹洞宗	如意輪	君津市新御堂
20	正法院	曹洞宗	聖観音	富津市西大和田
21	萬福寺	真言豊山	聖観音	〃　篠部
22	醫光寺	真言智山	千手	〃　富津
23	東福寺	真言智山	千手千眼	〃　富津
24	自在寺	真言豊山	十一面	木更津市東太田
25	成田山新宿不動堂	真言智山	聖観音	〃　新宿
26	金勝寺	真言豊山	十一面	〃　万石
27	飯富寺	真言智山	千手	袖ケ浦市飯富
28	遍照院	真言豊山	十一面	市原市海保
29	長谷寺	新義真言	十一面	〃　海士有木
30	信隆寺		聖観音	〃　諏訪
31	釋蔵院	新義真言	聖観音	〃　能満
32	不動院	真言智山	十一面	山武郡成東町成東
33	観音教寺	天台宗	十一面	〃　芝山町芝山

★案内書　水野通雄著『新上総国三十三観音巡礼』（千葉日報社刊）

新上総国三十三観音霊場

かつては「上総の国（千葉県）の国札」と称された。隣の安房・下総の国札霊場と相前後して成立したと見られ、江戸幕末のころにはこの3国の国札霊場に番外も加えて房総百観音霊場として盛んだったと伝える。明治の廃仏毀釈と太平洋戦争の終結による農地開放によって廃寺となったり、合寺のやむなきにいたった札所も出現したが、同志が結束して平成8年（1996）11月に再興した。

坂東札所30番の**高蔵寺**を1番とし、芝山仁王尊でも親しまれている**観音教寺**を結願所とする札所は、木更津・君津・富津といったJR内房線沿いに多いが、全日程は車でも3日～4日はかかろう。

★問合せ先
新上総国三十三観音霊場会
飯富寺☎0438—62—2162

昭和新撰 江戸三十三観音霊場

東京の浅草・浅草寺から巡り始め、目黒の瀧泉寺で打ち納めとなる霊場で、享保20年（1735）刊の『江戸砂子拾遺』に記載されていることから享保年間の開創と推定される。その後、廃寺となったり不明になった札所があるなど消長を余儀なくされたが、昭和51年（1976）山手線沿線に沿った往時の札所に新たな札所を加え、巡礼しやすくをモットーに、バラエティーに富んだ「昭和新撰江戸三十三観音札所」が再発足した。

この新撰札所は東京23区内にある寺院で構成されており、聖観音宗総本山の1番**浅草寺**、真言宗豊山派大本山の13番**護国寺**、浄土宗大本山の21番**増上寺**、曹洞宗永平寺別院の22番**長谷寺**など都内の代表的な大寺院が網羅されているのが特徴。

そのほか、明暦3年（1657）の江戸大火（振袖火事）で焼死した10万8000余人を合葬したのを機縁に建てられた4番**回向院**、謡曲「盛久」でも伝えられる霊験あらたかな千手観音を祀り、京都清水寺にならって創建された6番**清水観音堂**、中国の観音信仰を物語る魚籃観音を祀る寺で知られる25番**魚籃寺**、目黒不動で名高く参詣者の絶えない33番**瀧泉寺**など、都民に親しまれている寺が多い。

★問合せ先
昭和新撰江戸三十三観音札所会
護国寺☎03—3941—9764

33番・瀧泉寺

昭和新撰江戸三十三観音霊場（東京都）

1	浅草寺(浅草観音)	聖観音宗	聖観音	台東区浅草
2	清水寺	天台宗	千手	台東区松が谷
3	大観音寺	聖観音宗	聖観音	中央区日本橋人形町
4	回向院	浄土宗	馬頭	墨田区両国
5	大安楽寺(新高野山)	高野真言	十一面	中央区日本橋小伝馬町
6	清水観音堂	天台宗	千手	台東区上野公園
7	心城院(湯島聖天)	天台宗	十一面	文京区湯島
8	清林寺	浄土宗	聖観音	文京区向丘
9	定泉寺(夢現地蔵)	浄土宗	十一面	文京区本駒込
10	浄心寺(桜観音)	浄土宗	十一面	文京区向丘
11	円乗寺(八百屋お七)	天台宗	聖観音	文京区白山
12	伝通院寿経寺	浄土宗	無量観音	文京区小石川
13	護国寺	真言豊山	如意輪	文京区大塚
14	金乗院(目白不動)	真言豊山	聖観音	豊島区高田
15	放生寺	高野真言	聖観音	新宿区西早稲田
16	安養寺(神楽坂聖天)	天台宗	十一面	新宿区神楽坂
17	宝福寺(中野観音)	真言豊山	如意輪	中野区南台
18	真成院(四谷霊廟)	真言単立	潮干観音	新宿区若葉
19	東円寺	真言豊山	聖観音	杉並区和田
20	天徳寺	浄土宗	聖観音	港区虎ノ門
21	増上寺	浄土宗	西向聖観音	港区芝公園
22	長谷寺(永平寺別院)	曹洞宗	十一面	港区西麻布
23	大円寺(ほうろく地蔵)	曹洞宗	聖観音	文京区向丘
24	梅窓院	浄土宗	泰平観音	港区南青山
25	魚籃寺(魚籃観音)	浄土宗	魚籃観音	港区三田
26	済海寺	浄土宗	亀塚正観音	港区三田
27	道往寺	浄土宗	聖・千手	港区高輪
28	金地院	臨済南禅	聖観音	港区芝公園
29	高野山東京別院	高野真言	聖観音	港区高輪
30	一心寺	真言智山	聖観音	品川区北品川
31	品川寺	真言醍醐	水月観音	品川区南品川
32	観音寺	天台宗	聖観音	世田谷区下馬
33	瀧泉寺(目黒不動)	天台宗	聖観音	目黒区下目黒
外	海雲寺	曹洞宗	十一面	品川区南品川

★案内書

『昭和新撰江戸三十三観音札所案内』（江戸札所会刊）

山田英二著『心から心の旅路・江戸三十三観音めぐり』（大蔵出版刊）

武蔵野三十三観音霊場

武蔵野は東京の西の一部から、埼玉県にかけての台地で、その台地の先端に、三宝寺池、武蔵関公園、井ノ頭公園などのいくつかの泉が湧き出している。

こうした湧水地は古くから人々の住むところとなり、縄文・弥生時代の先住者たちの遺跡も多い。流れ出す水は川となり、流域の人々の生活の拠点となっていた。例えば三宝寺池から流れ出す水は石神井川となり、王子・赤羽方面では音無川となり、やがて隅田川となって谷中・根岸方面から東京湾に注いでいる。その水の恩恵に預かった人々は、水源の三宝寺池に守護神として弁財天を祀り、今なお洞窟の中の「穴弁天」として参詣されているほどである。

そうした遺跡の一つである石神井公園を出発点として、西武池袋線（昔は武蔵野鉄道といったが）の飯能にかけて、観音の三十三変化になぞらえて設けられたのが、武蔵野三十三観音霊場である。

武蔵野観音霊場の歴史はさほど古くはない。昭和15年（1940）ころ、郷土史家で篤信の柴田常恵氏を中心として、観世音をお祀りする何人かの先駆的寺院の住職たちが語らい、西国・坂東・秩父と並ぶ観音霊場を選定しようとしたという。発足当初は、参加寺院の熱意と風致協会、鉄道会社などの支援を得て大いに賑わった。しかし第二次世界大戦と引き続く戦後の混乱は、人心を荒廃させ巡拝を縁遠いものとしてしまった。

やがて人々の生活が落ちついた昭和30年ごろから、各所の霊場の参詣者の増加とともに、ようやく武蔵野観音にも足をすすめる方があった。

この霊場の特色はまず第一に、一度の巡礼で都会から山奥までの雰囲気が味わえること。第二には武蔵野の雑木林の中を歩くという手ごろな散策の道である、ということ。更に第三には、西武池袋線の沿線にある、という便利さも魅力の一つとして挙げられる。電車・バスを利用するだけで巡ると4日くらいかかる。

1番**長命寺**は、東高野山と称する巨刹。広い境内の中に生える巨木は、その歴史の古さを示し、第1番札所としての風格を十分備えている。巡礼についての必要な品々もあり、親切に相談にのってくれる。御府内八十八ヵ所17番札所でもある。

2番**道場寺**は、石神井公園を背景として建立され、三重塔の美しい姿を遠望することができる。本堂・山門・鐘楼などの諸堂が、清掃された境内に配置されている。石神井城主豊島氏の菩提所。

3番**三宝寺**は、真言宗智山派に属し、往古関東十一談林の一つだった。

境内には本堂を中心に根本大塔・十一面観音石像・大師堂・大黒堂（千体地蔵尊も祀られている）・鐘楼・御成門があり、長屋門は勝海舟の屋敷門といわれる。大師堂の周囲には四国八十八ヵ所お砂踏み霊場が設けられている。

8番円乗院（きやま）は、狭山茶で有名な狭山丘陵にある。小高い丘の中腹に階段状に伽藍が配置されている。境内に入って石段を上れば楼門があり、さらに上れば右側に本坊、三たび石段を上ってようやく本堂に到着する。本堂からの眺望が素晴らしく、付近には東京の水ガメ多摩湖がある。

13番金乗院（山口観音）からは西武球場が眼下に見える。山口の観音さまとして参詣人が絶えず、歴史を感じさせる建物とともに、門前の茶店も繁昌している。

22番円照寺は、むしろ絵馬寺といった方がとおりがいい。また野田の弁天さまの縁日（毎年1月14日）には、数万の信徒でごった返すほどである。七不思議の池、寺宝の板碑などがある。

23番浄心寺は、やおろしの毘沙門として有名。本堂へ向かう参道の左側が丘になっている。その中腹に毘沙門堂・観音堂が建立されている。

26番聖天院には、立派な楼門をくぐると石段がある。この寺も斜面に伽藍が点在する寺で、本堂まで何段も石段を上ることになる。斜面を利用した庭園もまた見事。本堂には歓喜天のほか聖観音が祀られている、本寺格の古刹。

32番天龍寺（子ノ権現）は、武蔵野観音霊場第一の難所だったが今は新しい車道ができて昔の語り草になった。駐車場から山門まで200メートルほど。山門には天台宗別格本山の標識がある。山門を過ぎると大仁王像が左右にある。

33番八王寺は、「竹寺（たけでら）」のほうがとおりがいい。住職手作りの山菜料理が有名で、特にタケノコの季節がいいという。境内には聖観音とともに薬師如来の垂迹（すいじゃく）といわれる牛頭天王（ごず）が祀られ、神仏習合の形を残している。近年完成した瑠璃殿が真新しい姿をみせている。　　（小峰一允）

★問合せ先
武蔵野三十三観音事務局
☎03―3996―0063
★案内書
平幡良雄著『武蔵野観音巡礼』
（満願寺教化部刊）

22番・円照寺弁天堂

武蔵野三十三観音霊場

1	長命寺	真言豊山	十一面	東京都練馬区高野台
2	道場寺(萩寺)	曹洞宗	聖観音	〃 練馬区石神井台
3	三宝寺	真言智山	如意輪	〃 練馬区石神井台
4	如意輪寺(保谷観音)	真言智山	如意輪	〃 西東京市泉町
5	多聞寺	真言智山	十一面	〃 東久留米市本町
6	全竜寺	曹洞宗	一葉観音	〃 清瀬市中清戸
7	徳蔵寺	臨済大徳	白衣	〃 東村山市諏訪町
8	円乗院	真言智山	如意輪	〃 東大和市狭山
9	実蔵院	真言豊山	聖観音	埼玉県所沢市元町
10	新光寺	真言豊山	聖観音	〃 〃 宮本町
11	普門院	真言豊山	千手	〃 〃 上新井
12	全徳寺	曹洞宗	聖(普悲)	〃 〃 北野
13	金乗院(山口観音)	真言豊山	千手	〃 〃 上山口
14	妙善院(原の寺)	曹洞宗	白衣	〃 〃 三ヶ島
15	松林寺	曹洞宗	千手	〃 〃 林
16	慈眼寺	曹洞宗	聖観音	〃 狭山市入間川
17	徳林寺	曹洞宗	聖観音	〃 〃 入間川
18	蓮華院	真言智山	千手	〃 入間市春日町
19	東光寺	真言豊山	聖観音	〃 〃 小谷田
20	竜円寺(新久観音)	真言智山	千手	〃 〃 新久
21	高正寺	曹洞宗	聖観音	〃 〃 仏子
22	円照寺(絵馬寺)	真言智山	如意輪	〃 〃 大字野田
23	浄心寺(やおろしの毘沙門様)	曹洞宗	十一面	〃 飯能市大字矢颪
24	観音寺	真言智山	如意輪	〃 〃 山手町
25	円泉寺	真言智山	十一面	〃 〃 平松
外	霊巌寺(満行院)	真言智山	聖観音	〃 日高市新堀
26	聖天院(勝楽寺)	真言智山	聖観音	〃 〃 新堀
27	勝音寺	臨済建長	千手	〃 〃 栗坪
28	滝泉寺(横手の寺)	真言智山	千手	〃 〃 大字横手
29	長念寺	曹洞宗	聖観音	〃 飯能市白子
30	福徳寺	臨済建長	聖観音	〃 〃 虎秀
31	法光寺(岩殿観音)	曹洞宗	十一面	〃 〃 坂石町
32	天龍寺(子ノ権現)	天台宗	十一面	〃 〃 南
33	八王寺(竹寺)	天台宗	聖観音	〃 〃 南

★**案内書** 白木利幸著『武蔵野三十三所観音巡礼』(武蔵野観音霊場会編)

鎌倉三十三観音霊場

江戸時代の前期から中期にかけて成立し、特に元禄から宝暦にかけて盛んだったが、明治維新で廃寺・移転した寺が多く、しばらく休眠していた。大正から昭和にかけて新たな三十三ヵ所が設定されたとき、旧札所は11か所にすぎなかったという。

さすがに古都鎌倉（神奈川県）だけに札所には古寺名刹が多いが、無住に近い小寺もあってバラエティーにとんでいる。

1番**杉本寺**の十一面観音菩薩像2体は重文。当寺は坂東三十三観音霊場の1番札所として知られる。

2番**宝戒寺**の地蔵菩薩像・歓喜天像・惟賢和尚像はいずれも重文である。中秋のころの白萩、10月から翌年5月にかけての108種の椿が見もの。

3番**安養院**はツツジの名所、また坂東観音霊場の3番札所として知られる。

4番**長谷寺**の本尊は高さ10メートルの巨像。坂東観音霊場の4番札所でもある。

5番**来迎寺**は一遍上人が開山した寺。本尊の如意輪観音像は秘仏だが、安産守護・女人済度に霊験あらたかと信仰されている。

6番**瑞泉寺**の境内は史跡であり、夢窓疎石作の庭園は名勝。また夢窓疎石像は南北朝時代に制作された秀像で重文である。1月の水仙、2月の梅は見事。

7番**光触寺**の阿弥陀如来および両脇侍像は運慶作と伝える来迎形の三尊像で重文である。

8番**明王院**は鎌倉の鬼門除けの祈禱寺として発願建立された寺で大伽藍を擁していたが、現在は3間4面の五大堂だけが残っている。

9番**浄妙寺**の境内は史跡、また退耕禅師像は重文である。退耕行勇は栄西禅師に帰依した当寺の開山。

10番**報国寺**は別名「竹の寺」といわれ、本堂裏の竹林が素晴らしい。

11番**延命寺**は北条時頼夫人の身代地蔵（双六に負けて衣服を脱ぐことになった夫人が地蔵菩薩を念じると、夫人の前に裸の地蔵が現れた）を安置する地蔵堂だったという。

13番**別願寺**は足利氏の菩提寺として栄えた寺で、境内にある石造りの宝塔（塔身の四方に鳥居が刻まれている）は足利持氏の墓と伝える。

14番**来迎寺**は源頼朝が石橋山で挙兵したとき援軍に馳せつけ、戦死した三浦大介（三浦の荘の豪族）の霊を弔うために頼朝が創建した寺で、本堂右の小堂に三浦氏の像と位牌が安置されている。

16番**九品寺**は建武3年（1336）新田義貞が鎌倉攻めの本陣跡に、新田軍の戦死者慰霊のために創建した寺。山門と本堂に掲げられた「内裏山」と「九品寺」の文字は義貞自筆と伝える。

17番**補陀洛寺**は養和元年（1181）源頼朝が文覚上人（もと武士で、誤って人妻を殺害したことから仏門に

鎌倉三十三観音霊場（神奈川県）

1	杉本寺(杉本観音)	天台宗	十一面	鎌倉市二階堂
2	宝戒寺	天台宗	准胝	〃 小町
3	安養院(田代観音)	浄土宗	千手	〃 大町
4	長谷寺(長谷観音)	浄土単立	十一面	〃 長谷
5	来迎寺	時宗	如意輪	〃 西御門
6	瑞泉寺	臨済円覚	千手	〃 二階堂
7	光触寺	時宗	聖観音	〃 十二所
8	明王院	真言御室	十一面	〃 十二所
9	浄妙寺	臨済建長	聖観音	〃 浄明寺
10	報国寺	臨済建長	聖観音	〃 浄明寺
11	延命寺	浄土宗	聖観音	〃 材木座
12	教恩寺	時宗	聖観音	〃 大町
13	別願寺	時宗	魚籃	〃 大町
14	来迎寺	時宗	聖観音	〃 材木座
15	向福寺	時宗	聖観音	〃 材木座
16	九品寺	浄土宗	聖観音	〃 材木座
17	補陀洛寺	真言大覚	十一面	〃 材木座
18	光明寺	浄土宗	如意輪	〃 材木座
19	蓮乗院	浄土宗	十一面	〃 材木座
20	千手院	浄土宗	千手	〃 材木座
21	成就院	真言大覚	聖観音	〃 極楽寺
22	極楽寺	真言律宗	如意輪	〃 極楽寺
23	高徳院(鎌倉大仏)	浄土宗	聖観音	〃 長谷
24	寿福寺	臨済建長	十一面	〃 扇ガ谷
25	浄光明寺	真言泉涌	千手	〃 扇ガ谷
26	海蔵寺	臨済建長	十一面	〃 扇ガ谷
27	妙高院(建長寺山内)	臨済建長	聖観音	〃 山ノ内
28	建長寺	臨済建長	千手	〃 山ノ内
29	龍峰院(建長寺山内)	臨済建長	聖観音	〃 山ノ内
30	明月院(紫陽花寺)	臨済建長	如意輪	〃 山ノ内
31	浄智寺	臨済円覚	聖観音	〃 山ノ内
32	東慶寺	臨済円覚	聖観音	〃 山ノ内
33	円覚寺仏日庵	臨済円覚	十一面	〃 山ノ内

18番・光明寺

入った僧で、後に強訴の罪で配流されていた伊豆で頼朝に出会った）を開山にして建てた寺。

18番**光明寺**は浄土宗関東総本山。「当麻曼荼羅縁起絵巻」2巻は国宝である。小堀遠州作の庭園、お十夜の行事も有名。19番**蓮乗院**と20番**千手院**は光明寺の山内にある。

22番**極楽寺**は真言律宗の高僧・忍性上人が開山した寺。釈迦如来像・十大弟子像・不動明王像はいずれも重文。

23番**高徳院**は鎌倉大仏（阿弥陀如来像・国宝）の寺としてあまりにも有名。札所の観音堂は回廊裏手にある。

24番**寿福寺**は栄西禅師開山の名刹で、境内は史跡、地蔵菩薩像は重文である。

25番**浄光明寺**の阿弥陀如来および両脇侍像は正安元年（1299）に制作された三尊像で重文。また五輪塔も重文である。

28番**建長寺**は建長5年（1253）北条時頼が南宋から来朝した蘭渓道隆のために建立した寺で、臨済宗建長寺派大本山。境内・庭園は史跡名勝であり、絹本淡彩の蘭渓道隆像や梵鐘（ともに国宝）を初めとする寺宝を多数有する。27番**妙高院**と29番**龍峰院**は建長寺の山内にある。

30番**明月院**は紫陽花寺として名高い。「明月の観音」と親しまれている本尊如意輪観音像は子授けの霊験あらたかで、「世継観音」とも呼ばれている。

31番**浄智寺**は白雲木・高野槙・萩・椿など四季の花が見事で、境内は史跡に指定されている。地蔵菩薩像は重文。

32番**東慶寺**は「かけこみ寺」とか「縁切り寺」と呼ばれ、鈴木大拙が

23番・高徳院の大仏

創立した松岡文庫があり、また墓地に西田幾多郎や岩波茂雄など有名文化人の墓があることで知られる。聖観音像は重文。

33番**円覚寺**の**仏日庵**は北条時宗の廟所として建立され、後に北条家の菩提所となったが、室町中期に円覚寺塔頭(たっちゅう)となった。円覚寺は弘安5年(1282)に時宗が無学祖元(むがくそげん)を開山に招いて建てた寺で、臨済宗円覚寺派大本山。境内・庭園は史跡名勝であり、舎利殿と梵鐘は国宝である。

なお、鎌倉観音霊場は他の霊場札所と重複する寺院が多い。その重複札所を挙げると次のとおりである。(坂東＝坂東三十三観音霊場、地蔵＝鎌倉二十四地蔵霊場、十三＝鎌倉十三仏霊場、七福＝鎌倉・江の島七福神霊場。数字は札所番号)

1 杉本寺＝坂東1、地蔵4・6
2 宝戒寺＝地蔵1
3 安養院＝坂東3、地蔵24、七福（毘沙門）
4 長谷寺＝坂東4、七福（大黒）
5 来迎寺＝地蔵2、十三（阿弥陀）
6 瑞泉寺＝地蔵7
7 光触寺＝地蔵5
8 明王院＝十三（不動）
9 浄妙寺＝十三（釈迦）
10 報国寺＝十三（観音）
11 延命寺＝地蔵23
18 光明寺＝地蔵22
21 成就院＝十三（虚空蔵）
22 極楽寺＝地蔵20、十三（大日）
24 寿福寺＝地蔵18、十三（普賢）
25 浄光明寺＝地蔵16・17、十三（勢至）
26 海蔵寺＝地蔵15、十三（薬師）
28 建長寺＝地蔵9・10・11
31 浄智寺＝地蔵12、十三（弥勒）、七福（布袋）
33 円覚寺＝地蔵13・14

★**問合せ先**
鎌倉三十三観音霊場事務局
明王院☎0467—25—0416
★**案内書**
平幡良雄著『鎌倉三十三ヵ所』
（満願寺教化部刊）

旧小机領三十三所 観音霊場

開創は享保17年(1732)と伝えるが、平成8年(1996)子年(ねどし)の本尊開帳を期して復興した。神奈川県、横浜北西部の緑豊かな丘陵地帯と鶴見川流域とに分布している。

境内横に富士塚があり、6月1日には富士講の人たちが参詣する3番**最勝寺**、ヘボン博士（1859年にアメリカから来日した宣教師で、我が国の医学の確立に貢献）施療所跡碑のある8番**宗興寺**、浦島太郎伝説の名残りのある9番**慶運寺**、タイの大釈迦像を祀った12番**歓成院**、秋の柴燈(さいとう)護摩(ごま)・火渡りで知られる13番**円応寺**、住職のボランティア活動でも知られる23番**徳恩寺**や32番**東観寺**……など、歴史と個性的な寺が多い。

全札所の巡拝は2日間。
★**問合せ先**
旧小机領三十三所観音霊場奉賛会
事務所・徳恩寺☎045—961—6593

旧小机領三十三所観音霊場（神奈川県・東京都）

1	泉谷寺	浄土宗	正観音	横浜市港北区小机町
2	三会寺	高野真言	十一面	〃 港北区鳥山町
3	最勝寺	高野真言	正観音	〃 神奈川区菅田町
4	専称寺	浄土宗	如意輪	〃 神奈川区菅田町
5	正観寺	曹洞宗	聖観音	〃 保土ヶ谷区東川島町
6	随流院	曹洞宗	聖観音	〃 保土ヶ谷区川島町
7	本覚寺	曹洞宗	如意輪	〃 神奈川区高島台
8	宗興寺	曹洞宗	聖観音	〃 神奈川区幸ヶ谷
9	慶運寺	浄土宗	聖観音	〃 神奈川区神奈川本町
10	東福寺	真言智山	如意輪	〃 鶴見区鶴見
11	松蔭寺（大光普照殿）	臨済建長	十一面	〃 鶴見区東寺尾
12	歓成院	高野真言	十一面	〃 港北区太尾町
13	円応寺	真言単立	千手	〃 港北区新吉田町
14	正覚寺御霊堂	天台宗	十一面	〃 港北区新吉田町
15	西方寺	真言単立	十一面	〃 港北区新羽町
16	専念寺	浄土宗	正観音	〃 港北区新羽町
17	龍雲寺	浄土宗	聖観音	〃 都筑区東方町
18	観音寺	高野真言	正観音	〃 都筑区池辺町
19	寿福寺観音堂		正観音	〃 都筑区芳ヶ崎東
20	真福寺	真言豊山	千手	〃 青葉区荏田町
21	薬王寺	真言豊山	正観音	〃 青葉区大場町
22	王禅寺	真言豊山	聖観音	川崎市麻生区王禅寺
23	徳恩寺	高野真言	聖観音	横浜市青葉区恩田町
24	福寿院	高野真言	十一面	東京都町田市つくし野
25	世尊院	真言豊山	聖観音	横浜市緑区北八朔町
26	観護寺	高野真言	聖観音	〃 緑区小山町
27	長源寺	高野真言	十一面	〃 旭区上川井町
28	三仏寺	浄土宗	聖観音	〃 旭区本村町
29	慈眼寺	高野真言	十一面	〃 緑区寺山町
30	長泉寺	高野真言	正観音	〃 緑区中山町
31	宝塔院	高野真言	正観音	〃 緑区白山
32	東観寺	高野真言	聖観音	〃 緑区東本郷
33	法昌寺	曹洞宗	十一面	〃 青葉区奈良町

津久井観音霊場

宝暦年間(1750年代)1番札所の雲居寺住職が西国三十三観音を勧請(かんじょう)して開創、当初の33霊場に番外霊場と新たに加入した霊場を加えて現在は43霊場だが、将来は百観音を目指すという特異な観音霊場である。丹沢山塊と陣場の山並みを背にした山紫水明、風光明媚な神奈川県津久井郡の全体にわたって分布している。

堂内に百体の観音石像を安置した5番**久保沢観音堂**、坂東三十三観音の模像があってこの一堂で坂東霊場巡りができる9番**観音寺**、寺の参道が東海自然歩道コースになっている14番**顕鏡寺**、西行の歌碑や柳田国男の句碑の立つ15番**正覚寺**、十二神将を従えた薬師如来を祀る薬師堂が建つ35番**実相院**、金剛流御詠歌の道場がある39番**東林寺**など多彩だ。

★問合せ先
津久井観音霊場札所会事務局
長福寺☎0426—84—3530

津久井観音霊場(神奈川県)

1	雲居寺	臨済建長	十一面	津久井町根小屋
2	三明院		聖観音	津久井町長竹(管理大内宅)
3	化現坊		十一面	津久井町根小屋(管理菊地原宅)
4	湘南寺	臨済建長	十一面	城山町小倉(管理町役員)
5	久保沢観音堂		聖観音	城山町川尻(管理大正寺)
6	宝泉寺	高野真言	十一面	城山町川尻
7	三井寺	臨済建長	聖観音	津久井町三井(管理雲居寺)
8	友林寺	臨済建長	聖観音	津久井町中野
9	観音寺	臨済建長	聖観音	津久井町中野
10	円蔵寺	高野真言	聖観音	津久井町又野(管理東林寺)
11	長成寺	臨済建長	如意輪	津久井町三ヶ木(管理友林寺)
12	祥泉寺	臨済建長	聖観音	津久井町中野
13	宝珠庵	臨済建長	十一面	相模湖町若柳(管理正覚寺)
14	顕鏡寺	高野真言	十一面	相模湖町寸沢嵐
15	正覚寺	臨済建長	聖観音	相模湖町若柳(管理町役員)
16	宝福寺	臨済建長	聖観音	相模湖町若柳
17	大通寺	臨済南禅	聖観音	相模湖町千木良(管理石井宅)
18	善勝寺	高野真言	聖観音	相模湖町千木良
19	長福寺	臨済建長	聖観音	相模湖町与瀬(管理事務局長)
20	慈眼寺	高野真言	聖観音	相模湖町与瀬
21	観福寺	高野真言	千手	藤野町吉野(管理町役員)
22	藤野観音堂		聖観音	藤野町沢井(管理福王寺)

23	福王寺	臨済建長	十一面	藤野町沢井
24	浄禅寺	臨済建長	十一面	藤野町佐野川(管理龍泉寺)
25	増珠寺	曹洞宗	聖観音	藤野町小淵
26	青蓮寺	高野真言	聖観音	藤野町日連(管理町役員)
27	向瀧寺	高野真言	十一面	藤野町牧野(管理蓮乗院)
28	蓮乗院	高野真言	如意輪	藤野町牧野
29	長昌寺	臨済建長	聖観音	津久井町青根
30	井原寺	曹洞宗	聖観音	津久井町青野
31	安養寺	高野真言	千手	津久井町青山(管理顕鏡寺)
32	光明寺	臨済建長	聖観音	津久井町青山
33	来迎寺	臨済建長	聖観音	津久井町長竹(管理雲居寺)
34	長竹観音堂		聖観音	津久井町長竹(管理雲居寺)
35	実相院	高野真言	千手	津久井町又野(管理久光院)
36	龍泉寺	曹洞宗	聖観音	津久井町青野原
37	日応寺		如意輪	津久井町根小屋(管理田尻宅)
38	東陽寺	臨済建長	慈母観音	津久井町鳥屋
39	東林寺	高野真言	十一面	城山町葉山島(管理町役員)
40	清真寺	天台宗	聖観音	津久井町鳥屋
41	大蔵寺	真言智山	聖観音	津久井町太井(管理町役員)
42	東光寺	高野真言	聖観音	津久井町三井(管理福寿院)
43	福寿院	高野真言	聖観音	藤野町牧野

三浦三十三観音霊場

　神奈川県の三浦半島は温暖な気候と良港湾に恵まれ、横須賀が軍港都市として特殊な発達をしたのは著名であり、三浦市の三崎港も遠洋漁業の根拠地として知られる。また観音崎・城ヶ島・油壺など行楽コースが開けた所でもある。

　当霊場はこの三浦半島のうち、主として三浦市と横須賀市に所在する天台宗・真言宗・浄土宗・浄土真宗・臨済宗・曹洞宗・日蓮宗といった多宗派の寺々で構成されていること

と、起伏に富んだ丘陵と入り組んだ海岸線の豊かな自然を満喫しながら巡れるのが特徴。

　鎌倉時代に源頼朝が来遊したこの地に桃の木があったのにちなみ「桃の御所」と称せられ、その旧跡が今も遺る2番**見桃寺**、行基菩薩が弟橘媛を観音の権化として手刻したと伝える十一面観音を祀った14番**観音寺**（船守観音）、戦国時代の作で子育て観音として知られるマリア観音を祀る15番**真福寺**などがある。

★**問合せ先**・各寺院

三浦三十三観音霊場 (神奈川県)

1	音岸寺	曹洞宗	十一面	三浦市三崎町
2	見桃寺	臨済建長	聖観音	〃　白石町
3	観音堂		如意輪	〃　原町
4	大椿寺	臨済建長	十一面	〃　向崎町
5	海応寺	臨済円覚	聖観音	〃　南下浦町毘沙門大乗
6	観音堂		聖観音	〃　南下浦町松輪大畑
7	福寿寺	臨済建長	聖観音	〃　南下浦町金田
8	清伝寺	臨済建長	聖観音	〃　南下浦町金田
9	法昌寺	曹洞宗	聖観音	〃　南下浦町菊名
10	三樹院	浄土宗	十一面	〃　南下浦町上宮田
11	称名寺	真宗本願	正観音	横須賀市野比
12	伝福寺	浄土宗	千手	〃　久里浜
13	東福寺	曹洞宗	聖観音	〃　西浦賀町
14	観音寺	曹洞宗	十一面	〃　鴨居
15	真福寺	浄土宗	瀧見観音	〃　吉井
16	等覚寺	日蓮宗	千手	〃　久村
17	慈眼院	日蓮宗	聖観音	〃　佐原茅山
18	満願寺	臨済建長	聖観音	〃　岩戸
19	清雲寺	臨済円覚	瀧見観音	〃　大矢部
20	浄土寺	真宗本願	聖観音	〃　西逸見町
21	景徳寺	臨済円覚	十一面	〃　船越町
22	観音寺	浄土宗	十一面	〃　追浜東町
23	観蔵院	天台宗	十一面	逗子市桜山
24	海宝寺	浄土宗	聖観音	三浦郡葉山町堀之内
25	玉蔵院	高野真言	聖観音	〃　葉山町一色
26	観正院	浄土宗	十一面	〃　葉山町上山口
27	円乗院	真言大覚	正観音	横須賀市秋谷
28	専福寺	真宗本願	十一面	〃　佐島
29	長寿院無量寺	浄土宗	聖観音	〃　長坂
30	正住寺	浄土宗	定印観音	〃　林
31	長慶寺		正観音	〃　長井
32	海蔵寺	曹洞宗	十一面	三浦市三崎町小網代
33	観音堂		聖観音	〃　三崎町諸磯

(18番は満昌寺、31番は鈴木宅が管理。)

中部の観音霊場

信濃三十三観音霊場

　信濃三十三観音は、今から約400年前に西国三十三札所にならって発祥したものと言われている。事の起こりについては諸説あるが、通常言われているのは、小川村の高山寺（上水内郡・結願寺）の和尚と、保科の清水寺（長野市）の和尚が中心になり、考案したものと言われている。

　霊場は長野県内に広く及んでいる。
　観音霊場を札所として発揚したのは各藩だった。特に松代藩（長野市）・松本藩の保護は重視されよう。人々が西国・四国・伊勢と、こぞったように年々詣るが、費用もかかる。その費用を藩内に落とすことが得策と考え、三十三観音の巡拝にもある程度の保護策が加えられた。

　遠い四国・西国の地を踏まず、藩内だけでその慈悲が得られたらという人々の思いは強い。そうした巡礼が、村の為政者の目のつけどころとなった。三十三観音の巡礼といっても、楽なものではない。苦行難行を経ての結願であり、喜びであった。この信仰をとおして、村を護り、村民を護ることにも気付き、信濃三十三観音の開創につながったのである。

　1番**法善寺**の開山は、和同年間（704～714）に、中国で修行したという定恵和尚を勧請してなされた。往時は現在の裏山である西谷にあり、法相宗の学問寺として盛んであった。北国西街道（善光寺往還）の宿場町にこの札所は設けられた。

　3番**岩井堂**（尻つみ観音）は、源平合戦のころ、源義経の武将佐藤継信が、戦功を立てた愛馬「するすみ」を連れ、戦没馬の慰霊と信濃駒の調達のため信濃を訪れた。愛馬はこの地にかかると病のため急死した。そこでこの地に厚く弔い、継信は村人に後を頼んで去った。やがて堂宇が建立され、馬頭観音が奉安されたのに創まるという。毎年8月9日の縁日は女性の尻をツマムことが許された名高い祭りのある寺である。

　7番**桑台院**（虫歌観音）は、聖武天皇（724年ころ）の御代、行基菩薩が桑の大樹から3体の観音像を造り、保科の清水寺、清滝の観音堂とともに当院に1体を安置したのに創まると伝える。坂上田村麻呂が堂宇を建立し、後に天文13年（1544）福徳寺六世の快雄法印が堂宇を建立し、事実上の開山となった。養蚕・製糸の観音さんと親しまれている。

　9番**蓑堂山蓑堂**（ベベ出し観音）については、山頂に観音堂が残り、本尊は在家の樋口氏宅に安置されている。昭和40年（1965）の松代地震の際、観音さんが下に降ったという。昔は村人こぞって祭事を盛大に行ったが、その供養の最中、村が大火と

信濃三十三観音霊場（長野県）

1	法善寺	曹洞宗	聖観音	東筑摩郡麻積村上町
2	宗善寺	曹洞宗	十一面	〃 麻積村上町
3	岩井堂(尻っみ観音)		馬頭	〃 坂井村古司
4	風雲庵	黄檗宗	聖観音	長野市松代町清野
5	妙音寺(竹ノ尾観音)	曹洞宗	十一面	千曲市倉科竹ノ尾
6	観龍寺	真言智山	千手	〃 森大峰
7	桑台院(虫歌観音)		千手	長野市松代町豊栄
8	西明寺	浄土宗	千手	〃 小田切吉窪
9	蓑堂(べべ出し観音)		十一面	須坂市米子寺内
10	高顕寺	真言豊山	千手	〃 仁礼町
11	明真寺清滝観音堂	真言豊山	千手	長野市松代町東条菅間
12	無常院	浄土宗	馬頭	〃 安茂里小市
13	開眼寺	臨済妙心	聖観音	千曲市八幡中原
14	長楽寺(姨捨観音)	天台宗	聖観音	〃 八幡姨捨
15	岩殿寺	天台宗	馬頭	東筑摩郡坂北村別所
16	清水寺(保科観音)	真言智山	千手	長野市若穂保科
17	関昌寺今見堂	曹洞宗	十一面	東筑摩郡本城村田屋
18	長谷寺(人肌観音)	真言智山	十一面	長野市篠ノ井塩崎
19	菩提院	真言智山	馬頭	飯山市瑞穂小菅
20	長安寺岩井堂	臨済妙心	千手	東筑摩郡四賀村会田
21	常光寺岡田観音堂		十一面	長野市篠ノ井岡田
22	仲仙寺(羽広観音)	天台宗	十一面	伊那市西箕輪羽広
23	宝蔵寺岩谷堂	浄土宗	聖観音	小県郡丸子町御岳堂
24	阿弥陀寺	天台宗	十一面	諏訪市上諏訪唐沢
25	盛泉寺水沢観音堂	曹洞宗	千手	東筑摩郡波田町
26	満願寺(栗尾観音)	真言豊山	千手	南安曇郡穂高町牧
27	牛伏寺	真言智山	十一面	松本市内田
28	龍福寺鳥羽堂	曹洞宗	聖観音	小県郡丸子町腰越向井
29	釈尊寺(布引観音)	天台宗	聖観音	小諸市大久保
30	正法寺	真言豊山	聖観音	上水内郡中条村日下野
31	広福寺(乳出し観音)	曹洞宗	聖観音	〃 中条村御山里
32	西照寺椿峯観音堂		聖観音	〃 小川村椿峰
33	高山寺	真言豊山	聖観音	〃 小川村稲丘
外	北向観音	天台宗	千手	上田市別所温泉
外	善光寺	天台・浄土	一光三尊	長野市元善町

なり灰と化してしまった。以後、観音さまは祭りぎらいになったとのことで、祭事は中止となっている。

11番**清滝観音堂**（養蚕観音）は、寺伝によれば、聖武天皇の天平年間（730年ころ）勅命により行基菩薩が東国に下ったとき、この地の奇妙山で霊感を受け、5尺3寸の千手観音を刻み安置したのが創始という。その後、坂上田村麻呂が東征の折、この観世音を尊信し、祈願所として堂宇を建立したという。本尊は行基菩薩作の一木三体観音（虫歌・保科・当堂）の1体である。

14番**長楽寺**（姨捨観音）は、姨捨の伝説と、田毎の月で有名な観音さんで、近江八景の石山寺の月か、田毎の月か……と言われるほどである。境内には歌句碑が数多くあり、芭蕉の名句も残されている。芭蕉は、元禄元年（1688）門人の越人を伴って、木曽路からこの地を訪れている。『更科紀行』がその時の紀行文である。風流な寺として親しまれている。

16番**清水寺**（保科観音）の開山は行基菩薩と伝えられている。桓武天皇のころ、坂上田村麻呂が蝦夷地を平定に行く途中祈願し、帰途再びこの地を訪れ、お礼に8体の八将大権現を自ら刻み、寺の鎮守とし、自分の兜の鍬形と、賊の持っていた直刀一振りを奉納したという。現在も貴重な文化財として保存されている。

18番**長谷寺**（人肌観音）は、日本三大長谷寺として、大和・鎌倉と並び有名である。善光寺および戸隠とも深い関係のある寺で、正月7日には「御印文」の行事が行われる。また8月9日夜には「サンジョサン」と呼ばれる奇祭もあり、地元総出の祭りとなる。寺の裏山から発掘された経筒は、全国でも貴重な資料として注目されている。

19番**菩提院**は、北信濃三大修験道場の一つとして、かつては七堂伽藍36坊が立ち並ぶという壮大さであった。それが川中島の合戦で焼失し、上杉氏によって慶長2年（1597）再建されたのを機に桜本坊を菩提院と改称し、大聖院の末となった。寺宝に両界曼荼羅と、加賀の殿さまから寄進された大般若経600巻が現存する。

20番**長安寺**の開山は鎌倉建長寺の大覚禅師で、弘安元年（1278）という。その後、寛文10年（1670）恵光院2世の烈山和尚が中興開山となった。堂宇の岩下に大師の御加持水という「現水」があるが、京の茶人の間で激賞され有名になった。現在はこの水名にちなんで「現水焼」が焼かれ、その独自な味が受けている。

22番**仲仙寺**（羽広観音）は、伊那・諏訪八十八所の1番札所でもある。弘仁7年（816）、慈覚大師によって十一面観音が刻まれ、安置されたという。その彫屑一片一片に経文を書き、埋めたのが経ヶ岳と呼ばれるようになった。江戸時代の算額・千匹絵馬の扁額は貴重なもの。古くからの行事「ジンガサマ」の行事も後世に伝えたいものである。

24番**阿弥陀寺**は、文禄4年（1595）当地の高島城下下桑原村の河西浄西という念仏行者が開基した。その後、慶長3年（1599）尾張の弾誓上人が巡錫のときに再興し、中興開山となった。開山後は5年ほどとどまり、岩屋内で念仏道に専念したという。「唐沢の岩屋観音」または「子授観音」とも呼ばれ親しまれている。

27番**牛伏寺**（牛伏観音）の本尊は聖徳太子作と伝えられている。天文3年（1534）現在地に移した憲淳法印が再々中興となった。唐の玄宗皇帝から善光寺へ奉納の大般若経600巻を2頭の牛が運んで来たが、この寺の近くまで来ると牛は長途の疲れで倒れてしまった。そのため経典はこの寺に奉納されたという。

29番・釈尊寺（布引観音）

29番**釈尊寺**（布引観音）は、「牛に引かれて善光寺まいり」の伝説で知られた観音さんである。神亀元年（724）行基菩薩の開山で、往時は6か寺の末寺もあったが、天文17年（1548）、武田氏の兵火で焼失した。県宝の白山社、観音堂宮殿は藤原中期の作で、国の重文である。西行法師もここで修法した。

33番**高山寺**については、寺伝によると大同3年（808）坂上田村麻呂が観音堂を創立、建久6年（1195）源頼朝が三重塔を建立したという。当寺は観音堂が先にでき、その後に堂宇が整っている。元禄7年（1694）木食山居が三重塔を再建したのが現在の塔である。往時は壮大な七堂伽藍が建ち並んでいた。現在も結願寺にふさわしく、風格あるただずまいを見せている。　　（藤本勇三）

27番・牛伏寺

★**問合せ先**
信濃三十三観音霊場事務局
法善寺☎0263—67—2061

★**案内書**
平幡良雄著『信濃三十三ヵ所』
（満願寺教化部刊）

甲斐国三十三観音霊場（山梨県）

1	薬王寺	高野真言	十一面	西八代郡三珠町上野
2	永源寺	曹洞宗	聖観音	中巨摩郡玉穂町下河東
3	光勝寺	高野真言	千手	西八代郡三珠町上野
4	長谷寺	真言智山	十一面	中巨摩郡八田村榎原
5	興蔵寺	真言智山	十一面	甲府市宮原町
6	深草(岩屋)観音堂		十一面	〃 上積翠寺町
7	福寿院	曹洞宗	准胝	〃 西下条
8	法泉寺	臨済妙心	聖観音	〃 和田町
9	長禅安国寺	臨済単立	聖観音	〃 愛宕町
10	福王寺	臨済妙心	七観音	〃 上町
11	大福寺	真言智山	聖観音	東八代郡豊富村大鳥居
12	金剛寺	曹洞宗	十一面	北巨摩郡双葉町宇津谷
13	海岸寺	臨済妙心	千手	〃 須玉町上津金
14	長谷寺	真言智山	十一面	東山梨郡春日居町鎮目
15	観音寺	臨済妙心	聖観音	東八代郡石和町市部
16	雲峰寺	臨済妙心	十一面	塩山市上萩原
17	瑞岩寺	臨済妙心	十一面	甲府市上積翠寺
18	清水寺	臨済向嶽	如意輪	塩山市上井尻
19	清水寺	真言智山	千手	山梨市市川
20	光雲寺	浄土宗	正観音	〃 大野
21	光福寺上の堂	浄土宗	十一面	甲府市横根町
22	光福寺下の堂	浄土宗	聖観音	〃 横根町
23	常楽寺	曹洞宗	聖観音	東八代郡境川村藤垈
24	清光院	曹洞宗	十一面	〃 一宮町一之宮
25	安楽寺	真言智山	聖観音	〃 石和町下平井
26	心月院	臨済建長	聖観音	〃 八代町高家
27	方外院	曹洞宗	如意輪	西八代郡下部町瀬戸
28	本郷寺	日蓮宗	如意輪	南巨摩郡南部町本郷
29	高前寺	曹洞宗	聖観音	西八代郡六郷町鴨狩津向
30	真蔵院	真言智山	十一面	大月市賑岡町岩殿
31	西光寺	臨済建長	聖観音	北都留郡上野原町野田尻
32	徳岩院	曹洞宗	千手	東山梨郡勝沼町上岩崎
33	青松院	曹洞宗	十一面	甲府市山宮町

甲斐国三十三観音霊場

　富士五湖地方を除く山梨県のほぼ全域に点在する。文明年間（1469〜87）ごろの開創といわれているが、詳細は不明。時代の変遷とともに幾多の異動があったと見え、札所順番どおりには巡れない。甲斐国の歴史を物語り、特に同国の武将・武田信玄ゆかりの寺が含まれているのが特徴。

　主な札所と見どころとして、1番**薬王寺**のお葉付きイチョウと本尊十一面観音、2番**永源寺**の聖観音（像高97センチの寄木造・重文）、4番**長谷寺**の行基作と伝える本尊十一面観音と、子授け信仰をあつめている千体仏、6番**観音堂**の三十三体の観音石仏、7番**福寿院**の本尊准胝観音（15センチの木像）、8番**法泉寺**の武田勝頼の墓、9番**長禅安国寺**の武田信廉筆「武田信虎夫人像」（重文）。

　また12番**金剛寺**と13番**海岸寺**の石仏、14番**長谷寺**の十一面観音、16番**雲峰寺**(くり)の重文の仁王門・本堂庫裡・書院と武田家ゆかりの品々、19番**清水寺**と20番**光雲寺**の石仏、21番**光福寺**の巨岩をくりぬいた上の堂、27番**方外院**の千匹馬の額（長さ19メートル・幅2メートル）、33番**青松院**の曲水池泉式の庭園（松嶽庭）などがある。

　巡礼に要する日数は1週間。

★問合せ先・各寺院

越後三十三観音霊場

　越後（新潟県）の札所は、鎌倉時代北条5代最明寺時頼入道(さいみょうじときより)によって、越後巡錫(じゅんしゃく)の折に定められたものといわれているが、札所寺院の多くが上杉家にゆかりのあるところから、上杉謙信公のころからではないかともいわれている。

　上杉家の居城、春日山の近くから1番、2番と打たれ、海岸沿いから山へ入り、内陸部へと進む。見わたす限り稲田の広がる平野部を北上して、岩船(いわふね)というところでユーターンして県央の山の中で打ち止めとなる。この間約600キロ、海あり山あり大河あり、変化に富んだ越後巡礼のなかで、つくづく越後は広いなあと感じさせられる。

　山の上の札所もすべて小型車で境内まで行ける。高速道路も南北に走って、広い越後の巡礼も大変楽に

16番・雲峰寺

なった。マイカーで巡拝するなら、3泊4日の日程で充分である。

1番は**岩屋堂**である。上杉謙信公の居城があった上越市高田の春日山から西へ約10キロ行ったところで、名立川が日本海に注いでいる。その河口から上流へ約1.5キロほど行った左手の山の中腹にある。参道は、うっそうとした杉木立の中に続く。一抱えもある丸い自然石をそのまま数百も並べたかと思われるような、青く苔むした石段が山の中腹まで伸びている。上りつめると、おおいかぶさるような巨岩の下に小さな観音堂がある。本尊の聖観音は僧泰澄の作。また巨岩の高所には、弘法大師が書いたと伝える梵字も見える。

3番**大泉寺**は、持統天皇の勅願により開創された古刹。標高230メートルの山上にある観音堂は文禄2年（1593）の茅葺（かやぶき）の建造物で、国の重文に指定されている。本尊は僧泰澄の作。眼下を見渡せば、米山（よねやま）の余勢数条に分かれて日本海に迫り、遠く佐渡の山容、名立の岬までも一望におさめられる絶景である。

8番**不動院**には、うっそうとした杉林の中、数十段の石段を上りつめた山の中腹に観音堂がある。本尊は高さ約1.5メートル、延文3年（1358）仏師弘円の作で、平安朝風の中に地方色を加味しているところから、県の文化財に指定されている。当寺は大同2年（807）の開創で、昔栄えた伽藍の跡が、今でも山上に残っている。

9番**広済寺**は、米山と並ぶ新潟の名山、黒姫山の麓（標高890メートル）にある禅寺。近くに、越後が生んだ文豪・村山亀令（きれい）の父祖が代々にわたって築いた名園「貞観園」がある。

10番**長徳寺**では、茅葺の豪壮な仁王門をくぐると、広い境内の奥に彩色をほどこした観音堂がある。本尊は高僧・延鎮の作。堂内の四面には来迎図の壁画があり、格天井（ごう）には、この地方に生える百数十種の植物の絵が画かれている。

13番**弘誓寺**の本尊は海信阿闍梨（かいしん）の作。嵯峨御所より十万石の格式を与えられた古刹である。天正19年（1591）の火災で多くの寺宝を焼失したが、その時の住職澄意（ちょうい）は、5名の幼い弟子とともに自ら命を絶って詫びた。その場所は本堂裏山の中腹に「稚児塚」として今も残っている。

19番が**光照寺**。当地出雲崎は良寛誕生の地で、近くに良寛堂などがある。また当寺は、良寛得度の寺として有名である。本尊は海中出現の仏といわれる。

20番は**照明寺**になる。海岸道路からは百数十段も石段を上るだろうか、山の中腹にある観音堂は、宏大にしてしかも総けやき造り。そのお堂の前に立って西を望めば、漁港寺泊（てらどまり）の賑わいと、遠く佐渡が眺められる。札所随一の景勝地と思われる。

22番**国上寺**（こくじょうじ）は、標高313メートルの国上山（くがみやま）の中腹に諸堂が散在する。光明皇后発願の阿弥陀如来を安置す

越後三十三観音霊場（新潟県）

1	岩屋堂	曹洞宗	聖観音	西頸城郡名立町名立大町
2	摩仁王寺	曹洞宗	聖観音	新井市下十日市
3	大泉寺	真言豊山	千手	柏崎市大清水
4	妙智寺	曹洞宗	聖観音	〃　鯨波町
5	宝蔵寺	真言豊山	十一面	刈羽郡刈羽村滝谷
6	常楽寺	真言豊山	聖観音	〃　刈羽村井岡
7	摩尼珠院	真言豊山	聖観音	柏崎市藤橋
8	不動院	真言豊山	千手	〃　宮ノ窪
9	広済寺	曹洞宗	如意輪	刈羽郡高柳町坪野
10	長徳寺	曹洞宗	千手	中魚沼郡川西町友重
11	大福寺	真言豊山	聖観音	南魚沼郡塩沢町長崎
12	天昌寺	曹洞宗	正観音	〃　塩沢町思川
13	弘誓寺	真言智山	正観音	北魚沼郡堀之内町田川
14	真福寺	真言豊山	正観音	小千谷市片貝町池津
15	千蔵院	真言豊山	千手	長岡市柏町
16	椿沢寺	真言智山	千手	見附市椿沢町
17	不動院	真言豊山	千手	〃　小栗山町
18	根立寺	真言豊山	正観音	三島郡三島町上岩井
19	光照寺	曹洞宗	正観音	〃　出雲崎町尼瀬
20	照明寺	真言智山	聖観音	〃　寺泊町
21	吉田寺	曹洞宗	聖観音	西蒲原郡分水町渡部
22	国上寺	真言豊山	千手	〃　分水町国上
23	観音寺	曹洞宗	聖観音	〃　弥彦村観音寺
24	景清寺	真宗大谷	千手	〃　巻町平沢
25	真城院	真言智山	千手	新潟市西堀通八番町
26	乙宝寺	真言智山	如意輪	北蒲原郡中条町乙
27	光浄寺	曹洞宗	十一面	岩船郡神林村有明
28	白蓮寺	曹洞宗	十一面	新発田市五十公野
29	宝積院	真言智山	十一面	北蒲原郡聖籠町諏訪山
30	普談寺	真言智山	十一面	新津市朝日
31	正円寺	真言智山	聖観音	中蒲原郡村松町寺町
32	宝塔院	真言智山	聖観音	三条市東裏館
33	最明寺	真言智山	千手	南蒲原郡下田村院内

（1番は渡辺宅、2番は小池宅、6番は五十嵐宅、7番は巻口宅、23番は松宮宅で管理。）

22番・国上寺

る金堂は大伽藍だが、本尊の千手観音はそこより一段低いところにある客殿に安置されている。良寛和尚の住んだ「五合庵」は、西坂の八合目にある。

26番**乙宝寺**(おっぽうじ)は、天平8年(736)、行基菩薩と婆羅門僧正の二人によって開創されたという新潟県内屈指の名刹である。大日堂は15間4面の大伽藍で、その右に小さな観音堂がある。また国宝の三重塔や、安元2年(1176)に釈尊左眼の舎利が出現したという霊跡に六角堂があり、歴史の古さを感じさせる。

33番**最明寺**(さいみょうじ)が結願寺。三条から五十嵐川に沿って上ること約20キロ、高さ百数十メートルもあろうかと思われる絶壁の奇観が目に入るが、その麓近くにある。山を背にした観音堂の前には苔が密生し、人家からは離れ、車の騒音も途絶えて、静寂の感ひとしおである。　　（倉茂良海）

★問合せ先
越後三十三番札所連盟事務局
椿沢寺☎0258—62—1574

★案内書
『越後巡礼三十三観音札所』
（越後巡礼研究会刊）
『越後三十三観音詳細地図』
（越後三十三番観音連盟刊）

佐渡西国三十三観音霊場

昭和57年（1982）3月17日、地元の田中茂氏の発願で開創された霊場。新潟県佐渡島（周囲217キロ）の海岸線や深山の美景の中を巡り、また順徳天皇・日蓮・世阿弥などの流刑や、江戸時代の金銀山開発の歴史などを偲びながら巡礼できるのが特徴。

哀歓をともにした無住の観音堂初め、人気の無い小堂、民家風の仮堂などが島のほぼ全域に平均して点在している霊場である。

観光を兼ねても全霊場の巡拝は3日間。

★問合せ先
佐渡西国本部
恋人山れんげ寺☎0259—23—2390
佐渡西国開創委員会事務局
佐渡観光社内☎0259—27—2485

★案内書
『佐渡西国三十三番案内書』
（佐渡観光社刊）

佐渡西国三十三観音霊場（新潟県）

1	東強清水	十一面	佐渡市東強清水
2	逢田観音	十一面	〃 多田
3	河内観音	正観音	〃 浜河内
4	観音寺	正観音	〃 小熊
5	帰郷観音	正観音	〃 真浦
6	六句観音	如意輪	〃 井尻
7	斉藤観音	正観音	〃 木の浦
8	宿根木	正観音	〃 宿根木
9	小太観音	馬頭	〃 仮屋
10	子安観音	正観音	〃 上山田
11	横山観音	正観音	〃 横山
12	豊田観音	十一面	〃 豊田
13	新町観音	正観音	〃 真野新町
14	三宮観音	千手	〃 三宮
15	下新穂	正観音	〃 下新穂
16	阿弥陀堂	正観音	〃 島
17	火伏観音	千手	〃 旭
18	円慶堂	千手	〃 青木
19	吾潟観音	正観音	〃 吾潟
20	久知河内	正観音	〃 久知河内
21	白瀬観音	正観音	〃 白瀬
22	見立観音	正観音	〃 見立
23	施願観音	正観音	〃 願
24	岩谷観音	正観音	〃 岩谷口
25	入川観音	千手	〃 入川
26	千佛堂	正観音	〃 戸地
27	波切観音	正観音	〃 小川
28	下戸観音	如意輪	〃 下戸
29	治門観音	正観音	〃 高瀬
30	知空堂	正観音	〃 沢根田中
31	石田観音	馬頭	〃 石田
32	本屋敷	正観音	〃 本屋敷
33	堂林観音	千手	〃 平清水
外	光善寺	正観音	〃 小木本町
外	稲葉堂	馬頭	〃 水渡田
外	大浦観音	正観音	〃 大浦
本	れんげ寺	十一面	〃 城腰

北陸三十三観音霊場

1	中山寺	真言御室	馬頭	福井県大飯郡高浜町中山
2	馬居寺	高野真言	馬頭	〃　〃　高浜町馬居寺
3	妙楽寺	高野真言	千手	〃　小浜市野代
4	多田寺	高野真言	十一面	〃　〃　多田
5	羽賀寺	高野真言	十一面	〃　〃　羽賀
6	天徳寺	高野真言	馬頭	〃　遠敷郡上中町天徳寺
7	石観世音	曹洞宗	石観音	〃　三方郡三方町三方
8	帆山寺	天台宗	千手	〃　武生市住吉町
9	福通寺	真言東寺	正観音	〃　丹生郡朝日町朝日
10	大安寺	臨済妙心	正十一面	〃　福井市田ノ谷町
11	瀧谷寺	真言智山	聖如意輪	〃　坂井郡三国町滝谷
12	那谷寺	高野真言	十一面千手	石川県小松市那谷町ユ
13	宝円寺	曹洞宗	十一面	〃　金沢市宝町
14	観音院	高野真言	十一面	〃　〃　東山
15	総持寺祖院	曹洞宗	僧形観音	〃　鳳至郡門前町
16	岩倉寺	高野真言	千手	〃　輪島市町野町西時国
17	上日寺	高野真言	千手	〃　鳳至郡能都町
18	明泉寺	高野真言	千手	〃　〃　穴水町明千寺
19	妙観院	高野真言	聖観音	〃　七尾市小島町
20	山田寺	高野真言	十一面	〃　鹿島郡鳥屋町良川
21	長楽寺	高野真言	聖観音	〃　〃　鹿西町能登下
22	永光寺	曹洞宗	聖観音	〃　羽咋市酒井イ部
23	上日寺	高野真言	千手	富山県氷見市朝日本町
24	国泰寺	臨済国泰	聖観音	〃　高岡市太田
25	蓮華寺	高野真言	十一面	〃　〃　蓮花寺
26	観音寺	高野真言	聖観音	〃　小矢部市観音町
27	安居寺	高野真言	聖観音	〃　東砺波郡福野町安居
28	千光寺	高野真言	聖観音	〃　礪波市芹谷
29	常楽寺	高野真言	聖観音	〃　婦負郡婦中町千里
30	海禅寺	高野真言	聖観音	〃　富山市四方西岩瀬定籍
31	正源寺	曹洞宗	聖観音	〃　〃　西番
32	十三寺	高野真言	千手	〃　下新川郡入善町舟見
33	法福寺	高野真言	十一面	〃　〃　宇奈月町明日

能登国三十三観音霊場（石川県）

1	明泉寺	千手	鳳至郡穴水町明千寺
2	上田寺(観音堂)	如意輪	〃 穴水町宇加川(納経所明泉寺)
3	嶽の宮		鹿島郡能登島町鯰目(鯰目神社合祀)
4	鹿渡島観音	千手	七尾市鵜浦町鹿渡島
4	法広寺内椿寺	千手	〃 鵜浦町
5	海門寺	千手	〃 大田町
6	清水寺(観音堂)	千手	〃 万行町谷内地区
7	妙観院	聖観音	〃 小島町
8	江曽観音堂	聖観音	〃 江曽町(納経所妙楽寺)
9	天平寺	十一面	鹿島郡鹿島町石動山(納経所区長)
10	初瀬寺(小田中観音堂)	十一面	〃 鹿島町小田中(納経所勝楽寺)
11	正霊寺(観音堂)	三面八臂	〃 鹿島町高畠横町(納経所総代)
12	四柳寺(観音堂)	(懸仏)	羽咋市四柳町(納経所世話人宅)
13	円通寺	十一面	〃 酒井町(納経所永光寺)
14	泉福寺	聖観音	〃 若部(住吉神社合祀)
15	岡松寺	聖観音	〃 本町(納経所岡松山観音寺)
16	正覚院	十一面	〃 寺家町
17	光泉寺(かけの観音)	聖(十一面)	〃 柳田町(納経所稲農タバコ店)
18	沢の観音(観音堂)	十一面	鹿島郡鹿西町金丸(納経所白山神社)
19	長楽寺	聖観音	〃 鹿西町能登部下
20	山田寺	十一面	〃 鳥屋町良川
21	高田橋爪(観音堂)	十一面	〃 田鶴浜町高田(納経所宗真寺)
22	牛ノ鼻	十一面	〃 田鶴浜町白浜
23	妙法寺(観音堂)	千手	〃 中島町谷内(納経所区長)
24	虫ケ峰(観音堂)		〃 中島町屋(納経所白山神社)
25	龍護寺	聖観音	羽咋郡富来町酒見
26	大福寺	十一面	〃 富来町大福寺(納経所高爪神社)
27	鉄川寺	十一面	鳳至郡門前町道下(納経所宝泉寺)
28	立持寺(観音堂)		〃 門前町高尾山(納経所総持寺祖院)
29	和田長楽寺	聖観音	〃 門前町和田(伊須流岐神社合祀)
30	誓願寺(観音堂)	如意輪	輪島市鳳至町石浦町(納経所大悲講頭)
31	粉川寺	千手	〃 横地
32	岩倉寺	千手	〃 町野町西時国
33	高勝寺	聖観音	珠洲市三崎町寺家(納経所翠雲寺)

北陸三十三観音霊場

福井県・石川県・富山県の3県にまたがる霊場で、昭和62年（1987）に開創した。北陸の美しい自然の中に札所が散在し、奈良時代の古寺が多いことと、観光地が共存して各県ごとに有名な温泉地が点在しているのが特徴。

札所の本尊に名像が多く、1番**中山寺**と2番**馬居寺**の馬頭観音像、3番**妙楽寺**の千手観音像、4番**多田寺**と5番**羽賀寺**の十一面観音像、27番**安居寺**と29番**常楽寺**の聖観音像はいずれも重文である。

そのほか、花山法皇がここに参詣すれば西国三十三ヵ所の霊場巡礼に勝るとして西国の1番那智山と33番谷汲山の1字ずつをとって命名されたという12番**那谷寺**（なたでら）、臨済宗国泰寺派総本山の24番**国泰寺**、曹洞宗大本山の15番**総持寺祖院**などの名刹もある。

全札所巡礼の目安は4泊5日。
★問合せ先
　北陸観音霊場会
　長楽寺☎0767—72—2112
★案内書
　『北陸三十三ヵ所観音霊場案内』
　（霊場会刊）

能登国三十三観音霊場

石川県の全域に点在する。石動山修験の根強い勢力に支えられ、江戸時代に盛んだったと伝えるが成立年代などは不祥。明治維新の廃仏毀釈により修験の活動が衰えるとともに霊場も没落し、廃寺となった札所もあるが、昭和に入って復興された。

33か所のうち常住札所は1・5・7・13・15・16・19・20・25・27・32・33番の12か所で、うち1番明泉寺・19番長楽寺・20番山田寺は北陸三十三観音霊場の札所でもある。

1番**明泉寺**は重文の石造五重塔（高さ7メートル）や、頼朝の墓を初めとする大小の宝篋印塔・五輪塔70余基（鎌倉屋敷と呼ばれる中世墓地）が立ちならんでいる古刹。

巡拝日程は2泊3日。
★問合せ先
　能登三十三観音霊場事務局
　長楽寺☎0767—72—2112

若狭三十三観音霊場

福井県の嶺南地方、すなわち若狭路に点在する霊場で、昭和57年（1982）11月に開創された。若狭路は若狭湾国定公園を臨む風光明媚な一帯を指し、隆起の激しい海岸線は秀れた景勝をかかえ、巡礼者の心を魅了してくれよう。

1番**永厳寺**（ようごんじ）は山水を取り入れた庭園が見もの。3番**龍渓院**は別名「たこ薬師」と呼ばれ、霊験あらたかな薬師霊場でもある。5番**瑞林寺**には雲崗より発掘された弥勒石仏がある。特別霊場の**石観世音**は弘法大師が一夜にして作ったと伝える観音像で、特に手足に霊験があるといわれ参詣

若狭三十三観音霊場（福井県）

1	永厳寺	曹洞宗	千手	敦賀市金ヶ崎町
2	金前寺	高野真言	十一面	〃 金ヶ崎町
3	龍渓院(たこ薬師)	曹洞宗	十一面	三方郡美浜町丹生
4	阿弥陀寺	曹洞宗	聖観音	〃 美浜町丹生
5	瑞林寺観音堂	曹洞宗	聖観音	〃 美浜町早瀬
6	宝泉院(殿様観音)	高野真言	如意輪	〃 三方町気山
特	石観世音	曹洞宗	聖観音	〃 三方町三方
7	慈眼寺	高野真言	聖観音	〃 三方町田井
8	弘誓寺	曹洞宗	如意輪	〃 三方町黒田
9	天徳寺	高野真言	馬頭	遠敷郡上中町天徳寺
10	大蔵寺観音堂	曹洞宗	聖観音	〃 上中町海士坂
11	永源寺	曹洞宗	聖観音	小浜市田烏
12	蓮性寺	臨済南禅	十一面	〃 阿納
13	松福寺	曹洞宗	聖観音	〃 新小松原
14	円通寺	臨済南禅	聖観音	〃 北塩屋
15	松源寺	臨済南禅	十一面	〃 北塩屋
16	神宮寺	天台宗	十一面千手	〃 神宮寺
17	神通寺観音堂	曹洞宗	千手	〃 遠敷
18	多田寺	高野真言	十一面	〃 多田
19	妙楽寺	高野真言	十一面千手	〃 野代
20	円照寺	臨済南禅	十一面千手	〃 尾崎
21	高成寺	臨済南禅	十一面千手	〃 青井
22	正法寺(上野山観音)	真言泉涌	如意輪	〃 大原
23	栖雲寺	臨済妙心	聖観音	〃 大原
24	雲外寺	臨済南禅	聖観音	〃 谷田部
25	大智寺	曹洞宗	十一面千手	〃 須縄
26	檀渓寺	曹洞宗	千手	遠敷郡名田庄村納田終
27	海元寺	曹洞宗	十一面	大飯郡大飯町父子
28	潮音院	臨済相国	聖観音	〃 大飯町本郷
29	宝楽寺	高野真言	聖観音	〃 大飯町河村区
30	馬居寺	高野真言	馬頭	〃 高浜町馬居寺
31	大成寺	臨済建仁	聖観音	〃 高浜町日置
32	正楽寺	高野真言	聖観音	〃 高浜町日引
33	中山寺	真言御室	馬頭	〃 高浜町中山

33番・中山寺の馬頭観音

者が多い。9番**天徳寺**は白山修験ゆかりの泰澄(たいちょう)大師が刻んだと伝える馬頭観音を本尊とし、境内には八十八ヵ所石仏、名水瓜割りの滝などがある。

16番**神宮寺**は奈良東大寺のお水取りに際し、お水送り(修二会)の神事を行う寺として有名。18番**多田寺**の本尊十一面観音像と薬師如来像は若狭最古の木彫像で、ともに重文。19番**妙楽寺**の本尊十一面千手観音像も行基菩薩作と伝える古仏で重文である。27番**海元寺**の400メートル谷奥には、かつての水行場の霊跡をとどめる不動の滝がある。28番**潮音院**は中国元の僧明極疎俊(みんきそしゅん)禅師を開山とし、楠正成公の霊牌を祀っている。30番**馬居寺**と33番**中山寺**の本尊馬頭観音はともに重文の名像である。

巡拝に要する日数は豊橋・金沢・大阪からで3泊4日。

★問合せ先

若狭観音霊場会
事務局・潮音院☎0770—77—0235

★案内書

富永博次著『若狭観音霊場案内記』(若狭観音霊場会刊)

恵那三十三観音霊場

岐阜県の旧中山道、恵那峡を望む恵那市、大正村のある明智町、寒天の山岡町、女城主の里・岩村町など、静寂な山村と美しい恵那の自然の中に散在している。創設は宝暦8年(1758)と伝えるが、時代の変遷とともに盛衰を繰り返し、しばらく途絶えていたのを昭和60年(1985)に復興した。

客番札所を含む36札所は曹洞宗26か寺、臨済宗9か寺、黄檗宗1か寺と、すべて禅宗の寺で占められている。

主な札所と見どころは、江戸初期の即身仏「石室弘法大師」を安置した1番**東禅寺**、行基菩薩の草創で西行法師葬送の寺として知られる4番**長国寺**、開扉すると大洪水になるので秘仏となっている、火難守護の不見日観音を祀る10番**東光院**、岩村城主松平家の菩提寺で、風格のある山門を有する11番**盛巌寺**、八方睨の龍の天井絵と時代を超えた老杉のある15番**円頂寺**などがある。

巡拝日数は2日から3日。

★問合せ先

恵那三十三観音霊場事務局

萬嶽寺☎0537—63—2078

恵那三十三観音霊場（岐阜県）

1	東禅寺	黄檗宗	十一面千手	恵那市大井町
2	長栄寺	曹洞宗	聖観音	〃 長島町中野
3	高安寺	曹洞宗	千手	〃 長島町永田
4	長国寺	曹洞宗	千手	〃 大井町
5	大林寺	曹洞宗	聖観音	中津川市千旦林
6	源長寺	曹洞宗	聖観音	〃 茄子川
7	宗久寺	曹洞宗	聖観音	恵那市東野
8	禅林寺	曹洞宗	聖観音	中津川市飯沼
9	萬嶽寺	曹洞宗	聖観音	〃 阿木
10	東光院	臨済妙心	十一面	恵那郡岩村町富田
11	盛巌寺	曹洞宗	聖観音	〃 岩村町殿町
12	清楽寺	曹洞宗	聖観音	〃 岩村町日之出町
13	万勝寺	臨済妙心	千手	〃 山岡町馬場山田
14	万光寺	曹洞宗	十一面	〃 上矢作町横道
15	円頂寺	曹洞宗	聖観音	〃 上矢作町本郷
16	玉泉寺	曹洞宗	如意輪	〃 上矢作町下
17	黄梅院	曹洞宗	十一面	〃 串原村
18	滝坂観音寺	臨済妙心	聖観音	〃 明智町
19	安住寺	臨済妙心	聖観音	〃 明智町杉野
20	普門寺	曹洞宗	十一面	〃 山岡町下手向
21	徳祥寺	臨済妙心	十一面	〃 岩村町飯羽間
22	林昌寺	曹洞宗	千手	〃 山岡町久保原
23	常久寺	臨済妙心	聖観音	恵那市三郷町佐々良木
24	天長寺	曹洞宗	楊柳	〃 三郷町野井
25	威代寺	臨済妙心	十一面	〃 三郷町野井
26	瑞現寺	曹洞宗	准胝	〃 武並町竹折
27	洞禅院	曹洞宗	聖観音	〃 武並町藤
28	自法寺	曹洞宗	聖観音	〃 飯地町沢尻
29	長楽寺	臨済妙心	聖観音	〃 笠置町姫栗
30	奥渡高徳寺	臨済妙心	十一面	恵那郡蛭川村奥戸
31	大洞院	曹洞宗	楊柳	〃 蛭川村若山
32	長徳寺	曹洞宗	千手	恵那市長島町久須見
33	円通寺	曹洞宗	十一面	〃 長島町正家
客	子安寺	曹洞宗	如意輪	中津川市阿木（管理万岳寺）
客	竜泉寺	曹洞宗	馬頭	〃 飯沼（管理禅林寺）
客	大船寺	曹洞宗	聖観音	恵那郡上矢作町（万光寺・円頂寺）

美濃三十三観音霊場 (岐阜県)

1	日龍峰寺(高沢観音)	高野真言	千手	武儀郡武儀町下之保
2	鹿苑寺(ろ山観音)	臨済妙心	聖観音	美濃市立花
3	来昌寺	西山浄土	手引観音	〃 吉川町
4	宝勝院	真言醍醐	聖観音	〃 泉町
5	永昌寺	臨済妙心	十一面	武儀郡武芸川町高野
6	恵利寺	臨済妙心	十一面	〃 武芸川町跡部
7	龍福寺	臨済妙心	聖観音	〃 武芸川町平
8	三光寺	真言醍醐	聖観音	山県郡美山町富永
9	東光寺	臨済妙心	聖観音	〃 伊自良村小倉
10	広厳寺	臨済妙心	聖観音	〃 高富町高富
11	大龍寺(だるま観音)	臨済妙心	子安観音	岐阜市粟野
12	退耕院	臨済妙心	瀧見観音	美濃加茂市伊深
13	甘南美寺	臨済妙心	千手	山県郡伊自良村長滝
14	崇福寺	臨済妙心	聖観音	岐阜市長良福光
15	法華寺	高野真言	聖観音	〃 三田洞
16	願成寺(大洞観音)	真言智山	十一面	〃 芥見大洞
17	護国之寺(雄総観音)	高野真言	十一面千手	〃 長良雄総
18	美江寺	天台宗	十一面	〃 美江寺町
19	円鏡寺(北方観音)	高野真言	聖観音	本巣郡北方町
20	弘誓寺(椎倉観音)	臨済妙心	聖観音	山県郡高富町椎倉
21	宝積寺	臨済妙心	聖観音	加茂郡坂祝町取組
22	万尺寺	臨済妙心	聖観音	美濃加茂市太田町
23	吉祥寺	臨済妙心	聖観音	関市志津野
24	神光寺	高野真言	十一面	〃 下有知
25	曹渓寺(宝生観音)	臨済妙心	千手	美濃市立花湯ノ洞温泉
26	清水寺	臨済妙心	十一面	加茂郡富加町加治田
27	祐泉寺(滝場観音)	臨済妙心	聖観音	美濃加茂市太田本町
28	龍福寺	臨済妙心	聖観音	加茂郡富加町加治田下町
29	小山寺(こやま観音)	臨済妙心	馬頭	美濃加茂市下米田町小山
30	善福寺	真宗本願	十一面千手	岐阜市千手堂北町
31	徳雲寺	曹洞宗	子安観音	美濃加茂市加茂野町市橋
32	立蔵寺	曹洞宗	聖観音	関市西日吉町
33	新長谷寺(吉田観音)	真言智山	十一面	〃 長谷寺町

美濃三十三観音霊場

享保12年（1727）の記録があるので、成立年代はそれ以前と考えられる。岐阜県の木曽川と長良川を挟む風光明媚な平野と山の中に点在する霊場である。

境内入り口に北アルプスの槍ヶ岳を開いた播隆上人（ばんりゅう）の記念碑（大名号碑）が立つ3番**来昌寺**、明治の濃尾震災で壊滅したものの、第二次世界大戦後になって見事に復興し「だるま観音」の愛称で親しまれている11番**大龍寺**、美しい回遊庭園で知られる15番**法華寺**、養老3年（719）泰澄大師（たいちょう）が開き、平安期の作と伝える本尊十一面観音像初め地蔵菩薩・円空仏など多くの文化財を有する24番**神光寺**、仁徳天皇の勅願寺として313年に創建されたという美濃屈指の古刹で、舞台造の観音堂や尼将軍政子が建立した多宝塔がある25番**日龍峰寺**（ひわだぶき）、雄壮な山門から奥に檜葺の七堂伽藍（重文）が建つ33番**新長谷寺**などが見どころ。

なお、1番**宝生観音**境内の宝生閣では松茸料理が味わえるという。巡拝の目安は2日、宿は湯の洞温泉、または長良川温泉が便利。

★問合せ先
美濃三十三観音霊場会事務局
小山観音☎0574—26—9133

★案内書
『美濃三十三観音霊場』（霊場会事務局刊）

飛騨三十三観音霊場

岐阜県の高山市・吉城郡・大野郡に点在する観音霊場だが、当地出身の「円空上人が歩いた道」をサブタイトルに掲げ、客番札所10か所を含めて円空仏を祀った札所が約半数を占めるのが特徴。その札所と円空仏は次の通り。

1番・国分寺…弁財天
客番・相応院…薬師如来
3番・雲龍寺…如来像
4番・素玄寺…不動明王
6番・宗猷寺…観音菩薩
10番・霊泉寺…愛染明王
11番・安国寺…阿弥陀仏
15番・洞泉寺…聖観音
17番・光明寺…観音菩薩
18番・長久寺…観音菩薩
19番・玄昌寺…韋駄天
21番・金龍寺…阿弥陀仏
27番・瑞岸寺…韋駄天
客番・円城寺…不動明王
客番・光円寺…二十六体仏
客番・両全寺…薬師如来
客番・本覚寺…地蔵菩薩
28番・桂峰寺…天皇像
客番・永昌寺…韋駄天
29番・禅通寺…十七体仏
30番・慈雲寺…聖観音
31番・善久寺…迦楼羅
32番・正宗寺…薬師如来
33番・千光寺…三十三体仏

そのほか史跡・文化財を有する札所として、1番**国分寺**の本堂（重文）・塔跡（史跡）・大イチョウ（天

飛騨三十三観音霊場（岐阜県）

1	国分寺	高野真言	聖観音	高山市総和町
2	相応院	高野真言	聖観音	〃 桜町
3	雲龍寺	曹洞宗	十一面	〃 若達町
4	素玄寺	曹洞宗	馬頭	〃 天性寺町
5	善応寺	曹洞宗	如意輪	〃 宗猷寺町
6	宗猷寺	臨済妙心	聖観音	〃 宗猷寺町
7	清傳寺	高野真言	十一面	〃 江名子町
8	正雲寺	曹洞宗	聖観音	〃 神明町
9	大幢寺	曹洞宗	十一面	大野郡宮村
10	霊泉寺	高野真言	聖観音	高山市千島町
11	安国寺	臨済妙心	如意輪	吉城郡国府町西門前
12	林昌寺	曹洞宗	十一面	飛騨市古川町片原町
13	寿楽寺	曹洞宗	準提	〃 古川町太江
14	慈眼寺	曹洞宗	馬頭	〃 古川町袈裟丸
15	洞泉寺	曹洞宗	子安観音	〃 宮川町林
16	円城寺	曹洞宗	馬頭	〃 神岡町大門町
17	光円寺	曹洞宗	二十五菩薩	〃 神岡町和佐保
18	恩林寺	黄檗宗	聖観音	高山市下岡本町
19	玄昌寺	曹洞宗	子安観音	飛騨市宮川町杉原
20	久昌寺	曹洞宗	聖観音	〃 宮川町巣納谷
21	金龍寺	曹洞宗	千手	〃 神岡町東茂住
22	円城寺	臨済妙心	子安観音	〃 神岡町殿
23	両全寺	臨済妙心	千手	〃 神岡町麻生野
24	本覚寺	臨済妙心	聖観音	吉城郡上宝村本郷
25	永昌寺	臨済妙心	釈迦如来	〃 上宝村田頃家
26	洞雲寺	曹洞宗	十一面	飛騨市神岡町本町
27	瑞岸寺	臨済妙心	聖観音	〃 神岡町殿
28	桂峰寺	臨済妙心	聖観音	吉城郡上宝村長倉
29	禅通寺	臨済妙心	十一面	〃 上宝村一重ケ根
30	慈雲寺	曹洞宗	十一面	大野郡丹生川村旗鉾
31	善久寺	曹洞宗	十一面	〃 丹生川村日面
32	正宗寺	曹洞宗	聖観音	〃 丹生川村北方
33	千光寺	高野真言	千手	〃 丹生川村下保

23番・両全寺…薬師如来
24番・本覚寺…地蔵菩薩
25番・永昌寺…韋駄天
27番・瑞岸寺…韋駄天
28番・桂峰寺…天皇像
29番・禅通寺…十七体仏
30番・慈雲寺…聖観音
31番・善久寺…迦楼羅
32番・正宗寺…薬師如来
33番・千光寺…三十三体仏

そのほか史跡・文化財を有する札所として、1番**国分寺**の本堂（重文）・塔跡（史跡）・大イチョウ（天然記念物）、11番**安国寺**の経蔵（国宝）、27番**瑞岸寺**の薬師堂（重文）、33番**千光寺**の五本スギ（天然記念物）などがある（なお平成17年2月より、吉城郡国府町・上宝村・大野郡は「高山市」に合併変更される予定）。

★問合せ先
飛騨三十三観音霊場会
事務局・済伝寺☎0577—33—0839

益田三十三観音霊場

岐阜県益田郡内の下呂温泉町を中心に、天保10年（1839）に成立した霊場。各札所のお堂は旧村（現在の区）が維持管理し、毎月18日には各地域の観音講が開かれ、旧盆の8月15日から7日7夜にわたり「鐘たたき」の行事が受け継がれている信仰の地である。

ここは山紫水明の地で、中央に国定公園の中山七里の名勝地があり、春はその河原の岩陰に咲き乱れる岩ツツジ、夏は山と渓谷を埋める濃い緑葉、秋は目映い紅葉と、自然を満喫した巡礼ができる。

また近年、岐阜県が益田郡一円に「国際健康保養地構想」を打ち出し、自治体が第三セクターで経営する温泉保養館が2番弘誓堂と29番妙喜堂の近くにできた。

全行程150キロで、歩いて4日、車で2日。

★問合せ先
下呂町仏教徒会事務所・益田西国三十三ヵ所霊場協議会事務局
☎0576—25—5007

伊豆横道三十三観音霊場

伊豆（静岡県伊豆半島）の東西海岸に散在する寺々を結んで「伊豆横道(いずよことう)三十三観音霊場」がある。この霊場巡りがいつ始まったのかは、今も明らかではないが、一説によると、伊豆に流されていた源頼朝が巡拝したのが創まりと伝えられている。

永暦元年（1160）蛭ヶ小島(ひる)（韮山(にらやま)町）に流され、不遇の身を嘆いていた頼朝は、父義朝の髑髏(もんがく)を胸に飾った文覚上人と松崎在の相生堂で出会い旗揚げをすすめられる。源氏再興を決意した頼朝は、三十三の寺々を回って再興成就を祈願した。それが

益田三十三観音霊場（岐阜県）

1	霊場名・霊感堂	受持寺・玉龍寺	下呂市金山町中切
2	〃 弘誓堂	〃 玉龍寺	〃 〃 渡
3	〃 潮音堂	〃 万福寺	〃 〃 中津原
4	〃 善応堂	〃 万福寺	〃 〃 福来
5	〃 囲繞堂	〃 東泉寺	〃 焼石
6	〃 法雲堂	〃 玉龍寺	〃 保井戸
7	〃 真如堂	〃 東泉寺	〃 火打
8	〃 説現堂	〃 東泉寺	〃 門和佐
9	〃 如日堂	〃 万福寺	〃 蛇之尾
10	〃 妙智堂	〃 万福寺	〃 有里
11	〃 自在堂	〃 万福寺	〃 夏焼
12	〃 清浄堂	〃 地蔵寺	〃 宮地
13	〃 具足堂	〃 地蔵寺	〃 野尻
14	〃 真観堂	〃 慈雲院	〃 乗政
15	〃 解脱堂	〃 泰心寺	〃 小川
16	〃 甘露堂	〃 泰心寺	〃 森
17	〃 恵日堂	〃 泰心寺	〃 森
18	〃 普明堂	〃 温泉寺	〃 湯之島
19	〃 白雲堂	〃 東禅寺	〃 東上田
20	〃 常念堂	〃 泰心寺	〃 少ケ野
21	〃 唵摩訶山	〃 泰心寺	〃 少ケ野
22	〃 養松堂	〃 禅昌寺	〃 萩原町西上田
23	〃 浄聖堂	〃 大覚寺	〃 〃 跡津
24	〃 神通堂	〃 竜泉寺	〃 〃 羽根
25	〃 大雲堂	〃 竜泉寺	〃 〃 尾崎
26	〃 梵音堂	〃 竜泉寺	〃 〃 四美
27	〃 無量堂	〃 竜泉寺	〃 〃 宮田
28	〃 大悲殿	〃 長谷寺	〃 小坂町小坂
29	〃 妙喜堂	〃 長谷寺	〃 〃 長瀬
30	〃 八相堂	〃 竜泉寺	〃 萩原町上呂
31	〃 福聚堂	〃 大覚寺	〃 〃 萩原
32	〃 示現堂	〃 大覚寺	〃 〃 上村
33	〃 円通閣	〃 禅昌寺	〃 〃 中呂

「伊豆横道」の創まりと伝えられるが、単なる伝説でしかなく、その発生は、江戸時代とみるのが正しいようである。

文覚上人は、袈裟御前（けさごぜん）の話で知られる北面の武者・遠藤盛遠であり、会見したという伝説の地「相生堂（あいおいどう）」は、今はその跡が残るのみである。「横道」は「よこみち」ではなく「よこどう」と読む。「横堂」ではないかとする説もあるが、昔から「横道」と呼ばれている。霊場巡りの起源とともに、名称の由来も明らかではない。交通不便な伊豆の人々にとって西国の三十三観音霊場はあまりに遠く、巡拝は不可能に近いほど大変なことであった。このため人々は、身近な距離の中で霊場を設定し、西国の霊場を巡る苦難を少しでも——と考えたのが、「横の道」を行ったり来たりする「横道」になったのではないか。それは、信仰篤い庶民の知恵であったように思われる。

西伊豆町の1番延命寺から、南伊豆町の打ち止め普照寺まで、三十三ヵ寺の観音は、昔はすべて秘仏であった。開帳の際は、延命寺からの廻状を持った檀家総代二人が各寺を回り、33年に1度開扉したという。信仰に基づいたその慣習も今はすたれ、かなりの寺の観音が直接参拝できるようになった。しかし、今もなおお頑（かたく）なに開帳を守り続けている寺もある。

伊豆の海岸の景勝や、海鼠壁（なまこ）の家々が点在するひなびた集落、そして寺々の境内にそそり立つ老木や苔むした石仏など、その静かなたたずまいに耳を澄ますと、信仰篤い人々の唱える御詠歌が聞こえてくるような、横道巡りには、そんなやすらぎがある。

1番が**延命寺**。文正元年（1466）に建てられた立派な山門の「東海山」の掲額は白隠禅師の書。1番に当たる観音像は同寺にはなく、200メートルほど離れた仁科川沿いの、通称「滝見観音堂」に安置されている。像高20センチの小さな像が33体あったが、いつのころか1体が紛失してしまった。

2番**帰一寺**（きいちじ）は、中国の名僧一山一寧（いっさんいちねい）が開基した名刹で、海鼠壁の土塀が続く立派な山門がある。一山国師は、元の国書を持っていたため、スパイの嫌疑で伊豆に流されたと伝えられる。同寺には、一山の書と自画像が残されている。本堂裏の庭は、江戸時代に伊豆三名園の一つといわれた。経堂には六角の輪蔵があって、経文が納められている。観音は像高60センチほどの聖観音坐像。

3番**西法寺**（さいほうじ）は、昔は「西蓮寺」と称した。境内に見事な杉の古木があり、勝海舟の讃を刻んだ儒者土屋三餘の碑が立つ。三餘は幕末の学者で、諸藩の邸に伺向して講義したが、帰郷して塾を開き、子弟の教育に当たった。

4番**円通寺**は、治承3年（1179）文覚上人の開基。横道巡り伝説の発

生の地ともいえる相生堂は、同寺の近くにあった。寺には堂名の掲額が保存され、頼朝と文覚の坐像がある。本尊はおだやかな尊像で、宝永3年（1396）に相生堂から移されたものである。

7番宝蔵院は、標高約500メートルの山頂の杉木立の中にひっそりと建っていたが、本堂はなく、今は傍堂と庫裡が残るだけ。参道や境内には、180体ほどの石仏群があり、伊豆随一の石仏の宝庫。大同3年（808）弘法大師の開基になる古刹であり、大師は高野山を開く前、修行地を探してこの地に来たという。本尊は西伊豆町白川の住職宅に安置されている。

13番普門院は、静かな山間の無住寺だが、鈴木采女正が堀越御所に勧請して建立した名刹。寺内にウロコが3枚欠けた龍の絵があり、水戸の龍容寺にある雌龍に逢いに行こうと抜け出し、和尚に叩かれてウロコが落ちたという伝説がある。釈迦涅槃図や山岡鉄舟の書、県文化財指定の笈がある。

16番善光庵の本尊は像高1.6メートル、等身大の尊像である。その昔、善光庵建立のさい、南禅寺から仏像をもらおうと頼んだところ「仏像をやるわけにはいかないが、盗まれれば仕方がない」という返事があり、こっそり運び出したという。素朴な平安時代の一木彫りで、横道の中では唯一の県指定文化財。

20番福泉寺の本尊は、頼朝が寄進したと伝えられる小さな立像。境内に狛犬があるのは神仏習合の名残りであろう。安政元年（1854）第1回の日露交渉が、プチャーチン提督と日本全権川路聖謨の間で行われた由緒ある寺。裏山で清水次郎長一家の大瀬の半五郎と地元侠客の出入りがあったという話もある。

24番泰平寺は、下田城主戸田忠次の菩提寺として知られ、戸田家の系図が保存されている。戸田家は三河の豪族で、忠次は下田5000石を領し、慶長2年（1597）死去した。墓は本堂裏の墓地にある。徒歩5分ほどのところにあった末寺理源寺の裏山に石仏三十三観音が安置されている。境内には、漂泊の俳人種田山頭火の句碑が立っている。

25番曹洞院は、弘法大師ゆかりの真言霊場で永禅庵と呼ばれていたが、明応元年（1492）曹洞宗になった。裏庭には弘法大師が造ったという長方形の池があり、この水で書を習うと上達が早いという。山門は左甚五郎作と伝えられる。本尊は吉佐美にあった楊林寺のもの。

26番修福寺は、昔は真言宗で石門寺と呼ばれた。慈覚大師作と伝えられる本尊は、近くにあった末寺泉源寺から移された。境内に般若堂があり、中には539巻に及ぶ般若経が納められている。醍醐天皇の子孫という源盛頼と伊豆の国司大江通国が写経した貴重な経文で、国の重文に指定されている。木立ちの中の石段が落ち着いたこの寺の雰囲気にふさわ

伊豆横道三十三観音霊場（静岡県）

1	延命寺（滝見観音堂）	臨済建長	聖観音	賀茂郡西伊豆町中
2	帰一寺	臨済建長	聖観音	〃 松崎町船田
3	西法寺	臨済建長	聖観音	〃 松崎町那賀
4	円通寺	臨済建長	如意輪	〃 松崎町宮内
5	長光寺（廃寺）観音堂		聖観音	〃 西伊豆町中
6	慈眼寺	臨済建長	如意輪	〃 西伊豆町一色
7	宝蔵院	曹洞宗	聖観音	〃 松崎町門野富貴野山
8	円成寺	臨済円覚	聖観音	〃 西伊豆町大田子
9	正法院	臨済円覚	聖観音	〃 西伊豆町田子
10	江月院	曹洞宗	聖観音	〃 松崎町道部
11	普音寺	臨済円覚	十一面	〃 松崎町岩科南側
12	法雲寺	曹洞宗	如意輪	下田市須原
13	普門院	曹洞宗	聖観音	賀茂郡河津町逆川
14	小峰堂		千手	〃 河津町
15	東大寺	曹洞宗	十一面	〃 河津町峰
16	善光庵		十一面	〃 河津町峰
17	南禅寺		聖観音	〃 河津町谷津
18	満昌寺	臨済建長	聖観音	下田市河内
19	広台寺	曹洞宗	十一面	〃 蓮台寺
20	福泉寺	曹洞宗	千手	〃 西本郷
21	観音寺	曹洞宗	十一面	〃 須崎
22	補陀庵		聖観音	〃 須崎
23	長楽寺（宝光院）	高野真言	聖観音	〃 三丁目
24	泰平寺	臨済建長	聖観音	〃 四丁目
25	曹洞院	曹洞宗	十一面	〃 大賀茂
26	修福寺	曹洞宗	十一面	賀茂郡南伊豆町湊
27	慈雲寺	曹洞宗	聖観音	〃 南伊豆町下賀茂
28	大慈寺	臨済建長	聖観音	〃 南伊豆町下流
29	正眼寺	臨済建長	聖観音	〃 南伊豆町石廊崎
30	海蔵寺	臨済建長	十一面	〃 南伊豆町入間
31	善福寺	高野真言	十一面	〃 南伊豆町妻良
32	潮音寺	臨済建長	聖観音	〃 南伊豆町子浦
33	普照寺	真言大覚	聖観音	〃 南伊豆町伊浜

（7番は黒田宅、12番は土屋宅、16番は峰地区長、17番は稲毛宅、18番は向陽院、32番は檀家総代が管理。）

しい。

30番海蔵寺の山門前の洞穴には、潮風で風化した石仏が安置されている。明(みん)の国伝来という本尊は、一木彫りの素朴な作品。上条という所の私堂にあったのを6世の達三和尚が譲り受けたという。明治の最も大きな海難事故といわれるフランスの郵便船ニール号（明治7年入間沖で転覆）の供養塔がある。寺の場所は、昔は池だったといい、寺建立にまつわる大蛇の伝説も残っている。

31番が善福寺。幕末の安政2年（1855）9月、勝海舟の幕船「昇平丸」が、風待ちのため妻良に入港、海舟はこの寺に6日間宿泊して長崎に向かった。寺のある妻良は、定置網漁業の盛んな漁村。寺は宿坊になっている。

33番普照寺(ふしょうじ)には本尊にまつわる伝説がある。観音を海に捨てた一角という男が、しばらくぶりに故郷に帰ると、寺にその観音が安置されていた。漁師の網にかかってあがったという。驚いた一角は信心深い男になった。ある夜、一角の夢枕に観音が立ち、そのお告げで粟をまいて長者になったという。その本尊は行基菩薩作と伝えられる。大中臣友綱寄進の伊豆最古の鐘、大般若経300巻が保存されている。　　　　（土屋収）

★問合せ先
　静岡県観光課☎054—221—2455
★案内書
　平幡良雄著『伊豆横道三十三ヵ所』（満願寺教化部刊）

遠州三十三観音霊場

静岡県の掛川・袋井・磐田・浜松・湖西にかけての東海道沿線に散在する霊場で「遠州の西国」といわれる。温暖な気候に恵まれ花の寺が多いことと、周辺には温泉や観光地が点在し、年間を通して観光を兼ねた巡拝ができるのが魅力。

主な見所としては、四季を通じて萩が楽しめる1番蓮華寺、森の石松のお墓がある2番大洞院、ビオトープ自然公園のお寺4番春林院、山岡鉄舟大書の襖がある6番永江院(めうじ)、サツキが群生する10番江雲寺、山門の左甚五郎作「胴切りの龍」が必見の13番龍巣院、白曼珠沙華の15番大慈殿、一万株の睡蓮が美しい16番福王寺、弘法大師八十八ヶ所ミニ霊場があり、ミヤマツツジが見事な25番正太寺、また遠州三山のひとつで火防の神「秋葉三尺坊大権現」や「道元禅師御霊骨」が奉安され、境内の牡丹園などで年中参拝者が絶えない30番可睡斎(かすいさい)、6月から9月にかけて約4万株のキキョウが見事な32番香勝寺、多種多様なアジサイ1万3千株が群生する33番極楽寺などがある。

★問合せ先
　遠州三十三観音霊場会事務局
　春林院☎0537—26—2626
★案内書
　神谷昌志著『遠州三十三観音巡り』（郷土出版社刊）
　『遠州三十三観音めぐり』（霊場会刊）

遠州三十三観音霊場 (静岡県)

1	蓮華寺 (萩の寺)	天台宗	聖観音	周智郡森町大門
2	大洞院 (石松の寺)	曹洞宗	馬頭	〃 森町橘
3	長福寺	曹洞宗	聖観音	掛川市本郷
4	春林院 (古墳と自然公園の寺)	曹洞宗	聖観音	〃 吉岡
5	大雲院	曹洞宗	聖観音	〃 上垂木
6	永江院	曹洞宗	救世観音	〃 和光の里
7	正法寺	曹洞宗	十一面	〃 高御所
8	常現寺 (水井の寺)	曹洞宗	十一面千手	〃 日坂
9	龍雲寺 (福天様の寺)	曹洞宗	如意輪	菊川市西方
10	紅雲寺 (さつきの寺)	曹洞宗	魚籃観音	御前崎市白羽
11	龍眼寺	曹洞宗	聖観音	掛川市大須賀
12	普門寺	天台宗	聖観音	〃 大須賀
13	龍巣院 (胴切りの龍の寺)	曹洞宗	十一面	袋井市岡崎
14	慈眼寺	曹洞宗	聖観音	〃 高尾
15	大慈殿 (夢見観音)		聖観音	〃 方丈
16	松秀寺 (睡蓮の寺)	曹洞宗	聖観音	磐田郡浅羽町富里
17	宣光寺	曹洞宗	十一面	磐田市地脇町
18	福王寺 (万両庭園)	曹洞宗	聖観音	〃 城之崎
19	正医寺 (萬能観音の寺)	曹洞宗	如意輪	磐田郡豊田町下万能
20	永福寺	曹洞宗	十一面	磐田市西貝塚
21	観音寺	曹洞宗	聖観音	磐田郡福田町福田
22	蔵法寺	曹洞宗	聖観音	湖西市白須賀
23	礼雲寺	曹洞宗	十一面	〃 白須賀
24	岩松寺	曹洞宗	千手	〃 新所
25	正太寺 (みやまつつじの寺)	曹洞宗	聖観音	〃 入出
26	閑田寺	曹洞宗	聖観音	〃 利木
27	龍泉寺	曹洞宗	慈母観音	浜松市半田町
28	龍秀院	曹洞宗	千手	〃 有玉北町
29	法雲寺 (大黒観音の寺)	曹洞宗	聖観音	磐田市向笠西
30	可睡斎 (牡丹の寺)	曹洞宗	聖観音	袋井市久能
31	遍照寺 (青銅大仏)	真言智山	十一面	周智郡森町飯田
32	香勝寺 (ききょうの寺)	曹洞宗	自龍頭観音	〃 森町草ケ谷
33	極楽寺 (紫陽花寺)	曹洞宗	聖観音	〃 森町一宮
客	成金寺 (西国御砂踏)	曹洞宗	馬頭	浜松市瓜内町

駿河三十三観音霊場

　静岡県の中央、静岡市を中心に太平洋沿岸に点在する。徳川家ゆかりの地であることから、江戸時代には隆盛をきわめたという。行基菩薩や弘法大師の創建によると伝えられる古寺が多い。

　1番**清水寺**は行基菩薩が厄除け千手観音を刻んで安置し、後に弘法大師が一宇を建立したと伝える古寺で、本尊は厄除けのほか安産・育児・縁結びの観音として信仰をあつめている。

　3番**智満寺**の本堂は重文。

　9番**観音寺**の本尊聖観音は源頼朝が石橋山の合戦に敗れて二荒山に退くとき、武将の安達盛遠が石橋山に祀られていた観音を背負ってここに落ち着いたものと伝え、霊験あらたかという。

　21番**霊山寺**の仁王門は重文。

　22番**鉄舟寺**は推古天皇のころの創建で、もとは今の久能山にあって久能寺と称し、後に行基菩薩・源頼朝・武田信玄・徳川家康などに縁があり、明治時代に山岡鉄舟が再興して鉄舟寺と称した名刹。国宝の法華経（久能寺経）がある。

　巡拝日数は3日〜4日。

★**問合せ先**・各寺院

★**案内書**

　黒澤脩著『駿河三十三所観音巡り』（静岡郷土出版社刊）

遠江三十三観音霊場

　遠江(とおとうみ)は静岡県西部の旧国名。この辺りはお茶の産地で、近年は自動車部品の中小工場が増えたところである。

　霊場は掛川市を中心に散在する。江戸時代に成立し、昭和の初期まで盛んだったというが、後に衰退、昭和59年（1984）に復活した。

★**問合せ先**

　遠江三十三観音霊場保存会
　真昌寺☎0537—22—3931

尾張三十三観音霊場

　愛知県の名古屋市を中心とする霊場で、江戸時代に盛んだったが明治の廃仏毀釈後衰退し、昭和33年（1958）に再興された。当初は甚目寺(じんもくじ)で打ち始め、寂光院で打ち納めとなっていたが、新霊場では表のごとく変わった。全長336キロ。

　1番**宝生院**は「大須の観音さん」と呼ばれ、参詣者が絶えない寺。本尊は弘法大師作と伝える古寺で、『古事記』初め4点の国宝の古写本を有する。

　3番**笠覆寺**(りゅうふくじ)は聖武天皇のころに創建された古寺で、当初は小松寺と称していたが、その後荒廃して本尊は雨ざらしになった。それを哀れんだ娘（後に藤原兼平夫人となる）が笠をかぶせたことから、笠覆寺と呼ばれるようになったという。境内には芭蕉の句碑「笠寺やもらぬ岩屋も春

駿河三十三観音霊場（静岡県）

1	清水寺	高野真言	千手	藤枝市原
2	東光寺	天台宗	千手	島田市東光寺
3	智満寺	天台宗	千手	〃 千葉
4	清林寺	曹洞宗	聖観音	藤枝市高柳
5	洞雲寺(元長谷寺)	曹洞宗	如意輪	〃 藤枝
6	万願寺	天台宗	聖観音	〃 郡
7	補陀洛寺	曹洞宗	馬頭	〃 花倉
8	梅林院(元神入寺)	曹洞宗	聖観音	志太郡岡部町桂島
9	観音寺	曹洞宗	聖観音	藤枝市下当間
10	法華寺	天台宗	千手	焼津市花沢
11	安養寺	曹洞宗	千手	静岡市小坂
12	徳願寺	曹洞宗	千手	〃 向敷地
13	歓昌院(元慈昌寺)	曹洞宗	千手	〃 丸子泉ヶ谷
14	耕雲寺	臨済妙心	聖観音	〃 牧ヶ谷
15	建穂寺		千手	〃 建穂
16	増善寺	曹洞宗	千手	〃 慈悲尾
17	法明寺	曹洞宗	千手	〃 足久保奥組
18	慶寿寺	真言泉涌	聖観音	島田市大草
19	清水寺	高野真言	千手	静岡市音羽町
20	平沢寺	真言智山	千手	〃 平沢山王
21	霊山寺	高野真言	千手	清水市大内
22	鉄舟寺	臨済妙心	聖観音	〃 村松
23	瑞雲院	臨済妙心	如意輪	〃 興津清見寺町
24	最明寺(元慈眼寺)	臨済妙心	十一面	庵原郡由比町屋原
25	大法寺	臨済妙心	馬頭	〃 由比町由比
26	竜雲寺	臨済妙心	聖観音	〃 蒲原町
27	大悟庵	曹洞宗	十一面	富士宮市星山
28	妙善寺	臨済妙心	千手	富士市東滝川町
29	福聚院	曹洞宗	准胝	〃 増川
30	広大寺(赤野観音)	高野真言	十一面	沼津市柳沢
31	長谷寺	時宗	十一面	〃 千本緑町
32	蓮光寺(元円通寺)	臨済妙心	千手	〃 三枚橋三芳町
33	潮音寺	臨済妙心	亀鶴観音	〃 大岡
外	東光寺		地蔵菩薩	熱海市伊豆山

遠江三十三観音霊場（静岡県）

1	結縁寺	曹洞宗	掛川市結縁寺
2	常楽寺	曹洞宗	〃 下俣南（連絡先東光寺）
3	長谷寺	曹洞宗	〃 長谷
4	正法寺	曹洞宗	〃 高御所
5	北谷寺	高野真言	〃 豊沢（尊永寺内）
6	岩松寺	高野真言	磐田郡浅羽町浅羽
7	慈眼寺	曹洞宗	袋井市高尾
8	観正寺	曹洞宗	〃 下山梨上（連絡先成道寺）
9	清滝寺	真言宗	磐田郡豊岡村岩室
10	蓮華寺	天台宗	周智郡森町森
11	遍照寺	真言智山	〃 森町飯田
12	長源庵	曹洞宗	掛川市寺島
13	顕光寺	真言醍醐	〃 居尻
14	大雲院	曹洞宗	〃 上垂木
15	文殊寺	曹洞宗	〃 初馬
16	真昌寺	曹洞宗	〃 水垂
17	天養院	曹洞宗	〃 宮脇
18	新福寺	曹洞宗	〃 逆川
19	慈明寺	曹洞宗	〃 小原子
20	観音寺	曹洞宗	〃 大原子
21	相伝寺	浄土宗	〃 日坂
22	観泉寺	曹洞宗	〃 東山
23	観音寺	曹洞宗	〃 東山淡ヶ岳（連絡先常現寺）
24	観音寺	曹洞宗	榛原郡金谷町志戸呂
25	岩松寺	曹洞宗	〃 金谷町松島
26	妙国寺	曹洞宗	〃 金谷町神谷城
27	永宝寺	真言醍醐	小笠郡菊川町公文名
28	正法寺	曹洞宗	〃 菊川町西方
29	正林寺	曹洞宗	〃 小笠町高橋
30	盛岩院	曹洞宗	〃 大東町岩滑
31	菊水寺	曹洞宗	〃 大東町岩滑
32	今滝寺	高野真言	〃 大東町今滝
33	岩井寺	高野真言	掛川市岩井寺

の雨」や宮本武蔵の供養碑などがある。

7番**岩屋寺**は尾張高野山の総本山で、境内2万坪の大寺。経蔵近くの豪潮律師が造った五百羅漢石像も壮観。

12番**観音寺**の多宝塔、16番**甚目寺**の南大門・東門・三重塔、17番**万徳寺**の多宝塔・鎮守堂はいずれも重文。

24番**龍音寺**は「間々観音」の名で親しまれている。その昔、乳呑み児を抱えた女性が当寺の本尊に祈願すると、たちまち乳があふれ出たことから、豊かな母乳を望む女性が乳房形の絵馬を奉納するようになったという。

25番**龍泉寺**は延暦（782〜806）のころ、伝教大師最澄が草堂を建立したのに創まると伝える古寺で、重文の仁王門・多宝塔・本堂のほか、円空仏を初めとする数百体の仏像を有する。

29番**久国寺**には昭和40年に画家・岡本太郎が設計した前衛的な形の梵鐘「歓喜」がある。

33番**興正寺**は6万坪の境内を有する大寺で、尾張徳川家の祈願所として栄えてきた。「尾張高野」と呼ばれて親しまれている。

★**問合せ先**
　宝生院☎052—231—6525
★**案内書**
　平幡良雄著『尾張三十三ヵ所』（満願寺教化部刊）

三河三十三観音霊場

愛知県の東南部、現在の岡崎市から蒲郡市や西尾市の三河湾沿いに点在する。この辺りは関東と関西の地理的中間点にあるため、政治・軍事的に重視され、古来から諸勢力の係争地となり、特に戦国時代に今川・武田・織田・徳川の諸氏が争い、ついに徳川氏が制覇した所である。したがって当霊場は徳川氏ゆかりの寺院と、曹洞宗と浄土宗の寺院が多いのが特徴。

3番**大樹寺**は、桶狭間の合戦（1560）で今川義元勢に加わっていた徳川家康が今川勢敗戦の報を聞き、当寺に逃れて先祖の墓前で自害しようとしたとき、住職の登誉上人から「厭離穢土、欣求浄土」の二句を示されて翻意したと伝える寺。重文の多宝塔や如意輪観音画像（鎌倉期・子昻筆）など多くの寺宝を有し、家康の墓もある。

12番**法蔵寺**には近藤勇の首塚と、家康手植えの桜がある。18番**補陀寺**は昭和25年（1950）に鉱泉が湧き出して以来、形原温泉郷の中核となった。この鉱泉は観音功徳湯と呼ばれている。

23番**正法寺**の古墳は史跡。27番**金蓮寺**の弥陀堂は国宝。29番**実相寺**は足利尊氏の祈願所として諸堂完備した大寺で、織田信長の兵火に焼かれたが、後に家康が再興した寺。

★**問合せ先**
　三河三十三観音事務所

尾張三十三観音霊場（愛知県）

1	宝生院（大須観音）	真言智山	聖観音	名古屋市中区大須
2	長栄寺	曹洞宗	十一面千手	〃　中区橘
3	笠覆寺（笠寺観音）	真言智山	十一面千手	〃　南区笠寺町上新町
4	長楽寺	曹洞宗	十一面千手	〃　南区呼続
5	普門寺	曹洞宗	十一面千手	大府市横根町石丸
6	洞雲院	曹洞宗	如意輪	知多郡阿久比町卯坂
7	岩屋寺	尾張高野	千手	〃　南知多町山海間草
8	大坊	真言豊山	聖観音	〃　美浜町野間東畠
9	斉年寺	曹洞宗	十一面千手	常滑市大野町
10	大智院	真言智山	聖観音	知多市南粕谷本町
11	観音寺（荒尾観音）	真言智山	聖観音	東海市荒尾町仏供田
12	観音寺（荒子観音）	単立	聖観音	名古屋市中川区荒子町
13	龍照院	真言智山	十一面千手	海部郡蟹江町須成
14	大慈院（弥富観音）	曹洞宗	十一面千手	〃　弥富町平島甲新田
15	広済寺	曹洞宗	聖観音	〃　七宝町柱
16	甚目寺（甚目寺観音）	真言智山	聖観音	〃　甚目寺町甚目寺
17	万徳寺	真言豊山	聖観音	稲沢市長野
18	龍潭寺	曹洞宗	十一面千手	岩倉市本町
19	桂林寺	曹洞宗	聖観音	丹羽郡大口町堀尾跡
20	寂光院	真言智山	千手	犬山市継鹿尾
21	小松寺	真言智山	千手	小牧市小松寺
22	陶昌院	曹洞宗	聖観音	〃　上末
23	玉林寺	曹洞宗	如意輪	〃　小牧
24	龍寺（間々観音）	浄土宗	千手	〃　間々本町
25	龍泉寺	天台宗	馬頭	名古屋市守山区吉根
26	宝泉寺	曹洞宗	千手	瀬戸市寺本町
27	慶昌院	曹洞宗	十一面千手	〃　城屋敷町
28	長母寺	臨済東福	聖観音	名古屋市東区矢田町
29	久国寺	曹洞宗	聖観音	〃　北区大杉
30	善福院	真言智山	聖観音	〃　東区白壁町
31	聚福院	曹洞宗	聖観音	愛知郡長久手町塚田
32	仏地院	曹洞宗	如意輪	名古屋市天白区音聞山
33	興正寺	高野真言	聖観音	〃　昭和区八事本町

三河三十三観音霊場（愛知県）

1	宝福寺	曹洞宗	岡崎市梅園町白雲
2	随念寺（仏現山善徳院）	浄土宗	〃 門前町
外	九品院	浄土宗	〃 鴨田町山畔
3	大樹寺（成道山松安院）	浄土宗	〃 鴨田町広元
4	観音寺	曹洞宗	〃 城北町
5	松応寺	浄土宗	〃 松本町
6	浄誓院	浄土宗	〃 松本町
7	竜海院（ぜのじでら）	曹洞宗	〃 明大寺町西郷中
外	無量寺	曹洞宗	〃 久後崎町郷西
8	安心院（明大寺観音）	曹洞宗	〃 明大寺町馬場東
外	極楽寺	曹洞宗	〃 中町北野東
9	観音寺	浄土宗	〃 大平町西大森
10	徳性寺	浄土宗	〃 市場町町裏
11	渭信寺	曹洞宗	〃 上衣文町神五鞍
12	法蔵寺	浄土宗	〃 本宿町寺山
13	天桂院	曹洞宗	蒲郡市蒲郡町荒子
14	善応寺	曹洞宗	〃 元町
15	永向寺	曹洞宗	〃 丸山町
16	利生院	曹洞宗	〃 形原町東上野
17	真如寺	曹洞宗	〃 形原町石橋
18	補陀寺	曹洞宗	〃 金平町寺中
19	太山寺（三ヶ根観音）	真言醍醐	幡豆郡幡豆町東幡豆大境
20	妙善寺	浄土宗	〃 幡豆町東幡豆森
21	徳林寺	浄土宗	〃 幡豆町西幡豆北郷
22	運光院	浄土宗	〃 吉良町宮崎宮前
23	正法寺	曹洞宗	〃 吉良町乙川
24	宝珠院	浄土宗	〃 吉良町吉田石池
25	西福寺	浄土宗	〃 吉良町吉田桐杭
26	海蔵寺	浄土宗	〃 吉良町荻原大道通
27	金蓮寺（饗庭不動尊）	曹洞宗	〃 吉良町饗庭七度ケ入
28	華蔵寺	臨済妙心	〃 吉良町岡山山王山
外	観音寺	信貴真言	碧南市築山町
29	実相寺（実相安国寺）	臨済妙心	西尾市上町下屋敷
30	盛巌寺	曹洞宗	〃 馬場町
31	康全寺	曹洞宗	〃 満全町
32	法厳尼寺	浄土宗	〃 寄近町堂本
33	長円寺	曹洞宗	〃 貝吹町入

宝福寺 ☎0564—22—2223
★案内書
『三河三十三観音霊場』(三河三十三観音事務所刊)

南知多三十三観音霊場

昭和4年(1929)に開創した、愛知県の知多半島の南端(知多郡)に点在する霊場。自然の風光に恵まれて気候温暖、数々の史跡もあり、信仰と観光が一体となっているのが特徴。

1番**影現寺**(時志観音)には昭和56年に落慶した巨大な観音石像(高さ約60メートル)が立つ。

3番**全忠寺**は徳川家康と縁のある寺で、本堂右側の庫院(くいん)は家康が寄進したもの。

4番**称名寺**の十一面千手観音は柳谷観音と呼ばれ、眼の病に効験があるという。

5番**誓海寺**は文政7年(1824)に開創された新四国八十八ヵ所霊場開山所で、その開創に貢献した半蔵行者の念持仏・子安観音像(安産に効験があるという)が山上の禅林堂に祀ってある。

6番**法華寺**の本尊聖観音は古来、「矢梨観音」と呼ばれて親しまれているが、60年に一度しか開帳されない秘仏。

9番**正法寺**大塔の本尊毘沙門天は吉祥天とともに祀られた夫婦霊像の珍像として、また当寺の御符「千枚通し」は諸病に効験があるとして知られる。

11番**成願寺**には円空が刻んだ竜神観音像がある。

16番**浄土寺**には衆病平癒に霊験あらたかな龍亀大菩薩の伝説があり、「お亀さん」と呼び親しまれて遠方からも参詣者があるという。

18番**光明寺**には魚供養の「魚天観音」や、子供に人気のある「ごめんなさい地蔵」がある。

21番**影向寺**(ようこうじ)は太子堂に子安大師像を祀り、また境内には子安観音像も立ち、子安霊場として名高い。

22番**宝珠寺**には霊験あらたかな「観音さまの水」と呼ばれる井戸水がある。

25番**岩屋寺**は尾張観音霊場の7番札所。

27番**大宝寺**は別名「もくれん寺」で知られ、とりわけ名物尼僧・雲輪瑞法尼の寺として有名。

33番**持宝院**は山寺とも呼び親しまれているように、広い境内は樹林が繁り、江戸時代から桜の名所として多くの俳人や墨客が訪れ、芭蕉もここで「花ざかり山は日ごろの朝ぼらけ」を詠んでいる。

★問合せ先
南知多三十三観音霊場会事務局
影向寺 ☎0569—65—0040
★案内書
『南知多三十三観音めぐり』
(南知多三十三観音霊場会刊)

南知多三十三観音霊場（愛知県）

1	影現寺（時志観音）	曹洞宗	十一面	美浜町時志南平井
2	弥勒寺	曹洞宗	千手	〃 北方西側
3	全忠寺	曹洞宗	千手	〃 河和古屋敷田
4	称名寺（柳谷観音）	西山浄土	千手	〃 河和北田面
5	誓海寺	曹洞宗	十一面千手	〃 古布善切
6	法華寺（矢梨観音）	天台宗	聖観音	〃 豊丘五宝
7	長福寺	曹洞宗	如意輪	南知多町豊丘向海戸
8	長寿寺	曹洞宗	十一面	〃 豊丘本郷
9	正法寺	天台宗	不空羂索	〃 豊丘本郷
10	医王寺	真言豊山	千手	〃 大井真向
11	成願寺	曹洞宗	准胝	〃 片名稗田
12	新蔵寺	曹洞宗	千手	〃 片名郷中
13	神護寺	天台宗	如意輪	〃 師崎鳥西
14	遍照寺	真言豊山	如意輪	〃 師崎栄村
15	延命寺	曹洞宗	准胝	〃 師崎的場
16	浄土寺	曹洞宗	千手	〃 豊浜小佐郷
17	極楽寺	曹洞宗	十一面	〃 豊浜高浜
18	光明寺	西山浄土	如意輪	〃 豊浜鳥居
19	正衆寺	曹洞宗	千手	〃 豊浜会下坪
20	円増寺	天台宗	十一面	〃 豊浜半月
21	影向寺	曹洞宗	聖観音	〃 豊浜中之浦
22	宝珠寺	曹洞宗	千手	〃 山海西海外
23	西方寺	西山浄土	十一面千手	〃 山海屋敷
24	天龍寺	曹洞宗	十一面	〃 山海小山
25	岩屋寺	尾張高野	千手	〃 山海間草
26	龍江寺	曹洞宗	聖観音	〃 山海欠ケ前
27	大宝寺	曹洞宗	如意輪	〃 内海大名切
28	宝積院	曹洞宗	聖観音	〃 内海北向
29	慈光寺	西山浄土	馬頭	〃 内海南側
30	泉蔵院	真言豊山	千手	〃 内海南側
31	如意輪寺	真言豊山	十一面	〃 内海中の郷
32	妙音寺	曹洞宗	千手	〃 内海馬場
33	持宝院	真言豊山	如意輪	〃 内海林峰
外	松寿寺	曹洞宗	聖観音	〃 篠島東山
外	岩屋寺奥ノ院	尾張高野	聖観音	〃 山海城洲
外	長山寺	曹洞宗	文殊菩薩	〃 内海東前田
外	宗真寺	西山浄土	聖観音	〃 師崎的場

近畿の観音霊場

伊勢西国三十三観音霊場

　三重県の全域にわたって点在する霊場。千余年の歴史があるというものの開創の詳細は不明であり、昭和44年（1969）に復興された。新霊場は番外4か所を含む14か所の新編入札所を定め、更に特別番外札所4か所を加え、41札所で構成されている。

　1番**太江寺**(たいこうじ)は行基菩薩が伊勢神宮に参詣した折に開創したと伝える古寺で、本尊千手観音像は鎌倉時代作の重文。

　番外**正福寺**の本尊十一面観音像は鯨に乗って出現したと伝えられ、漁民の腰みのをまとったお姿というが秘仏。海上安全の霊験あらたかなことで知られ、全国から参詣がある。

　2番**金剛証寺**は通称「朝熊山」(あさまやま)で名高く、死者の霊魂はこの山に帰るという信仰があり、伊勢神宮参りが盛んだった江戸時代には、「伊勢に参らば朝熊をかけよ、朝熊かけねば片参り」とまでいわれたほど隆盛した。重文の本堂や雨宝童子像を初め、国宝の朝熊山経ヶ峯経塚出土品など多数の寺宝がある。

　4番**寂照寺**は豊臣秀頼の室千姫(せんひめ)の菩提を弔って建てた寺で、江戸時代には慈善救済事業で知られる画僧月僊(げっせん)が出た。本尊聖観音は「お岩観音」と呼ばれ、子安観音として信仰されている。

　11番**近長谷寺**の本尊十一面観音像

伊勢西国三十三観音霊場（三重県）

1	太江寺	真言醍醐	千手	度会郡二見町江
2	金剛証寺	臨済南禅	十一面	伊勢市朝熊町岳
3	松尾観音寺	単立	十一面	〃　楠部町
4	寂照寺	浄土宗	聖観音	〃　中之町
5	中山寺	臨済妙心	十一面	〃　勢田町
6	金胎寺	高野真言	千手	鳥羽市鳥羽
7	宝林寺	浄土宗	十一面	度会郡御薗村小林
8	継松寺	高野真言	如意輪	松阪市中町
9	千福寺	真言山階	十一面	多気郡大台町柳原
10	金剛座寺	天台宗	如意輪	〃　多気町津坂
11	近長谷寺	真言山階	十一面	〃　多気町長谷
12	神宮寺	真言山階	十一面	〃　勢和村丹生
13	賢明寺	天台宗	千手	久居市元町
14	観音寺	真言醍醐	聖観音	津市大門町

15	長谷寺	臨済相国	十一面	津市片田長谷町
16	密蔵院	真言御室	千手	〃 大谷町
17	専蔵院	真言醍醐	十一面	〃 一身田町豊野
18	府南寺	真言御室	千手	鈴鹿市国府町
19	観音寺	高野真言	聖観音	〃 寺家
20	林光寺	真言智山	千手	〃 神戸
21	円福寺	黄檗宗	聖観音	亀山市住山町
22	宗徳寺	曹洞宗	十一面	〃 西尾町原尾
23	野登寺	真言御室	千手	〃 安坂山町
24	観音寺	真言御室	十一面	鈴鹿市高塚町
25	勅願院観音寺	浄土宗	如意輪	四日市市六呂見町
26	観音寺	天台宗	千手	〃 垂坂町
27	長興寺	曹洞宗	聖観音	〃 富田
28	宝性寺		十一面	〃 蒔田
29	聖宝寺	臨済妙心	十一面千手	員弁郡藤原町坂本
30	慈光院	臨済永源	十一面千手	〃 北勢町飯倉
31	安渡寺		聖観音	桑名市星川
32	勧学寺	高野真言	千手	〃 城山町
33	多度観音堂		十一面	桑名郡多度町多度
外	正福寺	高野真言	十一面	鳥羽市松尾町
外	大福田寺	高野真言	十一面	桑名市東方
外	引接寺	浄土宗	十一面	三重郡菰野町
外	飛鳥寺	真言東寺	十一面	桑名市深谷町
特	田宮寺	高野真言	十一面	度会郡玉城町田宮寺
特	蓮光寺	天台宗	十一面	亀山市阿野田町
特	慈眼寺	浄土宗	十一面	三重郡菰野町杉谷
特	大井寺	臨済妙心	千手	員弁郡東員町瀬古泉

は藤原時代作の重文。14番**観音寺**は古来より参詣の多い寺で、特に観音会式（4月1日～3日）や功徳日（8月9～10日）、津祭り（10月9～10日）などには露店も並んで賑わう。

16番**密蔵院**の境内には四国八十八ヵ所のミニ霊場がある。

18番**府南寺**の金剛力士像、20番**林光寺**の千手観音像はともに重文。

23番**野登寺**は下寺（里寺）と上寺があり、下寺から野登山頂（851メートル）の上寺まで徒歩だと2時間かかる。

26番**観音寺**の慈恵大師像（当寺の開山）、特別番外**田宮寺**の夫婦観音と呼ばれる2体の十一面観音像はいずれも重文である。

なお当霊場には三重四国八十八ヵ

所霊場と重複する札所があるので、次に掲げておく。(数字は札所番号)

1 太江寺＝85	6 金胎寺＝86
8 継松寺＝81	9 千福寺＝76
11 近長谷寺＝79	12 神宮寺＝75
14 観音寺＝67	16 密蔵院＝65
17 専蔵院＝63	18 府南寺＝21
19 観音寺＝16	23 野登寺＝24
24 観音寺＝22	32 勧学寺＝3
正福寺＝88	大福田寺＝1

★問合せ先・各寺院
★案内書
　川村利勝著『伊勢西国三十三ヶ所案内記』
　(著者刊☎0592—37—0872)

東海白寿三十三観音霊場

和歌山・三重・愛知・岐阜4県の有志僧侶が、高齢化社会における老人問題を考え、豊かな老後を約束するために観音信仰を高めようという趣旨で平成5年(1993)に創立した新霊場。全札所に新たに共通した白寿(99歳)観音像を迎えて祀ったが、一覧表に見るごとく各寺本尊の多彩なところがユニークである。

特別札所の**青岸渡寺**は西国三十三カ所の1番、33番**華厳寺**はやはり西国霊場の結願札所である。

★問合せ先
　東海白寿三十三観音霊場会事務局
　神福寺☎05959—8—0557
★案内書
　『東海白寿観音三十三ヶ所めぐり』
　(東海白寿三十三観音霊場会刊)

近江三十三観音霊場

滋賀県の琵琶湖を一周するように33か所が点在する霊場。起源は膳所藩士寒川辰清の『近江輿地志略』に載っていることから、江戸初期ころといわれている。

重文などの寺宝を有する古寺名刹が多く、随所に歴史の面影が漂い、しかも琵琶湖を初めとする風光明媚な自然の景観を満喫しながら巡礼できるのが魅力。

1番**常楽寺**は和銅年中(708〜715)都が奈良に移された時、元明天皇の勅命により良弁僧正が都の鬼門除けのために建立した古寺で、本堂・三重塔の国宝のほか、千手観音像や釈迦如来像などの重文を多数有する。

3番**石山寺**は西国観音霊場の13番、5番**三井寺**は同14番、21番**長命寺**は同31番札所。

16番・百済寺の聖観音像

東海白寿三十三観音霊場

	寺名	宗派	本尊	所在地
特	青岸渡寺	天台宗	如意輪	和歌山県東牟婁郡那智勝浦町
1	東仙寺	高野真言	薬師如来	〃　　新宮市新宮
2	東正寺	曹洞宗	薬師如来	三重県南牟婁郡鵜殿村鵜殿
3	慈雲寺	曹洞宗	阿弥陀如来	〃　　〃　　紀和町小栗須
4	安楽寺	曹洞宗	釈迦如来	〃　　〃　　熊野市有馬町
5	海恵寺	曹洞宗	地蔵菩薩	〃　　〃　　磯崎町
6	佛光寺	曹洞宗	釈迦如来	〃　　北牟婁郡紀伊長島町長島
7	長久寺	曹洞宗	阿弥陀如来	〃　　度会郡大内山村
8	東漸寺	曹洞宗	釈迦如来	〃　　飯南郡飯高町森
9	中山寺	臨済妙心	釈迦如来	〃　　伊勢市勢田町
10	廣泰寺	曹洞宗	釈迦如来	〃　　度会郡玉城町宮古
11	神宮寺	曹洞宗	薬師如来	〃　　一志郡嬉野町森本
12	観慶寺	臨済東福	十一面	〃　　津市片田久保町
13	九品寺	天台宗	阿弥陀如来	〃　　上野市守田町
14	新大仏寺	真言智山	毘盧遮那	〃　　阿山郡大山田村富永
15	神福寺	臨済東福	薬師如来	〃　　鈴鹿郡関町加太市場
16	養福寺	臨済東福	釈迦如来	〃　　鈴鹿市東庄内町
17	江西寺	臨済妙心	釈迦如来	〃　　〃　　深溝町
18	龍雲寺	臨済妙心	阿弥陀如来	〃　　員弁郡藤原町鼎
19	宝光院	天台宗	釈迦如来	岐阜県大垣市野口
20	地泉院	真言智山	子安地蔵	愛知県中島郡祖父江町神明津
21	金剛寺	高野真言	大日如来	〃　　岩倉市東町東市場屋敷
22	大宝院	真言醍醐	不動明王	〃　　江南市松竹町八幡
23	昌福寺	曹洞宗	薬師如来	〃　　春日井市松河戸町
24	正願寺	臨済妙心	十一面	岐阜県可児郡御嵩町中切
25	萬勝寺	臨済妙心	千手	〃　　恵那郡山岡町馬場山田
26	白川寺	高野真言	弘法大師	〃　　加茂郡白川町河岐
27	山王坊	高野真言	毘沙門天	〃　　益田郡下呂町森
28	東禅寺	曹洞宗	釈迦如来	〃　　加茂郡七宗町神淵
29	香林寺	真言智山	不動明王	〃　　関市西神野
30	不動院	天台宗	波切不動	〃　　岐阜市日野
31	美江寺	天台宗	十一面	〃　　〃　　美江寺町
32	法華寺	高野真言	聖観音	〃　　〃　　三田洞
33	華厳寺	天台宗	十一面	〃　　揖斐郡谷汲村徳積

近江三十三観音霊場（滋賀県）

1	常楽寺	天台宗	千手	甲賀郡石部町西寺
2	東門院守山寺	天台宗	十一面千手	守山市守山町
3	石山寺	東寺真言	如意輪	大津市石山寺
4	高観音近松寺	天台寺門	十一面千手	〃　逢坂
5	三井寺	天台寺門	如意輪	〃　園城寺町
6	生源寺	天台宗	十一面	〃　坂本本町
7	長谷寺	天台真盛	十一面	高島郡高島町音羽
8	酒波寺	真言智山	千手	〃　今津町酒波
9	大崎寺	真言智山	十一面千手	〃　マキノ町海津
10	大澤寺	曹洞宗	十一面千手	伊香郡木之本町黒田
11	石道寺	真言豊山	十一面	〃　木之本町石道
12	観音寺	天台宗	十一面	坂田郡山東町朝日
13	松尾寺	天台宗	飛行観音	〃　米原町醒井
14	北野寺	真言豊山	聖観音	彦根市馬場
15	金剛輪寺	天台宗	聖観音	愛知郡秦荘町松尾寺
16	百済寺	天台宗	十一面	〃　愛東町百済寺
17	大覚寺	天台宗	十一面	〃　愛東町大覚寺
18	瓦屋寺	臨済妙心	千手	八日市市建部瓦屋寺町
19	観音正寺	単立	千手	蒲生郡安土町石寺
20	善勝寺	曹洞宗	十一面	神崎郡能登川町佐野
21	長命寺	天台単立	千手十一面	近江八幡市長寺町
22	石塔寺	天台宗	聖観音	蒲生郡蒲生町石塔
23	西明寺	臨済永源	十一面	〃　日野町西明寺
24	正明寺	黄檗宗	千手	〃　日野町松尾
25	金剛定寺	天台宗	十一面	〃　日野町中山
26	大岡寺	天台単立	十一面千手	甲賀郡水口町京町
27	千光寺	天台宗	十一面千手	〃　水口町嵯峨
28	長福寺	天台宗	十一面	八日市市下大森町
29	櫟野寺	天台宗	十一面	甲賀郡甲賀町櫟野
30	桧尾寺	天台宗	千手	〃　甲南町池田
31	正福寺	臨済妙心	十一面	〃　甲南町杉谷
32	園養寺	天台宗	十一面	〃　甲西町三雲
33	妙感寺	臨済妙心	十一面千手	〃　甲西町三雲

近畿の観音霊場

　6番**生源寺**は伝教大師最澄の誕生の地で、本尊十一面観音像は慈覚大師の作と伝える。7番**長谷寺**の薬師如来像は藤原時代作で重文。

　11番**石道寺**は神亀3年（726）創建の古寺で、十一面観音像・持国天像・多聞天像などの重文がある。

　14番**北野寺**はかつては彦根寺（彦根築城で移転）といい、修験道と深いかかわりがあった古寺。境内の行者堂には役行者の木像がある。

　15番**金剛輪寺**は天平13年（741）に聖武天皇の勅願で行基菩薩が創建したと伝え、国宝の本堂を初め、二天門・三重塔・十一面観音像・阿弥陀如来像・不動明王像・毘沙門天像・四天王像など多くの重文がある。

　16番**百済寺**は聖徳太子の創建で、本尊の十一面観音像は太子の作と伝える。天正元年（1573）織田信長に火をかけられ堂宇は焼きつくしたが、後に徳川家康が再興した。

　18番**瓦屋寺**の本尊千手観音像は藤原時代の作で重文。

　19番**観音正寺**は聖徳太子が愛知川にすむ人魚の願いを聞いて千手観音を刻んで創建した寺といわれ、その人魚のミイラもあるという。

　22番**石塔寺**の塔婆（三重石塔）・宝塔・五輪塔はいずれも重文。宝塔は飛鳥時代のもので日本最古の塔といわれる。

　聖徳太子創建の24番**正明寺**には本堂と千手観音像（脇侍不動明王像・毘沙門天像の三尊像）の重文がある。

　26番**大岡寺**の千手観音像と阿弥陀如来像、27番**千光寺**の十一面千手観音像、28番**長福寺**の聖観音像、29番**櫟野寺**の十一面観音像、30番**桧尾寺**の千手観音像はいずれも藤原時代の作で重文である。

　31番**正福寺**は天正15年（743）聖

3番・石山寺

22番・石塔寺

— 143 —

綾部三十三観音霊場（京都府）

1	正暦寺	高野真言	聖観音	綾部市寺町
2	隆興寺	臨済妙心	馬頭	〃 神宮寺町上藤山
3	宝住寺	臨済妙心	聖観音	〃 味方町井上寺
4	梅林寺	臨済妙心	十一面	〃 釜輪町下尾道の上
5	照福寺	臨済妙心	聖観音	〃 鷹栖町小丸山
6	梅巌寺	臨済妙心	聖観音	〃 下八田町水崎
7	仏南寺	臨済妙心	聖観音	〃 里町白屋敷
8	円照寺	臨済妙心	聖観音	〃 多田町後路
9	東光院	高野真言	十一面	〃 上延町堂の奥
10	慈音寺	曹洞宗	聖観音	〃 上延町新庄
11	隠龍寺	曹洞宗	如意輪	〃 高津町段
12	浄泉寺	曹洞宗	聖観音	〃 位田町田岸
13	瑠璃寺	曹洞宗	十一面	〃 大畠町
14	楞厳寺	高野真言	千手	〃 館町
15	惣持院	高野真言	如意輪	〃 小西町中小路
16	普門院	高野真言	十一面	〃 鍛冶屋町定国
17	天王寺	高野真言	聖観音	〃 小畑町松原
18	高屋寺	高野真言	千手	〃 物部町高屋
19	極楽寺	臨済東福	如意輪	〃 白道路町鎌倉田
20	満福寺	高野真言	十一面千手	〃 西坂町宮床
21	長松寺	曹洞宗	聖観音	〃 坊口町林
22	宝満寺	高野真言	如意輪	〃 西方町大坊
23	長福寺	曹洞宗	聖観音	〃 向田町
24	慈眼寺	臨済妙心	聖観音	〃 上八田町高柳
25	岩王寺	真言醍醐	如意輪	〃 七百石町寺の段
26	安国寺	臨済東福	千手	〃 安国寺町寺の段
27	禅徳寺	臨済東福	不空羂索	〃 上杉町延近
28	施福寺	高野真言	千手	〃 上杉町施福寺
29	日圓寺	高野真言	十一面	〃 井根町寺の段
30	善福寺	高野真言	十一面	〃 睦合町大門
31	上林禅寺	臨済南禅	聖観音	〃 八津合町村中
32	五泉寺	臨済南禅	聖観音	〃 五泉町家尻
33	光明寺	真言醍醐	千手	〃 睦寄町君尾
外	妙徳寺	臨済妙心	十一面	〃 淵垣町
外	長福寺	曹洞宗	十一面	〃 栗町たこらだ
外	雲源寺	臨済東福	聖観音	〃 梅迫町中町
外	随岸寺	臨済東福	聖観音	〃 和木町西浦
外	高源寺	曹洞宗	聖観音	〃 小畑町松原
外	久香寺	真言御室	准胝	〃 梅迫町正月谷

武天皇の勅願で良弁が創建したと伝え、寺宝には十一面観音像を初め、大日如来・薬師如来・地蔵菩薩像など多くの重文がある。
★問合せ先
近江札所会
会長・石山寺☎0775—37—0013
★案内書
『近江三十三ヶ所観音霊場巡り』
(滋賀県名古屋物産観光斡旋所刊)

綾部三十三観音霊場

京都府綾部市の市内に札所が集中している霊場。綾部市は日本の製糸業の一中心地として発達した町で、現在でも繊維工業が盛んである。当霊場は室町時代の中ごろに成立し、その後衰微していた丹波国三十三ヵ所と何鹿郡(いかるがぐん)三十三ヵ所を基準にして、昭和59年(1984)に郡西国札所発起人会が新たに綾部市観光協会と綾部市仏教会の後援を得て設立したものである。

主な札所と見どころは次のとおり。

1番**正暦寺**は仏涅槃図・千手観音像・十六善神像図などの平安時代から鎌倉時代にかけての寺宝が多い。3番**宝住寺**には虚空蔵菩薩とそのゆかりの牛のコレクション1000体が展示されており、また独特の精進料理を出している。5番**照福寺**の庭園は国の名勝。

14番**楞厳寺**(りょうごんじ)の境内には白衣観音・日限地蔵・不動明王などのほか、新四国八十八ヵ所がある。16番**普門院**の境内にもミニ西国三十三ヵ所が安置されている。17番**天王寺**の水は「延命の霊水」との伝承があり、霊験あらたかという。

19番**極楽寺**の参道(1キロ余り)には八十八ヵ所の大師が祀られており、ハイキングにも最適。20番**満福寺**には十二支守り本尊霊場がある。22番**宝満寺**は七つの山と七つの谷川の合流する地に建ち、七福神の集まる寺と称し、京都清水寺の故大西良慶和上の墨跡30数点を秘蔵している。

25番**岩王寺**の庭園は名石・岩王寺石を随所に配した「流れ山水」の格調高い小園。26番**安国寺**は上杉・足利両家の帰依と外護を受けた名刹で、尊氏公内持仏の千手観音像を初め、兆殿司(ちょうでんす)の十六善神、雪舟の掛け軸など数多くの寺宝を有する。

33番**光明寺**は推古7年(599)聖徳太子によって開創された古寺で、延喜年中(900年ころ)は修験の道場として栄え、72坊の坊舎を有していたが、戦国時代の兵火で二王門を残して全山焼失した。その二王門も今は国宝である。

番外**妙徳寺**の現住職(陶石和尚)は陶芸家として知られ、その展示場や穴窯、工房の見学もできる。
★問合せ先
綾部西国観音霊場会
正暦寺☎0773—42—0980
★案内書
『綾部西国巡拝案内』(綾部西国観音霊場会刊)

洛西三十三観音霊場（京都府）

1	善峰寺	天台宗	千手	京都市西京区大原野小塩町
2	金蔵寺	天台宗	十一面千手	〃　西京区大原野石作町
3	十輪寺	天台宗	十一面	〃　西京区大原野小塩町
4	西迎寺	西山浄土	聖観音	〃　西京区大原野南春日町
5	三鈷寺	西山浄土	十一面	〃　西京区大原野石作町
6	乙訓寺	真言豊山	十一面	長岡京市今里弘野
7	光明寺	西山浄土	十一面千手	〃　粟生西条の内
8	観音寺	天台宗	十一面千手	〃　粟生清水谷
9	長法寺	天台宗	十一面	〃　長法寺谷田
10	楊谷寺奥ノ院	西山浄土	十一面千手	〃　浄土谷堂ノ谷
外	乗願寺	西山浄土	十一面	〃　浄土谷宮ノ谷
11	正覚寺	西山浄土	千手	乙訓郡大山崎町下植野
12	卒台寺	西山浄土	十一面千手	長岡京市馬場
13	観音寺	浄土宗	十一面	〃　東神足
14	勝龍寺	真言三宝	十一面	〃　勝龍寺
15	観音寺	真言豊山	十一面	京都市伏見区羽束師菱川町
16	泉福寺	西山浄土	不空羂索	向日市森本町四ノ坪
17	萬福寺	西山浄土	聖観音	京都市南区久世大藪町
18	西圓寺	西山浄土	十一面	〃　南区久世築山町
外	安禅寺	西山浄土	聖観音	〃　南区久世上久世町
19	蔵王堂光福寺	西山浄土	聖観音	〃　南区久世上久世町
20	称讃寺（観音寺）	西山禅林	十一面千手	〃　西京区牛ケ瀬青柳
21	長福寺	西山禅林	十一面千手	〃　西京区下津林楠町
22	常楽寺		十一面千手	〃　西京区川島北裏町
23	地蔵寺	浄土宗	十一面	〃　西京区桂春日町
24	念仏寺		十一面	〃　西京区桂久方町
25	阿弥陀寺	西山深草	千手	〃　西京区桂千代原町
26	長恩寺（千光寺）	西山浄土	千手	〃　西京区上桂西尾町
27	観世寺	西山浄土	聖観音	〃　西京区桂上野北町
28	蔵泉庵	臨済相国	十一面	〃　西京区嵐山山ノ下町
29	西光院	西山禅林	聖観音	〃　西京区嵐山田町
30	浄住寺	黄檗宗	聖観音	〃　西京区山田開キ町
31	福成寺	臨済建仁	十一面	〃　西京区樫原内垣外町
32	来迎寺	西山浄土	聖観音	向日市物集女町御所海道
外	正法寺	真言東寺	三面千手	京都市西京区大原野南春日町
33	願徳寺宝菩提院	天台宗	如意輪	〃　西京区大原野南春日町

洛西三十三観音霊場

京都の桂川に平行して連なる大小の山々（西山）の山麓から桂川の流域にかけて札所が散在する霊場。

1番**善峰寺**は西国20番札所である。3番**十輪寺**は平安時代の六歌仙の一人・在原業平（なりひら）が晩年を過ごした寺で、業平御膳（山菜を主とした精進料理）が味わえる。

6番**乙訓寺**（おとくにでら）境内の2000本の牡丹は見もの。7番**光明寺**は西山浄土宗の総本山で、法然上人二十五霊場の16番。10番**楊谷寺奥ノ院**（ようこくじ）は新西国17番札所でもある。番外**安禅寺**には西国うつしの33体の観音像がある。

28番**蔵泉庵**（ぞうせんあん）の参道入り口に夢窓国師が西芳寺から天龍寺へ法話を聴きに行く途中で休まれたという腰掛石がある。29番**西光院**には西行桜の古木がある。番外**正法寺**の庭園は570坪あり、全国から集めた石が並べられている。

全行程82キロで、車で2日、徒歩だと4日かかる。

★問合せ先

洛西観音霊場事務局
楊谷寺奥ノ院☎075―956―0017

★案内書

平幡良雄著『洛西三十三ヵ所』
（満願寺教化部刊）

丹波国三十三観音霊場

丹波国は現在の京都府と兵庫県の一部にまたがる地域で、古くから諸産業の開発が進み、特に蚕糸業が著名。

当霊場は江戸時代の中ごろの成立といわれているが、詳細は不詳。無住寺が多く、今のところ納経所も完備していないが、それだけに昔の面影がそのまま残っており、静寂な中で巡礼ができる。法道仙人が開基したと伝える寺、四国八十八ヵ所の石仏のある寺が多い。

1番**観音寺**は七色の紫陽花（あじさい）で知られ、歌人や花をめでる人たちが多く訪れる。2番**正暦寺**は綾部三十三ヵ所の1番札所。5番**観興寺**の宝篋印塔は塔身に薬研彫りした胎蔵界四仏が完存しており、市の文化財に指定されている。

6番**高源寺**は紅葉の名所で、11月ころは紅葉狩りの人々で賑わう。7番**岩滝寺**への山道の途中に、弘法大師が独鈷（とっこ）を投げて蛇身を成仏させたと伝える「独鈷の滝」がある。15番**東窟寺**には「つごもり観音」と呼ばれる岩屋観音があり、月々の末日にお詣りすると財禄を授かるという。

21番**穴太寺**（あなおじ）は西国三十三観音の21番札所である。また28番**光明寺**・29番**善福寺**・30番**日圓寺**・31番**施福寺**・32番**長福寺**・**慈眼寺**はいずれも綾部三十三観音の札所でもある。

24番はいま慈眼寺となっているが、前は密厳寺（廃寺）であった。

★問合せ先・各寺院

★案内書

志保美円照著『円通ひとり旅』
（満豊堂刊）

丹波国三十三観音霊場

1	観音寺	高野真言	十一面千手	京都府福知山市観音寺
2	正暦寺	高野真言	聖観音	〃 綾部市寺町
3	法光寺観音堂		聖観音	〃 福知山市荒木
4	海眼寺	臨済南禅	千手	〃 〃 寺町
5	観興寺	臨済南禅	十一面	〃 〃 甘栗
6	高源寺	臨済大徳	聖観音	兵庫県丹波市青垣町檜倉
7	岩滝寺	真言大覚	聖観音	〃 氷上町香良
8	高山寺	真言大覚	十一面	〃 氷上町常楽
8	観音寺	曹洞宗	千手	〃 春日町野瀬
9	岩戸寺	高野真言	千手	〃 市島町岩戸
10	神池寺	天台宗	千手	〃 市島町多利
11	高蔵寺	天台宗	十一面	〃 篠山市丹南町大山
12	文保寺	天台宗	千手	〃 丹南町味間南
13	高仙寺	天台宗	十一面	〃 丹南町南矢代
14	龍蔵寺	天台宗	十一面	〃 丹南町真南条中
15	東窟寺	天台宗	十一面	〃 篠山市藤岡奥
16	観音寺	曹洞宗	千手	〃 篠山市河原町
17	松ヶ鼻堂		聖観音	京都府船井郡瑞穂町井尻松ヶ鼻
18	千手寺	天台宗	千手	〃 瑞穂町妙楽寺
19	無動寺	曹洞宗	十一面千手	〃 瑞穂町粟野
20	九品寺	真言御室	千手(不明)	〃 園部町船坂大門
21	穴太寺	天台宗	聖観音	〃 亀岡市曽我部町
21	西願寺(廃寺)		准胝	〃 柳町
22	神宮寺(廃寺)		十一面	〃 出雲
23	正法寺(廃寺)		千手	〃 北桑田郡京北町細野
24	慈眼寺	臨済妙心	聖観音	〃 京北町周山
25	普門院	高野真言	聖観音	〃 船井郡日吉町世木牧山
26	歓楽寺	真言泉涌	如意輪	〃 北桑田郡美山町静原
27	明隆寺	曹洞宗	聖観音	〃 船井郡和知町下粟野
28	光明寺	真言醍醐	千手	〃 綾部市睦寄町君尾
29	善福寺	高野真言	十一面	〃 睦合町大門
30	日圓寺	高野真言	聖観音	〃 井根町寺の段
31	施福寺	高野真言	千手	〃 上杉町施福寺
32	長福寺	曹洞宗	聖観音	〃 向田町
32	慈眼寺	臨済妙心	千手	〃 上八田町高柳
33	安国寺	臨済東福	千手	〃 安国寺町
外	百観音堂	曹洞宗	百観音	〃 天田郡三和町(龍源寺内)

(『円通ひとり旅』志保美円照著・満豊堂刊より作成。)

天田郡三十三観音霊場（京都府）

1	円応寺	曹洞宗	馬頭	福知山市篠尾
2	海眼寺	臨済南禅	千手	〃 寺町
3	安養寺旧跡観音堂		十一面	〃 高畑
4	官福寺円明院	高野真言	千手	〃 田野
5	洞楽寺	曹洞宗	聖観音	〃 大内
6	久法寺	天台宗	千手	天田郡三和町草山
7	興雲寺	臨済妙心	聖観音	〃 三和町細見中出
8	福林寺	天台宗	聖観音	〃 三和町菟原下
9	頼光寺	曹洞宗	聖観音	福知山市川北
10	照光寺観音堂		千手	〃 猪崎（納経金光寺）
10	養泉寺	臨済南禅	十一面	〃 中
11	観瀧寺	高野真言	千手	〃 榎原
12	観興寺	臨済南禅	十一面	〃 甘栗
13	松林寺	臨済南禅	聖観音	〃 談
14	雲龍寺	高野真言	十一面	〃 畑中（花台寺旧蹟）
15	北光寺旧跡		聖観音	〃 北山（観音堂が現存）
16	高正寺吉祥院	天台宗	如意輪	〃 大門（久法寺が兼務）
17	天寧寺	臨済妙心	千手	〃 大呂
18	宝光寺（廃寺）		千手	〃 上野条（納経金光寺）
19	金光寺	高野真言	聖観音	〃 喜多
20	威光寺（元勝林寺）	高野真言	十一面	〃 下佐々木
21	大信寺	臨済妙心	十一面	〃 夷
22	長福寺旧跡観音堂		十一面	〃 下小田
23	瀧水寺安養院	真言御室	十一面	〃 猪野々
24	為徳寺観音堂		千手	〃 宮垣
25	青蓮寺	高野真言	聖観音	〃 梅谷
26	普参寺旧跡		十一面	天田郡夜久野町額田
27	大日寺観音堂		聖観音	〃 夜久野町大油子
28	東源寺観音堂	臨済妙心	聖観音	〃 夜久野町大油子
29	瑞林寺	高野真言	聖観音	〃 夜久野町板生
30	高源寺観音堂		千手	〃 夜久野町直見西垣
31	観音寺		千手	〃 夜久野町畑柿本
32	大智寺観音堂	臨済南禅	聖観音	〃 夜久野町今西中
33	神通寺円満院	真言御室	千手	〃 夜久野町畑

（『円通ひとり旅』志保美円照著・満豊堂刊より作成。）

天田郡三十三観音霊場

　丹波国三十三観音霊場と同じく、志保美円照氏によって再発掘された、京都府の福知山市と天田郡(あまたぐん)に札所が散在する霊場である。

　馬頭観音を本尊とする1番**円応寺**には西国三十三ヵ所の観音像も祀られている。2番**海眼寺**は丹波国三十三ヵ所の4番札所。5番**洞楽寺**と9番**頼光寺**にも西国霊場の33体の観音像が祀られている。

　10番**養泉寺**観音堂の81枚の格天井には百花百鳥が描かれている。12番**観興寺**は丹波国霊場の5番札所。14番**雲龍寺**の裏山(大師山)には四国八十八ヵ所の石仏がある。25番**青蓮寺**の方丈裏庭の石庭は見もの。

★**問合せ先**・各寺院
★**案内書**
　　志保美円照著『円通ひとり旅』
　　(満豊堂刊)

新西国三十三観音霊場

　昭和7年(1932)に当時の京阪神の新聞社が一般読者からの人気投票で選定したのに創まる、近畿2府4県にわたる庶民的な人気のある寺院で構成された霊場である。

　1番**四天王寺**は和宗の総本山で、聖徳太子が用明天皇の2年(587)に創建した日本最古の寺。かつては境内を施薬院・療病院・悲田院・敬田院に分け、療病・施福にあたったことから、その伝統が受け継がれて今でも病院・学校・カウンセリング施設などをもっている名刹。

　2番**太融寺**は大阪で唯一、弘法大師が開創した寺。4番**水間寺**(みずまでら)本尊の聖観音は俗に「紀州観音」と呼ばれ、厄除けで知られる。5番**道成寺**に伝わる安珍・清姫の物語はあまりにも有名。客番**観心寺**の本尊如意輪観音像は珍しい半跏思惟像で国宝。

　9番**飛鳥寺**は聖徳太子が鞍作鳥(くらつくりのとり)に作らせた飛鳥大仏が見もの。10番**橘寺**は聖徳太子が誕生した地に建てられた寺。

　11番**当麻寺**は当麻曼荼羅図・弥勒仏・東塔・西塔・本堂・梵鐘などの国宝を初めとする多数の寺宝を有する寺として有名。

　14番**神峰山寺**(かぶさんじ)の役行者(えん)自作と伝える毘沙門天は日本最初といわれる。15番**誓願寺**は浄土宗西山深草派総本

客番・観心寺の如意輪観音像

新西国三十三観音霊場

1	四天王寺	和宗	救世観音	大阪府大阪市天王寺区四天王寺
客	清水寺	和宗	十一面千手	〃 〃 天王寺区伶人町
2	太融寺	高野真言	千手	〃 〃 北区大融寺町
3	鶴満寺	天台真盛	子安観音	〃 〃 北区長柄東
4	水間寺	天台宗	聖観音	〃 貝塚市水間
5	道成寺	天台宗	千手	和歌山県日高郡川辺町鐘巻
6	宝亀院	高野真言	十一面	〃 伊都郡高野町高野山
7	金剛寺	真言御室	大日如来	大阪府河内長野市天野町
客	観心寺	高野真言	如意輪	〃 〃 寺元
8	西方院	浄土宗	十一面	〃 南河内郡太子町太子
客	叡福寺	真言単立	如意輪	〃 〃 太子町太子
9	飛鳥寺	真言豊山	飛鳥大仏	奈良県高市郡明日香村飛鳥
10	橘寺	天台宗	如意輪	〃 明日香村橘
11	当麻寺	真言・浄土	当麻曼荼羅	〃 北葛城郡当麻町当麻
12	萩の寺	曹洞宗	薬師如来	大阪府豊中市南桜塚
13	満願寺	高野真言	千手	兵庫県川西市満願寺
客	安岡寺	天台単立	如意輪	大阪府高槻市浦堂本町
14	神峰山寺	天台宗	聖観音	〃 〃 原
15	誓願寺	西山深草	阿弥陀如来	京都府京都市中京区新京極通
16	大報恩寺	真言智山	六観音	〃 〃 上京区今出川通
17	楊谷寺	西山浄土	十一面千手	〃 長岡京市浄土谷堂ノ谷
18	延暦寺	天台宗	聖観音	滋賀県大津市坂本本町
19	鞍馬寺	鞍馬弘教	千手	京都府京都市左京区鞍馬本町
20	立木山寺	浄土宗	立木観音	滋賀県大津市石山南郷町
21	神呪寺	真言御室	如意輪	兵庫県西宮市甲山町
22	天上寺	高野真言	十一面	〃 神戸市灘区摩耶山
23	能福寺	天台宗	十一面	〃 〃 兵庫区北逆瀬川町
24	須磨寺	真言須磨	聖観音	〃 〃 須磨区須磨寺町
25	太山寺	天台宗	十一面千手	〃 〃 西区伊川谷町前開
26	伽耶院	天台単立	毘沙門天	〃 三木市志染町大谷
27	鶴林寺	天台宗	愛太子観音	〃 加古川市加古川町北在家
28	光明寺	高野真言	十一面千手	〃 加東郡滝野町光明寺
客	浄土寺	高野真言	阿弥陀三尊	〃 小野市浄谷町
29	酒見寺	高野真言	十一面	〃 加西市北条町北条
30	金剛城寺	高野真言	十一面	〃 神崎郡福崎町田口
31	花岳寺	曹洞宗	千手	〃 赤穂市加里屋
32	斑鳩寺	天台宗	如意輪	〃 揖保郡太子町鵤
33	瑠璃寺	高野真言	千手	〃 佐用郡南光町船越

山で、京洛六阿弥陀の随一。16番**大報恩寺**は通称「千本釈迦堂」で知られ、聖・千手・十一面・如意輪・馬頭・准胝の六観音像は特に有名。

18番**延暦寺**は天台宗総本山で、延暦7年(788)伝教大師最澄が自ら薬師如来像を刻み、小堂を建立したのが今日の根本中堂(国宝)である。山号の比叡山でも名高く、法然・親鸞・道元・日蓮などの日本仏教の各宗の祖師がここで修行したことから、日本仏教各宗の母山といわれる。境域は広大で、大きく東塔・西塔・横川・無動寺谷・飯室谷に分けられるが、本霊場の札所は横川の中堂である。

19番**鞍馬寺**は鞍馬天狗や火祭りでおなじみ。22番**天上寺**は「摩耶山」の名でも知られ、日本最古の安産腹帯霊場。24番**須磨寺**は真言宗須磨寺派大本山で、源氏と平氏の史跡である。

27番**鶴林寺**は西の法隆寺と呼ばれる聖徳太子創建の古寺。本堂と太子堂は国宝、鐘楼・護摩堂・常行堂・行者堂は重文である。客番**浄土寺**には国宝の浄土堂、阿弥陀如来像初め、多数の寺宝がある。

31番**花岳寺**は「忠臣蔵」の赤穂義士の寺として名高く、大石家代々の守り本尊・千手観音像が祀られている。32番**斑鳩寺**は聖徳太子によって創建された寺で、太子自作と伝える孝養像が祀られる。三重塔は重文である。

巡拝に要する日数は7日から8日。

★問合せ先
新西国霊場会事務局
須磨寺☎078—731—0416

★案内書
『新西国霊場法話巡礼』(朱鷺書房刊)
『新西国霊場巡礼の旅』(京都新聞社刊)

18番・延暦寺横川中堂

27番・鶴林寺

河内西国三十三観音霊場（大阪府）

1	大聖勝軍寺（下の太子）	高野真言	如意輪	八尾市太子堂
2	念佛寺（久宝寺観音院）	融通念仏	十一面	〃 久宝寺
3	常光寺	臨済南禅	延命地蔵	〃 本町
4	龍雲寺	黄檗宗	十一面	富田林市加太
5	大林寺	融通念仏	十一面	松原市北新町
6	法雲寺	黄檗宗	堀出観音	南河内郡美原町今井
7	壺井寺	融通念仏	聖観音	柏原市法善寺
8	大黒寺	曹洞宗	聖観音	羽曳野市大黒
9	観音寺	曹洞宗	十一面	柏原市太平寺
10	千手寺	真言毘盧	千手	東大阪市東石切町
11	来恩寺	融通念仏	聖観音	八尾市恩智中町
12	感応院	高野真言	十一面	〃 恩知中町
13	元善光寺	融通念仏	善光寺如来	〃 垣内
14	梅岩寺	黄檗宗	聖観音	〃 教興寺
15	大通寺	融通念仏	十一面	〃 教興寺
16	教興寺	真言律宗	千手	〃 教興寺
17	法蔵寺	曹洞宗	聖観音	〃 郡川
18	神宮禅寺	臨済妙心	聖観音	〃 服部川
19	観音寺（岩田観音）	新真言宗	十一面	東大阪市西岩田
20	楠妣庵	臨済妙心	十一面	富田林市甘南備
21	叡福寺（上の太子）	真言単立	如意輪	南河内郡太子町太子
22	額田寺	真言毘盧	聖観音	東大阪市南荘町
23	玄清寺	浄土宗	聖観音	〃 東山町
24	慈光寺	真言毘盧	千手観音	〃 東豊浦町
25	常楽寺	融通念仏	十一面	八尾市郡川
26	興法寺	真言醍醐	十一面千手	東大阪市上石切町
27	観音寺	融通念仏	千手	〃 西石切町
28	大龍寺	黄檗宗	十一面	〃 日下町
29	菩提寺	融通念仏	十一面	〃 善根寺町
30	観音禅寺	曹洞宗	聖観音	〃 稲田
31	円通寺	融通念仏	十一面	〃 森河内
32	延命寺	浄土宗	布施観音	〃 菱屋西
33	長栄寺	新真言宗	十一面	〃 高井田元町
特客	慈眼寺（野崎観音）	曹洞宗	十一面	大東市野崎
特客	大念仏寺	融通念仏	聖観音	大阪市平野区平野上
特客	葛井寺	真言御室	十一面千手	藤井寺市藤井寺
特客	高貴寺	高野真言	救世如意輪	南河内郡河南町平石
客	光明寺	融通念仏	十一面	八尾市服部川

河内西国三十三観音霊場

大阪府の東部、東大阪市を中心とする霊場。成立は明確ではないが、享保7年（1722）に『河内三十三観音霊場道中記』が刊行されている。

日本の歴史を動かしてきた聖徳太子や中臣氏（後の藤原氏）初め、源義家・楠木正成などのゆかりの寺、また役行者・行基菩薩・弘法大師が開山したと伝える寺、近松門左衛門・上田秋成など文学にかかわる寺、スズラン・サツキ・ボタンなど四季を彩る花の寺……等々、河内の歴史と人情にあふれた巡礼が味わえる。

とりわけ特別客番に名刹がある。**大念仏寺**は融通念仏宗の総本山で、「二十五菩薩練供養」や「百万遍大数珠くり」の行事は有名。**葛井寺**（ふじい）は西国霊場5番札所。**高貴寺**は役行者が開いた古寺で、後に弘法大師がこの地に草庵を建てて修行をしているとき高貴徳王菩薩が出現したというのが寺名の由来。梵語研究の先駆者として知られる慈雲尊者飲光（おんこう）ゆかりの寺でもある。

巡礼は徒歩で10日、車で4～5日。

★問合せ先
　法蔵寺 ☎0729―41―6364

大坂三十三観音霊場

大阪市内に集中したミニ霊場。近松門左衛門の名作『曾根崎心中』の

大坂三十三観音霊場（大阪市）

1	太融寺	北区太融寺町	18	本誓寺	天王寺区生玉町
2	長福寺	──	19	菩提寺	天王寺区生玉町
3	神明宮		20	六時堂	天王寺区四天王寺内
4	法住寺		21	経堂	天王寺区　〃
5	法界寺	北区兎我野町	22	金堂	天王寺区　〃
6	大鏡寺		23	講堂	天王寺区　〃
7	超泉寺		24	万燈院	天王寺区　〃
8	善導寺	北区与力町	25	清水寺	天王寺区伶人町
9	栗東寺	北区与力町	26	心光寺	天王寺区下寺町
10	玉造稲荷神社	中央区玉造	27	大覚寺	天王寺区下寺町
11	興徳寺	天王寺区餌差町	28	金台寺	天王寺区下寺町
12	慶伝寺	天王寺区餌差町	29	大蓮寺	天王寺区下寺町
13	遍明院	──	30	三津寺	中央区心斎橋筋
14	長安寺	天王寺区城南寺町	31	大福院	──
15	誓安寺	天王寺区城南寺町	32	難波神社	中央区博労町
16	藤棚	──	33	御霊神社	中央区淡路町
17	重願寺		所在地が空欄のものは廃寺・不明等		

冒頭にこの霊場が登場することから、その復活を目指すグループ（大坂三十三所観音めぐりの復活を願う市民の会）が13年間運動して平成8年（1996）に再興した。

不明・廃寺・移転などでまだ堂宇は整っていないが、将来は各札所に共通の碑を建てる予定。

★問合せ先

太融寺☎06—311—5480

明石西国三十三観音霊場

兵庫県の明石市と神戸市に集中した霊場。江戸中期の成立で、昭和60年（1985）に復活した。山あり谷あり海ありと自然を満喫しながら巡礼でき、特に山間より望む明石海峡は絶景である。

重文の阿弥陀堂・三重塔・文殊堂を有する21番**如意寺**や、国宝の本堂と重文の仁王門を有する26番**太山寺**がある。

巡拝は3日くらい。

★問合せ先

明石西国三十三ヶ所観音霊場事務局・光明寺☎078—911—3928

淡路西国三十三観音霊場

兵庫県の南部にある瀬戸内海最大の島・淡路島の全域に三十三札所が点在する。開基は文明7年（1475）淡路守護の細川成春と伝えるが、平成7年（1995）に復興された。海と山の素晴らしい自然の景観を楽しみながら巡礼できる観音霊場である。

1番**千光寺**は海抜448メートルの先山の山頂にあり、古くは全国66か国の霊場を回る聖たちの納経所だったという。2番**観音寺**の新観音堂には淡路西国と本西国各霊場本尊の模刻が安置されている。10番**金剛寺**には寛政ごろ（1789〜1801）作られた蓬莱枯山水の庭がある。

20番**普門寺**と26番**東山寺**は「尼寺三十六ヵ所」の霊場でもある。

その他、淡路島には四十九薬師霊場・四国八十八ヵ所霊場・十三仏霊場・七福神霊場があるが、観音札所と重複する札所は次のとおり。（数字は札所番号）

1千光寺＝四国1、十三1

2観音寺＝四国4

3大照寺＝四国77

7真観寺＝十三5

1番・千光寺の千手観音像

明石西国三十三観音霊場（兵庫県）

1	實相院	天台宗	明石市大観町
2	無量光寺	浄土宗	〃 大観町
3	神應寺	真言花山	〃 林
4	正護寺	真言宗	〃 東松江（連絡先井上宅）
5	龍泉寺	臨済永源	〃 藤江
6	来迎寺	天台宗	〃 大久保町八木
7	薬師院	高野真言	〃 魚住町西岡
8	極楽寺	高野真言	〃 大久保町西島
9	圓通寺	臨済南禅	〃 鳥羽新田
10	福林寺	曹洞宗	〃 和坂
11	報恩寺	臨済妙心	神戸市西区枝吉
12	西光寺	浄土宗	〃 西区玉津町出合
13	長福寺	臨済妙心	〃 西区平野町印路
14	勝明寺	曹洞宗	〃 西区平野町西戸田
15	長福寺	真言御室	〃 西区押部谷町養田
16	性海寺	高野真言	〃 西区押部谷町高和
17	近江寺	高野真言	〃 西区押部谷町近江
18	満福寺	天台宗	〃 西区櫨谷町寺谷
19	新長谷寺	天台宗	〃 西区櫨谷町友清
20	万願寺	天台宗	〃 西区櫨谷町池谷
21	如意寺	天台宗	〃 西区櫨谷町谷口
22	日輪寺	天台宗	〃 西区玉津町小山
23	龍象院	天台宗	〃 西区伊川谷町前開（太山寺塔頭）
24	潮海寺	天台宗	〃 西区伊川谷町今寺
25	太谷寺	天台宗	〃 西区伊川谷町小寺
26	太山寺	天台宗	〃 西区伊川谷町前開
27	転法輪寺	高野真言	〃 垂水区名谷町奥之坊
28	明王寺	高野真言	〃 垂水区名谷町
29	多聞寺	天台宗	〃 垂水区多聞台
30	光明寺	浄土宗	明石市鍛冶屋町
31	寶林寺	真言御室	〃 材木町
32	長林寺	天台宗	〃 材木町
33	月照寺	曹洞宗	〃 人丸町

淡路西国三十三観音霊場（兵庫県）

1	千光寺	高野真言	千手	洲本市上内膳
2	観音寺	高野真言	十一面	〃 金屋
3	大照寺	高野真言	聖観音	〃 中川原町二ッ石
4	瀧水寺	高野真言	十一面	〃 千草
5	観音寺	高野真言	十一面	〃 由良
6	観音寺	高野真言	千手	三原郡南淡町沼島
7	真観寺	高野真言	聖観音	〃 南淡町灘土生
8	神仙寺	高野真言	聖観音	〃 南淡町灘黒岩
9	慈眼寺	高野真言	聖観音	〃 南淡町阿万上町
10	金剛寺	高野真言	千手	〃 三原町八木
11	安楽寺	高野真言	十一面	〃 三原町上八木
12	岩淵寺		十一面	〃 三原町榎列上幡多
13	岡山寺	高野真言	十一面	〃 三原町榎列掃守
14	感応寺	高野真言	聖観音	〃 西淡町松帆
15	法華寺		千手	〃 三原町倭文高
16	安住寺	高野真言	千手	〃 緑町倭文安住寺
17	堺寺	高野真言	千手	津名郡五色町広石下
18	長林寺	高野真言	十一面	〃 五色町都志万才
19	延長寺	高野真言	十一面	〃 五色町鮎原南谷
20	普門寺	高野真言	十一面	〃 津名町塩尾
21	万福寺	高野真言	十一面	〃 津名町中田佐古
22	安養寺	高野真言	千手	〃 津名町木曽下
23	善福寺	高野真言	十一面	〃 一宮町草香北
24	法華寺	高野真言	千手	〃 一宮町江井
25	岩神寺	高野真言	聖観音	〃 一宮町柳沢東
26	東山寺	真言大覚	千手	〃 津名町生穂長沢
27	鷲峰寺		十一面	〃 津名町野田尾摩耶
28	西明寺	高野真言	聖観音	〃 津名町生穂
29	清水寺		千手	〃 東浦町釜口里
30	月山寺		聖観音	〃 東浦町釜口上畠
31	常隆寺	高野真言	千手	〃 北淡町久野々
32	普済寺	高野真言	聖観音	〃 北淡町久野々
33	観音寺	高野真言	聖観音	〃 淡路町岩屋開鏡

和歌山西国三十三観音霊場（和歌山）

1	高松寺	曹洞宗	聖観音	和歌山市東高松
2	万性寺	浄土宗	聖観音	〃 堀止西
3	三光寺	西山浄土	聖観音	〃 吹上
4	延命院（あかもん寺）	新義真言	十一面	〃 鷹匠町
5	禅林寺	臨済妙心	千手	〃 鷹匠町
6	延壽院	新義真言	如意輪	〃 吹上
7	大泉寺	曹洞宗	聖観音	〃 吹上
8	無量光寺	浄土宗	聖観音	〃 吹上
9	窓誉寺	曹洞宗	聖観音	〃 吹上
10	恵運寺	曹洞宗	十一面	〃 吹上
11	護念寺	西山浄土	准胝	〃 吹上
12	珊瑚寺	曹洞宗	聖観音	〃 鷹匠町
13	松生院	真言単立	聖観音	〃 片岡町
14	大立寺	浄土宗	聖観音	〃 橋向町
15	常住院（護摩御堂）	救世観音	十一面	〃 柳町
16	總光寺（夢の妙堂）	高野真言	十一面	〃 太田
17	法輪寺	単立	十一面	〃 吉田
18	圓満寺	西山浄土	聖観音	〃 吉田
19	林泉寺	曹洞宗	聖観音	〃 畑屋敷西の丁
20	龍源寺	臨済妙心	聖観音	〃 鈴丸丁
21	萬精院	高野真言	聖観音	〃 鈴丸丁
22	慈光圓福院	高野真言	十一面	〃 北新金屋丁
23	観音寺	西山浄土	聖観音	〃 中之島
24	阿弥陀寺	西山浄土	聖観音	〃 中之島
外	浄福寺	天台宗	厄除観音	北新
25	観音寺	高野真言	馬頭	〃 元寺町東の丁
26	高野寺	高野真言	聖観音	〃 元寺町北の丁
27	正壽院	救世観音	十一面	〃 東鍛冶屋町
28	海善寺	西山浄土	聖観音	〃 道場町
外	西岸寺	浄土宗	聖観音	〃 小人町南の丁
29	安養寺	時宗	馬頭	〃 道場町
30	吹上寺	臨済妙心	聖観音	〃 男芝町
31	光明院（上の観音）	高野真言	聖観音	〃 有田屋町
32	鐘林院	浄土宗	聖観音	〃 尾崎町
33	圓蔵院	明算真言	聖観音	〃 南相生町
33	毘沙門寺	西山浄土	聖観音	〃 新和歌浦

10金剛寺＝四国8
13岡山寺＝薬師（番外）
14感応寺＝四国31
16安住寺＝薬師27、四国38
18長林寺＝四国45、七福（福禄寿）
20普門寺＝四国72
24法華寺＝薬師35、四国47、十三9
26東山寺＝四国49
28西明寺＝四国65

なお、観音巡りの行程は3日～4日。

★問合せ先
淡路西国霊場会事務所
千光寺☎0799—22—0281

★案内書
武田信一著『淡路三十三ヶ所こころの旅路』（淡路西国霊場会刊）
同『淡路巡礼』（名著出版刊）

和歌山 西国三十三 観音霊場

江戸時代、西国観音霊場のうつしを当地に創ったと伝えるが開創年代などは不明。現在の札所は和歌山市内に集中しているものの、宇治や山東あたりから移転したり、合併した寺院などが多く、歴史の消長を物語っている。巡礼は1日～2日。

本尊の観音菩薩のほか、特異な尊像を祀った札所としては、三十三観音像の1番**高松寺**、2番**万性寺**、33番**毘沙門寺**があり、また愛染明王・摩利支天の6番**延壽院**、首大仏の8番**無量光寺**、火除地蔵尊・青面金剛童子（庚申）の10番**恵運寺**、妙見菩薩・十二支守護仏の25番**観音寺**、聖天・水掛地蔵の27番**正壽院**などがある。

★問合せ先・各寺院

中国の観音霊場

伯耆三十三観音霊場

　伯耆は山陰道八か国の一つで、現在の鳥取県東伯・西伯・日野の3郡をふくむ地域。この辺りには大山隠岐国立公園や三朝東郷県立公園などがあり、観光と温泉入浴を兼ねた巡礼ができる霊場である。開創は江戸時代というが、詳細は不明。

　札所のなかでは29番**三徳山三仏寺**が特に有名である。役小角が慶雲年間（704～8）この地に来て山上に金剛蔵王を奉安し、一堂を建立したのが現在の奥ノ院（国宝）で、岩壁の洞窟にお堂を投げ入れたように見えるところから「投入堂」ともいわれる。寺宝も多く、納経堂・地蔵堂・文殊堂の建造物、また投入堂の本尊・蔵王権現像や、十一面観音像などはいずれも重文である。

★**問合せ先**

　出雲・石見・伯耆霊場巡拝センター☎0853—22—7241

因幡三十三観音霊場

　因幡は山陰道八か国の一つで、現在の鳥取市を中心に岩美・八頭・気高の3郡がふくまれる地域。当霊場は元和年中（1615～24）の成立といわれるが、札所にはかなりの異動が見られ、観音堂だけが残っていたり、廃寺になってしまった札所もあり、最近別表のとおり改定された。

　1番**観音院**は中国観音霊場の32番札所でもあり、池泉蓬莱庭園は国の名勝に指定されている名庭園である。

　15番**新興寺**には足利尊氏、直義兄弟や山名時氏の書などの寺宝がある。

　25番**願行寺**は当寺6世の専誉上人が因幡観音霊場を巡拝したことから因幡巡礼が始まったことで知られる。

　29番**興宗寺**の境内には十六羅漢、30番**東昌寺**には県文化財のキリシタン灯籠がある。

　33番**大雲院**は中国観音霊場の33番札所で、本堂内には33体の観音像が安置されている。

★**問合せ先**

　観音院☎0857—24—5641

29番・三仏寺投入堂

伯耆三十三観音霊場（鳥取県）

1	雲光寺	曹洞宗	聖観音	西伯郡会見町御内谷
2	八国寺		十一面	〃 西伯町八金
3	豊寧寺		十一面	〃 西伯町下中谷
4	総泉寺	曹洞宗	聖観音	米子市愛宕町
5	梅翁寺	曹洞宗	聖観音	〃 車尾
6	常福寺		聖観音	西伯郡会見町天万
7	誓願堂		聖観音	〃 会見町田住
8	伝燈寺	曹洞宗	十一面	日野郡溝口町二部
9	長楽寺	曹洞宗	聖観音	〃 日野町下榎
10	泉竜寺	曹洞宗	如意輪	〃 日野町黒坂
11	延暦寺	曹洞宗	准胝	〃 日野町根雨
12	万福寺	曹洞宗	如意輪	〃 江府町武庫
13	浄楽寺		聖観音	〃 江府町貝田
14	阿弥陀堂		聖観音	西伯郡大山町大山寺横手
15	下山観音堂		十一面	〃 大山町大山寺
16	観音寺	曹洞宗	聖観音	米子市尾高
17	精明寺	曹洞宗	如意輪	西伯郡淀江町淀江
18	清見寺		千手	〃 大山町長田
19	松吟庵		如意輪	〃 名和町押平
20	退休寺	曹洞宗	聖観音	〃 中山町退休寺
21	長伝寺水月堂	曹洞宗	十一面	東伯郡赤碕町太一垣
22	専称寺	浄土宗	聖観音	〃 赤碕町赤碕
23	体玄寺	臨済妙心	十一面	〃 東伯町八橋
24	光徳寺	曹洞宗	十一面	〃 東伯町公文
25	転法輪寺	天台宗	馬頭	〃 東伯町別宮
26	観音寺	曹洞宗	千手	〃 大栄町瀬戸
27	大伝寺	曹洞宗	十一面	〃 東郷町引地
28	竜徳寺	曹洞宗	十一面	〃 東郷町中興寺
29	三徳山三仏寺	天台宗	十一面	〃 三朝町三徳
30	常立庵		聖観音	〃 三朝町本泉
31	大岳院	曹洞宗	聖観音	倉吉市東町
32	定光寺	曹洞宗	十一面	〃 和田
33	長谷寺	天台宗	十一面	〃 仲之町

因幡三十三観音霊場（鳥取県）

1	観音院	天台宗	聖観音	鳥取市上町
2	観音寺	高野真言	正観音	八頭郡河原町北
奥	最勝院（奥之院）	高野真言		鳥取市湯所町
3	円護寺	天台宗		〃　円護寺
4	大応寺	曹洞宗		〃　浜坂
5	竜岩寺観音堂	曹洞宗		岩美郡岩美町大谷
6	観照院	天台宗		〃　岩美町岩本
7	定善寺	浄土宗	准胝	〃　岩美町浦富
8	常智院	天台宗		〃　岩美町岩常
9	勧学寺	天台宗		〃　岩美町羽尾
10	長安寺観音堂		聖観音	〃　岩美町宇治
11	光清寺	時宗		鳥取市滝山
12	長通寺	曹洞宗		岩美郡国府町岡益
13	覚王寺	真言醍醐	千手	八頭郡郡家町覚王寺
14	長源寺	黄檗宗		〃　八東町岩淵
15	新興寺	真言醍醐	聖観音	〃　八東町新興寺
16	西橋寺	浄土宗		〃　船岡町船岡
17	法清寺	曹洞宗		鳥取市雲山
18	大安興寺	高野真言		八頭郡用瀬町鷹狩
19	大善寺	浄土宗	千手	〃　用瀬町用瀬
20	興雲寺	曹洞宗		〃　智頭町智頭
21	正法寺	真言御室		〃　河原町曳田
22	万福寺	高野真言	聖観音	〃　河原町水根
23	福聚寺	臨済妙心		〃　河原町小河内
24	長谷寺	真言御室	十一面	鳥取市長谷
25	願行寺	浄土宗	聖観音	〃　上味野
26	竜福寺	曹洞宗		〃　福井
27	雲龍寺	曹洞宗		気高郡鹿野町鹿野
28	慶寿院	曹洞宗		〃　気高町高江
29	興宗寺	曹洞宗		〃　青谷町青谷
30	東昌寺	曹洞宗		〃　気高町酒津
31	慈眼寺	曹洞宗		鳥取市行徳
32	東円寺	曹洞宗		〃　安長
33	大雲院	天台宗	千手	〃　立川町

松江三十三観音霊場（島根県）

1	天倫寺	臨済妙心	松江市堂形町
2	清光院	曹洞宗	〃 外中願町
3	法眼寺		〃 黒田町
4	法眼寺		〃 黒田町
5	桐岳寺	曹洞宗	〃 奥谷町
6	萬寿寺	臨済妙心	〃 奥谷町
7	千手院	高野真言	〃 石橋町
8	大雄寺	法華本門	〃 中原町
9	自性院	高野真言	〃 米子町
10	榎薬師		〃 東本町
11	柳地蔵堂		〃 末次本町
12	龍覚寺	曹洞宗	〃 寺町
13	浄心寺	曹洞宗	〃 和多見町
14	善導寺	浄土宗	〃 和多見町
15	龍覚寺	曹洞宗	〃 寺町
16	常栄寺	曹洞宗	〃 寺町
17	宗泉寺	曹洞宗	〃 寺町
18	龍昌寺	曹洞宗	〃 寺町
19	全龍寺	曹洞宗	〃 寺町
20	東林寺	浄土宗	〃 寺町
21	安栖院	曹洞宗	〃 寺町
22	専念寺	浄土宗	〃 寺町
23	称名寺	浄土宗	〃 寺町
24	誓願寺	浄土宗	〃 寺町
25	龍覚寺	曹洞宗	〃 寺町
26	来迎寺	浄土宗	〃 天神町
27	信楽寺	浄土宗	〃 堅町
28	誓願寺	浄土宗	〃 寺町
29	東林寺	浄土宗	〃 寺町
30	洞光寺	曹洞宗	〃 新町
31	極楽寺		〃 松尾町
32	称名寺	浄土宗	〃 寺町
33	圓成寺	臨済妙心	〃 栄町

松江三十三観音霊場

島根県松江市の市内に札所が集中したミニ霊場。松江市は観光地として知られ、松江城(史跡)を初め、城山公園、小泉八雲旧居(史跡)、菅田庵・向月亭(史跡・名勝・重文)、楽山公園、八雲立つ風土記の丘(史跡)、嫁ヶ島などがあり、また山代方墳・岡田山古墳など史跡になっている古墳が多く、巡礼の折に立ち寄るのも一興。

1番**天倫寺**には約600年前の朝鮮銅鐘や、白隠筆の応灯関三幅対、出山釈迦図などの寺宝がある。2番**清光院**は松江市西端の高台、市内を一望できる景勝地にある。

5番**桐岳寺**の春会祭(10月4日)は墓の水を付けるとイボが落ちるという縁起の祭りとして知られる。9番**自性院**の十一面観音像は行基作・国主綱隆寄進と伝え、また不動明王像は空海が唐からの帰朝船中で刻んだ2体のうちの1体(もう1体は高野山南院にある)と伝える。

30番**洞光寺**は毛利元就にゆかりのある寺で、薬師堂に祀られた薬師如来は尼子経久(あまごつねひさ)の守り本尊であったという。

★問合せ先
出雲・石見・伯耆霊場巡拝センター☎0853—22—7241

出雲三十三観音霊場

出雲(島根県)の札所が定められたのは、いったい、いつごろであろうか。資料らしいものが見当たらないので定かではないが、『嬉遊笑覧』にも「応永以後の札多くあり云々」とあるように、一般に地方での札所巡りは鎌倉末から室町にかけて気運が起こり始めたのではなかろうか。激しい戦乱の時代である。すっかり整ったのは江戸時代に入ってからかも知れない。

出雲の札所は大社町の長谷寺に始まり玉湯町の岩屋寺で終わる。中世の熊野詣でに見るように、時には鬼気迫る生への激しい葛藤に燃える巡礼に比べると、観音巡礼は穏やかで明るい。出雲の巡礼が、出雲大社のある杵築(きづき)に始まり有名な温泉地にある霊場で終わっているのを考えると、出雲の札所の設定には行楽的要素が配慮されていたとも思える。かつては札所巡りは1日数千人を数え、娘は札所巡りを終えることが嫁入りの条件とされることもあったといわれる。今は、昔日の面影をしのぶよすがもないが、春秋のシーズンには観光バスの列を見かけることもある。

出雲の札所のある地域は島根半島の西部から、簸川(ひかわ)平野、奥出雲を経て古代文化の栄えた飯生の里に至り、中海に沿って再び島根半島の東部を巡り、宍道湖(しんじこ)をまたいで湖岸を進む。道路など環境は新たに整備されてきているが、出雲の観音札所は昔の姿をまだ色濃く残している。無住になってしまった寺もいくつかある。

海あり、湖あり、また奥深い山間の寺ありで、素朴ですがすがしい巡礼である。ただ車にたよることが多くなり、寺の表参道を忘れて新たに設けられた車道で詣でたりする所が多くなったが、これも時の流れであろうか。

1番**長谷寺**は、国譲りの神話のふるさと稲佐の浜に近い寺である。県道沿い近くにある美しい祠、国佐神社（式内社）も近い。本尊は33年ごとに開帳されるという。お堂の左手に来待石（砂岩）の大きな五重塔があり、かすかに元禄の銘が読める。巡礼の歴史を物語っているものであろうか。

3番**鰐淵寺**は、出雲地方屈指の名刹である。推古天皇2年（594）、知春上人という人が、山内の浮浪の滝で天皇の眼病平癒を祈願したのが創まりだといわれている。そして平安の末ごろには三重塔、薬師堂、千手堂、蔵王堂、摩陀羅神社、山王七仏堂、常行三昧堂などを備えていたという。この寺の聖域は開創の地といわれる浮浪の滝のある所である。飛瀑の裏の岩窟には蔵王堂が建てられ、山岳寺院の奇観に接することができる。一山の本尊は千手観音であるが、この蔵王堂に祀られていた金銅仏は、有名な壬辰銘の観音菩薩で、框座に「壬辰年五月出雲国若倭部臣徳太理為父母作奉菩薩」の銘が刻まれている。この年は持統天皇の6年（692）であろうと考えられる。山内には宿坊もある。

7番**光明寺**も山寺で、全山、梅と紅葉の名所である。禅寺であるが、もとは真言宗であった。本尊は丈六の観音。重層入母屋造の本堂に巨像は祀られている。この寺の鐘は出雲にある三つの朝鮮鐘の一つである。

9番**峯寺**は、深山にある古刹である。本堂と観音堂とは隔たっている。本尊は1.8メートルもある像。本堂の庭園も素晴らしいが、ここからの眺望もよい。光明寺から眺めた飯石、大原の里を、ここでは斐伊川を渡った逆の位置から見渡すわけである。この寺はユースホステルにもなっていて宿泊することもできる。

14番**蓮華寺**は、急な山坂道を30〜40分登ると境内が開ける。車は途中までしか行かない。坂道の途中、石造の薬師像、宝形の塔の列、お大師さん、六地蔵などが参道に連なっている。ここの本尊は1.5メートル余の尊像という。この観音さまは信者が多く、東は倉吉、西は益田、また岡山、広島あたりからも参詣する人があるという。

15番**弘安寺**は、ひなびた海潮温泉の近くにある。また須佐之男命が八岐大蛇を退治して八雲垣姫と新婚の夢を結んだ古地といわれる須我神社も近い。寺は畑の中にぽつんとある。重層寄棟造の本堂に本尊が祀られている。

16番は**常栄寺**（普済寺）である。もとの札所は普済寺というが、今は出雲一の宮熊野大社の近くの常栄寺に移されている。小さな観音堂が常

出雲三十三観音霊場（島根県）

1	長谷寺	高野真言	十一面	簸川郡大社町稲佐杵築
2	養命寺	真言醍醐	聖観音	〃 大社町杵築北
3	鰐淵寺	天台宗	千手	平田市別所
4	観音寺	臨済妙心	十一面	出雲市渡橋町
5	神門寺	浄土宗	十一面	〃 塩治町
6	蓮台寺	真言醍醐	聖観音	簸川郡斐川町三絡
7	光明寺	曹洞宗	十一面	大原郡加茂町大竹
8	長谷寺	曹洞宗	十一面	〃 加茂町三代
9	峯寺	真言御室	聖観音	飯石郡三刀屋町給下
10	禅定寺	天台宗	聖観音	〃 三刀屋町乙加宮
11	円通寺	天台宗	如意輪	〃 掛合町多根
12	寿福寺	曹洞宗	聖観音	〃 三刀屋町多久和
13	満福寺	高野真言	千手	大原郡木次町西日登
14	蓮華寺	曹洞宗	十一面	〃 大東町東阿用
15	弘安寺	曹洞宗	十一面	〃 大東町南村
16	常栄寺（普済寺）	曹洞宗	十一面	八束郡八雲村熊野
17	星上寺	曹洞宗	十一面	〃 八雲村東岩坂
18	巌倉寺	高野真言	聖観音	能義郡広瀬町富田
19	観音寺		十一面	〃 広瀬町富田
20	長台寺	天台宗	千手	〃 伯太町安田関
21	清水寺	天台宗	十一面	安来市清水町
22	長楽寺	天台宗	聖観音	〃 九重町
23	願興寺（宗淵寺）	曹洞宗	十一面	八束郡東出雲町出雲郷
24	浄音寺	高野真言	十一面	松江市大庭町
25	長慶寺（澄水寺）	曹洞宗	十一面	〃 福原町
26	千手院（小倉寺）	高野真言	十一面	〃 石橋町
27	千光寺（長福寺）	曹洞宗	千手	〃 上佐陀町
28	成相寺（普音寺）	高野真言	如意輪	〃 荘成町
29	朝日寺	高野真言	十一面	八束郡鹿島町佐陀本郷
30	金剛寺	臨済妙心	馬頭	松江市東長江町
31	満願寺	高野真言	聖観音	〃 西浜佐陀町
32	善光寺（福王寺）	時宗	聖観音	〃 浜乃木町
33	清巌寺（岩屋寺）	臨済妙心	聖観音	八束郡玉湯町玉造
外	一畑寺（一畑薬師）	臨済妙心	薬師如来	平田市一畑

（17番は円通寺が管理）

栄寺と棟続きで並んでいる。

17番**星上寺**は、出雲の札所の中では難所の一つである。県道から往復1時間半ほどの道程である。星上山は450メートル、さして高い山ではないが参道が崩れていたりすることがある。しかし山上からの眺めは素晴らしく、眼下には中海、宍道湖が広々と連なっている。

18番**巌倉寺**は尼子氏の拠点であった月山城跡の一郭を占める、城郭のような寺である。境内からは富田の城下町が一望できる。桜の名所でもある。本尊、脇侍帝釈天、ともに平安時代の堂々たる像である。

21番**清水寺**は、伽藍のよく整った古刹。紅葉の美しい山である。宿坊もあり精進料理の求めに応じている。また保管されている文化財も多く、宝物館で拝観できる。本尊は1.8メートル余の像で平安仏である。

29番**朝日寺**は、日本海に臨む朝日山上（342メートル）にある寺で、車は途中までしか行かない。本尊は大像で、毎年5月1日から21日まで開帳される。山上からの眺めは素晴らしく、前後に日本海、宍道湖、中海、大山とすべてを見渡すことができる。

30番**金剛寺**は、山裾にたたずむ閑雅な禅寺である。参道の下には清水の湧く井戸があり菖蒲池に流れていて、そこには愛染堂の祠が祀られている。本尊は珍しく馬頭観音で、三面二臂の忿怒形の藤原仏である。

31番**満願寺**は宍道湖畔の寺である。入り口にイチョウの巨樹がそびえ、十王、地蔵、宝篋印塔が並んでいる。近くの渚に面して小さな神社が祀られている。風光明媚な地である。

33番**清巌寺**（岩屋寺）が最後の札所で、玉造温泉の町を通り抜けたところにある。近くの岩屋寺古墳の近くに元の札所はあったが、今は清巌寺に合祀されている。観音堂の縁の下には結願者たちの納めた杖が積まれている。番外が**一畑寺**。一畑薬師は眼病に霊験ある仏として古来深く信仰されており、観音札所に加えられたのであろう。参道は長い長い石段と灯籠が連なっている。山内はよく整い、宿坊や土産物屋などもある。宍道湖を見下ろす山上からの眺望は素晴らしい。　　　　（森口市三郎）

★問合せ先

出雲・石見・伯耆霊場巡拝センター☎0853—22—7241

★案内書

平幡良雄著『出雲観音巡礼』
（満願寺教化部刊）

番外・一畑寺

石見曼荼羅観音霊場（島根県）

1	円応寺	高野真言	大田市大田町大田
客	円城寺	天台宗	〃 三瓶町野城（納経所松浦宅）
2	崇福寺	曹洞宗	〃 三瓶町池田
3	福城寺	浄土宗	〃 川合町川合神領
4	安楽寺	高野真言	〃 静間町静間
5	波啼寺	高野真言	邇摩郡仁摩町宅野
6	城福寺	高野真言	〃 仁摩町仁万
客	観世音寺	高野真言	大田市大森町大森
7	清水寺	高野真言	〃 大森町銀山
客	羅漢寺	高野真言	〃 大森町大森
8	円福寺	高野真言	〃 祖式町祖式
9	仙岩寺	曹洞宗	邑智郡川本町川下
10	長江寺	曹洞宗	〃 川本町三谷
11	甘南備寺	高野真言	〃 桜江町川越
12	福応寺	曹洞宗	〃 桜江町江尾
13	福泉寺	臨済東福	江津市有福町有福
14	瑠璃寺	曹洞宗	那賀郡弥栄村小坂
15	報国寺	高野真言	鹿足郡柿木村柿木
16	栄泉寺	曹洞宗	〃 柿木村柿木
17	永明寺	曹洞宗	〃 津和野町
18	興海寺	曹洞宗	〃 津和野町
客	延命寺	高野真言	益田市元町
19	医光寺	臨済東福	〃 染羽町
客	万福寺	時宗	〃 東町
20	竜雲寺	曹洞宗	那賀郡三隅町芦谷
客	正法寺	高野真言	〃 三隅町
21	極楽寺	浄土宗	〃 三隅町湊浦
22	聖徳寺	曹洞宗	浜田市周布町
客	浄琳尼寺	高野真言	〃 周布町
23	宝福寺	高野真言	〃 大辻町
客	大日寺	高野真言	〃 港町
24	多陀寺	高野真言	〃 生湯町
25	安国寺	臨済東福	〃 国府町上府
26	光明寺	高野真言	〃 国府町下府
客	大平寺	曹洞宗	江津市二宮町

中国の観音霊場

27	観音寺	臨済東福	江津市江津町
28	円光寺	高野真言	〃 都治町
客	快算院		〃 都治町
29	岩滝寺	曹洞宗	〃 波積町
30	西念寺	浄土宗	邇摩郡温泉津町ゆのつ
31	大師寺	高野真言	〃 温泉津町湯里清水
32	楞厳寺	真言御室	〃 温泉津町福光
33	高野寺	真言御室	〃 温泉津町井田
外	和田寺	浄土宗	美濃郡匹見町
外	金剛院	高野真言	邇摩郡温泉津町温泉津
外	定徳寺	浄土宗	邑智郡邑智町吾郷

石見曼荼羅観音霊場

石見(いわみ)は山陰道八か国の一つで、現在は島根県の大田・江津(ごうつ)・益田(ますだ)・浜田の4市と、邇摩・邑智・那賀・美濃・鹿足(かのあし)の5郡をふくむ地域。海と山の風光明媚な自然のなかを巡礼する当霊場は、33か所に10か所の客番札所を加えた43か所で構成されている。

札所のなかでは「初午祭」で知られる24番**多陀寺**が有名。この祭は弘法大師と相弟子の流世上人が大同元年(806)に唐より帰国したとき、当地の大樹に奇瑞が現れたことから草庵を結び、唐より持ち帰った1寸8分の金色観音像を祀ったが、その仏縁を結んだ日が初午の日であったことにちなみ、上人の徳を慕う人々が毎年行うようになったという。中国観音霊場の22番札所でもある。

★問合せ先

出雲・石見・伯耆霊場巡拝センター☎0853—22—7241

中国観音霊場

昭和56年(1981)7月に開創した、山陽・山陰の中国地方全域にわたる大霊場である。3年間の準備検討の結果、由緒・歴史のある寺院を選定し、サービスの行き届いた観音霊場にするべく、また広島原爆の慰霊塔にもお詣りして真の世界平和を念願して誕生した新霊場である。

1番**西大寺**は裸祭り(会陽(えよう))で有名。宝亀年中(770〜81)に安隆上人が霊夢のお告げにより観音堂を再建し、東大寺で修していた修正会(しゅしょうえ)をこの地に施したのが奇祭の始まりという。

5番**法界院**の本尊・聖観音像は藤原時代作の名像で重文。また奥ノ院への参道には四国八十八ヵ所を模した霊場があり、多くの石仏が祀られている。

6番**蓮台寺**は神仏混淆で、標高280メートルの由加山の山頂には日本三

中国観音霊場

1	西大寺 (観音院)	高野真言	千手	岡山県岡山市西大寺中	
2	餘慶寺 (東向観音)	天台宗	千手	〃 邑久郡邑久町北島	
3	正楽寺	高野真言	十一面	〃 備前市蕃山	
特	誕生寺	浄土宗	聖観音	〃 久米郡久米南町誕生寺	
4	木山寺 (木山さま)	高野真言	十一面	〃 真庭郡落合町木山	
5	法界院	真言単立	聖観音	〃 岡山市法界院	
6	蓮台寺 (ゆがさん)	真言御室	十一面	〃 倉敷市児島由加	
7	円通寺 (星浦観音)	曹洞宗	聖観音	〃 〃 玉島柏島	
8	明王院	真言大覚	十一面	広島県福山市草戸町	
9	浄土寺	真言泉涌	十一面	〃 尾道市東久保町	
特	西國寺	真言醍醐	如意輪	〃 〃 西久保町	
10	千光寺	真言単立	千手	〃 〃 東土堂町	
11	向上寺	曹洞宗	聖観音	〃 豊田郡瀬戸田町瀬戸田	
12	佛通寺	臨済佛通	十一面	〃 三原市高坂町許山	
13	三瀧寺	高野真言	聖観音	〃 広島市西区三滝山	
14	大聖院	真言御室	十一面	〃 佐伯郡宮島町	
特	般若寺	真言御室	聖観音	山口県熊毛郡平生町宇佐木	
15	漢陽寺	臨済南禅	聖観音	〃 周南市鹿野上	
16	洞春寺	臨済建仁	聖観音	〃 山口市水の上町	
17	龍蔵寺 (鼓の滝)	真言御室	馬頭	〃 〃 吉敷	
18	宗隣寺	臨済東福	如意輪	〃 宇部市小串	
19	功山寺	曹洞宗	千手	〃 下関市長府川端	
20	大照院	臨済南禅	准胝	〃 萩市椿区青海	
21	観音院 (玉江観音)	臨済建仁	聖観音	〃 〃 山田	
22	多陀寺 (初午観音)	高野真言	十一面	島根県浜田市生湯町	
23	神門寺 (いろは寺)	浄土宗	十一面	〃 出雲市塩治町	
24	禅定寺	天台宗	聖観音	〃 飯石郡三刀屋町乙加宮	
25	鰐淵寺	天台宗	千手	〃 平田市別所町	
26	一畑寺 (一畑薬師)	臨済妙心	瑠璃	〃 〃 小境町	
27	雲樹寺	臨済妙心	聖観音	〃 安来市清井町	
28	清水寺	天台宗	十一面	〃 〃 清水町	
29	大山寺	天台宗	十一面	鳥取県西伯郡大山町大山	
30	長谷寺	天台宗	十一面	〃 倉吉市仲之町	
31	三佛寺	天台宗	十一面	〃 東伯郡三朝町三徳	
特	摩尼寺	天台宗	千手	〃 鳥取市覚寺	
32	観音院	天台宗	聖観音	〃 〃 上町	
33	大雲院	天台宗	千手	〃 〃 立川町	

中国の観音霊場

大権現の瑜伽(ゆが)大権現を祀り、200人が宿泊できる信徒会館がある。

7番**円通寺**は良寛和尚が修行した名刹。良寛がここに入山したのが安永8年(1779)22歳のときで、以来20余年間、ここで修行に専念したという。その書十数点を蔵する。

8番**明王院**は大同2年(807)弘法大師がここに草庵を結んで海人の安全を祈願したのが創まりという古寺で、五重塔は国宝、本堂と庫裡は重文である。

9番**浄土寺**は推古天皇の24年(616)に聖徳太子が開基したと伝える名刹で、国宝の本堂・多宝塔を初め、重文の阿弥陀堂・山門・納経塔・宝篋印塔などがある。

特別霊場**西國寺**の金堂と三重塔は重文、11番**向上寺**の三重塔は国宝、12番**仏通寺**の地蔵堂は重文である。

13番**三瀧寺**の境内入り口には多数の石仏が点在し、また鐘楼門に至る両側には多くの文学碑と原爆慰霊33の歌碑と句碑がある。

16番**洞春寺**は毛利輝元が元亀3年(1572)に開基した寺で、山門と観音堂は重文である。18番**宗隣寺**の池泉式庭園(龍心庭)は名勝。

16番**洞春寺**は周防観音霊場の30番、17番**龍蔵寺**は同33番、19番**功山寺**は長門観音霊場の24番、20番**大照院**は同14番、22番**多陀寺**は石見曼荼羅観音霊場の24番、23番**神門寺**(かんどうじ)は出雲観音霊場の5番、31番**三仏寺**は伯耆観音霊場の29番札所でもある。

25番**鰐淵寺**(がくえんじ)は推古2年(594)創建と伝える古寺で、2体の観音像(重文)を初め、多くの文化財が収蔵庫に納められている。

26番**一畑寺**は1300段の石段と、眼の薬師さんとして全国から参拝のあることで有名。27番**雲樹寺**の四脚門

7番・円通寺良寛堂

29番・大山寺

と28番**清水寺**の本堂は重文である。

29番**大山寺**（だいせんじ）は伯耆富士と呼ばれる大山（1729メートル）の麓にある山陰随一の名刹。養老2年（718）金蓮上人が開山したのに創まると伝え、阿弥陀堂を初め、十一面観音像・阿弥陀如来像とその両脇侍像などの重文が多い。

32番**観音院**は因幡観音霊場の1番札所であり、また33番**大雲院**は同33番札所でもある。

巡拝に要する日数は各県6〜8か寺を2県ずつ巡れば3泊4日で2〜3回。全行程を一度に巡ると12〜14日。

★問合せ先
中国観音霊場会総合事務局
西大寺☎086—942—2058
中国観音霊場会事務局
大山寺☎0859—52—2158

★案内書
霊場会監修・冨永航平編『中国観音霊場巡拝地図帖』（文明堂刊）
富永博次著『中国観音霊場』（文明堂刊）
冨永航平著『中国三十三観音巡礼』（朱鷺書房刊）
『ザ・観音・旅』（霊場会刊）

瀬戸内三十三観音霊場

「巡行すれば千苦を洗う。万人平和人づくり歩道場」をキャッチフレーズに、岡山・兵庫・広島の3県から33か所を選定、車で2泊3日で巡れることを考慮して昭和60年（1985）

7番・花岳寺の大石良雄念持仏と伝える千手観音像

3月に開創された新霊場である。

7番**花岳寺**は赤穂義士の寺として知られ、義士木像堂には47体の義士木像が安置され、そのほか義士画像・大石内蔵助良雄筆の各種遺品多数が義士宝物館に展示されている。

13番**頼久寺**の庭園は小堀遠州作と伝え、県の名勝である。

24番**磐台寺**の観音堂は重文である。

★問合せ先
瀬戸内三十三ヵ所観音霊場会事務局・光明寺☎0869—62—0011

★案内書
片山新助著『瀬戸内三十三観音巡り』（山陽新聞出版局刊）

長門三十三観音霊場

長門（ながと）は山陽道八か国の一つで、現在の山口県に属する。当霊場は宝永2年（1705）に発願され、同8年に

瀬戸内三十三観音霊場

1	観音寺	真言単立	十一面	岡山県倉敷市中帯江
2	遍照院	真言御室	十一面	〃　〃　西阿知町
3	宝島寺	真言御室	十一面	〃　〃　連島町矢柄
4	観音院	高野真言	十一面	〃　玉野市日比
5	真光院(東寺)	高野真言	十一面千手	〃　邑久郡牛窓町牛窓
6	観音院(西寺)	高野真言	千手	〃　〃　牛窓町牛窓本町
7	花岳寺	曹洞宗	千手	兵庫県赤穂市加里屋
8	普門寺	天台宗	千手	〃　〃　尾崎
9	光明寺	高野真言	十一面	岡山県備前市三石
10	福生寺	高野真言	十一面千手	〃　〃　大内
11	明王寺	天台宗	聖観音	〃　岡山市竹原
12	安住院	真言善通	千手	〃　〃　国富
13	頼久寺	臨済永源	聖観音	〃　高梁市頼久寺町
14	龍泉寺	真言善通	聖観音	〃　川上郡成羽町下原
15	千手院	真言大覚	十一面千手	〃　井原市野上町
16	法泉寺	曹洞宗	聖観音	〃　〃　西江原町
17	泉勝院	天台宗	千手	〃　浅口郡金光町占見西谷
18	本性院	天台宗	千手	〃　倉敷市玉島黒崎
19	不動院	高野真言	不空羂索	〃　浅口郡里庄町新庄
20	教積院	高野真言	聖観音	〃　笠岡市有田
21	観音院(嫁いらず観音)	真言単立	十一面	〃　井原市大江町梶草
22	寒水寺	真言大覚	十一面千手	広島県深安郡神辺町西中条
23	能満寺	高野真言	聖観音	〃　福山市西町
24	磐台寺(阿伏兎観音)	臨済妙心	十一面	〃　沼隈郡沼隈町能登原
25	神宮寺	広島真言	千手	〃　御調郡向島町江奥
26	対潮院	臨済妙心	如意輪	〃　因島市土生町
27	観音寺	真言醍醐	聖観音	〃　〃　三庄町千守
28	北之坊	真言醍醐	千手	〃　御調郡御調町下山田
29	龍華寺	真言醍醐	十一面	〃　世羅郡甲山町甲山
30	善昌寺	曹洞宗	千手	〃　甲奴郡上下町上下
31	十輪院	真言御室	聖観音	〃　府中市鵜飼町
32	福盛寺	高野真言	千手	〃　福山市駅家町新山
33	福性院	真言大覚	十一面	〃　〃　芦田町福田

長門三十三観音霊場（山口県）

1	南明寺	天台宗	聖観音	萩市椿
2	龍蔵寺	臨済南禅	聖観音	〃 椿東中津江
3	海潮寺	曹洞宗	聖観音	〃 北古萩
4	大覚寺	曹洞宗	十一面	阿武郡阿武町奈古
5	興昌寺	曹洞宗	如意輪	〃 阿武町宇田
6	紹孝寺	曹洞宗	聖観音	〃 須佐町須佐
7	太用寺	曹洞宗	聖観音	〃 阿武町福田上
8	本光院	臨済建仁	聖観音	〃 阿武町宇生賀
9	禅林寺	臨済南禅	聖観音	〃 むつみ村高佐下
10	竜昌寺	曹洞宗	聖観音	〃 阿東町嘉年下
11	大源寺	曹洞宗	滝見楊柳	〃 阿東町徳佐中
12	桂光院	曹洞宗	如意輪	〃 阿東町地福上
13	禅昌院	臨済建仁	聖観音	〃 福栄村福井下
14	大照院	臨済南禅	准胝	萩市椿
15	西来寺	曹洞宗	聖観音	阿武郡旭村明木
16	法香院	浄土宗	聖観音	美禰郡美東町絵堂
17	南原寺	真言御室	十一面	美禰市伊佐町
18	興福寺		聖観音	厚狭郡楠町舟木新町
19	浄明寺	浄土宗	如意輪	宇部市厚東区棚
20	広福寺	真言御室	聖観音	〃 藤山区中山
21	岩崎寺	曹洞宗	千手	小野田市有帆角石
22	正法寺	真言御室	十一面	厚狭郡山陽町山川
23	神上寺	高野真言	聖観音	豊浦郡豊田町江良
24	功山寺	曹洞宗	千手	下関市長府川端
25	永福寺	臨済南禅	千手	〃 観音崎町
26	三恵寺	真言御室	千手	豊浦郡豊浦町川棚
27	修禅寺（み岳観音）	真言醍醐	十一面	〃 豊田町杢路子
28	恩徳寺		聖観音	〃 豊北町神田
29	海翁寺	曹洞宗	如意輪	〃 豊北町阿川
30	昌泉寺	浄土宗	聖観音	〃 豊北町粟野
31	長安寺	浄土宗	十一面	大津郡油谷町新別名
32	円究寺	浄土宗	聖観音	長門市仙崎町
33	観音院（玉江観音）	臨済建仁	聖観音	萩市山田

周防三十三観音霊場（山口県）

1	極楽寺	真言御室	十一面	玖珂郡周東町用田
2	長宝寺	臨済天竜	十一面	〃 周東町祖生
3	松尾寺	臨済天竜	聖観音	大島郡大島町東三浦
4	普門寺	曹洞宗	千手	〃 橘町西安下庄
5	普慶寺	真言御室	千手	柳井市柳井
6	般若寺	真言御室	聖観音	熊毛郡平生町宇佐木
7	福楽寺(野寺)	真言大覚	聖・十一面	柳井市余田院内
8	蓮池寺	浄土宗	聖観音	熊毛郡田布施町川西
9	長徳寺	曹洞宗	十一面	光市立野
10	安国寺	曹洞宗	聖観音	熊毛郡熊毛町原
11	蓮台寺	真言御室	如意輪	下松市山田
12	閼伽井坊	真言御室	十一面	〃 花岡戎町
13	日天寺	曹洞宗	如意輪	〃 末武上
14	福田寺	曹洞宗	如意輪	徳山市徳山
15	蓮宅寺	真言御室	馬頭	〃 上村
16	岩屋寺	真言御室	聖観音	〃 下上岩屋
17	建咲院	曹洞宗	聖観音	新南陽市土井
18	川崎観音堂		十一面	〃 富田川崎
19	普春寺	曹洞宗	聖観音	徳山市夜市
20	滝谷寺	曹洞宗	十一面	防府市富海
21	木部観音堂		十一面	〃 牟礼
22	極楽寺	曹洞宗	聖観音	〃 牟礼
23	光明寺	真宗本願	十一面	〃 真尾
24	満願寺	真言御室	十一面	〃 迫戸町
25	天徳寺	曹洞宗	聖観音	〃 下右田
26	観音寺	曹洞宗	聖観音	〃 台道
27	顕孝院	臨済東福	十一面	山口市鋳銭司
28	清水寺	真言御室	千手	〃 宮野下
29	神福寺	真言御室	十一面	〃 八幡馬場
30	洞春寺	臨済建仁	聖観音	〃 水ノ上町
31	普門寺	臨済建仁	十一面	〃 白石
32	大林寺	曹洞宗	十一面	〃 朝倉町
33	龍蔵寺	真言御室	馬頭	〃 吉敷

（11番は多聞院、15番は岩屋寺、18番は建咲寺、21番は極楽寺、24番は満願寺、28番は神福寺が管理）

成就したと伝えるが、長いこと途絶えていた。昭和58年（1983）に郷土史家・山下喜一氏の尽力により甦った霊場である。

1番**南明寺**は大同年中（806～10）ころの開創と伝える古寺で、重文の聖観音像・千手観音像を初めとする多くの寺宝を有する。

5番**興昌寺**には松尾芭蕉の「宇田郷なる潮の花や浦の春」の句碑がある。

14番**大照院**は毛利家代々の墓がある名刹で、重文の赤童子像は一説に春日明神の垂迹像という特殊な像である。中国観音霊場の20番札所でもある。

24番**功山寺**も毛利家と縁深い菩提所であり、特に典型的な唐様建築の国宝・仏殿があることで名高く、中国観音霊場の19番札所でもある。

28番**恩徳寺**の「結びイブキ」の喬木は樹齢1000年ともいわれ、国の天然記念物に指定されている。

★**問合せ先**・各寺院
★**案内書**
　山下喜一著『長門三十三観音霊場』

周防三十三観音霊場

周防(すおう)は山陽道八か国の一つで、現在の山口県に属する。当霊場は室町時代に成立したというが、詳細は不明。前掲の長門観音霊場と同じく、山下喜一氏が昭和56年（1981）に再発掘した霊場である。

6番**般若寺**は般若姫の悲話伝説で知られる古刹。豊後国の満野長者の娘般若姫は橘豊日皇子（のちの用明天皇）に見染められ、船団120隻を従えて船出したところ嵐に遭って海中に沈んだが、そのとき姫は西方の峰を指して「かの峰にわが身を葬ってほしい」と遺言されたことにより、用命天皇の勅願により建てられたのが起源という。中国観音霊場の特別霊場でもある。

17番**建咲院**(けんしょういん)は毛利元就が九州遠征の際、当寺の隆室和尚に教えを乞うた縁から、現在も毛利家との書状など多くを所蔵している。

29番**神福寺**の十一面観音像は中国からの請来仏で、唐時代の作といわれ重文である。

30番**洞春寺**は毛利元就の菩提所。中国地方を平定した元就は無情の刃に果てた英霊の供養に法華経千部を読誦して菩提を弔ったとされるが、この法要は今も当寺で続けられているという。中国観音霊場の16番札所でもある。

33番**龍蔵寺**は文武2年（698）役小角の開創と伝える古刹で、かつては山岳修行の行場であった。雪舟による庭や絵馬などもある。中国観音霊場の17番札所。

★**問合せ先**・各寺院
★**案内書**
　山下喜一著『当国・周防三十三観音霊場案内』

四国・九州の観音霊場

阿波西国三十三観音霊場

徳島県のほぼ北部に点在する。宝永7年（1710）の開創と伝えるが、昭和47年（1972）に再発足した。

徳島市の眉山（びざん）の麓から、清流の吉野川、鳴門の景勝を経て、大麻・羅漢・切幡と阿北の名勝を巡る、美しい自然と200余年の歴史を秘めた霊場である。

四国八十八ヵ所と重複する札所は次の通り。

21・極楽寺＝四国2番
23・金泉寺＝四国3番
24・地蔵寺＝　〃　5番
27・熊谷寺＝　〃　8番
28・切幡寺＝　〃　10番
32・観音寺＝　〃　16番
33・井戸寺＝　〃　17番

また25番大山寺は四国別格二十霊場の1番札所。

巡礼の日数は車で2日。

★問合せ先
阿波西国霊場会事務局
光徳寺☎0886―31―4858

讃岐三十三観音霊場

香川県の全域に散在する新霊場。四国八十八ヵ所の75番善通寺を番外とするほかは四国札所と重複する寺はなく、また全札所が真言宗寺院で構成されているのが特徴。戦火や風水害などに遭って再建された寺が多いが、豊かな自然のなかに篤い信仰が息づいている。

1番**東福寺**の本尊・聖如意輪観音は「身代観音」として知られる。3番**円通寺**の本尊両脇には西国霊場のミニ本尊が33体並んでいる。4番**長福寺**には藤原時代作の薬師如来像（重文）がある。5番**釈王寺**の裏山には観音石仏群がある。

8番**宝蔵院**は重文の薬師如来像や絹本着色両界曼荼羅図など多数の寺宝を有する。10番**霊芝寺**の裏山にはミニ八十八ヵ所の石仏がある。12番**長法寺**には左甚五郎が設計したという鐘楼門と樹齢700年の大ソテツがある。

17番**満願寺**の本堂の前には西国三十三ヵ所の石仏が並んでいる。18番**宝積院**には北村西望作の聖観音ブロンズ像が立っている。21番**柞原寺**（くはらじ）には600年の年齢を重ねた「弘法の松」が残っている。

23番**地蔵院**の本尊・准胝観音は俗に「嫁楽（よめらく）観音」と呼ばれ、ボックリ信仰で知られている。25番**観智院**では弘法大師像を四国八十八ヵ所のミニ本尊が取り囲み、石段をつけて四国遍路ができるようになっている。29番**聖徳院**には菅原道真公がこの地を巡察した縁から天満宮が祀られて

阿波西国三十三観音霊場（徳島県）

1	観音寺	高野真言	千手	徳島市勢見町
2	善福寺	真言御室	聖観音	〃　寺町
3	福蔵寺	真言大覚	千手	〃　佐古２番町
4	光徳寺	真言大覚	千手	〃　不動東町
5	千光寺	高野真言	千手	板野郡藍住町徳命
6	観音院	高野真言	十一面	〃　藍住町奥野
7	東光寺	高野真言	聖観音	〃　藍住町東中富
8	法音寺	高野真言	十一面	〃　藍住町乙瀬乾
9	見性寺	臨済妙心	聖観音	〃　藍住町勝瑞
10	福成寺	高野真言	十一面	〃　藍住町住吉
11	天光寺	真言大覚	聖観音	徳島市応神町古川（管理持宝寺）
12	恵勝寺	臨済妙心	如意輪	〃　川内町中島
13	正因寺	臨済妙心	慈母観音	鳴門市大津町大幸
14	長谷寺	高野真言	十一面	〃　撫養町木津
15	光徳寺	浄土宗	十一面	〃　撫養町小桑島
16	斎田寺	高野真言	聖観音	〃　撫養町黒崎
17	法勝寺	浄土宗	聖観音	〃　鳴門町三ツ石
18	昌住寺	西山浄土	十一面	〃　鳴門町高島
19	普光寺	高野真言	千手	〃　瀬戸町北泊
20	勧薬寺	高野真言	聖観音	〃　大麻町市場
21	極楽寺	高野真言	千手	〃　大麻町檜担ノ上
22	妙薬寺	高野真言	聖観音	板野郡板野町川端
23	金泉寺	高野真言	千手	〃　板野町大寺
24	地蔵寺	真言御室	如意輪	〃　板野町羅漢林東
25	大山寺	真言醍醐	千手	〃　上板町神宅
26	和泉寺	高野真言	十一面	〃　上板町泉谷
27	熊谷寺	高野真言	千手	〃　土成町前田
28	切幡寺	高野真言	千手	阿波郡市場町切幡観音
29	報恩寺	真言御室	聖観音	麻植郡鴨島町飯尾
30	玉林寺	臨済妙心	千手	〃　鴨島町山路
31	徳蔵寺	高野真言	千手	名西郡石井町石井
32	観音寺	高野真言	千手	徳島市国府町観音寺
33	井戸寺	真言善通	十一面	〃　国府町井戸

讃岐三十三観音霊場（香川県）

1	東福寺	真言御室	聖如意輪	高松市番町
2	洲崎寺	高野真言	聖観音	木田郡牟礼町牟礼
3	円通寺	真言善通	聖観音	大川郡志度町志度
4	長福寺	真言善通	千手	〃 志度町鴨部
5	釈王寺	真言善通	聖観音	〃 大内町大谷
6	観音寺	真言善通	十一面	〃 白鳥町帰来
7	萬生寺	真言善通	聖観音	〃 引田町引田
8	宝蔵院	真言大覚	聖観音	〃 長尾町東
9	圓光寺	真言善通	十一面	〃 長尾町造田
10	霊芝寺	高野真言	十一面	〃 志度町末
11	浄願院	真言御室	准胝	仲多度郡満濃町四条
12	長法寺	真言善通	千手	〃 琴平町榎井
13	萬福寺（砥石観音）	真言単立	聖観音	三豊郡財田町財田上
14	伊舎那院	真言単立	如意輪	〃 財田町財田中
15	宗運寺	真言単立	聖観音	〃 山本町財田西
16	極楽寺	真言善通	如意輪	観音寺市粟井町
17	満願寺	真言大覚	聖観音	三豊郡豊浜町姫浜
18	宝積院	真言大覚	聖観音	〃 豊中町上高野
19	覚城院	真言御室	千手	〃 仁尾町山下
20	宝林寺（浦の寺）	高野真言	如意輪	〃 詫間町本村
21	柞原寺	真言単立	千手	〃 高瀬町下勝間
22	威徳院	高野真言	十一面	〃 高瀬町下勝間
23	地蔵院	真言善通	准胝	〃 高瀬町地蔵原
24	萬福寺	真言善通	聖観音・馬頭	善通寺市吉原町
25	観智院	真言善通	十一面	〃 善通寺町
26	三谷寺	真言御室	十一面	綾歌郡飯山町東坂本
27	宝光寺	真言善通	十一面	丸亀市土器町西
28	真光寺	真言御室	千手	〃 御供所町
29	聖徳院	真言御室	千手	綾歌郡宇多津町
30	円通寺	真言御室	如意輪	〃 宇多津町
31	聖通寺	真言御室	千手	〃 宇多津町
32	竜光院	真言御室	如意輪	坂出市江尻町
33	西光寺	高野真言	十一面	高松市香西本町
外	善通寺	真言善通	薬師如来	善通寺市善通寺町

伊予道前道後十観音霊場（愛媛県）

1	**新長谷寺**（長谷試の観音・ または、ぬれ手観音）	高野真言	十一面	伊予三島市寒川町
2	**興隆寺**（西山観音）	真言醍醐	千手	周桑郡丹原町古田
3	**法華寺**（現身観音）	真言律宗	十一面	今治市桜井甲
4	**乗禅寺**（えんぎ観音）	真言豊山	如意輪	〃 延喜甲
5	**高縄寺**（高縄観音）	真言醍醐	十一面千手	北条市米之野甲
6	**福見寺**（福見観音）	真言豊山	水月観音	温泉郡重信町山之内
7	**儀光寺**（由利観音）	真言豊山	千体十一面	松山市古三津町
8	**宝珠寺**（谷上観音）	真言智山	千手	伊予市上吾川
9	**出石寺**（いづし観音）	真言御室	千手	喜多郡長浜町豊茂
10	**龍光院**（招福観音）	高野真言	十一面	宇和島市天神町

（番号は便宜上付した）

いる。
★問合せ先
讃岐三十三観音霊場会事務局
圓光寺☎0879—52—2259
★案内書
『讃岐三十三観音霊場』（読売新聞高松支局刊）

伊予道前道後十観音霊場

　明治期開創の古記録があるが、昭和60年（1985）再興。愛媛県の霊峰石鎚山（いしづちさん）の麓に散在する10か所のミニ霊場だが、巡拝には2日を要する。

★問合せ先
伊予観音霊場総合事務局
乗禅寺☎0898—22—4671

九州西国三十三観音霊場

　九州西国霊場は、古くは「筑紫（つくし）三十三番札所」と呼ばれた。記紀万葉によれば「筑紫」は九州全体を指し、筑前・筑後、豊前・豊後、肥前・肥後、日向（ひゅうが）、大隅、薩摩の9か国からなるので、"九州"と呼ばれた。

　しかも、前の6国と後の3国および2島（壱岐・対馬）とでは、「大王（おおぎみ）の遠（とお）の朝廷（みかど）」だった大宰府（だざいふ）への対応が異なっていた。このことが、九州西国霊場の範囲を6国（いまの北九州5県）に限ることに関係があったと考えられる。古くから西海道諸国をいいかえ、九州のことを「西国（さいごく）」と呼び、『西国順禮署縁起』（安政2年）は「筑紫の里こそ、わが国の西国であり、西方極楽世界、観世音菩薩有縁の地である」と述べている。

　しかし、承久の乱後、「西国」は畿内・近国を指し、現在の「筑紫」は特定地域をいうことから「九州西

国霊場」という名称に確定した。

豊後別府の中津屋勘兵衛の手になる『日本最初西国三十三番詠歌』の中の「畧縁起」を資料とする伝承によれば、「和銅6年（713）に法蓮上人と仁聞菩薩が、日子山権現のお告げにより、覚満法師、羅運行者の二人の弟子を伴い、同行4人で18か所の霊場を巡礼。その後、霊亀2年（716）に熊野権現のお告げがあり、天平3年（731）に、前述の4人に、華厳、体能、行満の弟子と仁聞の俗弟子9人を加え、同行16人で更に15か所の霊場を追加巡礼した」のが起源となっている。

九州西国巡礼の先達となった仁聞（室町以前は人聞）は、国東「六郷満山」の開基で、宇佐八幡（新羅神）の化身といわれる。

仁聞同行の法蓮は『続日本紀』にも見える名僧で、彦山の開創、国東への行脚とともに、宇佐神宮寺の初代別当として、中央との交渉を密にしながら、神仏習合の信仰と文化を促進した。

各霊場の開基としては、百済系の渡来人といわれる行基が10霊場、仁聞が5霊場の外、インド・中国・朝鮮半島からの渡来僧によるものが8霊場もあり、入唐求法僧の伝教・弘法・慈覚大師を加えて考えれば、中国大陸、朝鮮半島に近い九州西国霊場の地域の特性がうなずける。

往古、筑紫文化の両輪をなす宇佐と大宰府が、観音さまの手で結ばれたのである。しかも、主尊観音・脇士不動・毘沙門の叡山流の配置は、平安期天台文化の流れに基づくことを考えれば、深い縁にただ合掌するのみである。

1番は**霊泉寺**。英彦山は福岡と大分の県境にそびえる天台修験の山。参道入り口の銅の大鳥居（国重文）の左脇には樹齢800年の天然記念物の鬼杉があり、我が国最初の国定公園である。2番の**長谷寺**は九州最古の飛鳥仏（県指定文化財）で知られる。3番**清水寺**の中興の祖・宗連は宗祇の流れを汲む詠歌を好み、書・茶にも秀れた文人で、禅風を広めた。

4番**大楽寺**には、国重文の弥勒菩薩像を初め、県文の日光・月光菩薩像、絹本着色仏涅槃図などの保存を含む本堂が巡礼の心を和ませる。

5番**天念寺**は、毎年正月の「修正鬼会」（国指定）が有名で、磨崖仏の「川中不動」も印象に残る。

6番**両子寺**は国東半島の中央部、標高720メートルの両子山の中腹にある。岩屋の上の奥ノ院本尊は子授けで有名。金堂・護摩堂・会館などが夏の緑陰、秋の紅葉に包まれた国東の名刹である。7番**宝満寺**は、巡礼の旅の疲れを癒す湯煙と別府湾を一望におさめる閑静な高台にある。

8番**霊山寺**はインドの霊鷲山に似ており、インド僧伽法師が名づけたという。標高600メートルの霊山中腹堂塔伽藍に響く鐘の音と小鳥の囀りは、豊後水道の果てに補陀落渡海の安らぎを覚えさせる。9番は**吉祥院・観音院**の2か寺で管理され、

九州西国三十三観音霊場

1	霊泉寺	彦山修験	千手	福岡県田川郡添田町英彦山
2	長谷寺(長谷観音)	高野真言	十一面	大分県下毛郡三光村西秣谷
3	清水寺(清水観音)	曹洞宗	千手	〃 宇佐市清水
4	大楽寺	高野真言	如意輪	〃 〃 南宇佐
5	天念寺	天台宗	聖観音	〃 豊後高田市長岩屋
6	両子寺	天台宗	千手	〃 東国東郡安岐町両子
7	宝満寺	天台宗	十一面千手	〃 別府市田の口町
8	霊山寺(霊山観音)	天台宗	十一面	〃 大分市岡川
9	吉祥院・観音院	天台宗	如意輪	〃 〃 千歳岡町
10	円通寺	天台宗	千手	〃 〃 広内
11	蓮城(内山観音)	高野真言	千手	〃 大野郡三重町内山
12	青龍寺	天台宗	十一面	熊本県阿蘇郡一の宮町宮地
13	西巌殿寺	天台宗	十一面	〃 阿蘇町坊中
14	雲巌寺(岩戸観音)	曹洞宗	馬頭	〃 熊本市松尾町岩戸
15	普光寺	真言	千手	福岡県大牟田市今山
16	清水寺(清水観音)	天台宗	千手	〃 山門郡瀬高町本吉
17	永興寺	天台宗	千手	〃 〃 瀬高町大草
18	観興寺	曹洞宗	千手	〃 久留米市山本町耳納
19	観音寺	天台宗	十一面	〃 浮羽郡田主丸町石垣
20	地蔵院	天台宗	千手	佐賀県神埼郡神埼町的
21	宝地院(清水観音)	天台宗	千手	〃 小城郡小城町清水
22	観世音寺(竹崎観音)	真言御室	千手	〃 藤津郡太良町竹崎
23	和銅寺	曹洞宗	十一面	長崎県北高来郡高来町
24	観音寺	曹洞宗	聖観音	〃 〃 飯盛町
25	清水寺(清水観音)	真言霊雲	千手	〃 長崎市鍛冶屋町
26	観音寺	曹洞宗	千手	〃 西彼杵郡野母町
27	清岩寺(福石観音)	真言智山	十一面	〃 佐世保市福石町
28	常安禅寺(垂玉観音)	曹洞宗	十一面	佐賀県東松浦郡北波多村
29	千如寺大悲王院(雷山観音)	真言大覚	十一面千手	福岡県前原市雷山
30	油山観音正覚寺	臨済東福	千手	〃 福岡市城南区東油山
31	鎮国寺	真言御室	如意輪	〃 宗像市吉田
32	龍宮寺	浄土宗	聖観音	〃 福岡市博多区冷泉町
33	観世音寺	天台宗	聖観音	〃 太宰府市観世音寺

(12番は田中家畜医院内)

「子安観音」と呼ばれ、壮大な本堂には安産祈願・家内安全を祈る広域な信者の香煙が立ちこめている。

10番**円通寺**は百済僧日羅の創建といわれ、標高452メートルの九鹿猪山（くろくい）の中腹にある。幹回り8メートルの銀杏（樹齢1500年）が聳える特別保護林でもある。11番**蓮城寺**（内山観音）は百済僧蓮城の開基で、真名（まなの）長者の創建と伝えられる。広大な境内の堂塔の配備と桜と文化財は見事であり、特に千体薬師仏は珍しい。12番**青龍寺**は阿蘇神社に近く、田中家畜医院内に祀られている。

13番**西巌殿寺**（さいがんでんじ）は、インド僧の最栄読師が阿蘇山の噴煙に人間の阿修羅（しゅら）の瞋（いか）りを観て読経を続け、創建したという。山上の本堂と山麓の坊中にある小堀遠州の庭園、庫裡（くり）の右手の杉木立の石段を上れば、壮大な本堂に至る。国重文の紺紙金泥心経の外、重文・県文指定の仏像・仏画が多い。

14番**雲巌寺**（岩戸観音）の開基は中国の僧・琢璊。表情豊かな五百羅漢と晩年の宮本武蔵が『五輪書』を構想した霊巌洞もぜひ詣りたい。

15番**普光寺**は大牟田市街の東、三池山中腹にあり、県指定の臥龍梅（紅梅）で有名。伝教大師の薬師如来、慈覚大師の坐像（県文）等もある。

16番**清水寺**（きよみずでら）（清水観音）は、伝教大師開創の大霊場で、有明海を望む清水山西腹にあり、白秋も訪ねた国指定の庭園の紅葉、谷川沿いの五百羅漢、楓と巨杉が影を落とす山門。石段を上りつめたところ、左手に本堂、右手に会館がある。新暦8月9日～10日の「夜観音・朝観音」の外、清水公園の桜と三重塔が有名である。

17番**永興寺**は恵心僧都の開基といわれ、清水公園から3キロ登った地点にある。18番**観興寺**は筑後川を望む景勝の地にあり、榧の霊木を刻んだ本尊と国重文の『絹本観興寺縁起絵』が知られている。19番**観音寺**は、装飾古墳と植木苗木で有名な耳納山麓にある。法華経全巻がそろった日本最古の埋蔵紙本写経が出土し、金光上人ゆかりの寺である。

20番**地蔵院**は慈覚大師ゆかりの寺で「御田舞」（おんだまい）の仁比山神社も隣接し、大銀杏と苔がきれい。21番が**宝地院**（清水観音）で、山門・庫裡・杉の巨木に囲まれた参道を上れば、有明海を望む清水の舞台。7月土用丑の日にお詣りし、本堂の右手にある高さ75メートル・幅13メートルの九州最大の「清水の滝」しぶきにうたれると無病息災だと九州一円からの参詣者で賑わう。22番**観世音寺**（竹崎観音）は多良岳を背に、有明海航路の要衝・漁港として、海上安全の安泰を祈る霊場として有名である。23番**和銅寺**の本尊は「行基七観音」の一体で、県文指定の優美さに魅せられる。24番**観音寺**は橘湾沿いにあって、水害から農業を守った本尊として崇められている。

25番**清水寺**（せいすいじ）は、長崎の市街地と港を一望する高台にあり、安産・子育て祈願所として参詣者が絶えない。「中国寺」と呼ばれる崇福寺が近く

にある。26番**観音寺**は清水寺から28キロ離れた長崎半島の突端にある。本堂の約50枚の天井絵は国の重文で、豪壮な堂宇に目を見張る。27番**清岩寺**（福石観音）は、市街地にありながら、森と緑に包まれた静寂な境内。石段を上り岩屋を取り込んだ見事な本堂の奥に、柔和な十一面観音が安置されている。なお裏手の岩窟には五百羅漢が祀られている。28番**常安禅寺**は唐津市に近く、静寂な大本堂に坐れば自ずから心が安らぐ。

29番**千如寺**（大悲王院）の丈六の巨大な古仏「十一面千手観音」は力強く、限りないお慈悲にあふれている。開基のインド僧清賀上人像とともに国の重文。多くの文化財を秘蔵し、山の傾斜を利用した諸堂宇の整然たる配置と、それらを包む天然記念物の大きな楓（3本）などの自然環境は素晴らしい。30番**正覚寺**（油山観音）では、インド僧清賀上人が白椿で刻んだ千手観音が本尊。福岡市郊外にあって、閑静な市民の森になっている。本堂左には国重文の聖観音坐像も収蔵されている。

31番**鎮国寺**は、旧大乗寺を正式に継承し、五仏堂の伝教大師作・如意輪観音が本尊。元宗像大社の神宮寺で、弘法大師帰朝最初の建立寺院である。護摩堂には「身代不動」として篤く信仰されている弘法大師作・不動明王像（国重文）が安置され、五仏堂五躰（県文）も見事。32番**龍宮寺**は博多の中心市街地にあり、東長寺と向かい、宗祇の『博多百韻』と『人魚』ゆかりの寺である。33番**観世音寺**の本尊は、収蔵庫に安置されている像高321センチの聖観音像（国重文）である。この寺は天智天皇が母君（斉明女帝）の菩提を弔うために創建された。日本三戒壇の一つ「戒壇院」も置かれ、境内にある日本最古の黄鐘調の梵鐘（国宝）や収蔵庫に並び立つ5メートル前後の巨大な仏たち（15体、国重文）は、さすがに西日本随一の寺、「結願の寺」だと感嘆させられる。　　（菊川春暁）

★**問合せ先**

九州西国霊場会事務局

　観音院☎097―558―1350

★**案内書**

『九州西国霊場―巡拝の手引―』

（巡拝ライフ社刊）

国東三十三観音霊場

大分県の国東(くにさき)半島に集中した霊場で、宇佐神宮の参拝を兼ね、貸切団体バスで3泊4日で巡る。

2番**富貴寺**(ふきじ)の阿弥陀如来像は藤原時代作で重文。8番**長安寺**の太郎天および二童子像（もと当寺の鎮守であった権現社の像）も重文。

9番**天念寺**は九州観音霊場の5番札所、また13番**両子寺**も同6番札所である。

32番**泉福寺**の開山堂は当寺の開山である無著和尚の墓とともに重文。

★**問合せ先**

国東三十三観音霊場事務局

　大分交通☎0975―37―2410

国東三十三観音霊場（大分県）

1	報恩寺	天台宗	豊後高田市来縄
2	富貴寺	天台宗	〃　　蕗
3	岩脇寺	天台宗	〃　　嶺崎（管理田原方）
4	伝乗寺		〃　　真中真木（管理渡辺方）
5	胎蔵寺	天台宗	〃　　平野
6	智恩寺		〃　　智恩寺（管理門岡方）
7	妙覚寺	曹洞宗	〃　　荒尾
8	長安寺	天台宗	〃　　加礼川
9	天念寺	天台宗	〃　　長岩屋（管理井ノ口方）
10	無動寺	天台宗	西国東郡真玉町黒土
11	応暦寺	天台宗	〃　　真玉町大岩屋
12	弥勒寺		〃　　真玉町城前（管理河野方）
13	両子寺	天台宗	東国東安岐町両子
14	瑠璃光寺	天台宗	〃　　安岐町糸永
15	護聖寺	曹洞宗	〃　　安岐町朝来
16	丸小野寺	天台宗	〃　　武蔵町丸小野
17	報恩寺	天台宗	〃　　武蔵町麻田
18	宝命寺	天台宗	〃　　武蔵町小城（管理興導寺）
19	福昌寺	曹洞宗	宇佐市西戒
20	霊仙寺	天台宗	西国東郡香々地町夷
21	実相院	天台宗	〃　　香々地町夷
22	清浄光寺	天台宗	東国東郡国見町西方寺（管理千燈寺）
23	千燈寺	天台宗	〃　　国見町千燈
24	平等寺	臨済妙心	〃　　国東町原（管理郷司方）
25	文殊仙寺	天台宗	〃　　国見町大恩寺
26	岩戸寺	天台宗	〃　　国東町岩戸寺
27	長慶寺	天台宗	〃　　国東町岩戸寺
28	大聖寺	天台宗	〃　　国東町来浦
29	成仏寺	天台宗	〃　　国東町成仏
30	神宮寺	天台宗	〃　　国東町浦手
31	行入寺	天台宗	〃　　国東町浦手
32	泉福寺	曹洞宗	〃　　国東町横手
33	願成就寺	天台宗	速見郡日出町
	宇佐神宮		宇佐市南宇佐

相良三十三観音霊場

相良(さがら)は熊本県の南部、現在の人吉市と球磨(くま)郡の辺りを指す。

建久4年(1193)鎌倉幕府の命を受け、相良氏が人吉球磨地方の領主として着任して以来、35代、8世紀にも及ぶ相良氏の時代が続いたが、当霊場はその間に成立したと伝える。この地が鎌倉時代から他から攻められることもなく平穏であり続けたのは、山沿いに三十三観音があって結界を張るように守ってくれたからだと、当地の人々は信じているという。

札所は小さな観音堂が中心ではあるが、それが却(かえ)って庶民信仰的で親しみ深さを助長している。巡礼はタクシーで9時間、バスだと2日。

1番**清水観音**は、もと人吉城の入り口にあった千手観音であったが、西南の役で城内が焼けたので、明治時代に相良家の菩提寺である願成寺境内に移されたもの。なお願成寺の阿弥陀如来像は鎌倉時代作で重文。

23番**栖山観音**の千手観音像は身の丈283センチの巨像で、脇の四天王像とともに県の文化財。

24番札所は**生善院観音堂**と**龍泉寺観音堂**の2か所ある。生善院観音堂の千手観音には猫の怨霊の話が伝わる。天正10年(1582)のこと、普門寺の法印が無実の罪で殺され、寺もろとも焼かれた。法印の母善女はそれを恨み、自分の指を嚙み切ってその血を市房神社の神像に塗り付け、愛猫になめさせて怨霊となって祟れと言いふくめてから身投げして死んだ。間もなく人吉に良からぬことが起こった。そこで藩主自ら普門寺跡に生善院を建て、善女の影仏として千手観音像を祀って供養したという。

★問合せ先

人吉市観光振興課

☎0966—22—2111

★案内書

『相良三十三観音御宝印帳』(ひとよし・くま春夏秋冬キャンペーン実行委員会刊)

山鹿三十三観音霊場

山鹿(やまが)は熊本県北部の1地域で、現在は山鹿市と鹿本郡が相当する。旧山鹿町は旧藩時代には参勤交代ルートの宿場町で、古くより湯の町として発展してきた。またチブサン古墳や岩穴古墳などの史跡古墳が多い地でもある。当霊場は江戸中期の成立といわれているが、詳細は不明。再興されたとはいえまだ整っておらず、地元有志が「旧山鹿郡三十三ヶ所巡り」を実施しながら調査を進めている。

一覧表の本尊に空白が目立つが、これらは観音名を特定できないためである。例えば7番**集林寺**の本尊は別名「あなごし観音」と呼ばれ、歯痛に霊験あり、自分の年の数だけ豆を炒って供えれば歯痛が治ると信仰されているが、像容は如来風という。

相良三十三観音霊場 (熊本県)

1	清水観音 (願成寺)	千手	人吉市願成寺
2	中尾観音 (清明寺)	千手	〃 田町
3	矢瀬が津留観音	十一面	〃 西間上町
4	三日原観音	聖観音	〃 下戸越町
5	舟戸観音 (鵜口観音)	聖観音	球磨郡球磨村三ヶ浦乙
6	嵯峨里観音	十一面	人吉市下原田町嵯峨里
7	石室観音 (石水寺)	聖観音	〃 下原田西門
8	湯の元観音	聖観音	〃 温泉町
9	村山観音 (観蓮寺)	千手	〃 城本町
10	瀬原観音 (観音院)	聖観音	〃 九日町
11	芦原観音 (聖泉院)	聖観音	〃 瓦屋町
12	合戦嶺観音	聖観音	球磨郡山江村山田
13	観音寺観音	聖観音	人吉市南願成寺町
14	十島観音	聖観音	球磨郡相良村柳瀬
15	蓑毛観音	十一面	〃 相良村柳瀬
16	深水観音	聖観音	〃 相良村深水
17	上園観音	聖観音	〃 相良村川辺
18	廻り観音	聖観音	〃 相良村川辺
19	内山観音	聖観音	〃 あさぎり町内山
20	植深田観音	聖観音	〃 あさぎり町植深田
21	永峰観音	如意輪	〃 あさぎり町永峰
22	上手観音	聖観音	〃 あさぎり町須恵
22	覚井観音	聖観音	〃 あさぎり町須恵
23	栖山観音	千手	〃 多良木町黒肥地栖山
24	生善院観音	千手	〃 水上村岩野
24	龍泉寺観音	聖観音	〃 水上村岩野
25	普門寺観音	(六観音)	〃 湯前町下城
26	上里の町観音	聖観音	〃 湯前町上里
27	宝陀寺観音	十一面	〃 湯前町瀬戸口
28	中山観音	聖観音	〃 多良木町奥野
29	岡原 (宮原) 観音	聖観音	〃 あさぎり町岡原北
30	秋時観音	十一面	〃 あさぎり町上南
31	土屋観音 (一乗寺)	聖観音	〃 錦町一武
32	新宮寺六観音	(六観音)	〃 錦町久保宇野
33	赤池観音	聖観音	人吉市赤池水無

(この地方では民家の間に佇む観音さまとそれを護るお堂が大切にされている。25番は千手・馬頭・准提・如意輪・正の5体で、十一面は盗難に遭ったまま。32番は十一面・如意輪・千手・聖・准胝・馬頭。)

山鹿三十三観音霊場 (熊本県)

1	集雲寺		山鹿市山鹿
2	川辺村寺	聖観音・十一面	〃 南島
3	子安寺		〃 佐々木
4	閑福寺	十一面	〃 小原
5	智徳寺		〃 鍋田
6	宝性寺	十一面・聖・子安	〃 東鍋田
7	集林寺(秀林寺)		〃 石
8	東向寺		〃 城
9	円通寺	十一面	〃 城
10	千福寺	十一面千手	〃 城
11	安養寺		〃 今寺
12	柳井寺跡	(流失)	〃 小坂
13	法華寺	千手	〃 寺島
14	志徳寺(智徳寺・至徳寺)	十一面	〃 寺島
15	周方寺(柴方寺)	十一面	〃 柳
16	光明寺	聖観音	〃 上吉田
17	観念寺	十一面	〃 熊入
18	長源寺観音堂	聖観音	〃 花見塚
19	雲閑寺		〃 中
20	蓮生寺	聖観音	〃 堀ノ内
21	京通寺(経通寺)	十一面	〃 犬塚
22	凡導寺	三尊像	〃 蒲生
23	岩隣寺	十一面	〃 蒲生
24	実西寺	聖観音	鹿本郡鹿本町御宇田
25	祈直庵中正寺		〃 鹿本町御宇田
26	坂東寺	聖観音	〃 鹿本町原部
27	円福寺	聖観音	〃 鹿本町上高橋
28	平原寺	聖観音	〃 鹿本町津袋
29	光明寺	十一面	〃 鹿本町庄
30	玉専寺(玉泉寺・曲善寺)		〃 菊鹿町下内田
31	長谷寺	聖観音	〃 菊鹿町長谷
32	尋居寺	聖観音	〃 菊鹿町長谷川
33	相良寺	千手	〃 菊鹿町相良

(霊場の成立は江戸時代中期。この表は昭和時代の調査によるが、観音堂の由来・伝承あるいは所在地等が資料によって異なる場合がある。)

弘法大師霊場

◆弘法大師空海

弘法大師空海は「弘法筆を選ばず」の諺もあるように能筆家としても知られるが、はなはだ不明な部分も多い人物である。一般には宝亀5年（774）に讃岐国多度郡屛風浦（一説に香川県善通寺市という）に生まれたといわれる。父は佐伯直田公、母は阿刀氏の出身で、空海の幼名は真魚といい、延暦7年（788、15歳）で長岡京（京都府）に入京、阿刀大足に師事して儒学を学び、18歳で大学に入ったが、翌年には大学を去って阿波（徳島県）の大滝獄や土佐（高知県）の室戸岬などの難処で苦行を重ね、延暦16年に『三教指帰』3巻を撰して、儒教・道教・仏教のうち仏教が最も優れたことを明かしている。

その前後の足跡については謎の部分が多いところだが、この時期に出家・受戒したといわれ、延暦23年には遣唐使藤原葛野麻呂の一行に加わり唐（福州）に渡った。同年12月に長安に入り、翌年には青龍寺の僧・恵果（唐代密教の第一人者）に師事して灌頂を受け、「遍照金剛」の密号や秘法を授かり、大同元年（806）に多くの経論・仏像・法具・仏画を請来して帰国し、その目録は『御請来目録』として残っている。

帰国後の空海は筑前（福岡県）の観世音寺に留錫したのち入京し、槙尾山寺を経て高尾山寺（一時、乙訓寺にも住す）に住して真言密教の法燈を掲げ、嵯峨天皇の外護もあってその発展に努めた。また、大同4年からは日本天台宗の開祖である最澄とも交流し（ただし、密教観の相違や弟子問題などで弘仁7年に永別する）、弘仁7年（816）高野山を賜って修行道場整備に着手する一方（のちに「金剛峯寺」と称す）、同14年には王城鎮護の寺であった東寺（後に教王護国寺と号す）を賜って真言密教の根本道場とした。この間にも、池沼整備などの社会事業に貢献し、更に天長5年（828）には東寺に隣接して綜芸種智院（庶民学校）を創設するなどの活動も見られる。また、承和元年（834）ころには宮中に真言院を置く勅許を得て毎年正月の後七日御修法を行うようになり、翌承和2年には真言宗として独立するところともなり、金剛峯寺も定額寺とされたが、病が重くなった空海は承和3年高野山にて62歳で示寂した。

このとき56億7千万年後には弥勒菩薩とともに再び現れることを誓願したことから、空海は死去したのではなく、永遠の瞑想に入っているという入定信仰も生まれた。そして、延喜21年（921）には醍醐天皇より「弘法大師」の諡号が贈られている。

◆弘法大師伝説

ところで、弘法大師ほど日本各地に伝説が点在している人物も少なくない。その分野は彫刻（大師作と伝える仏像類）・足跡（大師ゆかりの

地、大師の開基・開山と伝える寺院、開眼した仏像が残る)・水(清水・井戸・温泉・川・池や淵など大師のお陰で恵みを与えられるようになった〈その反対もある〉とする伝承で、弘法清水・弘法井などの名が残るもの)・筆画・植物(弘法蕨・弘法芋・弘法栗などの名称があり、また大師の刺した杖が銀杏や杉の巨木に生長したといった伝説類)・岩石(大師の休んだとされる弘法石・腰掛石・衣掛岩、また大師修行にまつわる硯石・足跡石など)・仏具(大師の持物であった独鈷や錫杖や念珠類)・大師建立の寺堂など、はなはだ多岐にわたっている。

もとより、こうした伝説が全国に流布した背景には真言宗の僧侶(聖)の宣伝活動があったことも考慮されるが、一つには日本人が民俗信仰としてもっていたマレビト(旅人、遊幸神、来訪神が幸福をもたらすという信仰)に弘法大師を重ねて伝承してきたことがあり、また、自然の恵みである清水や岩石・樹木・植物類はそれ自体がそもそも神の宿る神聖なものとして考えられてきたことがあろう。

◆ **大師と遍路の始まり**

ところで、大師にまつわる習俗として四国遍路があり、それぞれの寺院には弘法大師にまつわる開創縁起が伝わっている。これも本来は、海の彼方の他界を望む霊場(修験者の修行場)から発展したもので、遍路はもと「辺路」というように四国の周辺を囲み、海に面して開かれたものだった。

それが庶民に開放されると、遍路に出る人々は口に「南無大師遍照金剛」と唱え、大師はまだ生きているとの信仰から一緒に歩いているとの意味で「同行二人」と墨筆された白い行衣(帷子)を着し、大師を象徴する五輪塔の杖(自らの墓標ともなる)を持って歩くことになったのである。

ここにも歩くことが苦行であり、苦行によって滅罪されるという日本人の信仰があった。そして、その結果として種々の病も治癒するという観念があったのである。

(塩入亮乗)

四国八十八ヵ所霊場

　伝説によれば、四国八十八ヵ所は弘仁6年（815）弘法大師42歳のときに開いたといわれる。また大師の入定（835）後、高弟真済がその遺跡を遍歴したのが創まりとか、衛門三郎が自己の非を悟って四国の霊地を巡ったのが遍路の創まりという説もある。いずれにしても大師入定後、大師に対する信仰がまもなく起こり、平安時代の末ごろには大師ゆかりの地を巡拝することが行われていたものと推察される。

　その後、鎌倉時代から室町時代にかけては僧の修行としての遍歴が盛んだったが、やがて一般庶民も参加するようになる。八十八ヵ所の霊場が固定したのは室町末期から江戸初期にかけてのことであろう。

　江戸時代の初期に高野山の僧真念は、四国の霊場を十数回も踏査し、寺の縁起や道程などを詳細に調べ、高野山実光院住僧の雲石堂寂本に依頼して『四国徧礼霊場記』7巻を著述させ、自らも『四国徧礼指南』という軽便な案内書を著した。この結果、四国遍路がより盛んとなり、一般化して今日に至っている。

　四国八十八ヵ所の道程はおよそ1440キロ、徒歩で40日から60日に近い日数をともない、車でも10日はかかる長路の旅となる。

第1番　霊山寺　聖武天皇の勅願により行基菩薩が開基し、弘仁6年（815）弘法大師（以下は大師と略記）が21日ほど留まって修法、この間に霊感を得て釈迦如来を刻み、天竺の霊山を日本に移す意味から和山霊山寺と号し、第1番の霊場に定めたという。

第2番　極楽寺　大師が巡錫し、21日間にわたり阿弥陀経を読誦して修法、その結願の日に阿弥陀如来が出現し、それを本尊として刻んだと伝える。境内に大師が植えたという「長命杉」がある。

第3番　金泉寺　古くは金光明寺と称していたが、大師が巡錫したとき、黄金井の霊水が湧き出たので、寺名を金泉寺に改めたという。「弁慶の力石」や長慶天皇の御陵墓石な

1番・霊山寺の標石

どがある。

第4番 大日寺（だいにちじ） 大師はこの地にしばらく留まり、大日如来を感得し、その尊像を刻んで本尊とし、寺号を大日寺と名付けたという。本堂と大師堂とは西国三十三観音像を安置した回廊でつながっている。

第5番 地蔵寺（じぞうじ） 弘仁12年（821）、嵯峨天皇の勅願により大師が開基し、そのとき刻んだのが本尊の勝軍地蔵菩薩といわれる。本堂裏手の石段上に五百羅漢を安置した奥ノ院がある。

第6番 安楽寺（あんらくじ） 昔この地方で温泉が湧き、諸病に特効があったので、大師が留まって厄難や病気を救うために薬師如来像を刻み、堂宇を建立して安置し、温泉山安楽寺と名付けたという。350人泊まれる宿坊がある。

第7番 十楽寺（じゅうらくじ） この地に巡錫した大師が阿弥陀如来を感得し、本尊として刻んだのが創まりという。寺名の十楽は極楽浄土に往生する生が受ける十種の快楽。参籠者に出される「たらいうどん」は好評。

第8番 熊谷寺（くまだにじ） 大師が当地近くの閼伽ヶ谷（あか）で修行中に観音菩薩を感得し、等身大の千手観音像を刻んで本尊としたと伝える。遍路シーズン中は参道に、いちごやみかんの無人の臨時売店が出る。

第9番 法輪寺（ほうりんじ） 本尊は大師が刻んだ釈迦如来涅槃像。かつては広壮な寺域を有していたが、しばしば火災に遭い、現在の建物は明治以降の建立。本堂には不治の難病が全快した一遍路による感謝の奉納額がある。

第10番 切幡寺（きりはたじ） 仁王門から330段の石段を上る。本尊の千手観音像は、大師が機織り（はたお）の若い女に喜捨を乞うたとき、今織っていた白布を惜し気もなく切り裂いて差し出したのに感激し、その家に留まって刻んだ像と伝える。多宝塔からの展望は素晴らしい。

第11番 藤井寺（ふじいでら） 大師はこの三方を山に囲まれた幽邃（ゆうすい）な霊地に心ひかれ、堂宇を建立して自刻の薬師如来像を奉安し、堂前に五色の藤を植えて藤井寺と名付けたという。門前に遍路宿がある。

第12番 焼山寺（しょうさんじ） 「遍路ころがし」といわれるほど険しい山上にある。伝説によれば、この山には火を吐く毒蛇がいて、大師が登山したとき岩窟から飛びかかったが、そのとき虚空蔵菩薩が現れ、大師とともに毒蛇を岩窟中に封じ込めた。以来、人々は安住でき、やがて大師が虚空蔵菩薩像を刻んで本尊としたという。

第13番 大日寺（だいにちじ） 大師がこの地に巡錫して護摩修法しているときに大日如来が示現し、「この地は霊地なれば一宇を建立すべし」と告げられたことに由来するが、その後の歴史の変遷により行基菩薩作の十一面観音像が本尊、大日如来像が脇仏となっている。

第14番 常楽寺（じょうらくじ） 本尊は大師がこの地で修行しているとき感得した弥勒菩薩像。その像を刻み、堂宇を建立して安置したとき、大師は「私が

目を閉じたならば必ず弥勒菩薩のおられる理想の世界に往生して、56億余年後に弥勒菩薩に従ってこの世にまいり、私の歩いた跡をたどりたい」と言ったという。

第15番　国分寺　本尊は行基菩薩作の薬師如来像。当初は法相宗だったが、大師が留錫して真言宗となり、その後、寛保元年（1741）に吼山養師和尚が堂宇を再建して曹洞宗に改宗した。大師作と伝える烏枢沙摩明王像を奉安する。一切の汚れを清潔にすると遍路から拝まれている。

第16番　観音寺　もと聖武天皇勅願の道場であったが、大師が留錫して本尊の千手観音像と脇侍の不動明王・毘沙門天像を刻んで安置したと伝える。当地領主の蜂須賀氏は信仰篤く、現存の堂宇は同氏の再建。

第17番　井戸寺　天武天皇の勅願寺で、初め妙照寺と呼ばれ、本尊の七仏薬師像は聖徳太子、脇仏の日光・月光菩薩像は行基菩薩の作と伝える。後に大師がこの地に留まり、十一面観音像を刻んで安置し、同時に錫杖で井戸を掘ると清水が湧き出したので井戸寺と改めたという。

第18番　恩山寺　聖武天皇の勅願により、行基菩薩が厄除けの薬師如来像を刻んで開基し、女人禁制とした。後に大師が女人開禁の祈念を成就し、母君を伴って登山し、日夜孝養をつくしたという。境内には大師の孝養を記念する唐木や、玉依御前（大師の母）を祀る小堂がある。

第19番　立江寺　高野山の別格本山。行基菩薩が開創、光明皇后の安産のためにと5センチの地蔵菩薩像を刻んで安置した。後に大師が当地に留まり、この小像が後世に紛失するのを心配して大像を刻み、その胎内に小像を納めたという。

第20番　鶴林寺　標高570メートルの山上にある難所だが、近年は山頂までのドライブウェイが開通した。延暦17年（798）桓武天皇の勅願によって大師が開創、真然僧正が七堂伽藍を完成したという。4万1000坪の広い境内には古色蒼然とした堂塔や国宝・重文の寺宝が往古のままの姿をとどめている。鶴の本尊護持の由来にもとづく鶴の納経朱印。

第21番　太龍寺　草創は神武天皇で、後に嵯峨天皇の勅命で国司が伽藍を創建し、大師が本尊虚空蔵菩薩像など諸仏を刻んで安置した。青年空海が修行したという標高602メートルの南舎心嶽に、百日間の苦行をした小堂がある。かつて遍路は急な山道を3時間ほど登る難所だったが、近年はロープウェイが開通した。

第22番　平等寺　大師がこの地で修行中に薬師如来を感得、自ら尊像を彫って本尊とし、人々を平等に救うために寺号を平等寺とした。大師ゆかりの「白水の井戸」の霊水は万病に効くという。

第23番　薬王寺　厄除けの寺として名高い。本堂に薬師如来像が2躰ある。1躰は大師42歳のとき自他の厄除けを誓願して刻んだもので、文治4年（1188）の火災で堂宇が灰燼

四国八十八ヵ所霊場

1	霊山寺	高野真言	釈迦如来	徳島県鳴門市大麻町板東
外	東林院	高野真言	薬師如来	〃　〃　大麻町大谷
2	極楽寺	高野真言	阿弥陀如来	〃　〃　大麻町檜担ノ上
3	金泉寺	高野真言	釈迦如来	〃　板野郡板野町大寺
4	大日寺	真言東寺	大日如来	〃　〃　板野町黒谷
5	地蔵寺	真言御室	勝軍地蔵	〃　〃　板野町羅漢林東
外	五百羅漢		釈迦如来	〃　〃　板野町羅漢林東
6	安楽寺	高野真言	薬師如来	〃　〃　上板町引野
7	十楽寺	高野真言	阿弥陀如来	〃　〃　土成町高尾法教田
8	熊谷寺	高野真言	千手観音	〃　〃　土成町土成前田
9	法輪寺	高野真言	釈迦如来	〃　〃　土成町土成田中
10	切幡寺	高野真言	千手観音	〃　阿波郡市場町切幡観音
11	藤井寺	臨済妙心	薬師如来	〃　麻植郡鴨島町飯尾
外	柳水庵		弘法大師	〃　名西郡神山町松尾
外	一本杉庵		阿弥陀如来	〃　〃　神山町左右内
12	焼山寺	高野真言	虚空蔵菩薩	〃　〃　神山町下分地中
外	杖杉庵		弘法大師	〃　〃　神山町下分上山
13	大日寺	真言大覚	十一面観音	〃　徳島市一宮町西丁
14	常楽寺	高野真言	弥勒菩薩	〃　〃　国府町延命
15	国分寺	曹洞宗	薬師如来	〃　〃　国府町矢野
16	観音寺	高野真言	千手観音	〃　〃　国府町観音寺
17	井戸寺	真言善通	七仏薬師	〃　〃　国府町井戸
18	恩山寺	高野真言	薬師如来	〃　小松島市田野町恩山寺谷
19	立江寺	高野真言	延命地蔵	〃　〃　立江町若松
20	鶴林寺	高野真言	地蔵菩薩	〃　勝浦郡勝浦町生名鷲ヶ尾
外	慈眼寺	高野真言	十一面観音	〃　〃　上勝町正木
21	太龍寺	高野真言	虚空蔵菩薩	〃　阿南市加茂町龍山
22	平等寺	高野真言	薬師如来	〃　〃　新野町秋山
23	薬王寺	高野真言	薬師如来	〃　海部郡日和佐町奥河内
外	鯖大師	高野真言	弘法大師	〃　〃　海南町浅川中相
24	最御崎寺	真言豊山	虚空蔵菩薩	高知県室戸市室戸岬町
25	津照寺	真言豊山	楫取地蔵	〃　〃　室津
26	金剛頂寺	真言豊山	薬師如来	〃　〃　元乙
27	神峰寺	真言豊山	十一面観音	〃　安芸郡安田町唐ノ浜
28	大日寺	真言智山	大日如来	〃　香美郡野市町母代寺
29	国分寺	真言智山	千手観音	〃　南国市国分
30	善楽寺	真言豊山	阿弥陀如来	〃　高知市一宮
外	安楽寺	真言豊山	阿弥陀如来	〃　〃　洞ヶ島町
31	竹林寺	真言智山	文殊菩薩	〃　〃　五台山

32	禅師峰寺	真言豊山	十一面観音	高知県南国市十市
33	雪蹊寺	臨済妙心	薬師如来	〃 高知市長浜町
34	種間寺	真言豊山	薬師如来	〃 吾川郡春野町秋山
35	清滝寺	真言豊山	薬師如来	〃 土佐市高岡町清滝
36	青龍寺	真言豊山	波切不動	〃 〃 宇佐町龍旧寺山
37	岩本寺	真言智山	不動等5尊	〃 高岡郡窪川町茂串
38	金剛福寺	真言豊山	千手観音	〃 土佐清水市足摺岬
39	延光寺	真言智山	薬師如来	〃 宿毛市平田町中山
40	観自在寺	真言大覚	薬師如来	愛媛県南宇和郡御荘町平城
外	龍光院	高野真言	十一面観音	〃 宇和島市天神町
41	龍光寺	真言御室	十一面観音	〃 北宇和郡三間町戸雁
42	仏木寺	真言御室	大日如来	〃 〃 三間町則
43	明石寺	天台寺門	千手観音	〃 西予市宇和町明石
外	十夜ヶ橋	真言御室	弘法大師	〃 大洲市徳森
外	出石寺	真言御室	千手・地蔵	〃 喜多郡長浜町豊茂
44	大宝寺	真言豊山	十一面観音	〃 上浮穴郡久万町菅生
45	岩屋寺	真言豊山	不動明王	〃 〃 美川村七鳥
46	浄瑠璃寺	真言豊山	薬師如来	〃 松山市浄瑠璃町
47	八坂寺	真言醍醐	阿弥陀如来	〃 〃 浄瑠璃町八坂
外	文殊院	真言醍醐	地蔵菩薩	〃 〃 恵原町
48	西林寺	真言豊山	十一面観音	〃 〃 高井町
49	浄土寺	真言豊山	釈迦如来	〃 〃 鷹子町
50	繁多寺	真言豊山	薬師如来	〃 〃 畑寺町
51	石手寺	真言豊山	薬師如来	〃 〃 石手
52	太山寺	真言智山	十一面観音	〃 〃 太山寺町
53	円明寺	真言智山	阿弥陀如来	〃 〃 和気町
54	延命寺	真言豊山	不動明王	〃 今治市阿方
55	南光坊	真言醍醐	大通智勝仏	〃 〃 別宮町
56	泰山寺	真言醍醐	地蔵菩薩	〃 〃 小泉
57	栄福寺	高野真言	阿弥陀如来	〃 越智郡玉川町八幡甲
58	仙遊寺	高野真言	千手観音	〃 〃 玉川町別所甲
59	国分寺	真言律宗	薬師如来	〃 今治市国分
外	生木地蔵	高野真言	地蔵菩薩	〃 周桑郡丹原町今井
60	横峰寺	真言御室	大日如来	〃 〃 小松町石鎚
61	香園寺	真言単立	大日如来	〃 〃 小松町南川甲
62	宝寿寺	高野真言	十一面観音	〃 〃 小松町新屋敷甲
63	吉祥寺	真言東寺	毘沙門天	〃 西条市氷見乙
64	前神寺	真言石鉄	阿弥陀如来	〃 〃 州之内
外	延命寺	真言御室	延命地蔵	〃 宇摩郡土居町土居
65	三角寺	高野真言	十一面観音	〃 四国中央市金田町三角寺

四国八十八ヵ所霊場

外	椿堂	高野真言	延命地蔵	愛媛県川之江市川滝町椿堂
66	雲辺寺	真言御室	千手観音	徳島県三好郡池田町白地
67	大興寺	真言善通	薬師如来	香川県三豊郡山本町辻小松尾
68	神恵院	真言大覚	阿弥陀如来	〃　観音寺市八幡町
69	観音寺	真言大覚	聖観音	〃　〃　八幡町
70	本山寺	高野真言	馬頭観音	〃　三豊郡豊中町本山甲
71	弥谷寺	真言善通	千手観音	〃　〃　三野町大見乙
外	海岸寺	真言醍醐	聖観音	〃　仲多度郡多度津町西白方
外	七仏薬師	真言善通	薬師如来	〃　善通寺市吉原町
72	曼荼羅寺	真言善通	大日如来	〃　〃　吉原町
73	出釈迦寺	真言御室	釈迦如来	〃　〃　吉原町
外	捨身ヶ嶽		釈迦如来	〃　〃　吉原町
74	甲山寺	真言善通	薬師如来	〃　〃　弘田町
75	善通寺	真言善通	薬師如来	〃　〃　善通寺町
76	金倉寺	天台寺門	薬師如来	〃　〃　金蔵寺町
77	道隆寺	真言醍醐	薬師如来	〃　仲多度郡多度津町北鴨
78	郷照寺	時宗	阿弥陀如来	〃　綾歌郡宇多津町西町東
79	高照院	真言御室	十一面観音	〃　坂出市西庄町天皇
80	国分寺	真言御室	十一面千手	〃　綾歌郡国分寺町国分
81	白峯寺	真言御室	千手観音	〃　坂出市青海町
82	根香寺	天台単立	千手観音	〃　高松市中山町
83	一宮寺	真言御室	聖観音	〃　〃　一宮町
84	屋島寺	真言御室	十一面観音	〃　〃　屋島東町
85	八栗寺	真言大覚	聖観音	〃　木田郡牟礼町牟礼
86	志度寺	真言善通	十一面観音	〃　さぬき市志度
87	長尾寺	天台宗	聖観音	〃　〃　長尾西
88	大窪寺	真言単立	薬師如来	〃　〃　多和字兼割

に帰した際、西の玉厨子山(たまずしやま)（奥ノ院）へ飛び去ってしまった。後に伽藍を再建し、新たに刻んだ薬師如来像を本尊としたところへ、先の玉厨子山に移った本尊が戻り、後ろ向きに本堂に入った(後向薬師(うしろむきやくし)という)ためと伝える。

第24番　最御崎寺(ほつみさきじ)（東寺）大師は19歳のとき室戸岬突端の洞窟（御厨人窟(みくろど)）に籠って求聞持法を成就し

たという。その御厨人窟から最御崎寺への道に大師ゆかりの「一夜建立の岩屋」や「捻岩(ねじりいわ)」という洞窟がある。本尊は大師が寺の創建時に刻んだという虚空蔵菩薩像。重文の薬師如来像や月光菩薩像もある。

第25番　津照寺(しんしょうじ)（津寺）本堂へは108の急な石段がある。本尊は大師が巡錫したときに刻んだ延命地蔵菩薩像。秘仏で拝観できないが、海

上の安全と火難除けの霊験あらたかで、楫取地蔵として漁民から信仰されている。

第26番　金剛頂寺（西寺）　この山で修行した大師が勅命を帯びて鎮護国家の道場として寺を創建し、本尊の薬師如来像を刻んだという。寺の境内は3ヘクタールの広さ、原始林の椎におおわれて静寂さが漂っている。霊宝館には大師が背負って歩いた旅壇具（金銅密教法具）や阿弥陀如来像など貴重なものがある。

第27番　神峰寺　「真っ縦」といわれる3.3キロの急坂で知られた難所だったが、今は自動車道が開通した。本尊は行基菩薩作と伝える十一面観音像。境内には清澄な霊水が湧き出ている。

第28番　大日寺　かつては行基菩薩作の大日如来像（重文）が安置され、大日堂と称していた。後に大師が巡錫して楠に薬師如来像を刻み、ツメボリ薬師（現在は奥ノ院に安置）として知られた。明治初めに寺名を大日寺と改称。

第29番　国分寺　聖武天皇の勅を受けた行基菩薩が本尊千手観音像を刻んで開創し、天皇は自ら金光明最勝王経を書写して納め、金光明四天王護国寺の勅額を授けた。後に大師が巡錫、本堂で厄除けを祈り、星供の秘法を勤修した。以来、星供の根本道場といわれ、大師像は星供大師とも呼ばれている。

第30番　善楽寺　桓武天皇のころ大師がこの地に巡錫し、土佐一ノ宮別当寺として建立したのに創まる。明治の廃仏毀釈のとき廃寺となり、本尊の阿弥陀如来像は安楽寺、大師像は国分寺に移されたが、昭和4年（1929）に復興して大師像が戻り、平成6年（1994）には阿弥陀如来像も移遷して本来の札所に還った。

第31番　竹林寺　聖武天皇が唐の五台山で文殊菩薩を拝んだ夢を見て、行基菩薩にこれに似た霊地をと命じて探し出した寺で、栴檀の木に文殊菩薩像を刻んで安置したのに創まると伝える。後に大師が巡錫して札所となった。「ヨサコイ節」で歌われる「坊さん簪買うを見た……」の縁から、最近は純信（寺の脇坊である妙高寺の僧）・おうまの悲恋の寺として知られているとか。

第32番　禅師峰寺（峰寺）　100メートル余りの小高い山上に建つ。大師はこの山で求聞持の修法をしたが、その山容が観音の補陀洛山さながらで八葉の蓮台に似ていることから八葉山の山号をつけ、十一面観音像を自刻して霊場とした。「船魂の観音」と呼ばれ、海上安全を祈る漁民の信仰が篤い。

第33番　雪蹊寺　大師によって開創され、少林山高福寺と称したが、後に運慶・湛慶のゆかりで慶運寺に改め、さらに当寺を再興した長曽我部元親の法号にちなんで雪蹊寺となった。運慶・湛慶作の像が多く、また山本玄峰師が出家した寺としても知られる。

第34番　種間寺　本尊の薬師如来

像は、敏達天皇の6年（577）四天王寺造営のために来日した百済の仏師・寺匠が海上安全を祈って刻んだもの。後に大師がこの地に巡錫して寺を開創し、中国から持ち帰った五穀の種子を撒いたことが、種間寺の寺名の由来。本尊は安産の薬師として信仰されている。

第35番　清滝寺　行基菩薩が本尊薬師如来像を刻んで寺を開創、景山密院釈木寺とした。後に大師が巡錫、山中で17日の間修法し、満願の日に金剛杖で前の壇を突くと清水が湧き出て鏡のような池になったので、医王山鏡池院清滝寺に改め、霊場としたという。

第36番　青龍寺　大師は中国留学中、青龍寺の恵果阿闍梨について学んだが、帰国にあたって師の恩に報いるために有縁の勝地が選ばれるようにと東に向かって独鈷杵を投げた。それが帰国した大師によってこの地で感得され、一宇を建立、自刻の波切不動像を安置し、恩師を慕って寺名を青龍寺としたと伝える。

第37番　岩本寺　古くは福円満寺といい、開基は行基菩薩。後に大師が巡錫して5社・5か寺を増築し、不動明王・観音菩薩・阿弥陀如来・薬師如来・地蔵菩薩の5躰の本尊を安置したという。特に観音菩薩像は「福観音」、地蔵菩薩像は「矢負の地蔵」と呼ばれて信仰されている。

第38番　金剛福寺　足摺岬の頂上に建つ。大師はこの地に巡錫して千手観音を感得、ここが日本の最南端にあることから観音の理想世界（補陀洛世界）の地として朝廷に奏聞し、嵯峨天皇より「補陀洛東門」の勅額を賜り、弘仁13年（822）伽藍を建立した。境内は12万平方メートルと広大。岬は天然の椿が群生する。

第39番　延光寺　聖武天皇の勅命で行基菩薩が薬師如来像を刻み、本尊として安置したのが創まり。後に大師がしばらく留まり、桓武天皇の勅願所として再興した。境内の池に棲んでいた赤亀が龍宮から背負ってきたと伝える鐘には延喜11年（911）の年号が刻まれ、国の重文。納経朱印も亀。

第40番　観自在寺　大師は一木に本尊の薬師如来、脇仏の阿弥陀如来、十一面観音の3躰を刻み、残りの霊木で舟形の南無阿弥陀仏の名号（宝判）を刻んだ。後に火災に遭ったが本尊と宝判は奇跡的に助かった。その宝判をもらって「おかげ」を受けた人は今なお後を絶たないという。平城天皇の寺としても知られる。

第41番　龍光寺（三間の稲荷）大同2年（807）2月の初午の日、大師がこの地へ巡錫したとき、ここが霊場であることを悟り、稲荷像を刻んで堂宇を建てて安置。稲荷山龍光寺と号し、四国霊場の総鎮守とした。その後、明治の廃仏毀釈で旧本堂は稲荷社となり、当寺は稲荷の本地仏の十一面観音が本尊となった。

第42番　仏木寺　この地を巡錫していた大師は、牛をひいていた老翁に出会い、すすめられるままにこの

45番・岩屋寺

牛に乗った。すると近くの楠の枝に宝珠が掛かっているのを発見、この地が霊地と直感、楠で大日如来像を刻み、その尊像の眉の間に宝珠を納めて本尊とした。後に牛馬安全の守り仏として信仰されてきたという。

第43番 明石寺(めいせきじ) 欽明天皇の勅願によって円手行者が千手観音像を安置したのに創まる。後に役小角より5代目の行者が熊野より十二社権現を勧請し、修験道場となった。やがて大師が巡錫し、嵯峨天皇の勅願により伽藍を再興して霊場と定めた。本坊裏手の山上には西国三十三ヵ所の石像があって巡拝できる。

第44番 大宝寺(たいほうじ) 大宝元年（701）百済の聖僧が十一面観音像を奉持して来日し、この地に草庵を結んで安置したことに創まる。後に大師が霊場と定め、時の文武天皇の勅願によって、創建の年号をとって寺号とした。境内には樹齢数百年の杉や檜が林立し、幽寂な空気が漂っている。宿坊での精進料理は四国一うまい。

第45番 岩屋寺(いわやじ) 垂直の大岩壁に抱かれている。大師がこの地を訪れたとき、神通力をもった女（実は法華仙人）がいて、大師に一山を献じて大往生した。大師は不動明王の木像と石像の2躰を刻み、木像は本堂へ、石像は山に封じ込め、山そのものを不動明王として護摩修法したと伝える。急勾配の参道を登る。

第46番 浄瑠璃寺(じょうるりじ) 本尊は行基菩薩が刻んだ薬師如来像で、その別名である瑠璃光如来から寺号をとった。境内は天然記念物の伊吹柏槇が生い茂り、本堂前には仏足石が祀られている。

第47番 八坂寺(やさかじ) 大宝元年（701）伊予守玉興公が創建し、文武天皇の勅願寺となって伽藍を建てるにあたり、8か所の坂道を切り抜き、道をつけたので八坂寺の寺名がつけられた。本尊の阿弥陀如来像は恵心僧都(えしん)作。近くの文殊院得盛寺は末寺だが、四国遍路の元祖といわれる衛門三郎の菩提寺で、三郎の屋敷跡でもある。

第48番 西林寺(さいりんじ) 聖武天皇の勅願によって行基菩薩が徳威の里に堂宇を建立し、一宮別当寺として開創した。後に大師が現在地に寺を移し、十一面観音像を刻んで本尊として安置したという。寺の南西に大師が大旱魃に悩む村民を救済するため、杖を所々に突いて清水の湧く水脈を発見したという遺跡「杖の淵」がある。

四国八十八ヵ所霊場

第49番　浄土寺　本尊は行基菩薩作の釈迦如来像で、孝謙天皇の勅願所だった。後に大師が巡錫し、伽藍を再興したと伝える。念仏の一言一言が小さな仏となって口から出ている姿を自刻したという空也上人像（重文）がある。

第50番　繁多寺（畑寺）　本尊の薬師如来像は行基菩薩作で、孝謙天皇の勅願所だった。その後、伊予入道頼義や尭運によって再興され、光明寺と号したが、大師が長く留まって東山繁多寺とした。一遍上人もこの寺で修行したと伝える。

第51番　石手寺　聖武天皇の神亀5年（728）鎮護国家の道場として伽藍を建立、安養寺と名付けたことに創まる。法相宗に属していたが、大師が巡錫して真言宗に改め、寛平4年（892）石手寺となった。その寺名には、道後湯築城主の河野息利の子が生後3年たっても左の手が開かなかったが、当寺住職の祈禱で開き、その手から「衛門三郎再来」の小石がころげ落ちたという故事に由来する。

第52番　太山寺　豊後の長者が高浜沖で難破しそうになったとき、十一面観音に救われ、報恩のために建立した寺と伝える。行基菩薩作という十一面観音像は厨子内にあるが、その両側に後冷泉・後三条など歴代天皇の勅願による像と、孝謙天皇勅願の前立像がある。本堂は嘉元3年（1305）の再建で重文。

第53番　円明寺　本尊は行基菩薩作の阿弥陀如来像。聖武天皇の勅願により和気西山の海岸に創建され、寛永10年（1633）に現在地に再興された。アメリカのスタール博士が大正13年（1924）に当寺の本堂厨子に打ち付けてあった銅板の納札を高く評価して以来、納札のある寺として知れわたった。境内の片隅にマリアの像を浮き彫りにした石塔があり、キリシタン禁制の名残りをとどめている。

第54番　延命寺　行基菩薩が不動明王像を刻んで本尊としたのに創まる。後に嵯峨天皇の勅願によって大師が再興し、円明寺と号したが、たびたび兵火にかかり、近見山の山頂から現在地へ移転して、明治以降に延命寺に改められた。

第55番　南光坊　発祥は大山祇神社の一坊だった。明治以降、本社から大通智勝仏像を移し、本尊として安置した。大通智勝仏は法華経化城喩品に説かれる釈迦如来の弟子で、修行の結果仏になった。書家の川村驥山の菅笠や筆塚がある。

第56番　泰山寺　大師がこの地を巡錫したとき、農民が「人取川」といって悪霊の仕業と信じていた蒼社川が氾濫していた。大師は川原に壇を築き、土砂加持の秘法を厳修し、満願の日に本尊地蔵菩薩を感得、一寺を建立して安置した。寺名の泰山寺は延命地蔵十大願の第一「女人泰山」からとったものと伝える。

第57番　栄福寺　嵯峨天皇の勅願により、大師の創建。貞観元年

(859) 僧行教は宇佐の往来の途中、本尊阿弥陀如来よりの夢告で勝岡八幡の社殿を建立したことから、明治の神仏分離まで当寺は勝岡八幡と称し、神仏が同居していた。

第58番 仙遊寺（せんゆうじ） 天智天皇の勅を奉じて国守越智守興公が堂宇を建立したのに創まる。本尊の千手観音像は龍女が刻んだといわれ、天智天皇の守護仏であった。その後、阿坊仙人と称する僧が40年間参籠し、天雲のごとく忽然と姿を消した。寺名の仙遊寺は、この仙人にちなんで呼ばれるようになったという。大師が巡錫して再興。現在は山上まで自動車道が開通したが昔は難所で「おされさん」と呼ばれていた。

第59番 国分寺（こくぶんじ） 聖武天皇の勅願によって行基菩薩が開創。第3世智法律師のときに大師が留まって五大尊の絵像一幅を残した。本尊の薬師如来像は重文。書院の展示室には奈良から平安時代初期にかけての鐙瓦や字瓦が保管されている。

第60番 横峰寺（よこみねでら） 当寺から500メートル上に石鎚山の西の遥拝所「星が森」があるが、大師はここで星供（ほしく）を修し、石鎚山に21日間日参し、結願の日に蔵王権現が示現したので、大日如来像を刻んで本尊とし、伽藍を建立して霊場に定めた。近年、寺の近く（星ガ森）まで自動車道が開通した。

第61番 香園寺（こうおんじ）（子安大師） 用明天皇の病気平癒を祈って聖徳太子が創建、本尊に大日如来像を奉安。後に大師が巡錫中、身重な女が苦しんでいたのを見て、身軽になるよう加持すると、女は玉のような男子を安産した。この勝縁で大師は唐から持ち帰った大日如来の金像を本尊の胸に納め、栴檀の香を焚いて護摩供養したのにちなんで栴檀山香園寺と号し、「子安の大師さん」と親しまれるようになった。

第62番 宝寿寺（ほうじゅじ） 聖武天皇の勅願により伊予の一宮の法楽所として建立したが、その後、大師がここに長く留まり、光明皇后をかたどって十一面観音像を彫刻して本尊とし、寺号を宝寿寺とした。本尊は安産の観音として信仰をあつめた。

第63番 吉祥寺（きっしょうじ） 本尊は毘沙門天像で、脇侍は吉祥天と善膩童子。大師が貧苦を救わんものと一刀三礼して刻んだものと伝える。本堂前に目をつぶり、願い事を念じながら、金剛杖を下段に構え、石の穴に金剛杖が通れば願い事が成就するという成就石がある。

第64番 前神寺（まえがみじ） 横峰寺とともに石鎚山の山頂天狗岳にある石鎚権現の別当寺で、東の遥拝所。山頂近くの成就（1500メートル）には出張所があり、これを奥前神寺、麓の本寺を里前神寺（さと）という。本堂には阿弥陀如来像が奉安されている。毎年7月1日から10日間が「お山開き」で、里前神寺より石鎚山頂へ白衣の信者が仏名を称えながら登る。

第65番 三角寺（さんかくじ） 三角寺山（450メートル）に聖武天皇の勅願により

行基菩薩が開基、後に大師が登山して本尊十一面観音像、更に不動明王像を刻み、三角形の護摩壇を築いて21日間、降伏の秘法を修した。三角寺の寺名はこの護摩壇に由来する。本尊は子安・厄除観音として信仰をあつめている。

第66番　雲辺寺（うんぺんじ）　本尊の千手観音像は大師が刻んだと伝えられ、現在は国の重文。「四国の高野」といわれ、学問道場として盛んだった時代もある。ロープウエイの開通で参拝者が増え、海抜1000メートルの広い山内は活気にあふれている。

第67番　大興寺（だいこうじ）（小松尾寺）　嵯峨天皇の勅命で大師が熊野三所権現鎮護の霊場として開創し、本尊の薬師如来像を刻んで安置したことに創まる。小松尾は山号。仁王門は八百屋お七の父（または恋人の吉三）がお七の菩提を弔うために遍路となり、その途中に寄進したとも伝える。

第68番　神恵院（じんねいん）　通称八幡宮。大師がこの琴弾山に巡錫したとき阿弥陀如来の尊像を描いて本尊とし、霊場に定めた。明治の神仏分離で八幡宮にあった阿弥陀如来像は観音寺の境内に移され、琴弾八幡宮と神恵院に分離し、それぞれ独立して神恵院は観音寺と同居のかたちをとり、本堂と大師堂は一段高い所に移建した。

第69番　観音寺（かんのんじ）　大師は神恵院を霊場に定めたとき、神功皇后は観音の生まれ変わりとして観音像を刻み、山の中腹に観音寺を創建、八幡宮の別当寺として霊場に定めた。現在、本堂（金堂）は重文。西金堂に神恵院があり、庫裡では一山二か寺の納経朱印を扱っている。

第70番　本山寺（もとやまじ）　国宝の本堂は、平城天皇の勅願により、大師が一夜のうちに建立したという。この用材は徳島県美馬郡内の山中より伐採し、香川県財田町で組み立ててこの地に運んだが、このとき本尊の馬頭観音、脇侍の阿弥陀と薬師を彫刻して安置したと伝える。五重塔は大正2年（1913）の再建。

第71番　弥谷寺（いやだにじ）　弥谷山の中腹にある。大同2年（807）大師が登山し求聞持の秘法を修していると、五柄の剣を得るとともに金剛蔵王権現のお告げがあり、千手観音像を刻んで本尊としたという。境内には、おびただしい数の石仏や、銅製の高さ6メートルの金剛薩埵像、また岩壁に阿弥陀三尊像・五輪塔などがある。

第72番　曼荼羅寺（まんだらじ）　大師の先祖である佐伯家の氏寺として創建され、世坂寺と称していたが、大師が留学後、本尊の大日如来を勧請、金胎曼荼羅を安置し、唐の青龍寺に模して堂塔を建立して我拝師山（がはいしざん）曼荼羅寺と改めた。境内には西行法師の「笠掛桜」と「昼寝石」の遺跡がある。

第73番　出釈迦寺（しゅしゃかじ）　境内には我拝師山山頂の捨身ヶ嶽の遥拝所がある。大師7歳のときこの山に登り、「多くの人々を救うために仏道に入りたいが、この願いをかなえたまえ。もし願いがかなわぬなら一命を捨てて諸仏に供養する」といって、断崖絶

壁から谷底へ身を投げたが、釈迦如来と天女が現れて抱きとめたという。

第74番　甲山寺　大師がこの地で霊地を探しているとき、甲山の麓の岩窟から現れた老翁から暗示を受け、石を割いて毘沙門天の尊像を刻んで岩窟に安置した。その後、弘仁12年（821）満濃池築造の別当に任ぜられて当地に赴任したとき、薬師如来像を刻んで工事の成功を祈願し、無事完了したので堂塔を建立して薬師如来像を本尊として安置したという。

第75番　善通寺（誕生院）　真言宗善通寺派総本山。大師の誕生所。大師は唐より帰朝後、大同2年（807）真言宗弘通の勅許を得、先祖の氏寺の建立を発願した。父の善通公は大いに喜び、自身の荘田を提供、6年後に七堂伽藍が完成、寺名は父の名をとって善通寺とした。本尊は大師作だったが兵火にかかり焼失し、現在の木尊薬師如来像は運慶の作。御影堂の下には「戒壇巡り」があり、また宝物館では有名な一字一仏法華経や金銅の錫杖などが拝観できる。

第76番　金倉寺　大師の血縁にあたる智証大師円珍ゆかりの寺。宝亀5年（774）の開創で、通善寺と称していたが、延長6年（928）醍醐天皇が金倉の郷にあるのでこの名をとり金倉寺に改称した。兵火で堂塔が灰燼に帰したとき、円珍刻の本尊・薬師如来像や、唐へ留学の折に両親に形見として残した自画像は無事で現存している。

第77番　道隆寺　天平勝宝のころ、この付近の桑園で誤って乳母を弓で射ってしまった和気道隆が、その供養のために桑の大樹を切って薬師如来の小像を刻み、小堂を建てて安置したのが草創。後に大師が留錫し、薬師如来像を刻んで小像を胎内に納めて本尊とした。

第78番　郷照寺　本尊の阿弥陀如来像は行基菩薩作。後に大師が留錫し、霊場と定めたと伝える。一遍上人が伽藍を再興し、寛永年間に時宗に改めた。本堂近くの庚申堂に祀られた青面金剛は病魔を除くに霊験あらたかという。

第79番　高照院（天皇寺）　大師がこの地の「八十八の水」という泉付近を巡錫中に霊感を得、十一面観音像などを刻み堂宇を建てて安置した。当初は金華山摩尼珠院と号した

75番・善通寺

が、後に戦乱で寺は焼失、近くの高照院を移して再建したことから、その寺名になった。また長寛2年（1164）当地在の崇徳法皇が歌会へ出席の途中亡くなられ、八十八の泉に仮安置されたことから、天皇寺ともいわれるようになった。

第80番　国分寺　聖武天皇の勅によって行基菩薩が開基、千手観音像を刻み安置した。後に大師が留錫して尊像を補修し、霊場に定めたという。本尊は一木造りの高さ5.2メートルの立像で秘仏。現本堂は鎌倉中期の建築。

第81番　白峯寺　五色台の白峰（336.9メートル）にあり、崇徳法皇の御陵があることで知られる。初め大師が登山して宝珠を埋めて閼伽井を掘り、後に智証大師円珍が山の鎮守から霊地であることを告げられて、瀬戸内海で異香を放つ流木を引き上げて千手観音像を刻み、本尊として安置したと伝える。

第82番　根香寺　大師は入唐前にこの山へ登って草庵を結び、霊場とした。後に智証大師がこの地に巡錫の折、老僧（実は山王権現）に出会い、その言に従って香木で観音像を刻んで安置した。この香木の根の香りがあまりにも高いので寺名となったという。また、香りが川にまで流れたことから「香川」の県名がつけられた。

第83番　一宮寺　大宝年間（701～3）に義淵僧正が開基し、初めは大宝院と称し、法相宗に属していたが、諸国に一宮が建てられたとき行基菩薩が堂塔を修築、田村神社の第一別当となり、寺号も一宮寺に改めた。後に大師が留まり、聖観音像を刻んで安置し、本尊とした。宿泊施設が完備している。

第84番　屋島寺　屋島の山上は平らで南北二つの嶺に分かれ、この寺は南嶺にある。天平勝宝6年（754）来日した唐僧・鑑真は太宰府から難波へ向かう途中、屋島へ立ち寄り、北嶺に普賢堂を建てた。これが寺の草創で、後に大師が登山して本堂を建立し、自刻の十一面観音像を本尊として安置した。近くには源平の古戦場「壇ノ浦」の遺跡があり、境内には平家供養の鐘で知られる梵鐘がある。

第85番　八栗寺　大師が求聞持法を修しているとき五柄の利剣が虚空より降ってきたので五剣山と名付け、山頂からは8か国が見えるので八国寺とし、さらに入唐前に植えた8個の焼き栗が、帰国後ことごとく生長繁茂していたので八栗寺に改めたという。山麓よりケーブルが山上まで通じている。

第86番　志度寺　推古天皇のころ、志度の浦へ楠の霊木が漂着し、一尼がこの霊木で観音の尊像を刻みたいと念じていたところ、一月あまり経ったとき童男の仏師（実は観音の化身）が現れ、一日のうちに十一面観音像を刻んでくれたというのが創まり。後に大師が立ち寄り、留錫して霊場に定めたという。「海士」の

謡曲で知られ、その墓がある。

第87番　長尾寺　行基菩薩が楊柳で聖観音像を刻み、小堂を建てて安置したのに創まり、後に大師が入唐するにあたり本尊に祈願し、護摩修法した。このとき人々に護摩符を授けたが、以来「大会陽福奪い」の行事が今日も続いている。

第88番　大窪寺　結願所。大師が唐から帰国後、現在の奥ノ院の岩窟で求聞持法を修し、大きな窪のかたわらに堂宇を建立して自刻の薬師如来像を安置したのが創まり。「女人高野」ともいわれ、女性の参拝者で賑わった。本尊は薬壺の代わりに法螺貝をもった珍しい薬師如来像で、この法螺ですべての厄難諸病を吹き払うとか。

《番外札所・霊場》

東林院　1番奥ノ院・種蒔大師。大師が自ら米麦の種を蒔き、民衆の幸福を祈願して修法した（菩提の善種を蒔いた）ことによる。霊山寺より3キロ。

五百羅漢　5番奥ノ院。安永年間に実聞・実名の僧が釈迦如来像と16間4面の大塔建立を発願し、その後完成。地蔵寺より200メートル上の高台にある。

柳水庵　大師が柳の枝を持って加持し、清水が湧き出たので一宇を建立。11番藤井寺から12番焼山寺への途中にある。

一本杉庵　大師が巡錫の途次、木の根元で休息中に夢に示現した阿弥陀如来像を刻み、堂宇を建立して杉を植えたという。柳水庵から左右内峠頂上へ登った石段前にあり、修行大師の銅像もある。

杖杉庵　遍路の元祖・衛門三郎がこの地で倒れ、大師が小石に「衛門三郎再来」と書いて左の掌に握らせると、三郎は大師を拝みつつ往生したという。12番焼山寺から1.5キロ下ったところ、老杉と墓石がある。

慈眼寺　20番奥ノ院。大師が末世衆生のために結縁灌頂の秘法を修した遺跡。鶴林寺麓の生名よりバスと徒歩3.6キロ。

鯖大師（八坂寺）　大師が巡錫中、馬に塩鯖を満載した馬子が通りかかったので大師はその1尾を所望したところ、馬子はののしって立ち去った……が、馬が腹痛を起こし、

それを大師が救ったという霊験話を伝える。23番薬王寺から24番最御崎寺への途中にある。

安楽寺 30番奥ノ院。明治の神仏分離で30番善楽寺が一時廃寺となり、その間に大師作の本尊を安置した。高知駅から500メートル。

龍光院 40番奥ノ院。大師は四国霊場の開設記念に港口九島に願成寺を建立し、自刻像を安置したが、その後、この地に移された。宇和島駅より徒歩2分。

十夜ヶ橋(永徳寺) 大師がこの地を巡錫中、泊まる宿が見当たらず、その夜は吹雪の舞う寒さが厳しい中、橋の下で耐えながら野宿して、一夜が十夜にもまさる思いで過ごした、という遺跡。橋の上で金剛杖をつかないという約束は、この橋に由来する。大洲から内子への途中にある。

出石寺 大師が本尊の千手観音像や地蔵菩薩像を刻んで安置し、護摩供を修した。出石駅からバス。

文殊院(徳盛寺) 遍路の元祖・衛門三郎の屋敷跡。47番八坂寺から0.7キロ、本堂と納経所があり、近くに8人の子供を葬った八塚がある。

生木地蔵(正善寺) 大師が巡錫の折、生木の楠の大木に地蔵菩薩像を一夜で刻んだと伝える。60番横峰寺への途中にある。

延命寺 大師が巡錫したとき、松の木の下で足の不自由な男が苦しんでいた。大師が紙に六字の名号を書いて加持して飲ませると足が立ったという。土居駅から500メートル。

椿堂(常福寺) 大師が千枚地蔵流しの秘法を修して悪病人を成仏させ、金剛杖を大地に突いて悪病を封じた。この杖から椿の枝葉が芽生えたという。65番三角寺から66番雲辺寺への途中にある。

海岸寺 大師の母君の別荘で「お大師さんの産屋の所」と呼ばれ、大師誕生そのままの自作像が御堂に、また母の祈願を込めた子安観音像が奉安されている。71番弥谷寺から北へ4キロ。

七仏薬師(七仏寺) 大師が五穀豊穣と衆生の疫病の厄を除くために七仏薬師像を刻んだ所。71番弥谷寺から72番曼荼羅寺の途中にある。

捨身ヶ嶽 73番奥ノ院。大師が7歳のときに、ここから身を投げたという伝説のある霊跡。出釈迦寺から山路1.8キロ、約40分の道程。

高野山(金剛峯寺奥ノ院) 大師は承和2年(835)3月21日、62歳で入定したが、その御廟が奥ノ院。

(平幡良雄)

★問合せ先
四国霊場会
事務所☎0877—56—5688

★案内書
平幡良雄著『四国へんろ』・『四国八十八ヵ所』上・下(満願寺教化部刊)

宮崎忍勝・原田是宏著『四国八十八所遍路 徳島・高知編』『愛媛・香川編』(朱鷺書房刊)

宮崎建樹著『四国霊場先達』(へんろみち保存協力会刊)

関東の弘法大師霊場

相馬霊場八十八ヵ所

利根川北部の茨城県取手市と、南部の千葉県我孫子市・柏市周辺の地域は、古くから相馬地区と呼ばれてきた。ここに、江戸時代に観覚光音大禅師が、四国八十八ヵ所の霊場を巡った後霊砂を持ち帰り、寺院・堂塔に奉安して札所を開いた。四国の吉野川にならって、利根川沿岸に霊場を開いたものと思われる。禅師は、元々取手宿の伊勢屋源六という商人で、そのころ長禅寺住職の幻堂和尚の法弟だった。

取手宿は弘法大師の信仰の町として近隣に聞こえ、参詣者で賑わったという。

各札所は、開基以来たくさんの人々の信仰に支えられて、何度となく修築を重ねながら守り続けられてきたが、現在は残念ながら札所の詳細ははっきりしない。

相馬霊場八十八ヵ所

1	長禅寺	茨城県取手市取手	23	薬師堂	茨城県取手市
2	念仏寺	〃　　〃　　東	24	延命寺	千葉県我孫子市布佐
3	西照寺	〃　　〃	25	地蔵堂	〃　　〃
4	不動院	〃　　〃	26	南龍寺	〃　　柏市布施
5	地蔵堂	〃　　〃	27	最勝院	〃　　我孫子市高野山
6	薬師堂	〃　　〃	28	宝照院	〃　　〃
7	本泉寺	〃　　〃　　吉田	29	観音寺	〃　　〃　　日秀
8	観音堂	〃　　〃	30	一乗院	茨城県取手市
9	常円寺	〃　　〃　　小堀	31	神宮寺	〃　　〃
10	観音堂	〃　　〃	32	観音堂	〃　　〃
11	薬師堂	〃　　〃	33	長福寺	〃　　〃　　野々井
12	虚空蔵堂	〃　　〃	34	薬師堂	〃　　〃
13	加納院	〃　　〃	35	薬師堂	〃　　〃
14	地蔵堂	〃　　〃	36	滝不動	千葉県我孫子市
15	弥陀堂	〃　　〃	37	勝蔵院	〃　　〃　　布佐
16	観音堂	〃　　〃	38	子ノ神	
17	成龍寺	〃　　〃	39	薬師堂	茨城県取手市
18	弥陀堂	〃　　〃	40	薬王寺	
19	地蔵堂	〃　　〃	41	稲荷社	千葉県我孫子市
20	地蔵堂	〃　　〃	42	大光寺	〃　　〃　　緑
21	竹内大明神	千葉県我孫子市	43	延寿院	〃　　〃　　寿
22	白泉寺	〃　　〃　　岡発戸	44	西光寺	茨城県取手市野々井

45	永蔵寺	茨城県取手市戸頭	68	東海寺	千葉県柏市布施
46	弥陀堂	〃　　〃	69	観音堂	茨城県取手市
47	三仏堂	〃　　〃	70	永福寺	〃　　〃
48	安養寺	〃　　〃	71	東漸寺	〃　　〃　寺田
49	高源寺	〃　　〃　下高井	72	大日堂	〃　　〃
50	東光寺	〃　　〃	73	正泉寺	千葉県我孫子市湖北台
51	法岩院	千葉県我孫子市中峠	74	西音寺	〃　　〃　下ヶ戸
52	明音寺	茨城県取手市	75	東源寺	〃　　〃　柴崎
53	弥陀堂	〃　　〃	76	龍泉寺	〃　　〃　中峠
54	大聖寺	〃　　〃　小文間	77	弁財天	〃　　〃
55	円福寺	千葉県我孫子市柴崎	78	弥陀堂	茨城県取手市
56	地蔵堂	茨城県取手市	79	竜禅寺	〃　　〃　米ノ井
57	弥陀堂	〃　　〃	80	毘沙門堂	〃　　〃
58	観音堂	千葉県我孫子市	81	長福寺	千葉県我孫子市
59	興陽寺	〃　　〃　白山	82	弘経寺	茨城県取手市白山前
60	昭明寺	〃　　〃	83	諏訪宮	茨城県取手市
61	大日堂	茨城県取手市	84	宝蔵寺	千葉県我孫子市久寺家
62	白山社	〃　　〃	85	円勝寺	〃　柏市
63	福永寺	〃　　〃　小文間	86	観音堂	茨城県取手市
64	西光院	〃　　〃　小文間	87	地蔵堂	〃　　〃
65	無量院	千葉県我孫子市青山	88	長禅寺	〃　　〃　取手
66	東谷寺	茨城県取手市小文間	外	浅間社	千葉県我孫子市
67	薬師堂	千葉県柏市			

関東八十八ヵ所霊場

　関東地方の1都6県の地に、新しい大師信仰の芽を根づかせよう、弘法大師の教えを生かしながら21世紀の「空海の道」を実践しよう、という志を持った同志が相寄り相集って、2年有半にわたる準備期間を経た後、平成7年(1995)11月に成立した霊場。

　関東地方では、古くから観音霊場は、「坂東三十三観音霊場」「秩父三十四観音霊場」に代表されるように、つとにその名は知られている。

　観音霊場は、古くは室町時代に成立している。しかし、弘法大師信仰が関東地方に広がりを見せたのは江戸時代ごろと考えられ、新四国霊場の多くは、江戸中期から末期にかけて開創されている。ところが、今まで関東一円を巡る規模の霊場は見られなかった。そこで、関東地方全域に広がる「弘法大師霊場」を勧請(かんじょう)しようという声が各地に湧き起こり、新四国八十八ヵ所霊場が成立した。

　更に、巡拝される方々に役に立ち、かつまた楽しみながら見てもらえる案内書が刊行された。各霊場の山主自らが筆を執り、各札所寺に伝わる

16番・鑁阿寺

正しい縁起に基づいた平易な寺院紹介と、霊場への道順の原稿作成が行われた。また、同書は各寺院の境内で四季折々に咲き競う花々の紹介をしているのが特徴。農作物を中心にした地域の産業や、周辺の見どころに触れたところに、各札所が地域に根差した霊場を目指す姿勢がうかがえる。全行程約1500キロ、8泊9日で巡拝できる。

1番は群馬県の、高崎観音の名で呼ばれる白衣大観音を祀る**慈眼院**。寺は観音山という小高い丘陵にあり、桜の名所、夜景も楽しめる。

16番**鑁阿寺**は建久7年（1196）に足利義兼が開創した真言宗の古刹で、本尊は大日如来。多数の文化財を所蔵し、義兼が興したといわれる足利学校は国の史跡。

日光参詣の徳川将軍家が休息所に使ったというのが、20番慈眼寺と、23番**光明寺**。陶芸の里・益子町の中心に位置する30番**観音寺**は、奈良時代に行基が開山したという。

31番**大山寺**の本尊は大日如来、弘法大師筆と伝える乾闥婆王尊画像は夜泣き、虫封じなどに霊験あらたかという。

八町の観音さまと親しまれている38番**新長谷寺**は、牡丹の名所。43番**明星院**は梅の名所。

新宿のお不動さんと呼ばれているのが49番**新宿不動堂**。巡礼者がいつも絶えない56番**那古寺**は、坂東三十三観音霊場の結願寺でもある。

真野の大黒さまと呼ばれる57番**真野寺**は、大黒天福祭りが有名。

大山不動と呼ばれる60番**大山寺**は雨降山と号し、江戸時代以降の大山詣りで知られる。72番**観音寺**は塩船観音といって親しまれている古刹で、本堂・阿弥陀堂・仁王門は重文、花の寺としても有名。

吉見観音の75番**安楽寺**には、樹木の茂る境内に吉見大仏、百体観音、薬師如来などが祀られている。88番

88番・歓喜院本殿

関東八十八カ所霊場

1	慈眼院	高野真言	白衣・聖観音	群馬県高崎市石原町
2	不動寺	真言豊山	千手観音	〃 碓氷郡松井田町松井田
3	金剛寺	真言豊山	十一面観音	〃 〃 松井田町新堀
4	光明寺	高野真言	十一面観音	〃 藤岡市中
5	蓮花院	真言智山	聖観音・大師	〃 前橋市下増田
6	長明寺	高野真言	大日如来	〃 新田郡新田町金井
7	南光寺	高野真言	大日如来	〃 〃 笠懸町阿左美
8	光榮寺(柿薬師)	真言智山	薬師如来	〃 山田郡大間々町大間々
9	聖眼寺	高野真言	大日如来	〃 桐生市元宿町
10	観音院	真言豊山	聖観音	〃 〃 東
11	十輪寺	高野真言	愛染明王・地蔵	〃 太田市新井町
12	吉祥寺	高野真言	不動明王	〃 〃 下浜田町甲
13	教王寺	高野真言	如意輪観音	〃 〃 細谷町
14	観性寺	真言豊山	大日如来	〃 館林市仲町
15	常楽寺	真言豊山	不動明王	〃 〃 木戸町甲
16	鑁阿寺	真言大日	大日如来	栃木県足利市家富町
17	宝性寺	真言豊山	十一面観音	〃 〃 堀込町
18	長清寺	真言智山	大日如来	〃 栃木市本町
19	如意輪寺	真言豊山	大日如来	〃 〃 大宮町
20	慈眼寺	真言豊山	十一面観音	〃 下都賀郡国分寺町
21	観音寺	真言智山	聖観音	〃 鹿沼市板荷
22	東海寺	真言智山	阿弥陀三尊	〃 宇都宮市篠井町
23	光明寺	真言智山	大日如来	〃 〃 野沢町
24	生福寺	真言智山	大日如来	〃 〃 仲町
25	広琳寺	真言智山	聖観音	〃 〃 平出町
26	光照寺	高野真言	阿弥陀如来	〃 那須郡小川町小川
27	馬頭院	真言智山	馬頭観音	〃 〃 馬頭町馬頭
28	安楽寺	真言智山	薬師如来	〃 〃 南那須町田野倉
29	観音寺	真言智山	大日如来	〃 芳賀郡芳賀町与能
30	観音寺	真言豊山	如意輪観音	〃 〃 益子町益子
31	大山寺	真言豊山	大日如来	茨城県東茨城郡桂村高根
32	鏡徳寺	真言智山	十一面観音	〃 久慈郡金砂郷町上利員
33	寶蔵寺	高野真言	大日如来	〃 水戸市谷田町
34	慈眼寺	真言豊山	十一面観音	〃 鹿嶋市浜津賀
35	善應寺	真言豊山	大日如来	〃 土浦市真鍋
36	阿彌陀院	真言智山	阿弥陀如来	〃 新治郡八郷町半田
37	大輪寺	真言豊山	如意輪観音	〃 結城市結城
38	新長谷寺	真言豊山	十一面観音	〃 結城郡八千代町八町
39	永光寺	真言豊山	不動明王	〃 猿島郡三和町尾崎

40	自性院	真言智山	不動明王	茨城県岩井市馬立
41	無量寺	真言智山	大日如来	〃 水海道市菅生町
42	福永寺	真言豊山	毘沙門天	〃 取手市小文間
43	明星院	真言豊山	延命地蔵	〃 〃 小文間
44	神崎寺	真言醍醐	不動明王	千葉県香取郡神崎町本宿
45	観福寺	真言豊山	他化自在天	〃 山田町山倉
46	勝覺寺(四天様)	真言智山	釈迦如来	〃 山武郡成東町松ケ谷イ
47	千葉寺	真言豊山	十一面観音	〃 千葉市中央区千葉寺町
48	弘福院	真言霊雲	不動明王	〃 袖ヶ浦市長浦駅前
49	新宿不動堂	真言智山	不動明王	〃 木更津市新宿
50	圓鏡寺	真言智山	大日如来	〃 富津市八幡
51	不動院	真言智山	不動明王	〃 〃 竹岡
52	久原寺	真言智山	聖観音	〃 君津市西猪原
53	長泉寺	真言智山	不動明王	〃 〃 大井
54	圓明院	真言智山	不動明王	〃 〃 山本
55	円如寺	真言智山	大日如来	〃 〃 小市部
56	那古寺	真言智山	千手観音	〃 館山市那古
57	真野寺	真言智山	千手観音	〃 安房郡丸山町久保
58	妙音寺	高野真言	不空羂索観音	神奈川県三浦市初声町下宮田
59	青蓮寺	高野真言	弘法大師	〃 鎌倉市手広
60	大山寺	真言大覚	不動明王・十一面	〃 伊勢原市大山
61	清徳寺	真言大師	大日如来	〃 愛甲郡愛川町三増
62	華蔵院	真言智山	阿弥陀如来	〃 相模原市相原
63	金剛院	高野真言	不動明王	東京都八王子市上野町
64	千手院	真言豊山	千手観音	〃 町田市小野路町
65	福泉寺	高野真言	薬師如来	神奈川県横浜市緑区長津田町
66	林光寺	高野真言	不動明王	〃 〃 緑区鴨居
67	東漸寺	高野真言	不動明王	〃 〃 都筑区佐江戸町
68				
69	常性寺	真言豊山	薬師如来	東京都調布市国領町
70	井口院	新義真言	薬師如来	〃 三鷹市上連雀
71	阿弥陀寺	真言智山	阿弥陀如来	〃 昭島市宮沢町
72	観音寺	真言醍醐	十一面千手	〃 青梅市塩船
73	圓照寺	真言智山	阿弥陀如来	埼玉県入間市野田
74	圓通寺	真言霊雲	馬頭観音	〃 比企郡川島町畑中
75	安楽寺	真言智山	聖観音	〃 〃 吉見町御所
76	錫杖寺	真言智山	延命地蔵	〃 川口市本町
77	東陽寺	真言豊山	日限不動	〃 北葛飾郡松伏町下赤岩
78	延命院	真言豊山	阿弥陀如来	〃 庄和町立野
79	雨寶寺	真言智山	不動明王	〃 久喜市北青柳

80	南蔵院	真言智山	不動明王	埼玉県南埼玉郡菖蒲町新堀
81	正法院	真言智山	不動明王	〃　　〃　菖蒲町上栢間
82	金乗院	真言智山	阿弥陀如来	〃　北埼玉郡大利根町阿佐間
83	龍泉寺	真言豊山	不動明王	〃　　熊谷市三ヶ尻
84	正福寺	真言豊山	阿弥陀如来	〃　大里郡川本町瀬山
85	長善寺	高野真言	大日如来	〃　　〃　花園町小前田
86	宥勝寺	真言智山	不動明王	〃　　本庄市栗崎
87	華蔵寺	真言豊山	大日如来	〃　　深谷市横瀬
88	歓喜院	高野真言	歓喜天	〃　大里郡妻沼町妻沼

が妻沼の聖天さまと呼ばれる**歓喜院**で、福運・厄除け祈願に訪れる人で賑わっている。

特別霊場に**高野山東京別院、川崎大師、西新井大師、出流山満願寺、雨引山楽法寺、千葉銚子の満願寺、**秩父の**西光寺**がある。

★問合せ先

歓喜院☎048―588―1644

★案内書

平幡良雄著『東国へんろ』(満願寺教化部刊)

埼東八十八ヵ所霊場

霊場は江戸時代の寛政10年(1798)に、地元有志の発願により創設されたといわれている。その後明治維新の廃仏毀釈により、廃寺となったり、合寺になった例が多い。

昭和59年(1984)に、弘法大師御入定1150年御遠忌を機会に霊場の復活がはかられたが、寛政年間の創設当時の霊場を基にしているため、廃寺も含まれている。

霊場の設けられている地域は、埼玉県の北東部の加須市・幸手市・久喜市を中心とした3市4町にまたがる旧利根川の流域にわたっている。この地域は、古くから毎年洪水に悩まされていた。こうした中で、霊場巡りが土地の人々の心の救いになっていたであろう。

霊場88か寺の現況については、久喜市在住の渡辺良夫氏が現地を幾度となく巡拝・調査され、著書(後記)にまとめられた。それによると、現存している寺院は3分の2で、3分の1が消滅しているという。この、消滅している寺院の跡は調査によりすべて明らかにされ、江戸期の面影を偲びながら88か寺(跡)の巡拝が可能になった。

廃寺・消滅した寺院の中には、他の寺院に合寺したもの、管理してもらっているものなど、さまざまである。霊場を構成する寺院は、すべて新義真言宗に属していた。

★案内書

渡辺良夫著『埼東八十八霊場巡り』(さきたま出版会刊)

埼東八十八ヵ所霊場（埼玉県）

1	密蔵寺	不動明王	北葛飾郡鷲宮町東大輪
2	金剛院(①に合寺)		〃　〃　〃
3	蓮花院(①に合寺)		〃　〃　〃
4	円明院(①に合寺)		〃　〃　〃
5	勝蔵院(①扱い)	不動明王	〃　鷲宮町外野
6	薬王院(⑦扱い)	薬師如来	〃　鷲宮町上川崎
7	宝性院	聖観音	幸手市千塚
8	宝積院(⑦扱い)	大日如来	〃　円藤内
9	真乗院(⑦扱い)	阿弥陀如来	〃　千塚
10	安楽院(⑦扱い)	阿弥陀如来	〃　下川崎
11	満福寺(幸手観音)	如意輪観音	〃　中
12	正福寺	不動明王	〃　北
13	成就院(廃寺)		〃　内国府間
14	正智院(廃寺)		〃　権現堂
15	福蔵院(⑪扱い)	不動明王	〃　上吉羽
16	正覚院(⑱に合寺)		〃　木立
17	満蔵寺	不動明王	〃　下宇和田
18	地蔵院	地蔵菩薩	〃　下吉羽
19	真乗院(⑱扱い)	虚空蔵菩薩	〃　下宇和田
20	東光院	大日如来	〃　長間
21	蓮花院	十一面観音	〃　槙ノ地
22	松田寺	阿弥陀如来	北葛飾郡杉戸町佐左エ門
23	無量院	聖徳太子	〃　杉戸町遠野
24	大黒院(㉗扱い)	薬師如来	〃　杉戸町本島
25	観音寺(廃寺)	十一面観音	幸手市安戸(本尊集会所安置)
26	正明院(㊉扱い)	大日如来	〃　戸島
27	宝聖寺	馬頭観音	〃　平須賀
28	満福寺(廃寺㉗扱い)	弘法大師	〃　天神島
29	大阿寺	大日・阿弥陀如来	〃　上高野
30	金剛院(㉙に合寺)		〃　上高野
31	光福院(㉙に合寺)		〃　上高野
32	多聞院(㉟扱い)	不動明王	久喜市栗原
33	常楽寺	大日如来	〃　青毛
34	妙智寺(㉟に合寺)		〃　吉羽
35	高輪寺	不動明王	〃　吉羽
36	西蔵院(㊹扱い)	不動明王	〃　野久喜
37	遍照院		〃　北
38	明王院	不動明王	〃　中央
39	光明寺	薬師如来	〃　本町

40	金剛院(㊴に合寺)	阿弥陀如来	久喜市本町
41	金勝寺(㊴扱い)	随求菩薩	〃　上早見
42	歓喜院(㊴扱い)	歓喜天	〃　上早見
43	自性院(㊹に合寺)	阿弥陀如来	北葛飾郡鷲宮町上内
44	寿徳寺	不動明王	〃　鷲宮町上内
45	福寿院(㊹に合寺)		〃　鷲宮町上内
46	大乗院（廃寺）		〃　鷲宮町鷲宮
47	地福院(㊿に合寺)		加須市南大桑
48	円光寺	薬師如来	〃　川口
49	大福寺	薬師如来	〃　南大桑
50	乗蔵院(㉛扱い)	聖観音	〃　南大桑
51	定泰寺	阿弥陀如来	〃　南大桑
52	普門寺	阿弥陀如来	〃　南篠崎
53	勝蔵院	不動明王	〃　久下
54	玄光寺	阿弥陀如来	〃　久下
55	花蔵院(㊾扱い)	不動明王	〃　花崎
56	大光寺	延命地蔵	北葛飾郡鷲宮町中妻
57	広福院	阿弥陀如来	〃　鷲宮久本寺
58	光明院	地蔵菩薩	久喜市上清久
59	太芳寺(㊼扱い)	不動明王	〃　上清久
60	清福院(㊴扱い)	不動明王	〃　下清久
61	善徳寺	不動明王	〃　江面
62	宝光院	虚空蔵菩薩	〃　江面
63	密蔵院(㊻扱い)	不動明王	〃　下早見
64	雨寶寺	不動明王	〃　北青柳
65	大聖院(㊽扱い)	不動明王	〃　下早見
66	蓮花院	不動明王	〃　下早見
67	普門院(⑪扱い)	正観音	〃　太田袋
68	観福寺	十一面観音	南埼玉郡白岡町野牛
69	泉蔵院（廃寺）		〃　白岡町高岩
70	大聖院（大日堂）	大日如来	〃　宮代町東粂原
71	真蔵院	不動明王	〃　宮代町須賀
72	華蔵院(⑫扱い)		〃　宮代町国納
73	西方院	阿弥陀如来	〃　宮代町和戸
74	永福寺	阿弥陀如来	北葛飾郡杉戸町下高野
75	福正院	薬師如来	〃　杉戸町下野
76	楊柳寺（廃寺）		〃　杉戸町茨島
77	宝性院	大日如来	〃　杉戸町杉戸
78	馬頭院	馬頭観音	〃　杉戸町堤根
79	東福寺(⑫扱い)	不動明王	〃　杉戸町清地

80	延命院	延命地蔵	北葛飾郡杉戸町倉松
81	来迎院	不動明王	〃 　杉戸町清地
82	医王院	不動明王	南埼玉郡宮代町道仏
83	青林寺	不動明王	〃 　宮代町西原
84	遍照院(島村扱い)		〃 　宮代町金原
85	宝生院(83扱い)	釈迦・文殊・普賢	〃 　宮代町中
86	地蔵院(83扱い)		〃 　宮代町西原
87	弥勒院(88に合寺)	弥勒菩薩	〃 　宮代町中
88	西光院	薬師如来	〃 　宮代町東

(「扱い」とは、廃寺もしくは無住の寺のため納経を扱ってくれる札所のこと。『埼東八十八霊場巡り』渡辺良夫著・さきたま出版会刊より作成。)

印西大師講

　千葉県の印西地方では「印西大師めぐり」という霊場巡りが、古くから行われてきた。青田賢之氏によると、霊場は江戸時代の享保6年(1721)に天台宗の僧臨唱(南陽院住職)により開創されたという。大師巡礼が、他宗派の僧により始められたという珍しい例である。

　霊場は、印西市・白井町・印旛村・本埜村にわたっている。古来、この辺りは、利根川と印旛沼の水害に悩まされ、また干ばつの被害にも度々あっていた。「民衆の苦労を救いたいと思った僧(臨唱)が、ある夜お大師さまが夢の中に現れたのを契機に四国にわたり、巡礼の後、霊砂を持ち帰り、ここ印西の地に四国霊場を勧請した」と、『印西新四国霊場勧請縁起』は伝えている。

　第二次世界大戦中までは、毎年4月に信仰と娯楽をかねて大変賑やかに9日間の印西大師講の団体巡拝が行われていた。宿泊は各地区内の民家が割り当てられたという。

印西大師講 (千葉県)

1	泉倉寺	印西市和泉	8	長楽寺	印西市大森
2	竜泉院	印旛郡印旛村萩原	9	東祥寺	印旛郡印旛村鎌刈
3	中台堂	印西市和泉	10	観音堂	印西市武西
4	西光寺	〃　鹿黒	11	真珠院	印旛郡印旛村造谷
5	泉倉寺地蔵堂	〃　和泉	12	宝珠院観音堂	印西市小倉
6	安楽院	印旛郡本埜村荒野	13	城の内堂	印旛郡白井町中木戸
7	山根不動尊かねとの堂	印西市木下	14	福聚院	〃　本埜村中根
			15	円光院	印西市和泉

16	観音寺	印西市浦部	52	岡の堂	印旛郡印旛村吉高
17	長栄堂	印旛郡白井町復	53	迎福寺	〃 印旛村吉高
18	安楽院 奈木の堂	〃 本埜村荒野	54	延命寺	〃 白井町平塚
			55	薬師堂	印西市戸神
19	西の堂	印旛郡印旛村吉高	56	仲井堂	印旛郡印旛村山田
20	宝泉院 地蔵堂	印西市別所	57	慶昌寺	〃 印旛村萩原
			58	観音堂	印西市船尾
21	地蔵堂	印旛郡本埜村竜腹寺	59	星光院	〃 大森
22	東大寺	印西市平岡	60	太子堂	〃 多々羅田
23	薬王寺	印旛郡白井町清戸	61	滝水寺	印旛郡本埜村滝
24	願定院	〃 印旛村瀬戸	62	西定寺	〃 印旛村山田
25	東光院	印西市船尾	63	吉祥寺	印西市白幡
26	西福寺	印旛郡白井町谷田	64	神宮寺	〃 竹袋
27	神宮寺	〃 白井町神々廻	65	栄福寺	印旛郡本埜村角田
28	東大寺	印西市平岡	66	来福寺	〃 印旛村平賀
29	長円寺	印旛郡印旛村師戸	67	多門院 毘沙門堂	印西市松崎
30	観音堂	印西市木下			
31	弥陀堂	〃 古新田	68	大 竹	印旛郡印旛村吉高
32	高岩寺	印旛郡印旛村岩戸	69	観音院	〃 印旛村平賀
33	広福寺	〃 印旛村師戸	70	宝泉院	印西市別所
34	慈眼寺	〃 印旛村吉田	71	辻の堂	印旛郡本埜村笠神
35	東漸寺 浪の堂	〃 本埜村中根	72	万福寺	〃 印旛村吉田
			73	円蔵寺	〃 印旛村山田
36	青竜堂	印旛郡印旛村古谷	74	泉福寺	〃 印旛村岩戸
37	馬場の堂	印西市馬場	75	松虫寺	〃 印旛村松虫
38	厳島神社	〃 六軒	76	徳性院	〃 印旛村瀬戸
39	竜腹寺	印旛郡本埜村竜腹寺	77	広福寺 虚空蔵堂	〃 印旛村師戸
40	東祥寺	〃 印旛村鎌刈			
41	三宝院	印西市竹袋	78	観音堂	〃 印旛村萩原
42	仏法寺	印西市白井町復	79	天王堂	印西市草深
43	長楽寺 観音堂	印西市大森	80	竜淵寺	印旛郡印旛村大廻
			81	光明寺	印西市小林
44	南陽院	印旛郡本埜村笠神	82	長楽寺	印旛郡白井町根
45	東漸寺	〃 本埜村中根	83	薬師堂	〃 本埜村押付
46	結縁寺	印西市結縁寺	84	密蔵院	印西市将監
47	竜湖寺	印旛郡本埜村物木	85	観音堂	印旛郡本埜村中根
48	西福寺	印西市砂田	86	岩不動	〃 印旛村岩戸
49	円天寺	印旛郡印旛村山田	87	観音堂	〃 白井町復
50	多門院	〃 印旛村松崎	88	観喜院	印西市浦部
51	安養寺	印西市武西	89	浅間神社	〃 中の口

御府内八十八ヵ所霊場

　四国八十八ヵ所が江戸市民に紹介されたのは、貞享から元禄へかけて出版された高野山の僧雲石堂寂本が著した『四国徧礼霊場記』であった。しかしながら寂本がこの本を書いたころは、「八十八番の次第いづれの世、誰の人か定めあへる、さだかならず」であったが、正徳以後の案内記によると、みな霊山寺を第1番としてここから打ち始めることにしている。そして宝暦までには番順が確立され、八十八ヵ所の遍路行程も定まることにより一層の盛行を促すことになる。こうした四国遍路への関心の深まりを背に、江戸の市中・御府内に四国のうつしが開創をみるのは、宝暦の初めのことである。

　宝暦5年（1755）刊の『大進夜話』には次のように記されている。「前略……江戸にも此頃は信州浅間山の上人本願にて、四国の八十八箇所を移して立札など見えたり……」

　文化13年（1816）の札所案内には、「宝暦五乙亥三月下総葛飾松戸宿諦信の子、出家して信州浅間山真楽寺の住になりぬ、両人本願して江戸に霊場をうつす」とある。

　更に、文政5年（1822）刊の十返舎一九著『金の草鞋』では、「むかし宝暦の頃下総の国松戸宿の諦信親子発願して東武に八十八所の霊場をうつす」とあるが、これは全く前記にその出典を求めているようである。

　このように今日では、資料的にみて、信州浅間山真楽寺上人と、下総国松戸宿諦信の両者によって当札所が開創されたとみられる。この事を裏付けるものとして、次のような標石が幾つか現存している。特に42番**観音寺**にあるものは真に明瞭にこの間の事情を物語り、このような標石は恐らく全国の札所にその例をみないものと想像している。それは、

　　公訴発願、信州浅間真楽寺上人
　　巡行願主、下総国　諦信
　　（上記以外は略）

というものである。この標石に年号がないのは残念だが、両者の果たした役割は明らかである。

　諦信の名を刻む標石はこのほか、1番、35番、87番にもあり、年号は宝暦6、7年である。諦信については、先にあげた資料以外は全く不明だが、浅間山上人については真楽寺に残る人である。真楽寺は長野県御代田町にあり、古くは用明天皇の勅願寺であった。伝によると、上人は京都清水大納言の出といい、憲浄権僧正、善穏と称し、天明4年（1784）没とある。

　さて、このような経歴の上人と松戸宿の諦信がどのようにしてコンビを組んで江戸の街に札所を開設したかとなると、これも全く不明のことである。また一方、31番**多聞院**に墓のある正等和尚という人が創始者であるとする異説もある。この説は明治33年（1900）発刊の札所案内記が発端で、これが同35年の『東京名物志』や同39年の大町桂月の『東京遊

『行記』にそれぞれ引用されている。しかしこの説の出典についても、残念ながら不明である。

御府内札所が果たした役割のうえで一番大きなことは、この札所の開設を機として以後、日本の各地に四国うつしの八十八ヵ所が逐次開設をみることである。筆者の調べでは、日本全国に三十三観音札所は611か所、八十八ヵ所霊場は384か所を数え、八十八ヵ所のうち宝暦以前の開創はというと、小豆島の貞享3年（1686）、伊那諏訪の元禄4年（1691）、更には安房、甲斐、旛羅等の数か所のみである。いわば四国のうつしを各地に広め得たのも、江戸がその中心であったことが理由であろう。

当霊場は旧行程25里8丁10間、今日では7日にわけて1日一方面ずつ巡拝することができる。草創より異動なき寺56寺、明治以降の異動25寺、移転6寺、合併1寺となっている。

宝暦より明治そして戦災を経ての240余年の歳月に、現在の東京に江戸のおもかげを残す札所は5指にも満たぬではあろうが、幾多の災厄をものともせずに、江戸の年号を刻む標石は45基、明治は29基と、札所の歴史を今に伝えているのは嬉しい限りである。

（塚田芳雄）

87番・護国寺

★問合せ先
御府内八十八ヵ所霊場会事務局
高野山東京別院 ☎03—3441—3338

★案内書
新田明江著『御府内八十八ヵ所霊場案内』（栴檀社刊）
塚田芳雄著『江戸・東京札所事典』（下町タイムス社刊）

御府内八十八ヵ所霊場（東京都・神奈川県）

1	高野山東京別院	高野真言	弘法大師	港区高輪
2	東福寺	真言豊山	不動明王	中野区江古田
3	多聞院	真言豊山	地蔵菩薩	世田谷区北烏山
4	高福院	高野真言	大日如来	品川区上大崎
5	延命院	真言智山	大日如来	港区南麻布
6	不動院（管理大安楽寺）	高野真言	不動明王	港区六本木
7	室泉寺	高野真言	阿弥陀如来	渋谷区東
8	長遠寺	真言智山	不動明王	大田区南馬込
9	竜巌寺	臨済南禅	釈迦如来	渋谷区神宮前
10	聖輪寺	真言豊山	如意輪観音	渋谷区千駄ヶ谷

11	荘厳寺(幡ヶ谷不動尊)	真言室生	薬師如来	渋谷区本町
12	宝仙寺	真言豊山	弘法大師	中野区中央
13	竜生院	高野真言	弘法大師	港区三田
外	大竜寺	真言霊雲	大日如来	北区田端
14	福蔵院	真言豊山	不動明王	中野区白鷺
15	南蔵院	真言豊山	薬師如来	練馬区中村
16	三宝寺	真言智山	不動明王	練馬区石神井台
17	長命寺	真言豊山	十一面観音	練馬区高野台
18	愛染院	真言豊山	大日如来	新宿区若葉
19	青蓮寺	真言智山	薬師如来	板橋区成増
外	円乗院	高野真言	不動明王	大田区南馬込
20	鏡照院(身代不動)	真言智山	不動明王	港区西新橋
21	東福院	新義真言	大日如来	新宿区若葉
22	南蔵院	真言豊山	千手観音	新宿区箪笥町
23	薬研堀不動院	真言智山	不動明王	中央区東日本橋
24	最勝寺	真言豊山	釈迦如来	新宿区上落合
25	長楽寺	真言豊山	不動明王	日野市程久保
26	来福寺	真言智山	地蔵菩薩	品川区東大井
27	正光院	高野真言	薬師如来	港区元麻布
28	霊雲寺(覚彦さま)	真言霊雲	大日如来	文京区湯島
29	南蔵院	真言豊山	薬師如来	豊島区高田
30	放生寺	高野真言	聖観音	新宿区西早稲田
31	多聞院	真言豊山	大日如来	新宿区弁天町
32	円満寺(木食寺)	真言御室	不動明王	文京区湯島
33	真性寺	真言豊山	薬師如来	豊島区巣鴨
34	三念寺	真言豊山	薬師如来	文京区本郷
35	根生院	真言豊山	薬師如来	豊島区高田
36	薬王院(東長谷寺)	真言豊山	薬師如来	新宿区下落合
37	萬徳院	高野真言	薬師如来	江東区永代
38	金乗院	真言豊山	聖観音	豊島区高田
39	真成院	高野真言	十一面・薬師	新宿区若葉
40	普門院	真言智山	大日如来	江東区亀戸
41	密蔵院	真言御室	大日・地蔵	中野区沼袋
42	観音寺	真言豊山	大日・阿弥陀	台東区谷中
43	成就院(百観音)	真言智山	大日如来	台東区元浅草
44	顕性寺	真言豊山	大日如来	新宿区須賀町
45	観蔵院	真言智山	如意輪観音	台東区元浅草
46	弥勒寺	真言豊山	薬師如来	墨田区立川
47	城官寺	真言豊山	阿弥陀如来	北区上中里
48	禅定院	真言豊山	不動明王	中野区沼袋

関東の弘法大師霊場

49	多宝院	真言豊山	多宝如来	台東区谷中
50	大徳院	高野真言	薬師如来	墨田区両国
51	延命院	真言智山	大日如来	台東区元浅草
52	観音寺	真言豊山	十一面観音	新宿区西早稲田
53	自性院(愛染かつら堂)	新義真言	大日如来	台東区谷中
54	新長谷寺	真言豊山	不動明王	豊島区高田
55	長久院	真言智山	大日如来	台東区谷中
56	与楽寺	真言豊山	地蔵菩薩	北区田端
57	明王院	真言豊山	阿弥陀如来	台東区谷中
58	光徳院	真言豊山	千手観音	中野区上高田
59	無量寺	真言豊山	不動・阿弥陀	北区西ヶ原
60	吉祥院	真言智山	阿弥陀如来	台東区元浅草
61	正福院(柳の稲荷)	真言豊山	大日如来	台東区元浅草
62	威光院	真言豊山	大日如来	台東区寿
63	観智院	真言豊山	大日如来	台東区谷中
64	加納院	新義真言	阿弥陀如来	台東区谷中
65	大聖院	真言豊山	大日如来	港区三田
66	東覚寺(赤紙仁王)	真言豊山	不動明王	北区田端
67	真福寺(愛宕薬師)	真言豊山	薬師如来	港区愛宕
68	永代寺	高野真言	歓喜天	江東区富岡
69	宝生院	真言豊山	大日如来	港区三田
70	禅定院	真言豊山	阿弥陀如来	練馬区石神井町
71	新井薬師梅照院	真言豊山	薬師・如意輪	中野区新井
72	不動院	真言豊山	不動明王	台東区寿
73	東覚寺	真言豊山	大日如来	江東区亀戸
74	法乗院(ゑんま堂)	真言豊山	大日如来	江東区深川
75	赤坂不動尊威徳寺	真言智山	不動明王	港区赤坂
76	金剛院	真言豊山	阿弥陀如来	豊島区長崎
77	仏乗院	真言智山	千手観音	神奈川県秦野市蓑毛
78	成就院	真言智山	大日如来	台東区東上野
79	専教院	真言豊山	地蔵菩薩	文京区小日向
80	長延寺	真言豊山	地蔵菩薩	港区三田
81	光蔵院	真言智山	弘法大師	港区赤坂
82	竜福院	真言智山	大日如来	台東区元浅草
83	蓮乗院	真言豊山	阿弥陀如来	新宿区若葉
84	明王院(厄除大師)	真言豊山	弘法大師	港区三田
85	観音寺	真言単立	聖観音	新宿区高田馬場
86	常泉院	真言豊山	大日如来	文京区春日
87	護国寺	真言豊山	如意輪観音	文京区大塚
88	文殊院	高野真言	弘法大師	杉並区和泉

多摩八十八ヵ所霊場

秩父山塊から東流する多摩川とその支流一帯に起伏する丘陵と台地は、古く多摩郡(こおり)と呼ばれ、北、南、西の多摩三郡が設けられていた。この地方は記紀、万葉の時代以前から開け、今の東京都府中市・国分寺市にかけては、東国最大の武蔵国府及び国分寺・国分尼寺が置かれ、文化の中心地であった。

更に多摩地方は鎌倉や江戸にも近く、縦には鎌倉の諸街道、横には甲州・青梅・五日市等、江戸への諸街道が発達し古来交通の要衝であった。これらの諸街道や丘陵地に沿って古くより集落が発達し、あまたの古跡が点在したが、分倍河原の合戦を初めとする幾多の大合戦により、多くの寺社及び文物が灰燼に帰した。

この地域は古くから真言の法灯が栄え、大師信仰の盛んな土地で、江戸時代文政元年（1818）以前に多摩八十八ヵ所が開かれたが、昭和9年（1934）、弘法大師1100年ご遠忌に当たり、域内真言宗寺院を糾合し、多摩新四国八十八ヵ所霊場として現在の形に改められた。弘法大師の「誓いは龍華の開くまで」にあやかって「龍華会」と名付けられ、88番金剛寺に本部が置かれている。

第二次世界大戦前、何回かの総供養が行われ、巡拝も非常に盛んになったが、やがて戦火が激しくなり参拝も途絶えがちであった。

戦後、社会の落ち着きとともに、巡拝の人もようやく増えはじめ、昭和44年には団体参拝が復活し、以後毎年、巡拝団が多摩野に鈴の音を響かせている。

霊場は井の頭池に近い武蔵野市の**安養寺**に始まり、東京都下の旧北多摩・西多摩・南多摩地域と巡って、日野市の高幡不動尊**金剛寺**を打ち止めとしている。寺格にとらわれず、ほぼ順番通りに配列されており、巡拝に便利である。

多摩地方は新宿までわずか30分から1時間という至便の地であることから、戦後都市化の波が激しく、霊場寺院の変容も甚しいが、その激流の中にあって大師の法灯並びに文化遺産は、しっかりと守られており、今はほとんど失われてしまった武蔵野の面影を残す寺院も少なくない。

霊場寺院には関東三山の一角を担う高尾山**薬王院**、関東三大不動の高幡不動尊**金剛寺**の二大寺院を初め、1200年の歴史を誇る武蔵**国分寺**、平将門伝承の青梅**金剛寺**、あきる野**大悲願寺**等の古刹、あるいは源氏・足利氏・小田原北條氏を初めとする戦国武将、新選組ゆかりの寺院も多く、変化に富んでいる。

見どころは、29番**国分寺**の仏像と万葉植物園、45番**安楽寺**本堂と46番**梅岩寺**の枝垂桜、47番青梅**金剛寺**の寺宝の将門ゆかりの梅、59番**大悲願寺**の重宝と白萩、68番高尾山**薬王院**と明治の森高尾国定公園、88番高幡不動尊**金剛寺**の丈六不動三尊と文化財・山内八十八ヵ所などである。

また巡拝路に沿って、井の頭公園、神代植物園、深大寺、大国魂神社、分倍河原古戦場、多摩湖、鳩の巣渓谷、吉野梅郷、御嶽神社、秋川渓谷、多摩御陵、多摩動物公園などの名所旧跡が点在している。

各霊場寺院には統一された御納経が準備してあり、巡拝者に頒布している。東京の都心から近いので休日を利用して気軽に巡拝することができ、自家用車またはサイクリングの若者も多い。所要日数は電車とバス乗り継ぎで10～15日、自家用車で5～6日、貸切バスで7日くらいである。

(川澄祐勝)

★問合せ先
高幡不動尊金剛寺内龍華会本部
☎042-591-0032

★案内書
『多摩八十八ヶ所巡拝のしおり』
(龍華会本部刊)

多摩八十八カ所霊場（東京都）

1	安養寺	真言豊山	不動明王	武蔵野市吉祥寺東町
2	延命寺	真言智山	文殊菩薩	〃 八幡町
3	井口院	新義真言	薬師如来	三鷹市上連雀
4	長久寺	新義真言	大日如来	〃 大沢
5	大正寺	新義真言	大日如来	調布市調布ヶ丘
6	常性寺	真言豊山	薬師・不動	〃 国領町
7	威光寺	真言豊山	大日如来	稲城市矢野口
8	高勝寺	真言豊山	大日如来	〃 坂浜
9	宝蔵院	真言豊山	不動明王	〃 坂浜
10	高蔵院	真言豊山	大日如来	町田市三輪町
11	慶性寺	新義真言	大日如来	〃 大蔵町
12	千手院	真言豊山	千手観音	〃 小野路町
13	東福寺	真言智山	不動明王	多摩市落合
14	吉祥院	真言智山	不動明王	〃 豊ヶ丘
15	高蔵院	真言智山	不動明王	〃 和田
16	観音寺	真言豊山	聖観音	〃 関戸
17	真照寺	真言智山	大日・千手	日野市落川
18	法音寺	真言豊山	不動明王	府中市住吉町
19	最照寺	真言智山	不動明王	八王子市大塚
20	正光院	真言豊山	不動明王	府中市住吉町
21	光明院	真言豊山	不動明王	〃 分梅町
22	普門寺	新義真言	聖観音・薬師	〃 宮町
23	妙光院	真言豊山	延命地蔵	〃 本町
24	西蔵院	真言豊山	大日如来	〃 是政
25	宝性院	真言豊山	薬師如来	〃 是政

26	正楽院	真言智山	大日如来	立川市羽衣町
27	観音寺	新義真言	聖観音	国分寺市西町
28	東福寺	真言豊山	大日如来	〃　　西恋ケ窪
29	国分寺	真言豊山	薬師如来	〃　　西元町
30	真明寺	真言豊山	大日如来	小金井市貫井南町
31	金蔵院	真言豊山	十一面観音	〃　　中町
32	宝寿院	真言豊山	不動明王	小平市鈴木町
33	総持寺	真言智山	不動明王	西東京市本町
34	宝樹院	真言智山	薬師如来	〃　　泉町
35	如意輪寺	真言智山	大日如来	〃　　泉町
36	寶晃院	真言智山	不動明王	〃　　住吉町
37	多聞寺	真言智山	毘沙門天	東久留米市本町
38	圓乗院	真言智山	不動明王	東大和市狭山
39	三光院	真言豊山	阿弥陀如来	〃　　清水
40	蓮華寺	真言豊山	不動明王	〃　　芋窪
41	慶性院	真言豊山	不動明王	〃　　芋窪
42	真福寺	真言豊山	薬師如来	武蔵村山市中藤
43	薬王寺	真言豊山	薬師如来	青梅市今井
44	真浄寺	真言豊山	虚空蔵菩薩	〃　　谷野
45	安楽寺	真言単立	愛染明王	〃　　成木
46	梅岩寺	真言豊山	虚空蔵菩薩	〃　　青梅
47	金剛寺	真言豊山	不動明王	〃　　青梅
48	東光寺	真言豊山	地蔵菩薩	〃　　青梅
49	常福院（高水山）	真言豊山	不動明王	〃　　成木
50	宝蔵寺	真言豊山	不動明王	西多摩郡檜原村
51	即清寺	真言豊山	不空羂索	青梅市柚木町
52	花蔵院	真言豊山	十一面観音	〃　　友田町
53	西福寺	真言豊山	不動明王	西多摩郡日の出町大久野
54	光明寺	真言豊山	不動明王	〃　　日の出町大久野
55	西光寺	真言豊山	不動明王	〃　　日の出町平井
56	常福寺	真言豊山	不動明王	〃　　日の出町平井
57	大行寺	真言豊山	不動・地蔵	あきる野市草花
58	真照寺	真言豊山	不動明王	〃　　引田
59	大悲願寺	真言豊山	大日如来	〃　　横沢
60	大光寺	真言豊山	十一面観音	〃　　高尾
61	正福寺	真言豊山	薬師如来	八王子市上川町
62	大仙寺	真言豊山	不動明王	〃　　上川町
63	安養寺	真言智山	不動明王	〃　　犬目町
64	西蓮寺	真言智山	不動明王	〃　　大楽寺町
65	宝生寺	真言智山	不動明王	〃　　西寺方町

66	浄福寺	真言智山	大日如来	八王子市下恩方町
67	吉祥院	真言智山	大日如来	〃 長房町
68	薬王院（高尾山）	真言智山	飯縄大権現	〃 高尾町
69	金南寺	真言智山	阿弥陀如来	〃 西浅川町
70	大光寺	真言単立	阿弥陀如来	〃 初沢町
71	真覚寺	真言智山	不動明王	〃 散田町
72	萬福寺	真言智山	大日如来	〃 緑町
73	金剛院	高野真言	不動明王	〃 上野町
74	観音寺	真言智山	十一面観音	〃 万町
75	妙薬寺	真言単立	不動明王	〃 元横山町
76	大義寺	真言智山	薬師如来	〃 元横山町
77	福傳寺	真言智山	不動明王	〃 明神町
78	長福寺	真言智山	不動明王	〃 川口町
79	龍光寺	真言智山	大日如来	〃 宇津木町
80	阿弥陀寺	真言智山	阿弥陀如来	昭島市宮沢町
81	西蓮寺	真言智山	大日如来	八王子市石川町
82	天龍寺	真言智山	不動明王	〃 北野町
83	延命寺	真言智山	延命地蔵	日野市川辺堀ノ内
84	普門寺	真言智山	大日如来	〃 日野本町
85	安養寺	真言智山	阿弥陀如来	〃 万願寺
86	石田寺	真言智山	延命地蔵	〃 石田
87	寿徳寺	真言智山	大日如来	〃 南平
88	金剛寺（高幡不動尊）	真言智山	大日・不動	〃 高幡

奥多摩新四国八十八ヵ所霊場

承和2年（835）の弘法大師入寂より数えて、1100年目に当たる昭和9年（1934）、長年大師の信仰者であった武田弥兵衞氏を中心とした「東京善心講」の人々によって、都心と結ぶ青梅街道に面した、東京都西多摩郡瑞穂町字長岡196番地を開山所として「奥多摩新四国八十八ヵ所霊場」は開創された。

開設者の武田氏は、岐阜県羽島郡の農家の次男坊に生まれ、24歳のとき名古屋に出て、陶器商の見習いから独立苦闘したのち上京、武田商店を興した。その後、都内有数の陶器商として日本全国はもとより、海外数か国に販路を拡げるほどに成功した方である。その間さまざまな難問題に出合ったのであるが、ただひたすら信仰する大師の功徳によって救われた奇蹟の数々を体験してきた。こうしたことから、晩年の余生を多摩に新四国霊場を創立することに充てるという悲願をたて、瑞穂町長岡の名士の旧宅と畑数千坪を譲り受け、

そこを武田農場と名付けて新四国八十八札所の開山所とした。

また発願の理由のなかには、武田氏の叔父に当たる人が故あって出家僧となり、愛知県の知多半島に住んで現在の「知多新四国八十八ヵ所霊場」を中心となって開創したという因縁による影響もあったと思われる。

開山式には導師として、ときの四国善通寺大僧正、京都醍醐派三宝院大僧正が来山、来賓として武田氏の美挙を祝う人々のなかに、頭山満、徳富猪一郎（蘇峰）翁なども参列している。

当札所の特徴は、多摩各地の真言宗の寺院が主となって開設されたことは勿論であるが、一宗一派にこだわらず、他宗の寺々の理解協力で札所が受け入れられていること。また一部に、大師の遺徳にあやかろうとする一般の人々の家に、宗派を超えて札所が安置されていることが特徴といえよう。

遍路巡拝の道々には、当地方の歴史を物語る史跡、旧跡がいたるところに見られるが、見どころとしては、ＪＲ青梅線沿線の「青梅市」を中心とした37か所の札所であろう。

第4番札所より多摩川南岸の都道に沿って巡拝して、奥多摩町氷川まで行き、多摩川の支流日原川に沿って「日原鍾乳洞」別名一石山大権現付近の札所12、30、61番の巡拝をすませて再び氷川に戻り、多摩川北岸の青梅街道（都道）を青梅市に戻って市内の古寺を巡拝するコースは、奥多摩峡谷の美を充分に探求できる。

一方、私鉄西武線に沿っては、札所52、65、67、77、79番を兼ねた狭山湖畔の山口観音**金乗院**を振り出しに、埼玉県内の所沢・入間・飯能の各市にわたっている札所巡りは、西武蔵野の風土と歴史の探訪をも楽しめ興味深い。

全霊場巡りの所要日数は、徒歩で20日前後、交通機関などを利用すれば、4泊5日前後と思われるが、遍路の道標などが整備されていないので、巡拝箇所によっては、よく問い合わせをされることが望ましい。

当霊場が開山された昭和9年の数年後には、日本にとって悪夢の忌まわしい戦争の渦中に突入した。それは武田氏にとっても、善心講の人々にとっても大きな変化をもたらした。第二次世界大戦後の混乱した世相の数年間は、霊場の整備など一切途絶えるなかで、氏は家業を子供に譲って、老齢の身を霊場の再建発展に打ち込んでいたが、惜しくも昭和50年8月に逝去された。その後は初子未

山口観音金乗院

亡人が開山所を守っておられた。

開山の際に建てられた巡行大師像は各札所で立派に供養されているものの、各寺院のなかには経営の理由などで住職不在のところがところどころにあるのが、遍路される方々には、一抹の寂しさを感じさせるかも知れない。

（桜沢孝平）

★問合せ先・各寺院
★案内書

桜沢孝平著『新四国奥多摩霊場八十八札所』（武蔵野郷土史刊行会刊）

奥多摩新四国八十八ヵ所霊場

	開山所			東京都西多摩郡瑞穂町長岡
1	小山家		釈迦如来	〃　羽村市羽
2	長岡開山所		釈迦如来	〃　西多摩郡瑞穂町長岡
3	地蔵院	臨済建長	地蔵菩薩	〃　青梅市畑中
4	加藤家		大日如来	〃　〃　友田
5	西勝院	真言豊山	地蔵菩薩	埼玉県入間市宮寺
6	島田家		薬師如来	東京都青梅市友田
7	宝光寺	真言智山	阿弥陀如来	埼玉県飯能市上畑
8	花蔵院	真言豊山	十一面観音	東京都青梅市友田
9	長光寺	曹洞宗	釈迦如来	埼玉県飯能市下直竹
10	浄心寺	曹洞宗	千手観音	〃　〃　矢嵐
11	儘多屋		弘法大師	東京都青梅市小曽木
12	燕岩(日原鐘乳洞)		虚空蔵菩薩	〃　西多摩郡奥多摩町日原
13	天沢院	曹洞宗	釈迦如来	〃　青梅市梅郷
14	吉岡家		弥勒菩薩	〃　西多摩郡瑞穂町下師岡
15	常福寺	曹洞宗	薬師如来	〃　青梅市富岡
16	金蔵寺	真言智山	千手観音	埼玉県飯能市大河原
17	大徳院		不動明王	東京都青梅市御岳本町
18	福昌寺	真言単立	薬師如来	〃　〃　小曽木
19	慈恩寺	真言豊山	大日如来	〃　〃　沢井上分
20	常福院	真言豊山	虚空蔵菩薩	〃　〃　成木
21	円通寺	天台宗	虚空蔵菩薩	〃　八王子市高月町
22	心月院	曹洞宗	薬師如来	〃　青梅市御岳
23	密巌院	真言豊山	薬師如来	埼玉県所沢市山口
24	新光寺	真言豊山	虚空蔵菩薩	〃　〃　宮本町
25	海蔵院跡		釈迦如来	東京都青梅市南小曽木
26	原島家		薬師如来	〃　〃　御岳
27	長泉院	曹洞宗	釈迦如来	〃　〃　二俣尾
28	智観寺	真言豊山	大日如来	埼玉県飯能市中山

29	加藤家		千手観音	東京都羽村市
30	日原鍾乳洞		阿弥陀如来	〃 西多摩郡奥多摩町日原
31	原島家		文殊菩薩	〃 青梅市御岳
32	観喜寺	真言智山	十一面観音	埼玉県飯能市岩淵
33	宗禅寺	臨済建長	薬師如来	東京都羽村市川崎
34	持田家		薬師如来	〃 青梅市梅郷
35	蓮華院	真言智山	薬師如来	埼玉県入間市春日町
36	長岡開山所		不動明王	東京都西多摩郡瑞穂町長岡
37	慈勝寺	臨済建長	不動明王	〃 あきる野市草花
38	安楽寺	真言単立	千手観音	〃 青梅市成木
39	長福寺	真言豊山	弘法大師	〃 西多摩郡奥多摩町丹三郎
40	北島家		薬師如来	〃 青梅市御岳
41	竜円寺	真言智山	十一面観音	埼玉県入間市新久
42	清照寺	真言豊山	大日如来	〃 所沢市上山口
43	東光寺	真言豊山	地蔵菩薩	東京都青梅市青梅
44	明光寺	真言智山	十一面観音	埼玉県狭山市根岸
45	天覧山		不動明王	〃 飯能市天覧山
46	東光寺	真言豊山	弘法大師	〃 入間市小谷田
47	宝玉院	真言豊山	阿弥陀如来	〃 所沢市三ヵ島
48	三ツ井戸大師		十一面観音	〃 〃 上新井三ツ井戸
49	即清寺	真言豊山	不空羂索	東京都青梅市柚木町
50	宝泉寺	真言豊山	薬師如来	埼玉県所沢市北岩岡
51	石倉院	曹洞宗	地蔵菩薩	東京都青梅市小曽木
52	山口観音	真言豊山	十一面観音	埼玉県所沢市上山口
53	仏眼寺	真言豊山	阿弥陀如来	〃 〃 久米
54	金剛寺	真言豊山	不動明王	東京都青梅市青梅
55	清泰寺	真言智山	阿弥陀如来	埼玉県飯能市中居
56	清泰寺	真言豊山	不動明王	〃 入間市宮寺
57	円泉寺	真言豊山	不動明王	〃 飯能市平松
58	円照寺	真言豊山	千手観音	〃 入間市野田
59	塩船観音寺	真言醍醐	十一面千手	東京都青梅市塩船
60	大光寺	真言智山	大日如来	埼玉県飯能市川寺
61	篭岩（日原鍾乳洞）		大日如来	東京都西多摩郡奥多摩町日原
62	長久寺	真言豊山	十一面観音	埼玉県入間市宮寺
63	岩井堂観音		毘沙門天	〃 飯能市岩淵
64	観音寺	真言智山	如意輪観音	〃 〃 山手町
65	山口観音	真言豊山	十一面観音	〃 所沢市上山口
66	金仙寺	真言豊山	千手観音	〃 〃 堀之内
67	山口観音	真言豊山	薬師如来	〃 〃 上山口
68	実蔵院	真言豊山	大日如来	〃 〃 本町

関東の弘法大師霊場

69	高正寺	曹洞宗	聖観音	埼玉県入間市仏子
70	梅岩寺	真言豊山	虚空蔵菩薩	東京都青梅市青梅
71	雲慶院	曹洞宗	釈迦如来	〃　　　　沢井
72	普門院	真言豊山	大日如来	埼玉県所沢市上新井
73	仏蔵院	真言豊山	釈迦如来	〃　　　　山口
74	蓮華院	真言智山	薬師如来	〃　　入間市春日町
75	平等院	真言豊山	薬師如来	〃　　飯能市大河原
76	蓮華院	真言智山	薬師如来	〃　　入間市春日町
77	山口観音	真言豊山	薬師如来	〃　　所沢市上山口
78	慶性院	真言豊山	阿弥陀如来	東京都東大和市芋窪
79	山口観音	真言豊山	十一面観音	埼玉県所沢市上山口
80	中沢家		千手観音	東京都西多摩郡奥多摩町棚沢
81	大徳院		千手観音	〃　　　　奥多摩町棚沢
82	大沢家		千手観音	〃　　　　奥多摩町白丸
83	周慶院	曹洞宗	薬師如来	〃　　　　奥多摩町氷川
84	弁天峡		千手観音	〃　　　　奥多摩町氷川
85	慈眼寺	曹洞宗	聖観音	〃　　　　奥多摩町氷川
86	永昌院		十一面観音	〃　　　　瑞穂町長岡
87	長岡開山所		聖観音	〃　　　　瑞穂町長岡
88	長岡開山所		薬師如来	〃　　　　瑞穂町長岡
外	福生院	臨済建長	弘法大師	〃　　福生市熊川鍋ヶ谷戸
外	十夜橋霊場		弘法大師	〃　　青梅市長淵鳶巣橋際

玉川八十八ヵ所霊場

弘法大師信仰は宗派を超え、無数の信者により全国各地に本四国八十八ヵ所を模した霊場札所が開設されている。玉川八十八ヵ所もその一つである。

この札所の開創がいつかは、はっきりしない。江戸時代の宝暦年間ともいい、天保、弘化年間ともいい、ずっと降って明治中期であるともいう。宝暦のころの四郡（荏原、多摩、橘樹、都筑）八十八ヵ所が改称されたものだともいうが、証拠となる資料は全く無いと聞いている。開創者も不明である。

明らかなのは、日清・日露の戦争後には年間相当数の巡拝者で賑わったということである。札所の分布が東京都内（大田区・世田谷区中心）56か寺、神奈川県川崎市22か寺、横浜市10か寺と多摩川に沿った両岸に広がっているため、東京在住の巡拝者が多かったようである。しかしこのブームも明治末期にはほとんど廃れてしまったらしい。

大正に入り、東京市芝区の森寅吉氏、神田須田町で三好野本店を経営

する池田氏などが中心となって大正5年（1916）に「永楽講」が結成され、広く市民に呼びかけて、当霊場復興に力を入れた。当時の多摩川沿岸は風光も良く参拝を兼ねた散策には案外最適であったのであろう。八十八ヵ寺を8ブロックに分け、巡拝者は毎月決まった日時に定められた場所に自由に集合し、もちろん徒歩で巡拝して回った。各寺へは、講名による御詠歌の扁額も奉納されている。

この永楽講の働きにより札所は再び復興して昭和に及んだが、第二次世界大戦に入って再度巡拝者は絶え、戦後各寺は戦災による堂宇の復興にのみ専心しなければならなかった。

昭和48年（1973）に弘法大師御誕生1200年を迎えるに当たり、その2年前の46年に第1番札所川崎大師**平間寺**（へいけんじ）では札所の再復興を浄願の一つとして取り上げた。玉川八十八ヵ所興隆委員会を設置し、事務局を平間寺に置いて、関東大震災と戦災によって相当数に上る失滅と異動のあったものを、霊場主総員の協力を得て整理し、諸種の設備を調えて再出発したのである。

霊場の名称も旧来「多摩川八十八ヵ所」であったのだが、三多摩地区に「多摩八十八ヵ所」があるので、昔から多摩川を「玉川」とも書くくし、また弘法大師御入定（にゅうじょう）の高野山奥ノ院を流れる川が「玉川」であるところから、まぎらわしさを避けて「玉川八十八ヵ所」と改称されることとなった。

48年には八十八ヵ寺が大開帳を行い、各寺はバスを連ねて巡拝の団参を行った。以後またこの霊場は脚光を浴び、日々参拝者をお迎えしている今日である。

しかし「御府内八十八ヵ所」と同様に、札所寺院が密集した市街地に多いため、個人で巡る場合は乗り物の便がよい反面、大型バスによる巡拝は困難である。団体はマイクロバスを利用する方がよい。全部を徒歩で回ると8日間かかる。

札所は全寺真言宗で、それぞれが数百年の歴史と由緒とを有する古刹である。

案内地図は霊場事務局で発行したものが札所各寺に備えられているから、どの寺でも入手できる。納経は、たとえ住職が不在でも受けられるようになっている。

なお、霊場事務局は平間寺内に在り、不明の点はいつでもお問い合わせ願いたい。

★問合せ先

玉川八十八ヵ所霊場会事務局
　平間寺☎044―266―3420

★案内書

新田明江著『多摩川遍路―玉川八十八ヵ所霊場案内』（栴檀社刊）

関東の弘法大師霊場

玉川八十八ヵ所霊場

1	平間寺	真言智山	弘法大師	神奈川県川崎市川崎区大師町
2	真観寺	真言智山	聖観音	〃　　〃　川崎区大島
3	金蔵院	真言智山	阿弥陀如来	〃　　横浜市神奈川区東神奈川
4	成就院	真言智山	不動明王	〃　　川崎市川崎区渡田
5	玉真院	真言智山	弘法大師	東京都世田谷区瀬田
6	円能院	真言智山	大日如来	神奈川県川崎市川崎区小田
7	東漸寺	真言智山	大日如来	〃　　横浜市鶴見区潮田
8	正泉寺	真言智山	薬師如来	〃　　〃　鶴見区生麦
9	竜泉寺	高野真言	不動明王	〃　　〃　鶴見区岸谷
10	東福寺	真言智山	如意輪観音	〃　　〃　鶴見区鶴見
11	金剛寺	真言智山	大日如来	〃　　〃　鶴見区市場下町
12	宝蔵院	真言智山	大日如来	〃　　〃　鶴見区馬場町
13	真言寺	真言智山	薬師如来	〃　　川崎市川崎区堀之内
14	延命寺	真言智山	延命地蔵	〃　　〃　幸区都町
15	正楽寺	真言智山	大日如来	〃　　横浜市鶴見区矢向
16	大楽寺	真言智山	大日如来	〃　　川崎市中原区木月
17	無量寺	真言智山	阿弥陀如来	〃　　〃　中原区中丸子
18	大楽院	真言豊山	十一面観音	〃　　〃　中原区上丸子八幡
19	成就院	真言智山	弘法大師	〃　　〃　中原区小杉陣屋町
20	西明寺	真言智山	大日如来	〃　　〃　中原区小杉御殿町
21	東福寺	真言智山	大日如来	〃　　〃　中原区市ノ坪
22	蓮花寺	真言智山	聖観音	〃　　〃　高津区久末
23	蓮乗院	真言智山	准胝観音	〃　　〃　高津区子母口
24	安養寺	真言智山	大日如来	〃　　〃　中原区上新城
25	長福寺	真言智山	大日如来	〃　　〃　中原区上小田中
26	常楽寺	真言智山	聖観音	〃　　〃　中原区宮内
27	東樹院	真言智山	不動明王	〃　　〃　中原区宮内
28	宝蔵寺	真言智山	地蔵菩薩	〃　　〃　中原区上小田中
29	安養院	真言智山	阿弥陀如来	〃　　〃　高津区坂戸
30	明王院	真言智山	不動明王	〃　　〃　高津区諏訪
31	正福寺	真言智山	大日如来	〃　　〃　高津区北見方
32	善養寺	真言智山	大日如来	東京都世田谷区野毛
33	等々力不動堂	真言智山	不動明王	〃　世田谷区等々力
34	医王寺	真言智山	薬師如来	〃　世田谷区深沢
35	金剛寺	真言智山	大日如来	〃　世田谷区中町
36	覚願寺	真言智山	大日如来	〃　世田谷区上野毛町
37	慈眼寺	真言智山	大日如来	〃　世田谷区瀬田
38	大空閣寺	真言豊山	虚空蔵菩薩	〃　世田谷区瀬田
39	真福寺	真言智山	大日如来	〃　世田谷区用賀

40	長円寺	真言智山	大日如来	東京都世田谷区岡本
41	安穏寺	真言智山	不動明王	〃 世田谷区上祖師谷
42	東覚院	真言智山	薬師如来	〃 世田谷区千歳台
43	宝性寺	真言智山	大日如来	〃 世田谷区船橋
44	多聞院	真言豊山	地蔵菩薩	〃 世田谷区北烏山
45	密蔵院	真言豊山	不動明王	〃 世田谷区桜上水
46	西福寺	真言豊山	薬師如来	〃 世田谷区赤堤
47	善性寺	真言豊山	不動明王	〃 世田谷区豪徳寺
48	勝国寺	真言豊山	不動明王	〃 世田谷区世田谷
49	円光院	真言豊山	不動明王	〃 世田谷区世田谷
50	円乗院	真言豊山	不動明王	〃 世田谷区代田
51	円泉寺	真言豊山	不動明王	〃 世田谷区太子堂
52	西澄寺	真言智山	薬師如来	〃 世田谷区下馬町
53	金蔵院	真言智山	大日如来	〃 目黒区八雲
54	満願寺	真言智山	大日如来	〃 世田谷区等々力町
55	東光院	真言智山	大日如来	〃 大田区田園調布本町
56	密蔵院	真言智山	大日如来	〃 大田区田園調布南
57	観蔵院	真言智山	大日如来	〃 大田区西嶺町
58	増明院	真言智山	大日如来	〃 大田区鵜ノ木
59	蓮光院	真言智山	大日如来	〃 大田区下丸子
60	長福寺	真言智山	白衣観音	〃 大田区下丸子
61	吉祥院	真言智山	不動明王	〃 世田谷区鎌田
62	花光院	真言智山	大日如来	〃 大田区矢口
63	円応寺	真言智山	大日如来	〃 大田区矢口
64	遍照院	真言智山	阿弥陀如来	〃 大田区多摩川
65	金剛院	真言智山	大日如来	〃 大田区新蒲田
66	東福寺	真言智山	阿弥陀如来	〃 大田区多摩川
67	大楽寺	真言智山	阿弥陀如来	〃 大田区新蒲田
68	薬王寺	真言智山	薬師如来	〃 大田区西六郷
69	安養寺	真言智山	五智如来	〃 大田区西六郷
70	蓮花寺	真言智山	十一面観音	〃 大田区西蒲田
71	円乗院	高野真言	弘法大師	〃 大田南馬込
72	長遠寺	真言智山	不動明王	〃 大田区南馬込
73	鏡王院	真言智山	釈迦如来	〃 大田区東馬込
74	来福寺	真言智山	地蔵菩薩	〃 品川区東大井
75	円能寺	真言智山	不動明王	〃 大田区山王
76	密厳院	真言智山	不動明王	〃 大田区大森北
77	密乗院	真言智山	不動明王	〃 大田区大森中
78	自性院	真言智山	薬師如来	〃 大田区本羽田
79	正蔵院	真言智山	不動明王	〃 大田区本羽田

80	竜王院	真言智山	薬師如来	東京都大田区羽田
81	長松寺	真言智山	薬師如来	神奈川県横浜市鶴見区駒岡町
82	観音寺	真言智山	十一面観音	〃　　〃　　港北区篠原町
83	秀明寺	真言智山	聖徳太子	東京都大田区本羽田
84	宝泉寺	真言智山	大日如来	〃　大田区南六郷
85	宝珠院	真言智山	阿弥陀如来	〃　大田区仲六郷
86	東陽院	真言智山	如意輪観音	〃　大田区仲六郷
87	新照寺	真言智山	阿弥陀如来	〃　大田区南蒲田
88	宝幢院	真言智山	阿弥陀如来	〃　大田区西六郷

1番・平間寺（左）とお砂踏み（下）

33番・等々力不動堂

中部の弘法大師霊場

甲斐百八ヵ所霊場

　山梨県は周囲に山々をいただき、なかでも富士山・金峰山など多くの霊山があり、往古より修行の恰好の場として知られている。

　また甲州の文化史を見るときに日蓮上人、夢窓国師、業海和尚、抜隊(ばっすい)禅師、快川(かいせん)国師と次々に名僧の入峡と寺院の建立が見られ、今日なお古寺名刹として隆盛をきわめている。このことは山梨県がどの地方よりも、素晴らしい自然に恵まれていることと、甲州人が生活は貧しくとも、豊かな心の持ち主であり、しかも宗教のよき理解者であった証(あかし)でもある。

　鎌倉時代中国の僧、蘭渓道隆が北条時頼の厚い帰依を受け鎌倉の建長寺の開山になったものの、新興の禅宗に対する旧仏教の迫害を受け文永9年（1272）甲斐に流謫(るたく)されたのであるが、その蘭渓に甲斐の守護である武田氏や豪族たちはむしろ帰依して甲府に東光寺、韮崎(にらさき)に永岳寺を建立している。

　また蘭渓と入れ替わりに入峡したのが日蓮上人である。日蓮はたびたびの幕府批判のため佐渡に流され、文永11年に赦されて鎌倉に帰ってきたとき、甲州の南部光行の三男、波木井実長が身延の地に招いたのが身延山久遠寺の創まりである。山梨県にはこうした我が国の仏教史に登場する逸話やそれにまつわる寺院が多く残されている。

　この甲州にも江戸時代中期にかけて幾つかの霊場が計画された。甲斐国八十八ヵ所霊場、甲斐三十三観音霊場、郡内三十三観音霊場もそれらの一つであった。

　甲斐八十八ヵ所は弘法大師の遺徳をしのび四国八十八ヵ所の札所を甲州に勧請(かんじょう)したもので、最初は正徳年間（1711～6）に八十八の霊場が定められたが、明和9年（1772）に再編成して、各札所に弘法大師の御影と四国の札所の寺名と御詠歌を記した額が納められた。今日でも額を現存している寺は多い。昔は農閑期に老人たちがお詣りに歩いていたが、実際には霊場として定着しないままに今日に至ってしまった。昭和47、8年ごろから霊場の復興の話がもちあがり、調査を始めたところ、廃寺や無住の寺院が多く、携わった人たちから札所の再編成が望まれていた。

　たまたま昭和55年（1980）、テレビ山梨の開局十周年の記念行事に甲州の霊場巡りの復興がもちあがり、今までの甲斐八十八ヵ所、甲斐三十三観音などをもとに各宗各派を網羅した甲斐百八霊場が定められ、立派な案内書もできあがった。

　それ以降、この甲斐百八霊場を巡る参詣者は年々多くなり、人々の心のよりどころとされるようになって

きた。

甲州の風土は甲府盆地を除く77パーセントが山岳地帯であり、その中の霊場をみると他県にみられない自然とよく調和した寺が多い。以前に甲斐八十八ヵ所霊場復興がもちあがったとき、今は故人になられた東京の橋爪義孝氏が全国の霊場をくまなく回ってきて、他県のどこの霊場よりも甲州が素晴らしいといわれた。それは甲州の自然が美しいことと、古い歴史がよく残され文化財が保存されていることだといわれた。巡礼の取り扱いについては、まだまだ素朴さが残っている。こうしたことからも、まだまだ観光化されない甲州の霊場を大事に育てたいものである。

甲州の霊場は山梨県下に散在しており、交通機関は、個人の場合は自家用車を利用される、がよい。団体の場合は道路幅が狭いので中型バスを利用されるとよい。霊場を巡拝するのは1日平均8か寺ぐらいを予定され、県下にはひなびた温泉が多いので宿泊の利用されるとよいと思う。

（清雲俊元）

（この霊場は、弘法大師霊場ではないが、歴史的過程をふまえ、このページに入れた。編集部。）

★問合せ先
甲州霊場巡礼の集い事務局
放光寺☎0553—32—3340

★案内書
『甲斐百八霊場』（テレビ山梨刊）
『甲斐みほとけの国』
（佼正出版刊）

甲斐百八ヵ所霊場（山梨県）

1	善光寺	浄土宗	阿弥陀如来	甲府市善光寺町
2	光福寺	浄土宗	阿弥陀如来	〃　　横根町
3	大蔵経寺	真言智山	不動明王	東八代郡石和町松本
4	永昌院	曹洞宗	十一面観音	山梨市矢坪
5	洞雲寺	曹洞宗	釈迦如来	東山梨郡牧丘町北原
6	普門寺	曹洞宗	薬師如来	〃　　牧丘町西保下
7	吉祥寺	真言智山	毘沙門天	〃　　三富村徳和
8	放光寺	真言智山	大日如来	塩山市藤木
9	恵林寺	臨済妙心	釈迦如来	〃　　小屋敷
10	慈雲寺	臨済妙心	聖観音	〃　　中萩原
11	雲峰寺	臨済妙心	十一面観音	〃　　上萩原
12	向嶽寺	臨済向嶽	釈迦如来	〃　　上於曽
13	雲光寺	臨済妙心	地蔵菩薩	山梨市下井尻
14	清白寺	臨済妙心	釈迦如来	〃　　三ケ所
15	立正寺	日蓮宗	十界曼荼羅	東山梨郡勝沼町休息
16	万福寺	真宗本願	阿弥陀如来	〃　　勝沼町等々力
17	三光寺	真宗本願	阿弥陀如来	〃　　勝沼町菱山

18	大善寺	真言智山	薬師如来	東山梨郡勝沼町勝沼
19	景徳院	曹洞宗	釈迦如来	〃　大和村田野
20	栖雲寺	臨済建長	釈迦如来	〃　大和村木賊
21	保福寺	曹洞宗	地蔵菩薩	北都留郡上野原町上野原
22	花井寺	臨済向嶽	弥勒菩薩	大月市七保町下和田
23	福泉寺	臨済建長	釈迦如来	〃　七保町葛野
24	真蔵院	真言智山	千手観音	〃　賑岡町岩殿
25	長生寺	曹洞宗	釈迦如来	都留市下谷
26	広教寺	曹洞宗	地蔵菩薩	〃　大幡
27	宝鏡寺	曹洞宗	釈迦如来	〃　夏狩
28	西方寺	浄土宗	阿弥陀如来	富士吉田市小明見
29	月江寺	臨済妙心	釈迦如来	〃　下吉田
30	西念寺	時宗	阿弥陀如来	〃　上吉田
31	承天寺	臨済妙心	薬師如来	南都留郡忍野村内野
32	妙法寺(蓮華山)	法華本門	十界曼荼羅	〃　河口湖町小立
33	常在寺	法華本門	十界曼荼羅	〃　河口湖町小立
34	称願寺	時宗	阿弥陀如来	東八代郡御坂町上黒駒
35	広巌院	曹洞宗	聖観音	〃　一宮町金沢
36	超願寺	真宗大谷	阿弥陀如来	〃　一宮町塩田
37	国分寺	臨済妙心	薬師如来	〃　一宮町国分
38	慈眼寺	真言智山	千手観音	〃　一宮町末木
39	遠妙寺	日蓮宗	十界曼荼羅	〃　石和町市部
40	福光園寺	真言智山	不動明王	〃　御坂町大野寺
41	広済寺	臨済向嶽	釈迦如来	〃　八代町奈良原
42	定林寺	日蓮宗	十界曼荼羅	〃　八代町南
43	瑜伽寺	臨済向嶽	釈迦如来	〃　八代町永井
44	聖応寺	臨済向嶽	十一面観音	〃　境川村大黒坂
45	向昌院	曹洞宗	聖観音	〃　境川村藤垈
46	竜華院	曹洞宗	釈迦如来	〃　中道町上曽根
47	安国寺	曹洞宗	釈迦如来	〃　中道町心経寺
48	円楽寺	真言智山	薬師如来	〃　中道町左右口
49	大福寺	真言智山	正観音	〃　豊富村大鳥居
50	永源寺	曹洞宗	釈迦如来	中巨摩郡玉穂町下河東
50	歓盛院	曹洞宗	釈迦如来	〃　玉穂町下三条
51	遠光寺	日蓮宗	十界曼荼羅	甲府市伊勢
52	千松院	曹洞宗	釈迦如来	〃　相生
53	一蓮寺	単立	阿弥陀如来	〃　太田町
54	信立寺	日蓮宗	十界曼荼羅	〃　若松町
55	尊躰寺	浄土宗	阿弥陀如来	〃　城東
56	東光寺	臨済妙心	釈迦如来	〃　東光寺町

中部の弘法大師霊場

57	能成寺	臨済妙心	釈迦如来	甲府市東光寺町
58	長禅寺	単立	釈迦如来	〃 愛宕町
59	大泉寺	曹洞宗	釈迦如来	〃 古府中町
60	円光院	臨済妙心	釈迦如来	〃 岩窪町
61	積翠寺	臨済妙心	釈迦如来	〃 上積翠寺町
62	法泉寺	臨済妙心	釈迦如来	〃 和田町
63	塩沢寺	真言智山	地蔵菩薩	〃 湯村
64	羅漢寺	曹洞宗	釈迦如来	中巨摩郡敷島町吉沢
65	天沢寺	曹洞宗	釈迦如来	〃 敷島町亀沢
66	慈照寺	曹洞宗	釈迦如来	〃 竜王町竜王
67	光照寺	曹洞宗	薬師如来	北巨摩郡双葉町岩森
68	満福寺	曹洞宗	釈迦如来	韮崎市穴山
69	長泉寺	時宗	阿弥陀如来	北巨摩郡須玉町若神子
70	正覚寺	曹洞宗	虚空蔵菩薩	〃 須玉町若神子
71	海岸寺	臨済妙心	釈迦如来	〃 須玉町下津金
72	清光寺	曹洞宗	薬師如来	〃 長坂町大八田
73	清泰寺	曹洞宗	薬師如来	〃 白洲町花水
74	高竜寺	曹洞宗	薬師如来	〃 武川村山高
75	実相寺	日蓮宗	十界曼荼羅	〃 武川村山高
76	常光寺	曹洞宗	薬師如来	韮崎市清哲町青木
77	願成寺	曹洞宗	阿弥陀如来	〃 神山町鍋山御堂
78	大公寺	曹洞宗	釈迦如来	〃 旭町上条南割
79	本照寺	日蓮宗	藤曼荼羅	〃 竜岡町下条東割
80	長谷寺	真言智山	十一面観音	南アルプス市榎原
81	伝嗣院	曹洞宗	釈迦如来	〃 上宮地
82	妙了寺	日蓮宗	十界曼荼羅	〃 上市之瀬
83	明王寺	真言智山	不動明王	南巨摩郡増穂町春米
84	南明寺	曹洞宗	聖観音	〃 増穂町小林
85	深向院	曹洞宗	釈迦如来	南アルプス市宮沢
86	古長禅寺	臨済妙心	釈迦如来	〃 鮎沢
87	長遠寺	日蓮宗	十界曼荼羅	〃 鏡中条
88	法善寺	高野真言	阿弥陀如来	〃 加賀美
89	昌福寺	日蓮宗	十界曼荼羅	南巨摩郡増穂町青柳
90	最勝寺	高野真言	聖観音	〃 増穂町最勝寺
91	妙法寺(徳栄山)	日蓮宗	十界曼荼羅	〃 増穂町小室
92	蓮華寺	日蓮宗	十界曼荼羅	〃 鰍沢町鰍沢
93	永泰寺	臨済建長	釈迦如来	西八代郡上九一色村古関
94	光勝寺	高野真言	千手観音	〃 三珠町上野
95	薬王寺	高野真言	毘沙門天王	〃 三珠町上野
96	宝寿院	高野真言	虚空蔵菩薩	〃 市川大門町

97	慈観寺	曹洞宗	聖観音	西八代郡下部町道
98	方外院	曹洞宗	如意輪観音	〃　下部町瀬戸
99	永寿庵	曹洞宗	五智如来	〃　下部町丸畑
100	大聖寺	真言醍醐	不動明王	南巨摩郡中富町八日市場
101	上沢寺	日蓮宗	十界曼荼羅	〃　身延町下山
102	南松院	臨済妙心	釈迦如来	〃　身延町下山
103	竜雲寺	曹洞宗	十一面観音	〃　身延町下山
104	本遠寺	日蓮宗	十界曼荼羅	〃　身延町大野
105	円蔵院	臨済妙心	聖観音	〃　南部町南部御崎原
106	内船寺	日蓮宗	十界曼荼羅	〃　南部町内船
107	最恩寺	臨済妙心	釈迦如来	〃　富沢町福士
108	久遠寺	日蓮宗	十界曼荼羅	〃　身延町身延

諏訪八十八番霊場

長野県の諏訪地方では、「諏訪百番霊場」の巡拝が、諏訪忠晴（1657～95）の時代から始まったといわれている。これは、西国・坂東・秩父の百観音にちなんで開創されたものといえる。

これより遅れて、「諏訪八十八番霊場」が、新四国として諏訪地方に創設されたという。昭和11年（1936）に岩波磯太郎ら4名が四国八十八ヵ所霊場を巡拝し、霊砂を持ち帰って諏訪八十八ヵ所に納め、四国の霊徳が諏訪地方の人々も受けられるようにと願い、記念に印刷物を発行している。

昭和40年代の終わりごろに地元の篤信家飯島栄治氏と郷土史家中村龍雄氏により、両霊場の巡拝・調査がなされ、それがまとめられて出版された。それによると、1番**高森大師堂**に残る石碑には、文政年間（1818～30）に諏訪に八十八ヵ所の霊地が開かれたと記されているという。

諏訪地方の霊場は、寺院とともに集落の中の御行堂（おぎょうどう）が多い。江戸期におけるこの地方の農村の、素朴な信仰の姿がしのばれる。昭和から平成時代になると、消えていく御行堂が多くなり、本尊さまは近くの公民館（公会堂）に祀られるようになった。これも時代の趨勢といえようか。御朱印は、各集落の区長宅に尋ねてほしい。

なお、百番霊場と八十八番霊場の両方の札所を兼ねている例も多く見られる。

（調査された以降に、更に札所が変わっている可能性があるので、巡拝される方は、地元の方に充分尋ねられることをお薦めする。）

★案内書

中村龍雄著『諏訪霊場』上・下巻（飯島栄治発行）

諏訪八十八番霊場 (長野県)

№	名称	所在地	№	名称	所在地
1	高森大師堂	諏訪郡富士見町境	32	後山地蔵堂	諏訪市湖南後山
2	葛久保薬師堂	〃 富士見町境	33	椚平大日堂	〃 湖南椚平
3	先達常昌寺	〃 富士見町境	34	板沢大師堂	〃 湖南板沢
4	田端地明院	〃 富士見町境	35	覗石大師堂	〃 豊田覗石
5	田端地明院	〃 富士見町境	36	上野阿弥陀堂	〃 豊田上野
6	池の袋松岳院	〃 富士見町境	37	有賀江音寺	〃 豊田有賀
7	蔦木三光寺	〃 富士見町落合	38	下小川大日堂	〃 豊田下小川
8	神代薬師堂	〃 富士見町落合	39	上小川大日堂	〃 豊田上小川
9	烏帽子大師堂	〃 富士見町落合	40	文出極楽寺	〃 豊田文出
10	乙事法隆寺	〃 富士見町本郷	41	小坂観音院	岡谷市湊小坂
11	瀬沢西照寺	〃 富士見町落合	42	小田井久保寺	〃 湊花岡
12	芋ノ木福昌院	〃 富士見町富士見	43	小田井久保寺	〃 湊花岡
13	木ノ間阿弥陀堂	〃 富士見町富士見	44	鮎沢薬師堂	〃 川岸鮎沢
			45	新倉薬師堂	〃 川岸新倉
14	若宮観音堂	〃 富士見町富士見	46	新倉薬師堂	〃 川岸新倉
15	松目堂	〃 富士見町富士見	47	今井観音堂	〃 今井
16	金沢泉長寺	茅野市金沢	48	横川真秀寺	〃 長地横川
17	菖蒲沢公会堂	諏訪郡原村菖蒲沢	49	中村薬師堂	〃 長地中村
			50	中屋不動堂	〃 長地西山田
18	室内公会堂	〃 原村室内	51	東山田峯見薬師堂	諏訪郡下諏訪町東山田
19	中新田薬師堂	〃 原村中新田			
20	払沢臥龍堂	〃 原村払沢	52	萩倉薬師堂	〃 下諏訪町
21	柏木公会堂	〃 原村柏木	53	下諏訪来迎寺	〃 下諏訪町
22	丸山不動尊	茅野市宮川丸山	54	下諏訪青雲閣	〃 下諏訪町
23	田沢社宮寺	〃 宮川田沢	55	角間新田大師堂址	諏訪市角間新田
24	神宮寺法華他	諏訪市中洲神宮寺			
25	南大熊観音堂	〃 湖南南大熊	56	小和田甲立寺	〃 小和田
26	北大熊阿弥陀堂	〃 湖南北大熊	57	岩窪観音堂	〃 四賀普門寺
			58	桑原仏法寺	〃 四賀上桑原
27	南真志野善光寺	〃 湖南南真志野	59	神戸地蔵堂	〃 四賀
			60	上原西方堂址	茅野市ちの上原
28	野明沢大日堂	〃 湖南南真志野	61	飯島称故院	諏訪市四賀飯島
			62	赤沼公会堂	〃 四賀赤沼
29	中村沢大日堂	〃 湖南南真志野	63	福島薬師堂	〃 中洲福島
			64	下金子薬師堂	〃 中洲下金子
30	西沢甲申堂	〃 湖南南真志野	外	田辺堂	〃 湖南田辺
			65	上金子乗院	〃 中洲上金子
31	北真志野観音堂	〃 湖南北真志野	66	下新井薬師堂	茅野市宮川下新井
			67	中河原弘法堂	〃 宮川中河原

68	塚原総持院	茅野市ちの塚原	78	下萱沢御行堂	茅野市豊平下萱沢
69	鋳物師屋御行堂址	〃 米沢鋳物師屋	79	上古田御行堂址	〃 豊平上古田
			80	中沢蟻鱗堂	〃 豊平中沢
70	北大塩薬師堂	〃 米沢北大塩	81	小屋場御行堂	〃 泉野小屋場
71	塩沢塩沢寺	〃 米沢塩沢	82	柳沢御行堂	〃 泉野柳沢
72	湯川功徳寺	〃 北山湯川	83	八ッ手御行堂	諏訪郡原村八ッ手
73	芹ケ沢泉渋院	〃 北山芹ケ沢	84	穴山長円寺	茅野市玉川穴山
74	金山御行堂	〃 北山金山	85	北久保古見堂	〃 玉川北久保
75	糸萱御行堂	〃 北山糸萱	86	子ノ神御行堂	〃 玉川子ノ神
76	須栗平御行堂	〃 湖東須栗平	87	粟沢観音堂	〃 玉川粟沢
77	中村正光寺	〃 湖東中村	88	矢ケ崎福寿院	〃 永明ちの本町

(『諏訪霊場』中村龍雄著・飯島栄治刊より作成。)

弘法大師越後廿一ヶ所霊場

新潟市を中心とする新潟県北部に大正12年(1923)、弘法大師生誕1150年を記念して創設された。21か寺というのは、大師入定(にゅうじょう)の3月21日にちなむものという。

新潟市内に1番から7番までであり、4番真城院は、越後三十三観音霊場25番でもある。8番乙宝寺も観音霊場26番、奈良時代に行基開創といい、三重塔は重文。

10番菅谷寺の不動明王は、眼病あるいは商売繁盛に霊験あらたかという。13番宝光院には婆杉と呼ばれる樹齢千年以上、樹高40メートルの杉があり、県の天然記念物。

16番金仙寺の裏手には国の史跡・菖蒲塚古墳があり、出土品は重文。18番照明寺は越後三十三観音霊場20番、境内地から佐渡島が望める。20番国上寺は和銅2年(709)開創の越後最古の寺といわれ、良寛が13年間過ごした五合庵がある。

21番西生寺からの日本海の眺望は素晴らしく、親鸞、西行、芭蕉などが足跡を残している。

★問合せ先
弘法大師越後廿一ヶ所霊場会
事務局・乙宝寺☎0254—46—2016
★案内書
高橋与兵衛著『越後二十一箇所霊場弘法大師・心の旅路』
(新潟日報事業社刊)

8番・乙宝寺の三重塔

弘法大師越後廿一ヶ所霊場（新潟県）

1	不動院	真言智山	不動明王	新潟市西堀通四番町
2	宝亀院	真言智山	不動明王	〃　西堀通九番町
3	宝持院	真言智山	不動明王	〃　二葉町
4	真城院	真言智山	大日如来	〃　西堀通八番町
5	法光院	真言智山	地蔵菩薩	〃　沼垂東
6	悉地院	真言智山	薬師如来	〃　沼垂東
7	得生院	真言智山	阿弥陀如来	〃　山木戸
8	乙宝寺	真言智山	大日如来	北蒲原郡中条町乙
9	惣持寺	真言智山	大日如来	〃　中条町築地
10	菅谷寺	真言醍醐	不動明王	新発田市菅谷
11	福隆寺	真言智山	千手観音	阿賀野市安田町寺社甲
12	福王寺	真言智山	大日如来	新津市山谷
13	宝光院	真言智山	大日如来	西蒲原郡弥彦村弥彦
14	円福院	真言単立	大日如来	南蒲原郡田上町田上
15	青龍寺	真言豊山	薬師如来	西蒲原郡岩室村石瀬
16	金仙寺	真言智山	聖観音	〃　巻町竹野町
17	遍照寺	真言智山	大日如来	〃　巻町赤鏥
18	照明寺	真言智山	大日如来	三島郡寺泊町片町
19	金剛寺	真言智山	大日如来	西蒲原郡西川町曽根
20	国上寺	真言豊山	阿弥陀如来	〃　分水町国上
21	西生寺	真言智山	阿弥陀如来	三島郡寺泊町野積

美濃新四国八十八ヵ所霊場

　美濃新四国の開創については、詳細にわたって詳らかにすることはできないが、かなり昔から「美濃新四国」なるものが今の岐阜県南部にあり、多くの参拝者があったと思われる。しかし同じ美濃新四国と呼ばれながら、霊場の点在する範囲、札所寺院は、時代によって異なりを見せ、美濃新四国の栄枯盛衰を思わせるものがある。

　現在確実に判明している古い資料は、文久4年（1864）の霊場一覧表、および地図があり、それ以前から多くの巡拝者があったことがうかがえる。当時の美濃新四国は、美濃地方全域に広がり、規模の大きな霊場だった。その後、明治の末期に霊場の再編成が行われ、文久年代の霊場に比べると比較的巡拝しやすい規模となり、大正・昭和と多くの巡拝者で賑わったのである。しかし第二次世界大戦に突入するや巡拝者は激減してしまった。戦後は一時復興の気運もあったが、実を結ぶこともなく、全く参詣もなく、廃絶状態になってしまった。

昭和48年（1973）、弘法大師生誕1200年を迎えるころ、一般の大師信者の中から再興の気運が高まり、なかには古い資料を基に巡拝を始めた信者の方々もいた。しかし、岐阜市内の元札所では、戦災に遭って焼失したままの寺があり、山間地では廃寺無住の寺があるなど、巡拝不能であり、なんとか巡拝できるようにしてほしいとの声があがった。それにこたえて、岐阜県真言青年会の若い僧侶が立ち上がり、過去の資料の収集、札所寺院の現況等の調査から始まり、欠番寺院の補充、納経帳の作制、道しるべ看板の製作、案内地図の印刷など、様々な準備を重ねること2年余り、最後に順序良く巡拝できるよう、全寺院札所番号の付け変えをして、昭和50年5月、正式に再出発した。

　当霊場は、岐阜市を中心にした周辺88か寺の巡拝となる。納経帳は霊場会において制作、頒布している。この納経帳は墨書部分（各住職の染筆を写真製版したもの）まで印刷してあり、各札所では、朱印のみ受ければよいようにしてある。

（松枝秀顕）

★問合せ先
美濃新四国八十八ヵ所霊場会本部
善光寺安乗院☎058－263－8320

美濃新四国八十八ヵ所霊場（岐阜県）

1	善光寺	真言醍醐	善光寺如来	岐阜市伊奈波通り
2	安楽寺	浄土宗	阿弥陀如来	〃　伊奈波通り
3	法円寺	浄土宗	阿弥陀如来	〃　伊奈波通り
4	栽松寺	臨済妙心	阿弥陀如来	〃　伊奈波通り
5	善澄寺	浄土宗	阿弥陀如来	〃　伊奈波通り
6	地蔵寺	臨済妙心	薬師如来	〃　木挽町
7	禅林寺	臨済妙心	十一面観音	〃　岐阜公園内
8	瑞巌寺	曹洞宗	釈迦如来	各務原市那加北洞町
9	勝林寺	曹洞宗	釈迦如来	岐阜市木造町
10	梅英寺	臨済妙心	釈迦如来	本巣市曽井中島
11	本覚寺	曹洞宗	釈迦如来	岐阜市泉町
12	正覚院（北向不動）	天台宗	不動明王	〃　神田町
13	願成寺（三弘法）	高野真言	大日如来	〃　春日町
14	雲竜院	臨済妙心	薬師如来	〃　寺町
15	竜興寺	臨済妙心	智慧観音	〃　梅林
16	弘峰寺	高野真言	不動明王	〃　長森岩戸
17	天衣寺（尼衆学林）	臨済妙心	白衣観音	〃　長森野一色
18	全超寺	曹洞宗	聖観音	〃　長森野一色
19	願成寺（大洞観音）	真言智山	十一面観音	〃　大洞

20	神光寺	高野真言	十一面観音	関市下有知
21	善光寺	天台宗	阿弥陀三尊仏	〃西日吉町
22	新長谷寺(吉田観音)	真言智山	十一面観音	〃長谷寺町
23	法福寺(一願大師)	高野真言	弘法大師	各務原市各務車洞
24	薬王院	臨済妙心	薬師如来	〃　各務おがせ町
25	仏眼院	真言醍醐	不動明王	〃　前渡西町
26	松本寺	臨済妙心	威徳観音	〃　山脇西町
27	薬師寺	臨済妙心	薬師如来	〃　三井町
28	少林寺	臨済妙心	聖観音	〃　新加納町
29	西明寺	臨済妙心	阿弥陀如来	羽島郡笠松町円城寺町
30	江月寺	臨済妙心	如意輪観音	〃　岐南町徳田
31	瑞応寺(赤門寺)	臨済妙心	聖観音	〃　笠松町奈良町
32	開白寺(羽島大師)	高野真言	不動明王	羽島市正木町須賀
33	徳林寺(寺嶋のお不動さん)	真言智山	不動明王	〃　桑原町大須
34	真福寺	真言宗	聖観音	〃　桑原町
35	一乗寺(小熊弘法)	真言宗	阿弥陀如来	〃　西小熊町
36	慈恩寺	真言宗	十一面観音	羽島郡柳津町高桑
37	大日寺(川手善光寺)	曹洞宗	大日如来	岐阜市下川手
38	水薬師寺(乳薬師)	臨済妙心	薬師如来	〃　加納南広江
39	珠泉院	臨済妙心	十一面観音	〃　三田洞東
40	玉性院	真言醍醐	不動明王	〃　加納天神町
41	高家寺(銀杏弘法)	高野真言	聖観音	各務原市那加北洞町
42	西方寺	浄土宗	阿弥陀如来	岐阜市加納新本町
43	医王寺	曹洞宗	薬師如来	〃　此花町
44	乙津寺(梅寺)	臨済妙心	十一面千手	〃　鏡島
45	善政院(鏡寺)	浄土宗	子安地蔵	〃　鏡島川原畑
46	立江寺(真向寺)	浄土宗	阿弥陀如来	〃　江崎
47	玉蔵院	真言智山	延命地蔵	瑞穂市別府
48	花王院	高野真言	薬師如来	〃　生津
49	修学院	真言智山	大日如来	〃　本田
50	宝樹寺	高野真言	聖観音	岐阜市曽我屋
51	圓鏡寺(北方弘法)	高野真言	聖観音	本巣郡北方町大門
52	国恩寺(柊寺)	真言醍醐	大日如来	本巣市春近
53	延命寺	高野真言	延命地蔵	〃　石原
54	大福寺	真言智山	薬師如来	〃　上高屋
55	来振寺	真言智山	十一面観音	揖斐郡大野町稲富
56	正法寺	高野真言	大日如来	岐阜市小野
57	龍雲寺	曹洞宗	大日如来	〃　芥見大船
58	洞泉寺	臨済妙心	聖観音	山県市高富南
59	林陽寺	曹洞宗	薬師如来	岐阜市岩田

60	霊松院	臨済妙心	聖観音	岐阜市岩崎
61	法華寺	高野真言	聖観音	〃 三田洞
62	宝泉院	真言醍醐	不動明王	〃 粟野西
63	大竜寺(だるま観音)	臨済妙心	子安観音	〃 粟野西
64	東光寺	臨済妙心	聖観音	山県市小倉
65	甘南美寺	臨済妙心	十一面千手	〃 長滝
66	泉蔵寺	臨済妙心	聖観音	〃 赤尾
67	円教寺	臨済妙心	楊柳観音	〃 大桑
68	善性寺	臨済妙心	聖観音	〃 大桑
69	南泉寺(子供の寺)	臨済妙心	聖観音	〃 大桑
70	般若寺	臨済妙心	釈迦如来	〃 大桑
71	弘誓寺	臨済妙心	聖観音	〃 椎倉
72	智照院	曹洞宗	白衣観音	岐阜市岩田
73	林泉寺	臨済妙心	十一面観音	山県市富永
74	三光寺	真言醍醐	薬師如来	〃 富永
75	吉祥寺	臨済妙心	釈迦如来	〃 岩佐
76	薬師寺	浄土宗	薬師如来	岐阜市三輪中屋
77	清閑寺	浄土宗	善光寺如来	〃 世保
78	乗福寺	高野真言	毘沙門天	山県市東深瀬
79	広厳寺	臨済妙心	薬師如来	〃 森
80	延算寺東院	高野真言	薬師如来	岐阜市岩井
81	定恵寺	臨済妙心	阿弥陀如来	〃 山県岩
82	大智寺	臨済妙心	釈迦如来	〃 北野
83	真長寺	高野真言	釈迦如来	〃 三輪
84	蓮華寺	真言智山	阿弥陀如来	関市植野
85	延算寺(かさ神薬師)	高野真言	薬師如来	岐阜市岩井
86	西光寺	高野真言	阿弥陀如来	〃 加野
87	洞泉寺	曹洞宗	釈迦如来	〃 加野
88	護国之寺	高野真言	十一面千手	〃 長良雄総

伊豆八十八ヵ所霊場

　静岡県の伊豆にも八十八番札所があると気がついたのは、昭和50年(1975) 1月5日のことである。伊豆植物散歩の会一行50名ほどで、伊東市八幡野の来宮神社境内の天然記念物リュウビンダイ(熱帯性のシダ)自生地を訪ねた際、道筋の**大江院**門前に「伊豆八十八ヵ所霊場第二十八番札所」と刻んだ石碑のあるのが目についた。一週間ほどして大江院の御住職から、先々代に当たるお祖母様の浅香トミ様が、明治45年(1912) 4月に50日がかりで巡礼された折の納経帳が蔵の中から見つ

かったと、思いがけぬ連絡をいただいた。

筆者はこの納経帳を頼りに、足で確かめ、また友人たちの援助を得て、そうした巡礼記録をまとめてガイドブックの出版にこぎつけた。

やがて51年5月、読売新聞静岡版にかなり詳しく紹介され、翌年天城湯ヶ島町「豆国1番**嶺松院**」の檀家一行16名がめでたく満願成就、53年3月には納経帳完成、同年3月には名鉄観光巡拝団一行17名、また54年4月には東海バス伊東地区巡拝団の18名が7回に分け通算10日で満願成就した。その後各地より巡拝団が訪れるようになり今日に至っている。

巡拝して判明したが、「明治25年」と刻印された石塔が数基あり、また一部の寺に残る豆国番の木刻印の磨耗の様子から、この地の巡礼は江戸末期のころから、かなり大勢の人によって行われていたと思われる。

伊豆半島は気候温暖にして、海山の幸に恵まれ、また温泉が各地に豊富に湧き出ている。更に史跡伝説も多く、源頼朝にまつわる史跡は多くの観光客を招致している。

弘法大師の御霊蹟としては、大同2年（807）大師が諸国巡歴の途次、伊豆に御来錫になり、開基創建されたという豆国88番**修禅寺**がある。同地の「独鈷の湯」は大師の発見されたものと伝えられる。伊豆霊場では、大師御来錫の御縁により真言密教だった古くからの小庵が、その後、現宗に改変されたケースが多い。

伊豆霊場巡りは開設以来およそ7年を経て、各寺院の御納経帳、御詠歌が揃った。また巡拝の道路、宿泊施設などが整備されているので、巡拝の方々には御満足いただけると思う。

伊豆霊場巡拝日程は、大型バスを利用する巡拝団の方々は、1泊2日を1回、2泊3日を3回、計7泊11日位の計画を立てるのが適当と思われる。

（田上東平）

★案内書

『伊豆八十八ヶ所霊場めぐり』
（伊豆観光霊跡振興会刊）

伊豆八十八カ所霊場（静岡県）

1	嶺松院	曹洞宗	聖観音	伊豆市田沢
2	弘道寺	曹洞宗	聖観音	〃 湯ケ島
3	最勝院	曹洞宗	釈迦如来	〃 宮上
4	城富院	曹洞宗	正観音	〃 城
5	玉洞院	曹洞宗	十一面観音	〃 牧ノ郷
6	金剛寺	高野真言	大日如来	〃 大沢
7	泉龍寺	曹洞宗	聖観音	〃 堀切
8	益山寺	高野真言	千手観音	〃 堀切山田

9	澄楽寺	高野真言	不動明王	田方郡大仁町三福
10	蔵春院	曹洞宗	釈迦如来	〃　大仁町田京
11	長源寺	曹洞宗	釈迦如来	〃　韮山町中
12	長温寺	曹洞宗	薬師如来	〃　伊豆長岡町古奈
13	北條寺	臨済建長	聖観音	〃　伊豆長岡町南江間
14	慈光院	曹洞宗	阿弥陀如来	〃　韮山町多田
15	高岩院	臨済円覚	薬師如来	〃　韮山町奈古谷
16	興聖寺	臨済円覚	延命地蔵	〃　函南町塚本
17	泉福寺	高野真言	不動明王	三島市長伏
18	宗徳院	曹洞宗	地蔵菩薩	〃　松本
19	蓮馨寺	浄土宗	地蔵・阿弥陀	〃　広小路
20	養徳寺	臨済円覚	十一面観音	田方郡函南町平井
21	龍沢寺	臨済妙心	子安観音	三島市沢地
22	宗福寺	曹洞宗	阿弥陀如来	〃　塚原
23	東光寺	真言宗	延命地蔵	熱海市日金山
24	般若院	高野真言	阿弥陀如来	伊豆山
25	興禅寺	臨済妙心	十一面観音	〃　桜木町
26	長谷寺(根越山)	曹洞宗	聖観音	〃　網代
27	東林寺(稲荷山)	曹洞宗	延命地蔵	伊東市馬場町
28	大江院	曹洞宗	十一面観音	〃　八幡野
29	龍豊院	曹洞宗	釈迦牟尼仏	賀茂郡東伊豆町大川
30	自性院	曹洞宗	薬師如来	〃　東伊豆町奈良本
31	東泉院	曹洞宗	聖観音	〃　東伊豆町白田
32	善応院	曹洞宗	十一面観音	〃　東伊豆町稲取
33	正定寺	浄土宗	阿弥陀如来	〃　東伊豆町稲取東
34	三養院	曹洞宗	釈迦如来	〃　河津町川津筏場
35	栖足寺	臨済建長	釈迦如来	〃　河津町谷津
36	乗安寺	日蓮宗	十界曼荼羅	〃　河津町谷津
37	地福院	曹洞宗	大日如来	〃　河津町縄地
38	禅福寺	曹洞宗	釈迦如来	下田市白浜
39	観音寺	曹洞宗	十一面観音	〃　須崎
40	玉泉寺	曹洞宗	釈迦如来	〃　柿崎
41	海善寺	浄土宗	阿弥陀如来	〃　一丁目
42	長楽寺	高野真言	薬師如来	〃　三丁目
43	大安寺	曹洞宗	釈迦如来	〃　四丁目
44	広台寺	曹洞宗	正観音	〃　蓮台寺
45	向陽院	臨済建長	地蔵菩薩	〃　河内
46	米山寺	曹洞宗	薬師如来	〃　箕作
47	龍門院	曹洞宗	青面金剛	〃　相玉
48	報本寺	臨済建長	正観音	〃　加増野

49	太梅寺	曹洞宗	地蔵菩薩	下田市横川
50	玄通寺	曹洞宗	正観音	賀茂郡南伊豆町一条
51	龍雲寺	曹洞宗	阿弥陀如来	〃 南伊豆町竹麻
52	曹洞院	曹洞宗	大日如来	下田市大賀茂
53	宝徳院	曹洞宗	不動明王	〃 吉佐美
54	長谷寺(浦岳山)	曹洞宗	阿弥陀如来	〃 田牛
55	修福寺	曹洞宗	薬師如来	賀茂郡南伊豆町湊
56	正善寺	曹洞宗	薬師如来	〃 南伊豆町手石
57	青龍寺	臨済建長	如意輪観音	〃 南伊豆町竹麻
58	正眼寺	臨済建長	正観音	〃 南伊豆町石廊崎
59	海蔵寺	臨済建長	弥勒菩薩	〃 南伊豆町入間
60	善福寺	高野真言	大日如来	〃 南伊豆町妻良
61	法泉寺	曹洞宗	大日如来	〃 南伊豆町立岩
62	法伝寺	臨済建長	正観音	〃 南伊豆町二条
63	保春寺	曹洞宗	虚空蔵菩薩	〃 南伊豆町加納
64	慈雲寺	曹洞宗	釈迦如来	〃 南伊豆町下賀茂
65	最福寺	曹洞宗	聖観音	〃 南伊豆町上賀茂
66	岩殿寺	高野真言	不動・薬師	〃 南伊豆町岩殿
67	安楽寺	曹洞宗	釈迦如来	〃 南伊豆町上小野
68	東林寺(廬岳山)	曹洞宗	薬師如来	〃 南伊豆町下小野
69	常石寺	曹洞宗	薬師如来	〃 南伊豆町蛇石
70	金泉寺	浄土宗	薬師如来	〃 南伊豆町子浦
71	普照寺	高野真言	正観音	〃 南伊豆町伊浜
72	禅宗院	曹洞宗	聖観音	〃 松崎町石部
73	常在寺	臨済建長	釈迦如来	〃 松崎町岩科南側
74	永禅寺	臨済建長	釈迦如来	〃 松崎町岩科北側
75	天然寺	浄土宗	阿弥陀如来	〃 松崎町岩科北側
76	浄泉寺	浄土宗	阿弥陀如来	〃 松崎町宮ノ前
77	円通寺	臨済建長	聖観音	〃 松崎町宮内
78	禅海寺	臨済建長	薬師如来	〃 松崎町江奈
79	建久寺	臨済建長	聖観音	〃 松崎町建久寺
80	帰一寺	臨済建長	正観音	〃 松崎町船田
81	宝蔵院	曹洞宗	地蔵菩薩	〃 松崎町富貴野
82	慈眼寺	臨済建長	如意輪観音	〃 西伊豆町堀坂
83	東福寺	臨済建長	阿弥陀如来	〃 西伊豆町中
84	法眼寺	臨済建長	正観音	〃 西伊豆町仁科
85	大聖寺	臨済円覚	不動明王	〃 賀茂村安良里
86	安楽寺	曹洞宗	釈迦如来	田方郡土肥町土肥
87	大行寺	浄土宗	阿弥陀如来	〃 戸田村鬼川
88	修禅寺	曹洞宗	大日如来	〃 修善寺町修善寺

知多新四国
八十八ヵ所霊場

「西浦や東浦あり日間賀島（ひまか）、篠島（しの）かけて四国なるらん」……知多半島（愛知県）の地形が、このように四国をなしているのも深い因縁で、古説によれば「弘法大師は弘仁5年（814）御年41歳のとき、三河より舟路知多半島東岸を南下、現在の大井港東南端の聖崎より御上陸、山越えにて岩屋に入り、野間に出て陸路北上されて伊勢路に去られた。」この故事にちなんで、半島南端の土地名を現在、師崎（もろざき）という。

さて、江戸時代の末、知多の古見妙楽寺13世・亮山阿闍梨という学識徳望の高い僧があって、深く大師に帰依されていた。毎夜夢に大師を見奉り、7日間大師告げて曰く「知多は我が悲願、宿縁の地にして今や開発すべき時運が来た、汝よろしく分布して衆生結縁（けちえん）の門を開け、別に道僧二人つかわすべし」と。かくて、有り難くも四国八十八ヵ所の土砂を感得、時に文化6年（1809）3月17日のことであった。

感激した亮山は聖意を体してこの地に霊場開創の大願を起こし、翌18日には古見を出発、四国霊場を巡拝すること三度に及んだ。後に夢告のとおり、文政2年（1819）知多郡阿久比町福住の半蔵という人が愛児に先立たれたのを機に発心して諸国を巡り、篤く大師を尊信して晩年、美浜町古布の地蔵堂に住し、当地に四国霊場を移さんと心願した。また文政6年讃岐国香川郡の武田安兵衞なる人が事情あって故郷を去り諸国を遍歴して当地に来たり、知多の地形を見て大師有縁の地として霊場開創の心願を起こした。

亮山法師はこの二人の同志を得て幾多の辛苦をなめながら、ようやく文政7年新四国八十八ヵ寺の札所を定め、各寺に御土砂を納めて大師尊像を奉安した。亮山師が霊夢に感銘発願してより実に16年の歳月を要したという。

ここに3人を新四国の開山とあがめ、古見妙楽寺に亮山、古布誓海寺に半蔵、布土葦航寺に安兵衞と、各師の開山堂を建てて遺徳をしのんでいる。更に、誓海寺慧等（けいとう）、古布の庄屋嘉右衞門、大井宝乗院広修・覚慧、内海持宝院唵光等各師の多大なる援助と外護の力により知多新四国霊場は誕生実現したという。

穏やかな愛知県知多半島の海沿いに数珠を連ねた如くに点在するこの寺々は、古色蒼然、深山幽谷に包まれた札所霊場と違って、何といってもその明るさ、お詣りのしやすさに満ち溢れた霊場巡りが最大の特徴である。いわば白衣に金剛杖の本格派に対するに、下駄ばきに買物袋の庶民性とその気楽さに尽きるといえようか。

昔は徒歩のみによったお詣りも、時代の変遷とともに、自転車、タクシー、バス、更に自家用車等々と変

わってはきたけれど、いつの時代も服装も別に制限なく、また精進を強いることもない。このように厳しい修行の意味は薄いけれど、そうかといってただの物見遊山ではなく、今も昔も、東海地方ではお詣りの人々のことを「弘法さん、弘法さん」と、親しみと尊敬を込めていっている。

タクシーならば1泊2日、バスならば2泊3日、全行程160キロ、現在はほとんど乗り物利用の巡拝となった。知多新四国の見どころは、まさに1200年の昔、弘法大師御上陸の地を記念して、いみじくも師崎と命名された半島最南端の港より、観光船にゆられて渡る篠島・日間賀島への船旅と、磯の香にあふれた土産物の数であろう。

この南知多一帯は、その他、尾張高野山と呼ばれる岩屋寺、源義朝公ゆかりの野間大坊など、数々の名所・旧跡に溢れている。（雲輪瑞法）

★問合せ先
知多四国霊場会事務局
大智院☎0569—42—0909

★案内書
『知多四国めぐり』
（半田中央印刷刊）
冨永航平著『知多八十八所遍路』
（朱鷺書房刊）

知多新四国八十八カ所霊場（愛知県）

1	曹源寺	曹洞宗	釈迦如来	豊明市栄町内山
2	極楽寺	浄土宗	阿弥陀如来	大府市北崎町城畑
3	普門寺	曹洞宗	釈迦如来	〃 横根町石丸
4	延命寺	天台宗	延命地蔵	〃 大東町
5	地蔵寺	曹洞宗	延命地蔵	〃 長草町本郷
6	常福寺	曹洞宗	千手観音	〃 半月町
7	極楽寺	曹洞宗	阿弥陀如来	知多郡東浦町森岡岡田
8	伝宗院	曹洞宗	延命地蔵	〃 東浦町緒川天白
9	明徳寺	浄土宗	阿弥陀如来	〃 東浦町石浜下庚申坊
10	観音寺	曹洞宗	聖観音	〃 東浦町生路狭間
11	安徳寺	曹洞宗	釈迦如来	〃 東浦町藤江西之宮
12	福住寺	曹洞宗	無量寿仏	半田市有脇町
13	安楽寺	曹洞宗	無量寿仏	知多郡阿久比町板山川向
14	興昌寺	曹洞宗	釈迦如来	〃 阿久比町福住東脇
15	洞雲院	曹洞宗	如意輪観音	〃 阿久比町卯坂英比
16	平泉寺	天台宗	不動明王	〃 阿久比町椋岡唐松
17	観音寺	浄土宗	十一面観音	〃 阿久比町矢高三ノ山高
18	光照寺	時宗	阿弥陀如来	半田市乙川高良町

19	光照院	西山浄土	阿弥陀如来	半田市東本町
20	龍台院	曹洞宗	十一面観音	〃 前崎東町
21	常楽寺	西山浄土	阿弥陀如来	〃 東郷町
22	大日寺	西山浄土	大日如来	知多郡武豊町エケ屋敷
23	蓮花院	西山浄土	阿弥陀如来	〃 武豊町ビジリ田
24	徳正寺	曹洞宗	大通智勝仏	〃 武豊町里中
25	円観寺	天台宗	阿弥陀如来	〃 武豊町富貴郷北
26	弥勒寺	曹洞宗	弥勒菩薩	〃 美浜町北方西側
27	誓海寺	曹洞宗	釈迦如来	〃 美浜町古布善切
28	永寿寺	西山浄土	阿弥陀如来	〃 美浜町豊丘西側
29	正法寺	天台宗	毘沙門天	〃 南知多町豊丘本郷
30	医王寺	真言豊山	薬師如来	〃 南知多町大井真向
31	利生院	真言豊山	不動明王	〃 南知多町大井真向
32	宝乗院	真言豊山	十一面観音	〃 南知多町大井真向
33	北室院	真言豊山	聖観音	〃 南知多町大井真向
34	性慶院	真言豊山	青面金剛	〃 南知多町大井丘の下
35	成願寺	曹洞宗	阿弥陀如来	〃 南知多町片名稗田
36	遍照寺	真言豊山	弁財天	〃 南知多町師崎栄村
37	大光院	真言豊山	大日如来	〃 南知多町日間賀島小戸地
38	正法禅寺	曹洞宗	釈迦如来	〃 南知多町篠島神戸
39	医徳院	真言豊山	薬師如来	〃 南知多町篠島照浜
40	影向寺	曹洞宗	十一面観音	〃 南知多町豊浜中之浦
41	西方寺	西山浄土	阿弥陀如来	〃 南知多町山海屋敷
42	天龍寺	曹洞宗	西方如来	〃 南知多町山海小山
43	岩屋寺	尾張高野	千手観音	〃 南知多町山海間草
44	大宝寺	曹洞宗	釈迦如来	〃 南知多町内海大名切
45	泉蔵院	真言豊山	弥陀・薬師	〃 南知多町内海南側
46	如意輪寺	真言豊山	如意輪観音	〃 南知多町内海中之郷
47	持宝院	真言豊山	如意輪観音	〃 南知多町内海林之峯
48	良参寺	曹洞宗	聖観音	〃 美浜町小野浦清水
49	吉祥寺	曹洞宗	釈迦如来	〃 美浜町野間桑名前
50	大御堂寺	真言豊山	阿弥陀如来	〃 美浜町野間東畠
51	野間大坊	真言豊山	延命地蔵	〃 美浜町野間東畠
52	密蔵院	真言豊山	不動明王	〃 美浜町野間松下
53	安養院	真言豊山	阿弥陀如来	〃 美浜町野間東畠
54	海潮院	曹洞宗	釈迦如来	半田市亀崎町
55	法山寺	臨済天龍	薬師如来	知多郡美浜町野間田上
56	瑞境寺	曹洞宗	白衣観音	〃 美浜町野間松下
57	報恩寺	曹洞宗	西方如来	〃 美浜町奥田会下前
58	来応寺	曹洞宗	釈迦如来	常滑市大谷奥条

中部の弘法大師霊場

59	玉泉寺	曹洞宗	釈迦如来	常滑市大谷浜条
60	安楽寺	曹洞宗	阿弥陀如来	〃 苅屋深田
61	高讃寺	天台宗	聖観音	〃 西阿野阿野峪
62	洞雲寺	西山浄土	阿弥陀如来	〃 井戸田町
63	大善院	真言豊山	十一面観音	〃 奥条
64	宝全寺	曹洞宗	十一面観音	〃 本町
65	相持院	曹洞宗	延命地蔵	〃 千代ヵ丘
66	中之坊寺	真言智山	十一面観音	〃 金山屋敷
67	三光院	時宗	聖観音	〃 小倉町
68	宝蔵寺	真言智山	千手観音	〃 大野町
69	慈光寺	臨済妙心	聖観音	知多市大草西屋敷
70	地蔵寺	真言智山	地蔵菩薩	〃 大草東屋敷
71	大智院	真言智山	馬頭観音	〃 南粕谷本町
72	慈雲寺	臨済妙心	千手観音	〃 岡田太郎坊
73	正法院	真言豊山	地蔵菩薩	〃 佐布里地蔵脇
74	密厳寺	真言豊山	十一面観音	〃 佐布里地蔵脇
75	誕生堂	真言智山	弘法大師	〃 佐布里地蔵脇
76	如意寺	真言智山	地蔵菩薩	〃 佐布里地蔵脇
77	浄蓮寺	真言智山	不動明王	〃 佐布里地蔵脇
78	福生寺	真言豊山	不動明王	〃 新知宝泉坊
79	妙楽寺	真言豊山	大日如来	〃 新知下森
80	栖光院	曹洞宗	聖観音	〃 八幡観音脇
81	龍蔵寺	曹洞宗	地蔵菩薩	〃 八幡小根
82	観福寺	天台宗	十一面観音	東海市大田町天神下ノ上
83	弥勒寺	真言智山	弥勒菩薩	〃 大田町寺下
84	玄猷寺	曹洞宗	十一面観音	〃 富木島町北島
85	清水寺	浄土宗	聖観音	〃 荒尾町西川
86	観音寺	真言智山	聖観音	〃 荒屋町仏供田
87	長寿寺	臨済永源	阿弥陀如来	名古屋市緑区大高町鷲津山
88	円通寺	曹洞宗	馬頭観音	大府市共和町小仏
外	東光寺	西山浄土	阿弥陀如来	半田市亀崎月見町
外	海蔵寺	曹洞宗	釈迦如来	〃 乙川若宮町
開	葦航寺	曹洞宗	釈迦如来	知多郡美浜町布土平井
外	影現寺	曹洞宗	釈迦如来	〃 美浜町時志南平井
開	誓海寺禅林堂	曹洞宗	子安観音	〃 美浜町古布善切
外	西方寺	浄土宗	阿弥陀如来	〃 南知多町篠島照浜
外	浄土寺	曹洞宗	薬師如来	〃 南知多町豊浜小佐郷
外	岩屋山奥之院	尾張高野	聖観音	〃 南知多町山海城洲
外	曹源寺	曹洞宗	阿弥陀如来	常滑市大谷奥条
開	妙楽寺	真言豊山	亮山阿闍梨	知多市新知下森

三河新四国霊場

　三河といえば愛知県の観光の中心地。海あり山あり、史跡や温泉もある。そこに数珠玉の如く、ほどよく点在する全長300キロの八十八ヵ所巡り。特にこの札所はバス下車よりの徒歩が少なく楽に巡れるようになっており、信仰と観光を兼ねての参拝者も多く、最近めきめきと人気が高まっている。

　この霊場の歴史は古く、開創は江戸時代に始まる。寛永2年(1625)に西加茂の郷、浦野上人という修行僧が何度も本四国霊場を巡拝しては「お砂」を持ち帰り、10年がかりで三河一円の寺院に新四国の意義を説いて回り、苦難の末、霊場を開創されたと聞く。

　一時栄えた札所も、その後、戦災や三河地震で巡る人も絶えていたが、さる昭和35年(1960)の夏、弘法大師の夢のお告げで江戸時代の納経帳を無量寺の経蔵で発見。これを「何とか復興させよう」と岡崎市の持法院・山川快憲師や蒲郡市の薬證寺・松山祥憲師と3人で再興を計り、5年がかりで各寺に協力を呼び掛け、ようやく足並みがそろって、昭和40年秋に、霊場会事務局が発足し、8宗派で今日の三河新四国巡りが再興された。

　その間、納経帳を複製したり、巡拝地図や案内記を編集して、参拝者の便をはかってきた。

　三河路の巡拝コースは確かに有り難い。三河三弘法で知られる知立の**遍照院**を振り出しに、車の町・豊田は金谷の庚申尊**三光寺**、そこから"山ごぼう"のある越戸を経て名勝・勘八峡へ。紅葉の美しい猿投山、花の岡崎は徳川家康公ゆかりの**大樹寺・法蔵寺**と史跡も多く、赤山弘法**持法院**も有り難い。更に御存じ豊川稲荷**妙厳寺**を経て国定公園・三河湾では海の見える観光蒲郡へ。三谷温泉にある東洋一といわれる子安大師**金剛寺**の三谷大弘法は眺めも良く、大師ゆかりの札所も多い。

　そこから西郡の**薬証寺**、西浦温泉近くには全国に知られたガン封じ寺の西浦不動尊**無量寺**、形原・吉良の温泉郷から三ヶ根山を望みながらハズ観音・中風除けの**妙善寺**を経て西尾へ。碧南市には名高い棚尾の毘沙門天**妙福寺**、大浜大仏**海徳寺**など、古寺巡りの絶好の観光コースでもある。開創霊場の知立・**遍照院**を打ち始め、1番**総持寺**から88番**法城寺**(碧南)まで三河路をぐるりと回る史跡と景勝の大霊場である。

　お寺詣りだけでなく、途中、各地にある徳川家康の史跡を訪ねたり、温泉に泊まり、石工・みそ・茶などの伝統産業や車を中心とした近代産業を見ることも楽しい。もう一つ、当札所の特徴は、バス下車よりの徒歩距離が短いので、老人の参拝者にも楽に巡れるようになっており大変喜ばれている。また、各寺では団体の巡拝者には必ずお菓子の接待があることだ。どこを見ても、何となく

気ぜわしいご時世。多くの遍路さんは「あちらこちらと札所巡りをするが、三河の霊場巡りには何かホッとした心の温もりと安らぎを感じる」といわれる。昔から弘法大師の布施の行が寺側から実行されている。これは各札所の申し合わせにもなっている。

（松山孝昌）

★問合せ先
三河新四国霊場会事務局
無量寺☎0533—57—3865
★案内書
『三河新四国霊場案内記』
『三河新四国霊場地図帳』
（三河新四国霊場会刊）

三河新四国霊場（愛知県）

開創	遍照院	真言豊山	見返大師	知立市弘法町弘法山
1	総持寺	天台寺門	不動明王	〃 西町新川
2	西福寺	曹洞宗	阿弥陀如来	刈谷市一ツ木町大師
3	密蔵院	臨済永源	流涕大師	〃 一里山町南弘法
4	無量寿寺	臨済妙心	聖観音	知立市八橋町寺内
5	龍興寺	臨済妙心	聖観音	豊田市中町中郷
6	黄檗殿		弁財天	〃 〃 龍興寺内
7	三光寺	真言醍醐	庚申尊	〃 金谷町
8	護摩堂		薬師如来	〃 〃 三光寺内
9	光明寺	浄土宗	阿弥陀如来	〃 下市場町
10	直心殿		久蔵地蔵	〃 〃 光明寺内
11	薬師寺	浄土宗	薬師如来	〃 越戸町梅盛
12	瑠璃殿		万人地蔵	〃 〃 薬師寺内
13	観音院	真言醍醐	聖観音	〃 越戸町松葉
14	馬頭殿		馬頭観音	〃 〃 観音院内
15	広昌院	浄土宗	阿弥陀如来	〃 力石町井ノ上
16	金重殿		弘法大師	〃 〃 広昌院内
17	大悲殿	曹洞宗	千手観音	〃 猿投町大城
18	大師堂		弘法大師	〃 〃 大悲殿内
19	雲龍寺	曹洞宗	聖観音	〃 四郷町山畑
20	如意殿		如意輪観音	〃 〃 雲竜寺内
21	大樹寺	浄土宗	阿弥陀如来	岡崎市鴨田町広元
22	成道殿		如意輪観音	〃 〃 大樹寺内
23	九品院	浄土宗	阿弥陀如来	〃 鴨田町山畔
24	善光寺堂		善光寺如来	〃 〃 九品院内
25	持法院	真言醍醐	十三仏	〃 井田町
26	大師堂		千躰大師	〃 〃 持法院内
27	浄誓院	浄土宗	阿弥陀如来	〃 松本町
28	松本観音		聖観音	〃 〃 浄誓院内

29	安心院	曹洞宗	十一面観音	岡崎市明大寺町馬場東
30	金峯殿		厄除大師	〃　〃　安心院内
31	吉祥院	真言醍醐	不動明王	〃　明大寺町仲ケ入
32	大師堂		弘法大師	〃　〃　吉祥院内
33	明星院	真言醍醐	不動明王	〃　市場町元神山
34	大聖殿		弘法大師	〃　〃　明星院内
35	法蔵寺	西山深草	阿弥陀如来	〃　本宿町寺山
36	勝徳寺	西山深草	阿弥陀如来	〃　本宿町寺山
37	法巌寺	真言醍醐	不動明王	豊川市八幡町上宿
38	金剛殿		弘法大師	〃　〃　法巌寺内
39	快泉院	真言醍醐	不動明王	〃　大崎町
40	遍照殿		弘法大師	〃　〃　快泉院内
別格	妙厳寺	曹洞宗	千手観音	〃　豊川町
41	寿命院	真言醍醐	不動明王	〃　三谷原町下西浦
42	仏木殿		弘法大師	〃　〃　寿命院内
43	徳宝院	真言醍醐	不動明王	〃　下長山町北側
44	清瀧殿		清瀧大権現	〃　〃　徳宝院内
45	金剛寺	高野真言	子安大師	蒲郡市三谷町南山
46	奥之院		准胝観音	〃　〃　金剛寺内
47	光昌寺	曹洞宗	釈迦如来	〃　三谷町七舗
48	弘法堂		弘法大師	〃　〃　光昌寺内
49	善応寺	西山深草	阿弥陀如来	〃　元町
50	巌松殿		正観音	〃　〃　善応寺内
51	薬証寺	真言醍醐	不動明王	〃　中央本町
52	大師堂		秋葉大権現	〃　〃　薬証寺内
53	真如寺	西山深草	阿弥陀如来	〃　形原町石橋
54	観音堂		子安観音	〃　〃　真如寺内
55	実相院	西山深草	阿弥陀如来	〃　形原町東上松
56	行基殿		日限地蔵	〃　〃　実相院内
57	利生院	西山深草	阿弥陀如来	〃　形原町東上野
58	観音堂		聖観音	〃　〃　利生院内
59	覚性院	西山深草	阿弥陀如来	〃　西浦町北馬相
60	法楽殿		薬師如来	〃　〃　覚性院内
61	無量寺	真言醍醐	不動明王	〃　西浦町日中
62	観音堂		聖観音	〃　〃　無量寺内
63	千手院	真言醍醐	千手観音	幡豆郡幡豆町東幡豆山崎
64	不動堂		波切不動	〃　〃　千手院内
65	妙善寺	西山深草	阿弥陀如来	〃　幡豆町東幡豆森
66	観音殿		十一面観音	〃　〃　妙善寺内
67	太山寺	真言醍醐	薬師如来	〃　幡豆町寺部林添

中部の弘法大師霊場

68	粟嶋堂		粟嶋尊天	幡豆郡幡豆町寺部	太山寺内
69	勝山寺	真言醍醐	不動明王	西尾市瓦町	
70	明王殿		弘法大師	〃　〃	勝山寺内
71	縁心寺	浄土宗	阿弥陀如来	〃　中町	
72	輝厳殿		弘法大師	〃　〃	縁心寺内
73	妙福寺	西山深草	阿弥陀如来	碧南市志貴町	
74	弘法堂		毘沙門天	〃　〃	妙福寺内
75	観音寺	信貴真言	聖観音	〃　築山町	
76	融通殿		如意宝生尊	〃　〃	観音寺内
77	称名寺	時宗	阿弥陀如来	〃　築山町	
78	東照殿		弘法大師	〃　〃	称名寺内
79	清浄院	浄土宗	阿弥陀如来	〃　築山町	
80	南松殿		弘法大師	〃　〃	清浄院内
81	海徳寺	西山深草	阿弥陀如来	〃　音羽町	
82	大仏殿		阿弥陀如来	〃　〃	海徳寺内
83	常行院	浄土宗	阿弥陀如来	〃　本郷町	
84	聖道殿		弘法大師	〃　〃	常行院内
85	林泉寺	曹洞宗	聖観音	〃　本郷町	
86	弘法堂		歓喜天	〃　〃	林泉寺内
87	天王殿		火防大師	〃　天王町	法城寺内
88	法城寺	浄土宗	阿弥陀如来	〃　〃	

別格・妙厳寺（豊川稲荷）

近畿・中国の弘法大師霊場

三重四国八十八ヵ所霊場

　三重県には、いたるところに弘法大師の足跡があり、土地柄も信仰の盛んなところである。

　江戸時代には県内にそれぞれ歩いて1週間くらいで巡拝のできる札所があった。北勢地方には北勢新四国、伊賀路には伊賀四国八十八ヵ所、津・松阪地区には南勢新四国、志摩方面には志摩新四国と、これらは盛んに巡拝されていたと伝えられる。

　しかしながら明治の廃仏毀釈とともに、自然消滅の道をたどったものと思われる。その後、明治も半ばを過ぎたころより、世の中が落ち着き人心の信仰に対する灯にも火がつき、これらの再興を願う声がここかしこに起こり、北勢を例にとれば、明治40年（1907）「北勢四郡新四国八十八ヵ所」として復興、巡拝講などを設けて盛んに巡拝されたとある。福楽寺（筆者の寺）にもそのころの絵が額にして掲げられている。

　子供心の記憶にも、特に毎月21日には西から東から近郊の人々が行き来する姿が想い出としてある。見知らぬ者が世間話に花を咲かせるかと思えば、持参の弁当をひろげる人、またそれらの人にお茶や甘酒などのお接待を朝早くから来てする村の篤信者の姿等々…これらは北勢新四国に限ったことではないと聞いている。

　これらも昭和15年（1940）ころまでの話で、その後はあの忌まわしい第二次世界大戦から終戦の混乱期へと入り、その存在さえも忘れられかけていたのが実状である。

　四国・西国の巡拝がブーム的な様相を示すにしたがい、これらの復興をとの声を聞くに及び、昭和44年ころより桑名市大福田寺住職の宇賀師と筆者が2年にわたり東奔西走、三重交通ＫＫの後援を得て、地域的なかたちで存在していたものを全県下的な現在の三重四国八十八ヵ所として昭和46年秋、高野山より堀田管長猊下を迎えて発足の大法要を厳修した。三重県は観光県としても知られるように、海あり山ありの恵まれた土地だけに、これらの景観も充分に取り入れて現在の八十八ヵ所霊場は存在する。

　桑名聖天**大福田寺**を1番として、昔の東海道名古屋熱田の宿より海上7里の渡しをわたった所に道中の安全を祈った**龍福寺**、東海道と参宮道とに分かれる追分の宿、広重五十三次に描くところの**石薬師寺**、浪曲で知られる荒神山**観音寺**、日本三関の一つといわれる関の**地蔵院**。

　伊賀路へ入れば、奈良の二月堂とともにお水取りの行事で知られる正月堂**観菩提寺**、赤目の四十八滝、青

蓮寺ダム、荒木又右衛門の鍵屋の辻、弘法大師開創と伝えられる名刹**新大仏寺**。津から松阪へかけては、伊勢神宮のお倉所である納所**神宮寺**、桜の名所三多気の**真福院**、大和の大峰山とともに山伏修験の道場として知られる**飯福田寺**、厄除観音の岡寺山**継松寺**、展望の素晴らしい大石の**不動院**、大師が建立し自らの像を刻み安置された丹生**神宮寺**、熊野路には西国巡礼の手引観音**千福寺**等々…。

伊勢志摩方面には、鳥羽湾一望の**金胎寺**、志摩三山の一つ**庫蔵寺**。全国の海上従事者、船主などの守り本尊として信仰をあつめる青峰山**正福寺**を88番とするこれら巡拝の道中は三重県の特性をいかんなく満喫できるだけに、信仰のうえからはもちろん、これを離れても一見の価値がある。文化財も豊富であり、枚挙にいとまがない。　　　　　（加藤成範）

★問合せ先

三重四国八十八ヵ所霊場会事務局
　大聖院☎0593—45—1666

三重四国八十八ヵ所霊場（三重県）

1	**大福田寺**（桑名聖天）	高野真言	阿弥陀如来	桑名市東方
2	**聖衆寺**（土仏山）	真言醍醐	阿弥陀如来	〃　北別所
3	**勧学寺**	高野真言	千手観音	〃　城山町
4	**龍福寺**（浜の地蔵）	高野真言	地蔵菩薩	〃　地蔵
5	**田村寺**（西富田の弘法さん）	真言醍醐	弘法大師	四日市市西富田町
6	**信貴山四日市別院**		毘沙門天	〃　生桑町
7	**大師寺**	高野真言	大日如来	〃　北納屋町
8	**大師之寺**	高野真言	薬師如来	〃　南納屋町
9	**大聖院**（日永の不動さん）	真言醍醐	不動明王	〃　日永
10	**法龍寺**	真言醍醐	地蔵菩薩	〃　西山町
11	**光明寺**（泊山観音）	真言豊山	聖観音	〃　泊山崎町
12	**密蔵院**（かに薬師）	高野真言	薬師如来	〃　大治田町
13	**林光寺**（えんまの寺）	真言智山	千手観音	鈴鹿市神戸鍛冶町
14	**慎福寺**	真言豊山	薬師如来	〃　神戸
15	**福善寺**（土師の赤寺）	真言律宗	薬師如来	〃　土師町
16	**観音寺**	高野真言	聖観音	〃　寺家
17	**福楽寺**	高野真言	薬師如来	〃　稲生塩屋
18	**神宮寺**	高野真言	薬師如来	〃　稲生西
19	**慈恩寺**	高野真言	千手観音	〃　稲生西
20	**妙福寺**	高野真言	薬師・阿弥陀	〃　徳居町
21	**府南寺**	真言御室	阿弥陀・千手	〃　国府町
外	**石薬師寺**	真言東寺	薬師如来	〃　石薬師町
22	**観音寺**（荒神山観音）	真言御室	十一面観音	〃　高塚町
23	**円満寺**	真言大覚	大日如来	〃　長沢町

24	野登寺	真言御室	千手観音	亀山市安坂山町
25	不動院	高野真言	不動明王	〃　辺法寺町
26	石上寺	高野真言	地蔵菩薩	〃　和田町
27	弘法院	高野真言	弘法大師	〃　江ヶ室
28	地蔵院(関の地蔵)	真言御室	地蔵菩薩	鈴鹿郡関町新所
外	国分寺	真言御室	虚空蔵菩薩	亀山市白木町
29	神王院(柘植のお大師さん)	真言豊山	薬師如来	阿山郡伊賀町下柘植
30	大光寺	真言豊山	十一面観音	上野市寺田
31	愛染院	真言豊山	愛染明王	〃　農人町
32	善福院(ゆきぬけ寺)	真言豊山	十一面観音	〃　寺町
33	松本院	真言醍醐	不動明王	〃　西日南町
34	仏土寺	真言豊山	阿弥陀如来	〃　東高倉
35	正福寺(ひぎり大師)	真言豊山	阿弥陀如来	〃　東高倉
36	徳楽寺	真言御室	薬師如来	〃　西高倉
37	観菩提寺(正月堂)	真言豊山	十一面観音	阿山郡島ヶ原村
38	不動寺	真言律宗	不動明王	上野市沖
39	無量寿福寺(天童山)	真言律宗	無量寿仏	〃　下神戸
40	常福寺	真言豊山	五大明王	〃　古郡
41	宝厳寺	真言律宗	地蔵菩薩	名賀郡青山町寺脇
42	善福寺	真言豊山	阿弥陀如来	〃　青山町伊勢路
43	常楽寺	真言豊山	釈迦如来	〃　青山町種生
44	大福寺	高野真言	大日如来	名張市美旗中村
45	永福寺	高野真言	十一面観音	〃　下比奈知
46	福典寺	真言律宗	薬師如来	〃　夏見
外	地蔵院	真言醍醐	大日如来	〃　青蓮寺
47	福成就寺	真言室生	薬師如来	〃　中村
48	丈六寺	真言東寺	釈迦如来	〃　赤目町丈六
49	極楽寺(二月堂)	真言豊山	不動明王	〃　赤目町一ノ井
50	宝泉寺	真言豊山	千手観音	〃　安部田
51	無動寺	真言醍醐	不動明王	〃　黒田
52	宝蔵寺	高野真言	無量寿仏	〃　平尾
53	観音寺	真言室生	十一面観音	〃　朝日町
54	蓮花寺	真言豊山	十一面観音	〃　大屋戸
外	福楽寺	高野真言	十一面観音	〃　短野
55	長慶寺	高野真言	阿弥陀如来	〃　蔵持町
56	弥勒寺(月山)	真言豊山	薬師如来	〃　西田原
57	勝因寺	真言豊山	虚空蔵菩薩	上野市山出
58	薬師寺	真言豊山	薬師如来	阿山郡大山田村鳳凰寺
59	新大仏寺(伊賀成田山)	真言智山	阿弥陀如来	〃　大山田村富永
60	東日寺	真言醍醐	薬師如来	安芸郡芸濃町椋本

61	千福寺	真言醍醐	十一面観音	津市大里睦合町
62	仲福寺	真言醍醐	十一面観音	〃 大里窪田町
63	専蔵院(今井山観音寺)	真言醍醐	十一面観音	〃 一身田町豊野
64	蓮光院(初午寺)	真言御室	馬頭観音	〃 栄町
65	密蔵院(津のお大師さん)	真言御室	千手観音	〃 大谷町
66	福満寺	真言醍醐	延命地蔵	〃 北丸の内
67	観音寺(津観音)	真言醍醐	聖観音	〃 大門町
68	護願寺(中河原大師)	真言醍醐	薬師如来	〃 中河原
69	地蔵院	真言醍醐	子安地蔵	〃 中河原
外	慈眼院		十一面観音	〃 西古河
70	神宮寺	真言御室	十一面観音	〃 納所町
71	真福院	高野真言	蔵王大権現	一志郡美杉村三多気
72	善福寺	高野真言	毘沙門天	〃 嬉野町薬王寺
73	飯福田寺(伊勢山上)	真言醍醐	薬師如来	松阪市飯福田町
74	不動院(大石不動)	真言山階	不動明王	〃 大石町
75	神宮寺(丹生大師)	真言山階	十一面観音	多気郡勢和村丹生
76	千福寺(柳原観音)	真言山階	十一面観音	〃 大台町柳原
77	阿弥陀寺	高野真言	阿弥陀如来	〃 多気町前村
78	円光院	真言山階	薬師如来	〃 多気町平谷
79	近長谷寺	真言山階	十一面観音	〃 多気町長谷
80	龍泉寺	高野真言	愛宕大権現	松阪市愛宕町
81	継松寺(岡寺山)	高野真言	如意輪観音	〃 中町
82	真楽寺(美濃田の大仏)	真言御室	薬師如来	〃 美濃田町
83	大日寺	高野真言	大日如来	〃 上川町高田
84	世義寺	真言醍醐	薬師如来	伊勢市岡本町
85	太江寺	真言醍醐	千手観音	度会郡二見町江
86	金胎寺(中ノ郷の観音)	高野真言	千手観音	鳥羽市鳥羽
87	庫蔵寺	真言御室	虚空蔵菩薩	〃 河内町
88	正福寺(青峰山)	高野真言	十一面観音	〃 松尾町

摂津国八十八ヵ所霊場

ありがたや　たかののやまの　いわかげに

大師はいまだ　おわしますなる

第1番の御詠歌に唱えられているように、真に弘法大師を讃仰し、信心する者にとって、昔も今も大師は霊峯高野の山に肉身を留められ日夜各地の遺跡を巡錫（じゅんしゃく）され、常に我々の身近にあって見守り、お救いの御手を差しのべてくださっているとの思いから離れることはできない。

この思いから、大師の歩まれた各地の御足跡を巡礼して、より近く大師の御心に触れ、同行二人の境地に

満たされる体験を深めようとする。四国八十八ヵ所の遍路に多数の人が参加するのもむべなるかなと思う。

京阪神地区の寺院でも、信者さんたちと四国遍路を何十年も継続している方が多数あり、大師信者はこの聖跡巡礼に切なる思いを寄せている。人々の一生に一度は四国巡拝をと思うこの切なる願いが、日本全国到る所に四国霊場に擬して八十八ヵ所の霊場が開かれ、日夜お詣りの絶えないゆえんであろう。

江戸中期の安永年間（1772〜81）に大阪真田山観智院（第16番**観音寺**）在住の月海上人によって開創された「摂津国八十八ヵ所霊場」は、第二次世界大戦前は毎月21日には数万の善男善女が巡拝し、門前常に市をなすの盛大さであった。しかし不幸な先の大戦で焼失した札所寺院が続出し、加えて敗戦による人心の荒廃で巡拝者も激減し、霊場の存在すら忘れ去られようとしていた。

このことを深く憂えた14番札所**六大院**先住・小原孝澄大僧正は、その復興を発願し、宗祖弘法大師御入定1150年御遠忌記念を機に報恩謝徳のため日夜没頭した。そして23番札所の玉島宥雅権大僧正、39番札所の川口良信権大僧正、9番札所国分寺の西口公教大僧正、その他各札所山主僧正様等の熱心なる協力を得て、ついに昭和52年（1977）1月21日、大阪市内41か寺の札所が結束して摂津之国八十八ヵ所大阪市霊場会を発足させた。孝澄和尚は早速、信者を引率して巡拝を開始した。

他方、毎月21日には札所輪番にて月例月並御影供法要を勤修してきた。その後、北摂方面の20か寺が結集して北摂地区霊場会を、兵庫地区27か寺が結集して兵庫地区霊場会を組織し、昭和55年1月21日、以上三地区霊場会をまとめて「摂津の国八十八ヵ所霊場」再興の第一歩を踏み出した。以降、巡拝の方々も日々その数を増しつつあり、各山主の協力により、復興の悲願は見事に達せられた。

当八十八ヵ所霊場は大阪の真ん中、中央区島之内南坊**法案寺**を1番として御堂筋**三津寺**、あみだ池**和光寺**を経て、北は淀川より南は大和川の間、即ち西・福島・北・淀川・天王寺・中央・浪速・大正・阿倍野・港・住吉・平野の各区を巡って淀川を渡り、吹田・摂津・茨木・高槻・箕面・池田の各市北摂地区を経て、兵庫県に入る。そして尼崎・川西・伊丹・宝塚の各市を巡って神戸市に入り、灘区から中央・兵庫・長田・須磨各区を回って88番**須磨寺**（正式名福祥寺）まで、摂津の国一円の多数の有名寺院を札所としている。

総本山**四天王寺**を初めとして**国分寺・中山寺・清澄寺・須磨寺**などの大本山、**総持寺・勝尾寺・中山寺**などの西国札所、**太融寺・四天王寺**などの新西国札所、近畿三十六不動尊等々、有名人の墓所や名所旧蹟等多数を包含している。

古誌によると、大阪大師巡りは寛政文化年間（1789〜1818）ごろは特

近畿・中国の弘法大師霊場

に盛んだった様子で、**国分寺**には安永8年（1779）10月に建立の「摂津八十八ヶ所」の石碑があり、また**六大院**門前には安政5年（1858）3月木食祐伝・祐範両上人建立の「四国八十八ヶ所霊場の石碑」が今も建っていて、永い霊場の由緒を物語っている。　　　　　　　（小原興道）

★問合せ先
摂津国八十八ヵ所霊場会事務局
中山寺☎0797－87－0024

★案内書
『摂津国八十八所巡礼』
（朱鷺書房刊）

摂津国八十八カ所霊場

1	法案寺	高野真言	薬師如来	大阪府大阪市中央区島之内
2	三津寺	真言御室	十一面観音	〃　〃　中央区心斎橋
3	和光寺	浄土宗	阿弥陀如来	〃　〃　西区北堀江
4	了徳院	東寺真言	准胝観音	〃　〃　福島区鷺州
5	持明院	東寺真言	弘法大師	〃　〃　福島区鷺州
6	太融寺	高野真言	千手観音	〃　〃　北区太融寺町
7	富光寺	高野真言	阿弥陀如来	〃　〃　淀川区加島
8	不動寺	真言醍醐	不動明王	〃　豊中市宮山町
9	国分寺	真言国分	薬師如来	大阪市北区国分寺
10	宝珠院	真言御室	大日如来	〃　〃　北区与力町
11	善福寺	高野真言	弘法大師	〃　〃　天王寺区空堀町
12	興徳寺	高野真言	薬師如来	〃　〃　天王寺区餌差町
13	大日寺	真言御室	大日如来	〃　〃　城東区鴨野東
14	六大院	高野真言	不動明王	〃　〃　天王寺区餌差町
15	円珠庵	真言豊山	十一面観音	〃　〃　天王寺区空清町
16	観音寺	高野真言	十一面観音	〃　〃　天王寺区城南寺町
17	正祐寺	高野真言	大日如来	〃　〃　天王寺区上本町
18	宗恵院	高野真言	大日如来	〃　〃　天王寺区生玉前町
19	藤次寺	高野真言	宝生如来	〃　〃　天王寺区生玉町
20	自性院	高野真言	聖観音	〃　〃　中央区中寺
21	報恩院	真言醍醐	不動明王	〃　〃　中央区高津
22	持明院	真言御室	大日如来	〃　〃　天王寺区生玉町
23	青蓮寺	高野真言	大日如来	〃　〃　天王寺区生玉寺町
24	真光院	和宗	阿弥陀如来	〃　〃　天王寺区夕陽丘町
25	四天王寺	和宗	如意輪観音	〃　〃　天王寺区四天王寺
26	清水寺	和宗	十一面観音	〃　〃　天王寺区伶人町
27	高野寺	真言犬鳴	弘法大師	〃　〃　西区土佐堀
28	浪速寺	東寺真言	毘沙門天	〃　〃　浪速区恵美須西
29	大乗坊	高野真言	毘沙門天	〃　〃　浪速区日本橋
30	竹林寺	浄土宗	阿弥陀如来	〃　〃　中央区難波

31	地蔵院	真言単立	地蔵菩薩	大阪府大阪市大正区三軒家東
32	正圓寺	東寺真言	歓喜天	〃 〃 阿倍野区松虫通
33	釈迦院	高野真言	弘法大師	〃 〃 港区築港
34	西之坊	真言御室	地蔵菩薩	〃 〃 住吉区上住吉町
35	荘厳浄土寺	真言律宗	不動明王	〃 〃 住吉区帝塚山東
36	薬師寺	高野真言	薬師如来	〃 〃 住吉区苅田
37	如願寺	真言御室	聖観音	〃 〃 平野区喜連
38	長宝寺	高野真言	十一面観音	〃 〃 平野区平野本町
39	全興寺	高野真言	薬師如来	〃 〃 平野区平野本町
40	法楽寺	真言泉涌	不動明王	〃 〃 東住吉区山坂
41	京善寺	真言御室	不動明王	〃 〃 東住吉区桑津
42	常光円満寺	高野真言	聖観音	〃 吹田市元町
43	円照寺	高野真言	千手観音	〃 〃 山田東
44	佐井寺	真言単立	薬師如来	〃 〃 佐井寺
45	金剛院	高野真言	薬師如来	〃 〃 摂津市千里丘
46	蓮花寺	高野真言	薬師如来	〃 茨木市天王
47	総持寺	高野真言	千手観音	〃 〃 総持寺
48	地蔵院	真言大覚	地蔵菩薩	〃 高槻市真上町
49	霊山寺	高野真言	不動明王	〃 〃 霊仙寺町
50	大門寺	真言御室	如意輪観音	茨木市大門寺
51	真龍寺	高野真言	釈迦如来	〃 〃 東福井
52	帝釈寺	高野真言	帝釈天	〃 箕面市粟生外院
53	善福寺	高野真言	十一面観音	〃 〃 粟生間谷西
54	勝尾寺	高野真言	十一面観音	〃 〃 粟生間谷
55	瀧安寺	真言単立	如意輪観音	〃 〃 箕面公園
56	宝珠院	高野真言	如意輪観音	〃 〃 如意谷
57	釈迦院	高野真言	釈迦如来	〃 池田市鉢塚
58	一乗院	高野真言	聖観音	〃 〃 鉢塚
59	常福寺	高野真言	十一面観音	〃 〃 神田
60	金剛院	真言御室	大日如来	兵庫県伊丹市宮ノ前
61	安楽院	高野真言	大日如来	〃 〃 千僧
62	昆陽寺	高野真言	薬師如来	〃 〃 寺本
63	大空寺	真言御室	延命地蔵	〃 野間
64	浄光寺	真言善通	聖観音	〃 尼崎市常光寺
65	大覚寺	真言律宗	千手観音	〃 〃 寺町
66	高法寺	高野真言	十一面観音	大阪府池田市綾羽
67	久安寺	高野真言	千手観音	〃 〃 伏尾町
68	満願寺	高野真言	千手観音	兵庫県川西市満願寺町
69	中山寺 大師堂	真言中山	十一面観音	〃 宝塚市中山寺
70	中山寺 納経所	真言中山	十一面観音	〃 〃 中山寺

71	中山寺 奥之院	真言中山	厄神明王	兵庫県宝塚市中山寺
72	清澄寺	真言三宝	大日如来	〃　〃　米谷清シ
73	平林寺	東寺真言	釈迦如来	〃　〃　社町
74	金龍寺	真言三宝	聖観音	〃　〃　鹿塩
75	神呪寺	真言御室	如意輪観音	〃　西宮市甲山町
76	東光寺	高野真言	薬師如来	〃　〃　門戸西町
77	法心寺	高野真言	十一面観音	〃　〃　高木西町
78	大日寺	高野真言	大日如来	〃　〃　高木東町
79	円満寺	高野真言	薬師如来	〃　〃　社家町
80	摩耶山 天上寺	高野真言	十一面観音	〃　神戸市灘区摩耶山町
81	聖徳院	高野真言	弘法大師	〃　〃　中央区宮本通
82	大龍寺	東寺真言	如意輪観音	〃　〃　中央区再度山
83	真福寺	高野真言	阿弥陀如来	〃　〃　兵庫区下沢通
84	金光寺	高野真言	薬師如来	〃　〃　兵庫区西仲町
85	常福寺	高野真言	延命地蔵	〃　〃　長田区大谷町
86	妙法寺	高野真言	毘沙門天	〃　〃　須磨区妙法寺
87	勝福寺	高野真言	聖観音	〃　〃　須磨区大手町
88	須磨寺	真言須磨	聖観音	〃　〃　須磨区須磨寺町

大和新四国八十八ヵ所霊場

　この霊場は奈良県五條市と吉野郡の一部を併せた地域にある。大台ヶ原に源をもつ吉野川は、市街地の中央を東西に貫流している。緑と水の町五條市、及び果樹地帯である西吉野の丘陵に点在する百十数か寺の中に札所がある。古事記・万葉集の語りかける宇智大野・阿太の古墳群・南朝時代の旧跡等、変遷の多い歴史の舞台となったところだ。

　霊場は既に江戸時代に開創され、文化9年（1812）に札所の記録が見られる。当霊場の開創にかかわった方には、例えば奈良朝時代の役行者・行基菩薩、平安時代には弘法大師、鎌倉時代には恵心僧都・滝口入道守、降って江戸時代の左甚五郎その他の名僧・名工がいる。聖武・光仁・嵯峨・後醍醐天皇など、諸仏に帰依の厚かった帝、皇后の勅願所として綸旨、または令旨を下された精舎も数多くある。

　古くからこの地方においても、四国八十八ヵ所、西国観音三十三ヵ所等、苦行練行の後の光明を希って巡拝が盛んであった。

　新四国八十八ヵ所巡拝も、時代のうつろいとともに幾度か盛衰を繰り返してきた。この間復興に献身された方としては、江戸期にこの地方の道心者松本随道師がおられる。明治25年（1892）の巡拝は盛況であった

と伝えられている。しかし第二次世界大戦の不幸な時代に突入してからは、霊場参拝の跡絶えんとした困難な情況になり、関係者のいたく憂うるところであった。

戦後、五條市二見で鉄工業を営む魚谷義盛氏は、所々で大師の恩徳と霊場の有り難さを体験された方で、巡拝の衰微に心を痛め、再興を発願し昭和23年（1948）ついにこの難業に取り組まれた。そして十数年にわたって道標の調査と280に及ぶ標識の復元に尽くされ、さらに由緒・寺録を調査し、関係寺院の援助を初め古老の協力により、昭和35年に現在の札所番号の改訂整理をし、『案内記』初版を発行された。そのうえ、各所に呼びかけて巡拝団を結成して、自ら大先達となって、この大願を成就されたのである。

この霊場は真言宗大本山高野山の霊峯を仰ぎ見る地域にある。弘法大師巡錫（じゅんしゃく）の聖地であり、また役行者に関係が深く、近くは御霊信仰による神宮寺より分離した札所寺院が数多くある。

金剛、吉野の山紫水明の地にあるので、春は賀名生の梅林・西吉野の果樹園の開花と野鳥のさえずり、秋は紅葉と熟れた果実と、自然の風趣を心ゆくまで味わうことができる。また巡拝の途次、南朝の史跡を訪ね、勅願所に詣でては遠い昔の哀史に想いを致すのも、この霊場ならではと思われる。九十九折の道中に、同行二人の白衣の姿と「南無大師遍照金剛」念誦の声が、町に村に木霊するこの巡拝団の姿こそ、宗派を超えた報恩謝徳の道行ではないだろうか。

（尾来義明）

★問合せ先

大和新四国八十八ヵ所霊場巡拝団
代表・魚谷義信☎07472―2―2066

★案内書

『書石へんろ道』（魚谷義信刊）

大和新四国八十八ヵ所霊場（奈良県）

1	**栄山寺**	真言豊山	薬師如来	五條市小島町
2	**門坂寺**		阿弥陀如来	吉野郡西吉野村神野 ㉞
3	**成願寺**	高野真言	薬師如来	五條市木の原 (73)
4	**釈迦寺**	高野真言	釈迦如来	〃 犬飼町 (65)
5	**観音寺**（道照山）	高野真言	十一面観音	〃 小島町 ⑦
6	**安生寺**	高野真言	十一面観音	〃 今井町
奥	**延命寺**（⑥奥ノ院）		延命地蔵	〃 上今井
外	**地蔵堂**		地蔵菩薩	〃 今井笠之辻
7	**西明寺**	高野真言	釈迦如来	〃 今井町
8	**大王寺**		阿弥陀如来	〃 宇野 ⑨
9	**月見寺**	高野真言	薬師如来	〃 三在

10	**遍照寺**		如意輪観音	五條市堺筋	
11	**鳳凰寺**	高野真言	阿弥陀如来	〃 小和町	
12	**地蔵寺**	高野真言	地蔵菩薩	〃 出屋敷町	
奥	**石寺**(⑫奥ノ院)		弘法大師	〃 出屋敷町	
13	**金剛寺**(小松山)	高野真言	薬師如来	〃 野原町	
14	**十輪寺**	高野真言	地蔵菩薩	〃 野原町	
鎮守	**弁天堂**		弁財天	〃 野原町	
15	**東福寺**	高野真言	薬師如来	〃 六ッ倉町	⑦
16	**薬師寺**	高野真言	薬師如来	〃 野原町	⑬
17	**圓通寺**	高野真言	十一面観音	〃 野原町	
18	**威徳寺**	高野真言	大威徳明王	〃 野原中牧	
19	**地蔵寺**(延命山)	高野真言	延命地蔵	〃 霊安寺町	
20	**満願寺**	高野真言	准胝観音	〃 霊安寺町	
21	**大日寺**(宝光山)	高野真言	大日如来	〃 西河内	㊵
22	**釈迦寺**	高野真言	釈迦如来	吉野郡西吉野村湯川	⑬
奥	**中前寺**(㉒奥ノ院)	高野真言	阿弥陀如来	〃 西吉野村湯川	⑬
外	**阿弥陀堂**		阿弥陀如来	〃 西吉野村湯川	
23	**弥勒寺**	高野真言	弥勒菩薩	〃 西吉野村赤松	⑬
奥	**源光寺**		聖観音	五條市南阿田	
24	**光明寺**	高野真言	阿弥陀如来	吉野郡西吉野村百谷	⑬
25	**大悲院**	真言大覚	大日如来	〃 西吉野村平沼田	⑬
26	**地蔵寺**	高野真言	地蔵菩薩	〃 西吉野村大堀	⑲
27	**蔵王堂**		蔵王権現	〃 西吉野村大堀	
28	**光明寺**	真言大覚	阿弥陀如来	〃 西吉野村西新子	
29	**玉泉院**	真言御室	延命地蔵	〃 西吉野村湯塩	
30	**阿弥陀寺**	高野真言	阿弥陀如来	五條市野原中牧	
31	**西光寺**	高野真言	薬師如来	吉野郡西吉野村滝	
32	**西蓮寺**		地蔵菩薩	〃 西吉野村江出	
33	**地蔵寺**		千躰地蔵	〃 西吉野村神野	
34	**光明院**	高野真言	阿弥陀如来	〃 西吉野村和田	
35	**常楽院**		薬師如来	〃 西吉野村大日川	
36	**鎮国寺**		不動明王	〃 西吉野村向賀名生	
37	**市場宮**		大日如来	〃 西吉野村大日川	
38	**常覚寺**	高野真言	普賢菩薩	〃 西吉野村黒渕	
39	**西光寺**	高野真言	阿弥陀如来	〃 西吉野村老野	
外	**正明院**		松本随道師墓	〃 西吉野村滝	
40	**地蔵寺**	真言御室	地蔵菩薩	五條市山田町	
41	**吉祥寺**(しばし)	高野真言	毘沙門天	〃 丹原町	
42	**龍光寺**	高野真言	大日如来	〃 滝町	
奥	**天福寺**(㊷奥ノ院)	真言豊山	弁財天	〃 滝町	

43	**天城寺**		十一面観音	五條市近内町	㊽
44	**真龍院**	高野真言	阿弥陀如来	〃　丹原町	
45	**不動院**	高野真言	不動明王	吉野郡西吉野村湯川	⑬
46	**光明寺**	高野真言	阿弥陀如来	五條市丹原町	
47	**宝蔵寺**（孔雀山）	高野真言	釈迦如来	〃　御山町	⑳
48	**観音寺**	高野真言	聖観音	〃　大野町	㊶
49	**福生寺**	高野真言	薬師如来	〃　黒駒町	⑬
50	**医光寺**	高野真言	薬師如来	〃　中村町	(56)
51	**金剛寺**	高野真言	十一面観音	〃　山陰町	(56)
52	**釈迦寺**	真言智山	釈迦如来	〃　表野町	(56)
53	**福林寺**		阿弥陀如来	〃　八田	
54	**平田寺**		地蔵菩薩	〃　大津町	
55	**妙音寺**	高野真言	十一面観音	〃　大津町	
56	**西金寺**	高野真言	地蔵菩薩	〃　火打町	
外	**念仏寺**（陀々堂）		阿弥陀如来	〃　大津町	
57	**阿弥陀寺**	高野真言	阿弥陀如来	〃　湯谷町	
58	**降霊寺**	高野真言	十一面観音	〃　相谷町	
59	**観音寺**	高野真言	千手観音	〃　上野町	(63)
60	**西福寺**	高野真言	不動明王	〃　畑田町	(73)
外	**不動寺**		不動明王	〃　落合	
61	**大日寺**	高野真言	大日如来	〃　二見	(63)
62	**神宮寺**	真言宗	准胝観音	〃　二見	
63	**生蓮寺**（寄足）	高野真言	地蔵菩薩	〃　二見	
64	**西方寺**	高野真言	弘法大師	〃　新町	
65	**転法輪寺**（犬飼大師）	高野真言	弘法大師	〃　犬飼町	
奥	**烏ケ森堂**（(65)奥ノ院）		十一面観音	〃　犬飼町	(65)
66	**安井寺**（寿命観音）	高野真言	十一面観音	〃　下之町	
67	**常楽院**	高野真言	不動明王	〃　本町	
68	**井上院**		阿弥陀如来	〃　岡口町	
69	**常福寺**	高野真言	阿弥陀如来	〃　西阿田町	
70	**禅洞寺**（最初坊）	高野真言	不動明王	〃　野原町	⑭
71	**行圓寺**	高野真言	十一面観音	〃　西阿田町	
72	**西方寺**	高野真言	阿弥陀如来	〃　中之町	(73)
73	**大善寺**	高野真言	釈迦如来	〃　中之町	
奥	**地福寺**	高野真言	地蔵菩薩	〃　中之町	(73)
74	**金光寺**	高野真言	阿弥陀如来	〃　上之町	(76)
75	**講御堂寺**	律宗	阿弥陀如来	〃　五條	
76	**大澤寺**（瀬之堂の薬師）	高野真言	薬師如来	〃　大沢町	
77	**知恩寺**		薬師如来	〃　釜窪町	
78	**阿弥陀寺**	高野真言	阿弥陀如来	〃　車谷町	

79	**観音寺**	真言御室	十一面観音	五條市岡町	
80	**地蔵院**	高野真言	地蔵菩薩	〃　島野町	
81	**地蔵寺**	高野真言	地蔵菩薩	〃　市塚町	
82	**安楽寺**	高野真言	地蔵菩薩	〃　西久留野町	(85)
83	**福徳寺**	高野真言	地蔵菩薩	〃　近内町	(85)
84	**草谷寺**	高野真言	薬師如来	〃　北山町	
85	**地福寺**	高野真言	法起菩薩	〃　久留野	
奥	**宮寺**（(85)奥ノ院）		千手観音	〃　久留野	
86	**西林寺**	高野真言	十一面観音	〃　居伝町	
87	**蓮華寺**	高野真言	十一面観音	〃　大沢町	(76)
88	**阿弥陀寺**	高野真言	阿弥陀如来	〃　住川町	
奥	**龍智院**（(88)奥ノ院）		十一面観音	〃　住川町	

（所在地にある番号は、兼務している札所番号。）

高野山真言宗　美作八十八ヶ所霊場

岡山県北部の津山盆地を中心にして旧美作(みまさか)国一円に開かれた霊場。昭和59年（1984）の弘法大師御入定(にゅうじょう)1150年の御遠忌を前に、報恩記念事業として設立され、昭和58年４月30日に盛大に霊場開きの法会が執り行われた。

各寺院は、いずれも弘法大師の由緒深く、数百年あるいは千有余年の歴史を誇る寺々ばかりである。

この辺りは山、川、丘陵の続く地域で、以前は山上の寺院へ行くのも不便だったが、昨今は道路整備も進み巡拝もしやすくなり、バスを使って５日もあれば八十八ヵ所巡りができるようになった。

★問合せ先

高野山真言宗美作八十八ヶ所霊場会本部・観音寺☎0868―64―0223

★案内書

『美作八十八ヶ所霊場』（美作八十八ヶ所霊場会刊）

高野山真言宗美作八十八ヶ所霊場（岡山県）

1	**法輪寺**	高野真言	阿弥陀如来	英田郡作東町大聖寺
2	**圓福寺**	高野真言	無量寿如来	〃　作東町鷺巣
3	**光明寺**	高野真言	如意輪観音	〃　美作町和田
4	**栄徳寺**	高野真言	阿弥陀如来	〃　美作町田殿
5	**遍照寺**	高野真言	弘法大師	〃　美作町山口
6	**普門寺**	高野真言	十一面観音	〃　作東町江見
7	**蓮花寺**	高野真言	薬師如来	〃　作東町蓮花寺
8	**薬水寺**	高野真言	薬師如来	〃　作東町鈴家

9	観音寺	高野真言	十一面観音	英田郡作東町萬善
10	東光寺	高野真言	阿弥陀如来	勝田郡勝央町東吉田
11	真福寺	高野真言	聖観音	〃 勝央町勝間田上之町
12	見正寺	高野真言	正観音	〃 勝央町為本
13	真休寺	高野真言	十一面観音	英田郡美作町位田
14	長正寺	高野真言	如意輪観音	〃 美作町長内
15	宗傳寺	高野真言	阿弥陀如来	久米郡棚原町百々
16	華蔵寺	高野真言	聖観音	〃 棚原町百々
17	観音寺	高野真言	十一面観音	〃 棚原町百々
18	泰西寺	高野真言	聖観音	〃 久米南町下弓削
19	泰山寺	高野真言	不空羂索観音	〃 久米南町上二ケ
20	佛教寺	高野真言	薬師如来	〃 久米南町佛教寺
21	豊楽寺	高野真言	薬師如来	御津郡建部町豊楽寺
22	瑞泉院	高野真言	阿弥陀如来	久米郡久米南町下籾
23	清水寺	高野真言	如意輪観音	〃 久米南町上籾
24	両山寺	高野真言	聖観音	〃 中央町両山寺
25	江原寺	高野真言	大日如来	〃 旭町里
26	法泉寺	高野真言	地蔵菩薩	真庭郡落合町下見
27	法福寺	高野真言	阿弥陀如来	〃 落合町吉
28	普門寺	高野真言	正観音	〃 落合町田原山上
29	萬福寺	高野真言	薬師如来	〃 落合町上山
30	遍照寺	高野真言	十一面観音	〃 落合町栗原
31	清水寺	高野真言	十一面観音	〃 落合町関
32	正光寺	高野真言	阿弥陀如来	〃 落合町関
33	勇山寺	高野真言	薬師如来	〃 落合町鹿田
34	木山寺	高野真言	薬師如来	〃 落合町木山
35	感神院	高野真言	弘法大師	〃 落合町木山
36	等輪寺	高野真言	地蔵菩薩	〃 落合町上市瀬
37	善福寺	高野真言	十一面観音	〃 落合町日名
38	神林寺	高野真言	千手観音	〃 落合町日名
39	観音寺	高野真言	十一面観音	〃 勝山町三田
40	金剛院	高野真言	不空成就如来	〃 勝山町三田
41	善光寺	高野真言	阿弥陀如来	〃 勝山町月田
42	大福寺	高野真言	阿弥陀如来	〃 勝山町月田本岩坪
43	八幡寺	高野真言	阿弥陀如来	〃 勝山町月田本
44	別当寺	高野真言	地蔵菩薩	〃 勝山町岩井谷
45	円王寺	高野真言	釈迦如来	〃 勝山町上
46	普門寺	高野真言	聖観音	〃 勝山町若代
47	安養寺	高野真言	薬師如来	〃 勝山町古呂々尾中
48	桜本寺	高野真言	薬師如来	〃 勝山町後谷

49	竹元寺	高野真言	正観音	真庭郡美甘村美甘
50	字南寺	高野真言	大日如来	〃 美甘村美甘
51	玉泉寺	高野真言	大日如来	〃 美甘村鉄山
52	密乗寺	高野真言	聖観音	〃 勝山町山久世
53	密厳寺	高野真言	不動明王	久米郡久米町中北下
54	興禅寺	高野真言	聖観音	〃 中央町錦織
55	弘法寺	高野真言	聖観音	〃 中央町錦織
56	清眼寺	高野真言	阿弥陀如来	津山市院庄
57	龍澤寺	高野真言	阿弥陀如来	〃 二宮
58	引乗寺	高野真言	阿弥陀如来	〃 上田邑
59	安養寺	高野真言	阿弥陀如来	〃 上田邑
60	吉祥寺	高野真言	毘沙門天	苫田郡鏡野町円宗寺
61	宝性寺	高野真言	延命地蔵	〃 鏡野町古川
62	福泉寺	高野真言	十一面観音	〃 鏡野町河本
63	興隆寺	高野真言	大日如来	〃 鏡野町真加部
64	極楽寺	高野真言	千手観音	〃 鏡野町上森原
65	金剛頂寺	高野真言	聖観音	〃 鏡野町山城
66	弘秀寺	高野真言	薬師如来	〃 鏡野町中谷
67	長善寺	高野真言	阿弥陀如来	〃 富村富西谷
68	安養寺	高野真言	阿弥陀如来	〃 鏡野町沖
69	上野寺	高野真言	不空羂索観音	〃 奥津町箱
70	観音寺	高野真言	十一面観音	〃 奥津町杉
71	光明寺	高野真言	大日如来	〃 奥津町羽出
72	圓通寺	高野真言	千手観音	〃 鏡野町寺和田
73	萬福寺	高野真言	虚空蔵菩薩	津山市東田辺
74	求聞持寺	高野真言	虚空蔵菩薩	〃 東田辺
75	国府台寺	高野真言	正観音	〃 総社
76	長雲寺	高野真言	薬師如来	〃 小田中
77	聖徳寺	高野真言	聖徳太子	〃 小田中
78	愛染寺	高野真言	千手観音	〃 西寺町
79	福泉寺	高野真言	薬師如来	〃 西寺町
80	光厳寺	高野真言	不動明王	〃 西寺町
81	高福寺	高野真言	十一面千手	〃 林田
82	真福寺	高野真言	薬師如来	苫田郡加茂町行重
83	極楽寺	高野真言	阿弥陀如来	〃 加茂町宇野
84	新善光寺	高野真言	阿弥陀如来	勝田郡勝北町中村
85	神宮寺	高野真言	十一面観音	〃 勝田町梶並
86	蔵寶寺	高野真言	虚空蔵菩薩	〃 勝田町東谷上
87	圓明寺	高野真言	聖観音	英田郡大原町古町
88	霊山寺	高野真言	如意輪観音	〃 大原町川上

広島新四国八十八ヵ所霊場

　日本三景の一つ、安芸の宮島に祀られる日本三弁財天で名高い**大願寺**を第1番札所にして、大同元年（806）秋、入唐求法の使命を果たされた弘法大師空海が、立教開宗の大志を胸に秘めて開創され、求聞持秘法を御修行になった霊峰**弥山奥之院**を第88番の打ち止め札所とする。この「広島新四国八十八ヵ所霊場」は、広島県の広島市、呉市、大竹市、廿日市市、東広島市、佐伯郡、安芸郡、賀茂郡の5市3郡にまたがる霊場である。しかも、真言宗65か寺、浄土宗8か寺、曹洞宗9か寺、臨済宗5か寺、浄土真宗1か寺からなる各宗派を超越した特異性をもっており、弘法大師の霊徳の深さを如実に示している。

　神の島厳島を立ちいでて、また立ちかえる神の島への八十八ヵ所巡拝は他に類のない信仰の楽園として、神仏習合の名残りを止めている。1番から20番までを「発心」、21番から42番までを「修行」、43番から61番までを「菩提」、62番から88番までを「涅槃」と大別して、本四国に準じた四つの道場と考え、新四国の名称を用いているが、地図の上にこの4地域を囲んで見ると、真に姿の調った4道場となる。遍路の風情も、自然の風光に富んだ旅情豊かなものであり、素朴な地方の風土にはぐくまれた信仰の歴史を秘めている。

　また、この霊場の特徴として特に強調しなければならないことは、世界平和のシンボルである広島の悲惨な原爆ドームを中心に、犠牲者の冥福を祈る慰霊碑、身許の不明な多くの遺骨を安置する供養塔が「特別番外霊場」として加えられていることである。この霊場を巡拝することによって、原爆犠牲者諸精霊の回向をするとともに、核兵器廃絶と軍縮推進を訴え、心から全世界人類の平和を祈ろうとするものである。

　広島新四国八十八ヵ所霊場の歴史は古い。弘法大師御修行の遺跡には、それぞれに霊験あらたかな由緒を備えているが、栄枯盛衰は世の習いで、ことに明治維新以後は当霊場も荒廃の一途をたどっていた。それを大正7年（1918）に先徳が整備されてからは、白装束に金剛杖の遍路姿が後を絶たず、美しい鈴の音が瀬戸内の山野に響いていたのであるが、昭和20年（1945）8月6日、原爆の洗礼を受け、多くの札所寺院が廃寺、統合された。そして再び昭和48年、弘法大師御誕生1200年を記念して、復活再興され現在に至っている。

　古い歴史の中に生きてきた日本のふるさとを訪ね、そこに生きている日本人の心を求め、現代に生かされていることの自覚をあらたにするためにも、広島新四国八十八ヵ所霊場の巡拝は最適である。狂乱列島の人心回復に役立ち、人々が物心両面の健康を保つための糧となることを願う、平和都市「ひろしま」を中心と

する当霊場は、現代人が一生に一度はぜひ巡拝してほしい霊場である。

先に記した札所のほか、内海を一望する**極楽寺**、安芸の高野山といわれる**福王寺**、安国寺である**不動院**、浅野藩ゆかりの**国泰寺・明星院**などのほか、霊場地域の見どころとしては、平清盛建立の厳島神社を初め、広島平和公園、原爆資料館、音戸大橋、江田島旧海軍兵学校などがある。

（八木龍生）

★問合せ先

広島新四国八十八ヵ所霊場会事務局・正観寺☎082－282－5662

★案内書

『広島新四国八十八ヵ所霊場巡拝の手引』（広島新四国八十八ヵ所霊場会事務局刊）

広島新四国八十八カ所霊場（広島県）

1	大願寺	高野真言	釈迦如来	佐伯郡宮島町大西町
2	法泉寺	真言醍醐	不動明王	大竹市玖波町
3	光妙院	真言醍醐	波切不動	〃　元町
4	薬師寺	広島真言	薬師如来	〃　元町
5	観音堂		十一面観音	廿日市市地御前北の町
6	大心寺	高野真言	大日如来	〃　原
7	極楽寺	高野真言	千手観音	〃　原
8	円明寺	高野真言	如意輪観音	広島市佐伯区三宅
9	金剛院	高野真言	大日如来	〃　佐伯区石内
10	眞光院	高野真言	三鬼大権現	〃　西区庚午中
11	養徳院	曹洞宗	薬師如来	〃　南区宇品神田
12	国泰寺	曹洞宗	釈迦如来	〃　西区己斐上
13	善光寺	広島真言	釈迦如来	〃　西区竜王町
14	誓願寺	西山深草	阿弥陀如来	〃　西区三滝本町
15	三滝寺	高野真言	聖観音	〃　西区三滝町
16	般舟寺	浄土宗	阿弥陀如来	〃　西区楠木町
17	大師堂	高野真言	弘法大師	〃　安佐南区長束西
18	薬師寺	高野真言	薬師如来	〃　安佐南区古市
19	毘沙門堂	広島真言	毘沙門天	〃　安佐南区佐東町緑井
20	医王寺	真言宗	薬師如来	〃　安佐北区亀山
21	福王寺	真言宗	不動明王	〃　安佐北区可部町綾谷
22	真福寺	広島真言	弘法大師	〃　安佐北区亀山
23	明光寺	真宗本願	阿弥陀如来	〃　安佐北区深川
24	持明院	広島真言	聖観音	〃　東区戸坂千足
25	不動院	広島真言	不動明王	〃　東区牛田新町
26	龍蔵院	高野真言	歓喜天	〃　東区牛田東
27	岩谷寺	高野真言	聖観音	〃　東区温品

28	道隆寺	広島真言	薬師如来	安芸郡府中町御衣尾
29	江本寺	真言宗	十一面観音	〃 府中町石井城
30	鵜上寺	曹洞宗	十一面観音	〃 府中町石井城
31	金剛寺	高野真言	弘法大師	〃 府中町八幡
32	正観寺	広島真言	聖観音	〃 府中町茂陰
33	白蓮寺	高野真言	子安観音	広島市安芸区船越町
34	豊稔寺	高野真言	十一面観音	〃 安芸区船越町竹浦
35	大師寺	高野真言	厄除大師	安芸郡海田町稲荷町
36	蓮華寺	広島真言	弘法大師	広島市安芸区瀬野川町
37	並滝寺	真言御室	千手観音	東広島市志和町志和東
38	国分寺	真言御室	薬師如来	〃 西条町吉行
39	光政寺	広島真言	千手観音	〃 高屋町白市
40	竹林寺	真言御室	千手観音	賀茂郡河内町入野
41	観現寺	真言御室	聖観音	東広島市西条町御薗
42	福成寺	真言御室	千手観音	〃 西条町三永
43	照明寺	高野真言	十一面観音	呉市本通
44	法輪寺	高野真言	薬師如来	〃 和庄本町
45	万年寺	真言醍醐	不動明王	〃 清水通
46	万願寺	真言単立	十一面観音	〃 宮原通
47	三徳寺	真言善通	阿弥陀如来	〃 二河峡
48	観音寺	真言単立	不動明王	〃 両城
49	浄空寺	広島真言	阿弥陀如来	〃 押込町中倉山
50	地蔵寺	曹洞宗	延命地蔵	広島市南区北大河町
51	観音寺	臨済妙心	十一面観音	〃 佐伯区坪井町
52	法真寺	広島真言	弘法大師	〃 南区宇品御幸
53	興禅寺	臨済妙心	阿弥陀如来	〃 中区西平塚町
54	多聞院	広島真言	毘沙門天	〃 南区比治山町
55	長性院	浄土宗	阿弥陀如来	〃 南区比治山町
56	棲真寺	臨済妙心	千手観音	賀茂郡大和町
57	源光院	浄土宗	阿弥陀如来	広島市南区京橋町
58	安養院	真言単立	如意輪観音	〃 東区曙町
59	薬師禅寺	曹洞宗	薬師如来	安芸郡海田町上市
60	法念寺	高野真言	弘法大師	〃 熊野町神田
61	妙光寺	真言善通	大日如来	広島市南区本浦町
62	明星院	真言御室	阿弥陀如来	〃 東区二葉里
63	光明院	高野真言	薬師如来	〃 中区白島九軒町
64	宝勝院	広島真言	阿弥陀如来	〃 中区白島丸軒町
65	不動院	真言醍醐	不動明王	〃 中区銀山町
66	禅林寺	臨済妙心	釈迦如来	〃 中区小町
67	延命院	広島真言	延命地蔵	〃 中区小町

68	戒善寺	浄土宗	阿弥陀如来	広島市中区小町
69	普門寺	曹洞宗	聖観音	〃 中区大手町
70	金龍禅寺	臨済妙心	釈迦如来	〃 中区小町
71	善応寺	臨済妙心	十一面観音	〃 中区本川町
72	浄国寺	浄土宗	阿弥陀如来	〃 中区土橋町
73	高信寺	高野真言	十一面観音	〃 中区河原町
74	海蔵寺	曹洞宗	聖観音	〃 西区古田町
75	薬師院	真言御室	薬師如来	〃 西区南観音町
76	不動院	真言不動	不動明王	〃 中区江波東
77	龍光院	高野真言	聖観音	〃 中区江波南
78	三光院	真言御室	大日如来	廿日市市地御前
79	浄土王院	高野真言	阿弥陀如来	〃 原
80	玉照院	曹洞宗	聖観音	広島市佐伯区倉重
81	蓮光院	高野真言	阿弥陀如来	廿日市市駅前
82	洞雲寺	曹洞宗	聖観音	〃 佐方
83	正覚院	高野真言	不動明王	〃 天神
84	潮音院	浄土宗	阿弥陀如来	〃 須賀
85	徳寿寺	曹洞宗	金石地蔵	佐伯郡宮島町上西連町
86	宝寿院	真言御室	阿弥陀如来	〃 宮島町魚の棚
87	大聖院	真言御室	波切不動	〃 宮島町滝町
88	弥山奥之院	真言御室	虚空蔵菩薩	〃 宮島町弥山
外	広島戦災供養塔			広島市中区中島平和公園内

15番・三滝寺

四国・九州の弘法大師霊場

四国別格二十霊場

　四国路の春はお遍路さんとともにやってくるという。四国別格二十霊場は、四国八十八ヵ所霊場とともに番外札所として開かれた、弘法大師の古くからの歴史をもつ霊跡である。

　八十八霊場に別格二十霊場を加えると百八になり、「百八煩悩の消滅を願うお大師さまの道」の巡拝ができる。

　別格二十霊場は、豊かな自然に恵まれた地や、歴史ある環境に包まれた地にあり、心の旅をするのに絶好といえよう。

　徳島県屈指の古刹が1番**大山寺**(たいさんじ)で、弘法大師が堂塔を整え四国霊場開創の根拠地とされた、阿波仏法最初の道場といわれ、奥ノ院に大師湧現の波切不動を祀る。

　2番**童学寺**は飛鳥時代の創建で、弘法大師が幼少のころ学問修行をしたところという。3番**慈眼寺**は大師19歳のとき、世の人々の一切苦厄(くやく)を除くために修行し、結縁灌頂(けちえんかんじょう)の秘法を修した行場。

　4番**鯖**(さば)**大師本坊**は大師修法の旧跡で、四国霊場お砂踏み修行道場。5番**大善寺**は、往古海岸に二つの巨岩が突き出し陸上の難所だったところで、大師が災難除去の祈願をされた地と伝えられる。6番**龍光院**は大師が四国八十八ヵ所霊場を発願し、この御願成就後その地に建立された寺という。

　奈良時代開創の古刹が7番**出石寺**(しゅつせきじ)で、大師雪中修行跡という。8番**十夜ヶ橋・永徳寺**は大師が四国巡錫(じゅんしゃく)の折に野宿されたところ。9番**文殊院**は、遍路の開祖といわれる河野衛門三郎の旧宅の地という。10番**興隆寺**は、7世紀に空体上人開創、行基菩薩・報恩大師・弘法大師の入山があり、現在数多くの文化財を所蔵、自然に恵まれた名勝の地。

　11番生木地蔵・**正善寺**(いきき じぞう)は、弘法大師が一夜で彫ったという地蔵菩薩を本尊とする。12番**延命寺**は大師がかつて植えた松の下で、病に苦しむ人に霊符を授けて救ったという霊跡。

　13番**仙龍寺**は深山幽谷の地にあり、大師42歳のとき、21日間の護摩修行をしたあと、自らの姿を彫刻して当山に安置。その御本尊は厄除大師、虫除大師として人々の信仰をあつめている。

　14番**椿堂・常福寺**は、大師が住民の病封じのために土にさした杖から椿が芽生えたといい、ここの地名にもなっている。15番**箸蔵寺**(はしくらじ)も大師開創、本尊金毘羅大権現、古木の茂る名刹で、毎年8月4日の箸供養で知られる。

　萩の花の名所が16番**萩原寺**で、大師開創、本尊火伏地蔵菩薩も大師作、寺宝が多く宝物館に保存されている。

17番**神野寺**（かんのじ）も大師開創による満濃池鎮護の霊刹で、近世の戦火による焼失後に廃寺、昭和9年（1934）にようやく堂宇の一部が再建された。

18番**海岸寺**は大師誕生ゆかりの地で、大師開創。本尊は正観音・弘法大師誕生仏。本坊のほか、奥ノ院・大師堂の巡拝は欠かせない。

19番**香西寺**は奈良時代に行基開創、大師再建による嵯峨天皇の勅願寺で、数度の移転を重ね、現在の建物は江戸時代建立の一部。寺宝の毘沙門天立像は藤原時代作の重文。秘仏地蔵菩薩も所蔵する。

20番**大瀧寺**は奈良時代に行基が開創、後に大師が修行した地で、厄流しの寺として知られる。

★問合せ先
四国別格二十霊場会事務局
十夜ヶ橋・永徳寺
☎0893—25—2530

★案内書
『お大師さまの道』（四国別格二十霊場会刊）
四国別格二十霊場会編・冨永航平著『四国別格二十霊場巡礼』（朱鷺書房刊）

四国別格二十霊場

1	大山寺	真言醍醐	千手観音	徳島県板野郡上板町神宅
2	童学寺	真言善通	薬師如来	〃 名西郡石井町石井
3	慈眼寺	高野真言	十一面観音	〃 勝浦郡上勝町正木
4	鯖大師本坊	高野真言	弘法大師	〃 海部郡海南町浅川中相
5	大善寺	高野真言	弘法大師	高知県須崎市西町
6	龍光院	高野真言	十一面観音	愛媛県宇和島市天神町
7	出石寺	真言御室	千手観音	〃 喜多郡長浜町豊茂
8	十夜ヶ橋	真言御室	弥勒菩薩	〃 大洲市徳森
9	文殊院	真言醍醐	地蔵・文殊	〃 松山市恵原町
10	興隆寺	真言醍醐	千手観音	〃 周桑郡丹原町古田
11	生木地蔵	高野真言	地蔵菩薩	〃 丹原町今井
12	延命寺	真言御室	延命地蔵	〃 宇摩郡土居町土居
13	仙龍寺	真言大覚	弘法大師	〃 新宮村馬立
14	椿堂	高野真言	地蔵・不動	〃 川之江市川滝町椿堂
15	箸蔵寺	真言御室	金毘羅大権現	徳島県三好郡池田町箸蔵
16	萩原寺	真言大覚	地蔵菩薩	香川県三豊郡大野原町萩原
17	神野寺	真言善通	薬師如来	〃 仲多度郡満濃町神野
18	海岸寺	真言醍醐	聖観音	〃 多度津町西白方
19	香西寺	真言大覚	延命地蔵	〃 高松市香西西町
20	大瀧寺	真言御室	西照大権現	徳島県美馬郡脇町西大谷

新四国曼荼羅霊場

　四国4県に、新たに弘法大師の霊場八十八社寺が集まって、平成元年（1989）に創設された。霊場の設立に尽力した冨永航平氏によって、詳細な案内書が刊行されている。

　1番**東林院**は、大師が自ら鍬を取って米や麦の種を蒔いたところから種蒔大師の信仰がある。また、霊山寺の奥ノ院として知られる。

　3番**不動院**は身代わり不動の信仰があり、除災招福の霊験あらたかという。

　古くは葛城神社の社僧だった**長寿寺**が5番。その**葛城神社**が6番で、眼病平癒の霊験がある。

　8番**西教寺**は奈良時代の創建という古寺で、2基の六面石幢は県の文化財に指定されている。11番が讃岐一ノ宮の**田村神社**。

　12番**菩提院**は奈良時代に行基が開山したという古刹で、その後弘法大師が留錫し結縁潅頂壇を設けた。往時は大伽藍を構えていたという。

　13番**鷲峰寺**（じゅうぶじ）は奈良時代に鑑真和上による開山といわれる天台宗の古刹で、木造四天王立像は鎌倉時代作で重文に指定されている。

　金毘羅大権現の本寺と称するのが16番**松尾寺**。金刀比羅宮は古くは、松尾寺が守護神として金毘羅大権現を勧請（かんじょう）したことに始まる。松尾寺は金光院以下7院を擁する大寺になり、近世には金毘羅信仰は海上の守護神として全国から尊崇されるようになった。明治維新の神仏分離で金刀比羅宮と改称し、別当寺の金光院以下が廃された。その後、法灯を護持したのが金光院の塔頭（たっちゅう）だった現松尾寺という。

　17番**仏母院**は弘法大師の母の旧跡に創建された寺院で、子授け・安産に霊験があるという。21番**伊舎那院**は聖徳太子創建、理源大師聖宝（しょうぼう）（醍醐寺の開基）中興という古寺。

　23番**琴弾八幡宮**は旧68番札所で、弘法大師も巡錫した地。明治維新の神仏分離で別当寺の神恵院（じんねいん）が分離独立した。

　24番**宗林寺**の境内には北村西望作の白衣観音像が立つ。燧灘に突き出した黒島にあるのが29番**明正寺**で、奈良時代創建の古刹。寺宝の珍しい金銅旅壇仏具（携帯用小仏具）は鎌倉時代作で県の文化財。

　31番**王至森寺**（おしもりじ）は舒明天皇が台風の難を避けたという故事があり、金木犀は国の天然記念物。

　石鎚山真言宗の総本山が32番**極楽寺**。役小角の開創と伝え、後に弘法大師が留錫して再興したという。霊山石鎚山の修験道場として信仰をあつめており、四国不動霊場の23番でもある。

　38番**満願寺**は神仏混交の寺で、四国不動霊場21番。

　41番**光林寺**は大宝元年（701）創建、かつては三論宗・法相宗兼学だったが、弘法大師が留錫して後真言宗に改宗したという。高さ1.94メートルの石造宝篋印塔は鎌倉時代の

作で、県の文化財。四国不動霊場20番。

44番**長楽寺**は、伊予薬師霊場10番。46番**香積寺**は伊予薬師霊場6番、伊予十三仏霊場7番。

砥部焼で知られる砥部町には47番**理正院**があり、伊予十三仏霊場12番。

内子町は50番**高昌寺**の門前町から発達し、往時をしのぶ町並みが保存されている。森林に恵まれた山間の城川町には、禅門の古刹51番**龍澤寺**がある。

53番**善福寺**は山田薬師といって親しまれており、4月8日の花祭りで知られる。56番**石見寺**は小京都と呼ばれる中村市にあり、付近一帯は桜の名所。61番**定福寺**は吉野川の上流梶ケ森の地にあり、霊山には登山者も多い。

眼下に吉野川を望む地に64番**蓮華寺**がある。奈良時代に行基が開創したと伝えられ、十一面観音は除災招福の本尊として信仰されている。

67番**瀧寺**は弘法大師創建と伝え、本尊聖観音立像は藤原時代作の重文で、目引観音と呼ばれ親しまれている。臥鶴之松で知られる68番**願勝寺**は、寺宝に絹本着色聖衆来迎図を所蔵する。

70番**東福寺**は精進料理と書画の所蔵で知られる。77番**万福寺**は平安時代前期に天台座主智証大師が創建し、古くは天台・真言兼学の道場だった。79番**東照寺**の地蔵菩薩半跏像は鎌倉時代作の重文。

81番**如意輪寺**は中津峰の観音さんと親しまれている。本尊如意輪観音坐像は鎌倉時代作の重文。88番**黒滝寺**は、かつては修験の道場として栄えた深山幽谷の地にある。

★**問合せ先**
新四国曼荼羅霊場会事務局
神宮寺☎0883―64―2049

★**案内書**
冨永航平著『新四国曼荼羅霊場地図帖』（新四国曼荼羅霊場会刊）
冨永航平著『新四国曼荼羅霊場を歩く』（新人物往来社刊）

新四国曼荼羅霊場

1	東林院	高野真言	薬師如来	徳島県鳴門市大麻町大谷
2	長谷寺	高野真言	十一面観音	〃　〃　撫養町木津
3	不動院	高野真言	不動明王	〃　板野郡松茂町広島
4	潮明寺	高野真言	十一面観音	鳴門市鳴門町土佐泊浦
5	長寿寺	高野真言	阿弥陀如来	〃　〃　北灘町粟田
6	葛城神社		一言主神	〃　〃　北灘町粟田
7	白鳥神社		日本武尊	香川県東香川市松原
8	西教寺	真言善通	阿弥陀如来	〃　讃岐市富田東
9	玉泉寺	天台宗	日切地蔵	〃　〃　造田宮西
10	自性院	真言善通	不動明王	〃　〃　志度町志度

11	田村神社		倭迹迹日百襲姫命	香川県高松市一宮町
12	菩提院	真言御室	阿弥陀如来	〃　綾歌郡綾南町滝宮
13	鷲峰寺	天台宗	千手観音	〃　　　国分寺町柏原
14	観音寺	真言御室	十一面観音	〃　　　　坂出市高屋町
15	顕正寺	真言大覚	大日如来	〃　　　　丸亀市土居町
16	松尾寺	高野真言	釈迦如来	〃　　仲多度郡琴平町
17	仏母院	真言醍醐	大日如来	〃　　　　　　多度津町
18	善性院	高野真言	薬師如来	〃　　三豊郡詫間町詫間
19	宝積院	真言大覚	阿弥陀如来	〃　　　　豊中町上高野
20	延命院	真言単立	釈迦如来	〃　　　　豊中町上高野
21	伊舎那院	単立	如意輪観音	〃　　　　財田町財田中
22	密蔵寺	高野真言	薬師如来	〃　　　　財田町財田中
23	琴弾八幡宮		八幡菩薩	〃　　観音寺市八幡町
24	宗林寺	真言大覚	阿弥陀如来	〃　　三豊郡豊浜町和田浜
25	光厳寺	高野真言	十一面観音	愛媛県川之江市金生町
26	真観寺	高野真言	聖観音	〃　　伊予三島市富郷町
27	新長谷寺	高野真言	十一面観音	〃　　　　　　　寒川町
28	三福寺	高野真言	阿弥陀如来	〃　　宇摩郡土居町津根
29	明正寺	真言善通	聖観音	〃　　　新居浜市黒島
30	萩生寺	高野真言	聖観音	〃　　　　　　　萩生
31	王至森寺	真言御室	大日如来	〃　　　　西条市飯岡
32	極楽寺	石鎚真言	(次頁欄外)	〃　　　　　　大保木
33	清楽寺	高野真言	阿弥陀如来	〃　　周桑郡小松町新屋敷
34	妙雲寺	高野真言	大日如来	〃　　　　小松町妙口甲
35	実報寺	真言御室	地蔵菩薩	〃　　　東予市実報寺甲
36	栴檀寺	高野真言	薬師如来	〃　　　　　　　楠乙
37	法華寺	真言律宗	十一面観音	〃　　　　今治市桜井甲
38	満願寺	高野真言	薬師如来	〃　　越智郡朝倉村下甲
39	竹林寺	高野真言	文殊菩薩	〃　　　　朝倉村古谷甲
40	別宮大山祇神社		大山積大神	〃　　　　今治市別宮町
41	光林寺	高野真言	不動明王	〃　　越智郡玉川町畑寺甲
42	遍照院	真言豊山	聖観音	〃　　　　　　菊間町浜
43	蓮生寺	真言醍醐	十一面観音	〃　　　　北条市猿川原甲
44	長楽寺	真言智山	阿弥陀如来	〃　　　松山市西垣生町
45	法寿院	真言豊山	延命地蔵	〃　　　温泉郡重信町西岡
46	香積寺	高野真言	薬師如来	〃　　　　　　重信町田窪
47	理正院	真言智山	大日如来	〃　　　伊予郡砥部町麻生
48	稱名寺	真言智山	阿弥陀如来	〃　　　　伊予市上吾川
49	伊豫稲荷神社		宇迦之御魂神	〃　　　　　　　　稲荷
50	高昌寺	曹洞宗	聖観音	〃　　喜多郡内子町城廻

— 278 —

四国・九州の弘法大師霊場

51	龍澤寺	曹洞宗	釈迦牟尼如来	愛媛県東宇和郡城川町魚成
52	永照寺	曹洞宗	釈迦如来	〃　〃　野村町
53	善福寺	曹洞宗	薬師如来	〃　〃　宇和町
54	泰平寺	曹洞宗	釈迦如来	〃　宇和島市神田川原
55	鳳彩寺	曹洞宗	如意輪観音	高知県宿毛市小筑紫町
56	石見寺	真言豊山	薬師如来	〃　中村市安並
57	観音寺	真言智山	正観音	〃　須崎市大間西町
58	峰興寺	法相宗	文殊菩薩	〃　高岡郡越知町甲
59	薬師寺	真言豊山	薬師如来	〃　高知市介良丙
60	閑慶院	曹洞宗	阿弥陀如来	〃　安芸市井の口乙
61	定福寺	真言智山	阿弥陀如来	〃　長岡郡大豊町粟生
62	持性院	真言御室	十一面観音	徳島県三好郡山城町上名
63	長福寺	真言御室	薬師如来	〃　〃　山城町大月
64	蓮華寺	真言御室	十一面観音	〃　〃　池田町ハヤシ
65	願成寺	真言御室	釈迦如来	〃　〃　三好町昼間
66	地福寺	真言御室	大日如来	〃　〃　井川町井内東
67	瀧寺	真言御室	聖観音	〃　〃　三野町加茂野宮
68	願勝寺	真言御室	阿弥陀如来	〃　美馬郡美馬町願勝寺
69	神宮寺	真言御室	薬師如来	〃　〃　半田町東久保
70	東福寺	真言御室	不動明王	〃　〃　貞光町端山
71	報恩寺	真言御室	愛染明王	〃　麻植郡鴨島町飯尾
72	妙法寺	真言御室	阿弥陀如来	〃　名西郡神山町上分
73	大粟神社		大宣都比売命	〃　神山町神領
74	宝蔵寺	高野真言	地蔵菩薩	〃　名東郡佐那河内村
75	地蔵院	真言大覚	目荒地蔵	徳島市名東町
76	観音院	高野真言	十一面観音	板野郡藍住町奥野
77	万福寺	真言大覚	聖観音	徳島市吉野本町
78	東宗院	高野真言	如意輪観音	〃　寺町
79	東照寺	真言大覚	十一面観音	〃　福島町
80	地蔵寺	真言大覚	地蔵菩薩	小松島市松島町
81	中津峰山如意輪寺	高野真言	如意輪観音	徳島市多家良町中津峰
82	長谷寺	高野真言	千手観音	〃　渋野町宮前
83	神宮寺	高野真言	釈迦如来	阿南市新野町
84	弘法寺	真言大覚	弘法大師	〃　海部郡日和佐町
85	満徳寺	高野真言	虚空蔵菩薩	〃　牟岐町牟岐浦
86	江音寺	曹洞宗	阿弥陀如来	〃　海南町浅川
87	正光寺	高野真言	地蔵菩薩	〃　那賀郡相生町平野
88	黒滝寺	高野真言	十一面観音	〃　木沢村阿津江

（32番の本尊は阿弥陀三尊・石鎚蔵王大権現。）

にいはま新四国
八十八ヶ所霊場

　愛媛県新居浜市は東予の中心工業都市。江戸時代に別子銅山の銅を大阪へ送る中継港になって以降発展した。新居浜市には、本四国八十八ヵ所霊場は一か所もないが、いつのころからか新四国八十八ヵ所が市内に勧請設立され、地元の人たちによって巡拝が行われていたという。

　昭和58年（1983）に藤田弥一郎氏が霊場を巡拝・調査されて、著書にまとめられた。それによると、当時寺院札所は17か寺と少なく、無住堂が53か所を占めていた。

　霊場のある場所は、山の中から海へ、更に島（大島）へと変化に富んでおり、全行程およそ100キロ。現在、市民は休日ごとに地図を持って、地元の人に所在地を尋ねながら何か月もかけて巡拝しているという。ただし、山中の札所で一部通行不能の個所があったり、廃された札所もある。霊場会はない。

★案内書

藤田弥一郎著『にいはま新四国八十八ヶ所遍路記』
（愛媛地方史研究会刊）

にいはま新四国八十八ヶ所霊場（愛媛県）　　　　　（お堂・寺院と本尊）

1	阿島大師堂	弘法大師	22	道面地蔵堂	地蔵菩薩
2	阿島安養寺	薬師如来	23	長川毘沙門堂	毘沙門天
3	白浜阿弥陀堂	阿弥陀如来	24	大久保観音堂	十一面観音
4	西楠崎地蔵堂	地蔵菩薩	25	元船木地蔵堂	地蔵菩薩
5	又野阿弥陀堂	阿弥陀如来	26	池田阿弥陀堂	阿弥陀如来
6	下郷地蔵堂	地蔵菩薩	27	国領観音堂	聖観音
7	下郷阿弥陀堂	阿弥陀如来	28	高祖神宮寺	大日如来
8	中郷薬師堂	薬師如来	29	種子川口享徳寺	享徳大師
9	上郷薬師堂	薬師如来	30	川口地蔵堂	地蔵菩薩
10	庄内地蔵堂	地蔵菩薩	31	川口新田薬師堂	薬師如来
11	庄内薬師堂	薬師如来	32	北内中之坊	弘法大師
12	高木河内寺	薬師如来	33	北内観音堂	千手観音
13	下泉川林香庵	十一面観音	34	本俵焔魔堂	閻魔大王
14	上泉川毘沙門堂	毘沙門天	35	立川大師堂	弘法大師
15	喜光地薬師堂	薬師如来	36	久保木曇華庵	地蔵菩薩
16	泉川隆徳寺	不動・聖観音	37	西蓮寺阿弥陀堂	阿弥陀如来
17	泉川高柳大師堂	弘法大師	38	篠場地蔵堂	地蔵菩薩
18	上東田大師堂	弘法大師	39	山田薬師堂	薬師如来
19	光明寺不動堂	波切不動	40	上原地蔵堂	地蔵菩薩
20	坂之下大師堂	弘法大師	41	井出口大師堂	弘法大師
21	長野青林庵	十一面観音	42	小味地山釈迦堂	釈迦如来

43	旦之上観音堂	聖観音	66	金子新田不動堂	不動明王
44	旦之上薬師堂	薬師如来	67	慈眼寺大師堂	弘法大師
45	大生院正法寺	不動明王	68	一宮町慶正寺	釈迦如来
46	岸ノ下西地蔵堂	地蔵菩薩	69	東町観音堂	千手観音
47	岸ノ下地蔵堂	地蔵菩薩	70	新須賀円福寺	延命地蔵
48	白石阿弥陀堂	阿弥陀如来	71	新須賀大師堂	弘法大師
49	萩生北之坊	阿弥陀如来	72	八雲町宗像寺	薬師如来
50	治良丸不動堂	赤不動	73	沢津清水大師堂	弘法大師
51	治良丸地蔵堂	地蔵菩薩	74	沢津阿弥陀堂	阿弥陀如来
52	萩生南之坊	聖観音	75	宇高観音堂	千手観音
53	萩生大師堂	弘法大師	76	宇高地蔵堂	地蔵菩薩
54	馬淵天満寺	千手観音	77	田之上大師堂	弘法大師
55	本郷地蔵堂	地蔵菩薩	78	垣生薬師堂	薬師如来
56	中村観音堂	聖観音	79	垣生太子堂	聖徳太子
57	土橋地蔵堂	地蔵菩薩	80	垣生観音堂	千手観音
58	西泉地蔵堂	地蔵菩薩	81	垣生法泉寺	弥勒菩薩
59	西喜光地阿弥陀堂	阿弥陀如来	82	垣生女乙山	女乙明神
60	松木地蔵堂	地蔵菩薩	83	松神子大師堂	弘法大師
61	滝ノ宮地蔵堂	地蔵菩薩	84	黒島地蔵堂	火伏地蔵尊
62	久保田地蔵堂	地蔵菩薩	85	黒島明正寺	聖観音
63	西土居地蔵堂	地蔵菩薩	86	黒島毘沙門堂	毘沙門天
64	お茶屋谷観音堂	聖観音	87	大島願行寺	阿弥陀如来
65	磯浦地蔵堂	地蔵菩薩	88	大島吉祥寺	毘沙門天

篠栗八十八ヵ所霊場

　篠栗町は福岡県糟屋郡にある面積38.9平方キロ、人口3万人の小さな旧宿場町だが、原野が全面積の約70パーセントを占め、八十八ヵ所の霊場が山間に散在し、延長40キロの遍路道には清澄な滝や渓谷があり、幽邃な霊気をただよわせている。

　毎年1回は巡拝するという人たち、延べ約45万人、地方の霊場では日本一の巡拝者を数える。特に春の巡拝シーズンは遍路さんであふれる。

　この霊場の開創は江戸の末期。天保6年（1835）といえば天保改革の直前だが、全国的に大飢饉となり、凶作のため各地に一揆が発生し、人心は動揺していた。

　たまたま本四国八十八ヵ所を巡拝して故郷の早良郡姪ノ浜（現在福岡市）へ帰るため、篠栗街道を歩いていた尼僧があった。その名を慈忍といった。慈忍が篠栗へ入ったところ、村内はひと一人見当たらず異様に静まりかえっていた。不思議に感じ、街道筋の農家を訪ねたら、村中に伝染病が蔓延し、外出は一切せずにいることが分かった。

村人の心は重かった。その救済のため慈忍は平家岩という行場へ入り、弘法大師を念じ、夜を徹して祈願した。やがて霊験あって病魔は退散し、病人は健康をとりもどした。喜んだ村人は慈忍を生仏として拝んだ。

慈忍は「お大師様が救ってくださったのだ。この感謝のためにここを霊地と定め、八十八ヵ所の霊場を開創して一人でも多くの人に開放しよう」と呼びかけた。

村人は心から協力し、18躰の石仏が造顕されるが、慈忍尼は2年後にこの世を去り、その願いは実現しなかった。

後年、慈忍尼の意志を継いだのが、篠栗村中ノ河内に生まれた藤木藤助である。藤助は若いころより信仰が篤く、若杉山の石井坊賢貞に師事して、得忍と号し、宗教的な活動に深い関心を持っていた。

慈忍の悲願を知った藤助は、5人の同行とともに本四国八十八ヵ所を巡拝して各霊場のお砂を捧持し、帰国後は88躰の御本尊奉安のため浄財を募り、苦労を重ねて村内の景勝地に御本尊を安置し、勧請したお砂を各札所に納め霊場とした。嘉永7年(1854)のことである。したがって篠栗霊場の開基は慈忍尼、開祖は藤助ということになる。

その後、明治19年(1886)には廃仏毀釈の影響で霊場存続が危ぶまれた。村長の藤嘉一郎は10年間にわたって当局に陳情し、寺院として整備することを条件に認可を得て、明治32年には高野山千手院谷の本覚院末南蔵院を移建し、同35年には各札所とも南蔵院飛地に編入して88の霊場は復興する。その後南蔵院住職の林覚運師は布教活動に専念し、霊場興隆に大きな功績を残された。この間、世話人を初めとする関係者、あるいは木原喜造等の努力によって、霊場巡拝者は日ごとに増加し、今日の盛況を見るにいたった。

当霊場の主な札所としては、篠栗霊場の総本寺といわれ、巨大な不動明王像と不動ノ滝が印象的な1番**南蔵院**、薄幸な運命のもとに生まれ育ったワカコという芸者が建立した10番**切幡寺**、三宅千鶴という武士が行場とした千鶴ヶ滝のある12番**千鶴寺**、篠栗三尼僧の一人・慈光尼ゆかりの14番**二ノ滝寺**、峠越えして約3キロ歩く難所の16番**呑山観音寺**、男滝・女滝の2本の雄大な滝がある40番**一ノ滝寺**、胎内巡りができる巨大な修行大師像が祀られた62番**遍照院**、本尊十一面観音が安産の霊験あることで知られる65番**三角寺**、篠栗一番の雄大で水量の豊富な滝の前に建つ70番**五塔ノ滝**、懺悔謝罪すればいかなる罪も軽くなり、頭痛もとれるという釜大師像がある75番**山王薬師堂**、約1時間の登りと絶壁・鉄鎖をたどって行く番外の**若杉山奥ノ院**……など、挙げればきりがない。

延長40キロの遍路道とはいえ、歩いて3日間、車で2日を要する。札所の間わずか200メートルという短いところもあれば、若杉山奥ノ院の

ように山頂へ2時間あまり汗にまみれて登るところもある。手ごろな札所巡りとして簡単に見がちだが、本四国や他の霊場とは違った宗教的な深さがあり、安易な考えで巡拝できない。

当霊場には今なお素朴な信仰形態が残り、理解しがたいことを多く見聞する。しかし、自然の中に抱かれた霊場を巡っていると、既成の観念はすべて洗い落とされ、ここは大師のはからいによる自然の大病院であると感じ、いかなることも信じられるのだから不思議である。

（平幡良雄）

★問合せ先
篠栗霊場総本寺
南蔵院☎092—947—7195

★案内書
平幡良雄著『篠栗遍路・筑前の霊場めぐり』（満願寺教化部刊）

篠栗八十八ヵ所霊場（福岡県）

1	南蔵院	高野真言	釈迦如来	糟屋郡篠栗町城戸
2	松ヶ瀬阿弥陀堂		阿弥陀如来	〃 篠栗町松ヶ瀬
3	城戸釈迦堂		釈迦如来	〃 篠栗町城戸
4	金出大日堂		大日如来	〃 篠栗町金出
5	郷ノ原地蔵堂		地蔵菩薩	〃 篠栗町郷ノ原
6	小浦薬師堂		薬師如来	〃 篠栗町小浦
7	田ノ浦阿弥陀堂		阿弥陀如来	〃 篠栗町田ノ浦
8	金剛の滝観音堂		千手観音	〃 篠栗町丸尾
9	山王釈迦堂		釈迦如来	〃 篠栗町山王
10	切幡寺	高野真言	千手観音	〃 篠栗町荒田
11	山手薬師堂		薬師如来	〃 篠栗町山手
12	千鶴寺	真言御室	虚空蔵菩薩	〃 篠栗町郷ノ原
13	城戸大日堂		十一面観音	〃 篠栗町城戸
14	二ノ滝寺	高野真言	弥勒菩薩	〃 篠栗町荒田
15	妙音寺	天台宗	薬師如来	〃 篠栗町金出
16	呑山観音寺	高野真言	千手観音	〃 篠栗町呑山
17	山手薬師堂		薬師如来	〃 篠栗町山手
18	篠栗恩山寺		薬師如来	〃 篠栗町上町
19	篠栗地蔵堂		地蔵菩薩	〃 篠栗町上町
20	鶴林寺		地蔵菩薩	〃 篠栗町中ノ河内
21	高田虚空蔵堂		虚空蔵菩薩	〃 篠栗町高田
22	桐ノ木谷薬師堂		薬師如来	〃 篠栗町桐ノ木谷
23	山王薬師堂		薬師如来	〃 篠栗町山王
24	中ノ河内虚空蔵堂		虚空蔵菩薩	〃 篠栗町中ノ河内山手
25	秀善寺	高野真言	地蔵菩薩	〃 篠栗町篠栗

26	薬師大寺	高野真言	薬師如来	糟屋郡篠栗町荒田
27	神峰寺		十一面観音	〃 篠栗町金出
28	篠栗公園大日寺		大日如来	〃 篠栗町中町
29	荒田観音堂		千手観音	〃 篠栗町荒田
30	田ノ浦斐玉堂		阿弥陀如来	〃 篠栗町田ノ浦
31	城戸文殊堂		文殊菩薩	〃 篠栗町城戸
32	高田(十一面)観音堂		十一面観音	〃 篠栗町高田
33	本明院	天台宗	薬師如来	〃 篠栗町田中
34	宝山寺	高野真言	薬師如来	〃 篠栗町郷ノ原
35	珠林寺薬師堂		薬師如来	〃 篠栗町金出
36	呑山天王院	高野真言	不動明王	〃 篠栗町呑山
37	高田阿弥陀堂		阿弥陀如来	〃 篠栗町高田
38	丸尾観音堂		千手観音	〃 篠栗町丸尾
39	延命寺	高野真言	薬師如来	〃 篠栗町上町
40	一ノ滝寺	真言醍醐	薬師如来	〃 篠栗町篠栗
41	平原観音堂		十一面観音	〃 篠栗町山王
42	中ノ河内仏木寺		大日如来	〃 篠栗町中ノ河内
43	明石寺	真言大覚	千手観音	〃 篠栗町鳴淵
44	大宝寺	高野真言	十一面観音	〃 篠栗町金出
45	城戸ノ滝不動堂		不動明王	〃 篠栗町城戸
46	岡部薬師堂		薬師如来	〃 篠栗町山王
47	萩尾阿弥陀堂		阿弥陀如来	〃 篠栗町萩尾
48	中ノ河内観音堂		十一面観音	〃 篠栗町中ノ河内
49	雷音寺	高野真言	釈迦如来	〃 篠栗町萩尾
50	郷ノ原薬師堂		薬師如来	〃 篠栗町郷ノ原
51	下町薬師堂		薬師如来	〃 篠栗町下町
52	山手観音堂		十一面観音	〃 篠栗町山手
53	圓明寺		阿弥陀如来	〃 篠栗町桐ノ木谷
54	中町延命寺		不動明王	〃 篠栗町中町
55	桐ノ木谷大日堂		大通智勝仏	〃 篠栗町桐ノ木谷
56	松ヶ瀬地蔵堂		地蔵菩薩	〃 篠栗町松ヶ瀬
57	田ノ浦栄福堂		阿弥陀如来	〃 篠栗町田ノ浦
58	大久保観音堂		千手観音	〃 篠栗町城戸大久保
59	田ノ浦薬師堂		薬師如来	〃 篠栗町田ノ浦
60	神変寺	高野真言	大日如来	〃 篠栗町城戸松ヶ瀬
61	山王寺	真言御室	大日如来	〃 篠栗町山王
62	遍照院	高野真言	十一面観音	〃 篠栗町上町
63	天狗岩山吉祥寺		毘沙門天	〃 篠栗町天狗岩
64	荒田阿弥陀堂		阿弥陀如来	〃 篠栗町荒田
65	三角寺	高野真言	十一面観音	〃 篠栗町御田原

66	観音坂観音堂		千手観音	糟屋郡篠栗町金出
67	山王薬師堂		薬師如来	〃 篠栗町山王
68	岡部神恵院		阿弥陀如来	〃 篠栗町山王
69	高田観音堂		聖観音	〃 篠栗町高田
70	五塔ノ滝		馬頭観音	〃 篠栗町金出
71	城戸千手観音堂		千手観音	〃 篠栗町城戸
72	田ノ浦拝師堂		大日如来	〃 篠栗町田ノ浦
73	山王釈迦堂		釈迦如来	〃 篠栗町山王
74	城戸薬師堂		薬師如来	〃 篠栗町城戸
75	紅葉ヶ滝薬師堂		薬師如来	〃 篠栗町郷ノ原
76	萩尾薬師堂		薬師如来	〃 篠栗町萩尾
77	山王薬師堂		薬師如来	〃 篠栗町山王
78	山手阿弥陀堂		阿弥陀如来	〃 篠栗町山手
79	補陀洛寺	高野真言	十一面観音	〃 篠栗町下町
80	田ノ浦観音堂		千手観音	〃 篠栗町田ノ浦
81	二瀬川観音堂		千手観音	〃 篠栗町二瀬川
82	鳥越観音堂		千手観音	〃 篠栗町鳴淵
83	千手院	高野真言	聖観音	〃 篠栗町御田原
84	中町屋島寺		千手観音	〃 篠栗町中町
85	祖聖大寺	高野真言	聖観音	〃 篠栗町郷ノ原
86	金出観音堂		十一面観音	〃 篠栗町金出
87	弘照院	高野真言	聖観音	〃 篠栗町金出
88	大久保薬師堂		薬師如来	〃 篠栗町城戸大久保
外	若杉山奥ノ院		弘法大師	〃 篠栗町若杉山

九州八十八ヶ所霊場

　九州は弘法大師空海が、仏教の真髄を求めて入唐し、大同元年（806）唐より帰朝して2年間留まった聖地である。有縁の地に堂塔を建立して、密教の東漸を祈られた真言密教初転法輪の地といえる。

　弘法大師御入　定1150年御遠忌を記念して、有縁の寺院が結集し、昭和59年（1984）に霊場は開創した。

　福岡の博多をスタートし、大分、宮崎、鹿児島、熊本、佐賀、長崎の九州7県を巡り、再び福岡で結願する、88か寺に番外5か寺を加えた、全行程2000キロに及ぶ霊場である。

　歴史を留めた名所旧跡あり、温泉や雄大な山岳あり、異国情緒漂う場所あり、古代の遺跡に、新しいレジャー施設ありと、観光資源にことかかず巡礼とともに楽しむことができる。バスまたは乗用車で約12日間。2泊3日か3泊4日の日程で、3～5回に分けてコースを作り巡拝すると楽だ。

　1番**東長密寺**は弘法大師が唐から

帰って興した真言密教東漸最初の道場で、現在地に移転後、福岡藩黒田家が寺領を寄進して菩提所にした。九州三十六不動霊場の36番でもある。

6番**南淋寺**の本尊薬師如来坐像は藤原時代作の重文。養老ノ滝で知られる9番**明王院**は深山の中にあり、明治維新前は行者の根本道場として栄えた。

21番**神護寺**は石造釈迦涅槃像を初め、境内に石仏が多い。22番**大楽寺**は元弘3年（1333）の宇佐八幡宮の大宮司宇佐公連の開基による後醍醐天皇の勅願寺で、弥勒菩薩像と伝えられる藤原時代作の仏像は重文。

24番**蓮華寺**は江戸時代に日出藩の外護を得て栄え、古文書を多く所蔵している。27番**蓮城寺**は大分南部屈指の古刹で、薬師堂には千体薬師が祀られている。38番**長久寺**は六観音を祀り、不動霊場の12番。

39番**潮満寺**は、本尊は波切不動明王で、不動霊場の13番。50番**願成寺**は鎌倉時代の創建で、阿弥陀如来坐像は重文、人吉藩主相良氏の菩提所。

54番**医王寺**は八代市屈指の名刹で、本尊木造薬師如来像は平安時代作と伝えられる重文。57番**蓮華院誕生寺**は法然上人の師、皇円上人の誕生の地といわれ、市街に本寺が、小岱山に奥之院があり、不動霊場21番。59番**光明寺**には珍しい石造九重塔がある。

番外札所の**光明寺**は、本尊薬師如来を安置、武雄温泉の薬湯功徳の霊場と崇められてきたという。

62番**誕生院**は新義真言宗の開祖覚鑁（かくばん）の誕生の地で、本尊錐鑽（きりもみ）不動尊はあらゆる災難の身代わりになってくれると言い伝えられている。不動霊場24番。

63番**蓮厳院**は肥前屈指の古刹で、薬師如来坐像と阿弥陀如来坐像2体は藤原時代作の重文。65番**延命寺**は江戸時代初期の創建で、長崎港に出入りする船舶の祈願所だった。

77番**最教寺**は、遣唐船・南蛮船の往来の地平戸に江戸時代初期に創建され、藩主の庇護のもとで隆盛、霊宝館に貴重な文化財が保存されている。82番**千如寺大悲王院**は聖武天皇が七堂伽藍を建立、その後歴代天皇の勅願寺となり、源頼朝・豊臣秀吉らの庇護を受け、福岡藩主の信仰により隆盛。庭園が有名で、九州西国三十三観音霊場の29番。**千如寺宝池坊**は不動霊場28番。

83番**誓願寺**は平安末期の創建といい、栄西が当寺に逗留中に著した『盂蘭盆縁起』（国宝）と『誓願寺建立縁起』を所蔵してきたことで知られる。88番**鎮国寺**は宗像神社の別当寺で、平城天皇以降勅願寺となり、重文の不動明王像は秘仏。観音霊場の31番、不動霊場34番。

★問合せ先
九州八十八ヶ所霊場会事務局
光輪院☎0956－22－4568
★案内書
白木利幸著『九州八十八所巡礼』
（朱鷺書房刊）

九州八十八ヶ所霊場

1	東長密寺	真言九州	千手観音	福岡県福岡市博多区御供所町
2	般若院	真言大覚	十一面観音	〃　〃　南区大池
3	如意輪寺	真言御室	如意輪観音	〃　小郡市横隈
4	不動院	中山身語正宗	不動明王	佐賀県鳥栖市大官町
5	大師寺	真言九州	不動明王	福岡県浮羽郡田主丸町田主丸
6	南淋寺	真言大覚	薬師如来	〃　朝倉郡朝倉町宮野
外	浄心院	真言大覚	不動明王	〃　甘木市平塚
7	興徳院	真言大覚	十一面観音	〃　〃　牛木
8	隆照寺	高野真言	大日如来	〃　糟屋郡宇美町炭焼
9	明王院	真言九州	不動明王	〃　〃　篠栗町若杉
外	金剛頂院	真言九州	大日如来	〃　〃　篠栗町若杉
10	不動寺	高野真言	不動明王	〃　三潴郡三潴町西牟田
11	明観寺	真言御室	白衣観音	〃　飯塚市西町
12	金倉寺	真言醍醐	不動明王	〃　嘉穂郡穂波町堀池
13	法善寺	真言御室	十一面千手	〃　飯塚市柏森
14	東蓮寺	高野真言	不動明王	〃　直方市上山部
15	西教院	高野真言	十一面観音	〃　〃　下境
16	善覚寺	真言醍醐	石鎚大権現	〃　〃　植木辻
17	阿弥陀院	真言醍醐	不動明王	〃　北九州市八幡東区高見
18	徳泉寺	高野真言	延命地蔵	〃　〃　戸畑区千防
19	普門院	高野真言	如意輪観音	大分県中津市寺町
20	三明院	真言大覚	不動明王	〃　〃　永添
21	神護寺	高野真言	不動明王	〃　下毛郡三光村田口
22	大楽寺	高野真言	弥勒菩薩	〃　宇佐市南宇佐
23	光明院	真言醍醐	不動明王	〃　杵築市南杵築
24	蓮華寺	高野真言	千手観音	〃　速見郡日出町
25	金剛頂寺	高野真言	薬師如来	〃　別府市北的ヶ浜町
26	福寿院	高野真言	不動明王	〃　大分市荷揚町
27	蓮城寺	高野真言	千手観音	〃　大野郡三重町内山
28	興山寺	高野真言	無量寿如来	〃　臼杵市福良
29	海岸寺	真言醍醐	無量寿如来	〃　津久見市堅浦
30	大日寺	高野真言	大日如来	〃　佐伯市船頭町
31	龍仙寺	真言醍醐	十一面観音	宮崎県延岡市西階町
32	光明寺	真言醍醐	阿弥陀三尊	〃　古城町
33	永願寺	真言醍醐	薬師如来	〃　東臼杵郡門川町加草
34	中野寺	真言醍醐	阿弥陀如来	〃　日向市平岩
35	行真寺	高野真言	大日如来	〃　児湯郡都農町川北
36	貫川寺	高野真言	十一面観音	〃　〃　都農町川北
37	香泉寺	高野真言	不動明王	〃　宮崎市丸山

38	長久寺	高野真言	六観音	宮崎県宮崎市大塚町城ノ下
39	潮満寺	高野真言	波切不動	〃 日南市油津
40	西明寺	高野真言	勝軍地蔵	〃 南那珂郡南郷町目井津
41	天長寺	高野真言	不動明王	〃 都城市都島町
42	弘泉寺	高野真言	大日如来	〃 えびの市原田
43	法城院	高野真言	不動明王	鹿児島県姶良郡加治木町朝日町
44	不動寺	高野真言	不動明王	〃 鹿児島市稲荷町
45	大歓寺	真言御室	不動明王	〃 〃 草牟田
46	峰浄寺	高野真言	聖観音	〃 薩摩郡宮之城町虎居
47	光明寺	高野真言	地蔵菩薩	〃 指宿市西方
外	大国寺	高野真言	大日如来	〃 枕崎市井府国見岳
48	弘法寺	高野真言	大日如来	〃 肝属郡串良町下小原
49	剣山寺	真言単立	不動明王	〃 日置郡日吉町日置
50	願成寺	真言大覚	阿弥陀如来	熊本県人吉市願成寺
51	吉祥院勘代寺	高野真言	十一面観音	〃 球磨郡多良木町久米古城
52	高寺院	高野真言	毘沙門天	〃 山江村山田甲
53	観蓮寺	真言大覚	千手観音	〃 人吉市城本町村山
54	医王寺	高野真言	薬師如来	〃 八代市袋町
55	本蔵院	真言醍醐	不動明王	〃 熊本市本荘
56	金剛密寺	高野真言	十一面観音	〃 〃 新屋敷
57	蓮華院誕生寺	真言律宗	皇円大菩薩	〃 玉名市築地
58	金剛寺	高野真言	大日如来	〃 荒尾市宮内出目西
59	光明寺	真言大覚	千手観音	福岡県筑後市津島
60	龍王院	真言智山	不動明王	佐賀県三養基郡上峰町堤
61	高野寺	真言大覚	千手観音	〃 杵島郡北方町志久
外	光明寺	高野真言	薬師如来	〃 武雄市朝日町甘久
62	誕生院	新義真言	不動明王	〃 鹿島市納富分
63	蓮厳院	真言御室	阿弥陀如来	〃 〃 山浦甲
64	龍照寺	真言善通	不動明王	長崎県南高来郡深江町池平戌
65	延命寺	真言御室	薬師如来	〃 長崎市寺町
66	東前寺	高野真言	薬師如来	〃 東彼杵郡波佐見町
67	東光寺	真言大覚	薬師如来	佐賀県杵島郡山内町三間坂甲
68	無動院	真言大覚	不動明王	〃 〃 山内町大野
69	西光密寺	真言大覚	薬師阿弥陀千手	〃 〃 山内町宮野黒髪山
70	宝光院	真言大覚	十一面観音	〃 西松浦郡西有田町
71	浄漸寺	真言智山	薬師如来	長崎県佐世保市上原町
72	光輪院	高野真言	阿弥陀如来	〃 宮地町
73	西光寺	真言智山	虚空蔵菩薩	〃 上柚木町
74	東漸寺	真言智山	薬師如来	〃 中里町
外	西福寺	真言智山	十一面観音	〃 北松浦郡世知原町

— 288 —

75	御橋観音寺	真言智山	十一面観音	長崎県北松浦郡吉井町直谷免
76	寿福寺	真言智山	釈迦如来	〃　　〃　　江迎町長坂免
77	最教寺	真言智山	虚空蔵菩薩	〃　平戸市岩上町
78	開元寺	真言智山	弘法大師	〃　　大久保町田ノ浦
79	善福寺	真言智山	阿弥陀如来	〃　松浦市今福町仏坂免
80	鶴林寺	真言御室	薬師如来	佐賀県唐津市和多田一区
81	大聖院	高野真言	不動明王	〃　　西寺町
82	千如寺大悲王院	真言大覚	千手観音	福岡県前原市雷山
83	誓願寺	真言御室	毘沙門天	〃　福岡市西区今津
84	法蔵院	真言大覚	十一面観音	〃　　西区姪浜
85	観音寺	真言大覚	勝軍地蔵	〃　　西区愛宕
86	海心寺	高野真言	毘沙門天	〃　宗像郡津屋崎町宮司
87	宗像観音寺	高野真言	聖観音	〃　宗像市東郷
88	鎮国寺	真言御室	大日如来	〃　　〃　吉田

（78番の連絡先は世知原町・西福寺。）

四国別格二十霊場（霊場会発行パンフレットより）

島四国弘法大師霊場

　本四国八十八ヵ所霊場は、全国から巡拝に訪れるお遍路さんで、ますます賑わっている。この本四国をそっくり小さな島々にうつした小型の霊場を「島四国」と呼んでいる。お遍路はしたいけれど四国までは遠くて行かれない人々のために、先人の努力によって誕生した。

　佐渡島と壱岐島を除くと、いずれも瀬戸内海にある島々になる。島は、海の青さや豊かな自然を満喫でき、人々の人情にも触れることができるため、素朴な遍路巡拝をするには絶好だといわれている。

佐渡新四国　　　　　　八十八ヵ所霊場

　佐渡新四国開創は昭和6年（1931）4月9日となっているが、始まりはそれをさかのぼる250余年前からと想像される。佐渡（新潟県）の歴史をひもとくと、京都に都のあったころの順徳帝、鎌倉時代の日蓮上人、江戸時代の佐渡金山等、常に中央文化の流れがうかがえる。

　真言宗300か寺、曹洞宗65か寺、日蓮宗58か寺、浄土真宗49か寺、浄土宗37か寺、天台宗14か寺、時宗13か寺の計536か寺と、堂庵200余に及んだ時代があった。島民の信仰心が頂点に達したそのころ、60余日を要して四国を徒歩巡拝し、難行の末、無事帰島できた感激をそのままに、周辺寺院、堂庵をまとめて八十八ヵ所をお礼詣りしたのが佐渡国八十八ヵ所開創ということかも知れないが、詳らかな資料は乏しい。

　古老たちの伝承と当時の献額などから6、7か所の札所の跡が想像される。

　昭和37年、小松辰蔵氏の協力のもと、『佐渡遍路』を筆者が出版した。

　昭和39年、筆者は初めて本四国先達を務め、弘法大師に帰依した。そして昭和41年、両津市4か寺に四国霊場御本尊のうつしを安置し、10月23日から27日までの5日間、7か寺の大僧正を招き大遍路を催した。そのときは延べ1万人の動員に成功し、佐渡における大師信仰の篤いことを覚ったのである。

　翌昭和42年、30名で『佐渡遍路』にある札所の踏査を兼ねた巡拝を試み、以来数回の巡拝で腹を決め、約1割の8か所寺院について変更を迫られた後、現在の札所固定と番外数か所を加え新札所とした。農地解放にともなう変革、過疎化による人口減は寺院数の半減をきたし、なかでも、昭和20年を山とした前後20年、それは佐渡の歴史にとっても大きい変貌の時代であった。

　佐渡新四国の特徴は、一口に言っ

て、人口と比較して寺が立派なことであろう。佐渡金山の全盛時には相川町だけで10万人、佐渡全島の人口は実に20万人は越えたといわれただけに、もったいないような伽藍が目を引かずにおかない。比較的歩きが少なくて行場的な実感はないが、どんなに足の弱い人でもお詣りができる。ただし、佐渡は日本一大きい島なので、くまなく巡って丸5日はかかる。もちろん、番外札所を加えてのことであり、佐渡観光の中核ともいわれる佐渡金山、尖閣湾、真野御陵、根本寺なども組み合わせての場合である。

番外、観光などを一切省略すれば4日間巡拝も可能であろう。とかく無理なスケジュールは遍路の心に反し、交通事故の因にもなるので勧めたくはない。

もう一つ当霊場の特徴は、過疎地のため公害がなく、海も山も美しいということだろう。巡拝シーズンは、3月も半ばから11月まで、冬を除けば季節を問わない。

1番**国分寺**は、天平13年（741）の創草で旧国分寺跡は国の史跡、薬師如来坐像は重文。6番**蓮華峰寺**は大同元年（806）の創建と伝えられ、弘法堂と金堂は重文。

26番**長安寺**は平安初期の開基といい、本尊の阿弥陀如来坐像は藤原時代作の重文。47番**龍吟寺**は金山積み出し港として栄えたところにあり、銅造の聖観音立像は重文。

81番**長谷寺**は大和の長谷寺を模して建立され、十一面観音立像は藤原時代作の重文。　　　（田中茂）

★**問合せ先**
佐渡四国八十八ヵ所霊場会事務局
真禅寺☎0259―66―3232
管明寺☎0259―22―2257

★**案内書**
田中茂著『佐渡新四国案内一心』
（佐渡れんげ会刊）
首藤一著『島四国霊場めぐり』
（創元社刊）

佐渡新四国八十八ヵ所霊場 （新潟県）

1	**国分寺**	真言醍醐	薬師如来	佐渡市国分寺
2	**真楽寺**	真言単立	阿弥陀如来	〃 吉岡小川内
3	**西報寺**	真言醍醐	不動明王	〃 浜中
4	**大光寺**	真言智山	十一面観音	〃 豊田
5	**如意輪寺**	真言智山	如意輪観音	〃 小泊
6	**蓮華峰寺**	真言智山	聖観音	〃 小比叡
7	**称光寺**	時宗	阿弥陀如来	〃 宿根木
8	**海潮寺**	曹洞宗	聖観音	〃 元小木
9	**阿弥陀院**	真言智山	阿弥陀・大日	〃 小木町
10	**宝珠院**	真言豊山	不動明王	〃 真木

11	宮本寺	真言智山	地蔵・阿弥陀	佐渡市大崎
12	地蔵院	真言智山	地蔵菩薩	〃 滝平
13	弘仁寺	真言智山	薬師大日不動	〃 羽茂新倉
14	定福寺	真言豊山	大日・薬師	〃 橘
15	正覚寺	真言豊山	大日如来	〃 下久知
16	禅長寺	真言智山	聖観音	〃 赤泊
17	東光寺	曹洞宗	聖観音	〃 徳和
18	林光坊	真言智山	十一面観音	〃 三瀬川
19	西龍寺	真言単立	大日如来	〃 丸山
20	長松寺	真言豊山	大日如来	〃 松ヶ崎
21	文殊院	真言豊山	大日如来	〃 赤玉
22	観音院	真言豊山	阿弥陀如来	〃 月布施
23	誓願寺	浄土宗	阿弥陀如来	〃 水津
24	来迎寺	真言豊山	不動明王	〃 羽二生
25	晃照寺	曹洞宗	釈迦如来	〃 河崎
26	長安寺	真言豊山	阿弥陀如来	〃 久知河内
27	不動院	真言豊山	不動明王	〃 城ノ腰
28	昭和院	真言単立	不動・大日	〃 湊
29	安照寺	真言単立	大日如来	〃 春日町
30	極楽寺	真言智山	大日如来	〃 加茂河内
31	聖徳寺	真言豊山	聖徳太子	〃 加茂歌代
32	真法院	真言豊山	大日如来	〃 梅津
33	利済庵	曹洞宗	聖観音	〃 椿
34	文珠院	真言豊山	大日如来	〃 浦川
35	西光寺	曹洞宗	釈迦・薬師	〃 北小浦
36	観音寺	高野真言	聖観音	〃 鷲崎
37	常楽寺	真言豊山	延命地蔵	〃 北鵜島
38	清水寺	高野真言	大日如来	〃 石名
39	大興寺	真言智山	不動明王	〃 南片辺
外	胎蔵寺	真言智山	大日如来	〃 北狭
40	萬福寺	真言豊山	薬師如来	〃 姫津
41	多聞院	真言智山	毘沙門天	〃 小川
42	大乗寺	真言豊山	聖観音	〃 相川下山之神
43	総源寺	曹洞宗	釈迦如来	〃 相川下山之神
44	観音寺	新義真言	聖観音	〃 相川鹿伏
45	弾誓寺	天台宗	阿弥陀如来	〃 相川四丁目
46	安養寺	真言豊山	阿弥陀如来	〃 大浦
47	龍吟寺	新義真言	聖観音	〃 二見
48	曼荼羅寺	真言豊山	薬師如来	〃 沢根羽二生
49	長安寺	真言豊山	地蔵菩薩	〃 須川

50	本田寺	曹洞宗	釈迦如来	佐渡市佐和田町中原
51	常念寺	浄土宗	阿弥陀如来	〃 河原田本町
52	長福寺	真言智山	阿弥陀如来	〃 中原
53	宝鏡寺	曹洞宗	阿弥陀如来	〃 八幡
54	蓮花院	真言智山	不動明王	〃 上矢馳
55	圓照寺	真言智山	十一面観音	〃 真光寺
外	真田寺	真言智山		〃 真光寺
56	多聞寺	真言教団	不動明王	〃 平清水
57	正法寺	曹洞宗	釈迦如来	〃 泉
58	世尊院	真言智山	大日如来	〃 中興
59	投瑯寺	曹洞宗	釈迦如来	〃 中興
60	宝蔵坊	真言教団	大日如来	〃 千種大和田
61	正覚坊	真言智山	大日如来	〃 千種西方
62	大慶寺	真言教団	阿弥陀如来	〃 新保
63	善積寺	新義真言	千手観音	〃 大和舟津
64	医福寺	曹洞宗	薬師如来	〃 吉井本郷
65	大聖院	真言単立	不動明王	〃 吉井本郷
66	安養寺	真言単立	大日如来	〃 安養寺
67	光輪寺	真言単立	薬師如来	〃 立野
68	青龍寺	真言単立	延命地蔵	〃 旭
69	観音寺	真言単立	聖観音	〃 長江
70	萬福寺	真言単立	地蔵菩薩	〃 秋津
71	世尊院	新義真言	千手観音	〃 新穂潟上
72	湖鏡庵	曹洞宗	釈迦聖観音不動	〃 新穂潟上
73	神宮寺	真言醍醐	釈迦・大日	〃 新穂井内
74	清水寺	真言豊山	十一面・千手	〃 新穂大野
75	善光寺	真言単立	一光三尊阿弥陀	〃 新穂瓜生屋
76	東光院	真言単立	大日如来	〃 新穂長畝内巻
77	護村寺	真言単立	不動明王	〃 北方
78	管明寺	真言智山	不動明王	〃 新穂
79	慶徳寺	真言豊山	聖観音	〃 栗野江
80	普門院	真言豊山	薬師如来	〃 栗野江
81	長谷寺	真言豊山	十一面観音	〃 長谷
82	玉林寺	真言智山	大日如来	〃 畑野
83	慶宮寺	真言豊山	大日如来	〃 宮川
84	真禅寺	真言智山	不動明王	〃 大久保
85	宝蔵寺	真言豊山	大日如来	〃 目黒町
86	法幢寺	曹洞宗	釈迦如来	〃 三宮
87	種徳院	曹洞宗	聖観音	〃 金丸
88	大願寺	時宗	阿弥陀如来	〃 四日町

淡路四国
八十八ヵ所霊場

　淡路島（兵庫県）の歴史は、考古学的には、それほど遡及できないとされている。しかし、古事記にみられるように、この島を我が国発祥の地とする、かの国づくりのくだりは、その真偽のほどを追求するまでもなく、古来、この島が神秘に満ち、また、いかに重要視されていたかが、うかがい知れよう。

　あまつさえ、往昔、万葉人の胸にせまり、その心をうった、ロマンあふれるこの島に、巡礼の鈴音が訪れたのは、いつのころであったろうか。ある人は、淡路守護職細川成春が、文明7年（1475）に淡路西国観音霊場を創設したとする。また、ある人は、阿万本庄の城主郷重朝夫人が、その和歌の師である尼僧秀善とともに観音霊場を巡拝し、その偉徳と感嘆を奉詠した永正10年（1513）を草分けとする。現存する数々の秀歌が、その名残りをとどめているようでもあるが、定かではない。

　さて、天明の初め、伊賀野村（現兵庫県三原郡南淡町伊賀野）の金治郎は、四国八十八ヵ所霊場の巡拝を成満した。このことは、あらゆる面において、彼の信心をますます堅固なものにしたようである。彼はただちに、この淡路島に八十八ヵ所の霊場を創設せんと発願し、ついには、彼の言を借りれば「当国の道場に安置し奉る尊像を、四国札所の本尊に引き合わせ、それぞれの詠歌をそのまま板札にしるして、奉納し」大願を成就したのである。

　しかも、彼は新霊場の案内書である『淡州みちしるべ』をも編んだ。そのひな型たるや、彼が四国遍路のよすがとしたであろう『四国徧礼道指南』であったことは特筆すべき事実である。『四国徧礼道指南』はかの有名な、四国遍路20余度という、行脚沙門真念によって上梓されたものだからである。もっとも『淡州みちしるべ』は既設の観音霊場のほか、その直後に成立したといわれる（一説には永正13年創設）淡路四十九薬師霊場と、延喜式内十三社巡りと合わせ、4通りを、同時に、あるいは別々に巡拝できるよう工夫されたものである。時に天明4年（1784）、まさに淡路四国八十八ヵ所霊場巡拝の濫觴といえようか。
　　　　　らんしょう

　今それを垣間見るに着目すべきは、1番札所が、現在、唐招提寺の末寺となっている**国分寺**であり、53番には浄土宗の**宝蔵寺**があがっている。すべて真言宗の現状を思うとき隔世の感を禁じえない。ちなみに現在、番外の**真観寺**が88番に、現1番の**千光寺**は第8番にその名を連ねている。また、札所の番号が道順によって定められていないのは、事情はともかく常識を越えた問題である。

　さて、その後、幾度か変遷の後、現況にいたったともいわれているが、そのあかしは見当たらない。現在の

ものは、昭和6年(1931)に3年後にひかえた、弘法大師御入定1100年御遠忌を記念して、ときの千光寺住職和田性海(後に高野山真言宗管長)を中心として、全淡真言宗住職協議のうえ、その総意により、四国八十八ヵ所各霊場より、本尊御影と霊土を勧請(かんじょう)して、淡路四国八十八ヵ所札所として面目を一新したのである。

さて、これは強いていえばということになるが、四国遍路が明王的であるとすれば、淡路のそれは菩薩の道場といえようか。四季折々の自然美に親しみ、素朴な人情にもふれつつ、霊場巡拝を通じて、各自の仏心を呼び起こし、より豊かな「しあわせ」を築いていただくことが、わが霊場の念願である。　　**(岡本宜照)**

★**問合せ先**
淡路四国霊場会
千光寺☎0799—22—0281

★**案内書**
武田信一著『淡路巡礼』(名著出版刊)
首藤一著『島四国霊場めぐり』(創元社刊)

淡路四国八十八ヵ所霊場 (兵庫県)

1	千光寺	高野真言	千手観音	洲本市上内膳
2	蓮光寺	高野真言	十一面観音	〃 上内膳
3	宝蓮寺	高野真言	十一面観音	〃 大野
4	観音寺	高野真言	十一面観音	〃 金屋
5	観音寺	高野真言	大日如来	〃 池内
6	大泉寺	高野真言	阿弥陀如来	〃 鮎屋
7	大宮寺	高野真言	阿弥陀如来	三原郡緑町広田
外	安楽寺	高野真言	十一面観音	〃 三原町上八木
8	金剛寺	高野真言	千手観音	〃 三原町八木
外	成相寺	高野真言	薬師如来	〃 三原町八木天馬馬廻
9	覚住寺	高野真言	毘沙門天	〃 三原町神代社家
10	長谷寺	高野真言	聖観音	〃 南淡町灘油谷
外	真観寺	高野真言	阿弥陀如来	〃 南淡町灘土生
外	神宮寺	高野真言	大日如来	〃 南淡町沼島
外	妙観寺	高野真言	薬師如来	〃 南淡町阿万
11	神宮寺	高野真言	延命地蔵	〃 南淡町阿万
12	万勝寺	高野真言	大日如来	〃 南淡町阿万
13	薬王寺	高野真言	薬師如来	〃 南淡町筒井
14	法華寺	高野真言	大日如来	〃 南淡町賀集
外	万福寺	高野真言	大日如来	〃 南淡町賀集鍛冶屋
15	延命寺	高野真言	延命地蔵	〃 三原町神代
16	神代寺	高野真言	愛染明王	〃 三原町神代
17	護国寺	高野真言	大日如来	〃 南淡町賀集八幡

18	慈眼寺	高野真言	阿弥陀如来	三原郡南淡町福良乙
19	春日寺	高野真言	大日如来	〃 西淡町阿那賀
20	妙雲寺	高野真言	大日如来	〃 西淡町伊加利
21	宝光寺	高野真言	大日如来	〃 西淡町志知
22	常楽寺	高野真言	大日如来	〃 三原町志知
23	宝積寺	高野真言	薬師如来	〃 三原町市十一ヶ所
24	賢光寺	高野真言	大日如来	〃 三原町小榎列
外	威光寺	高野真言	大日如来	〃 三原町大榎列
25	神本寺	高野真言	阿弥陀如来	〃 三原町榎列
26	長福寺	高野真言	阿弥陀如来	〃 三原町榎列
27	栄福寺	高野真言	不動明王	〃 三原町掃守
28	清浄寺	高野真言	阿弥陀如来	〃 三原町倭文
29	観音寺	高野真言	聖観音	〃 緑町倭文
30	平等寺	高野真言	大日如来	〃 緑町倭文
外	片寺	高野真言	阿弥陀如来	〃 西淡町松帆
31	感応寺	高野真言	聖観音	〃 西淡町松帆
32	智積寺	高野真言	大日如来	〃 西淡町湊里
33	願海寺	高野真言	弘法大師	〃 西淡町松帆
34	明法寺	高野真言	大日如来	津名郡五色町鳥飼
35	極楽寺	高野真言	阿弥陀如来	〃 五色町鳥飼
36	東光寺	高野真言	薬師如来	〃 五色町鳥飼上
37	三宝院	高野真言	聖観音	〃 五色町下堺
38	安住寺	高野真言	大日如来	三原郡緑町倭文安住寺
39	持明寺	高野真言	大日如来	津名郡五色町広石
40	西光寺	高野真言	阿弥陀如来	〃 五色町鮎原
41	龍雲寺	高野真言	聖観音	〃 五色町鮎原
外	地蔵寺	高野真言	地蔵菩薩	〃 五色町鮎原
42	菅相寺	高野真言	十一面観音	〃 五色町鮎原
43	西泉寺	高野真言	大日如来	〃 五色町鮎原
44	延長寺	高野真言	大日如来	〃 五色町鮎原
外	竜宝寺	高野真言	不動明王	〃 五色町鮎原
45	長林寺	高野真言	大日如来	〃 五色町都志万才
46	浄土寺	高野真言	十一面観音	〃 五色町都志
47	法華寺	高野真言	大日如来	〃 一宮町江井
48	正福寺	真言大覚	阿弥陀如来	〃 一宮町遠田
49	東山寺	真言大覚	千手観音	〃 津名郡生穂長沢
50	長泉寺	高野真言	大日如来	〃 一宮町尾崎
51	海福寺	真言大覚	阿弥陀如来	〃 北淡町室津
52	成楽寺	高野真言	大日如来	〃 北淡町育波
53	妙応寺	真言大覚	阿弥陀如来	〃 北淡町斗の内

外	普済寺	真言大覚	聖観音	津名郡北淡町久野々
外	常隆寺	高野真言	千手観音	〃 北淡町久野々
外	法輪寺	高野真言	大日如来	〃 北淡町小田
54	生福寺	高野真言	阿弥陀如来	〃 北淡町富島
55	興久寺	真言大覚	地蔵菩薩	〃 北淡町富島
56	真泉寺	真言大覚	釈迦如来	〃 北淡町野島
57	福満寺	高野真言	薬師如来	〃 北淡町野島
58	観音寺	高野真言	十一面観音	〃 淡路町岩屋
59	本福寺	真言御室	阿弥陀如来	〃 東浦町浦
60	妙観寺	高野真言	聖観音	〃 東浦町浦
61	法導寺	高野真言	大日如来	〃 東浦町浦
62	西念寺	真言大覚	薬師如来	〃 東浦町久留麻
63	潮音寺	高野真言	地蔵菩薩	〃 東浦町仮屋
64	八浄寺	高野真言	阿弥陀如来	〃 津名町佐野
65	西明寺	高野真言	聖観音	〃 津名町生穂
66	向月寺	真言大覚	阿弥陀如来	〃 津名町大谷
67	引摂寺	高野真言	阿弥陀如来	〃 津名町志筑
68	円満寺	高野真言	薬師如来	〃 津名町志筑
69	福田寺	真言大覚	阿弥陀如来	〃 津名町志筑
70	多聞寺	高野真言	多聞天	〃 津名町王子
71	広生寺	高野真言	阿弥陀如来	〃 一宮町竹谷
外	万福寺	高野真言	十一面観音	〃 津名町中田
72	普門寺	高野真言	十一面観音	〃 津名町塩尾
73	覚王寺	高野真言	大日如来	〃 津名町下司
74	蓮華寺	高野真言	阿弥陀如来	洲本市安乎町宮野原
75	宝生寺	高野真言	日限地蔵	津名郡津名町里
76	正法寺	高野真言	延命地蔵	洲本市中川原町厚浜
外	光照寺	高野真言	大日如来	〃 中川原町中川原
77	大照寺	高野真言	聖観音	〃 中川原町二ッ石
78	松栄寺	高野真言	薬師如来	〃 中川原町市原
79	松亀寺	真言大覚	大日如来	〃 中川原町三木田
80	宝林寺	高野真言	不動明王	〃 下加茂
81	西来寺	高野真言	阿弥陀如来	〃 塩屋
82	千福寺	高野真言	愛染明王	〃 栄町
83	遍照院	高野真言	弘法大師	〃 栄町
84	神光寺	高野真言	聖観音	〃 山手
85	安覚寺	高野真言	薬師如来	〃 山手
86	満泉寺	高野真言	不動明王	〃 千草
87	常楽寺	高野真言	阿弥陀如来	〃 相川
88	心蓮寺	高野真言	阿弥陀如来	〃 由良

児島四国八十八ヵ所霊場

岡山県南部中央の瀬戸内海に突き出しているのが、児島半島で、ここは、近世初期までは、瀬戸内海に浮かぶ小さな島だった。その後、河川の沖積作用によって半島化した。

江戸時代の後期に、円明という僧が「児島にも小型の四国霊場を」と発願し、何度も四国を遍路した後、児島に八十八ヵ所霊場を開創、天保10年（1839）に開眼法要を修したという。

ひところは、春と秋には賑わいを見せていた霊場も、いつのころからか、しだいにさびれてしまっていた。昭和時代の後期に、地元の人たちにより霊場復興の努力が始められたという。全行程140キロ、かつては4泊5日かけて巡礼したとのこと。

★問合せ先
　観音院・岩崎増修師
　☎0863―81―8029
★案内書
　首藤一著『島四国霊場めぐり』
　（創元社刊）

児島四国八十八ヵ所霊場（岡山県）

1	中蔵院	真言単立	薬師如来	玉野市北方
2	瑞泉院	真言単立	千手観音	〃 北方
3	福寿院	真言単立	阿弥陀如来	〃 上山坂
4	慈等院(三宝院内)	高野真言	薬師如来	〃 胸上
5	地蔵院(三宝院内)	高野真言	地蔵菩薩	〃 〃
6	吉祥院(三宝院内)	高野真言	十一面観音	〃 〃
7	常楽院	真言単立	波切不動	〃 梶間
8	竜乗院	真言単立	聖観音	〃 東田井地
9	無動院	真言単立	聖観音	〃 山田
10	常泉庵(常泉寺跡)		聖観音	〃 西田井地
11	円通庵(円通寺跡)		十一面観音	〃 波知
12	清水庵		聖観音	〃 後閑福浦
13	慈照院	真言醍醐	弘法大師	〃 田井
14	蓮華庵		十一面観音	〃 田井梶原
15	日輪庵		弘法大師	〃 宇野
16	弘法寺(⑰番で管理)		弘法大師	〃 和田利生
17	観音院	高野真言	十一面観音	〃 日比
18	金剛庵		薬師如来	〃 渋川
19	来迎庵		地蔵菩薩	倉敷市児島引網
20	日向庵		薬師如来	〃 児島田の口
21	積光庵		弘法大師	〃 児島下村
22	友仙庵		大日如来	〃 児島上村

23	昭光寺	高野真言	弘法大師	倉敷市児島稗田
24	吉塔寺	真言御室	釈迦如来	〃 児島柳田
25	弥陀庵		阿弥陀如来	〃 児島小川
26	持宝院	真言御室	薬師如来	〃 児島味野
27	千手庵		聖観音	〃 児島赤崎
28	文殊院	真言御室	釈迦如来	〃 児島菰池
29	天祥寺	臨済妙心	釈迦如来	〃 児島阿津
30	大宝寺	真言御室	毘沙門天	〃 下津井大畠
31	弘泉寺	真言御室	観音菩薩	〃 下津井田の浦
32	観音寺	真言御室	十一面観音	〃 下津井吹上
33	平松庵		弘法大師	〃 下津井
34	円福寺	真言御室	阿弥陀如来	〃 下津井
35	般若院	真言御室	阿弥陀如来	〃 児島通生
36	吉祥院	真言御室	薬師如来	〃 児島塩生
37	常慶庵		弘法大師	〃 児島宇野津
38	安楽院	真言御室	弘法大師	〃 呼松
39	持命院	真言善通	薬師如来	〃 児島広江
40	般若寺	真言御室	阿弥陀如来	〃 福田
41	蓮華院	高野真言	十一面観音	〃 福田浦田
42	順木庵(瞬目庵)		弘法大師	〃 粧江黒石
43	西明院	真言善通	不動明王	〃 粒江
44	先陣庵		一字金輪仏頂尊	〃 粒江
45	遍照院	真言御室	薬師如来	〃 藤戸町天城
46	藤戸寺	高野真言	千手観音	〃 藤戸町藤戸
47	西方寺	真言御室	毘沙門天	〃 串田
48	一等寺	真言御室	阿弥陀如来	〃 曽原
49	宝寿院	真言御室	阿弥陀如来	〃 福江
50	慈眼院	真言単立	如意輪観音	〃 尾原
51	住心院	高野真言	薬師如来	〃 木見
52	真浄院	高野真言	聖観音	〃 林
53	阿弥陀庵		阿弥陀如来	〃 林
54	大慈院	真言御室	千手観音	児島郡灘崎町埴松
55	慶岸院	真言御室	大日如来	〃 灘崎町彦崎
56	清水寺(旧二十日庵)	真言御室	阿弥陀如来	〃 灘崎町川張
57	慶昌庵	真言御室	薬師如来	〃 灘崎町片岡
58	延長庵	真言御室	薬師如来	〃 灘崎町宗津
59	西光庵	臨済妙心	観音菩薩	〃 灘崎町迫川
60	温故庵		聖観音	〃 灘崎町奥迫川
61	久昌寺	臨済妙心	薬師如来	玉野市用吉
62	洞泉庵		地蔵菩薩	〃 木目

63	琴竜庵		地蔵・聖観音	玉野市小島地
64	蓮台寺	真言御室	十一面観音	倉敷市児島由加
65	正蔵院		薬師如来	〃 児島滝
66	長障庵		阿弥陀如来	〃 児島長尾
67	持性院	高野真言	十一面観音	玉野市迫間
68	寂光庵	高野真言	薬師如来	〃 槌ガ原
69	福寿庵		如意輪観音	〃 八浜町大崎
70	蔵泉寺(大師堂)		阿弥陀如来	〃 永井
71	浄光寺		弘法大師	〃 大藪
72	蓮光院	真言醍醐	聖観音	〃 八浜
73	金剛寺	真言醍醐	大日如来	〃 八浜
74	宗蔵寺	臨済妙心	釈迦如来	〃 八浜
75	大雲寺	臨済妙心	釈迦如来	〃 歌見
76	普門院		釈迦如来	〃 碁石
77	円蔵院	真言醍醐	薬師如来	岡山市郡
78	三蔵院	真言単立	弘法大師	〃 郡
79	本覚院	真言醍醐	如意輪観音	〃 北浦
80	大慈院		聖観音	〃 北浦
81	正覚寺	浄土宗	阿弥陀如来	倉敷市藤戸町天城
82	松林寺普門院	真言御室	千手・薬師	岡山市宮ノ浦
83	松林寺普門院	〃	〃	〃 〃
84	宝積院	高野真言	薬師如来	〃 阿津
85	持福院	真言御室	不動明王	〃 阿津
86	延寿院		薬師如来	〃 小串
87	高明院	真言御室	阿弥陀如来	〃 小串
88	明王院	真言単立	阿弥陀如来	玉野市番田

(『島四国霊場めぐり』首藤一著・創元社刊より作成。)

神島八十八ヵ所霊場

神島(こうのしま)は岡山県笠岡市に属する、周囲16キロほどの島。神島八十八ヵ所霊場は、江戸時代の寛保3年(1743)に笠岡の今田慧弦が、弘法大師の夢告により開創したという。

昭和59年(1984)に島の入り口に、厄除け神島大師像が建立され、恒例行事として大師像前で大供養法会が、毎年11月3日に行われている。

巡拝は、徒歩で約29キロ、1泊2日をとるとよい。神島大橋で本土とつながっているので、バスや自家用車で巡拝もできる。霊場の順番、寺号、本尊、御詠歌は本四国と同じである。

★問合せ先

神島へんろ会館事務局

☎0865—67—3123

★案内書

首藤一著『島四国霊場めぐり』
(創元社刊)

神島八十八ヵ所霊場（岡山県）

1	霊山寺	釈迦如来	笠岡市神島内浦
2	極楽寺	阿弥陀如来	〃　神島内浦
3	金泉寺	釈迦如来	〃　神島内浦
4	大日寺	大日如来	〃　神島内浦自在天満宮
5	地蔵寺	勝軍地蔵	〃　神島内浦
6	安楽寺	薬師如来	〃　神島内浦
7	十楽寺	阿弥陀如来	〃　神島内浦
8	熊谷寺	千手観音	〃　神島内浦
9	法輪寺	釈迦如来	〃　神島内浦
10	切幡寺	千手観音	〃　神島内浦
11	藤井寺	薬師如来	〃　神島内浦
12	焼山寺	虚空蔵菩薩	〃　神島内浦
13	大日寺	十一面観音	〃　神島内浦
14	常楽寺	弥勒菩薩	〃　神島内浦
15	阿波国分寺	薬師如来	〃　神島内浦
16	観音寺	千手観音	〃　神島外浦
17	井戸寺	七仏薬師	〃　神島外浦
18	恩山寺	薬師如来	〃　神島外浦
19	立江寺	延命地蔵	〃　神島外浦
20	鶴林寺	地蔵菩薩	〃　神島外浦
21	太龍寺	虚空蔵菩薩	〃　神島外浦
22	平等寺	薬師如来	〃　神島外浦
23	薬王寺	薬師如来	〃　神島外浦
24	最御崎寺	虚空蔵菩薩	〃　神島外浦
25	津照寺	揖取地蔵	〃　神島外浦
26	金剛頂寺	薬師如来	〃　神島外浦
27	神峰寺	十一面観音	〃　神島外浦
28	大日寺	大日如来	〃　神島外浦
29	土佐国分寺	千手観音	〃　神島外浦
30	善楽寺	阿弥陀如来	〃　神島外浦
31	竹林寺	文殊菩薩	〃　神島外浦外浦公園
32	禅師峰寺	十一面観音	〃　神島外浦
33	雪蹊寺	薬師如来	〃　神島外浦
34	種間寺	薬師如来	〃　神島外浦
35	清滝寺	薬師如来	〃　神島外浦
36	青龍寺	波切不動	〃　神島外浦
37	岩本寺	不動等5尊	〃　神島外浦
38	金剛福寺	千手観音	〃　神島外浦
39	延光寺	薬師如来	〃　神島西部

40	観自在寺	薬師如来	笠岡市神島西部
41	龍光寺	十一面観音	〃 神島西部
42	仏木寺	大日如来	〃 神島西部
43	明石寺	千手観音	〃 神島西部
44	大宝寺	十一面観音	〃 神島西部
45	岩屋寺	不動明王	〃 神島西部
46	浄瑠璃寺	薬師如来	〃 神島西部
47	八坂寺	阿弥陀如来	〃 神島西部
48	西林寺	十一面観音	〃 神島西部
49	浄土寺	釈迦如来	〃 神島西部
50	繁多寺	薬師如来	〃 神島西部
51	石手寺	薬師如来	〃 神島西部
52	太山寺	十一面観音	〃 神島西部
53	円明寺	阿弥陀如来	〃 神島西部
54	延命寺	不動明王	〃 神島西部寺間
55	南光坊	大通智勝仏	〃 神島西部
56	泰山寺	地蔵菩薩	〃 神島西部寺間
57	栄福寺	阿弥陀如来	〃 神島西部
58	仙遊寺	千手観音	〃 神島西部
59	伊予国分寺	薬師如来	〃 神島西部
60	横峰寺	大日如来	〃 神島西部
61	香園寺	大日如来	〃 神島西部
62	宝寿寺	十一面観音	〃 神島西部
63	吉祥寺	毘沙門天	〃 神島西部
64	前神寺	阿弥陀如来	〃 神島西部高集落
65	三角寺	十一面観音	〃 神島北部
66	雲辺寺	千手観音	〃 神島北部
67	大興寺	薬師如来	〃 神島北部福浦
68	神恵院.	阿弥陀如来	〃 神島北部
69	観音寺	聖観音	〃 神島北部
70	本山寺	馬頭観音	〃 神島北部
71	弥谷寺	千手観音	〃 神島北部汁潟
72	曼荼羅寺	大日如来	〃 神島北部汁潟
73	出釈迦寺	釈迦如来	〃 神島北部
74	甲山寺（安養院）	薬師如来	〃 神島北部
75	善通寺（自性院）	薬師如来	〃 神島北部
76	金倉寺	薬師如来	〃 神島北部
77	道隆寺	薬師如来	〃 神島北部
78	郷照寺	阿弥陀如来	〃 神島北部
79	高照院	十一面観音	〃 神島北部

80	讃岐国分寺	十一面千手	笠岡市神島北部
81	白峯寺	千手観音	〃 神島北部
82	根香寺	千手観音	〃 神島北部
83	一宮寺	聖観音	〃 神島北部
84	屋島寺	十一面観音	〃 神島北部
85	八栗寺	聖観音	〃 神島北部
86	志度寺	十一面観音	〃 神島北部
87	長尾寺	聖観音	〃 神島内浦
88	大窪寺	薬師如来	〃 神島内浦

(『島四国霊場めぐり』首藤一著・創元社刊より作成。)

因島八十八ヵ所霊場

広島県因島市(いんのしま)は、瀬戸内海の芸予諸島の因島にあり、一島全体が市域を占めている（一部隣の生口島にも市域が延びている）。

因島には、江戸時代後期から大師講があり、代表が交替で本四国八十八ヶ所詣りをする風習があった。

明治時代の中期に、こんな話が伝わっている。尾道の漁師が四国に漁に出た帰りに一人の旅僧に「どこでもよいから、舟の着いたところに降ろしてもらえないか」と頼まれ、因島の大浜町の現在灯台がある場所に舟を着けた。旅僧は礼をいって舟を降りていく。漁師が何げなく振り返ってみると、たった一人の旅僧が見る見る増えて88人の姿になっている。この話が人から人へ伝わって、弘法大師が因島に渡られたんだという噂が広まった。その後も奇跡がたびたび起こったので、明治41年（1908）に因島全村が話し合い、島四国として八十八ヵ所の霊場を島民の奉仕で開創したという。

札所は、すべて寺院や神社の境内に建てられたお堂からなっている。

巡拝の道程は84キロ、徒歩で3～4日。巡拝者が多いのは、3月から5月で、美しい島の景色を楽しみ、島民の人情に触れながらの遍路を是非お勧めする。霊場の順番、寺号、本尊、御詠歌は本四国と同じである。

★問合せ先
因島市教育委員会生涯学習課
☎08452―2―1311（代表）

★案内書
『因島八十八ヶ所遍路の旅』
（因島観光ガイドつれしお会刊）
首藤一著『島四国霊場めぐり』
（創元社刊）

因島で出会った弘法大師像

因島八十八ヵ所霊場（広島県）

1	霊山寺	釈迦如来	因島市大浜町大浜埼灯台手前
2	極楽寺	阿弥陀如来	〃 大浜町一区潮持の反対
3	金泉寺	釈迦如来	〃 大浜町三区保育所上がる
4	大日寺	大日如来	〃 大浜町七区元大浜小学校上
5	地蔵寺	勝軍地蔵	〃 大浜町五区農協前二つ目角
6	安楽寺	薬師如来	〃 大浜町六区見性寺境内
7	十楽寺	阿弥陀如来	〃 大浜町十区東バス停中庄越え
8	熊谷寺	千手観音	〃 中庄町新開区丸池東側
9	法輪寺	釈迦如来	〃 中庄町鹿穴区池の横
外	奥の院		〃 中庄町鹿穴区池の横
10	切幡寺	千手観音	〃 中庄町寺迫区長福寺境内
11	藤井寺	薬師如来	〃 中庄町寺迫区金蓮寺境内
外	奥の院		〃 中庄町寺迫区金蓮寺墓地の上
12	焼山寺	虚空蔵菩薩	〃 中庄町寺迫区成願寺境内
13	大日寺	十一面観音	〃 中庄町仁井黒区祇園さん境内
14	常楽寺	弥勒菩薩	〃 中庄町天神区天神社境内
15	国分寺	薬師如来	〃 中庄町陣貝区青影トンネル上
16	観音寺	千手観音	〃 中庄町水落区西側
17	井戸寺	七仏薬師	〃 中庄町山口区大山峠道
18	恩山寺	薬師如来	〃 中庄町大江区
19	立江寺	延命地蔵	〃 中庄町山崎区
20	鶴林寺	地蔵菩薩	〃 中庄町釜田区
21	太龍寺	虚空蔵菩薩	〃 中庄町徳永区
22	平等寺	薬師如来	〃 外浦町二区
23	薬王寺	薬師如来	〃 外浦町三区住吉神社境内
24	最御崎寺	虚空蔵菩薩	〃 外浦町四区地蔵院境内
25	津照寺	揖取地蔵	〃 鏡浦町鏡浦越え
26	金剛頂寺	薬師如来	〃 鏡浦町東側岬
27	神峰寺	十一面観音	〃 椋浦町海岸広場
28	大日寺	大日如来	〃 椋浦町艮神社横
外	長戸庵大師堂		〃 椋浦町椋浦三庄道旧道峠頂上
29	国分寺	千手観音	〃 三庄町一区海岸広場
30	善楽寺	阿弥陀如来	〃 三庄町一区城山中腹
31	竹林寺	文殊菩薩	〃 三庄町一区藪の中
32	禅師峰寺	十一面観音	〃 三庄町一区観音寺境内
33	雪蹊寺	薬師如来	〃 三庄町二区善徳寺境内
34	種間寺	薬師如来	〃 三庄町二区権現さん
35	清滝寺	薬師如来	〃 三庄町二区琴平堂内
36	青龍寺	不動明王	〃 三庄町三区郵便局横入る

37	岩本寺	不動等5尊	因島市三庄町三区明徳寺境内
38	金剛福寺	千手観音	〃 三庄町四区地蔵鼻の上
外	鼻地蔵		〃 三庄町四区地蔵鼻北側海岸
39	延光寺	薬師如来	〃 三庄町四区中学校西
40	観自在寺	薬師如来	〃 三庄町六区小用
41	龍光寺	十一面観音	〃 三庄町七区神田
42	仏木寺	大日如来	〃 三庄町八区沖浜
43	明石寺	千手観音	〃 土生町先安郷
44	大宝寺	十一面観音	〃 土生町荒神区
45	岩屋寺	不動明王	〃 土生町荒神区
外	鯖大師	弘法大師	〃 土生町因島公園ロッヂ前
外	高野山奥の院		〃 土生町因島公園登口
46	浄瑠璃寺	薬師如来	〃 土生町平木区
47	八坂寺	阿弥陀如来	〃 土生町宇和部
48	西林寺	十一面観音	〃 土生町宇和部
49	浄土寺	釈迦如来	〃 土生町江ノ内区潮持の上手
50	繁多寺	薬師如来	〃 土生町郷区才の池北側
51	石手寺	薬師如来	〃 土生町郷区
52	太山寺	十一面観音	〃 土生町郷区対潮院境内
53	円明寺	阿弥陀如来	〃 土生町江ノ内区
54	延命寺	不動明王	〃 土生町箱崎区
55	南光坊	大通智勝仏	〃 田熊町中央区三石
56	泰山寺	地蔵菩薩	〃 田熊町港区奥の谷
57	栄福寺	阿弥陀如来	〃 田熊町東区江頭
外	お政大師		〃 田熊町東区江頭道出口川端
58	仙遊寺	千手観音	〃 田熊町東区桶後
59	国分寺	薬師如来	〃 田熊町東区
60	横峰寺	大日如来	〃 田熊町中区の山の中腹
61	香園寺	大日如来	〃 田熊町中区浄土寺境内
62	宝寿寺	十一面観音	〃 田熊町中区
63	吉祥寺	毘沙門天	〃 田熊町西区
64	前神寺	阿弥陀如来	〃 田熊町西区
外	奥の院		〃 田熊町西区青影山中腹
65	三角寺	十一面観音	〃 田熊町西区
66	雲辺寺	千手観音	〃 田熊町西区黄幡神社境内
67	大興寺	薬師如来	〃 田熊町金山区
68	神恵院	阿弥陀如来	〃 田熊町金山区
69	観音寺	聖観音	〃 田熊町竹長区
70	本山寺	馬頭観音	〃 中庄町西浦区
71	弥谷寺	千手観音	〃 中庄町西浦区

72	曼荼羅寺	大日如来	因島市重井町ヘ区明神
73	出釈迦寺	釈迦如来	〃 重井町ヘ区明神
74	甲山寺	薬師如来	〃 重井町ホ区の三
75	善通寺	薬師如来	〃 重井町ホ区の一善興寺境内
76	金倉寺	薬師如来	〃 重井町ト区久保
77	道隆寺	薬師如来	〃 重井町ト区馬神
78	郷照寺	阿弥陀如来	〃 重井町チ区桶口
79	高照院	十一面観音	〃 重井町チ区小林
80	国分寺	十一面千手	〃 重井町ハー1区青木
81	白峯寺	千手観音	〃 重井町ロ区上坂柏原神社境内
82	根香寺	千手観音	〃 重井町ロ区有浜
83	一宮寺	聖観音	〃 重井町ロ区山田
84	屋島寺	十一面千手	〃 重井町イ区の2
85	八栗寺	聖観音	〃 重井町白滝山中腹
外	白滝観音寺		〃 重井町白滝山頂
86	志度寺	十一面観音	〃 重井町ハー1区青木下区
87	長尾寺	聖観音	〃 重井町ハー2区伊浜
88	大窪寺	薬師如来	〃 重井町ハー2区宮の上

周防大島 八十八ヵ所霊場

　周防大島霊場は、明治22年（1889）9月6日に、「大島霊場会」によって山口県の大島（屋代島）に創設された。当時の会長の山口県大島郡大島町日見の真言宗三王山西長寺第30世・佐々木純円上人を中心に、関係各寺院の協力によって開設されたものである。

　開設当初は「周南八十八ヵ所霊場」と称していたが、大正9年（1920）に「大島新四国八十八ヵ所霊場」と改称され、更に昭和13年（1938）、大島霊場開設50周年記念大法会が行われた後は、「大島八十八ヵ所霊場」と呼ぶことになり、現在に至っている。（瀬戸内海には、「大島」が多いので、一般には「周防大島」と呼んでいる。）

　全行程は、約163キロで、徒歩では約6日間で巡拝できる。マイクロバス・乗用車・タクシーなど（大型バスは道路が狭いので無理）を利用すれば、約3日間で巡拝できる。

　島外の方は、JR山陽線大畠駅で下車し、大島大橋を渡って大島線バスで大島町三蒲西の浜、40番**遍照庵**から巡拝を始めるとよい。

　大畠瀬戸に架かる「大島大橋」の景観、大島の津々浦々の素朴で、美しい農山漁村の自然の風物、また数々の名勝旧蹟に接することができる。特に春の桜と秋のみかんのころ

の遍路がよい。

大島島内の人は、日帰り巡拝を行っている。昔のような善根宿(民宿)がないからである。島外の方は、車の利用が多く、2泊3日の巡拝が多い。巡拝順序は、札所番号の順でなく、島外の方は、40番(大島町三蒲西の浜)から、久賀町・橘町の一部・東和町・橘町・大島町へと巡拝するのが都合がよい。宿も久賀町、東和町、橘町、大島町にある。

その他、みかん狩り・海水浴・キャンプ・貝ほり・魚釣り・ハイキングなどに訪れる人も多い。瀬戸内海国立公園にあって、海がきれいな楽しさいっぱいのミカンの島、その島の中に周防大島八十八ヵ所霊場はある。　　　　　　　　　　（**大野春夫**）

★問合せ先
周防大島八十八ヵ所霊場奉賛会
西長寺☎0820－76－0840

★案内書
大野春夫著『周防大島八十八ヵ所札所案内』(瀬戸内物産出版部刊)
首藤一著『島四国霊場めぐり』(創元社刊)

周防大島八十八ヵ所霊場（山口県）

1	快念寺	浄土宗	阿弥陀如来	大島郡周防大島町安下庄真宮		
2	普門寺	曹洞宗	釈迦如来	〃	〃	安下庄長天
3	霊光庵		聖観音	〃	〃	安下庄
4	三光院		不動明王	〃	〃	安下庄安高
5	地蔵寺		地蔵菩薩	〃	〃	吉浦
6	良鏡庵		阿弥陀如来	〃	〃	秋東山
7	永明寺	浄土宗	阿弥陀如来	〃	〃	秋
8	明保寺		阿弥陀如来	〃	〃	家房
9	智光院	浄土宗	阿弥陀如来	〃	〃	出井
10	海好庵		阿弥陀如来	〃	〃	津海木
11	源空寺	浄土宗	阿弥陀如来	〃	〃	戸田
12	清水庵		聖観音	〃	〃	戸田原定
13	心定庵		薬師如来	〃	〃	戸田久保定
14	瑠璃光院		薬師如来	〃	〃	横見大歳
15	真如院		十一面観音	〃	〃	横見大歳
16	観音堂		千手観音	〃	〃	日見浜
17	延命院		地蔵菩薩	〃	〃	日見木原
18	地蔵堂		薬師如来	〃	〃	日見里
19	西長寺	真言御室	地蔵菩薩	〃	〃	日見奥田中
20	地蔵堂		地蔵菩薩	〃	〃	志佐上湯所
21	極楽堂		阿弥陀如来	〃	〃	志佐下湯所
22	長命寺	真言御室	薬師如来	〃	〃	開作金屋
23	雲蓋寺	黄檗宗	聖観音	〃	〃	開作砂掘

24	弘法堂		虚空蔵菩薩	大島郡周防大島町	屋代下片山
25	薬師堂		釈迦如来	〃 〃	屋代上片山
26	竜雲山		聖観音	〃 〃	屋代羽越
27	浄福寺	曹洞宗	聖観音	〃 〃	屋代徳神
28	地慶庵		十一面観音	〃 〃	屋代樫原
29	松野山		大日如来	〃 〃	屋代石原
30	神宮寺		薬師如来	〃 〃	屋代棟畑
31	導理山		大日如来	〃 〃	屋代神領
32	西蓮寺	浄土宗	阿弥陀如来	〃 〃	屋代神領
33	竜心寺	曹洞宗	十一面観音	〃 〃	屋代石小田
34	釈迦堂		釈迦如来	〃 〃	屋代北迫
35	等覚院	浄土宗	阿弥陀如来	〃 〃	屋代石小田
36	大覚院		薬師如来	〃 〃	屋代中小田
37	称念寺	浄土宗	阿弥陀如来	〃 〃	小松南
38	四福寺	真言醍醐	地蔵菩薩	〃 〃	小松北
39	大松寺		薬師如来	〃 〃	小松磯崎
40	遍照庵		地蔵菩薩	〃 〃	三蒲西の浜
41	地福庵		地蔵菩薩	〃 〃	三蒲東浜
42	正道庵		薬師如来	〃 〃	三蒲港
43	幻性寺	浄土宗	阿弥陀如来	〃 〃	三蒲流
44	常照寺	臨済天龍	阿弥陀如来	〃 〃	三蒲流
45	明星院	真言宗	不動明王	〃 〃	日見西長寺内
46	松尾寺	臨済天龍	釈迦如来	〃 〃	三蒲寺家
47	天浄寺	曹洞宗	十一面観音	〃 〃	椋野木屋
48	摂心庵		薬師如来	〃 〃	久賀宗光西
49	薬師堂		薬師如来	〃 〃	椋野相模
50	大聖院		不動明王	〃 〃	久賀洲崎
51	神屋寺		聖観音	〃 〃	久賀東中津原
52	石風呂堂		薬師如来	〃 〃	久賀八幡上
53	大師堂		阿弥陀如来	〃 〃	久賀山田上
54	円明寺		虚空蔵菩薩	〃 〃	久賀流田
55	大師堂		薬師如来	〃 〃	白石
56	西正寺	浄土宗	阿弥陀如来	〃 〃	日前
57	帯石山		千手観音	〃 〃	日前
58	向山大師堂		薬師如来	〃 〃	土居向山
59	寿源寺	浄土宗	阿弥陀如来	〃 〃	油良
60	大師堂		大日如来	〃 〃	下田
61	眷竜寺	曹洞宗	聖観音	〃 〃	西方
62	神宮寺	浄土宗	阿弥陀如来	〃 〃	西方
63	潮音山		千手観音	〃 〃	長崎

島四国弘法大師霊場

64	薬師堂		薬師如来	大島郡周防大島町平野
65	二尊院		地蔵菩薩	〃 〃 小積
66	大師堂		地蔵菩薩	〃 〃 神浦
67	正岩寺	曹洞宗	聖観音	〃 〃 和田
68	阿弥陀寺		阿弥陀如来	〃 〃 伊保田
69	観音堂		聖観音	〃 〃 雨振
70	本山庵		馬頭観音	〃 〃 日向泊
71	薬師堂		薬師如来	〃 〃 油宇
72	浄西寺	浄土宗	阿弥陀如来	〃 〃 油宇
73	地蔵堂		地蔵菩薩	〃 〃 馬が原
74	元正寺	曹洞宗	聖観音	〃 〃 内入
75	観音寺		十一面観音	〃 〃 屋代吉兼
76	雄峯山		聖観音	〃 〃 和佐
77	遍照庵		虚空蔵菩薩	〃 〃 安下庄源明
78	大師堂		大日如来	〃 〃 船越
79	実相庵		聖観音	〃 〃 大積
80	地蔵堂		阿弥陀如来	〃 〃 佐連
81	白峰山		千手観音	〃 〃 屋代先小田
82	海雲山		薬師如来	〃 〃 地家室
83	泉福寺	曹洞宗	薬師如来	〃 〃 地家室
84	丸山大師堂		千手観音	〃 〃 安下庄安下
85	薬師庵		薬師如来	〃 〃 伊崎
86	快楽寺		薬師如来	〃 〃 安下庄安高
87	竪岩山		馬頭観音	〃 〃 安下庄鹿家
88	薬師寺	浄土宗	薬師如来	〃 〃 安下庄塩宇

小豆島八十八ヵ所霊場

小豆島八十八ヵ所霊場（香川県）は、千有余年の昔、弘法大師が生国の讃岐（香川県）から京の都へ上洛の途次、また帰郷の道すがら、親しくこの島へお立ち寄りになられ、島の山野を跋渉され、御修行御祈念を積まれた霊跡である。したがって、この島の人々は、本四国に対し"新四国"ではなく"元四国"であると、伝承してきた。

史実によると、貞享3年（1686）小豆島の真言宗の寺院住職36人が相寄り、大師の御開創をよりどころに、大師の済世利人の心をこころとし、八十八ヵ所札所を制定。霊場としての規模、体制も整い、以来、人々の心のよりどころとなり、興隆を重ねつつ今日の盛況を見るに至っている。

この島の霊場の特色はまず、海と山との祈念と修練の道場であるといえる。島とはいえ、岳あり、滝あり、千古の老杉あり、洞窟あり、塔のそ

びえる大寺院あり、静かなたたずまいの小庵あり、国宝ありで、まことにバラエティに富んだ不思議な魅力に満ちている。特に山岳霊場の、その深玄、清寂、荘厳のたたずまいは、すぐれた風光に恵まれ、まさに悟境に通うものがある。代表的なものとして、1番**洞雲山**、2番**碁石山**、3番札所の奥ノ院**隼山**、14番**清滝山**、18番**石門洞**、20番**佛ヶ滝**、41番**仏谷山**、42番**西ノ滝竜水寺**、44番**湯舟山**、60番**江洞窟**、72番札所の奥ノ院**笠ヶ滝**、81番**恵門不動**などがある。

次の特色としては、この島の独特の温かい人情味をあげることができる。遍路行願者は「お遍路さん」と呼ばれ、春の巡拝季節にはお接待が出され、ささやかな接待物の中に、島の人々の優しい心にふれることができる。また、巡拝の道すがらに、番人のいない路傍の売店がある。そこにはみかんなどが置かれ、人々は好きなだけとって代価をおけばよい。それでも今までに一度も金銭にマチガイがなかった。忘れものも必ず出てくるのである。お遍路さんと島の人たちの信仰心によってできあがった、この世の極楽の世界とでも言うべきであろうか。

第三の特色としては、小豆島は瀬戸内海国立公園の真っただ中にあり、たぐいまれな天与の自然美に恵まれ、珠玉ともいえる風光に富むことである。霊場はすべて、この美しい天然の中に点在する。幽邃森厳な山峡に、白砂青松の海辺に、ひなびた島の野辺に、行くところ霊場に至らざることはない。この清冽な自然と、尊い霊跡の織りなす霊光に、苦悩と昏迷に苦悶し、人生の方途を模索する人間は、遍路行願の修行と相まって生かされて生きる歓喜に目ざめることができるのである。それを人々は「お大師さまのおかげ」と感謝し、往古より星霜を重ね、止むことなく、歓喜の遍路行願が続けられてきたのである。

第四の特色は、この島は文学の島でもあること。大正の一茶と呼ばれる俳人・尾崎放哉は、一高・東大を卒業し社会の第一線にありながら飜然として一切を捨てて無一物の生活に入り、流浪の身を小豆島に寄せ、同人でもあった筆者の師杉本宥玄の庇護をうけ、奥ノ院南郷庵を終の棲家とした。〈咳をしてもひとり〉〈死にもしないで風邪をひいている〉など数多くの秀句を残し、その孤絶の生涯をこの庵で閉じた。大正15年（1926）4月7日寂、行年42歳。放哉が住した南郷庵は白蟻で倒壊したが、その跡が、放哉記念館として保存されている。句碑〈いれものがない両手でうける〉は彼の友人でもあり師でもあった荻原井泉水の筆によるもので、訪れる人が跡を絶たない。墓は58番**西光寺**の墓地にある。

また『二十四の瞳』で有名な作家・壺井栄はこの島で生まれ育った。『母のない子と子のない母』『大根の葉』など、数々の優れた作品を残したことは周知の事実である。プロレ

タリア作家・黒島傳治も、壺井栄と同時代の人で、人々の苦しみを自分の苦しみとして生きた人である。二人の文学碑は故郷である内海町に建てられ、その跡を訪れる人が多い。

薄命の詩人、生田春月も尾崎放哉と同じく鳥取県の人だが、昭和5年(1930) 5月19日、大阪天保山夜9時発、別府行の菫丸に一人乗船し、絶筆〈海圖〉の詩を残し、播磨灘に身を投じた。春月の遺体の流れついた内海町坂手の3番**観音寺**近くの山腹には、彼の詩人生活における最大傑作となった〈海圖〉の詩が、原稿用紙に書きつけられた極めて自然な筆致のまま、文学碑として残されている。

その他、霊場の見どころは筆につくせない。先に挙げた山岳霊場は、その一つ一つが素晴らしいが、それ以外でも、54番**宝生院**の真柏、31番**誓願寺**の大蘇鉄、33番**長勝寺**の本地仏(重文)、36番**釈迦堂**(重文)、58番**西光寺**の万灯戒壇巡り…等々、見逃せない。小豆島は観光の島でもある。島中いたるところで、瀬戸内海の風光に接することができる。二十四の瞳の銅像、3500羽をほこる世界一の孔雀園、奇岩に富む寒霞渓は特に有名である。　　　　**(杉本宥尚)**

★問合せ先
小豆島霊場会総本院
☎0879―62―0227

★案内書
『小豆島八十八ヶ所巡拝案内書』
(小豆島霊場会刊)
平幡良雄著『小豆島八十八ヵ所』
(満願寺教化部刊)
首藤一著『島四国霊場めぐり』
(創元社刊)

小豆島八十八ヵ所霊場 (香川県)

1	洞雲山		毘沙門天	小豆郡内海町坂手灘上甲
2	碁石山(⑧奥ノ院)		波切不動	〃 内海町苗羽甲
3	観音寺	真言御室	十一面観音	〃 内海町坂手甲
外	隼山(③奥ノ院)		聖観音	〃 内海町坂手東谷
4	古江庵		阿弥陀如来	〃 内海町古江
5	堀越庵		阿弥陀如来	〃 内海町堀越甲
6	田ノ浦庵		無量寿如来	〃 内海町田ノ浦
7	向庵		阿弥陀如来	〃 内海町苗羽川向
8	常光寺	真言御室	薬師如来	〃 内海町苗羽甲
9	庚申堂		不動明王	〃 内海町苗羽甲
10	西照庵		愛染明王	〃 内海町芦ノ浦甲
11	観音堂		聖観音	〃 内海町馬木
12	岡之坊		六地蔵	〃 内海町安田
13	栄光寺	真言善通	無量寿如来	〃 内海町安田

14	清滝山		地蔵・不動	小豆郡内海町安田
15	大師堂		弘法大師	〃 内海町木庄
16	極楽寺	真言御室	阿弥陀如来	〃 内海町片城甲
17	一ノ谷庵		薬師如来	〃 内海町小坪
18	石門洞		勝軍地蔵	〃 内海町神懸通り
19	木ノ下庵		薬師如来	〃 内海町神懸通り
20	佛ヶ滝		薬師如来	〃 内海町神懸通り
21	清見寺	高野真言	不動明王	〃 内海町草壁本町
22	峯之山庵		千手観音	〃 内海町草壁本町
23	本堂(東光寺)		釈迦如来	〃 内海町草壁本町
24	安養寺	真言善通	如意輪観音	〃 内海町西村甲
25	誓願寺庵		薬師如来	〃 内海町西村甲
26	阿弥陀寺	真言御室	無量寿如来	〃 内海町西村水木
27	桜ノ庵		十一面観音	〃 内海町西村水木
28	薬師堂		薬師如来	〃 池田町蒲野多尾
29	風穴庵		地蔵菩薩	〃 池田町富士甲
30	正法寺	真言御室	大日如来	〃 池田町吉野
31	誓願寺	真言善通	阿弥陀如来	〃 池田町二面
32	愛染寺	真言善通	愛染明王	〃 池田町室生
33	長勝寺	真言御室	大日如来	〃 池田町池田
34	保寿寺庵(浜の庵)		無量寿如来	〃 池田町室生
35	林庵(本地堂)		阿弥陀如来	〃 池田町林
36	釈迦堂		釈迦如来	〃 池田町池田
37	明王寺	真言御室	不動明王	〃 池田町池田
38	光明寺	真言善通	無量寿如来	〃 池田町池田
39	松風庵		地蔵菩薩	〃 池田町池田
40	保安寺	真言善通	十一面観音	〃 池田町蒲生甲
41	仏谷山(㊶奥ノ院)		薬師如来	〃 池田町平野乙
42	西ノ滝竜水寺		十一面観音	〃 池田町大石
43	浄土寺	真言御室	無量寿如来	〃 池田町中山
44	湯舟山		千手観音	〃 池田町中山杉尾
45	地蔵寺堂		地蔵菩薩	〃 池田町中山水口
46	多聞寺	高野真言	薬師如来	〃 土庄町肥土山甲
47	栂尾山		十一面観音	〃 土庄町肥土山
48	毘沙門堂		毘沙門天	〃 土庄町肥土山甲
49	東林庵		地蔵菩薩	〃 土庄町上庄
50	遊苦庵		薬師如来	〃 土庄町上庄
51	宝幢坊		十一面観音	〃 土庄町上庄宝生院
52	旧八幡宮		無量寿如来	〃 土庄町上庄宝生院
53	本覚寺	高野真言	不動明王	〃 土庄町淵崎

54	宝生院	高野真言	地蔵菩薩	小豆郡土庄町上庄
55	観音堂		馬頭観音	〃 土庄町平木
56	行者堂		神変大菩薩	〃 土庄町赤穂屋
57	浄源坊		地蔵菩薩	〃 土庄町淵崎甲
58	西光寺(えとの寺)	高野真言	千手観音	〃 土庄町銀杏通り
外	誓願ノ塔(58奥ノ院)		弘法大師	〃 土庄町王子山
59	甘露庵(藤の庵)		阿弥陀如来	〃 土庄町鹿島
60	江洞窟		弁財天	〃 土庄町柳
61	浄土庵		無量寿如来	〃 土庄町小瀬
62	大乗殿		阿弥陀三尊	〃 土庄町大木戸
63	蓮華庵		千手観音	〃 土庄町大木戸
64	松風庵		延命地蔵	〃 土庄町天神
65	光明庵		阿弥陀如来	〃 土庄町淵崎甲
66	等空庵		無量寿如来	〃 土庄町伊喜末南条
67	瑞雲堂(釈迦堂)		釈迦如来	〃 土庄町伊喜末
68	松林寺	真言善通	薬師如来	〃 土庄町伊喜末
69	瑠璃堂		薬師如来	〃 土庄町小江
70	長勝寺	真言善通	阿弥陀如来	〃 土庄町長浜甲
71	滝ノ宮堂		薬師如来	〃 土庄町滝宮甲
72	滝湖寺(笠のてら)	高野真言	無量寿如来	〃 土庄町笠ヶ滝甲
外	笠ヶ滝(72奥ノ院)		不動明王	〃 土庄町笠ヶ滝乙
73	救世堂		聖観音	〃 土庄町小馬越甲
74	円満寺	高野真言	十一面観音	〃 土庄町黒岩
75	大聖寺	真言善通	不動明王	〃 土庄町馬越甲
76	金剛寺	高野真言	不動明王	〃 土庄町屋形崎甲
外	三暁庵(笠松大師)		弘法大師	〃 土庄町屋形崎
77	歓喜寺	高野真言	如意輪観音	〃 土庄町見目甲
78	雲胡庵		聖観音	〃 土庄町小海
79	薬師庵		薬師如来	〃 土庄町田井
80	観音寺	高野真言	聖観音	〃 土庄町大部甲
81	恵門不動		不動明王	〃 土庄町小部乙
82	吉田庵		薬師如来	〃 内海町吉田
83	福田庵		薬師如来	〃 内海町福田
84	雲海寺	高野真言	如意輪観音	〃 内海町福田
85	本地堂		弁財天	〃 内海町福田
86	当浜庵		千手観音	〃 内海町当浜甲
87	海庭庵		十一面観音	〃 内海町岩ヶ谷
88	楠霊庵		延命地蔵	〃 内海町橘
外	藤原寺	高野真言	波切不動	〃 土庄町見目甲
外	小豆島霊場総本院		弘法大師	〃 土庄町西本町

えひめ大島准四国八十八ヵ所霊場

大島は愛媛県今治市と広島県尾道市を結ぶ西瀬戸自動車道（通称しまなみ海道）のルート上に位置する。開創は文化4年（1807）で、現在も毎年旧暦3月19日から21日までのへんろ市縁日には全国各地より数千人のお遍路さんで島全体が賑わう。

自然歩道から望む多島美や世界初の3連吊り橋（来島海峡大橋）などを楽しめる景勝地。行程は63キロ。通常2泊3日で歩くが、近年は自動車での1泊2日の巡拝者も多い。

★問合せ先
大島准四国霊場会事務局
福蔵寺☎0897－84－2031

★案内書
『お大師さんのおる島えひめ大島島四国』（霊場会刊）

伊予大島八十八ヵ所霊場 （愛媛県） 　　　　　（四本寺が住職がいる寺）

1	霊山寺（正覚庵）	釈迦如来	今治市吉海町田浦下組
2	極楽寺（海岸堂）	阿弥陀如来	〃 宮窪町早川西側
3	金泉寺（白光庵）	釈迦如来	〃 宮窪町早川向側
4	大日寺（無量寿庵）	大日如来	〃 宮窪町余所国木屋敷
5	地蔵寺（寿気庵）	勝軍地蔵	〃 宮窪町余所国飛石
6	安楽寺（医王庵）	薬師如来	〃 宮窪町江口
7	十楽寺（付属庵）	阿弥陀如来	〃 宮窪町中村
8	熊谷寺（海南寺）	千手観音	〃 宮窪町宮窪（四本寺）
9	法輪寺（大聖庵）	釈迦如来	〃 宮窪町不動
10	切幡寺（証明寺）	千手観音	〃 宮窪町大窪
11	藤井寺（潮音堂）	薬師如来	〃 宮窪町浜
12	焼山寺（宝寿庵）	虚空蔵菩薩	〃 宮窪町土居野
13	大日寺（常住庵）	十一面観音	〃 宮窪町土生
14	常楽寺（千光寺）	弥勒菩薩	〃 宮窪町土生
15	阿波国分寺（三光庵）	薬師如来	〃 宮窪町戸代
16	観音寺（密乗庵）	千手観音	〃 宮窪町友浦上地下
17	井戸寺（大慈庵）	七仏薬師	〃 宮窪町友浦上地下
18	恩山寺（利生庵）	薬師如来	〃 宮窪町友浦下浜
19	立江寺（善福寺）	延命地蔵	〃 宮窪町友浦下地下
20	鶴林寺（靏林庵）	地蔵菩薩	〃 宮窪町友浦大崎
21	太龍寺（平等庵）	虚空蔵菩薩	〃 吉海町平草
22	平等寺（洗厳堂）	薬師如来	〃 吉海町志津見
23	薬王寺（三門堂）	薬師如来	〃 吉海町志津見
24	最御崎寺（光明堂）	虚空蔵菩薩	〃 吉海町志津見
25	津照寺（最勝堂）	揖取地蔵	〃 吉海町名

島四国弘法大師霊場

26	**金剛頂寺**(地主庵)	薬師如来	今治市吉海町名岡
27	**神峰寺**(善徳寺)	十一面観音	〃 吉海町名片山
28	**大日寺**(吉祥庵)	大日如来	〃 吉海町名岡
29	**土佐国分寺**(極楽寺)	千手観音	〃 吉海町名瀬賀居
30	**善楽寺**(竹林庵)	阿弥陀如来	〃 吉海町名小室
31	**竹林寺**(三角庵)	文殊菩薩	〃 吉海町名田井
32	**禅師峰寺**(弥勒寺)	十一面観音	〃 吉海町名井之谷
33	**雪蹊寺**(高竜寺)	薬師如来	〃 吉海町名亀老山(四本寺)
34	**種間寺**(妙法堂)	薬師如来	〃 吉海町名亀老山
35	**清滝寺**(布留坊)	薬師如来	〃 吉海町名永地
36	**青龍寺**(草深庵)	波切不動	〃 吉海町南浦
37	**岩本寺**(示現庵)	不動等5尊	〃 吉海町名駒新田宮
38	**金剛福寺**(仏浄庵)	千手観音	〃 吉海町仏崎
39	**延光寺**(宥信庵)	薬師如来	〃 吉海町名水場
40	**観自在寺**(浄花庵)	薬師如来	〃 吉海町名水場
41	**竜光寺**(海照庵)	十一面観音	〃 吉海町名水場
42	**仏木寺**(証林庵)	大日如来	〃 吉海町下田水
43	**明石寺**(蓮花庵)	千手観音	〃 吉海町下田水
44	**大宝寺**(十楽庵)	十一面観音	〃 吉海町臥間
45	**岩屋寺**(祇園寺)	不動明王	〃 吉海町椋名長浜
46	**浄瑠璃寺**(観音堂)	薬師如来	〃 吉海町椋名中組
47	**八坂寺**(法南寺)	阿弥陀如来	〃 吉海町椋名中組(四本寺)
48	**西林寺**(善女庵)	十一面観音	〃 吉海町椋名北側
49	**浄土寺**(亀甲山)	釈迦如来	〃 吉海町本庄桜本
50	**繁多寺**(宝幢庵)	薬師如来	〃 吉海町本庄桜本
51	**石手寺**(利益庵)	薬師如来	〃 吉海町本庄水地
52	**太山寺**(西蓮寺)	十一面観音	〃 吉海町本庄池側
53	**円明寺**(牛頭山)	阿弥陀如来	〃 吉海町本庄友毛
54	**延命寺**(昌清庵)	不動明王	〃 吉海町本庄土居
55	**南光坊**(栄寿庵)	大通智勝仏	〃 吉海町本庄塔之岡
56	**泰山寺**(万性寺)	地蔵菩薩	〃 吉海町庄ノ谷
57	**栄福寺**(道場庵)	阿弥陀如来	〃 吉海町道ノ上
58	**仙遊寺**(霊仙寺)	千手観音	〃 吉海町本庄納屋谷
59	**伊予国分寺**(金剛院)	薬師如来	〃 吉海町本庄納屋谷
60	**横峰寺**(遍照坊)	大日如来	〃 吉海町本庄喜比田
61	**香園寺**(般若院)	大日如来	〃 吉海町本庄久保
62	**宝寿寺**(大乗庵)	十一面観音	〃 吉海町名六呂志
63	**吉祥寺**(普光寺)	毘沙門天	〃 吉海町名六呂志
64	**前神寺**(五光庵)	阿弥陀如来	〃 吉海町名六呂志
65	**三角寺**(福寿庵)	十一面観音	〃 吉海町八幡丸山

66	雲辺寺（供養堂）	千手観音	今治市吉海町八幡丸山
67	大興寺（紫雲庵）	薬師如来	〃 吉海町八幡藤崎
68	神恵院（知足庵）	阿弥陀如来	〃 吉海町幸新田
69	観音寺（蓮台庵）	聖観音	〃 吉海町幸新田
70	本山寺（車南庵）	馬頭観音	〃 吉海町幸
71	弥谷寺（金光庵）	千手観音	〃 吉海町幸
72	曼荼羅寺（釈迦庵）	大日如来	〃 吉海町福田南
73	出釈迦寺（浄土庵）	釈迦如来	〃 吉海町仁江上の谷
74	甲山寺（五大院）	薬師如来	〃 吉海町仁江上の谷
75	善通寺（誕生庵）	薬師如来	〃 吉海町仁江上所
76	金倉寺（不動堂）	薬師如来	〃 吉海町仁江上所
77	道隆寺（西大寺）	薬師如来	〃 吉海町仁江平田
78	郷照寺（千行堂）	阿弥陀如来	〃 吉海町平田
79	高照院（福寺）	十一面観音	〃 吉海町福田上所（四本寺）
80	讃岐国分寺（常楽庵）	十一面千手	〃 吉海町福田左王
81	白峯寺（光明庵）	千手観音	〃 吉海町福田左王
82	根香寺（西照庵）	千手観音	〃 吉海町福田宮山
83	一宮寺（永楽庵）	聖観音	〃 吉海町泊端
84	屋島寺（薬師堂）	十一面観音	〃 吉海町泊端
85	八栗寺（照月庵）	聖観音	〃 吉海町泊西側
86	志度寺（万福寺）	十一面観音	〃 吉海町田浦上組
87	長尾寺（随心庵）	聖観音	〃 吉海町田浦中組
88	大窪寺（濃潮庵）	薬師如来	〃 吉海町田浦下組

（『島四国霊場めぐり』首藤一著・創元社刊より作成。）

壱岐四国八十八ヶ所霊場

壱岐島は玄界灘に浮かぶ、長崎県に属する島。古くは壱岐国という西海道の一国で、国府、国分寺も置かれていた。霊場は明治24年（1891）に山口県出身の中原慈本行者と、島内の熱心な弘法大師信者によって開創された。島は平坦な丘陵地が続き、青い海を楽しめる。巡拝には徒歩で1週間を要し、自動車でも3～4日はかかる。

1番**金蔵寺**には霊場の創始者中原慈本行者の石像が立つ。30番**安国寺**は暦応2年（1339）に足利尊氏が夢窓国師の勧めで建立。75番**国分寺**は壱岐国分寺として建立され、元文3年（1738）に現在地に移されている。

★問合せ先
壱岐信者講事務局
金蔵寺☎09204―2―0687
★案内書
首藤一著『島四国霊場めぐり』
（創元社刊）

壱岐四国八十八ヶ所霊場（長崎県）

1	金蔵寺	真言智山	釈迦如来	壱岐市勝本町新城西触
2	ムルの堂		阿弥陀如来	〃 勝本町新城西
3	岩熊堂		地蔵菩薩	〃 勝本町新城西
4	寺原田堂		地蔵菩薩	〃 勝本町新城東
5	東光寺	臨済大徳	阿弥陀如来	〃 勝本町仲触
6	高尾堂		薬師如来	〃 勝本町東触
7	甚願田堂		弘法大師	〃 芦辺町江角触
外	慈本堂		中原慈本師	〃 芦辺町箱崎本村触柏崎
8	長尾堂		千手観音	〃 芦辺町大左右触
9	阿弥陀堂		阿弥陀如来	〃 芦辺町瀬戸浦
10	向町堂		千手観音	〃 芦辺町瀬戸浦
11	長徳寺	曹洞宗	薬師如来	〃 芦辺町箱崎中山触
12	中尾堂		阿弥陀如来	〃 芦辺町谷江触
13	倉之堂		十一面観音	〃 芦辺町谷江触
14	円福堂		釈迦如来	〃 芦辺町当田触
15	大石堂		薬師如来	〃 芦辺町大石触
16	天徳寺	曹洞宗	千手観音	〃 芦辺町諸吉大石触
17	阿弥陀堂		阿弥陀如来	〃 芦辺町芦辺浦
18	釈迦堂		釈迦如来	〃 芦辺町芦辺浦
19	天神川堂		地蔵菩薩	〃 芦辺町芦辺浦
20	桶川堂		地蔵菩薩	〃 芦辺町芦辺浦
21	長瀬堂		十一面観音	〃 芦辺町諸吉
22	小坂堂		薬師如来	〃 芦辺町諸吉
23	棚江堂		不動明王	〃 芦辺町諸吉
24	竜泉寺	曹洞宗	観音菩薩	〃 芦辺町諸吉本村触
25	八幡堂		地蔵菩薩	〃 芦辺町八幡浦
26	スゲ大師堂		地蔵菩薩	〃 芦辺町諸吉
27	塔の辻堂		十一面観音	〃 芦辺町諸吉
28	春の舎堂		大日如来	〃 石田町池田触
29	中尾堂		千手観音	〃 芦辺町深沢触
30	安国寺	臨済大徳	地蔵菩薩	〃 芦辺町深江栄触
31	平堂		文殊菩薩	〃 芦辺町深沢触
32	袖の堂		十一面観音	〃 石田町筒城触
33	向長堂		薬師如来	〃 石田町筒城触
34	山の坊堂		観音菩薩	〃 石田町筒城触
35	地蔵堂		地蔵菩薩	〃 石田町山崎触
36	後藤堂		不動明王	〃 石田町筒城触
37	清水堂		大日如来	〃 石田町筒城触
38	先辺堂		千手観音	〃 石田町筒城触

39	山根堂		観音菩薩	壱岐郡石田町筒城触
40	提堂		薬師如来	〃 石田町筒城触
41	谷頭堂		十一面観音	〃 石田町筒城触
42	たいわん堂		十一面観音	〃 石田町筒城触
43	観音堂		十一面観音	〃 石田町石田触
44	鬼ガ原堂		十一面観音	〃 石田町石田触
45	岩谷堂		不動明王	〃 石田町印通寺浦
46	古見堂		地蔵菩薩	〃 石田町石田触
47	古ヤ堂		阿弥陀如来	〃 石田町石田触
48	寿慶院	臨済大徳	地蔵菩薩	〃 石田町石田本村触
49	竜峰院	臨済大徳	阿弥陀如来	〃 石田町石田西触
50	サイマ堂		薬師如来	〃 石田町印通寺浦
51	伝記寺	臨済大徳	地蔵菩薩	〃 石田町池田
52	石田峰堂		十一面観音	〃 石田町池田触
53	アゼクリ堂		阿弥陀如来	〃 石田町池田触
54	真引堂		地蔵菩薩	〃 石田町池田触
55	薬師堂		薬師如来	〃 石田町池田触
56	若松堂		地蔵菩薩	〃 郷ノ浦町若松触
57	薬師堂		薬師如来	〃 郷ノ浦町初山西触
58	南明寺	曹洞宗	地蔵菩薩	〃 郷ノ浦町初山東触
59	法輪寺	曹洞宗	地蔵菩薩	〃 郷ノ浦町坪触
60	南切堂		薬師如来	〃 郷ノ浦町片原触
61	金比羅堂		観音菩薩	〃 郷ノ浦町迎町
62	専念寺	浄土宗	阿弥陀如来	〃 郷ノ浦町郷ノ浦
63	本居堂		観音菩薩	〃 郷ノ浦町元居
64	華光寺	曹洞宗	釈迦如来	〃 郷ノ浦町東触
65	長栄寺	曹洞宗	願王尊	〃 郷ノ浦町庄触
66	西原堂		地蔵菩薩	〃 郷ノ浦町麦谷触
67	渡良堂		地蔵菩薩	〃 郷ノ浦町渡良浦
68	神田堂		十一面観音	〃 郷ノ浦町神田触
69	物部堂		文殊菩薩	〃 郷ノ浦町物部触
70	薬師堂		薬師如来	〃 郷ノ浦町物部触
71	定光寺	臨済大徳	釈迦如来	〃 芦辺町湯岳本村触
72	鯨石堂		大日如来	〃 芦辺町深江触
73	若宮堂		釈迦如来	〃 芦辺町国分仲之郷触
74	白川堂		不動明王	〃 芦辺町国分仲之郷触
75	国分寺	臨済大徳	薬師如来	〃 芦辺町仲村郷西触
76	椿原堂		子安観音	〃 芦辺町住吉触
77	高源院	曹洞宗	釈迦如来	〃 郷ノ浦町里触
78	徳命堂		弘法大師	〃 郷ノ浦町黒触

島四国弘法大師霊場

79	釈迦堂		釈迦如来	壱岐郡郷ノ浦町黒崎触
80	仙南寺	真言智山	千手観音	〃　勝本町坂本触
81	井田堂		弘法大師	〃　勝本町本宮仲触
82	地蔵堂		地蔵菩薩	〃　勝本町大久保触
83	地命堂		地蔵菩薩	〃　勝本町勝本浦
84	弥勒堂		弥勒菩薩	〃　勝本町勝本浦
85	川上堂		観音菩薩	〃　勝本町勝本浦
86	弥陀堂		阿弥陀如来	〃　勝本町勝本浦
87	平大師堂		観音菩薩	〃　勝本町坂本触
88	能満寺	真言智山	虚空蔵菩薩	〃　勝本町坂本触

(『島四国霊場めぐり』首藤一著・創元社刊より作成。所属宗派名のない札所は無住のお堂か庵。)

周防大島八十八ヵ所霊場（霊場会発行パンフレットより）

不動霊場

◆不動尊信仰の初め

梵名は阿遮羅嚢他（アシャラナータ、「動かざる者」の意）といい、不動尊・無動尊などとも呼ばれるが、経典では『不空羂索神変真言経』（709年、菩提流志訳）に不動使者の名で初めて登場してくる。さらに『大日経』（725年、善無畏訳）では、大日如来の使者としての立場から童子の姿で慧刀と羂索を持ち、頂髪を左肩に垂らし、一目にして諦観し、威怒身で猛炎があり、磐石の上に安住し、額に水波の相があることなどが説かれている。

その後、不動明王は大日如来の教令輪身（教えに従わない者を折伏教化するために化身したもの）として忿怒の姿をし、背に背負う火焰をもって罪穢を焼き浄め、悪魔を降伏させて菩提を成就させるものと説かれるようになり、山岳修行者（修験者）にあっては密教の修行を守護する明王としても信仰されてきた。一般に、その修法は供物を焚くもので、その火は煩悩を焼き尽くす智慧を象徴し、もって息災や増益を祈願する。なかでも屋外で行うものは採灯（柴灯）護摩という。

◆日本の不動尊信仰

不動明王に対する信仰は平安時代の密教の盛行とともに広まり、その造像面に関して初期のものは両眼を開く形式のものが通常で、空海の請来したものは主として坐像、円珍系のものには立像が見られる。しかし、今日最も普及したものは円仁門下の安然以後のもので、立像・坐像の双方があり、細部においては違いもあるが、おおむね右目を開けて左目を閉じ、上下の牙で交互に唇を噛み、しかめっ面をし、衿羯羅・制吒迦の2童子を脇侍として従える形式が最も多く、不動明王の眷属として8人の童子（八大童子）を従える場合もある。

ところで、我が国では滋賀・園城寺の黄不動、京都・青蓮院の青不動、和歌山・高野山明王院の赤不動が三不動として知られるが、関東では東京の目黒・瀧泉寺の目黒不動、目白・金乗院の目白不動、小松川・最勝寺の目黄不動、駒込・南谷寺の目赤不動、世田谷・教学院の目青不動が有名である。なお、不動尊の縁日は一般に28日。

（塩入亮乗）

不動明王と衿羯羅・制吒迦二童子像（浄瑠璃寺蔵）

北海道三十六不動尊霊場

北海道に平成元年(1989)に成立した不動尊霊場。旭川市を中心にした北部に位置する1番から9番までの札所を発心の道場、東部に広く分布している10番から20番までが修行の道場、夕張市から渡島半島にかけての21番から28番までが菩提の道場、札幌市・小樽市を中心にした29番から36番を涅槃(ねはん)の道場と呼んでいる。

北海道の雄大な自然を背景に、10日前後で巡拝の旅ができる。

★問合せ先
北海道三十六不動尊霊場会事務局
瀧泉寺☎0143-84-2437

東北三十六不動尊霊場

東北6県に昭和62年(1987)に開創された。各県を六波羅蜜に喩え、山形県を布施の道場、秋田県を持戒の道場、青森県を忍辱(にんにく)の道場、岩手県を精進の道場、宮城県を禅定(ぜんじょう)の道場、福島県を智慧の道場として、それぞれに6か寺ずつ配している。真言系寺院を中心にして禅系、修験系の寺院が見られる。

1番**慈恩寺**は、神亀元年(724)草創、天平18年(746)の婆羅門僧正の開基というかつての巨刹。法相・真言・天台の3宗が一つになった慈恩宗の独立本山を形成する。現在も広い境内には大堂伽藍が連なり、寺宝も多く、本堂は国の重文。

2番湯殿山**大日坊**は出羽三山の奥ノ院といわれる修験道の霊場で、真如海上人の即身仏が安置されている。4番**大樹院**の本尊は雨乞いの「雷不動」のいわれがある。

羽黒修験の根本道場、6番羽黒山**荒沢寺正善院**は、東北地方指折りの古刹。地蔵堂、不動堂、常火堂などが並び、分霊は各地に分祠された。

8番**嶺梅院**の不動明王は元は金刀比羅宮の本地仏だったもので、明治維新の神仏分離で当寺に移され、地元の人に成田不動と呼ばれて親しまれている。9番**多聞院**は土崎港を望む高台にあり、かつては北前船の一行が航海の安全祈願をした。

14番**大円寺**は大鰐温泉に隣接し、坂上田村麻呂も戦勝祈願したという。15番**最勝院**は江戸期の五重塔のある東北地方の名刹。18番**青龍寺**には昭和大仏・五重塔が建立された。

23番**西光寺**は達谷窟で知られ、毘沙門堂、不動堂、岩面大仏などがあり、丈六の不動尊坐像は県の文化財。24番**金剛寺**は、千葉の成田山から本尊不動明王を勧請(かんじょう)した。27番**松景院**は古くからの修験道の祈禱寺。

28番**瑞巌寺五大堂**は日本三景の一つ松島の景勝地にあり、五大明王を祀る。35番**徳善院**は山本不動尊といわれ、本尊不動明王は洞窟に安置。

★問合せ先
東北三十六不動尊霊場会事務局
松景院☎0229-34-2903

★案内書
冨永航平著『東北三十六不動尊霊場記』(東北三十六不動尊霊場会刊)

北海道三十六不動尊霊場（北海道）

1	真久寺	真言智山	旭川市5条通
2	真王寺	真言智山	歌志内市本町
3	天祐寺	真言智山	留萌市沖見町
4	大照寺	真言智山	上川郡比布町市街地東町
5	大聖寺	真言豊山	〃 上川町北町
6	不動院	高野真言	士別市南士別町
7	法弘寺	真言智山	名寄市西4条南
8	光願寺	真言豊山	中川郡美深町西1条北
9	大法寺	真言智山	枝幸郡中頓別町中頓別
10	景勝寺	高野真言	常呂郡留辺蘂町下町
11	隆光寺	真言智山	〃 訓子府町旭町
12	真隆寺	真言智山	北見市東5条北
13	新盛寺	真言智山	網走市天都山
14	宝光寺	真言智山	斜里郡斜里町本町
15	光円寺	真言智山	〃 小清水町小清水
16	宝泉寺	臨済妙心	川上郡弟子屈町
17	清隆寺	真言智山	根室市松本町
18	西端寺	高野真言	釧路市米町
19	松光寺	真言智山	〃 中島町
20	金剛寺	真言醍醐	帯広市東6条南
21	夕張寺	真言智山	夕張市旭町
22	望洋寺	真言智山	苫小牧市浜町
23	滝泉寺	真言智山	登別市中登別
24	遍照寺	真言智山	虻田郡留寿都町三ノ原
25	不動寺	高野真言	伊達市鹿島町
26	真言寺	真言智山	寿都郡黒松内町
27	菩提院	真言智山	〃 寿都町新栄町
28	函館寺	真言智山	函館市松風町
29	龍照寺	真言醍醐	小樽市オタモイ
30	不動院	高野真言	〃 奥沢
31	新興寺	真言智山	〃 住之江
32	吉祥院	真言智山	札幌市北区北30条西
33	招福寺	真言智山	〃 南区定山渓
34	大照寺	真言智山	〃 白石区大谷地東
35	文教寺	真言智山	石狩郡当別町
36	新栄寺	真言智山	札幌市中央区南7条西

東北三十六不動尊霊場

1	本山慈恩寺	慈恩宗	山形県寒河江市慈恩寺
2	湯殿山大日坊	真言豊山	〃 東田川郡朝日町大網
3	光明院	羽黒修験	〃 天童市山口
4	大樹院	天台宗	〃 山形市青野
5	龍覚寺	真言豊山	〃 鶴岡市泉町
6	荒沢寺正善院	羽黒修験	〃 東田川郡羽黒町手向
7	普伝寺	真言智山	秋田県秋田市大町
8	嶺梅院	曹洞宗	〃 〃 土崎中央
9	多聞院	天台宗	〃 〃 土崎港南
10	吉祥院	真言智山	〃 男鹿市船川港椿家ノ後
11	玉蔵寺	真言智山	〃 山本郡琴丘町内鯉川
12	遍照院	真言智山	〃 大館市上町.
13	国上寺	真言智山	青森県南津軽郡碇ヶ関村古懸門前
14	大円寺	高野真言	〃 大鰐町蔵館村岡
15	最勝院	真言智山	〃 弘前市銅屋町
16	弘法寺	高野真言	〃 西津軽郡木造町吹原畠元
17	青森寺	真言智山	〃 青森市栄町
18	青龍寺	単立	〃 〃 桑原山崎
19	永福寺	真言豊山	岩手県盛岡市下米内
20	長根寺	真言智山	〃 宮古市長根
21	福泉寺	真言豊山	〃 遠野市松崎町駒木
22	興性寺	真言智山	〃 江刺市男石
23	達谷西光寺	天台宗	〃 西磐井郡平泉町達谷
24	金剛寺	真言智山	〃 陸前高田市気仙町町裏
25	観音寺	天台宗	宮城県気仙沼市本町
26	大徳寺	曹洞宗	〃 本吉郡津山町横山本町
27	神寺松景院	真言智山	〃 遠田郡小牛田町中埣
28	松島瑞巌寺五大堂	臨済妙心	〃 宮城郡松島町松島町内
29	西光寺	真言智山	〃 仙台市太白区秋保町馬場大滝
30	愛敬院	本山修験	〃 伊具郡丸森町不動
31	相応寺	新義真言	福島県安達郡大玉村玉井南町
32	大龍寺	臨済妙心	〃 会津若松市慶山
33	会津薬師寺	天台宗	〃 大沼郡会津高田町橋爪
34	円養寺	真言智山	〃 白河市天神町
35	山本不動尊	真言智山	〃 東白川郡棚倉町北山本小桧沢
36	常福寺	真言智山	〃 いわき市平赤井赤井嶽

会津五色不動尊霊場

「会津曼荼羅若がえり五色不動尊めぐり」として平成元年（1989）に、福島県会津地方の密教寺院5か寺によって発足した。東京方面からだと周辺の観光を楽しみながら1泊2日で巡礼できる。各霊場では、訪れる方々への御接待に努めている。

★問合せ先
会津五色不動尊霊場会事務局
如法寺☎0241—45—2061

会津五色不動尊霊場（福島県）

黄	如法寺（出発不動）	真言室生	耶麻郡西会津町野沢
白	西勝寺（奮起不動）	真言豊山	〃　猪苗代町新町
赤	龍興寺（離悩不動）	天台宗	大沼郡会津高田町中町
黒	慈恩寺（慈愛不動）	真言室生	南会津郡田島町中町
青	常楽院（青春不動）	真言豊山	〃　田島町福米沢

北関東三十六不動尊霊場

北関東の群馬県、栃木県、茨城県に昭和63年（1988）に設立された霊場。群馬県は身密修行の道場、栃木県は口密修行の道場、茨城県は意密修行の道場で、北関東三十六不動尊霊場は併せて三密修行の道場という。

各霊場は、住職が居て、護摩を焚く寺を基準にして選んでいる。山あり、川ありの自然を楽しみながらお詣りでき、宿泊は周辺の温泉でできる。群馬1泊2日、栃木1泊2日、茨城2泊3日で巡拝計画を立てるとよい。順番にはこだわらずに、全部の霊場を残らず巡拝することが大切である。事前に連絡があれば、住職の法話を聞くことができる。

1番**水上寺**の本尊大日大聖不動明王は、明治21年（1888）に大本山成田山新勝寺から勧請した。五穀豊穣、万民豊楽を祈願する。地域の人々と交わるための年間行事が多い。近くに水上温泉がある。

3番**大福寺**境内には伝教大師最澄が投げた独鈷が当たった岩から水が湧き出したと伝えられる、独鈷泉がある。4番**不動寺**は妙義山を望む地にあり、切妻造の仁王門、不動明王、石塔婆は県の文化財。

7番**長安寺**の本尊釈迦牟尼如来は人々を大飢饉から救った「なさけの釈迦」と口伝される。護摩道場威音王堂に安置されている不動明王は煩悩や障害を焼き払い悪魔を降伏させ、人々を擁護するという。

10番**医王寺**の本尊は大日大聖不動明王で本堂に祀られており、不動堂に祀られている不動明王像の像高は1.7メートル。11番**光恩寺**は堂山古墳に接しており、本堂には秘仏不動明王のほか古墳からの出土品も保管されている。

13番**泉龍寺**の不動堂の大聖不動明

北関東三十六不動尊霊場

1	水上寺 (水上不動尊)	真言智山	群馬県利根郡水上町湯原
2	金剛院 (成田不動尊)	天台宗	〃 沼田市坊新田町
3	大福寺 (室田の滝不動)	天台宗	〃 群馬郡榛名町中室田
4	不動寺 (松井田不動尊)	真言豊山	〃 碓氷郡松井田町松井田甲
5	光徳寺 (成田山不動尊)	真言智山	〃 高崎市成田町
6	退魔寺 (茂呂不動)	真言豊山	〃 伊勢崎市美茂呂町
7	長安寺 (みかえり不動尊)	天台宗	〃 佐波郡東村西小保方
8	南光寺 (笠懸不動)	高野真言	〃 新田郡笠懸村阿左美
9	西慶寺 (新田の触不動尊)	高野真言	〃 太田市烏山番外
10	医王寺 (黄金身代り不動)	高野真言	〃 新田郡新田町小金井
11	光恩寺 (赤岩不動尊)	高野真言	〃 邑楽郡千代田町赤岩
12	遍照寺 (新宿不動尊)	真言豊山	〃 館林市緑町
13	泉龍寺 (乙女不動尊)	真言豊山	栃木県小山市乙女
14	延命寺 (身代り不動尊)	真言豊山	〃 下都賀郡大平町西水代
15	正仙寺 (吹上不動)	真言豊山	〃 栃木市吹上町
16	華蔵寺 (梅沢不動)	真言智山	〃 〃 海沢町
17	金剛寺 (金剛不動)	真言醍醐	〃 鹿沼市草久
18	持宝院 (多気不動尊)	真言智山	〃 宇都宮市田下町
19	宝蔵寺 (成田不動尊)	天台宗	〃 〃 大通り
20	崇真寺 (開運犬切不動尊)	真言智山	〃 芳賀郡芳賀町稲毛田
21	慈光寺 (雨乞い不動尊)	真言智山	〃 塩谷郡喜連川町喜連川
22	光明寺 (成満不動尊)	真言豊山	〃 〃 氏家町氏家
23	金乗院 (那須波切不動尊)	高野真言	〃 黒磯市沼野田和
24	龍泉寺 (龍頭不動尊)	真言智山	〃 大田原市山の手
25	一乗院 (身代り不動尊)	真言智山	茨城県那珂郡那珂町飯田
26	和光院 (田島の血不動尊)	真言智山	〃 東茨城郡内原町田島
27	神崎寺 (水戸不動)	真言豊山	〃 水戸市天王町
28	西福寺 (開運不動尊)	天台宗	〃 東茨城郡大洗町磯浜
29	護国院 (厄除不動尊)	真言智山	〃 鹿嶋市宮中
30	不動尊院 (願満不動尊)	天台宗	〃 稲敷郡江戸崎町江戸崎甲
31	大聖寺 (土浦大師不動尊)	真言豊山	〃 土浦市永国
32	一乗院 (筑波不動)	真言豊山	〃 つくば市上大島
33	妙法寺 (金色不動尊)	天台宗	〃 西茨城郡岩瀬町本郷
34	永光寺 (牡丹不動尊)	真言豊山	〃 猿島郡三和町尾崎
35	慈光寺 (ポックリ不動尊)	天台宗	〃 岩井市弓田
36	不動院 (安産子育板橋不動尊)	真言豊山	〃 筑波郡伊奈町板橋

王は秘仏で25年に1度の開扉といい、朱色の鐘楼門は目を見張る。14番**延命寺**は鎌倉期の創建で、身代不動尊を祀っている。18番**持宝院**の本尊不動明王は商売繁盛の御利益があるといい、参拝客の多い栃木県内有数の寺院。

開運不動明王を祀っている20番**崇真寺**は、本尊胎蔵界大日如来と白衣観音画像が、ともに県の文化財。22番**光明寺**の護摩堂の上には露座の力感あふれる不動明王像が載っている。

25番**一乗院**の本尊は身代不動尊といわれ、毘沙門天・薬師如来坐像は県の文化財。27番**神崎寺**は水戸藩徳川家と縁の深い巨刹で、鎌倉時代作の不動尊は開運不動と呼ばれ、安産祈願の観音霊場としても賑わいを見せる。

33番**妙法寺**は舜義上人が入寂してミイラになった即身仏が、金色不動尊とともに寺宝になっている。34番**永光寺**境内は3000株の牡丹の花で彩られている。36番の**不動院**は、本堂、楼門、三重塔と豪壮な伽藍を誇っており、板橋不動尊と古くから人々に信仰されている本尊は国の重文で、開運、安産、子育ての霊験あらたかという。

★問合せ先
北関東三十六不動尊霊場会事務局
持宝院☎028—652—1488
★案内書
『北関東三十六不動尊霊場』
（北関東三十六不動尊霊場会刊）

関東三十六不動尊霊場

関東地方の1都3県に昭和62年（1987）に成立した霊場で、神奈川県7か所を発心の道場、東京都19か所を修行の道場、埼玉県5か所を菩提の道場、千葉県5か所を涅槃の道場とする。霊場の中には、五色不動、関東三不動（大山不動、高幡不動、成田不動——他の組み合わせ方もある）、真言宗智山派の関東三山（成田山、川崎大師、高尾山）などが含まれ、年間を通じて人々の信仰をあつめている有名寺院が多い。

雨降山**大山寺**が1番霊場。天平勝宝7年（755）に良弁が創建、聖武天皇の勅願寺だったといわれる。その後修験道の霊地として発展、江戸時代には大山詣りが庶民の信仰をあつめた。明治維新の神仏分離で寺域は女坂の中間に移っており、大山寺の元の場所には現在、阿夫利神社下社が建つ。本尊の鉄造不動明王像は国の重文。ケーブル駅に至る参道には土産物屋が並ぶ。

2番は曹洞宗の古刹大雄山**最乗寺**で、道了尊あるいは清瀧不動尊として広く親しまれている。杉木立に囲まれた広い境内には天狗信仰にまつわる鉄製の大下駄がある。宗門の若い僧を教育する専門道場としても知られる。

3番**延命院**は成田山の横浜別院。

川崎大師として余りにも有名な7番**平間寺**(へいげんじ)は、厄除大師として初詣ばかりでなく年間を通じて参詣者で

関東三十六不動尊霊場

1	**大山寺**(大山不動尊)	真言大覚	神奈川県伊勢原市大山
2	**道了尊**(清瀧不動尊)	曹洞宗	〃 南足柄市大雄町
3	**延命院**(野毛山不動尊)	真言智山	〃 横浜市西区宮崎町
4	**真福寺**(和田不動尊)	高野真言	〃 〃 保土ヶ谷区和田
5	**金蔵院**(日吉不動尊)	天台宗	〃 〃 港北区日吉本町
6	**等覚院**(神木不動尊)	天台宗	〃 川崎市宮前区神木本町
7	**平間寺**(川崎大師不動堂)	真言智山	〃 〃 川崎区大師町
8	**薬王院**(飯縄大権現)	真言智山	東京都八王子市高尾町
9	**金剛寺**(高幡不動尊)	真言智山	〃 日野市高幡
10	**総持寺**(田無不動尊)	真言智山	〃 西東京市田無町
11	**三宝寺**(石神井不動尊)	真言智山	〃 練馬区石神井台
12	**南蔵院**(志村不動尊)	真言智山	〃 板橋区蓮沼町
13	**南谷寺**(目赤不動尊)	天台宗	〃 文京区本駒込
14	**金乗院**(目白不動尊)	真言豊山	〃 豊島区高田
15	**宝仙寺**(中野不動尊)	真言豊山	〃 中野区中央
16	**教学院**(目青不動尊)	天台宗	〃 世田谷区太子堂
17	**満願寺別院**(等々力不動尊)	真言智山	〃 世田谷区等々力
18	**瀧泉寺**(目黒不動尊)	天台宗	〃 目黒区下目黒
19	**最勝寺**(目黄不動尊)	天台宗	〃 江戸川区平井
20	**深川不動堂**(深川不動尊)	真言智山	〃 江東区富岡
21	**不動院**(薬研堀不動尊)	真言智山	〃 中央区東日本橋
22	**寿不動院**(浅草寿不動尊)	天台宗	〃 台東区寿
23	**不動院**(橋場不動尊)	天台宗	〃 台東区橋場
24	**正宝院**(飛不動尊)	単立	〃 台東区竜泉
25	**永昌院**(皿沼不動尊)	単立	〃 足立区皿沼
26	**総持寺**(西新井大師)	真言豊山	〃 足立区西新井
27	**本行院**(川越不動尊)	真言宗	埼玉県川越市久保町
28	**喜多院**(川越大師不動尊)	天台宗	〃 〃 小仙波町
29	**洞昌院**(苔不動尊)	真言智山	〃 秩父郡長瀞町野上下郷
30	**総願寺**(不動ケ岡不動尊)	真言智山	〃 加須市不動岡
31	**岩槻大師**(喜多向厄除不動尊)	真言智山	〃 岩槻市本町
32	**最上寺**(岩瀬不動尊)	真言智山	千葉県富津市岩瀬
33	**大聖院**(高塚不動尊)	真言智山	〃 安房郡千倉町大川
34	**宝勝寺**(夷隅不動尊)	天台宗	〃 夷隅郡夷隅町苅谷
35	**大聖寺**(波切不動尊)	天台宗	〃 〃 大原町大原
36	**新勝寺**(成田不動尊)	真言智山	〃 成田市成田

賑わっている。平安時代に武士平間兼乗が、夢のお告げにより海中より大師木像を得て草庵に安置し、日夜供養したことに始まると寺伝がつたえる。入母屋造の不動堂に成田山の御分躰不動明王が祀られている。

8番が高尾山**薬王院**有喜寺。修験道の根本道場として隆盛してきた。本尊は不動明王の化身という飯縄大権現で、毎年3月の第2日曜日に行われる「火渡り祭」は荒行として有名。自然の深い高尾山は、ハイキングコースとしても都民に愛されている。

高幡不動としてよく知られる9番高幡山明王院**金剛寺**は、草創年代は奈良以前にさかのぼるともいわれ、後に清和・陽成天皇の勅願寺になる。不動堂・仁王門の古建築は重文、五重塔は昭和時代の建立。

三宝寺池に面している11番**三宝寺**(しゃくじい)は、元石神井城の一隅といい、江戸時代には屈指の大寺として栄えていた。17番**満願寺別院**は寺号滝轟山明王院、等々力渓谷の不動の滝で知られる。20番**深川不動堂**は、富岡八幡とともに下町の人々の信仰をあつめ、門前に繁華街を築いてきた。

西新井大師と呼ばれている26番**総持寺**は、、弘法大師の開基と伝えられる。寺域は壮大な伽藍を誇っており、不動堂は当山の修行道場。牡丹の名所としても知られる。

28番**喜多院**は川越大師ともいわれ、天台8檀林の一つで、関東でも屈指の名刹。江戸城紅葉山の別殿を移築した徳川家光誕生の間があり、多数の文化財も保存されている。境内の五百羅漢の石像群でも名高い。

30番の不動ヶ岡不動尊と呼ばれる**総願寺**は、利根川流域の人々の信仰をあつめ、毎年2月の節分行事「鬼追い豆まき式」は350年の伝統を誇っている。

成田のお不動さんと呼ばれる36番成田山**新勝寺**は、日本中から信仰を得ている。号は成田山明王院神護新勝寺。天慶3年(940)ころの開創と伝えられ、江戸時代には成田詣でが習俗として定着し、江戸出開帳も行われ、成田のお不動さん信仰が人々の中へ浸透していった。

★問合せ先
関東三十六不動霊場会事務局
岩槻大師☎048―756―1037
★案内書
『関東三十六不動霊場』
(関東三十六不動霊場会刊)

五色(東都五眼)不動尊

江戸時代から人々に親しまれてきたお不動さんで、当時は五眼不動といわれていた。東西南北、中央の五方角を色で示すもので、目に色があるわけではない。現在は、東京都内6か寺に祀られている。

目黒不動と呼ばれる**瀧泉寺**は、慈覚大師円仁が当地で不動明王の霊夢を感じ自ら尊像を刻んで安置したことに創まるという。江戸時代に徳川家光の帰依を得てから参詣者で賑わ

うようになった。境内の独鈷の滝は病平癒の霊験があり、甘藷を広めた青木昆陽の墓もある。

目白不動と呼ばれる**金乗院**の目白不動明王像は、元は新長谷寺の本尊だったもので、第二次世界大戦後当寺に移された。

★**問合せ先**・各寺院

五色(東都五眼)不動尊 (東京都)

目黒	**瀧泉寺**(目黒不動)	天台宗	目黒区下目黒
目青	**教学院**(目青不動)	天台宗	世田谷区太子堂
目赤	**南谷寺**(目赤不動)	天台宗	文京区本駒込
目黄	**永久寺**(目黄不動)	天台宗	台東区三ノ輪
〃	**最勝寺**(目黄不動)	天台宗	江戸川区平井
目白	**金乗院**(目白不動)	真言豊山	豊島区高田

武相不動尊霊場

神奈川県の横浜市及び川崎市の寺院を中心に、東京都内の3か寺を加えて28札所からなる霊場。昭和43年(1968)の成立。各寺院の秘仏御開帳とその霊場巡拝は酉年5月1日から5月28日にかけて行われる。団体バスで2日、電車や路線バスを使って巡拝すると3～4日かかる。

1番川崎大師**平間寺**は厄除大師として有名、関東三十六不動尊霊場の7番札所でもある。

2番**大明王院**は身代不動尊を祀り、厄除け・交通安全祈願の信徒で賑わっている。4番**明王院**は当不動尊霊場とともに、玉川八十八ヵ所霊場30番の札所でもある。

8番**金蔵寺**は江戸時代には武州屈指の天台宗の名刹であった。今も大梵鐘や隠れキリシタンの石灯籠などを伝え、関東三十六不動尊霊場5番札所でもある。10番**福聚院**は火伏せの不動尊として近隣・近在の信仰をあつめている。

12番**東漸寺**の本尊不動明王は出世不動尊として信仰され、また智慧の仏さま文殊菩薩も祀られており受験期に祈願に訪れる人が多い。

18番**弘明寺**は江戸時代に徳川幕府から御朱印状を下附されていた古寺で、坂東三十三観音霊場の14番札所、波切不動尊は徳川家光の寄進という。19番**正泉寺**は玉川八十八ヵ所霊場の8番札所。

22番**宝幢院**は玉川八十八ヵ所霊場の88番結願所。境内の遍照密院に奉祀されている不動明王は、多摩川不動尊として息災増益、家内安全、病気平癒の霊験があるという。かつては末寺53か寺を擁する本寺だった。

28番が高幡不動**金剛寺**で関東三十六不動霊場の9番札所。

★**問合せ先**
大明王院☎044—865—8111

武相不動尊霊場

1	平間寺(川崎大師)	真言智山	神奈川県川崎市川崎区大師町
2	大明王院(身代不動)	真言醍醐	〃　　〃　　高津区下作延
3	龍厳寺	天台宗	〃　　〃　　多摩区堰
4	明王院	真言智山	〃　　〃　　高津区諏訪
5	龍台寺	天台宗	〃　　〃　　高津区久本
6	能満寺	天台宗	〃　　〃　　高津区千年
7	興禅寺	天台宗	〃　　横浜市港北区高田町
8	金蔵寺	天台宗	〃　　　　港北区日吉本町
9	西方寺	真言単立	〃　　　　港北区新羽町
10	福聚院	高野真言	〃　　　　都筑区池辺町
11	観音寺	高野真言	〃　　　　都筑区池辺町
12	東漸寺	高野真言	〃　　　　都筑区佐江戸町
13	西光寺	高野真言	〃　　　　緑区鴨居
14	三会寺	高野真言	〃　　　　港北区鳥山町
15	真福寺	高野真言	〃　　　　保土ヶ谷区和田
16	無量寺	高野真言	〃　　　　南区蒔田町
17	長松寺	真言智山	〃　　　　鶴見区駒岡町
18	弘明寺	高野真言	〃　　　　南区弘明寺町
19	正泉寺	真言智山	〃　　　　鶴見区生麦
20	東福寺	真言智山	〃　　〃　　鶴見区鶴見
21	宝蔵院	真言智山	〃　　〃　　鶴見区馬場
22	宝幢院	真言智山	東京都大田区西六郷
23	泉福寺	天台宗	神奈川県川崎市宮前区馬絹
24	圓光寺	高野真言	〃　　横浜市緑区新治町
25	正蔵院	真言智山	東京都大田区本羽田
26	光明寺	高野真言	神奈川県横浜市港北区新羽町
27	成就院	真言智山	〃　　川崎市川崎区渡田
28	金剛寺(高幡不動)	真言智山	東京都日野市高幡

北陸不動尊霊場

　石川県・富山県・福井県の北陸3県にまたがる不動霊場。能登半島から始まって富山へ、そこから金沢へ戻って福井を経て小浜を回るコースが一般的。

　1番**長楽寺**は天平時代の創建で、室町期には七尾城主畠山氏の祈願所として33坊を数え権勢を誇っていた。

北陸不動尊霊場

1	長楽寺	高野真言	石川県鹿島郡鹿西町能都部下
2	常住院	高野真言	〃 羽咋郡志賀町高浜
3	松尾寺	高野真言	〃 〃 富来町町居
4	宝泉寺	高野真言	〃 鳳至郡門前町道下
5	金蔵寺	高野真言	〃 輪島市門野町金蔵
6	不動寺	高野真言	〃 珠洲郡内浦町不動寺
7	塩谷寺	高野真言	〃 鳳至郡能都町出津
8	明泉寺	高野真言	〃 〃 穴水町明千寺
9	妙観院	高野真言	〃 七尾市小島町
10	光善寺	高野真言	〃 〃 飯川町
11	円光寺	高野真言	〃 鹿島郡鹿島町井田
12	上日寺	高野真言	富山県氷見市朝日本町
13	西福寺	曹洞宗	〃 新湊市八幡町
14	蓮華寺	高野真言	〃 高岡市蓮花寺
15	密蔵寺	高野真言	〃 射水郡大門町水戸田
16	福王寺	高野真言	〃 〃 下村加茂
17	各願寺	高野真言	〃 婦負郡婦中町長沢
18	刀尾寺	高野真言	〃 富山市太田南町
19	東薬寺	高野真言	〃 上新川郡大山町牧野
20	日石寺	真言密宗	〃 中新川郡上市町大岩
21	心蓮坊	高野真言	〃 魚津市小川寺
22	法福寺	高野真言	〃 下新川郡宇奈月町明日
23	護国寺	高野真言	〃 〃 朝日町境
24	不動寺	高野真言	石川県河北郡津幡町倶利伽羅
25	持明院	高野真言	〃 金沢市神宮寺
26	宝集寺	高野真言	〃 〃 寺町
外	中川寺	天台宗	〃 松任市殿町
外	薬王院温泉寺	真言智山	〃 加賀市山代温泉
27	医王寺	高野真言	〃 江沼郡山中町薬師町
28	安楽寺	高野真言	福井県坂井郡芦原町北潟
29	九頭竜寺	真言智山	〃 〃 三国町緑ケ丘
30	高岳寺	天台宗	〃 〃 丸岡町篠岡
31	福通寺	真言東寺	〃 丹生郡朝日町朝日
32	窓安寺	天台宗	〃 武生市南
33	大峰蛇之倉七尾山北陸別格本山		〃 敦賀市元比田坂の尻
34	天徳寺	高野真言	〃 遠敷郡上中町天徳寺
35	円照寺	臨済南禅	〃 小浜市尾崎
36	羽賀寺	高野真言	〃 〃 羽賀

現在の寺域は天正期（1573〜92）以降の再興。毎月21日が厄除大師縁日、28日が奥ノ院不動尊縁日。

8番**明泉寺**は飛鳥時代の創建といい、孝徳天皇の勅願寺として鎌倉・室町期に隆盛、重文の石造五重塔は鎌倉時代の遺構。

9番**妙観院**は弘法大師開基と伝えられる七尾名所、七不思議の伝説がある。11番**円光寺**は加賀藩八家の一つ長家の菩提寺で、毎年7月7日に不動祈禱の行事がある。

12番**上日寺**は富山県氷見地方の厄除け・招福の名刹。20番**日石寺**は行基作と伝えられる不動明王像を本尊とする祈願寺で、子授け、安産、眼病平癒に霊験があり、不動祭りは毎年8月26〜28日に行われる。

24番**不動寺**の本尊不動明王像は3年目ごとに開扉される。27番**医王寺**は山中温泉守護のために草創されたと伝えられ、陶製金剛童子立像は、重文。

32番**窓安寺**は5月27〜28日に不動明王祭が行われる。35番**円照寺**の不動明王像は藤原時代作。美しい庭園がある。36番**羽賀寺**は、行基の開創と伝えられる元正天皇の勅願寺で、本堂は重文。そのほか多くの文化財を所蔵している。

★問合せ先
北陸不動尊霊場会事務局
　長楽寺☎0767—72—2112
★案内書
　『北陸不動尊霊場案内』
　（北陸広域観光推進協議会取扱）

東海三十六不動尊霊場

愛知県・岐阜県・三重県にまたがる不動尊霊場で、平成元年（1989）に成立。名古屋市内に11か寺ある。巡拝には7〜8日かかるが、各霊場周辺には観光地があるので、観光を兼ねて巡る人が多い。

1番成田山名古屋別院**大聖寺**は通称犬山成田山と呼ばれ、開創は昭和28年（1953）と新しい。千葉県にある大本山成田山新勝寺の本尊不動明王像の分身を祀っている。広い境内地には諸施設がよく整備されている。

2番**寂光院**の不動堂に祀っている厄除不動尊は、弘法大師作との言い伝えがある。3番**地蔵寺**は、神亀3年（726）に行基が開創したと伝えられ、本尊延命地蔵菩薩とともに脇侍不動明王を祀っており、信仰をあつめている。

4番**萬徳寺**は弘法大師ゆかりの寺で、室町時代建立という檜皮葺きの多宝塔は重文。5番**甚目寺**の絹本着色不動尊像は俗に青不動と呼ばれている。

8番**建中寺**は、尾張徳川家の廟所で、不動堂に祀られているお不動さんは代々尾張家に伝えられていた秘仏という。

10番**宝生院**は大須観音の名でよく知られている。本尊聖観世音菩薩、脇侍不動明王。毎月18日の観音さまの縁日、28日のお不動さまの縁日は大変な人出で賑わう。尾張三十三観

東海三十六不動尊霊場

1	大聖寺 (犬山成田山)	真言智山	愛知県犬山市犬山北白山平
2	寂光院	真言智山	〃　〃　継鹿尾杉之段
3	地蔵寺	真言豊山	〃　一宮市本町通
4	萬徳寺	真言豊山	〃　稲沢市長野町
5	甚目寺 (甚目寺観音)	真言智山	〃　海部郡甚目寺町甚目寺東門前
6	護国院 (みかがみ不動)	真言智山	〃　名古屋市北区楠味鋺
7	長久寺	真言智山	〃　〃　東区白壁
8	建中寺	浄土宗	〃　〃　東区筒井
9	七寺	真言智山	〃　〃　中区大須
10	宝生院 (大須観音)	真言智山	〃　〃　中区大須
11	萬福院 (栄のなりたさん)	真言智山	〃　〃　中区栄
12	福生院 (袋町お聖天)	真言智山	〃　〃　中区錦
13	宝珠院 (中郷の不動さん)	真言智山	〃　〃　中川区中郷
14	大学院 (八事のお不動さん)	真言醍醐	〃　〃　天白区元八事
15	笠覆寺 (笠寺)	真言智山	〃　〃　南区笠寺町上新町
16	養学院 (みちびき不動)	真言醍醐	〃　豊川市麻生田町縄手
17	妙厳寺 (豊川稲荷)	曹洞宗	〃　〃　豊川町
18	遍照寺 (弘法さん)	真言豊山	〃　知立市弘法町弘法山
19	無量寺 (西浦不動)	真言醍醐	〃　蒲郡市西浦町日中
20	金蓮寺 (あいば不動)	曹洞宗	〃　幡豆郡吉良町饗應七度ケ入
21	大御堂寺 (野間大坊)	真言豊山	〃　知多郡美浜町野間東畠
22	大智院 (めがね弘法)	真言智山	〃　知多市南粕谷本町
23	正寺 (青峯山)	高野真言	三重県鳥羽市松尾町 (青峯山上)
24	神宮寺 (丹生大師)	真言山階	〃　多気郡勢和村丹生
25	不動院 (大石不動)	真言山階	〃　松阪市大石町
26	継松寺 (岡寺観音)	高野真言	〃　〃　中町
27	常福寺	真言豊山	〃　上野市古郡
28	新大仏寺 (伊賀の成田山)	真言智山	〃　阿山郡大山田村富永
29	大聖寺 (日永の不動さん)	真言醍醐	〃　四日市市日永
30	貞照寺 (芸能の寺)	真言智山	岐阜県各務原市鵜沼宝積寺町
31	乙津寺 (鏡島の弘法さん)	臨済妙心	〃　岐阜市鏡島
32	圓鏡寺	高野真言	〃　本巣郡北方町北方
33	華厳寺 (たにぐみさん)	天台宗	〃　揖斐郡谷汲村徳積
34	大徳院 (森山のお不動さん)	天台寺門	〃　美濃加茂市森山町
35	長福寺	真言智山	〃　多治見市弁天町
36	興正寺 (尾張高野)	高野真言	愛知県名古屋市昭和区八事本町

音霊場の1番札所。

豊川稲荷として親しまれている17番**妙厳寺**は、広大な境内を持つ曹洞宗の名刹。本尊は、千手観音菩薩・豊川吒枳尼真天、脇侍不動明王。旧暦2月の初午、5月の春季大祭、11月の秋季大祭と行事で賑わう。

18番**遍照院**は知立の弘法さんと呼ばれている。21番**大御堂寺**は野間大坊と呼ばれ源義朝最期の地として知られており、頼朝が奉安した地蔵菩薩と不動明王が祀られている。

女人高野あるいは丹生大師と呼ばれて親しまれているのが24番**神宮寺**。大石不動と呼ばれているのが25番**不動院**で、ムカデランの群落は天然記念物。

27番**常福寺**の本尊五大明王像は藤原時代作の重文。29番**大聖院**の本尊不動明王立像も藤原時代作の重文。32番**圓鏡寺**は弘法大師創建という真言宗岐阜県一の名刹で、不動明王像は本尊の聖観音像、金剛力士像とともに重文。

36番**興正寺**は尾張高野といわれる尾張徳川家の祈願寺。江戸時代建立の五重塔は壮麗で重文。

★問合せ先
東海三十六不動尊霊場会事務局
成田山名古屋別院大聖寺
☎0568—61—2583

★案内書
東海三十六不動尊霊場会編
『東海三十六不動尊巡礼』
（朱鷺書房刊）

三河三不動霊場

愛知県内の三河地方の3か寺でつくる霊場で、昭和30年代に成立した。ゆっくりと1日で巡拝できる。

1番**総持寺**は平安初期の開創で、本尊不動明王は弘法大師直作の尊像という。流汗不動明王の尊号は、信徒の願いをかなえようと日夜汗を流しているという言い伝えからという。

2番**無量寺**は平安末期の開創で、本尊西浦不動尊は厄除け、ガン封じに霊験があり、昔から当寺では霊芝を使って秘伝のガン封じの祈禱をしているという。また中国式の千仏洞めぐりもある。

3番**養学院**は、本尊みちびき不動明王、宗祖弘法大師、派祖理源大師、大峯開山神変大菩薩を祭祀している。御殿山上の、みちびき不動明王は身の丈3メートルの尊像で、人々の願いに従って苦を抜き楽を与えてくれるという。ぼけ封じの寺でもある。

★問合せ先
三河三不動霊場会事務局
無量寺☎0533—57—3865

三河三不動霊場（愛知県）

1	**総持寺**（流汗不動）	天台寺門	知立市西町知立神社西
2	**無量寺**（西浦不動）	真言醍醐	蒲郡市西浦町日中
3	**養学院**（みちびき不動）	真言醍醐	豊川市麻生田町縄手

近畿三十六不動尊霊場

近畿地方の大阪府、京都府、兵庫県、滋賀県、奈良県、和歌山県に、古寺顕彰会が中心になって開設した霊場。宗派にとらわれずに一般の人々の立場から霊場寺院が選定され、昭和54年（1979）に発足した。

1番**四天王寺**は、聖徳太子の開基による日本最古の官寺で、和宗総本山。不動堂には亀井不動（水かけ不動尊）が祀られ、人々の信仰をあつめている。

2番**清水寺**には玉出の滝があり、その奥の石窟にお不動さまが祀られている。3番**法楽寺**は田辺の不動さま、4番**京善寺**は桑津の不動さんと呼ばれて親しまれている。5番**報恩院**は北に向いているところから、高津の北向不動といわれる。

一つの願い事を一心に祈れば願いをかなえてくれるのが6番**太融寺**の一願不動さん。7番長柄の**国分寺**は厄除けの水かけ不動を祀っている。

9番**大龍寺**は弘法大師が入唐の際に所願成就を、帰国時に報恩謝徳を祈ったため再度山と呼ばれる。中風除けの祈禱で知られる。

13番**大覚寺**は真言宗大覚寺派大本山で、嵯峨天皇が離宮として造営した仙洞御所に創まり、後に寺にしたもので、五大堂に本尊五大明王像を祀っている。

真言宗御室派総本山の14番**仁和寺**は、石仏のお不動さんを祀っており、水かけ不動と親しまれている。

17番**曼殊院**は門跡寺院で、平安後期作の絹本着色不動明王像（黄不動）は国宝。庭園は国の名勝。18番**聖護院**は本山修験宗の総本山で、平安後期作の本尊不動明王像2体は重文。8月に山伏行列がある。19番**青蓮院**も門跡寺院で、同じく平安後期作の絹本着色不動明王二王子像（青不動）は国宝。名園を持つ。

真言宗智山派総本山の20番**智積院**は、国宝の障壁画で知られ、旧本堂に不動明王像が祀られている。21番**同聚院**は東福寺の塔頭寺院で、五大堂に安置する不動明王像は2.65メートルほどもある。

22番**不動院**の本尊不動明王像は、皇居を守るために北向きに安置されたという。23番**上醍醐寺**の五大堂には、盗難除け、災難除けの五大明王像が祀られている。

24番**岩屋寺**の本尊不動明王像は大石良雄の念持仏といわれ、四十七士にまつわる遺品がある。比叡山延暦寺の東塔に属する26番**無動寺明王堂**の本尊不動明王坐像は鎌倉期作の重文。ここは回峯行の根拠地でもある。

生駒の聖天さんと親しまれているのが29番**宝山寺**で、真言律宗の大本山。修験道の霊場で、本尊不動明王像は江戸期のもの。

34番**根来寺**は新義教学の根本道場として栄え、真言宗三大学山の一つに数えられていた。新義真言宗の総本山で不動堂には錐鑽不動尊という、真言宗中興の祖覚鑁上人の難を救ったという身代不動を祀っている。

近畿三十六不動尊霊場

1	四天王寺	和宗	大阪府大阪市天王寺区四天王寺
2	清水寺	和宗	〃　　〃　天王寺区伶人町
3	法楽寺	真言泉涌	〃　　〃　東住吉区山坂
4	京善寺	真言御室	〃　　〃　東住吉区桑津町
5	報恩院	真言醍醐	〃　　〃　中央区高津
6	太融寺	高野真言	〃　　〃　北区太融寺町
7	国分寺	真言国分	〃　　〃　北区国分寺
8	不動寺	真言醍醐	〃　豊中市宮山町
9	大龍寺	東寺真言	兵庫県神戸市中央区再度山
10	無動寺	高野真言	〃　　〃　北区山田町福地新池
11	鏑射寺	真言宗	〃　　〃　北区道場町生野
12	安岡寺	天台単立	大阪府高槻市浦堂本町
13	大覚寺	真言大覚	京都府京都市右京区嵯峨大沢町
14	仁和寺	真言御室	〃　　〃　右京区御室大内
15	蓮華寺	真言御室	〃　　〃　右京区御室大内
16	実相院	天台単立	〃　　〃　左京区岩倉上蔵町番外地
17	曼殊院	天台宗	〃　　〃　左京区一乗寺竹ノ内町
18	聖護院	本山修験	〃　　〃　左京区聖護院中町
19	青蓮院	天台宗	〃　　〃　東山区粟田口三条坊町
20	智積院	真言智山	〃　　〃　東山区東大路七条東瓦町
21	同聚院	臨済東福	〃　　〃　東山区本町東福寺山内
22	不動院	天台単立	〃　　〃　伏見区竹田内畑町
23	上醍醐寺	真言醍醐	〃　　〃　伏見区醍醐醍醐山
24	岩屋寺	曹洞宗	〃　　〃　山科区西野山桜の馬場町
25	円満院	天台寺門	滋賀県大津市園城寺町
26	無動寺明王堂	天台宗	〃　　〃　坂本本町比叡山無動寺谷
27	葛川息障明王院	天台宗	〃　　〃　葛川坊村町
28	成田山明王院	真言智山	大阪府寝屋川市成田西町
29	宝山寺(生駒聖天)	真言律宗	奈良県生駒市門前町
30	如意輪寺	浄土宗	〃　吉野郡吉野町吉野山
31	龍泉寺	真言醍醐	〃　　〃　天川村洞川
32	瀧谷不動明王寺	真言智山	大阪府富田林市彼方
33	犬鳴山七宝滝寺	真言犬鳴	〃　泉佐野市大木
34	根来寺	新義真言	和歌山県那賀郡岩出町根来
35	明王院	高野真言	〃　伊都郡高野町高野山
36	南院	高野真言	〃　　〃　高野町高野山

35番**明王院**は、高野山上最古の部類の寺院で、高野山真言宗別格本山。平安前期作の絹本着色不動明王像（赤不動）は重文。

36番が**高野山**の**南院**で、本尊不動明王立像は平安中期作の重文。弘法大師が唐から帰国するときに海上で暴風に遭った際平安を祈ると、明王が利剣を振るって荒波を鎮めてくれたという言い伝えから波切不動と呼ばれている。

★問合せ先

近畿三十六不動尊霊場会
☎0721—56—2372

★案内書

『近畿三十六不動尊』（古寺顕彰会刊）

近畿三十六不動尊霊場会編『近畿三十六不動尊巡礼』（朱鷺書房刊）

四国三十六不動霊場

徳島県、高知県、愛媛県、香川県の4県にまたがる霊場で、ほぼ四国北東部にまとまっている。昭和63年（1988）に成立。毎年1回、不動の火祭りが行われている。5泊6日で巡拝できる。

1番**大山寺**は弘法大師ゆかりの波切不動を祀っている、開運、良縁の寺。毎年1月の第3日曜日に、三方に載せた巨大な重ね餅を持ち上げて歩く「力餅」の行事がある。四国別格二十霊場の第1番。

2番**明王院**は鼠除不動尊と呼ばれ、豊作厄除けに霊験があるという。3番**最明寺**は北条時頼ゆかりの寺で、毘沙門天立像は重文。4番**箸蔵寺**は弘法大師開創の寺で、琴刀比羅宮の奥ノ院といわれ琴平とともに金毘羅信仰の中心になっている。

5番**密厳寺**は弘法大師の手になる不動明王を祀り、火伏せ・家内安全の御利益がある。8番**長善寺**の不動明王は、腫れ物・出来物・癌封じに霊験がある。10番**東禅寺**のお不動さんは万民幸福に霊力があるという。

11番**童学寺**は弘法大師が童子のころ学問した寺で、藤原時代作の薬師如来坐像は重文。12番**建治寺**は祈禱寺。建治の滝不動、または身代不動とも呼ばれる。

13番**密厳寺**は、かつて洪水に悩まされた人々を救ったという不動霊験談が伝わり、現在も災難除けの祈願所。14番**正光寺**は弘法大師が不動尊を祀って往来の安全を祈願した言い伝えから、交通安全の霊験がある。

17番**宗安禅寺**は川上不動尊と呼ばれる修験者の霊場で、鎌倉期作の不動明王坐像は、持国天・増長天像とともに重文。

21番**満願寺**は天平6年（734）開創といい、金毘羅大権現を守護神とする神仏混淆の寺として知られる。22番**興隆寺**は、この地方きっての名刹で、身代不動尊を祀っており、重文の本堂を初め文化財を数多く所蔵している。

23番**極楽寺**は石鎚山（いしづちさん）真言宗の総本山で、石鎚山信仰の根本道場。弘法

四国三十六不動霊場

1	**大山寺**(大山不動)	真言醍醐	徳島県板野郡上板町神宅
2	**明王院**(鼠不動)	高野真言	〃 阿波郡阿波町谷島
3	**最明寺**(開運不動)	真言大覚	〃 美馬郡脇町西上野
4	**箸蔵寺**(大聖不動)	真言御室	〃 三好郡池田町箸蔵
5	**密厳寺**(爪彫不動)	真言御室	〃 〃 池田町西山
6	**不動院**(錐揉不動)	真言大覚	〃 〃 井川町西井川
7	**福性寺**(漆谷不動)	真言御室	〃 〃 三加茂町加茂
8	**長善寺**(除災不動)	真言御室	〃 〃 三加茂町中庄
9	**明王院**(川田不動)	高野真言	〃 麻植郡山川町井上
10	**東禅寺**(南島不動)	真言大覚	〃 名西郡石井町高川原
11	**童学寺**(脳天不動)	真言善通	〃 〃 石井町石井
12	**建治寺**(身代瀧不動)	東寺真言	〃 徳島市入田町金治
13	**密厳寺**(新居不動)	高野真言	〃 〃 不動本町
14	**正光寺**(華不動)	高野真言	〃 那賀郡相生町平野
15	**極楽寺**(波切不動)	大仏教宗	高知県安芸市赤野甲
16	**極楽寺**(身代不動)	真言醍醐	〃 高知市新屋敷
17	**宗安禅寺**(川上不動)	臨済妙心	〃 〃 宗安寺
18	**浄土寺**(身代不動)	真言醍醐	愛媛県温泉郡重信町下林
19	**玉蔵院宝寿寺**(一願不動)	信言真言	〃 松山市内宮町甲
20	**光林寺**(摩尼不動)	高野真言	〃 越智郡玉川町畑寺甲
21	**満願寺**(満願不動)	高野真言	〃 〃 朝倉村下甲
22	**興隆寺**(身代不動)	真言醍醐	〃 周桑郡丹原町古田
23	**極楽寺**(波切不動)	石鎚真言	〃 西条市大保木
24	**隆徳寺**(鳴鐘不動)	高野真言	〃 新居浜市外山町
25	**覩寿寺**(覩不動)	真言御室	〃 宇摩郡土居町中村
26	**仙龍寺**(開運不動)	真言大覚	〃 〃 新宮村馬立
27	**常福寺**(火伏不動)	高野真言	〃 川之江市川滝町椿堂
28	**萩原寺**(一願不動)	真言大覚	香川県三豊郡大野原町萩原
29	**明王寺**(河内不動)	不動宗	〃 〃 山本町河内
30	**妙音寺**(夢不動)	真言大覚	〃 〃 豊中町上高野
31	**御盥山不動坊**(除障不動)	真言醍醐	〃 仲多度郡多度津町
32	**天福寺**(岡不動)	真言御室	〃 香川郡香南町岡
33	**浄土寺**(雷不動)	真言善通	〃 木田郡三木町井戸
34	**繁昌院**(一事不動)	真言当山	〃 大川郡寒川町神前
35	**厄除不動明王院**(厄除不動)	単立	〃 高松市西宝町
36	**聖代寺**(厄除不動)	真言善通	〃 〃 屋島東町

大師を宗祖と崇め、波切不動尊を祀っている。

24番**隆徳寺**の不動尊は幼児の夜泣きや疳の虫に御利益がある。27番**常福寺**は弘法大師の金剛杖から椿の大木が育ったという言い伝えから椿堂と呼ばれ、火伏不動が祀られている。

28番**萩原寺**は弘法大師開創の寺ともいわれ、不動明王像は大師自作と伝えられる。秋は、境内が萩の花で埋めつくされる。

29番**明王寺**は山岳修験道・不動宗の大本山で、河内不動として親しまれている。30番**妙音寺**は夢不動と呼ばれ、本尊阿弥陀如来像は藤原期作の重文。31番**御盥山不動坊**の不動明王は身の丈96センチの木像で、難病・持病に霊験があり、また、良縁を授けてくれるという。

32番**天福寺**は天平年間の行基草創という古寺で、身代不動を祀っている。33番**浄土寺**は雨乞い・落雷除けの霊力がある雷不動さん。35番**厄除不動明王院**の波切不動尊は、四国最大級の立像。

★**問合せ先**
四国三十六不動霊場会事務局
海岸寺（御盥山不動坊）
☎0877—33—3333

九州三十六不動霊場

九州のほぼ全域に広がっている不動霊場。仏の里・大分県の国東半島の寺々から始まる巡拝は、温泉の町別府を経て、風光明媚の地九州各地を7～8日間で巡る。全行程は1530キロ。一度に全てを巡れない場合は県単位、あるいは地域ごとに分けて巡拝するとよい。各霊場は昭和60年（1985）の創設以来、不動尊の熱烈な信徒に支えられている。

国東半島には1番から7番までの札所がある。

1番**両子寺**（ふたごじ）は奈良時代に開創された古寺で、深山幽谷の地にあり、護摩堂には不動明王のほか諸仏が安置されている。九州西国三十三観音霊場の6番、六郷満山の霊地。

2番**神宮寺**も奈良時代の開創という古い寺で、密教法具のほか、鬼面、懸仏などを所蔵している。4番**文殊仙寺**の本尊は智慧授けの文殊菩薩。鎌倉以前の作と伝えられる不動明王を所蔵。

6番**無動寺**は、かつては六郷満山中屈指の道場だったという。本尊不動明王は平安期の木彫坐像で総高2メートル余り、厄除け身代わり不動として近隣の人々の信仰をあつめている。

7番**応暦寺**も六郷満山の中核を占めていた古寺で、本尊不動明王坐像は県の文化財に指定されている。9番**円寿寺**は、かつては藩主大友家の祈願・菩提寺で、現在も人々に願かけ不動と親しまれている。

13番**潮満寺**は日南にあり、本尊波切不動明王は海上安全祈願のお不動さんとして漁業関係者の信仰をあつめている。

15番**南洲寺**は西郷隆盛の菩提寺で、

お不動さんは鎌倉期のものという。
17番**福昌寺**は元は鹿児島市内にあった島津氏の菩提寺で、明治時代の廃仏毀釈で現在地に移転した。お不動さんは波切不動尊。

19番**長寿寺**は地元では木原不動尊といって親しまれており、春季大祭の2月28日には火祭りの大荒行と湯立ての荒行が修される。

20番の九州曹洞宗の名刹**大慈寺**は、かつては加藤清正・細川忠利などの熊本藩主代々の帰依を受けた。21番**蓮華院誕生寺**は、法然上人の師皇円上人の誕生の地といわれ、奥之院に一願成就の不動明王を安置、壮大な五重塔がそびえる。

24番**誕生院**は新義真言宗の開祖覚鑁(かくばん)の誕生地に建立された寺で、本尊は和歌山県の根来寺(ねごろじ)から勧請(かんじょう)した錐鑽(きりもみ)不動明王。

28番**千如寺**は、かつては歴代天皇の勅願霊場に定められ、諸国大名の祈願所として栄えた名刹。**宝池坊**不動明王は古来より交通安全の守り本尊。美しい庭園もあり、九州西国三十三観音霊場29番。

30番**延命院**は欽明天皇25年(564)に鎮護国家の祈願所として開創されたという古刹で、その後佐賀藩鍋島氏の祈禱寺。本尊は一願不動尊として人々に信仰されている。

龍光の滝で知られる33番**龍徳寺**は、天台修験の寺。34番**鎮国寺**は宗像神社の別当寺で鎮護国家の根本道場として発展、護摩堂安置の不動明王立像は藤原時代作の重文。

36番結願寺の**東長密寺**は、大同元年(806)に唐から帰朝した弘法大師が興したという我が国最初の密教霊場。創建当初は海岸近くだったが、16世紀に現在地に移転。本堂は昭和59年(1984)に建立された。千手観音立像は藤原時代作の重文、その他密教法具などの寺宝が多い。

★問合せ先

九州三十六不動霊場会事務局
臨済寺☎0975—43—4330

★案内書

冨永航平著『九州三十六不動霊場』(九州三十六不動霊場会刊)

九州三十六不動霊場めぐり(霊場会発行パンフレットより)

九州三十六不動霊場

1	両子寺	天台宗	大分県東国東郡安岐町両子
2	神宮寺	天台宗	〃　〃　　国東町横手
3	成仏寺	天台宗	〃　〃　　国東町成仏
4	文殊仙寺	天台宗	〃　〃　　国東町大恩寺
5	実相院(夷不動尊)	天台宗	〃　西国東郡香々地町夷
6	無動寺(黒土不動尊)	天台宗	〃　　〃　　真玉町黒土
7	応暦寺(慈相不動尊)	天台宗	〃　　〃　　真玉町大岩屋
8	三明院(身代末広不動尊)	真言大覚	〃　中津市永添
9	円寿寺(願かけ不動尊)	天台宗	〃　大分市上野丘西
10	臨済寺(厄除不動尊)	天台宗	〃　　〃　永興
11	光明寺	真言醍醐	宮崎県延岡市古城町
12	長久寺	高野真言	〃　宮崎市大塚町城ノ下
13	潮満寺(波切不動尊)	高野真言	〃　日南市油津
14	極楽寺(厄除不動尊)	高野真言	〃　串間市北方
15	南洲寺	臨済相国	鹿児島県鹿児島市南林寺町
16	最福寺(厄除不動尊)	真言単立	〃　　〃　　平川町
17	福昌寺(波切不動尊)	曹洞宗	〃　川内市向田町
18	高野寺(出世不動尊)	真言大覚	熊本県人吉市下青井町
19	長寿寺(木原不動尊)	天台宗	〃　下益城郡富合町木原
20	大慈寺(水かけ不動尊)	曹洞宗	〃　熊本市野田町
21	蓮華院誕生寺奥之院	真言律宗	〃　玉名市築地
22	龍照寺(一願不動尊)	真言善通	長崎県南高来郡深江町池平戌
23	正覚寺	曹洞宗	〃　長崎市矢上町
24	誕生院(維鑽身代不動尊)	新義真言	佐賀県鹿島市納富分
25	大聖寺(杉岳の身代不動尊)	真言大覚	〃　杵島郡北方町大崎
26	無動院	真言大覚	〃　　〃　山内町大野
27	正福寺(大杉の不動尊)	真言醍醐	〃　東松浦郡北波多村大杉
28	千如寺宝池坊	真言大覚	福岡県前原市雷山
29	真光院	天台宗	佐賀県佐賀市久保田町新田
30	延命院(一願不動尊)	天台宗	〃　佐賀市与賀町
31	金乗院	天台宗	〃　神埼郡三田川町目達原
32	清岩寺	曹洞宗	福岡県甘木市三奈木町三奈木
33	龍徳寺(龍光の滝)	天台宗	〃　北九州市若松区小石
34	鎮国寺(波切不動尊)	真言御室	〃　宗像郡玄海町吉田
35	恵光院	高野真言	〃　福岡市東区馬出
36	東長密寺(結願不動尊)	真言九州	〃　　〃　博多区御供所町

関東の不動霊場

大山寺（大山不動尊）

最乗寺（清瀧不動尊）

高尾山薬王院

成田山新勝寺

薬師霊場

◆薬師如来の由来

薬師如来はその菩薩時代に十二の誓願を立て、その修行の報いとして仏（如来）になったといわれる。ことにその第六願・第七願には貧窮者の病苦を除くことが表明されていることから薬師如来の名を与えられたといわれ、薬師瑠璃光如来（瑠璃光をもって衆生の病苦を救う）・大医王仏・医王善逝などとも呼ばれる。

薬師如来を説く経典には『薬師瑠璃光如来本願功徳経』（玄奘訳）や『薬師瑠璃光七仏本願功徳経』（義浄訳）などがあり、後者の経典には、主体となる薬師瑠璃光如来のほかにも分身ともいうべき薬師六仏が説かれていることから、これを合わせた七仏薬師の名とともに、光背に6～7体の小仏を付ける薬師像も作られるようになった。多くの場合、左手に薬壺（または宝珠）を持ち、右手は施無畏の印を結んでいる。

また、薬師如来を礼拝供養する者を守護する護法神として宮毘羅を初めとした十二神将が一緒に祀られることもある。ちなみにこの宮毘羅は金毘羅と同じもので、四国の金毘羅宮の祭神としてもよく知られている。

◆日本の薬師信仰

我が国では薬師如来に対する信仰は古くから篤く、奈良の法隆寺や薬師寺を初め、密教が広まった平安時代の高野山金剛峰寺金堂や、比叡山延暦寺根本中堂にも薬師如来は本尊として祀られた。

ところで、露店商のことを一般に「やし」あるいは「神農さん」と呼ぶことがある。神農とは中国の伝説上の帝王で、人々に耕作（農業）を教え、また薬草に通じて医道を開いたともいわれる。露店商がその神農さんと呼ばれた背景には、古く山伏（山岳修行者）らが寺の門前や祭礼時に露店を開き、山中の薬草を調合販売するなど、一種の医療行為にかかわっていた歴史があるようだ。

したがって昔ながらの薬問屋では神農神を祀ることが多く、また、露店商の人々も祭礼時には寺社に祀られた神農様に参拝するものだった。実は「やし」も神農神と同様に「薬師」が訛った言葉といわれ、病院や医者が不自由な時代にあっては、今日とは違った存在であったのだろう。

（塩入亮乗）

薬師如来坐像（浄瑠璃寺蔵）

武相寅歳薬師如来霊場

東京都の町田市から神奈川県横浜市の北西部を中心にした、鶴見川に沿った地域に広がる薬師霊場。

詳細は不明だが、寛政3年(1791)ごろに舊城寺が発起し12か寺で札所を創設、同年に一斉に開帳したと推察される。その後25か寺にふえ、寅歳ごとに開扉されるようになった。

個人の方が管理している札所も数か所ある。

★問合せ先

舊城寺☎045—931—1435

武相寅歳薬師如来霊場

1	舊城寺	高野真言	神奈川県横浜市緑区三保町
2	弘聖寺	曹洞宗	〃 〃 緑区台村町
3	観護寺	高野真言	〃 〃 緑区小山町
4	青砥薬師堂	個人	〃 〃 緑区青砥町(連絡先岩岡宅)
5	大蔵寺	曹洞宗	〃 〃 緑区中山町
6	宝塔院	高野真言	〃 〃 緑区白山町
7	林光寺	高野真言	〃 〃 緑区鴨居
8	東漸寺	高野真言	〃 〃 都筑区佐江戸町
9	川和薬師堂	個人	〃 〃 都筑区川和町(連絡先大谷宅)
10	瑞雲寺	臨済円覚	〃 〃 都筑区川和町
11	宗泉寺	曹洞宗	〃 〃 緑区北八朔町
12	朝光寺	曹洞宗	〃 〃 青葉区市ヶ尾町
13	萬福寺	高野真言	〃 〃 青葉区田奈町
14	福昌寺	曹洞宗	〃 〃 青葉区恩田町
15	医王寺薬師堂	高野真言	〃 〃 青葉区恩田町(連絡先徳恩寺)
16	東光寺	曹洞宗	東京都町田市小野路町
17	安全寺	曹洞宗	〃 〃 大蔵町
18	野津田薬師堂	高野真言	〃 〃 野津田町(連絡先華厳院)
19	祥雲寺	曹洞宗	〃 〃 高ヶ坂
20	常楽寺	曹洞宗	〃 〃 鶴間(連絡先泉竜寺)
21	観音寺	高野真言	神奈川県大和市下鶴間
22	福壽院	高野真言	東京都町田市つくし野
23	福泉寺	高野真言	神奈川県横浜市緑区長津田町
24	ながや薬師堂	個人	〃 〃 旭区上川井町(連絡先横溝宅)
25	宝帒寺	曹洞宗	〃 〃 緑区十日市場町

(20番の連絡先泉竜寺の所在地は神奈川県相模原市上鶴間。他の連絡先は同じ町内にある。)

武南十二薬師霊場

神奈川県横浜市内の12か寺で構成されている。成立については1番**貴雲寺**に、安永8年（1779）当時9代泰山和尚が、武南十二薬師霊場設立の願主となって薬師如来の信仰を昂揚させたことを示す連印状が残っている。

★問合せ先
武南十二薬師霊場会
貴雲寺☎045—491—9302

武南十二薬師霊場（神奈川県）

1	**貴雲寺**	曹洞宗	横浜市港北区岸根町
2	**東泉寺**	高野真言	〃 神奈川区羽沢町
3	**東光寺**	曹洞宗	〃 保土ヶ谷区上星川町
4	**福生寺**	高野真言	〃 保土ヶ谷区上菅田町
5	**長王寺**	高野真言	〃 都筑区池辺町
6	**長昌院**	曹洞宗	〃 都筑区川向町
7	**金剛寺**	曹洞宗	〃 港北区小机町
8	**長福寺**	真言大覚	〃 港北区篠原町
9	**薬王寺**	高野真言	〃 神奈川区七島町
10	**能満寺**	高野真言	〃 神奈川区東神奈川
11	**東光寺**	真言智山	〃 神奈川区東神奈川
12	**三宝寺**	浄土宗	〃 神奈川区台町

遠江四十九薬師霊場

静岡県の西部に開いた霊場。創設年代ははっきりしないが、享保17年（1732）に書かれた御詠歌が残っている。明治末ごろまでは春秋の彼岸を中心に巡礼の行き交う姿が見られたが、その後は衰退していた。昭和50年代に遠江四十九薬師奉賛会を復興する。霊場の薬師如来は病気平癒の祈願をする人々の信仰をあつめている。

1番は**国分寺**で、遠江国分寺跡は特別史跡。2番**泉蔵寺**は寅薬師として親しまれており、眼病に霊験があるという。6番**林昌寺**の薬師三尊仏は室町時代の作。24番**少林寺**の本尊薬師如来は行基の作という。

この他、34番**建福寺**は縁談祈願の妻薬師、38番**油山寺**は眼病平癒祈願の薬師如来、40番**宗円寺**も縁談祈願の妻薬師、42番**長溝院**にはいぼ薬師を祀っている。客番の**福王寺**は、創建当時大暴風雨があり、安倍晴明大権現の祈禱によって鎮静したので風祭山と称し、風祭りを行ってきている。　　　　（番外に長泉寺が追加）

★問合せ先
遠江四十九薬師奉賛会本部
全久院☎0538—32—5460

遠江四十九薬師霊場（静岡県）

1	国分寺	新義真言	磐田市中央町
2	泉蔵寺	臨済妙心	〃 中泉
3	金台寺	時宗	〃 天竜
4	宗安寺	曹洞宗	浜松市市野町
5	正医寺	曹洞宗	磐田郡豊田町下万能
6	林昌寺	曹洞宗	〃 豊田町小立野
7	妙法寺	曹洞宗	〃 豊田町池田
8	松林寺	臨済方広	浜松市中野町
9	松雲寺	曹洞宗	〃 中野町
10	安正寺	曹洞宗	〃 薬師町
11	龍谷寺	曹洞宗	〃 飯田町
12	頭陀寺	高野真言	〃 頭陀寺町
13	神宮寺	曹洞宗	〃 三島町
14	成金寺	曹洞宗	〃 瓜内町
15	地蔵院	臨済方広	〃 高塚町
16	富春院	臨済方広	〃 小沢渡町
17	広隣寺	臨済方広	〃 若林町
18	二ッ御堂	臨済方広	〃 東若林町（観照寺扱い）
19	大厳寺	曹洞宗	〃 東伊場
20	福厳寺	曹洞宗	〃 曳馬
21	宗源院	曹洞宗	〃 蜆塚
22	心造寺	浄土宗	〃 紺屋町
23	天林寺	曹洞宗	〃 下池川町
24	少林寺	臨済方広	〃 高林
25	白華寺	黄檗宗	〃 上島
26	真光寺	臨済方広	浜北市内野
27	光正寺	臨済方広	〃 小松
28	岩水寺	高野真言	〃 根堅
29	栄林寺	曹洞宗	天竜市二俣町二俣
30	玖延寺	曹洞宗	〃 二俣町阿蔵
31	一雲斎	曹洞宗	磐田郡豊岡村下野部
32	蓮台寺	真言智山	〃 豊岡村杜山
33	龍源院	曹洞宗	袋井市山田
34	建福寺	曹洞宗	〃 川会
35	蔵泉寺	曹洞宗	〃 見取

36	長泉寺	曹洞宗	袋井市大谷
37	西楽寺	真言智山	〃 春岡
38	油山寺	真言智山	〃 村松
39	鶴松院	曹洞宗	〃 山科
40	宗円寺	曹洞宗	〃 川井
41	心宗院	曹洞宗	磐田郡浅羽町諸井
42	長溝院	曹洞宗	〃 浅羽町長溝
43	松秀寺	曹洞宗	〃 浅羽町富里
44	寿正寺	曹洞宗	〃 福田町蛭池
45	全久院	曹洞宗	磐田市鎌田
46	医王寺	真言智山	〃 鎌田
47	東昌寺	曹洞宗	〃 東貝塚
48	西光寺	時宗	〃 加茂川通
49	慈恩寺	臨済妙心	〃 幸町
客	福王寺	曹洞宗	〃 城之崎

中部四十九薬師霊場

中部山岳地方に昭和63年（1988）に開創された。別所・浅間・昼神温泉や、上田城・善光寺・諏訪湖のある長野県と、下呂・下島・柿野温泉や恵那峡・美濃・飛騨などの景勝地のある岐阜県に点在する薬師霊場。

長野県の東信・中信方面（山梨県１か寺を含む）、上伊那・下伊那・木曽方面、東濃方面、飛騨・中濃方面と大きく四つに分けられ、それぞれは１泊２日で巡ることができる。毎月８日と12日がお薬師さまの縁日。

特別札所は長野の**善光寺**、７年目ごとの御開帳には全国から信者が集まる。１番は信濃の**国分寺**で本尊薬師如来を祀る天台宗の寺。地元では八日堂と呼ばれ１月７・８日の縁日では蘇民将来が売られる。２番**常楽寺**は、北向観音で知られる。

信州の鎌倉といわれる上田市の塩田平には３番**中禅寺**があり、鎌倉時代初期の建立という薬師堂は重文。内陣に安置されている薬師如来坐像も重文で医王薬師と呼ばれている。

16番**瑠璃寺**の本尊薬師如来像は藤原時代末ごろの作と考えられ重文に指定されている。22番**徳音寺**は木曽義仲ゆかりの寺で墓もある。38番**禅昌寺**は名園で知られる。41番は飛騨の**国分寺**、本尊薬師如来坐像は奈良中期の作。42番**安国寺**には国宝の経蔵がある。49番が**願興寺**、通称蟹薬師。本尊木造薬師如来坐像は重文。

★問合せ先
中部四十九薬師霊場会事務局
江音寺☎0266—52—2125

中部四十九薬師霊場

特	善光寺大勧進	天台宗	長野県長野市元善町
1	信濃国分寺	天台宗	〃 上田市国分
2	常楽寺	天台宗	〃 〃 別所温泉
3	中禅寺	真言智山	〃 〃 前山
4	宝蔵寺	浄土宗	〃 小県郡丸子町御岳堂
5	妙見寺	真言智山	〃 〃 武石村
6	瓊林院	臨済妙心	〃 松本市寿区豊丘
7	温泉寺	臨済妙心	〃 諏訪市湯ノ脇
8	長円寺	真言智山	〃 茅野市玉川穴山
9	清光寺	曹洞宗	山梨県北巨摩郡長坂町大八田
10	江音寺	臨済妙心	長野県諏訪市豊田有賀
11	照光寺	真言智山	〃 岡谷市本町
12	高徳寺	高野真言	〃 上伊那郡辰野町平出
13	無量寺	高野真言	〃 〃 箕輪町北小河内
14	香福寺	真言智山	〃 〃 高遠町の場
15	仲仙寺	天台宗	〃 伊那市西箕輪羽広
16	瑠璃寺	天台宗	〃 下伊那郡高森町大島山
17	真浄寺	曹洞宗	〃 〃 喬木村小川
18	雲彩寺	曹洞宗	〃 〃 上郷町南条
19	運松寺	浄土宗	〃 飯田市鼎名古熊
20	長岳寺	単立	〃 下伊那郡阿智村駒場
21	光徳寺	臨済妙心	〃 木曽郡南木曽町妻籠
22	徳音寺	臨済妙心	〃 〃 日義村宮ノ越
23	池口寺	臨済妙心	〃 〃 大桑村殿
24	医王寺	浄土宗	岐阜県中津川市落合
25	東円寺	曹洞宗	〃 〃 東宮町
26	宗久寺	曹洞宗	〃 恵那市東野
27	林昌寺	曹洞宗	〃 恵那郡山岡町久保原
28	佛徳寺	曹洞宗	〃 土岐市曽木町
29	正福寺	曹洞宗	〃 〃 鶴里町細野
30	密蔵院	天台宗	愛知県春日井市熊野
31	福寿寺	曹洞宗	岐阜県多治見市山下町
32	廣福寺	臨済妙心	〃 土岐市土岐津町土岐口
33	長久寺	臨済妙心	〃 〃 駄知町
34	常久寺	臨済妙心	〃 恵那市三郷町佐々良木

35	高徳寺	臨済妙心	岐阜県恵那郡蛭川村奥渡
36	寶心寺	単立	〃 〃 付知町寺山
37	温泉禅寺	臨済妙心	〃 益田郡下呂町湯之島
38	禅昌寺	臨済妙心	〃 〃 萩原町中呂
39	清傳寺	高野真言	〃 高山市江名子町
40	相応院	高野真言	〃 〃 桜町
41	飛騨国分寺	高野真言	〃 〃 総和町
42	安国寺	臨済妙心	〃 吉城郡国府町西門前
外	寿楽寺	曹洞宗	〃 〃 古川町大江
43	慈恩護国禅寺	臨済妙心	〃 郡上郡八幡町島谷
44	北辰寺	曹洞宗	〃 〃 美並村上田
45	萬休寺	臨済妙心	〃 美濃市保木脇
46	洞雲寺	曹洞宗	〃 加茂郡白川町和泉
47	真光寺	臨済妙心	〃 〃 七宗町上麻生
48	萬尺寺	臨済妙心	〃 美濃加茂市太田町
49	願興寺	天台宗	〃 可児郡御嵩町

東海四十九薬師霊場

この霊場は三重県から愛知県、岐阜県、静岡県と広範囲にまたがっている。

巡拝は三重県の名張市から始まる。1番**福成就寺**は木造黒漆厨子の重文を所蔵している。2番**仏勝寺**の薬師如来坐像は藤原時代の作で、こちらも重文。

7番**神宮寺**は、行基菩薩の開基と伝えられ弘法大師中興という柏原天皇の勅願寺で、木造薬師如来立像は、持国天・多聞天立像とともに重文。11番**明眼院**は、古くから眼病平癒に霊験ありと人々の信仰をあつめている。12番**禅林寺**の木造薬師如来坐像は藤原時代作の重文。

18番犬山の**薬師寺**の本尊木造薬師如来坐像も藤原時代作の重文。境内に松尾芭蕉の句碑がある。21番**高田寺**は高田のお薬師さまといわれ、藤原時代作の本尊木造薬師如来坐像は薬師堂とともに重文。眼病平癒の祈願所になっている。

多数の書画の名品を所蔵する22番**瑞雲寺**は、百燈祭で知られる。23番**万寿寺**は明治天皇行在所札を所蔵。秋葉の火祭りで有名なのが26番**慶昌院**。28番**永弘院**は白隠禅師の墨蹟が寺宝。40番**洞雲寺**は観音堂・地蔵堂など多数の脇堂を有する。43番**全久院**は道元ら多数の墨蹟を所蔵する。

★問合せ先

東海四十九薬師霊場会事務局
玉林寺☎0568—76—4030

東海四十九薬師霊場

特	総本山延暦寺	天台宗	滋賀県大津市坂本本町
特	大本山薬師寺	法相宗	奈良県奈良市西ノ京町
1	福成就寺	真言室生	三重県名張市中村
2	仏勝寺	真言律宗	〃 上野市猪田
3	徳楽寺	真言御室	〃 〃 西高倉
4	広徳寺	曹洞宗	〃 阿山郡大山田村広瀬
5	神王寺	真言豊山	〃 阿山郡伊賀町下柘植
6	東日寺	真言醍醐	〃 安芸郡芸濃町椋本
7	神宮寺	高野真言	〃 鈴鹿市稲生西
8	桃林寺	臨済東福	〃 〃 小岐須町
9	禅林寺	臨済妙心	〃 三重郡菰野町下村
10	観音寺	天台宗	〃 四日市市垂坂町
11	明眼院	天台宗	愛知県海部郡大治町馬島北割
12	禅林寺	曹洞宗	〃 一宮市浅野前林
13	妙応寺	曹洞宗	岐阜県不破郡関ヶ原町今須
14	東光寺	臨済妙心	〃 揖斐郡揖斐川町小野
15	水薬師寺	臨済妙心	〃 岐阜市加納南広江
16	薬師寺別院	法相宗	〃 各務原市那加雄飛ヶ丘町
17	本誓院	西山浄土	愛知県江南市前飛保町寺町
18	薬師寺	真言豊山	〃 犬山市犬山薬師
19	玉林寺	曹洞宗	〃 小牧市村中
20	薬師寺	曹洞宗	〃 〃 北外山
21	高田寺	天台宗	〃 西春日井郡師勝町高田寺
22	瑞雲寺	臨済妙心	〃 春日井市神領町
23	万寿寺	曹洞宗	〃 〃 坂下町
24	渓雲寺	臨済妙心	岐阜県土岐郡笠原町
25	宝泉寺	曹洞宗	愛知県瀬戸市寺本町
26	慶昌院	曹洞宗	〃 〃 城屋敷町
27	神蔵寺	曹洞宗	〃 名古屋市名東区一社
28	永弘院	臨済妙心	〃 〃 千種区上野
29	成福寺	曹洞宗	〃 〃 北区瑠璃光町
30	松音寺	曹洞宗	〃 〃 北区光音寺町
31	法泉寺	曹洞宗	〃 〃 南区呼続
32	医王寺	曹洞宗	〃 〃 南区鳥栖
33	桂林寺	曹洞宗	〃 〃 緑区鳴海町古鳴海

34	長翁寺	曹洞宗	愛知県名古屋市緑区鳴海町花井町甲
35	蓮華寺	曹洞宗	〃 岡崎市西本郷町和志山
36	真福寺	天台宗	〃 〃 真福寺町薬師山
37	久雲寺	曹洞宗	〃 瀬戸市落合町
38	渭信寺	曹洞宗	〃 岡崎市上衣文町神五鞍
39	金地院	臨済妙心	静岡県引佐郡細江町気賀
外	世楽院	曹洞宗	〃 掛川市倉真
40	洞雲寺	臨済方広	〃 浜松市神ヶ谷町
41	東光寺	臨済妙心	〃 〃 坪井町
42	妙法寺	曹洞宗	愛知県知多郡東浦町森岡杉之内
43	全久院	曹洞宗	〃 豊橋市東郷町
44	医王寺	曹洞宗	〃 渥美郡渥美町中山南郷
45	東光寺	曹洞宗	〃 常滑市坂井天王
外	瑞泉寺	曹洞宗	〃 〃 檜原西前田
46	海蔵寺	曹洞宗	〃 半田市乙川若宮町
47	正盛院	曹洞宗	〃 知多郡阿久比町草木草出口
外	薬師堂		〃 〃 阿久比町草木草出口
48	法海寺	天台宗	〃 知多市八幡平井
49	普済寺	曹洞宗	〃 東海市加木屋町西御門

西国薬師霊場

　大阪、兵庫、京都、滋賀、奈良、和歌山、三重の七府県にわたる49か寺からなるお薬師さんの霊場。いずれも、歴史の重みを伝える由緒ある、文化財にも富んだ寺々である。

　1番の**薬師寺**は日本屈指の名刹で、法相宗大本山。天武天皇の発願により持統天皇のときに完成した。我が国の薬師信仰の中心を占め、金堂の薬師三尊像は国宝、講堂の薬師三尊像は重文。この他、数多くの国宝、重文を所蔵する。毎月8日がお薬師さんの縁日。

　2番が**霊山寺**で、本堂は国宝、本尊薬師三尊像は重文。バラの庭園が美しい。3番**般若寺**は舒明天皇元年（629）の草創で、鎌倉期建立の楼門が国宝、薬師如来立像は重文。花の寺としても知られる。

　4番**興福寺**は南都七大寺の一つで、天平以降の文化財を多数所蔵し、東金堂の薬師三尊像は重文。5番**元興寺**の薬師如来像は国宝。6番**新薬師寺**は、光明皇后が聖武天皇の眼病平癒を祈願して建立されたといい、本尊薬師如来坐像と薬師十二神将像は平安時代の作で国宝。

　女人高野として信仰をあつめてい

る8番**室生寺**の薬師如来立像は重文。10番**龍泉院**、11番**高室院**の薬師如来坐像も藤原時代作の重文。16番和宗総本山の**四天王寺**は太子信仰の中心で、薬師如来坐像（和歌山県明王院旧蔵）は重文。24番**神積寺**、25番**達身寺**の薬師如来坐像も重文。

平安時代の創建という32番**西明寺**は、かつては鎮護国家の道場として栄え、大伽藍を誇っていた。現在、本堂、三重塔は国宝、本尊薬師如来立像は重文の他、寺宝も多い。地元では池寺と呼ばれている。

東の四天王寺と呼ばれているのが津市の34番**四天王寺**で、薬師如来坐像は重文。眼病平癒の霊験があるという。37番**浄瑠璃寺**の薬師如来坐像も重文。

38番**法界寺**は日野薬師として親しまれ、薬師堂、本尊薬師如来立像はともに重文。39番**醍醐寺**は醍醐天皇の勅願寺で、薬師堂とそこに安置されている薬師三尊像はともに国宝、他に金堂安置の薬師三尊像は重文。

43番**神蔵寺**の薬師如来坐像も重文。44番**神護寺**も寺宝が多く、本堂安置の薬師如来立像は国宝、他に重文の薬師如来坐像も所蔵。47番**善水寺**は奈良時代に国家鎮護の道場として創建され、本堂は国宝、本尊薬師如来坐像は重文。

最澄創建による天台宗総本山の49番**延暦寺**は、一山霊域となり、日本仏教の総学問所であった。寺宝も多く、国宝根本中堂の本尊薬師如来立像は秘仏。

★問合せ先
西国薬師霊場会事務局
巡礼顕彰会☎0721—56—2372
★案内書
西国薬師霊場会編『西国四十九薬師巡礼』（朱鷺書房刊）

西国薬師霊場

1	**薬師寺**	法相宗	奈良県奈良市西ノ京町
2	**霊山寺**	霊山真言	〃　〃　中町
3	**般若寺**	真言律宗	〃　〃　般若寺町
4	**興福寺**	法相宗	〃　〃　登大路町
5	**元興寺**	真言律宗	〃　〃　中院町
6	**新薬師寺**	華厳宗	〃　〃　高畑福井町
7	**久米寺**	真言御室	〃　橿原市久米町
8	**室生寺**	真言室生	〃　宇陀郡室生村室生
9	**金剛寺**	高野真言	〃　五條市野原町
10	**龍泉院**	高野真言	和歌山県伊都郡高野町高野山
11	**高室院**	高野真言	〃　　　　高野町高野山
12	**禅林寺**	高野真言	〃　海南市幡川
13	**弘川寺**	真言醍醐	大阪府南河内郡河南町弘川

14	野中寺	高野真言	大阪府羽曳野市野々上
15	家原寺	高野真言	〃　堺市家原寺町
16	四天王寺	和宗	〃　大阪市天王寺区四天王寺
17	国分寺	真言国分	〃　北区国分寺
18	久安寺	高野真言	〃　池田市伏尾町
19	昆陽寺	高野真言	兵庫県伊丹市寺本
20	東光寺	高野真言	〃　西宮市門戸西町
21	花山院	真言花山	〃　三田市尼寺
22	鶴林寺	天台宗	〃　加古川市加古川町北在家
23	斑鳩寺	天台宗	〃　揖保郡太子町鵤
24	神積寺	天台宗	〃　神崎郡福崎町東田原
25	達身寺	曹洞宗	〃　氷上郡氷上町清住
26	長安寺	臨済南禅	京都府福知山市奥野部
27	天寧寺	臨済妙心	〃　〃　大呂
28	大乗寺	高野真言	兵庫県城崎郡香住町森
29	温泉寺	高野真言	〃　〃　城崎町湯島
30	多禰寺	真言東寺	京都府舞鶴市多禰寺
31	総持寺	真言豊山	滋賀県長浜市宮司町
32	西明寺	天台宗	〃　犬上郡甲良町池寺
33	石薬師寺	真言東寺	三重県鈴鹿市石薬師町
34	四天王寺	曹洞宗	〃　津市栄町
35	神宮寺	真言山階	〃　多気郡勢和村丹生
36	弥勒寺	真言豊山	〃　名張市西田原
37	浄瑠璃寺	真言律宗	京都府相楽郡加茂町西小札場
38	法界寺	真言醍醐	〃　京都市伏見区日野西大道町
39	醍醐寺	真言醍醐	〃　〃　伏見区醍醐東大路町
40	雲龍院	真言泉涌	〃　〃　東山区泉涌寺山内町
41	正法寺	真言東寺	〃　〃　西京区大原野南春町
42	勝持寺	天台宗	〃　〃　西京区大原野南春町
43	神蔵寺	臨済妙心	〃　亀岡市藤田野町佐伯岩谷ノ内院ノ芝
44	神護寺	高野真言	〃　京都市右京区梅ケ畑高雄町
45	三千院	天台宗	〃　〃　左京区大原来迎院町
46	桑實寺	天台宗	滋賀県蒲生郡安土町桑實寺
47	善水寺	天台宗	〃　甲賀郡甲西町岩根
48	水観寺	天台寺門	〃　大津市園城寺町(三井寺山内)
49	延暦寺	天台宗	〃　〃　坂本本町

播州薬師霊場

兵庫県内の21か寺が、21世紀には全人類が真の平和を迎えられるように、現世信仰を目的にする「一隅を照らす運動」の一環として、昭和56年（1981）に創設した霊場。巡拝には自家用車で3日、バス・電車を利用して5〜6日かかる。各寺院とも親切をモットーにしており、気持ちよく法話や御朱印がいただける。

1番**太山寺**は奈良時代開創、藤原宇合（うまかい）が建立し、薬師如来を本尊にする名刹で、本堂は国宝。5番**高家寺**の本尊薬師如来は秘仏。境内の一部から白鳳・奈良・平安・鎌倉・江戸と各代の古瓦が出土し、寺の歴史の古さを伝えている。

8番**教信寺**は承和3年（836）建立という古い寺で、春と秋に行われる念仏会は「野口念仏」として広く知られている。9番**鶴林寺**は開基は聖徳太子と伝えられ、太子堂・本堂は国宝、西の法隆寺と称される名刹。

田原の文殊さんと親しまれているのが12番**神積寺**で、当寺の本尊薬師

播州薬師霊場（兵庫県）

1	太山寺	天台宗	神戸市西区伊川谷町前開
2	與楽寺	天台宗	〃 西区北別府
3	清水寺	天台宗	〃 西区玉津町新方
4	宝福寺	天台宗	〃 西区櫨谷町福谷
5	高家寺	天台宗	明石市太寺
6	長林寺（浜の薬師）	天台宗	〃 材木町
7	長光寺	天台宗	〃 大久保町谷八木
8	教信寺（野口の念仏っあん）	天台宗	加古川市野口町野口
9	鶴林寺（刀田の太子さん）	天台宗	〃 加古川町北在家
10	清水寺	天台宗	加東郡社町平木
11	羅漢寺	天台宗	加西市北条町北条
12	神積寺（田原の文殊さん）	天台宗	神崎郡福崎町東田原
13	鷹聖寺（沙羅の寺）	天台宗	〃 福崎町高岡
14	薬常寺（中野の薬師さん）	天台宗	姫路市船津町
15	随願寺	天台宗	〃 白国
16	圓教寺（書写山）	天台宗	〃 書写
17	圓明寺	天台宗	飾磨郡夢前町莇野
18	斑鳩寺	天台宗	揖保郡太子町鵤
19	長楽寺（御山のお寺）	天台宗	赤穂市砂子
20	普門寺	天台宗	〃 尾崎
21	岩屋寺	天台宗	姫路市豊富町神谷

如来は木造漆箔で重文。13番**應聖寺**は白雉年間に天竺の高僧法道仙人の開基と伝えられ、奥ノ院の本尊が薬師如来。沙羅の寺として知られる。

15番**随願寺**は朝廷の信仰篤い勅願寺で、寺宝が多い。16番**圓教寺**は修行道場として栄え、西の比叡山ともいわれ、境内は史跡、重文建造物が

因幡薬師霊場（鳥取県）

1	**最勝院**	高野真言	鳥取市湯所町
2	**田後薬師堂**		岩美郡岩美町田後
3	**貞信寺**	曹洞宗	〃 福部村蔵見
4	**長楽寺**	曹洞宗	〃 福部村栗谷
5	**東源寺**	天台宗	〃 岩美町岩井
6	**瑞泉寺**	曹洞宗	〃 岩美町池谷
7	**国分寺**	黄檗宗	〃 国府町国分寺
8	**大樹寺**	曹洞宗	八頭郡郡家町福地
9	**祥雲寺**	曹洞宗	〃 八東町用呂
10	**吉祥寺**	曹洞宗	〃 若桜町吉川
11	**寺前薬師堂**		〃 若桜町大野
12	**新興寺**	真言醍醐	〃 八東町新興寺
13	**奉安寺**	一畑薬師	〃 船岡町船岡
14	**宝泉寺**	曹洞宗	鳥取市吉岡温泉町
15	**吉岡薬師堂**		〃 吉岡温泉町（宝泉寺境外佛堂）
16	**三光院**	真言醍醐	気高郡鹿野町鹿野
17	**松泉寺**	曹洞宗	〃 鹿野町今市
18	**勝見薬師堂**	曹洞宗	〃 気高町勝見
19	**大安興寺**	高野真言	八頭郡用瀬町鷹狩
20	**極楽寺**	高野真言	〃 智頭町大背
21	**西光寺**	高野真言	〃 智頭町大内
22	**東光寺**	真言御室	〃 用瀬町古用瀬
23	**福善寺**		〃 佐治村加瀬木（区長管理）
24	**林泉寺**	曹洞宗	〃 佐治村高山
25	**森福寺**	曹洞宗	鳥取市古郡家
26	**浜村薬師堂**		気高郡気高町浜村
27	**江波薬師堂**		八頭郡用瀬町江波（区長管理）
28	**座光寺**	天台宗	鳥取市菖蒲
29	**龍徳寺**	曹洞宗	八頭郡若桜町若桜
30	**峰寺薬師堂**		〃 郡家町上峰寺

8棟もある。

聖徳太子草創と寺伝が伝える18番**斑鳩寺**は、法隆寺の別院として建立されたともいわれ、本尊薬師如来を初め重文が多い。同じく聖徳太子開創といわれる20番**普門寺**は、地元ではお薬師さまとして親しまれており、毎月8日が縁日。21番**岩屋寺**は大岩の突き出ている下にお堂がある。

★問合せ先
播州薬師霊場会事務局
應聖寺☎0790—22—1077

★案内書
『播州薬師霊場参拝ガイド』
(播州薬師霊場会刊)

因幡薬師霊場

鳥取県全域にわたって開かれている。昭和60年代に当時の国分寺の住職と総代が努力して創立した。

その昔、因幡地方は非常な湿地帯で病人が多く、当時は医者もいない時代なので、人々はお薬師さまをお祀りして篤く信仰されたという。

★問合せ先
因幡薬師霊場会
新興寺☎0858—84—2866

★案内書
『因幡薬師霊場縁起』
(因幡薬師霊場会刊)

出雲十大薬師霊場

島根県の東部の出雲市を中心に、その周辺に開かれた霊場。

1番の**一畑寺**は一畑薬師といって親しまれている臨済系の寺で、別に一畑薬師教団を組織し、その総本山。眼のお薬師さまとして全国の人々の信仰をあつめている。

2番**瑞雲寺**は平田薬師といわれ、桜の名所愛宕山の一角にあり、本堂の薬師尊像は行基作と伝えられる。

★問合せ先
出雲十大薬師霊場会事務局
仏壇の原田内霊場巡拝センター
☎0853—22—7241

出雲十大薬師霊場(島根県)

1	**一畑寺**(一畑薬師)	一畑薬師	平田市小境町
2	**瑞雲寺**(平田薬師)	天台宗	〃 平田町
3	**荘厳寺**(荘原薬師)	臨済妙心	簸川郡斐川町上庄原
4	**大光寺**(岩野薬師)	浄土宗	〃 斐川町上直江
5	**薬師寺**(川跡薬師)	曹洞宗	出雲市中野町
6	**薬師寺**(出雲薬師)	曹洞宗	〃 松寄下町
7	**相円寺**(高松薬師)	曹洞宗	〃 高松町
8	**福知寺**(真幸薬師)	曹洞宗	〃 知井宮
9	**浄福寺**(半分薬師)	日蓮本宗	〃 上塩冶町
10	**霊光寺**(立久恵薬師)	曹洞宗	〃 乙立町立久恵

伊予十二薬師霊場

古くから伊予地方で信仰されてきた薬師如来を本尊にしている寺院があつまって、昭和51年（1976）に開かれた霊場。

愛媛県松山市を中心にして、山の寺、里の寺、平野部の寺、海岸の寺と変化に富んだ自然の中にある。各霊場は、また十二支の干支も配しており干支詣りもできる。霊場は一周70キロほどで、バスを使った団体参拝の便があり約8時間で巡拝できる。自家用車の方は6時間あればゆっくり巡れる。

1番**東林寺**の本尊は厄除けのお薬師さまといわれ、厄除け護摩祈禱が行われる。2番**醫座寺**の本尊は秘仏、出世薬師の寺として人々に信仰されている。

3番**蓮華寺**はタケノコと石棺のある寺。4番**西法寺**は境内に薄墨桜がある。5番**正観寺**は小野小町ゆかりの寺。6番**香積寺**は松山地区では珍しい弘法大師創建といい、元禄13年（1700）建立の薬師堂と厨子は参拝者の眼を引く文化財。

7番**長隆寺**には古代寺院の遺跡があり国の史跡。本尊薬師如来は鎌倉期作の等身大立像。病気平癒の祈願の寺として信仰されている。8番**雲門寺**の奥ノ院・薬師堂は星岡山の頂上にあり、岡薬師瑠璃光如来は難病を除く仏さま。

9番**金蓮寺**の薬師如来は病気平癒と交通安全に霊験がある。10番**長楽寺**は心願成就の寺。11番**浄明院**は行基が本尊を刻み開創したといわれ、大楠と牡丹が美しい。12番**薬師寺**は松山城に近い福徳開運の寺で、正岡子規もよく訪れたという。

★問合せ先

伊予十二薬師事務局

醫座寺☎089－979－1267

伊予十二薬師霊場（愛媛県）

1	東林寺	真言智山	松山市福角町
2	醫座寺	天台宗	〃 東大栗町甲
3	蓮華寺	真言豊山	〃 谷町
4	西法寺	天台宗	〃 下伊台
5	正観寺	天台宗	〃 北梅本町
6	香積寺	高野真言	温泉郡重信町田窪
7	長隆寺	黄檗宗	松山市来住町
8	雲門寺	曹洞宗	〃 星岡町
9	金蓮寺	真言智山	伊予郡松前町西古泉
10	長楽寺	真言智山	松山市西垣生町
11	浄明院	真言豊山	〃 別府町
12	薬師寺	真言智山	〃 泉町

淡路四十九薬師霊場

霊場の島といわれる淡路島（兵庫県）には、淡路四国八十八ヵ所、淡路西国三十三観音、淡路島十三仏、淡路島七福神、そして淡路四十九薬師の各霊場がある。

薬師霊場は、淡路西国が成立した室町時代後期以降まもなくの成立になる古くからの霊場で、医学の発達していない時代には人々の篤い信仰をあつめていた。

現在は無住の薬師堂も多くなっているが、地元の住民によって守られているお堂も多い。

1番**成相寺**は清流沿いにあり、本尊薬師如来立像は9世紀後半ごろの製作による像高156センチの木造で、重文。

5番**宝積寺**は、淡路四国23番、淡路十三仏3番で、本尊薬師如来のほか大日如来・文殊菩薩を祀っている。

8番**日光寺**は大きな宝篋印塔と、重文の銅鐸があることで知られる。

11番**妙雲寺**の薬師堂は北東に向いていることから、鬼門向き薬師と呼ばれている。

12番**春日寺**は、淡路四国19番、淡路十三仏6番。14番**万福寺**の薬師如来は家業繁盛、子孫長久の御利益がある。

17番**薬王寺**は厄除け祈願の寺。18番**妙観寺**の薬師如来は、目と耳の病気に霊験があるという。21番**満泉寺**の本尊は蛸薬師と呼ばれ、母乳の出がよくなる霊験がある。

29番**東光寺**の本尊薬師如来は台座を含めて高さが2メートルあり、厨子の扉の内側の十二神将像は、極彩色で描かれている。本尊の周囲には49体のミニ薬師像が祀られ、四十九薬師巡りの信仰が一度にかなえられるという。

39番**東光寺**のお薬師さんは拝むと薬がよく効くという。

★案内書

武田信一著『淡路巡礼』（名著出版刊）

毎日新聞淡路支局編『淡路百八ヵ寺巡り』（毎日新聞社淡路支局刊）

淡路四十九薬師霊場（兵庫県）

1	成相寺	高野真言	三原郡三原町八木天野馬廻
2	神本寺	高野真言	〃 三原町榎列下幡多
3	戒旦寺薬師堂		〃 西淡町松帆戒旦寺
4	小榎列薬師堂		〃 三原町榎列小榎列
5	宝積寺	高野真言	〃 三原町市十一ケ所
6	志知難波薬師堂		〃 三原町志知難波
7	江善寺	西山浄土	〃 西淡町松帆江尻
8	日光寺	西山浄土	〃 西淡町松帆櫟田
9	智積寺	高野真言	〃 西淡町湊里

10	宝光寺	高野真言	三原郡西淡町志知飯山寺
11	妙雲寺	高野真言	〃 西淡町伊加利
12	春日寺	高野真言	〃 西淡町阿那賀
13	慈眼寺	高野真言	〃 南淡町福良乙
14	万福寺	高野真言	〃 南淡町賀集鍛冶屋
15	法泉庵薬師堂		〃 三原町神代地頭方北所法治川
16	国衙薬師堂		〃 三原町神代国衙
17	薬王寺	高野真言	〃 南淡町筒井
18	妙観寺	高野真言	〃 南淡町阿万東町
19	神宮寺薬師堂	高野真言	〃 南淡町沼島
20	心蓮寺	高野真言	洲本市由良町
21	満泉寺	高野真言	〃 千草丁
22	安覚寺	高野真言	〃 山手
23	千福寺	高野真言	〃 栄町
24	亀谷薬師堂		〃 物部
25	鳩尾薬師堂		三原郡緑町中条中筋
26	正遍寺	高野真言	洲本市奥畑
27	安住寺	高野真言	三原郡緑町倭文安住寺
28	薬王寺		津名郡五色町広石下
29	東光寺	高野真言	〃 五色町鳥飼上
30	万才薬師堂		〃 五色町都志万才
31	南谷薬師堂		〃 五色町南谷
32	鮎原上薬師堂		〃 五色町鮎原上
33	勝楽寺	高野真言	〃 一宮町高山乙
34	草香中組薬師堂		〃 一宮町草香中
35	法華寺	高野真言	〃 一宮町江井
36	鵜の森薬師堂		〃 一宮町遠田後
37	古屋薬師堂		〃 北淡町浅野南古屋
38	墓の浦薬師堂		〃 北淡町野島墓の浦
39	東光寺		〃 北淡町野島江崎
40	東光寺	高野真言	〃 淡路町岩屋（観音寺内）
41	善誓寺		〃 淡路町岩屋別所
42	西念寺	真言大覚	〃 東浦町久留麻
43	大福寺		〃 東浦町仮屋谷
44	柏原薬師堂		〃 津名町佐野柏原
45	浄滝寺	真言大覚	〃 津名町生穂

46	地勝寺		津名郡津名町大谷
47	円満寺	高野真言	〃 津名町志筑
48	光照寺	高野真言	洲本市中川原町中川原
49	**市原薬師堂**		〃 中川原町市原
外	岡山寺		三原郡三原町榎列掃守

(『淡路巡礼』武田信一著・名著出版刊より作成。宗派名のない札所は無住。)

関西の薬師霊場

薬師寺金堂

室生寺

法界寺薬師堂

地蔵霊場

◆地蔵菩薩の由来

　地蔵菩薩はバラモン教の「地の神」が仏教に取り入れられたもので、釈尊が入滅して56億7000万年後に弥勒菩薩が出現するまでの間、六道（地獄・餓鬼・畜生・修羅・人・天）に迷う衆生を教化、救済することを誓願した菩薩である。

　この菩薩を説く経典には『大方広十輪経』を初め『地蔵十輪経』『地蔵菩薩本願経』『占察善悪業報経』（地蔵三経）などがあり、中国では十王信仰（死後3年までの期間に亡者の罪業を裁断する10人の王）と結ばれ、『地蔵十王経』なども作られて地獄の救済者としての信仰が広まった。

　我が国でも奈良時代の『日本霊異記』などに閻魔大王と地蔵菩薩を同一とする考えが見受けられるが、いまだ冥界の救済者としての性格は弱く、造像としても虚空蔵菩薩と並んで祀られることが多く、「空（天・太陽）」と「地（大地）」という一対（対偶神）の関係で主に五穀豊饒が祈願されるほとけであったようである。

　また、その現世に利益をもたらす性格からは観世音菩薩と並んで祀られることもあった。前述の『本願経』には地蔵の利益として土地の豊饒・家宅の安穏・長寿を授け、水難火難を初めとした小さな災厄を除き、仏縁に恵まれるといったもののほか、死者が天に生まれることなどが説かれている。

◆地蔵信仰の発展

　地蔵菩薩の最も大きな功徳は、六道抜苦である。9世紀中ごろからは単独で祀られる地蔵像も現れ、『往生要集』（985年）に地獄の救済者として地蔵菩薩が明示されると、その六道救済の性格は色濃く出てくる。しかしながら、阿弥陀如来を取り巻く聖衆の一つである傾向はなお強く残り、さらに六道救済の守尊には六観音が登場してくる。ようやく11世紀ごろからは六地蔵信仰も発達し始め、また『地蔵菩薩霊験記』（実睿）が編述されると民衆へ浸透するようになった。

　やがて地蔵の現世・来世にまたがる利益信仰は子安地蔵・子育地蔵・延命地蔵などの時事地蔵を生み、また塞の神（道祖神）の信仰とも結ばれて悪霊の侵入を防ぐ村境に祀られることや（京都では変遷はあるが、現在も街道入り口に祀られる六地蔵巡りが盛ん）地蔵盆の習俗にもなり、また墓地の入り口や賽の河原に地蔵を祀ることも見受けられる。

　その姿は修行僧で、日本の場合、古いものは何も持たずに施願印を示すだけだが、時代とともに宝珠や錫杖を持つ姿で表されるようになった。

（塩入亮乗）

山形百八地蔵尊霊場

山形県内陸部に昭和62年（1987）に成立した霊場。山形盆地を中心にして、一部はさらに最上川上流の朝日町から、北部の新庄盆地を中心にした最上地方にまでひろがっている。

ここはまた、山形の歴史や風土に親しむのに絶好の地である。

★問合せ先
山形百八地蔵尊霊場会事務局
長源寺☎0236—22—2605

山形百八地蔵尊霊場（山形県）

1	萬松寺	山形市平清水	29	長泉寺	山形市門伝
2	風立寺	〃　下東山	30	広福寺	〃　若木
3	西光寺	〃　小白川町	31	高松寺	〃　江俣
4	法来寺	〃　釈迦堂	32	吉祥院	〃　千手堂
5	耕龍寺	〃　平清水	33	浄土院	〃　漆山
6	平泉寺	〃　平清水	34	泉福寺	〃　落合町
7	石行寺	〃　岩波	35	長谷寺	〃　中野
8	耕源寺	〃　上桜田	36	高源寺	〃　今塚
9	地蔵寺	〃　蔵王上野	37	正光寺	〃　灰塚
10	久昌寺	上山市牧野	38	天性寺	東村山郡中山町長崎
11	延命寺	〃　三上屋敷	39	安国寺	〃　山辺町大寺
12	浄光寺	〃　鶴脛町軽井沢	40	正福寺	〃　山辺町北垣
13	正徳寺	山形市上町	41	宗覚院	西村山郡朝日町和合
14	正覚寺	〃　北山形	42	福昌寺	〃　朝日町宮宿
15	青林寺	〃　北山形	43	祥光院	〃　朝日町太郎
16	浄光寺	〃　相生町	44	若宮寺	〃　朝日町三中甲
17	泰蔵寺	〃　宮町	45	永林寺	〃　朝日町大谷
18	迎接寺	〃　銅町	46	巨海院	〃　大江町本郷
19	長源寺	〃　七日町	47	高松寺	〃　大江町葛沢
20	地蔵院	〃　東原町	48	長傳寺	〃　大江町橋上
21	梵行寺	〃　三日町	49	光学院	〃　大江町貫見
22	大昌院	〃　あずま町	50	岩松寺	〃　西川町岩根沢
23	光禅寺	〃　鉄砲町	51	長寿寺	寒河江市幸生
24	誓願寺	〃　八日町	52	洞興寺	〃　白岩
25	宗福院	〃　鉄砲町	53	祐林寺	〃　七日町
26	寶光院	〃　八日町	54	高林寺	〃　南町
27	正楽寺	〃　幸町	55	陽春院	〃　本町
28	楊柳寺	〃　飯塚町	56	泉蓮寺	〃　島

57	平塩寺	寒河江市平塩	83	宝鏡寺	村山市大久保甲
58	洞光寺	〃 中郷	84	長松院	〃 湯野沢
59	永昌寺	西村山郡河北町西里	85	大円院	〃 岩野
60	岩松院	〃 河北町岩木	86	向陽寺	〃 富並
61	清龍寺	〃 河北町吉田	87	西光寺	北村山郡大石田町大石田
62	定林寺	〃 河北町谷地辛	88	普門寺	〃 大石田町井出
63	宿用院	〃 河北町谷地	89	龍昌寺	尾花沢市尾花沢
64	慈眼寺	〃 河北町谷地	90	龍護寺	〃 延沢
65	高福寺	〃 河北町田井	91	延命寺	〃 銀山新畑
66	南泉寺	〃 河北町溝延	92	巣林寺	〃 丹生
67	来運寺	天童市山口	93	光清寺	最上郡最上町富沢
68	小原寺	〃 川原子	94	松林寺	〃 最上町富沢
69	聽流寺	〃 山元	95	天徳寺	〃 最上町向町
70	若松寺	〃 山元	96	福昌寺	〃 舟形町長沢
71	昌林寺	〃 貫津	97	林昌院	〃 舟形町富田
72	長龍寺	〃 奈良沢甲	98	積雲寺	新庄市本合海
73	安楽寺	〃 高擶南	99	清林寺	最上郡戸沢村神田
74	法体寺	〃 寺津	100	月蔵院	鮭川村庭月
75	正法寺	〃 矢野目	101	雲徳寺	鮭川村川口
76	泉福寺	〃 高木	102	正源寺	真室川町新町
77	常安寺	〃 久野本	103	滝応寺	真室川町差首鍋
78	東陽寺	東根市神町中央	104	會林寺	新庄市十日町太田
79	長源寺	〃 長瀞	105	英照院	〃 十日町太田
80	龍泉寺	〃 観音寺	106	長泉寺	〃 鉄砲町
81	得性寺	村山市楯岡晦日町	107	如法寺	〃 鳥越
82	隣正寺	〃 楯岡楯	108	定泉寺	最上郡舟形町舟形

江戸六地蔵

江戸六地蔵は1706年に深川の沙門地蔵坊正元が発願し、江戸へ入る各街道入り口6か所に造立されたという。品川**品川寺**（東海道）、山谷**東禅寺**（奥州・日光街道）、四谷**太宗寺**（甲州街道）、巣鴨**真性寺**（中山

江戸六地蔵（東京都）

1	品川寺	品川区南品川
2	東禅寺	台東区東浅草
3	太宗寺	新宿区新宿
4	真性寺	豊島区巣鴨
5	霊巌寺	江東区白河
6	永代寺	（消滅）

道)、深川霊巌寺(水戸街道)、深川永代寺(千葉街道)の六地蔵は、いずれも堂々たる青銅製の坐像で、人人の信仰をあつめていた。その後永代寺は明治維新の際、戦火に遭って寺とともに地蔵像も消滅した。他の寺院は東京都内の現在地にある。この他にも六地蔵、十二地蔵、二十四地蔵巡りが行われていた記録がある。
★問合せ先・各寺院

鎌倉二十四地蔵霊場

神奈川県鎌倉市は鎌倉幕府が開かれた地で、かつては日本の武家政治の中心地だったところ。昔から古戦場と地蔵尊とは縁が深いといわれ、鎌倉でも古くから地蔵信仰が続いている。

後醍醐天皇開基、足利尊氏建立という1番宝戒寺は、本尊が地蔵菩薩坐像。子育て祈願で知られ、また萩の寺としても有名。

3番覚園寺の木造地蔵菩薩立像は鎌倉時代の秀作で、黒地蔵の名で広く人々に信仰され、8月10日が縁日。鎌倉幕府開設以前からあった杉本寺は、4番、6番の札所。5番光触寺は、塩売りが初穂として塩を供えたと伝えられる塩嘗地蔵を祀る。8番円応寺閻魔堂には、地獄で罪状の詫を言ってくれるという詫言地蔵が祀られている。

9番、10番の建長寺には、元心平寺地蔵堂の本尊だった地蔵菩薩のほか斎田地蔵が祀られている。浄光明寺には、背後の山腹にある石造地蔵菩薩坐像と、矢を拾い集めたという矢拾地蔵があり、16、17番の札所。

18番寿福寺の木造地蔵菩薩立像は、鎌倉時代の秀作で重文。23番延命寺のお地蔵さんは、裸形に実物の衣裳を着せた木造地蔵菩薩立像。24番の安養院は、北条政子ゆかりの寺。南北朝時代作の石造地蔵菩薩を祀っている。

★問合せ先・各寺院

京都六地蔵めぐり

京都の六地蔵尊は縁起によると文徳天皇の仁寿2年(852)に、朝廷に仕えていた小野篁が作ったと言われている。篁は6体の地蔵像を現在の伏見六地蔵の地に安置した。後に後白河天皇の勅命を受けた平清盛が西光法師に命じて、各街道から都へ入る入り口に六角堂を建てて一体ごと、尊像を分置したのが六地蔵巡りの始まりという。

奈良街道の伏見六地蔵の地が六地蔵発祥の地で、付近に桃山城・桃山御陵がある。鳥羽地蔵の浄禅寺には袈裟御前のお墓がある。桂地蔵は、8月22・23日の夜に六斎念仏の奉納があり参詣者で賑わう。常盤地蔵の源光寺には常盤御前の墓がある。鞍馬口地蔵でも8月22日の夜、六斎念仏の奉納が行われる。山科地蔵のお堂の後ろには蟬丸の供養塔が見られる。

★問合せ先

六地蔵会・大善寺☎075—611—4966

鎌倉二十四地蔵霊場（神奈川県）

1	宝戒寺（子育・経読地蔵）	天台宗	鎌倉市小町
2	来迎寺（巌上地蔵）	時宗	〃 西御門
3	覚園寺（黒地蔵）	真言泉涌	〃 二階堂
4	杉本寺（延命地蔵）	天台宗	〃 二階堂
5	光触寺（塩嘗地蔵）	時宗	〃 十二所
6	杉本寺（尼将軍地蔵）	天台宗	〃 二階堂
7	瑞泉寺（どこもく地蔵）	臨済円覚	〃 二階堂
8	円応寺閻魔堂（詫言地蔵）	臨済建長	〃 山ノ内
9	建長寺（伽羅陀山地蔵）	臨済建長	〃 山ノ内
10	建長寺（斎田地蔵）	臨済建長	〃 山ノ内
11	勝上巚		（建長寺の山上）
12	浄智寺	臨済円覚	鎌倉市山ノ内
13	正続院（円覚寺塔頭）	臨済円覚	〃 山ノ内
14	円覚寺（亡失、石碑のみ）	臨済円覚	〃 山ノ内
15	岩船地蔵堂（海蔵寺管理）		〃 扇ガ谷
16	浄光明寺（網引地蔵）	真言泉涌	〃 扇ガ谷
17	浄光明寺（矢拾地蔵）	真言泉涌	〃 扇ガ谷
18	寿福寺（いぼ地蔵）	臨済建長	〃 扇ガ谷
19	東漸寺（日金地蔵）	浄土宗	横須賀市武
20	極楽寺（導き地蔵）	真言律宗	鎌倉市極楽寺
21	月影地蔵堂		〃 西ガ谷
22	光明寺（網引地蔵）	浄土宗	〃 材木座
23	延命寺（身代地蔵）	浄土宗	〃 材木座
24	安養院（日限地蔵）	浄土宗	〃 大町

（寺院によっては、拝観が出来なかったり、許可制だったり、あるいは立ち入り禁止区域内に地蔵尊が祀られているため巡拝できないところがある。）

京都六地蔵めぐり（京都市）

1	大善寺（伏見六地蔵）	奈良街道	伏見区桃山西町六地蔵
2	浄禅寺（鳥羽地蔵）	西国街道	南区上鳥羽岩ノ本町
3	地蔵寺（桂地蔵）	丹波・山陰街道	西京区桂春日町
4	源光寺（常盤地蔵）	周山街道	右京区常盤馬塚町
5	上善寺（鞍馬口地蔵）	鞍馬街道	北区鞍馬口通り寺町
6	徳林庵（山科地蔵）	東海道	山科区四ノ宮泉水町

河泉二十四地蔵霊場

河内国、和泉国では、すでに平安時代の末期には世相不安の中で河内二十四地蔵霊場や和泉六地蔵霊場が開かれていたと伝えられている。

地蔵信仰は、江戸時代の中ごろに日本の各地で最も盛んだったといわれている。河内・和泉地方は、古くから開けたところなので地蔵尊を祀る寺院も多く、また集落の中にお堂を祀るなど、早くから地蔵信仰が盛んだったことがうかがえる。その後は、戦乱や明治維新期の廃仏毀釈などに遭い、地蔵信仰も下火となってしまった。

昭和50年代に地蔵霊場を再興しようという声が起こり、昔からの霊場を一部変更して河内12か寺、和泉12か寺で、新しく「河泉二十四地蔵霊

河泉二十四地蔵霊場（大阪府）

1	清水地蔵寺	真言御室	河内長野市清水
2	大師寺	真言御室	〃　　三日市町
3	延命寺	真言御室	〃　　神ヶ丘
4	西恩寺	融通念仏	南河内郡千早赤阪村小吹
5	観心寺	高野真言	河内長野市寺元
6	蓮光寺	真言御室	〃　　長野町
7	野中寺	高野真言	羽曳野市野々上
8	空圓寺	高野真言	南河内郡美原町黒山
9	風輪寺	融通念仏	〃　　狭山町半田
10	盛松寺	高野真言	河内長野市楠町西
11	明忍寺	真言御室	〃　　原町
12	天野金剛寺	真言御室	〃　　天野町
13	善正地蔵寺	高野真言	和泉市善正町
14	子安阿弥陀寺	高野真言	〃　　大野町
15	春木川地蔵寺	高野真言	〃　　春木川町
16	久井地蔵寺	高野真言	〃　　久井町
17	内田地蔵寺	高野真言	〃　　内田町
18	弘法寺	高野真言	〃　　万町
19	長命寺	高野真言	〃　　黒鳥町
20	長生寺	高野真言	泉大津市神明町
21	太平寺	高野真言	堺市太平寺
22	金福寺	高野真言	〃片蔵
23	法道寺	高野真言	〃鉢ヶ峯寺
24	宝積院	高野真言	〃高倉台

場」が発足した。昭和52年（1977）に成立、翌53年に開創記念大会が開催された。河内国・和泉国は、いずれも現在の大阪府になる。

1番**清水地蔵寺**は樹木の生い茂る自然の中にあり、本尊延命地蔵菩薩は、清水の地蔵さんといって人々に親しまれている。3番**延命寺**のお地蔵さんは、地蔵堂に北向きに祀られている。境内にある樹齢千年を越すといわれる夕照の楓は大阪府の天然記念物。

5番**観心寺**の金堂は和様と唐様の手法が取り入れられた観心寺様式で国宝、他にも文化財を多数所蔵する。地蔵尊は旅の安全を守るお地蔵さんで、道中安全地蔵の名がある。

7番**野中寺**は聖徳太子ゆかりの寺で、鎌倉初期作の木造地蔵菩薩立像は重文。10番**盛松寺**は祈願寺で人々の信仰をあつめている。12番**金剛寺**は女人高野と呼ばれ新西国霊場の7番札所。広大な寺域を有し、南北朝時代に皇室の尊崇を受け、寺宝が多く、安産子育地蔵が祀られている。

13番**善正地蔵寺**は、安産子育て、健康長寿、さらにぼけ除けの霊験あらたかな本尊地蔵菩薩を祀っており、祈願参詣に訪れる人が多い。毎年4月の第一日曜日の地蔵祭り、8月23日～24日の地蔵盆はお詣りの人で賑わう。14番**子安阿弥陀寺**は、安産の腹帯を授かりに参詣に訪れる人が多い。18番**弘法寺**は福徳地蔵を祀る。

23番**法道寺**は開創は古く、飛鳥のころ。初め長福寺といっていたが法道仙人が改号し、勅願寺として栄えていた。多宝塔、食堂は鎌倉期のもので重文。延命地蔵を祀る。

24番**宝積院**は、本堂に水子地蔵を祀る。小堀遠州の若いころの作といわれる庭園と茶室がある。

★**問合せ先**
河泉地蔵霊場会
善正地蔵寺☎0725─92─2181
★**案内書**
『河泉地蔵霊場案内』
（河泉地蔵霊場会・古寺顕彰会刊）

神戸六地蔵霊場

地蔵尊信仰を広めるために兵庫県神戸市の西部にある各宗派寺院が昭和55年（1980）に開創した。毎年8月22・23・24日の大祭日には大勢の人々が巡礼し、参拝者に御朱印や各寺院ごとで色彩の異なる幡が授けられる。

1番**太山寺**の本堂は国宝で、本尊は薬師如来。六地蔵巡りの本尊は本堂西の内陣に安置され、小さい地蔵尊像が千躰祀られている。新西国25番の札所でもある。

2番**潮海寺**は秘仏十一面観世音菩薩が本尊、霊場本尊は餓鬼界をつかさどる放光王地蔵菩薩。**地蔵院**が3番、本尊地蔵菩薩は極彩色で美しい姿に慈愛に満ちた優しさを秘めている。

4番**慶明寺**の地蔵菩薩は秘仏で毎年大祭日が御開扉日。5番**長福寺**の本尊の地蔵菩薩は平安時代末期作と

地蔵霊場

いわれる木像一木彫り立像。四季折々の花に彩られているのが6番**西光寺**、境内6か所に地蔵尊が祀られている。

★問合せ先
神戸六地蔵霊場会
太山寺☎078―974―0250

神戸六地蔵霊場（兵庫県神戸市）

1	**太山寺**（千躰地蔵尊）	天台宗	西区伊川谷町前開
2	**潮海寺**（放光王地蔵菩薩）	天台宗	西区今寺
3	**地蔵院**	臨済南禅	西区枦谷町松本
4	**慶明寺**	臨済妙心	西区平野町慶明
5	**長福寺**	真言御室	西区押部谷町養田
6	**西光寺**	真言大覚	西区神出町田井
客	**須磨寺**	真言須磨	須磨区須磨寺町

但馬六十六地蔵霊場

兵庫県の北部に当たる但馬地方に開かれた霊場で、広範囲にまたがっている。但馬地方の地蔵巡りは、江戸時代に始まったといわれており、その後、長い間埋もれていたのを昭和50年ごろから地元の人たちの努力によって復興し、平成2年（1990）には但馬六十六地蔵保存会が結成された。

各霊場に祀られている地蔵尊の多くは石仏で、木像19体もある。各地区の人々や有志によって立派なお堂に安置されている地蔵尊も多く、各札所への連絡は、寺院の他、各地区の区長さんが受け持っている。

★問合せ先
但馬六十六地蔵保存会
☎0796―36―0410
★案内書
『但馬六十六地蔵霊場要集』(保存会)

松江六地蔵

島根県松江市に開かれている札所で、地蔵札も用意されている。お地蔵さんは、下記の禅寺を訪ねると、お札が貼ってあるのですぐ分かる。松江市は城下町から発達した都市で史跡が多く、町巡りをかねて回るとよい。**龍覚寺**には、二か所にお地蔵さんが祀られている。

★問合せ先
松江市寺町　仏壇の原田
☎0852―25―3587

松江六地蔵（島根県）

1	**舜叟寺**	松江市山代町
2	**龍覚寺**	〃　寺町
3	**龍覚寺**	〃　寺町
4	**柳地蔵堂**	〃　東本町
5	**法眼寺**	〃　黒田町
6	**浜佐陀地蔵堂**	〃　浜佐陀町

但馬六十六地蔵霊場（兵庫県）

1	七日市	城崎郡香住町七日市	35	伊豆	養父郡養父町伊豆
2	福富	美方郡浜坂町福富	36	山路	〃 大屋町山路
3	三谷	〃 浜坂町三谷	37	内山	〃 養父町内山
4	井土	〃 温泉町井土	38	桑市	朝来郡朝来町桑市
5	金屋	〃 温泉町金屋	39	円山	〃 生野町円山
6	久斗山	〃 浜坂町久斗山	40	柴	〃 山東町柴
7	大野	城崎郡香住町大野	41	筒江	朝来郡和田山町筒江
8	上岡	〃 香住町上岡	42	殿	〃 和田山町殿
8	下岡	〃 香住町下岡	43	枚田	〃 和田山町枚田
9	奥安木	〃 香住町奥安木	44	玉置	〃 和田山町玉置
10	相谷	〃 香住町相谷	45	岡田	〃 和田山町岡田
11	奥須井	〃 竹野町奥須井	46	林垣	〃 和田山町林垣
12	松本	〃 竹野町松本	47	高田	〃 和田山町高田
13	羽入	〃 竹野町羽入	48	上藪崎	養父郡養父町上藪崎
14	林	〃 竹野町林	49	伊佐	〃 八鹿町伊佐
15	御又	〃 竹野町御又	50	浅間	〃 八鹿町浅間
16	床瀬	〃 竹野町床瀬	51	浅倉	城崎郡日高町浅倉
17	太田	〃 日高町太田	52	藤井	〃 日高町藤井
18	山宮	〃 日高町山宮	53	佐野	豊岡市上佐野
19	羽尻	〃 日高町羽尻	54	滝	〃 滝
20	田口	〃 日高町田口	55	来日	城崎郡城崎町来日
21	名色	〃 日高町名色	56	湯島	〃 城崎町湯島
22	稲葉	〃 日高町稲葉	57	津居山	豊岡市津居山
23	山田	〃 日高町山田	58	楽々浦	城崎郡城崎町楽々浦
24	長瀬	美方郡村岡町長瀬	59	結	〃 城崎町結
25	味取	〃 村岡町味取	60	金剛寺	豊岡市金剛寺
26	和田	〃 村岡町和田	61	下宮	〃 下宮
27	村岡	〃 村岡町村岡	62	奥小野	出石郡出石町奥小野
28	福岡	〃 村岡町福岡	63	木村	〃 但東町木村
29	福定	養父郡関宮町福定	64	寺坂	〃 出石町寺坂
30	関宮	〃 関宮町関宮	65	出石	〃 出石町出石
31	高柳	〃 八鹿町高柳	66	奥山	〃 出石町奥山
32	馬瀬	〃 八鹿町馬瀬	但66	切浜	城崎郡竹野町切浜
33	天子	〃 八鹿町天子	但66	円山	朝来郡生野町円山
34	稲津	〃 養父町稲津	番外	小代	美方郡美方町平野

九州二十四地蔵尊霊場

世の中に悩み苦しむ者がいる限り24に分身して衆生を済度されるという地蔵尊の本願を広く後々に伝えていくために、弘法大師ゆかりの九州地区に昭和61年(1986)に開創。

この霊場は北部九州地区にあり、北九州六地蔵尊霊場(1番~6番)、筑後六地蔵尊霊場(7番~12番)、西海六地蔵尊霊場(13番~18番)、筑前六地蔵尊霊場(19番~24番)からなり、各六地蔵尊霊場はバスを使って1日で巡拝できる。二十四地蔵尊霊場は2泊3日か3泊4日かかる。

★問合せ先
九州二十四地蔵尊霊場会本部
文殊院☎092-974-7461

★案内書
『九州二十四地蔵尊めぐり』(霊場会)

九州二十四地蔵尊霊場

1	徳泉寺	高野真言	福岡県北九州市戸畑区千防
2	堂塔寺	高野真言	〃 遠賀郡遠賀町若松
3	宗像観音寺	高野真言	〃 宗像市東郷
4	西教院	高野真言	〃 直方市下境1区
5	十輪院	高野真言	〃 田川郡大任町下今任
6	西福寺	高野真言	〃 田川市西区下弓削田
7	高野寺	高野真言	〃 甘木市旭町
8	浄心院	真言大覚	〃 〃 平塚
9	大師寺	真言九州	〃 浮羽郡田主丸町田主丸
10	如意輪寺	真言御室	〃 小郡市横隈
11	不動寺	高野真言	〃 三潴郡三潴町西牟田
12	本願院	高野真言	佐賀県佐賀市伊勢町
13	東前寺	高野真言	長崎県東彼杵郡波佐見町岳辺田郷
14	六大院	真言智山	〃 佐世保市庵浦町
15	寿福寺	真言智山	〃 北松浦郡江迎町長坂免
16	西福寺	真言智山	〃 〃 世知原町矢櫃免
17	西光寺	真言智山	〃 佐世保市上柚木町
18	宝積寺	高野真言	佐賀県伊万里市東山代町脇野
19	隆善寺	真言善通	福岡県前原市荻ノ浦
20	法蔵院	真言大覚	〃 福岡市西区姪浜
21	恵光院	高野真言	〃 〃 東区馬出
22	東長寺	真言九州	〃 〃 博多区御供所町
23	隆照寺	高野真言	〃 糟屋郡宇美町原田
24	文殊院	高野真言	〃 〃 篠栗町若杉

鎌倉の地蔵霊場

5番・光触寺の塩嘗地蔵

1番・宝戒寺の二十四ヵ所順拝碑

21番・月影地蔵

22番・光明寺の網引地蔵

24番・安養院の日限地蔵

十三仏霊場

◆十王信仰と日本の十三仏

十三仏とは亡者の死後供養（法事）を修する際に本尊とする仏・菩薩などをいい、その13回にわたる法事を総称して「十三仏事」という。成立に当たっては、中国で成立展開した「十王信仰」が基盤としてある。十王信仰とは、死後10回にわたり10人の裁判官が亡者の罪業を裁くというもので、中国の民間信仰（道教）と仏教とが混じり合いながら整えられてきた（蔵川述『預修十王生七経』）。

もとより、そうした死後の供養や冥界の思想は、我が国にも大きな影響を与えた。日本ではさらに、死者の忌日に仏・菩薩を本尊として仏事を営む風が加えられてきた。ただし、それも最初から、各忌日に固定した仏・菩薩が決まっていたわけではない。こうした状況のなか、我が国では『地蔵十王経』（12世紀後半〜13世紀前半成立）というものが作られ、十王に対して十仏の存在が表明されるとともに、『私聚百因縁集』（1257年成立）に至って十王の本地仏として十仏が明記されるようにもなった。

以後、時代とともに十王十仏一体の信仰を離れて（閻魔信仰だけは地蔵信仰とともに強く残った）、死後供養は十仏中心の信仰へと発展していき、さらに鎌倉時代末期ごろには日本独自の七回忌・十三回忌・三十三回忌という年忌法要が加えられてきた。

ただ、その場合も新たに整えられた仏事であるため、残る三仏が固定するのは15世紀に入ってのことである。そして、十王信仰がむしろ死後の裁断を中心とするのに対して、日本の十三仏は死者を守護するほとけとして信仰された面が強く、通夜や葬儀に十三仏の掛け軸を枕元や祭壇に祀る風習がよく見られる。下表は、一般にいわれる忌日・十王・十三仏を一覧にしたものである。

（塩入亮乗）

忌　日	十　王	十三仏
初七日（七日）	秦広王	不動明王
二七日（十四日）	初江王	釈迦如来
三七日（二十一日）	宋帝王	文殊菩薩
四七日（二十八日）	伍官王	普賢菩薩
五七日（三十五日）	閻魔王（閻羅王）	地蔵菩薩
六七日（四十二日）	変成王	弥勒菩薩
七七日（四十九日）	太山王	薬師如来
百箇日	平等王	観世音菩薩
一周忌	都市王	勢至菩薩
三回忌	五道転輪王	阿弥陀如来
七回忌		阿閦如来
十三回忌		大日如来
三十三回忌		虚空蔵菩薩

山形十三仏霊場

山形県の内陸地方にある各信仰地が輪を広げる目的で集まり、巡礼の道として平成4年（1992）10月に成立した。それぞれの地域を代表する寺院が多く含まれている。周辺には、蔵王連峰、月山、葉山、最上川などがあり、豊かな自然に囲まれながら巡礼の旅が楽しめる。急げば1日で巡れるが普通は1泊2日かかる。

不動明王を祀る1番**宗福院**は、慈覚大師中興の観音霊場として有名で、最上三十三観音霊場第8番札所。慈覚大師は、観音堂の六隅に六根如是のためと塚を築いてサワラを植えたという。

2番の**乗舩寺**（じょうせんじ）の境内にある釈迦堂には、東北地方では稀な涅槃釈迦如来の尊像が安置されている。歌人斎藤茂吉の墓と歌碑がある。

5番の**見性寺**の鎮守堂には、十（とう）の福徳が授かる霊験あらたかな地蔵尊が安置されている。

8番の**月蔵院**は庭月観音と呼ばれ、最上三十三観音霊場巡礼の結願寺として古くから信仰をあつめている。再度洪水に遭い、現在の高台に移されてからは、月の名所として最上十景に数えられている。

山形市街の南部にある9番**上町勢至堂**の参道入り口には、十三仏の石像が並んでいる。関東以北では希有の尊像といわれる阿閦如来を祀る11番**天性寺**、1月28日・4月28日の大護摩供で知られる12番**平泉寺**、5月13日の祭礼「高い山の運開き」で知られる13番**万松寺**で結願。

★問合せ先

山形十三仏霊場会事務局
万松寺☎023-623-0208

山形十三仏霊場（山形県）

1	不動明王	宗福院	天台宗	山形市鉄砲町
2	涅槃釈迦如来	乗舩寺	浄土宗	北村山郡大石田町大石田
3	文殊菩薩	龍源寺	曹洞宗	天童市山口
4	普賢菩薩	正源寺	曹洞宗	最上郡真室川町
5	地蔵菩薩	見性寺	曹洞宗	〃　最上町本城
6	弥勒菩薩	弥勒院	真言智山	西村山郡河北町谷地庚
7	薬師瑠璃光如来	永林寺	曹洞宗	〃　朝日町大谷
8	庭月聖観世音菩薩	月蔵院	天台宗	最上郡鮭川村庭月
9	得大勢至菩薩	上町勢至堂		山形市五日町
10	阿弥陀如来	誓願寺	浄土宗	寒河江市白岩
11	阿閦如来	天性寺	曹洞宗	東村山郡中山町長崎
12	大日如来	平泉寺	天台宗	山形市平清水
13	虚空蔵菩薩	万松寺	曹洞宗	〃　松波

秩父十三仏霊場

　埼玉県の北西部にある秩父地方は、武甲山、三峰連峰、両神山などの秩父連山に囲まれ、荒川、赤平川、浦山川などの清流に沿って開けている。昭和55年（1980）に開創されたこの霊場は、一巡約108キロ。

　1番**萬福寺**は、境内の呑龍堂(どんりゅう)で毎年4月29日に盛大な祈願法要が行われる。2番**宝円寺**は眺望絶景の高台にあり、十六羅漢、寒山拾得の襖絵は必見。3番**文殊堂**は毎年2月11日が縁日で、この日は受験生やその関係者で賑わう。納経所は近くの雲龍寺。当霊場随一の眺望を誇る4番**宝林院**は女人の信仰が篤い。

　5番**徳雲寺**の本尊は勝軍地蔵菩薩で、左に不動明王、右に悪鬼を踏まえた多聞天を従える気品溢れる像で市の文化財に指定されている。山門脇に祀られている世嗣地蔵尊は、子授地蔵として御利益がある。

　6番**源蔵寺**は山門楼上に県指定文化財の銅鐘がある。7番**法養寺**には北条氏邦らの武将が奉納した十二神将像が安置され、納経所は小鹿野町の十輪寺。城がまえの8番**瑞岩寺**は、ツツジの寺としても知られる。9番**医王寺**は、通称二十三夜寺と呼ばれ毎月旧暦23日が縁日。四季折々の花が美しい10番**阿弥陀寺**。参道（山道）の1丁ごとに江戸時代の十三仏石像が立っているのが11番**大陽寺**。12番**昌安寺**は毎年10月15日～16日が縁日で獅子舞は県指定無形文化財。浦山大日堂は当寺の境外仏堂。13番の**虚空蔵寺**は1月13日が縁日でダルマ市で賑わい、納経所は下宮地の広見寺。

★問合せ先
秩父十三仏霊場会
徳雲寺☎0494—23—9255

秩父十三仏霊場（埼玉県）

1	**不動明王**	萬福寺	真言豊山	秩父郡皆野町皆野
2	**釈迦如来**	宝円寺	臨済南禅	〃　両神村薄
3	**文殊菩薩**	文殊堂		〃　小鹿野町伊豆沢
4	**普賢菩薩**	宝林院	臨済南禅	秩父市久那
5	**勝軍地蔵菩薩**	徳雲寺	臨済南禅	〃　蒔田
6	**弥勒菩薩**	源蔵寺	曹洞宗	〃　大野原
7	**薬師如来**	法養寺	真言智山	秩父郡両神村薄
8	**十一面観音菩薩**	瑞岩寺	曹洞宗	秩父市黒谷
9	**勢至菩薩**	医王寺	真言豊山	秩父郡皆野町三沢
10	**阿弥陀如来**	阿弥陀寺	曹洞宗	〃　荒川村贄川
11	**阿閦如来**	大陽寺	臨済建長	〃　大滝村大滝
12	**大日如来**	昌安寺	曹洞宗	秩父市浦山
13	**虚空蔵菩薩**	虚空蔵寺	曹洞宗	〃　上宮地

鎌倉十三仏霊場

神奈川県の鎌倉市は、古くは幕府が置かれ武士が開いた町といえる。小さな町の中に数多くの古寺名刹が連なり、観光地としても大変な賑わいをみせている。この霊場は昭和58年（1983）に開創された。

1番**明王院**は茅葺きの本堂に五大明王（不動明王像は鎌倉期、他の4体は江戸期の作）を安置しており、また手入れの行き届いた庭園がある。2番は、鎌倉五山第五位の**浄妙寺**で、初めは密教系の極楽寺と称していたが鎌倉期に禅刹に変わり、更に寺号を浄妙と改めた。

3番**本覚寺**は元夷堂といった天台宗の寺から日蓮宗寺院に改宗、身延山から日蓮の遺骨を分骨し東身延と称している。北条政子が栄西を招いて創建したのが4番**寿福寺**で、鎌倉五山の第三位。5番**円応寺**は本尊閻魔大王像で知られる。珍しい鐘楼を兼ねた山門があるのが6番**浄智寺**で、鎌倉五山第四位、阿弥陀・釈迦・弥勒の三世如来は室町時代の作。一遍上人の開基と言い伝えられている10番**来迎寺**は、寺宝の如意輪観音像が本堂に祀られている。

11番**覚園寺**は、最も鎌倉の古刹の面影を残していると言われている。北条義時が建立した薬師堂が前身で、北条氏の厚い外護を受け、その後、後醍醐天皇の勅願所、足利尊氏の祈願所になった。

忍性上人が創建したのが12番**極楽寺**。13番**成就院**が結願の寺。弘法大師が開山、後に北条泰時が都から高僧を招いて寺を建てたと伝えられている。

★**問合せ先**

明王院☎0467—25—0416

鎌倉十三仏霊場（神奈川県）

1	不動明王	明王院	真言御室	鎌倉市十二所
2	釈迦如来	浄妙寺	臨済建長	〃 浄明寺
3	文殊菩薩	本覚寺	日蓮宗	〃 小町
4	普賢菩薩	寿福寺	臨済建長	〃 扇ガ谷
5	地蔵菩薩	円応寺	臨済建長	〃 山ノ内
6	弥勒菩薩	浄智寺	臨済円覚	〃 山ノ内
7	薬師如来	海蔵寺	臨済建長	〃 扇ガ谷
8	観世音菩薩	報国寺	臨済建長	〃 浄明寺
9	勢至菩薩	浄光明寺	真言泉涌	〃 扇ガ谷
10	阿弥陀如来	来迎寺	時宗	〃 西御門
11	阿閦如来	覚園寺	真言泉涌	〃 二階堂
12	大日如来	極楽寺	真言律宗	〃 極楽寺
13	虚空蔵菩薩	成就院	真言大覚	〃 極楽寺

京都十三仏霊場

古都京都に、由緒ある寺々が集まって昭和56年（1981）に誕生した。すでに、名刹として人々の信仰を集めている寺ばかりである。

1番**智積院**は真言宗智山派の総本山で江戸時代に講学が最も隆盛し学山と称された寺院で、麦搗き（むぎつき）の伝説があるお不動さんが祀られている。嵯峨の釈迦堂と親しまれている2番**清凉寺**の本尊釈迦如来は国宝。3番**霊雲院**（たつちゅう）は東福寺の塔頭で、本尊は利剣を持った智慧の文殊菩薩。4番は相国寺の塔頭**大光明寺**で、夢窓国師の開山という。

六地蔵といって親しまれている5番**大善寺**は、境内の六角形の御堂（みどう）に本尊が祀られている。

6番**泉涌寺**は真言宗泉涌寺派の総本山で、仏殿中央に釈迦、阿弥陀、弥勒の三尊が祀られている。皇室歴代の御霊を祀る菩提所になっており、御寺（みてら）と尊称されている。

通称因幡薬師と呼ばれているのが7番**平等寺**。千本釈迦堂と親しまれているのが8番**大報恩寺**。真言宗御室派総本山が9番の**仁和寺**で、明治までは代々法親王が法燈を伝承した。10番**法金剛院**は、本尊の阿弥陀如来坐像が重文。八坂の塔といったほうがとおりのよいのが11番**法観寺**で、塔内に金剛界の五仏が安置されている。

12番**教王護国寺**は東寺真言宗の総本山で、通称東寺、真言宗立教開宗の根本道場。13番**法輪寺**は真言宗五智教団。嵯峨の虚空蔵さんとして親しまれている。

★問合せ先
京都十三仏霊場会事務所
智積院内法務課☎075—551—2715

京都十三仏霊場（京都府）

1	不動明王	智積院	真言智山	東山区東山七条
2	釈迦如来	清凉寺	浄土宗	右京区嵯峨釈迦堂藤ノ木町
3	文殊菩薩	霊雲院	臨済東福	東山区本町
4	普賢菩薩	大光明寺	臨済相国	上京区烏丸通上立売東入ル
5	地蔵菩薩	大善寺	西山深草	伏見区桃山町西町
6	弥勒菩薩	泉涌寺	真言泉涌	東山区泉涌寺山内町
7	薬師如来	平等寺	真言智山	下京区松原通烏丸東入ル
8	観音菩薩	大報恩寺	真言智山	上京区五辻六軒町西入ル
9	勢至菩薩	仁和寺	真言御室	右京区御室大内
10	阿弥陀如来	法金剛院	律宗	右京区花園扇野町
11	阿閦如来	法観寺	臨済建仁	東山区八坂上町
12	大日如来	教王護国寺	東寺真言	南区九条町
13	虚空蔵菩薩	法輪寺	真言五智	西京区嵐山虚空蔵山町

おおさか十三仏霊場

大阪市と大阪府南部の堺市、八尾市にかけての由緒ある浪速の13か寺が、昭和54年（1979）に開設した霊場でいずれも都市の中心にある。

田辺のお不動さんといって人々に親しまれているのが1番**法楽寺**で、平清盛の嫡子重盛の草創という。正面本堂の左側に釈迦堂をもつ2番**正圓寺**は、また聖天さんとして知られる。家原の文殊さんと呼ばれる3番**家原寺(えばらじ)**は、入学試験シーズンともなると受験生で賑わう。

4番**四天王寺**は和宗総本山で、聖徳太子の草創による日本仏法最初の寺といわれ、普賢菩薩は紙衣堂(かみこどう)に祀られている。八尾地蔵と呼ばれる5番**常光寺**は、安産の霊験で知られる。6番**教興寺**の本尊弥勒菩薩は、手に五輪塔を持っている。7番**全興寺**の本尊薬師如来は秘仏。8番**太融寺**の本尊千手観音は嵯峨天皇の念持仏で、大阪駅前という便利な場所にある。9番**国分寺**は真言宗国分寺派大本山で、勢至菩薩は霊明殿の厨子に安置されている。

融通念仏宗の総本山が10番**大念仏寺**で良忍上人の開創、本堂は大阪府下最大の木造建築物。5月1～5日に菩薩練供養万部法要が行われる。11番**報恩院**の阿閦如来像は大阪唯一。

12番**青蓮寺**の本尊は智拳印を結んだ金剛界の木造大日如来像で、胎蔵界曼荼羅の大壁面を背にしている。13番**太平寺**は、古くから大阪の虚空蔵さんといって親しまれ、毎月13日が縁日。

★問合せ先・各寺院
★案内書

おおさか十三仏霊場会編『おおさか十三佛巡礼』（朱鷺書房刊）

おおさか十三仏霊場（大阪府）

1	不動明王	法楽寺	真言泉涌	大阪市東住吉区山坂
2	釈迦如来	正圓寺	東寺真言	〃　阿倍野区松虫通
3	文殊菩薩	家原寺	高野真言	堺市家原寺町
4	普賢菩薩	四天王寺	和宗	大阪市天王寺区四天王寺
5	地蔵菩薩	常光寺	臨済南禅	八尾市本町
6	弥勒菩薩	教興寺	真言律宗	〃　教興寺
7	薬師如来	全興寺	高野真言	大阪市平野区平野本町
8	観世音菩薩	太融寺	高野真言	〃　北区太融寺町
9	勢至菩薩	国分寺	真言国分	〃　北区国分寺
10	阿弥陀如来	大念仏寺	融通念仏	〃　平野区平野上町
11	阿閦如来	報恩院	真言醍醐	〃　中央区高津
12	大日如来	青蓮寺	高野真言	〃　天王寺区生玉寺町
13	虚空蔵菩薩	太平寺	曹洞宗	〃　天王寺区夕陽丘町

淡路島十三仏霊場

兵庫県の淡路島に昭和52年（1977）に開創された霊場で、札所はほぼ全島にわたって散在している。自然に恵まれ、また人情の機微に触れるには絶好の霊場といえ、十三仏霊場の嚆矢である。

島のほぼ中央にある先山の山頂にあるのが1番**千光寺**で、淡路西国、淡路四国のいずれも1番札所。霊場からの眺望は素晴らしい。2番**栄福寺**は行基菩薩の開山といわれ三原平野を望む地にあり、淡路四国27番札所で、土砂加持法会が有名。3番**宝積寺**は、淡路四国23番で淳仁天皇の菩提寺。

島の南海岸にある4番**万勝寺**は明恵の草創で、淡路四国12番。山麓の水仙、菊などが楽しめる5番**真観寺**は淡路四国番外。6番**春日寺**は淡路四国19番。7番**智積寺**は淡路四国32番で、薬師如来は目や耳の病に霊験あらたかといわれる。丸い穴のあいた石塔から高野山を遙拝できる。

8番**三宝院**は淡路四国37番、本尊聖観音は秘仏。9番**法華寺**は淡路西国24番、淡路四国47番、臥竜の松でも有名。水産業関係者の信仰篤い10番**海福寺**は淡路四国51番。11番**生福寺**は淡路四国54番で、青少年の野外活動の場を提供している。

12番**潮音寺**は淡路四国63番で「くらげ除け」の祈禱所として知られ、本尊地蔵菩薩は30年ごとに開扉する秘仏。13番**八幡寺**は毎月13日と28日に百万遍講が営まれ、山門脇には四国八十八ヵ所のミニ霊場がある。

★問合せ先
淡路島十三仏霊場会事務局
千光寺☎0799―23―0013

淡路島十三仏霊場（兵庫県）

1	**不動明王**	千光寺	高野真言	洲本市上内膳
2	**釈迦如来**	栄福寺	高野真言	三原郡三原町掃守
3	**文殊菩薩**	宝積寺	高野真言	〃 三原町市十一ヶ所
4	**普賢菩薩**	万勝寺	高野真言	〃 南淡町阿万
5	**地蔵菩薩**	真観寺	高野真言	〃 南淡町灘土生
6	**弥勒菩薩**	春日寺	高野真言	〃 西淡町阿那賀
7	**薬師如来**	智積寺	高野真言	〃 西淡町湊里
8	**観世音菩薩**	三宝院	高野真言	津名郡五色町下堺
9	**勢至菩薩**	法華寺	高野真言	〃 一宮町江井
10	**阿弥陀如来**	海福寺	真言大覚	〃 北淡町室津
11	**阿閦如来**	生福寺	高野真言	〃 北淡町富島
12	**大日如来**	潮音寺	高野真言	〃 東浦町仮屋
13	**虚空蔵菩薩**	八幡寺	高野真言	〃 津名町志筑

大和十三仏霊場

奈良県内に昭和57年（1982）に開創された霊場で、日本仏教発祥地でもある大和の古刹13か寺よりなる。

生駒の聖天さんと呼ばれる1番**宝山寺**は真言律宗の大本山で、本尊の不動明王は、当寺中興開山湛海の作。真言律宗総本山が2番**西大寺**で、天平宝字8年（764）創建の南都七大寺の一つ。3番安倍**文殊院**の文殊菩薩は日本三文殊の一つ。高さ7メートルと日本最大級で、快慶の作。

4番**長岳寺**は俗に釜の口大師といわれ、弘法大師創建と伝える古刹。5番**金剛山寺**（矢田寺）の本尊は日本最古の地蔵菩薩といわれ重文。また全山を覆う紫陽花で知られる。6番が**当麻寺**塔頭の**中之坊**で、当麻寺は天平時代創建の名刹。十三仏本尊の弥勒菩薩は中之坊本堂にある。

7番が華厳宗の**新薬師寺**で、光明皇后の創建になる。本尊の薬師如来と十二神将は国宝。8番**おふさ観音寺**は病祈願の観音さまを祀る。9番**長弓寺**の本堂は国宝。ここに勢至菩薩が祀られている。10番**霊山寺**は霊山寺真言宗の大本山で本堂は国宝、その他数々の重文を有する。

聖徳太子開創による11番**信貴山玉蔵院**は、国宝信貴山縁起絵巻でよく知られている。12番**円成寺**の大日如来は運慶の作、庭園は国の名勝。13番**大安寺**は、聖徳太子の創建で、大安寺様式の仏像を蔵する。

★問合せ先

大和十三仏霊場会事務局
安倍文殊院☎07444—3—0002

★案内書

東快應著『大和十三佛を巡る』（株式会社スバック刊）

大和十三仏霊場（奈良県）

1	不動明王	宝山寺	真言律宗	生駒市門前町
2	釈迦如来	西大寺	真言律宗	奈良市西大寺芝町
3	文殊菩薩	安倍文殊院	華厳宗	桜井市安倍山
4	普賢菩薩	長岳寺	高野真言	天理市柳本町
5	地蔵菩薩	金剛山寺	高野真言	大和郡山市矢田町
6	弥勒菩薩	当麻寺中之坊	高野真言	北葛城郡当麻町当麻
7	薬師如来	新薬師寺	華厳宗	奈良市高畑福井町
8	観世音菩薩	おふさ観音寺	高野真言	橿原市小房町
9	勢至菩薩	長弓寺	真言律宗	生駒市上町
10	阿弥陀如来	霊山寺	霊山真言	奈良市中町
11	阿閦如来	信貴山玉蔵院	信貴真言	生駒郡平群町信貴山
12	大日如来	円成寺	真言御室	奈良市忍辱山町
13	虚空蔵菩薩	大安寺	高野真言	〃　大安寺二丁目

紀伊之国十三仏霊場

和歌山県の紀ノ川沿いから紀伊半島の西岸に沿って霊場が開かれている。特に紀ノ川沿いの地域は古寺名刹が多く、古くから信仰と観光によって開けてきた。

1番は**根来寺**(ねごろじ)で一乗山大伝法院と号し、新義真言宗の総本山。豊臣秀吉によって全山焼き討ちにあった史実で名高い。葛城連峰の中腹にあり、桜・青葉・紅葉と、季節ごとに趣がある。本尊は大日如来。覚鑁(かくばん)上人の危難を救ったと言い伝えられている錐鑽(きりもみ)不動尊を所蔵する。

獅子に乗っている文殊菩薩（獅子座文殊菩薩）を所蔵するのが3番**神願寺**。本尊子安地蔵尊を安置する5番**地蔵寺**は、安産祈願のお詣りに訪れる人が絶えず、1月24日の初地蔵には年一度の本尊の御開帳が行われる。

6番**慈尊院**は、高野山を開創した折に弘法大師が表玄関として伽藍を草創したところで、高野山の宿所、冬期の避寒修行の場所にした。大師

紀伊之国十三仏霊場（和歌山県）

1	**不動明王**	根来寺	新義真言	那賀郡岩出町根来
2	**釈迦如来**	圓蔵院	明算真言	和歌山市南相生町
3	**文殊菩薩**	神願寺	真言御室	伊都郡かつらぎ町萩原
4	**普賢菩薩**	法輪寺	単立	和歌山市吉田
5	**地蔵菩薩**	地蔵寺	高野真言	橋本市菖蒲谷
6	**弥勒菩薩**	慈尊院	高野真言	伊都郡九度山町
7	**薬師如来**	禅林寺	高野真言	海南市幡川
8	**観音菩薩**	興国寺	単立	日高郡由良町
9	**勢至菩薩**	得生寺	西山浄土	有田市糸我町中番
10	**阿弥陀如来**	観福禅寺	臨済妙心	西牟婁郡白浜町栄
11	**阿閦如来**	白浜金閣寺	単立	〃　白浜町太刀ヶ谷
12	**大日如来**	高山寺	真言御室	田辺市稲成町糸田
13	**虚空蔵菩薩**	瀧法寺	高野真言	日高郡印南町印南原
曼荼羅寺院		印定寺	浄土宗	〃　印南町印南
曼荼羅寺院		光三宝荒神社		橋本市神野々（観音寺）
曼荼羅寺院		往生寺	浄土宗	御坊市湯川町財部
曼荼羅寺院		万楽寺	浄土宗	〃　藤田町吉田
曼荼羅寺院		浄教寺	西山浄土	有田郡吉備町長田
曼荼羅寺院		普門院	単立	伊都郡高野口町伏原
曼荼羅寺院		真田庵	高野真言	〃　九度山町
曼荼羅寺院		高野山奥ノ院	高野真言	〃　高野町高野山

の母が尋ねて来て、本尊の弥勒菩薩を篤く尊崇したという。高野山真言宗の別格本山で、女人高野の地でもある。幡川のお薬師さんと呼ばれて親しまれているのが7番**禅林寺**で、境内の裏山には、新四国八十八ヵ所が祀られていて参拝する人々で賑わっている。

8番**興国寺**は、臨済宗法燈派の大本山で寺宝法燈国師坐像を所蔵。11番**白浜金閣寺**は、正式には修心院浄道寺といい、毎年4月8日に極楽法要が行われる。田辺大師とも呼ばれる名刹**高山寺**は、12番札所で、聖徳太子の草創、弘法大師中興の寺として広く知られている。4月21日の春のお大師さん、7月15日の夏のお大師さんは大変な人出で賑わう。

曼荼羅寺院では、**光三宝荒神社**（光荒神）は竃（かまど）の神さま・火の守護神。**真田庵**は寺院名は善名称院といい、真田昌幸・幸村父子が蟄居した屋敷跡に建立。**高野山奥ノ院**は高野山真言宗の総本山金剛峯寺の地。

★問合せ先
紀伊之国十三仏霊場会事務局
根来 ☎0736—62—1144

★案内書
『紀伊之国十三佛霊場ごあんない』
（紀伊之国十三仏霊場会刊）

出雲国十三仏霊場

島根県の島根半島から宍道湖を回るように、ほとんどの霊場が配されている。昭和57年（1982）に創設さ

れた。周辺には観光地が控えていて、遠方からの巡拝者にも適している。

1番**高祖寺**は弘法大師の開基と伝えられ、本尊大日如来に向かって左手に不動明王が祀られている。境内には樹齢300年といわれる2本の杉の木があり、毎年2月の第一日曜日には「お餅さん」の行事が行われる（松江市無形文化財）。

旧松江藩の歴代藩主の信仰をえた2番**朝日寺**は、出雲三十三観音霊場の29番。本尊十一面観音坐像は行基作と伝えられる。県の有形文化財・神像群を安置している3番**成相寺**は、出雲三十三観音霊場の28番札所。4番**満願寺**も出雲三十三観音霊場の31番札所で、宍道湖東岸を一望できる眺望の地にある。5番は元本浄坊から号が変わった**薬師院**。市内眺望の地に建つ6番**千手院**は、藩主代々の祈願所で、当霊場も出雲三十三観音霊場26番札所。

不動尊霊場として知られる7番**自性院**、鎌倉時代以降の文化財が多い8番**迎接寺**、広大な境内に蓮池や庭園が見られる9番**東泉寺**と続く。10番**乗光寺**は、本尊阿弥陀如来像が行基の作と伝えられ、高さ40メートルの巨大な銀杏や、枯山水の名園で知られている。

床几山の南山麓の景勝地にある11番**弘徳寺**は、お大師さまの寺として地元の人たちに親しまれており、春のお大師祭り、夏の地蔵祭り、秋の秋葉祭りは人出で賑わう。金剛界大日如来を祀る12番**報恩寺**は旧藩主の

祈願寺。本堂から裏山へ向かう参道に新四国八十八ヵ所の霊場がある13番**岩屋寺**が満願寺。

★問合せ先

出雲国十三仏霊場会事務局

高祖寺☎0852—88—2114

★案内書

『出雲国十三仏霊場巡拝ガイドブック』（出雲国十三仏霊場巡拝センター刊）

出雲国十三仏霊場（島根県）

1	不動明王	高祖寺	高野真言	松江市秋鹿町
2	釈迦如来	朝日寺	高野真言	八束郡鹿島町佐陀本郷
3	文殊菩薩	成相寺	高野真言	松江市荘成町
4	普賢菩薩	満願寺	高野真言	〃　西浜佐陀町
5	地蔵菩薩	薬師院	高野真言	八束郡鹿島町名分
6	弥勒菩薩	千手院	高野真言	松江市石橋町
7	薬師如来	自性院	高野真言	〃　米子町
8	観世音菩薩	迎接寺	高野真言	〃　八幡町
9	大勢至菩薩	東泉寺	高野真言	八束郡東出雲町揖屋
10	阿弥陀如来	乗光寺	高野真言	〃　東出雲町上意東
11	阿閦如来	弘徳寺	高野真言	松江市雑賀町床几山
12	大日如来	報恩寺	高野真言	八束郡玉湯町湯町
13	虚空蔵菩薩	岩屋寺	高野真言	〃　宍道町上来待

伊予十三佛霊場

愛媛県の松山市とその周辺に開かれた霊場で、1日で巡拝できる。恒例の大祭は毎年9月の最終土曜日に行われる「大曼荼羅火まつり」で、お正月には三日間「すごろくまいり」の初詣でが行われる。

明星院は、かつてここで弘法大師が修行されたといわれ、後に城主の祈願所になった寺院で、安産・子安・子育ての観音さまとして知られる発願の寺。

災難を除いてくれる身代不動で知られているのが1番大蓮寺で、当地方の総祈禱所になっている。2番**浄土寺**は、奈良時代に恵明上人が開いた寺で、空也上人が刻んだ自像が安置されており、四国八十八ヵ所の49番札所。

3番**太山寺**は、聖武天皇以降歴代天皇の尊崇を受けた寺院で本堂は国宝。四国八十八ヵ所の52番札所で、古木の茂った自然の中にあり、奥ノ院から瀬戸内海が見下ろせる。

鎌倉時代に作られた石像の火防地蔵を祀っているのが4番**円福寺**。本尊に地蔵菩薩を祀っている5番**地蔵院**は、また種田山頭火ゆかりの寺。6番**極楽寺**は、鎌倉時代の作と伝え

られる弥勒菩薩を祀っている。7番**香積寺**は、弘法大師が開いたといわれ、毎月12日が縁日で、悪病除けの祈願所でもある。

行基が観音さまを刻んで安置したことに創まるといわれる8番**西林寺**は、四国八十八ヵ所の48番札所で、国家安泰の祈願道場に定められた。弘法大師が開いたという9番**道音寺**は、身代大師と呼ばれ、地元の人々に親しまれている。

文武天皇の勅願所だったのが10番**八坂寺**で、四国八十八ヵ所の47番札所。本尊の阿弥陀如来は50年に一度の御開扉仏。この寺には地獄通りと極楽通りがあり、閻魔さまが祀られている。

武将どうしが和睦を結んだ寺ということから、縁結び・夫婦和合の寺として知られるのが11番**高音寺**。弘法大師が建立したという12番**理正院**の山頂には、古墳群がある

13番**成願寺**は、当地に病が流行った折、行基が虚空蔵菩薩を造り祈願し堂宇を建てて安置したという言い伝えがあり、また熊野大権現のお告げにより本堂を建立したと伝えられている。

十三仏霊場結びの寺は、元聲明寺といい、400年ほど前に讃岐の金毘羅大権現が降られたとして、お祀りし**金毘羅寺**と呼ぶようになったという。杉の大木に囲まれた静寂さの中に堂宇が建つ。

★問合せ先
伊予十三佛霊場会事務局
　道音寺☎089—964—2251

伊予十三佛霊場（愛媛県）

発願	救世観音	明星院	天台寺門	松山市平井町
1	**不動明王**	大蓮寺	真言豊山	〃 東方町甲
2	**釈迦如来**	浄土寺	真言豊山	〃 鷹子町
3	**文殊菩薩**	太山寺	真言智山	〃 太山寺町
4	**普賢菩薩**	円福寺	天台宗	〃 藤野町甲
5	**地蔵菩薩**	地蔵院	真言豊山	〃 石手
6	**弥勒菩薩**	極楽寺	真言豊山	〃 鷹子町
7	**薬師如来**	香積寺	高野真言	温泉郡重信町田窪
8	**観世音菩薩**	西林寺	真言豊山	松山市高井町
9	**勢至菩薩**	道音寺	高野真言	温泉郡重信町牛淵
10	**阿弥陀如来**	八坂寺	真言醍醐	松山市浄瑠璃町
11	**阿閦如来**	高音寺	真言智山	〃 高木町
12	**大日如来**	理正院	真言智山	伊予郡砥部町麻生
13	**虚空蔵菩薩**	成願寺	真言豊山	松山市久万ノ台
結願	**金毘羅大権現**	金毘羅寺	真言豊山	温泉郡川内町河之内

十三仏図

十二支霊場

◆守り本尊の成り立ち

　生まれ歳（十二支）の別により、個人の身を守護してくれる神仏を「守り本尊」と呼ぶが、その神仏がどのような理由で選ばれたものか、その根拠ははっきりしない。また、神仏名にも異動がある。ただ、こうした俗信が成立するにあたっては、周易（中国の周の時代に大成した易）の八卦が影響していることだけは確かなようだ。

　方位と十二支との関係は図に示したように、「四正」と呼ばれる「東・西・南・北」をそれぞれ「卯・酉・午・子」とし、更に「四隅」と呼ばれる「東南・西南・東北・西北」にそれぞれ「辰・巳」・「未・申」・「丑・寅」・「戌・亥」が配されるというものである。もともと十二支と

十二支	方位	守り本尊
子	北	千手観音
丑	東北	虚空蔵菩薩
寅	東北	虚空蔵菩薩
卯	東	文殊菩薩
辰	東南	普賢菩薩
巳	東南	普賢菩薩
午	南	勢至菩薩
未	西南	大日如来
申	西南	大日如来
酉	西	不動明王
戌	西北	阿弥陀如来または八幡大菩薩
亥	西北	阿弥陀如来または八幡大菩薩

は植物の発生や繁茂を表す言葉だったが、やがて鼠・牛・虎といった獣が当てられるようになった（初見は後漢時代の『論衡』）。

　いずれにせよ、以上のことから八つの神仏が配されるものであるが、一覧表にしてみればこのようなものが見受けられる。　　　　（塩入亮乗）

武州寄居十二支守り本尊霊場

埼玉県大里郡寄居町は県の北西部にあり、中世の城下町から発達、近世には宿場町として栄えてきた。十二支の守り本尊を祀る8か寺はいずれも寄居町内にあり、霊場の成立は昭和53年（1978）。巡拝には3時間ほどかかるが、自然に恵まれたところなのでハイキングをかねて巡る人も多い。

曹洞宗の古刹が**少林寺**で、五百羅漢石像と千体荒神の板碑がある寺としてよく知られている。いずれも江戸時代末期に造立されたもの。

善導寺には町の文化財に指定されている百人一首格天井がある。

正龍寺の山門は勇壮な構えで、鉢形城主北条氏邦の墓がある。**天正寺**の鐘楼も見どころの一つ。

霊場周辺は飲食店が少なく、また平日は閉まっている寺院もあるので注意のこと。

★問合せ先
武州寄居十二支守り本尊霊場会
正龍寺☎0485—81—5529

武州寄居十二支守り本尊霊場（埼玉県）

子	善導寺	浄土宗	千手観音	大里郡寄居町元宿
丑寅	天正寺	曹洞宗	虚空蔵菩薩	〃 寄居町桜沢
卯	少林寺	曹洞宗	文殊菩薩	〃 寄居町末野
辰巳	正龍寺	曹洞宗	普賢菩薩	〃 寄居町藤田
午	放光院	浄土宗	勢至菩薩	〃 寄居町武町
未申	正樹院	浄土宗	大日如来	〃 寄居町本町
酉	浄心寺	浄土宗	不動明王	〃 寄居町中町
戌亥	西念寺	浄土宗	阿弥陀如来	〃 寄居町本町

三河十二支霊場

愛知県の三河地方の寺院が集まって、昭和52年（1977）に開創。各霊場とも病封じの霊効があり、地元では「医者いらず霊場」と呼んでいる。

東海地方最古の寺院といわれる**真福寺**では、諸病に霊験あらたかな霊水が授けられる。

世尊寺の本尊は天竺渡来の日本唯一の釈迦説法大立像で、当寺は厄除一日尼僧修法道場として有名。足利義満が創建した**天恩寺**では、本尊延命地蔵尊、卯年守り本尊文殊菩薩とともに長寿息災を祈る信者が多い。

松平家の菩提所**本光寺**は、三河の紫陽花寺といわれ、四季折々を彩る花も多い。中風除け大根焚き、土用のほうろく灸で知られるのが**妙善寺**。「ぜに洗い弁財天」の**崇福寺**、霊石

卵石の分身のある**善光寺岡崎別院**、大浜の大仏と呼ばれ、阿弥陀如来木像で知られる**海徳寺**で構成。

★問合せ先
十二支霊場会本部
世尊寺☎0564―22―1805

三河十二支霊場（愛知県）

子	真福寺	天台宗	千手観音	岡崎市真福寺町薬師山
丑寅	世尊寺	単立	虚空蔵菩薩	〃 欠町天上田東公園
卯	天恩寺	臨済妙心	文殊菩薩	額田郡額田町片寄山下
辰巳	本光寺	曹洞宗	普賢菩薩	〃 幸田町深溝
午	妙善寺	西山深草	勢至菩薩	幡豆郡幡豆町東幡豆森
未申	崇福寺	西山深草	大日如来	岡崎市中島町道海
酉	善光寺岡崎別院	単立	不動明王	〃 伊賀町地蔵ヶ入
戌亥	海徳寺	西山深草	阿弥陀如来	碧南市音羽町

さぬき十二支霊場

香川県西部の瀬戸内海に面した地方を中心に、昭和53年（1978）に開かれた霊場。観光化されていない素朴な霊場だけに、各寺院とも人間的な触れ合いを大切にしている。

智証大師の開基になるのが**長林寺**で、子歳守り本尊の千手観音は室町時代後期に祀られた。弘法大師の産屋の霊跡といわれるのが海岸沿いに建つ**海岸寺**で、巡拝用具・仏教書が揃っており、宿坊も整っている。

花と緑に包まれた**長壽院**、安産子育ての霊験のある**円明院**、白壁の美しい**宝光寺**などもある。

★問合せ先
さぬき十二支霊場会本部
神正院☎0875―84―6565

さぬき十二支霊場（香川県）

子	長林寺	単立	千手蔵観音	三豊郡豊中町笠田
丑寅	神正院	高野真言	虚空蔵菩薩	〃 詫間町生里
卯	海岸寺	真言醍醐	文殊菩薩	仲多度郡多度津町西白方
辰巳	長壽院	真言善通	普賢菩薩	三豊郡詫間町松崎
午	歓喜院	真言善通	勢至菩薩	〃 高瀬町下麻
未申	円明院	真言御室	大日如来	〃 仁尾町家ノ浦
酉	宝光寺	真言大覚	不動明王	〃 高瀬町上高瀬
戌亥	蓮台寺	高野真言	阿弥陀如来	〃 高瀬町比地中

七福神霊場

◆七福神信仰のいわれ

七福神信仰が成立したのは、室町時代も中期以降のことといわれる。それも当初は個別に信仰を集めていた恵比須天と大黒天が、次第に並んで祀られるようになり、これに他の福神が加えられていった。その数「七」については、七曜・七宝・七正・七殺・竹林の七賢などから得られた聖数であったと思われ、これが仏教の『仁王般若経』(受持品)である「七難即滅・七福即生」の語句とも重なって世間に流布したものと思われる。

ところで、七福神の顔ぶれに恵比須天・大黒天・毘沙門天・弁財天・福禄寿・布袋尊が整ったのは江戸時代も後期のことで、それまでは宇賀神・虚空蔵菩薩・吉祥天・猩々などが入れ替わっている場合も多くあった。こうした七福神に対する信仰は京都において盛んだったが、それは巡拝を意味するものではなかった。

これに対して「七福神巡り」は江戸での記録に早くから現れ(『享和雑記』)、やがて京都でも七福神巡拝が起こってくる。しかし、その場合も福神の霊験で著名な寺社よりも、巡拝に便利な近隣寺社が選ばれたようだ。

このように福神を巡る習俗が各地に成立してくるが、その一方で福は向こうからやってくるという観念もあり、正月には恵比須大黒舞などが各家を訪れる風習も残っていった。

また江戸時代に初夢売りが宝船に乗った七福神を配ったことから、船に乗る福神の姿が一般化したといわれる。

◆それぞれの七福神について

それぞれの福神に関して述べておく。

[恵比須天] 日本の神で男性。海の彼方から来訪する神としての性格をもち、漁師にとっては豊漁の神、農民にとっては豊作の神、商人にとっては商売繁盛の神とされる。今日でも正月行事に大阪・今宮戎神社や兵庫・西宮戎神社で十日戎が盛んである。一般に左手に鯛、右手に釣竿を持つ姿で表される。

[大黒天] インドの神で男性。もとは破壊や戦闘を司った神だったが、天台宗ではこれを厨房の神としたことや、大国主命と習合したことから柔和な顔になり、俵の上に乗って袋を担ぐ姿になった。開運招福の神とされる。

[毘沙門天] インドの神で男性。多聞天ともいい、四天王の一つで北方を守護する神であった。安産などの信仰をもつ。

[弁財天] インドの神で女性。水の神・農業の神であったが、学問や音楽の神として仏教に取り入れられて楽器を持つ姿や、宇賀神と習合して蛇を頭上に頂く姿がある。竹生島・江ノ島・厳島は三弁天といわれ、学問・技

芸・蓄財の神として信仰される。
[福禄寿] 中国の神で男性。寿老人とは本来同一の南極寿星の化身。福徳・財産・長寿をもたらす神。
[寿老人] 中国の神で男性。福禄寿とは本来同一。長寿の神。
[布袋尊] 6世紀後半の中国の禅僧（契此(けいし)）。弥勒菩薩の化身ともされ、その風貌や笑顔から福徳円満が想起され、将来を良くする縁結びの神とされる。

（塩入亮乗）

★案内書

白木利幸著『七福神巡拝』（朱鷺書房刊）

小関親康著『七福神めぐり』（三心堂刊）

北海道・東北の七福神霊場

北の都札幌七福神

　北海道の札幌市とその周辺に、七福神の霊場がある。日本最北端の七福神といわれている。

恵比須尊天	**金毘羅密寺**	
	札幌市西区宮の沢1条	
大黒天	**立江寺**	石狩市花畔
毘沙門天	**隆光寺**	
	札幌市中央区円山西町	
弁財天	**誓願寺**	
	札幌市中央区南十三条西	
福禄寿	**光照寺**	
	札幌市中央区　隆光寺内	
寿老人	**真言密寺**	
	江別市向ヶ丘	
布袋尊	**文殊殿**	
	札幌市西区　金毘羅密寺内	

問合せ先・金毘羅密寺
　　　　　☎011-669-6666

奥州仙臺七福神

　昭和60年に発足。**宮城県**仙台市内にあり、1日で巡ることができる。毎月、7・17・27日が縁日。御宝印は毎日いただける。藤崎百貨店は木曜が定休日で、この日は、えびすさまの巡拝はできない。

弁才天	**林香院**	若林区新寺
毘沙門天	**満福寺**	若林区荒町
布袋尊	**福聚院**	太白区門前町
福禄寿	**鈎取寺**	太白区鈎取
えびす	**藤崎えびす神社**	
	青葉区一番町	藤崎百貨店屋上
寿老尊	**玄光庵**	青葉区通町
大黒天	**秀林寺**	青葉区北山

問合せ先・林香院 ☎022—256—1705

出羽七福神八霊場

　山形県の中部から北部にかけてほぼ一周する形になっていて、吉祥天を入れて8霊場になっている。周辺では松尾芭蕉の足跡が訪ねられる。巡礼には10時間を要する。

福禄寿	**慈眼寺**	
	飽海郡八幡町赤剥	
布袋尊	**松岩寺**	
	東田川郡余目町家根合	
大黒天	**冷岩寺**	
	東田川郡立川町狩川	
吉祥天	**永福寺**	
	東田川郡羽黒町川行	
恵比寿神	**慈雲院**	
	東田川郡朝日村大針	
弁財天	**建昌寺**	山形市七日町
毘沙門天	**祥雲寺**	
	村山市楯岡湯沢	
寿老人	**如法寺**	新庄市鳥越

問合せ先・如法寺☎0233—22—3626

会津七福神

　昭和62年に開かれた霊場で、**福島県の会津・郡山の1社6か寺**が協力する形で生まれた。巡拝には5時間ほどかかる。

弁財天　**長福寺**
　　　　郡山市湖南町赤津
恵比須天　**円蔵寺**（柳津虚空蔵）
　　　　河沼郡柳津町柳津
寿老福神　**伊佐須美神社**
　　　　大沼郡会津高田町宮林
大黒天　**薬師寺**
　　　　大沼郡会津高田町橋丸
福禄寿　**建福寺**
　　　　会津若松市門田町黒岩
布袋尊　**大龍寺**
　　会津若松市東山町石山稲荷山
毘沙門天　**天寧寺**
　　会津若松市東山町石山天寧

問合せ先・薬師寺☎0242—54—4876

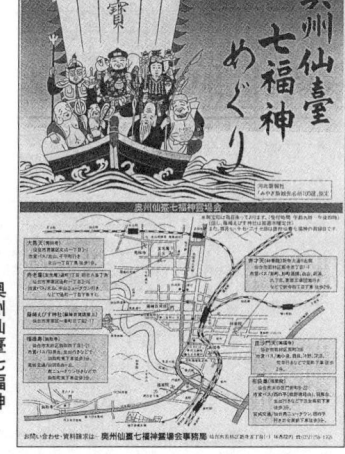

円蔵寺（会津七福神）

奥州仙臺七福神（パンフレットより）

関東の七福神霊場

奥久慈大子七福神

茨城県最北西部の久慈郡大子町内に生まれた七福神。町は県内一広い面積を有し、袋田ノ滝、奥久慈温泉郷、八溝山などの観光地がある。

寿老神	長福寺	大子町頃藤
布袋尊	龍泰院	大子町袋田
福禄寿	実相院	大子町内大野
大黒天	慈雲寺	大子町町付
恵比寿	高徳院	大子町上郷
毘沙門天	性徳寺	大子町下金沢
弁財天	永源寺	大子町大子

問合せ先・長福寺☎02957—4—0417

とりで利根川七福神

茨城県取手市の観光協会が、田畑や台地の雑木林などの自然が楽しめるように、利根川の近くの寺院を中心に選定した七福神。昭和45年に生まれ、文学や芸術にゆかりの寺も多い。歩いて4時間ほどのコース。

寿老人	光明寺	取手市桑原
布袋尊	普門院	取手市井野
恵比寿	明星院	取手市小文間
毘沙門天	福永寺	取手市小文間
弁財天	東谷寺	取手市小文間
福禄寿	念仏院	取手市東
大黒天	長禅寺	取手市取手

問合せ先・光明寺☎0297—72—2378 及び各寺院

常陸七福神

霞ヶ浦、筑波山を初め水郷筑波国定公園をほぼぐるりと一巡できる茨城県の常陸七福神は、車で1日のコース。土浦の眞延寺には七福神7体が祀られている。昭和57年に誕生。

大黒天	笠間稲荷神社 笠間市笠間
毘沙門天	西光院 新治郡八郷町吉生
寿老人	西蓮寺 行方郡玉造町西蓮寺
福禄寿	長勝寺 行方郡潮来町潮来
弁財天	逢善寺 稲敷郡新利根町小野
七福神七体	眞延寺 土浦市西真鍋
恵比寿	筑波山神社 つくば市筑波
布袋尊	月山寺 西茨城郡岩瀬町西小塙

問合せ先・笠間稲荷神社 ☎0296—72—1201及び各寺社

八溝七福神

八溝山地の西側、那珂川に沿って開かれた霊場で、**栃木県那須郡**にある。自然に恵まれた当地は、古くは城下町として開けた地もあり史跡も多い。毎月7の日は七福神の縁日で、御宝印は毎日いただける。

毘沙門天	**三光寺**	那須町芦野
布袋尊	**不動院**	黒羽町久野又
恵比須尊	**明王寺**	黒羽町黒羽向町
寿老尊	**威徳院**	湯津上村湯津上
大黒天	**光丸山**	湯津上村佐良土
弁財天	**光照寺**	小川町小川
福禄寿	**乾徳寺**	馬頭町

問合せ先・光照寺☎0287—96—2045

上三川七福神

平成3年に開創された比較的新しい霊場で、**栃木県河内郡**の上三川町内にある。豊かな田園風景を眺めながら、高齢者でも徒歩3～4時間で巡拝できる。

寿老人	**西念寺**	上三川町多功
恵比寿	**宝光院**	上三川町多功
毘沙門天	**見性寺**	上三川町多功
布袋尊	**延命院**	上三川町梁
福禄寿	**普門寺**	上三川町上三川
大黒天	**善応寺**	上三川町上三川
弁財天	**長泉寺**	上三川町しらさぎ

問合せ先・長泉寺☎0285—56—2549

足利七福神

昭和2年に町の繁栄を願って、**栃木県**足利市に生まれた。一時中断していたが昭和62年の卯年の正月から復活。やや遠方になる名草弁天と最勝寺以外の七福神（8寺社）は、徒歩3時間ほどで巡拝できる。

大黒天	**鑁阿寺**	足利市家富町
寿老人	**心通院**	足利市本城
弁財天	**明石弁天**（本城厳島神社）	足利市本城
弁財天	**6丁目長尾弁天**（通6丁目厳島神社）	足利市通
福禄寿尊	**長林寺**	足利市西宮町
恵比寿神	**西宮神社**	足利市西宮町
毘沙門天	**常念寺**	足利市通
布袋尊	**福厳寺**	足利市緑町
弁財天	**名草弁天**（名草厳島神社）	足利市名草上町
毘沙門天	**最勝寺**	足利市大岩町

問合せ先・足利市観光協会
　　　　　　☎0284—43—3000

下野七福神

昭和56年に**栃木県**の鬼怒川温泉のホテルが中心になって県内に開いた霊場。

大黒天	**中禅寺**	日光市中宮祠
毘沙門天	**輪王寺**	日光市山内
福禄寿	**明静寺**	今市市瀬尾
寿老人	**持宝院**	
		宇都宮市田下町
弁財天	**大谷寺**	
		宇都宮市大谷町
恵比須	**二荒山神社**	
		宇都宮市馬場通
布袋尊	**西明寺**	
		芳賀郡益子町益子

問合せ先・各寺院

上州七福神

群馬県内全域にわたって配置されている。本堂に入堂して拝観できるのが特徴で、団体は希望により法話も聞ける。急げば1日で巡れるが、県外からなら1泊すると余裕をもって巡ることができる。

大黒尊天	**善宗寺**	
		太田市只上原宿
福禄寿尊天	**正円寺**	
		前橋市堀之下町
恵比寿尊天	**珊瑚寺**	
		勢多郡富士見村石井
弁財尊天	**興禅寺**	
		勢多郡赤城村三原田
寿老尊天	**長松寺**	
		北群馬郡吉岡町漆原
毘沙門尊天	**柳沢寺**	
		北群馬郡榛東村山子田
布袋尊天	**霊山寺**	
		甘楽郡下仁田町

問合せ先・柳沢寺☎0279—54—3954
　　　　または珊瑚寺☎0272—88—3503

上州太田七福神

群馬県太田市の金山山麓に開かれた霊場で、徒歩で3時間ほどで回れる。1月の三が日の明けた最初の日曜日には、新春七福神巡りの行事が行われる。

恵比寿	**長念寺**	太田市本町
大黒天	**受楽寺**	太田市金山町
弁財天	**大光院**	太田市金山町
毘沙門天	**金龍寺**	
		太田市金山町
福禄寿	**玉巌寺**	太田市東金井
寿老人	**永福寺**	太田市東金井
布袋尊	**さざえ堂**	
		太田市東今泉

問合せ先・太田市観光協会
　　　　☎0276—45—8181

武蔵野七福神

昭和の初期に奥武蔵七福神が開かれ、それを原型に戦後再発足した。

埼玉県内の西武池袋線沿線にあり、1日で巡拝できる。

布袋尊	金乗院	（山口観音）所沢市上山口
大黒天	長泉寺	入間市豊岡
弁財天	圓照寺	入間市野田
福禄寿	円泉寺	飯能市平松
寿老人	観音寺	飯能市山手町
恵比寿	諏訪八幡神社	飯能市飯能
毘沙門天	浄心寺	飯能市矢颪

問合せ先・長泉寺☎04—962—2306

秩父七福神

昭和52年に創設された、埼玉県秩父地方の七福神霊場。

福禄寿	総持寺	秩父郡長瀞町本野上
大黒天	大浜円福寺	秩父郡皆野町皆野
毘沙門天	鳳林寺	秩父郡小鹿野町下小鹿野
寿老人	田村円福寺	秩父市田村
弁財天	惣円寺	秩父市東町
布袋尊	金仙寺	秩父市下影森
恵比寿	東林寺	秩父郡横瀬町横瀬

問合せ先・東林寺　☎0494—22—4394

小江戸川越七福神

小江戸と呼ばれる埼玉県の川越市は、今でも市内に城下町の面影を残している。七福神めぐりに訪れる人も多く、お正月の元日から7日までは特に大変な賑わいをみせている。全行程約6キロと、徒歩でも半日で巡れる手ごろな距離。毎月1日は七福神の縁日にあたる。

毘沙門天	妙善寺	川越市菅原町
寿老人	天然寺	川越市仙波町
大黒天	喜多院	川越市仙波町
恵比須天	成田山	川越市久保町
福禄寿神	蓮馨寺	川越市連雀町
布袋尊	見立寺	川越市元町
弁財天	妙昌寺	川越市三光町

問合せ先・天然寺☎049—222—6151

武州寄居七福神

寄居町は埼玉県北西部、JR八高線、秩父鉄道、東武東上線の交わる交通要衝の地にあり、史跡「鉢形城跡」や緑豊かな自然にめぐまれた町。ご神体はみな巨像にして露座でお祀りしているので通年参拝ができる。平成元年創設。1周約25キロ。

福禄寿・布袋尊	蓮光寺	寄居町用土

弁財天・毘沙門天	**極楽寺**	
		寄居町藤田
大黒天	**常光寺**	寄居町折原
恵比寿神	**常楽寺**	寄居町赤浜
寿老神	**長昌寺**	寄居町牟礼

問合せ先・蓮光寺☎048―584―2676

武蔵越生七福神

　東京近郊の**埼玉県**入間郡越生(おごせ)町内にある七福神は、のどかな山里の清流沿いに点在している。自然に恵まれているうえ、ハイキングコースとしてもよく整備されているので、ハイキングをかねて七福神巡りをする人が増えている。バスと徒歩で4時間ほどのコース。昭和59年成立。

布袋尊	**全洞院**	越生町黒山
毘沙門天	**龍穏寺**	
		越生町龍ヶ谷
寿老人	**円通寺**	越生町小杉
福禄寿	**最勝寺**	越生町堂山
弁財天	**弘法山**	越生町成瀬
大黒天	**正法寺**	越生町越生
恵比須	**法恩寺**	越生町越生

問合せ先・法恩寺☎0492―92―2265

武州川口七福神

　埼玉県の南東端に位置している川口市内にある七福神で、巡拝しながらハイキングも楽しめる。ＪＲ武蔵野線東川口駅からＪＲ京浜東北線西川口駅まで約21キロ、1日のコース。

弁財天尊	**西光院**	川口市戸塚
大黒天尊	**密蔵院**	
		川口市安行原
恵美寿神	**傑伝寺**	
		川口市東本郷
布袋尊	**正覚寺**	川口市元郷
福禄寿尊	**錫杖寺**	川口市本町
毘沙門天尊	**吉祥院**	
		川口市南町
寿老人	**正眼寺**	川口市宮町

問合せ先・傑伝寺☎048―281―1655

与野七福神

　埼玉県の与野市に昭和59年に開かれた七福神。各霊場間の距離が近いうえ、全長約3キロと歩いて巡るのに手ごろ。不在の寺社があるので団体の場合は事前に連絡を。

福禄寿	**正円寺**	与野市本町西
恵比寿神	**一山神社**	
		与野市本町東
寿老人	**天祖神社**	与野公園内
大黒天	**円乗院**	与野市本町西
布袋尊	**円福寺**	与野市上峰
毘沙門天	**鈴谷大堂**	
		与野市鈴谷
弁財天	**弘法尊院**	与野市中里

問合せ先・大木屋

☎048―852―4469

関東の七福神霊場

松戸七福神

千葉県の北西部、江戸川の東部に位置する松戸市内に昭和62年に開かれた。ほぼ市内を一巡できるようになっている。

大黒天	**宝蔵院**	松戸市上矢切
布袋尊	**善照寺**	松戸市松戸
恵比寿	**金蔵院**	松戸市旭町
毘沙門天	**医王寺**	
		松戸市中金杉
弁財天	**華厳寺**	松戸市幸田
福禄寿	**円能寺**	松戸市千駄堀
寿老人	**徳蔵院**	松戸市日暮

問合せ先・金谷寺☎047―341―4529

流山七福神

千葉県の流山(ながれやま)市内に昭和60年に開設された。各霊場はのどかな田園風景や、森に囲まれた緑に恵まれた場所にある。

毘沙門天	**福性寺**	流山市平方
福禄寿	**西栄寺**	流山市桐ヶ谷
恵比寿	**長流寺**	流山市流山
大黒天	**流山寺**	流山市流山
寿老人	**清瀧院**	流山市名都借
布袋尊	**春山寺**	流山市野々下
弁財天	**成顕寺**	流山市駒木

問合せ先・長流寺☎04―7158―0355
　　　　　流山市観光課☎04―7158―1111

利根川いんざい七福神

千葉県北部の印西市内の七福神。当地は江戸時代以降に利根川水運の河港として栄え、古寺が多い。獅子舞や称念仏踊りなどの郷土芸能が今に伝わっている。

寿老人	**観音堂**	印西市木下
恵比寿	**三宝院**	印西市竹袋
福禄寿	**宝泉院**	印西市別所
大黒天	**長楽寺**	印西市大森
毘沙門天	**泉倉寺**	印西市和泉
弁財天	**観音寺**	印西市浦部
布袋尊	**最勝院**	印西市発作
弁才天	**厳島神社**	
		印西市大森・六軒

問合せ先・各寺社

横浜七福神

神奈川県横浜市港北区内に昭和40年に結成され、翌年から巡拝が始まった。東急東横線の沿線にあって便利なため訪れる人が多い。

弁財天	**菊名池弁財天社**	
		港北区菊名池公園内
毘沙門天	**蓮勝寺**	
		港北区菊名町
大黒天	**正覚院**	
		港北区大豆戸町
布袋尊	**東照寺**	港北区綱島西
恵比寿	**西方寺**	港北区新羽町
福禄寿	**興禅寺**	港北区高田町

寿老神　**金蔵寺**
　　　　　港北区日吉本町

問合せ先・東照寺☎045—531—1783

磯子七福神

神奈川県横浜市南部の2区にまたがっており、創設は大正8年という。昭和の初期に2か寺が入れ替わり、現在の構成になる。

寿老人　**宝生寺**　南区堀ノ内町
大黒天　**金剛院**　磯子区岡村
布袋尊　**密蔵院**　磯子区滝頭
恵比寿　**宝積寺**　磯子区上町
弁財天　**金蔵院**　磯子区磯子
毘沙門天　**真照寺**　磯子区磯子
福禄寿　**弘誓院**　南区睦町

問合せ先・宝積寺☎045—751—4300

横浜瀬谷八福神

ダルマ大師を加えた八福神信仰が、**神奈川県**横浜市の瀬谷(せや)地区では古くから行われており、今に伝えられている。ほぼ、半日くらいで回れる。

ダルマ大師　**長天寺**
　　　　　瀬谷区相沢
大黒尊天　**妙光寺**
　　　　　瀬谷区上瀬谷町
恵比寿神　**善昌寺**
　　　　　瀬谷区竹村町
毘沙門天　**徳善寺**　瀬谷区本郷

弁財天　**寳蔵寺**　瀬谷区瀬谷
布袋尊　**西福寺**　瀬谷区橋戸
福禄寿　**宗川寺**　瀬谷区北新
寿老人　**全通院勢至堂**
　　　　　瀬谷区下瀬谷

問合せ先・徳善寺☎045—301—0192

川崎七福神

多摩川の南岸に接する**神奈川県**川崎市の中原区には、古くから各寺院に格調高い七福神が安置されており、昭和58年に七福神会が結成された。お正月の元日から7日までの七福神巡りが、年々盛んになっている。全行程14キロ、歩いて6時間ほどで巡拝できる。

福禄寿　**安養寺**　中原区上新城
弁財天　**宝蔵寺**
　　　　　中原区上小田中
毘沙門天　**東樹院**　中原区宮内
大黒天　**西明寺**
　　　　　中原区小杉御殿町
恵比寿神　**大楽院**
　　　　　中原区上丸子八幡町
寿老神　**無量寺**　中原区中丸子
布袋尊　**大楽密寺**　中原区木月

問合せ先・七福神会
　　　　☎044—711—0729

武州稲毛七福神

神奈川県川崎市でも北西部の小田

急線沿線は、緑が多く、点在する林の中にある寺々で七福神巡りができる。初詣でができるのは、お正月の元日から3日まで。歩いて3〜4時間のコース。近くに遊園地もある。

毘沙門天	**安立寺**	
		多摩区東生田
大黒天	**広福寺**	多摩区枡形
弁財天・寿老人	**盛源寺**	
		多摩区長沢
恵比寿	**観音寺**	多摩区生田
布袋尊	**香林寺**	麻生区細山
福禄寿	**潮音寺**	麻生区高石

問合せ先・盛源寺

☎044—977—3744

鎌倉・江の島七福神

神奈川県内でも有数の観光地、湘南にある七福神。昭和56年に成立。弁財天が二か所ある8寺社を、電車やバスを利用して1日で巡拝することができる。

布袋尊	**浄智寺**	鎌倉市山ノ内
旗上弁財天	**鶴岡八幡宮**	
		鎌倉市雪ノ下
寿老人	**妙隆寺**	鎌倉市小町
夷神	**本覚寺**	鎌倉小町
毘沙門天	**宝戒寺**	鎌倉市小町
大黒天	**長谷寺**	鎌倉市長谷
福禄寿	**御霊神社**	
		鎌倉市坂ノ下

関東の七福神霊場

江の島弁財天	**江島神社**	
		藤沢市江の島

問合せ先・七福神会

☎0466—26—3028

藤沢七福神

第二次世界大戦後の困窮した日本の社会に役立とうと、昭和28年に発足。神奈川県の藤沢市内に分散しており、電車やバスを使っても巡拝には1日かかる。

毘沙門天	**白旗神社**	
		藤沢市藤沢
大黒天	**諏訪神社**	藤沢市西富
寿老人	**感応院**	藤沢市大鋸
福禄寿	**常光寺**	藤沢市本町
布袋尊	**養命寺**	藤沢市大庭
恵比寿	**皇大神宮**（烏森神社）	
		藤沢市鵠沼神明
弁財天	**江島神社**	
		藤沢市江の島
毘沙門天	**龍口寺**	藤沢市片瀬

問合せ先・常光寺 ☎0466—22—2266

湘南七福神

神奈川県の逗子市と三浦郡葉山町にある真言宗の寺によって、昭和49年に開設された。当初、相州七福神と呼んでいた。歩いて巡拝できる。

大黒天	**宗泰寺**	逗子市桜山

弁財天	延命寺	（逗子大師）
		逗子市逗子
福禄寿	東昌寺	逗子市池子
寿老人	光照寺	逗子市沼間
毘沙門天	仙光院	葉山町長柄
布袋尊	長運寺	葉山町長柄
恵比寿	玉蔵院	葉山町一色

問合せ先・光照寺☎0468—71—3254

三浦七福神

神奈川県の三浦半島に、昭和39年に霊場と三浦市観光課とが協賛してつくった七福神。ハイキングをかねて巡ると、2日はかかる。

金光恵比須	圓福寺
	三浦市南下浦町金田
白浜毘沙門天	慈雲寺
	三浦市南下浦町毘沙門
筌龍弁財天	海南神社
	三浦市三崎
桃林布袋尊	見桃寺
	三浦市白石町
長安寿老人	白髭神社
	三浦市三崎町小網代
鶴園福禄寿	妙音寺
	三浦市初声町下宮田
寿福大黒天	延寿寺
	三浦市初声町下宮田

問合せ先・圓福寺☎0468—88—0038

箱根七福神

箱根の国立公園の中心に位置し、箱根旧街道、関所、芦ノ湖などとともに七福神巡りが楽しめる。弁財天を除く6体の御本体は新たに本彫で揃えられた。昭和59年に開設、**神奈川県足柄下郡箱根町**にある。

大黒天	守源寺	箱根町畑宿
恵比寿神	箱根神社	
		箱根町元箱根
布袋尊	興福院	箱根町元箱根
寿老人	本還寺	箱根町箱根
毘沙門天	駒形神社	
		箱根町箱根
弁財天	阿字ヶ池弁天	
		箱根町芦之湯
福禄寿	山王神社	
		箱根町小涌谷

問合せ先・山王神社（箱根小涌園内）
☎0460—2—4111

延寿寺（三浦七福神）

東京の七福神霊場

隅田川七福神

　江戸時代の文化元年（1804）に、この地にある百花園を中心に集まってきた文人・墨客たちが創始した七福神で、古くから人気があった。隅田川の東岸に沿っており、ゆっくり巡っても半日のコース。**東京都**墨田区内にあり、かつては向島七福神とも呼ばれた。巡拝期間はお正月の元日から7日まで。

恵比寿・大国神
　　　　　三囲神社　墨田区向島
毘沙門天　**多聞寺**　墨田区墨田
布袋尊　　**弘福寺**　墨田区向島
弁財天　　**長命寺**　墨田区向島
福禄寿　　**百花園**　墨田区東向島
寿老人　　**白鬚神社**
　　　　　　　　　　墨田区東向島

問合せ先・各寺社

谷中七福神

　江戸時代に生まれた、江戸市中最古の七福神といわれる。**東京都**内でもこの地域は史跡や古寺が多く、昔をしのぶことができる。巡拝期間は新年の元日から15日まで。

弁財天　**不忍池弁天堂**
　　　　　　　　　　台東区上野公園
大黒天　**護国院**
　　　　　　　　　　台東区上野公園
毘沙門天　**天王寺**　台東区谷中
寿老人　　**長安寺**　台東区谷中
布袋尊　　**修性院**
　　　　　　　　　　荒川区西日暮里
恵比寿　　**青雲寺**
　　　　　　　　　　荒川区西日暮里
福禄寿　　**東覚寺**　北区田端

問合せ先・護国院☎03―3821―3906

下谷七福神

　東京都の北の玄関といわれる上野駅の北東部の下町に、昭和52年に創設された。古くから、人々の信仰をあつめている寺院が含まれている。

寿老人　**元三島神社**
　　　　　　　　　　台東区根岸
福禄寿　**真源寺**（入谷鬼子母神）
　　　　　　　　　　台東区下谷
大黒天　　**英信寺**　台東区下谷
毘沙門天　**法昌寺**　台東区下谷
弁財天　　**朝日弁天院**
　　　　　　　　　　台東区竜泉
恵比寿　　**正宝院**（飛不動）
　　　　　　　　　　台東区竜泉
布袋尊　　**寿永寺**　台東区三ノ輪

問合せ先・元三島神社
　　　　　　☎03―3873―4976

浅草名所七福神

浅草の観音さまの浅草寺を起点にして、**東京都**内の浅草界隈を徒歩3時間ほどで巡れるコース。昭和8年に開かれ、その後昭和52年に復興したという。

大黒天	**浅草寺**	台東区浅草
恵比須	**浅草神社**（三社さま）	
		台東区浅草
毘沙門天	**本龍院**（待乳山聖天）	
		台東区浅草
福禄寿	**今戸神社**	台東区今戸
布袋尊	**不動院**	台東区橋場
寿老人	**石浜神社**	
		荒川区南千住
寿老神	**鷲神社**	台東区千束
弁財天	**吉原神社**	台東区千束
福禄寿	**矢先神社**	
		台東区松が谷

問合せ先・本龍院☎03―3874―2030

深川七福神

かつては木場の深川といわれた、**東京都**内の代表的な下町に創設された七福神霊場。昭和45年再興という。

恵比須	**富岡八幡宮**	
		江東区富岡
弁財天	**冬木弁天堂**	
		江東区冬木
福禄寿	**心行寺**	江東区深川
大黒天	**円珠院**	江東区平野
毘沙門天	**龍光院**	江東区三好
布袋尊	**深川稲荷神社**	
		江東区清澄
寿老神	**深川神明宮**	
		江東区森下

問合せ先・心行寺☎03―3641―2566

亀戸七福神

東京都内の下町にある七福神。明治時代に創設され、一時中断していたが、昭和50年代に復活した。狭い範囲内なのでゆっくりと歩いて巡拝できる。

恵比寿・大国神	**香取神社**	
		江東区亀戸
弁財天	**東覚寺**	江東区亀戸
福禄寿	**天祖神社**	江東区亀戸
毘沙門天	**普門院**	江東区亀戸
布袋尊	**竜眼寺**	江東区亀戸
寿老人	**常光寺**	江東区亀戸

問合せ先・香取神社
　　　　　☎03―3684―2813

柴又七福神

映画の寅さんですっかり有名になった**東京都**葛飾区にある帝釈天を中心にした七福神。昭和8年に創設された。

恵比寿	**医王寺**	葛飾区柴又
大黒天	**宝生院**	葛飾区柴又

毘沙門天	**題経寺**(柴又帝釈天)	葛飾区柴又
弁財天	**真勝院**	葛飾区柴又
福禄寿	**萬福寺**	葛飾区柴又
布袋尊	**良観寺**	葛飾区柴又
寿老人	**観蔵寺**	葛飾区高砂

問合せ先・各寺院

江戸川ライン七福神

　第二次世界大戦後、柴又七福神の変形として**東京都**葛飾区内に創られたといわれるが、現在、特に全体としての行事は行っていない。お正月には地元の人が個々に参拝しているにすぎない。

弁財天	**葛西神社**	葛飾区東金町
寿老神	**半田稲荷神社**	葛飾区東金町
福禄寿	(現在不明)	
布袋尊	**良観寺**	葛飾区柴又
大黒天	**宝生院**	葛飾区柴又
恵比寿	**医王寺**	葛飾区柴又
毘沙門天	**題経寺**(柴又帝釈天)	葛飾区柴又

板橋七福神

　昭和の初期に、七福神が各寺に奉納されたのが起源。**東京都**板橋区から練馬区にかけた広い範囲にわたっているので、歩いて1日かかる。

恵比寿	**観明寺**	板橋区板橋
毘沙門天	**文殊院**	板橋区仲宿
大黒天	**西光院**	板橋区南町
布袋尊	**西光寺**	板橋区大谷口
福禄寿	**長命寺**	板橋区東山町
弁財天	**安養院**	板橋区東新町
寿老人	**能満寺**	練馬区旭ヶ丘

問合せ先・文殊院☎03－3961－4104

日本橋七福神

　安産・水難の神として有名な水天宮を中心に、江戸情緒の残る東京都内の日本橋周辺に昭和30年ごろ生まれた。昭和51年の再興という。

弁財天	**水天宮**	中央区日本橋蛎殻町
福禄寿・弁財天	**小網神社**	中央区日本橋小網町
布袋尊	**茶の木神社**	中央区日本橋人形町
恵比寿神	**椙森神社**	中央区日本橋堀留町
寿老人	**笠間稲荷神社**	中央区日本橋浜町
毘沙門天	**末広神社**	中央区日本橋人形町
大黒天	**松島神社**	中央区日本橋人形町
恵比寿神	**宝田神社**	中央区日本橋本町

問合せ先・水天宮☎03－3666－7195

東海（品川）七福神

東京都内の京浜急行の沿線にある。昭和7年に開設された。

```
大黒天  品川神社
          品川区北品川
布袋尊  法禅寺  品川区北品川
寿老人  一心寺  品川区北品川
恵比寿  荏原神社
          品川区北品川
毘沙門天 品川寺
          品川区南品川
福禄寿  天祖・諏訪神社
          品川区南大井
弁財天  磐井神社
          大田区大森北
```

問合せ先・品川寺

☎03－3474－3495

池上七福神

昭和56年に、東京都大田区内に地元の観光協会が中心になって開いたもので、付近に日蓮宗の霊跡寺院・池上本門寺がある。

```
毘沙門天 微妙庵  大田区池上
大黒天  馬頭観音堂
          大田区池上
弁財天  厳定院  大田区池上
福禄寿  本成院  大田区池上
寿老人  妙見堂（照栄院）
          大田区池上
恵比寿  養源寺  大田区池上
布袋尊  曹禅寺  大田区池上
```

問合せ先・曹禅寺☎03－3751－0678
　　　　　厳定院☎03－3751－6767

港区七福神

昭和8年に開かれ、東京都港区内に昭和41年に復活した霊場。

```
弁財天  宝珠院  港区芝公園
恵比須  熊野神社 港区麻布台
宝船　十番稲荷神社
          港区麻布十番
大黒天  大法寺  港区元麻布
毘沙門天 氷川神社
          港区元麻布
寿老神  桜田神社 港区西麻布
福禄寿  天祖神社 港区六本木
布袋尊  久国神社 港区六本木
```

問合せ先・宝珠院☎03－3431－0987

青山七福神

大正13年に創られ、赤坂七福神ともいわれた。現在は休眠中で、東京都内に歴史の名残りをとどめている。

```
大黒天  長泉寺  渋谷区神宮前
恵比寿  玉窓寺  港区南青山
弁財天  梅窓院  港区南青山
毘沙門天 高徳寺  港区北青山
寿老神  善光寺  港区北青山
福禄寿  長谷寺  港区西麻布
布袋尊  仙寿院
```

東京の七福神霊場

		渋谷区千駄ヶ谷

布袋尊	**太宗寺**	新宿区新宿

問合せ先・鬼王神社
☎03―3200―2904

山手七福神

東京都内に江戸時代からの歴史を伝える七福神で、昭和時代の初期に再興されたという。元祖山手七福神ともいう。

恵比寿	**瀧泉寺**（目黒不動）
	目黒区下目黒
弁財天	**蟠竜寺** 目黒区下目黒
大黒天	**大円寺** 目黒区下目黒
福禄寿・寿老人	**妙円寺**
	港区白金台
布袋尊	**瑞聖寺** 港区白金台
毘沙門天	**覚林寺** 港区白金台

問合せ先・大円寺☎03―3491―2793

新宿山手七福神

昭和時代の初期に創設された七福神で、**東京都**新宿区内に広く分布している。

毘沙門天	**善国寺**
	新宿区神楽坂
大黒天	**経王寺** 新宿区原町
弁財天	**厳島神社**
	新宿区余丁町
寿老人	**法善寺** 新宿区新宿
福禄寿	**永福寺** 新宿区新宿
恵比寿	**鬼王神社**
	新宿区歌舞伎町

八王子七福神

東京都八王子市にあり、末広がりの招福と八王子の八をかけて、八福神を奉賛している。奉安寺院はほぼ市街地にあり、徒歩でも2時間半ほどの道のり。毎年色紙の色が変わり、7枚（色）集めると金色の色紙がいただける。昭和56年成立。

恵比寿天	**成田山伝法院**
	八王子市南新町
毘沙門天	**毘沙門堂**
	八王子市元横山町
走大黒天	**善龍寺**
	八王子市元本郷町
吉祥天	**吉祥院**
	八王子市長房町
新護弁財天	**了法寺**
	八王子市日吉町
寿老尊・福禄寿	**金剛院**
	八王子市上野町
布袋尊	**信松院** 八王子市台町

問合せ先・吉祥院☎0426―61―5448

東久留米七福神

東京都の北端、西武池袋線の東久留米駅の両側にある。黒目川と落合川の遊歩道を歩きながら七福神巡り

ができる。

恵比寿・福禄寿・寿老尊	
大圓寺	東久留米市小山
布袋尊　米津寺	
	東久留米市幸町
毘沙門天　多聞寺	
	東久留米市本町
弁財天　宝泉寺	
	東久留米市神宝
大黒天　浄牧院	
	東久留米市大門町

問合せ先・大圓寺☎0424—71—0042

多摩（青梅）七福神

東京都の北西部の多摩川中流域にある青梅市内に、昭和55年に創設された。ハイキングもかねて訪ねられる。

恵比寿	清宝院	青梅市青梅
大黒天	延命寺	青梅市青梅
毘沙門天	宗建寺	
		青梅市千ヶ瀬
弁財天	玉泉寺	青梅市長淵
布袋尊	地蔵院	青梅市畑中
福禄寿	明白院	
		青梅市日向和田
寿老人	聞修院	青梅市黒沢

問合せ先・延命寺☎0428—22—3386

調布七福神

東京都調布市に開設。昭和63年から観光協会が一般市民を対象に、毎年1月に七福神めぐりを催している。京王線の七駅間に散在し、全行程約9キロ。関東では珍しい白鳳期の釈迦像を所蔵する深大寺のほか、神代植物公園なども近くにある。

恵比寿	大正寺	
		調布市調布ヶ丘
大黒天	西光寺	調布市上石原
毘沙門天	深大寺	
		調布市深大寺元町
弁財天	明照院	調布市入間町
布袋尊	常性寺	調布市国領町
福禄寿	祇園寺	調布市佐須町
寿老人	昌翁寺	調布市仙川町

問合せ先・調布市観光協会
　　　　　☎0424—81—7184

不忍池弁天堂（谷中七福神）

中部の七福神霊場

佐渡七福神

新潟県の南佐渡(佐渡市)に昭和56年に開かれた。巡拝には8時間ほどかかる。

渡海弁財天	**称光寺**	宿根木
天沢布袋尊	**大蓮寺**	羽茂本郷
京極毘沙門天	**禅長寺**	赤泊
倉崎恵比寿天	**智光坊**	大倉谷
渋手大黒天	**世尊寺**	竹田
神護福禄寿	**慶宮寺**	宮川甲
善哉寿老人	**清水寺**	新穂大野

問合せ先・世尊寺☎0259―55―2262

甲洲都留七福神

富士山の北東にある**山梨県**都留市内に、曹洞宗の寺院だけで昭和60年に開創された。東京から来ても1日で巡拝できる。

布袋尊	**円通院**	都留市中央
毘沙門尊天	**普門寺**	都留市上谷
大黒尊天	**保寿院**	都留市四日市場
寿老尊	**本光寺**	都留市朝日馬場
弁財尊天	**長生寺**	都留市下谷
恵美寿神	**用津院**	都留市金井
福禄寿尊	**広教寺**	都留市大幡

問合せ先・本光寺☎0554―48―2333

甲州東郡七福神

山梨県の甲府盆地東部に創設された七福神で、真言宗の寺院で構成されている。

弁財天	**大善寺**	東山梨郡勝沼町勝沼
布袋尊	**福蔵院**	塩山市下小田原
福禄寿	**龍光院**	塩山市藤木
大黒天	**放光寺**	塩山市藤木
寿老人	**神宮寺**	山梨市北
恵比寿	**円照寺**	東山梨郡牧丘町室伏
毘沙門天	**吉祥寺**	東山梨郡三富村徳和

問合せ先・放光寺☎0553―32―3340

いいやま七福神

長野県北部の奥信濃の地・飯山は

城下町から発達、当時の面影を伝える寺社が今も市内各地に残っている。

恵比寿大神	飯笠山神社	
		飯山市有尾
福禄寿	英岩寺	飯山市飯山
毘沙門天	大聖寺	
		飯山市飯山町ノ浦
弁財天	本光寺	飯山市神明町
大黒天	常福寺	飯山市飯山
寿老人	明昌寺	飯山市飯山
布袋尊	斑尾山	
		飯山市斑尾高原ホテル

問合せ先・飯山商工会議所
☎0269—62—2162

信州七福神

江戸時代に、江戸帰りの人々が松本藩ゆかりの寺や神社に七福神を祀り信仰するようになった。その伝統をふまえ、**長野県**松本市周辺に昭和53年に創設された。

恵比寿神	大宮熱田神社	
		南安曇郡梓川村
布袋尊	盛泉寺	
		東筑摩郡波田町
弁財天	専称寺	松本市新村
寿老尊	兎川霊瑞寺	
		松本市里山辺
福禄寿尊	宗林寺	
		東筑摩郡明科町
大黒尊天	東光寺	
		南安曇郡穂高町

毘沙門天	長興寺	塩尻市洗馬

問合せ先・浅間温泉ウエストンホテル☎0263—46—1711

伊那七福神

長野県南部の伊那谷を、天竜川に沿って巡拝できる七福神霊場。昭和57年の開設。

布袋尊	常圓寺	伊那市山本町
毘沙門天	蓮華寺	
		上伊那郡高遠町的場
弁財天	光前寺	駒ケ根市赤穂
寿老尊	蔵沢寺	駒ケ根市中沢
福禄寿尊	聖徳寺	
		上伊那郡飯島町田切
恵比寿尊	西岸寺	
		上伊那郡飯島町本郷
大黒天	常泉寺	
		上伊那郡中川村大草

問合せ先・光前寺☎0265—83—2736

木曽七福神

長野県木曽郡内の臨済宗の寺が集まって開設した七福神霊場。名勝や史跡に恵まれた地で、各霊場が特色ある接待に努めている。

恵比寿	光徳寺	南木曽町妻籠
大黒天	妙覚寺	大桑村野尻
布袋尊	定勝寺	大桑村須原
弁財天	臨川寺	上松町寝覚

吉祥天	興禅寺	
		木曽福島町向城
毘沙門天	徳音寺	
		日義村宮ノ越
寿老人	大宝寺	楢川村奈良井

問合せ先・臨川寺☎0264—52—2072

美濃七福神

霊場は、**岐阜県**の西美濃路に広範囲にわたっている。平安時代に創建されたと言い伝えられる由緒ある寺ばかりで、多くの尊像が秘仏になっている。昭和54年に発足。

恵比須神	甘南美寺	
		山県郡伊自良村長滝
大黒天	真禅院	
		不破郡垂井町朝倉
毘沙門天	新長谷寺	
		関市長谷寺町
弁財天	圓鏡寺	
		本巣郡北方町大門
福禄寿尊	大龍寺	岐阜市粟野
寿老尊	永保寺	
		多治見市虎溪山町
布袋尊	護国之寺	
		岐阜市長良雄総

★当霊場はその後、解散し、現在は存在しません。

伊東温泉七福神

静岡県の伊豆半島の入り口にある伊東温泉に設けられた。観光客にも巡拝できるようにガイドマップができており、文学散歩と合わせて逍遥する人が多い。

弁財天	松月院	伊東市湯川
大黒天神	朝光寺	伊東市岡
福禄寿	林泉寺	伊東市荻
布袋尊	東林寺	伊東市馬場町
寿老神	最誓寺	伊東市音無町
毘沙門天王	仏現寺	
		伊東市物見ヶ丘
恵比須神	新井神社	
		伊東市新井

問合せ先・伊東観光協会
☎0557—37—6105

源氏山七福神

伊豆半島の観光地・伊豆長岡温泉内（**静岡県**田方郡伊豆長岡町）に開かれた霊場。1周6キロ、2～3時間で巡拝できる。

弁財天	西琳寺弥勒堂	
		伊豆長岡町古奈
布袋尊	最明寺	
		伊豆長岡町長岡
寿老人	温泉神社	
		伊豆長岡町長岡
大黒天	大黒堂	
		伊豆長岡町長岡
毘沙門天	宗徳寺	
		伊豆長岡町長岡
恵比寿神	湯谷神社	

福禄寿	長温寺
	伊豆長岡町古奈
	伊豆長岡町古奈

問合せ先・伊豆長岡観光協会
☎0559—48—0304

伊豆天城七福神

古くから**静岡県**田方郡の旧天城湯ヶ島町内にあった七福神を、昭和55年に再祀したものという。狩野川沿いには温泉が点在している。

恵比寿尊	真正寺
	伊豆市矢熊
大黒天	明徳寺
	伊豆市市山
毘沙門尊天	宝蔵院
	伊豆市下船原
弁財尊天	嶺松院
	伊豆市田沢
福禄寿尊	弘道寺
	伊豆市湯ヶ島
寿老人	大龍寺
	伊豆市本柿木
布袋尊	成就院
	伊豆市湯ヶ島

問合せ先・嶺松院☎0558—85—1200

伊豆国七福神

静岡県の下田市から伊豆半島の西海岸を巡るコース。4月と10月に大祭がある。

恵比寿天	向陽院　下田市河内
大黒天	**大安寺**　下田市4丁目
弁財天	**長楽寺**　下田市3丁目
布袋尊天	海蔵寺
	賀茂郡南伊豆町入間
福禄寿尊	**善福寺**
	賀茂郡南伊豆町妻良
毘沙門天	**西林寺**
	賀茂郡南伊豆町子浦
寿老尊天	普照寺
	賀茂郡南伊豆町伊浜
番外・愛染明王	明徳院
	下田市東本郷

問合せ先・長楽寺☎0558—22—0731

遠州七福神

静岡県西部に昭和50年代に開かれた。広範囲にあるため、1泊2日で巡る人が多い。各寺院が庭園や植木に力を入れているので、花の季節に訪れると楽しい。

寿老尊天	**極楽寺**
	周智郡森町一宮
大黒尊天	**法雲寺**
	磐田市向笠西
福禄寿尊天	**福王寺**
	磐田市城之崎
弁財尊天	**松秀寺**
	磐田市浅羽町
恵比寿尊天	宦長寺
	御前崎市佐倉
毘沙門尊天	増船寺

```
            御前崎市白羽
  布袋尊天  永江院
            掛川市下垂木
```

問合せ先・法雲寺☎0538—38—0432

なごや七福神

　愛知県名古屋市内に、昭和62年に真言宗の寺だけで発足。毎年1月上旬に名古屋三越栄本店にて出開帳を開催している。これとは別に、名古屋には明治のころから戦前まで名古屋七福神があった。

```
  大黒天  宝珠院  中川区中郷
  布袋尊  宝生院（大須観音）
                  中区大須
  毘沙門天  福生院  中区錦
  福禄寿  万福院  中区栄
  寿老人  興正寺
              昭和区八事本町
  恵比須  笠覆寺（笠寺観音）
              南区笠寺町上新町
  弁才天  弁天寺
              港区多加良浦町
```

問合せ先・宝珠院☎052—361—0638

尾張七福神

　愛知県中島郡祖父江町内に開設された七福神霊場。ここは、木曽川の左岸に位置し、国営木曽三川水郷公園の地。堂内入堂本尊礼拝、福笹授与、住職の法話などの特色がある。毎月7日が縁日。

```
  恵比須  根福寺
              祖父江町祖父江
  毘沙門天  正塔院
              祖父江町新町
  福禄寿  善光寺別院
              祖父江町祖父江
  布袋尊  永張寺
              祖父江町祖父江
  弁財天  歓喜院
              祖父江町祖父江
  寿老人  刈萱堂  祖父江町江西
  大黒天  地泉院
              祖父江町神明津
```

問合せ先・刈萱堂☎0587—97—0871

高蔵十徳神

　明治45年の旧正月7日に高蔵七福神が始まり、その後戦争で一時中断、昭和31年に復活した。昭和38年から三徳神が加わり高蔵福徳神10か寺の巡拝が始まった。10か寺とも愛知県春日井市内にある。1月7日が縁日で賑わう。

```
  毘沙門天  高蔵寺
              春日井市高蔵寺町北
  福禄神  太平寺
              春日井市玉野町
  弁財天  瑞法寺
              春日井市出川町
  寿老神  龍降寺
              春日井市気噴町北
```

恵比須天　**玉龍寺**
　　　　　春日井市庄名町
布袋神　**円福寺**
　　　　　春日井市白山町
大黒天　**高福寺**
　　　　　春日井市松本町
厄除不動明王　**林昌寺**
　　　　　春日井市外之原町
智慧文殊菩薩　**蓮蔵院**
　　　　　春日井市気噴町
子安地蔵尊　**常泉寺**
　　　　　春日井市大留町

問合せ先・高蔵寺農業協同組合
　　　　総務課☎0568―51―1211

三河七福神

　愛知県の東部は、古くは三河国と呼ばれた地。徳川家康ゆかりの三河に、昭和54年に設立された霊場。

恵美須神　**法蔵寺**
　　　　　岡崎市本宿町
大黒天　**安楽寺**　蒲郡市清田町
布袋尊　**長円寺**　西尾市貝吹町
福禄寿尊　**宝福寺**
　　　　　岡崎市梅園町
毘沙門天　**妙福寺**
　　　　　碧南市志貴町
弁財天　**三明寺**　豊川市豊川町
寿老尊　**宝珠院**
　　　　　幡豆郡吉良町吉田

問合せ先・宝福寺☎0564―22―2223

東海七福神

　三河湾国定公園に指定されている**愛知県**の渥美半島（渥美郡）にあり、信仰と観光をかねて巡拝できる。春の大祭が3月10日、秋の大祭が11月10日。昭和33年に創設された。

弁財尊天　**城宝寺**　田原町田原
恵比寿尊天　**成道寺**
　　　　　渥美町江比間
大黒尊天　**泉福寺**　渥美町山田
毘沙門尊天　**潮音寺**
　　　　　渥美町福江
布袋尊天　**常光寺**　渥美町堀切
寿老尊天　**法林寺**
　　　　　赤羽根町越戸
福禄寿尊天　**瑪瑙寺**
　　　　　赤羽根町高松一色

問合せ先・豊橋鉄道
　　　　☎0532―53―2131

知多七福神

　愛知県の知多半島に、昭和44年に開設された。客番3か寺がある。

毘沙門尊天　**時志観音**
　　　　　知多郡美浜町時志南平井
弁財尊天　**遍照寺**
　　　　　知多郡南知多町師崎栄村
恵比寿神　**羽豆神社**
　　　　　知多郡南知多町師崎鳥東
福禄寿尊天　**影向寺**
　　　　　知多郡南知多町豊浜中之浦

中部の七福神霊場

```
寿老尊天  持宝院
     知多郡南知多町内海林之峯
大黒尊天  野間大坊
     知多郡美浜町野間東畑
布袋尊天  相持院
     常滑市千代丘4丁目
客番・鶴亀宝船（鶴）正法寺
     知多郡南知多町篠島
客番・鶴亀宝船（鶴）安楽寺
     知多郡南知多町日間賀島
```

問合せ先・影向寺☎0569—65—0040

甲州東郡七福神（納経色紙）

近畿の七福神霊場

伊勢七福神

　三重県の桑名から四日市、鈴鹿、亀山と東海道の街道に沿った霊場。昭和57年に成立した。毎月7日が縁日で、御宝印は毎日受けられる。

恵比寿神	聖衆寺	桑名市北別所
大黒天	大福田寺	桑名市東方
毘沙門天王	信貴山四日市別院	四日市市生桑町
弁財天	密蔵院	四日市市大治田町
福禄寿	大聖院	四日市市日永
寿老神	観音寺	鈴鹿市高塚町
布袋尊	石上寺	亀山市和田町

問合せ先・観音寺 ☎0593—79—0331

鈴鹿七福神

　鈴鹿連山の霊地をよりどころにして奉祀された霊場。昭和59年に成立、三重県鈴鹿市と、その周辺に開かれている。

恵比須尊天	石薬師寺	鈴鹿市石薬師町
大黒尊天	泰應寺	鈴鹿市伊船町
福禄寿	洞水寺	鈴鹿市小社町
毘沙門天	桃林寺	鈴鹿市小岐須町
寿老神	椿大神社	鈴鹿市山本町
弁財天	見性寺	三重郡菰野町
布袋尊	智福寺	三重郡菰野町

問合せ先・桃林寺 ☎0593—71—0528

松阪霊地七福神

　古くからお伊勢詣りの街道筋の名所として栄えた三重県松阪市内に、昭和60年に開かれた。商人の町松阪の市内観光をかねて巡ることもできる。4時間ほどの巡拝コース。

えびす神	御厨神社	松阪市本町
大黒天	来迎寺	松阪市白粉町
毘沙門天	龍泉寺	松阪市愛宕町
布袋尊	管相寺	松阪市愛宕町
福禄寿	福源寺	松阪市黒田町
弁才天	朝田寺	松阪市朝田町
寿老神	阿射加神社	松阪市小阿坂町

問合せ先・来迎寺 ☎0598—21—2131

志摩国七福神

　三重県の志摩半島に昭和61年に開かれた霊場。伊勢志摩国立公園にあ

近畿の七福神霊場

り、風光明媚な観光地なので訪れる人が多い。各寺では諸病封じの牛頭天王をお祀りして志摩四天王封じ寺の霊場にもなっているので、七福神の招福祈願に合わせて病気封じの祈願もできる。

```
恵比寿明神  青峰山（正福寺）
                鳥羽市松尾
寿老神・福禄寿神  本福寺
                志摩市阿児町立神
毘沙門天神・大黒天神  仙遊寺
                志摩市大王町波切
弁財天神・布袋尊  大慈寺
                志摩市大王町波切
```

問合せ先・大慈寺☎0599—72—0089

近江七福神

滋賀県の琵琶湖の東、湖東地方に広く分布している。ここは、古くから交通の要衝として開け、歴史と文化財の宝庫といわれている。御朱印は、毎日いただける。

```
毘沙門天  長命寺
                近江八幡市長命寺町
恵比須  市神神社
                八日市市本町
寿老人  興福寺
                八日市市五智町
大黒天  金剛輪寺
                愛知郡秦荘町松尾寺
布袋尊  天寧寺  彦根市里根町
弁財天  長寿院  彦根市古沢町
```

```
福禄寿  青岸寺
                坂田郡米原町米原
```

問合せ先・天寧寺☎0749—22—5313

近江国・びわ湖七福神

滋賀県の北東部に、昭和58年に創設された。姉川古戦場、小谷城跡、宝厳寺のある竹生島などの見所もあり、1泊2日のコースがベスト。

```
恵比須神  光明院
                坂田郡山東町志賀谷
布袋尊  悉地院
                坂田郡伊吹町上野
福禄寿尊  長尾寺
                坂田郡伊吹町大久保
毘沙門天  醍醐寺
                東浅井郡浅井町醍醐
寿老尊  西林院
                東浅井郡浅井町大門
大黒天  小谷寺
                東浅井郡湖北町伊部
弁財天  宝厳寺（竹生島）
                東浅井郡びわ町早崎
```

問合せ先・醍醐寺☎0749—74—1776

湖西蓬莱七福神

滋賀県の琵琶湖西岸に昭和53年に創設された。霊場会としての活動は休眠中。個々で巡拝している。

```
弁財天  宝厳寺（竹生島）
```

　　　　　　東浅井郡びわ町早崎
福禄寿　**行過天満宮**
　　　　　　　　高島郡今津町
布袋尊　**藤樹神社**
　　　　　　　　高島郡安曇川町
寿老神　**白髭神社**
　　　　　　　　高島郡今津町
大黒天　**日吉大社**
　　　　　　　　大津市坂本本町
恵比寿　**近江神宮**
　　　　　　　　大津市神宮町
毘沙門天　**建部大社**
　　　　　　　　大津市神領町

問合せ先・各寺社

京洛七福神

　京都市内の七福神。室町時代、応仁の乱の混乱の中で救いを求めた民衆が、自然発生的に七福神を祀ってあるところにお詣りして後生安楽を願ったのが創まりという。日本最古の七福神と言い伝えられている。

ゑびす神　**ゑびす神社**
　京都市東山区大和大路通四条下ル
弁財天　**六波羅蜜寺**
　京都市東山区松原通大和大路東入ル
福禄寿神　**赤山禅院**
　　　　　　山科区安朱稲荷山町
弁財天　**妙音堂**
　　　　　　　上京区出町青龍町
福禄寿　**清荒神**
　　　　　　上京区荒神口寺町東
寿老神　**革堂**（行願寺）
　　　　中京区寺町通竹屋町上ル
布袋尊　**長楽寺**
　　　　　　東山区八坂円山町

問合せ先・ゑびす神社
　　　☎075―525―0005

都七福神

　京都市から**京都府**宇治市にかけての七福神。寺社によっては無人にちかい状態のところもあるので注意が必要だが、都七福神会は御宝印を毎日いただける。毎月7日は都七福神の縁日。1月中は定期観光バスが運行されるので、巡拝しやすい。

ゑびす神　**ゑびす神社**
　京都市東山区大和大路通四条下ル
弁財天　**六波羅蜜寺**
　京都市東山区松原通大和大路東入ル
福禄寿神　**赤山禅院**
　　京都市左京区修学院赤山町
大黒天　**松ヶ崎大黒天**（妙円寺）
　　　京都市左京区松ヶ崎東町
寿老神　**革堂**（行願寺）
　　京都市中京区寺町通竹屋上ル
毘沙門天　**東寺**（教王護国寺）
　　　　　京都市南区九条町
布袋尊　**万福寺**
　　　　宇治市五ヶ庄三番割

問合せ先・六波羅蜜寺
　　　☎075―561―6980

京都泉涌寺七福神

古都京都で代表的な七福神巡りができる。皇室の菩提寺として知られる泉涌寺(せんにゅう)の山内塔頭(たっちゅう)寺院に祀られている七福神で、番外の愛染明王と楊貴妃観音を加えて九福=久福の参拝ができる。毎年1月成人の日は七福神の大祭で、小豆粥、昆布茶、甘酒などの接待がある。年間を通じて参拝でき、御朱印もいただける。

```
福禄寿    即成院
弁財天    戒光寺
恵比寿神  観音寺
布袋尊    来迎院
大黒天    雲龍院
毘沙門天  悲田院
寿老人    法音院
番外・愛染明王   新善光寺
番外・楊貴妃観音 泉涌寺
以上京都市東山区泉涌寺山内町
```

問合せ先・泉涌寺☎075—561—1551

天龍寺山内七福神

京都市嵯峨にある、臨済宗の名刹天龍寺山内の塔頭(たっちゅう)寺院によって構成されている。布袋尊・寿老人に替わって、不動・稲荷になっている。毎年2月の節分に福笹が配られる。

```
東向き大黒天   三秀院
毘沙門天      弘源寺
水すり弁財天   慈済院
福禄寿        松厳寺
恵比須神      永明院
見守り不動明王 寿寧院
宝徳稲荷      妙智院
以上京都市右京区嵯峨天龍寺
                芒ノ馬場町
```

問合せ先・天龍寺☎075—881—1235

丹波七福神

京都府亀岡市は、丹波地方における中心都市。京都市の西に隣接しており、由緒ある神社・仏閣が多い。

```
布袋尊    養仙寺
毘沙門天  神応寺
大黒天    蔵宝寺
弁財天    金光寺
恵比須    耕雲寺
寿老人    極楽寺
福禄寿    東光寺
    いずれも亀岡市千歳町内
```

問合せ先・養仙寺☎0771—23—0506

大阪七福神

かつては大阪市で、浪速七福神として大変な賑わいを見せていたが、戦中・戦後に一時中断していた。昭和50年代に新たに再発足した。

```
恵美須神   今宮戎神社
              浪速区恵美須西
日出大国神 大国主神社
```

近畿の七福神霊場

		浪速区敷津西
毘沙門天	大乗坊	
		浪速区日本橋
弁財天	法案寺	中央区島之内
福禄寿	長久寺	中央区谷町
寿老神	三光神社	
		天王寺区玉造本町
布袋尊	四天王寺	
		天王寺区四天王寺

問合せ先・大乗坊 ☎06—643—4078

河内飛鳥七福神

　大阪府内に、昭和50年に開設された。この地は、古代から河内飛鳥と呼ばれ、先進文化の発達したところといわれる。

布袋尊	四天王寺	
	大阪市天王寺区四天王寺	
福禄寿	長栄寺	
	東大阪市高井田元町	
毘沙門天	大聖勝軍寺	
	八尾市太子堂	
恵比寿	西琳寺	羽曳野市古市
寿老人	延命寺	
	河内長野市神ヶ丘	
大黒天	弘川寺	
	南河内郡河南町弘川	
弁財天	高貴寺	
	南河内郡河南町平石	

問合せ先・各寺院

阪急沿線西国七福神

　大阪府と兵庫県にまたがる七福神で、阪急電車で1日で全霊場をお詣りすることができる。正月以外でも御朱印が用意されている。大正3年宝塚歌劇団と同時に創設された。

毘沙門天	東光院（萩の寺）	
	大阪府豊中市南桜塚	
福禄寿	圓満寺	
	大阪府豊中市蛍池東町	
大黒天	西江寺（みのお聖天）	
	大阪府箕面市箕面	
弁財天	瀧安寺	
	大阪府箕面市箕面公園	
恵比須神	呉服神社	
	大阪府池田市室町	
寿老人	中山寺（中山観音）	
	兵庫県宝塚市中山寺	
布袋尊	清澄寺（清荒神）	
	兵庫県宝塚市米谷清シ	

問合せ先・東光院 ☎06—6852—3002

南海沿線七福神

　大阪府内の南海電車を中心に、JR阪和線などを使って巡れる。広範囲にあるため、2～3日かけるとよい。昭和55年に開かれた。

恵美須神	今宮戎神社	
	大阪市浪速区恵美須西	
大黒天	大国主神社	
	大阪市浪速区敷津西	

毘沙門天	**万代寺**	
		堺市百舌鳥赤畑町
弁財天	**水間寺**	貝塚市水間
福禄寿	**長慶寺**	
		泉南市信達市場
寿老神	**松尾寺**	
		和泉市松尾寺町
布袋尊	**七宝瀧寺**	
		泉佐野市大木

問合せ先・南海沿線七福神社寺会
☎0721—52—2958

神戸七福神

兵庫県神戸市内に昭和62年に開かれた霊場。

福禄寿尊	**須磨寺**	
		須磨区須磨寺町
恵比寿神	**長田神社**	
		長田区長田町
毘沙門天	**湊川神社**	
		中央区多聞通
弁財天	**生田神社**	
		中央区下山手通
大黒天	**大龍寺**	中央区再度山
布袋尊	**天上寺**	灘区摩耶山町
寿老人	**念仏寺**	北区有馬町

問合せ先・生田神社
☎078—321—3851

伊丹七福神

兵庫県伊丹市内の真言宗各派7か寺が集まって、昭和59年に開かれた。1日で巡れる距離にある。寺院は、開創一千数百年にもおよぶ古刹ばかりで、荘厳さが味わえる。

恵比寿尊	**金剛院**	
		伊丹市宮前
福禄寿尊	**安楽院**	伊丹市千僧
寿老人尊	**昆陽院**	伊丹市寺本
大黒天	**遍照院**	伊丹市寺本
弁財天	**一乗院**	伊丹市寺本
毘沙門天	**正覚院**	
		伊丹市寺本
布袋尊	**大空寺**	
		伊丹市野間来福地

問合せ先・各寺院

中山寺山内七福神

真言宗中山寺派大本山中山寺は、**兵庫県**の宝塚市にあり、古くから観音霊場として多くの人々の信仰をあつめている。山内には七福神をお祀りしてあり、毎年元日から15日までは除災招福を願う参拝者で賑わう。

福禄寿	**総持院**
弁財天	**宝蔵院**
大黒天	**観音院**
毘沙門天	**華蔵院**
布袋尊	**成就院**
寿老神	**寿老堂**
恵比須神	**鎮守社**
	以上宝塚市中山寺

問合せ先・中山寺☎0797―87―0024

天台宗丹波七福神

　兵庫県の東部にある氷上・多紀2郡に、阪神・淡路大震災の復興祈願のために平成7年に開設された。花と緑に恵まれており、春から秋にかけて参詣者で賑わう。

恵比寿	**神池寺**
	氷上郡市島町多利
毘沙門天	**済納寺**
	氷上郡市島町上田
布袋尊	**白毫寺**
	氷上郡市島町白毫寺
福禄寿	**桂谷寺**
	氷上郡春日町野上野
寿老人	**常勝寺**
	氷上郡山南町谷川
大黒天	**大国寺**
	多紀郡丹南町味間奥
弁財天	**高蔵寺**
	多紀郡丹南町高倉

問合せ先・神池寺☎0795―85―0325
　　　　　他各寺院

淡路島七福神

　瀬戸内海に浮かぶ淡路島は**兵庫県**に属し、古くは『古事記』に記されているように「オノコロ島」伝説が伝えられている。この日本最古の神に縁のある淡路島では、お正月はもとより四季をつうじて巡拝者を迎え、心温まる御接待や吉兆福笹の授与などをしてくれる。昭和46年設立。

大黒天	**八浄寺**
	津名郡津名町佐野
寿老人	**宝生寺**
	津名郡津名町塩田里
毘沙門天	**覚住寺**
	三原郡三原町神代社家
恵美酒太神	**万福寺**
	三原郡南淡町賀集鍛冶屋
布袋尊	**護国寺**
	三原郡南淡町賀集八幡
福禄寿	**長林寺**
	津名郡五色町都志万才
弁財天	**智禅寺**
	津名郡一宮町草香

問合せ先・八浄寺☎0799―65―0026

大和七福八宝めぐり

　歴史のふるさと大和の七福神は、江戸時代に成立していたといわれている。長い間忘れ去られていたが、昭和52年に再興された。**奈良県**でも南の地域にあり、名所・旧跡が多いところ。

三輪明神	**大神神社**	
		桜井市三輪
毘沙門天	**信貴山朝護孫子寺**	
		生駒郡平群町信貴山
布袋尊	**当麻寺中之坊**	
		北葛城郡当麻町当麻
寿老神	**久米寺**	橿原市久米町

近畿の七福神霊場

大黒天	**子嶋寺**
	高市郡高取町観覚寺
恵比寿天	**小房観音**(おふさ)
	橿原市小房町
弁財天	**安倍文殊院**
	桜井市安倍山
福禄寿神	**談山神社**
	桜井市多武峰

問合せ先・安倍文殊院
☎07444—3—0002

泉涌寺山内七福神（小豆粥接待）

淡路島七福神（パンフレットより）

国立公園 **淡路島七福神めぐり**
しあわせを呼ぶ風光の島……心の旅路

中国・四国・九州の七福神霊場

西日本播磨美作七福神

　真言宗御室派の寺院によって本山仁和寺の宇多法皇の一千五十年を記念して昭和57年、岡山・兵庫両県にわたって設立された。

恵比須大神　**岩倉寺**
　　　岡山県英田郡西粟倉村
大黒大神　**大聖寺**
　　　岡山県英田郡作東町
毘沙門天　**安養寺**
　　　岡山県英田郡美作町林野
布袋尊　**高蔵寺**
　兵庫県佐用郡三日月町下本郷
寿老人　**光明寺**
　　　兵庫県佐用郡佐用町平福
福禄寿神　**長福寺**
　　　岡山県英田郡英田町福本
弁財天　**慈山寺**
　　　兵庫県佐用郡佐用町山脇

問合せ先・長福寺☎08687—4—2026
　　　　　慈山寺☎0790—82—2940

美作国七福神

問合せ先・東照寺☎088—652—9561

布袋尊　**随泉寺**
　　　勝田郡奈義町豊沢
弁財天　**真福寺**
　　　苫田郡加茂町行重
恵比須太神　**清瀧寺**
　　　　　　津山市河面
毘沙門天　**清眼寺**　津山市院庄
寿老人　**聖徳寺**　津山市小田中
大黒天　**両山寺**　久米郡中央町
福禄寿　**玉泉寺**
　　　真庭郡美甘村鉄山

問合せ先・聖徳寺☎0868—22—4459

せとうち七福神

　尾道と今治を結ぶ西瀬戸自動車道沿線の島々に平成7年に設立された。七つの橋を渡りながら七福神巡りができる。**広島県**から**愛媛県**にまたがっており、1日のコース。お正月の7日から12日までは吉兆色紙「宝来さん」が授けられる。

大黒神・恵美須神　**大山神社**
　広島県因島市土生町（因島）
弁財天　**対潮院**
　広島県因島市土生町（因島）
毘沙門天　**光明坊**
広島県豊田郡瀬戸田町（生口島）
寿老神　**沢八幡宮**
広島県豊田郡瀬戸田町（生口島）
福禄寿　**向雲寺**
　愛媛県越智郡上浦町（大三島）
布袋尊　**高龍寺**

愛媛県越智郡吉海町（大島）

問合せ先・大山神社
　　　☎08452—2—7291

周南七福神

山口県の旧周防国南部の真言宗7か寺が集まって、昭和58年に開設。中国地方は他の地方に比べ七福神霊場が少ないので開創したという。

大黒天　**妙見宮鷲頭寺**
　　　　　　　下松市中市
ゑびす神　**清鏡寺**　光市浅江
布袋尊　**冠念寺**
　　　　　熊毛郡大和町岩田
弁財天　**三光寺**
　　　　　熊毛郡熊毛町清尾
毘沙門天　**多聞院**
　　　　　　　下松市生野屋
寿老神　**閼伽井坊**　下松市花岡
福禄寿　**荘宮寺**　新南陽市富田

問合せ先・鷲頭寺☎0833—41—1345

出雲国七福神

島根県（出雲国）の宍道湖を一周するコース。昭和55年に創設された霊場で、毎年7月の26・27日には斐伊川・玉湯川で七福神祭が催され、福授けの儀式が行われる。

大黒天　**松源寺**　安来市安来町
福禄寿　**龍覚寺**　松江市寺町
布袋尊　**清巌寺**　八束郡玉湯町
恵美寿天　**洞光寺**
　　　　　　　大原郡木次町
弁財天　**弘法寺**　出雲市古志町
毘沙門天　**西光院**
　　　　　　　簸川郡斐川町
寿老人　**本性寺**　平田市小境町

問合せ先・出雲国七福神霊場会
　　　☎0853—22—7241

石見銀山天領七福神

島根県の西部は、旧石見国の地。昭和50年に、石見銀山を中心とする元の天領地内の古刹を巡る霊場が開設された。

恵比須　**清水大師教会**
　　　　邇摩郡温泉津町温泉津上村
大黒天　**城福寺**
　　　　　邇摩郡仁摩町仁万町
毘沙門天　**安楽寺**
　　　　　　　大田市静間町
弁財天　**波啼寺**
　　　　　邇摩郡仁摩町宅野
福禄寿　**観世音寺**
　　　　　　　大田市大森町
寿老人　**高野寺**
　　　　　邇摩郡温泉津町井田
布袋和尚　**楞厳寺**
　　　　　邇摩郡温泉津町福光

問合せ先・清水大師教会
　　　☎0855—65—2383

四国讃州七福之寺

香川県(讃岐国)の西端部に、真言宗各派寺院が集まって開設した霊場。

```
恵美寿神   宗林寺
           三豊郡豊浜町和田浜
弁財天     萩原寺
           三豊郡大野原町萩原
南極福神   密蔵寺
           三豊郡財田町財田中
毘沙門天   延命院
           三豊郡豊中町上高野
布袋福神   宝珠寺
           観音寺市高屋町
吉祥天     吉祥院
           三豊郡仁尾町樋之口
大黒天     善性院
           三豊郡詫間町詫間
```

問合せ先・密蔵寺
　　　　☎0875—67—2480

四国七福神

愛媛県(伊予国)の東予地区には、江戸時代の末期ごろより七福神信仰があったという。昭和51年に、それぞれの福神を祀る由緒ある寺院が、人々が昔のようにお正月にお詣りできるように七福神巡りを復興した。

```
恵美寿尊   興隆寺
           周桑郡丹原町古田
大黒天     横峰寺別院
           周桑郡小松町石鎚
毘沙門天王 吉祥寺
           西条市氷見乙
弁財天     安楽寺
           周桑郡丹原町湯谷口
福禄寿     極楽寺   西条市大保木
寿老人     前神寺   西条市洲之内
布袋尊     宝寿寺
           周桑郡小松町新屋敷
```

問合せ先・吉祥寺 ☎0897—57—8863

徳島七福神

徳島市内に昭和56年に創設された霊場で、約14キロの巡拝コース。

```
恵美須太神 円福寺
           徳島市八万町夷山
大黒天     願成寺   徳島市寺町
毘沙門天   光仙寺
           徳島市伊賀町
弁財天     万福寺
           徳島市吉野本町
福禄寿     東照寺
           徳島市福島本町
寿老人     清水寺   徳島市南佐古
布袋尊     明王寺
           徳島市中前川町
```

問合せ先・万福寺 ☎0886—25—1500

阿波七福神

徳島県の室戸阿南海岸国定公園に沿って、昭和59年に創設された。風

中国・四国・九州の七福神霊場

光明媚な海岸線をもつ、観光にも最適なコース。

大黒天	**中津峰山如意輪寺**
	徳島市多家良町中津峰
毘沙門天	**立江寺**
	小松島市立江町若松
福禄寿	**取星寺**
	那賀郡羽ノ浦町岩脇
恵比須大神	**津峯神社**
	阿南市津峯町東分
弁財天	**金林寺** 阿南市福井町
寿老人	**薬王寺**
	海部郡日和佐町奥河内
布袋尊	**鯖大師本坊**（八坂寺）
	海部郡海南町浅川中相

問合せ先・金林寺☎0884—34—2144

阿波秘境祖谷渓大歩危七福神

昭和60年に**徳島県**三好郡内に開かれた霊場。ここは日本でも代表的な秘境として知られるところで、伝説と景勝の地。山中の難コースだが、山岳寺院の七福神巡りができる。

恵比寿大神	**光明寺**
	池田町松尾
大黒天	**八幡寺** 池田町白地
毘沙門天	**雲辺寺**
	池田町ノロウチ
弁才天	**安楽寺**
	西祖谷山村吾橋
福禄寿	**長福寺** 山城町大月
寿老人	**持性院** 山城町上名
布袋尊	**円明寺** 山城町国政

問合せ先・長福寺☎0883—86—2024

土佐七福神

高知県のほぼ中央部に、昭和61年に開設された。山河、田園、海洋と変化に富んだ各地に散在している。霊場ごとに接待があり、7回巡拝を達成すると記念品が授与される。

大黒天	**極楽寺** 高知市新屋敷
毘沙門天	**龍王院**
	南国市岡豊町滝本
寿老人	**地蔵寺**
	香美郡土佐山田町影山
弁財天	**金剛寺**
	香美郡野市町兎田
布袋尊	**清光寺** 土佐市波介
福禄寿	**善福寺** 土佐市本村
恵美酒神	**極楽寺**
	土佐市宇佐町宇佐

問合せ先・極楽寺☎088—875—2804

肥前国西海七福神

佐賀県と**長崎県**の有名な7寺社で、昭和59年に設立された。焼物の町巡りや史跡巡りをかねて巡るのによい。各寺社ごとに種類の違う健康茶の接待が受けられる。

大黒天	**大聖院**
	佐賀県唐津市西寺町
弁財天	**荒熊稲荷神社**
	佐賀県伊万里市山代町

福禄寿神　**天福寺**
　　　　　佐賀県伊万里市山代町
恵比須神　**最教寺**
　　　　　長崎県平戸市岩上町
寿老神　**西光寺**
　　　　　長崎県佐世保市上柚木町
布袋尊　**誕生院**
　　　　　佐賀県鹿島市納富分
毘沙門天　**高野寺**
　　　　　佐賀県杵島郡北方町志久

問合せ先・高野寺☎0954—36—3616

豊後国臨済七福神

大分市内の臨済宗妙心寺派7か寺が昭和58年に興した七福神霊場。

布袋尊　**萬寿寺**　大分市金池町
大黒天　**永安寺**
　　　　　　　　大分市乙津港町
弁財天　**龍興寺**　大分市小中島
恵美寿神　**神護寺**
　　　　　　　　大分市鶴崎国宗
福禄寿尊　**長興寺**　大分市松岡
毘沙門天　**願行寺**
　　　　　　　　大分市中戸次
寿老尊　**長林寺**　大分市辻

問合せ先・神護寺☎0975—27—2577

豊の国宇佐七福神

国東半島の付け根にある宇佐神宮を総鎮守とし、4宗7か寺が集まって昭和61年に開創した神仏習合の霊場。**大分県**内の国道10号線にほぼ沿っており、1日で巡拝できる。毎年2月13日に宇佐神宮の境内において、神仏混淆の大行事が執り行われる。

総鎮護社　**宇佐神宮**
　　　　　　　宇佐市南宇佐亀山
布袋尊　**大楽寺**　宇佐市南宇佐
福禄寿尊　**圓通寺**
　　　　　　　　宇佐市南宇佐
毘沙門天　**三明院**　中津市永添
弁財天　**神護寺**
　　　　　　　　下毛郡三光村田口
大黒天　**善光寺**　宇佐市下時枝
恵美寿神　**瑞倉寺**
　　　　　　　　速見郡山香町野原
寿老尊　**願成就寺**
　　　　　　速見郡日出町藤原赤松

問合せ先・大楽寺☎0978—37—0356

日向之国七福神

宮崎県の日向灘に面した海岸線をほぼ南から北へ巡拝できる七福神霊場。

恵比寿神　**今山八幡宮**
　　　　　　　　延岡市山下町
布袋尊　**永願寺**
　　　　　　東臼杵郡門川町加草
毘沙門天　**妙国寺**　日向市細島
福禄寿　**智浄寺**
　　　　　　　児湯郡川南町通浜
大黒天　**本東寺**

中国・四国・九州の七福神霊場

寿老人	延岡市松山町 **一ツ葉稲荷神社**
弁財天	宮崎市新別府町前浜 **青島神社**　宮崎市青島

問合せ先・永願寺
　　☎0982—63—1605

阿波七福神（パンフレットより）

青い国、阿波徳島の七福神めぐり
阿波七福神　開運招福
AWA HICHIHUKUGIN

特殊な霊場

法然上人二十五霊場

「上人の亡くなられた後、どこを御遺跡としたらよいでしょう」と訊ねた弟子に、死の床で法然上人（浄土宗の開祖、1133～1212）は「念仏の声するところ、みな我が遺跡」と諭したという。しかし、法然を慕う人々にとって、ゆかりの地はどこも心ひかれる。

18世紀半ば宗祖の550回忌には、25霊場が定められた。上人誕生の地、岡山県誕生寺を第1番とし、香川・兵庫・大阪・和歌山・奈良・三重を経て、入滅の地の京都知恩院を巡るものだが、その霊場近くには一緒に回ってみたいゆかりの地も多い。

1番**誕生寺**は、弟子の熊谷蓮生房が上人生家跡に寺を建てたのが起こり。境内には、産湯の井戸、両親の御廟や、上人の父を襲った敵将が、9歳の法然に矢で射られた目を洗ったという片目川などがある。

誕生寺から車で15分ほどの山中にある**本山寺**（ほんぎんじ）（岡山県久米郡柵原町定宗）は、上人の両親が子授けを祈願した寺で、重文の本堂や白木の三重の塔、常行堂などがかつての隆盛ぶりを物語っている。

4番**如来院**は、上人が讃岐へ流される途中、神崎の遊女を化導した地。5番**勝尾寺**は、西国23番観音霊場でもあり、本堂右手奥の二階堂は上人が配流の帰途4年間、逗留した念仏道場である。

6番**四天王寺**は聖徳太子創建になる和宗の本山で、上人はここで念仏を称え、別当の7番**一心寺**で日想観を修したという。中将姫伝説や二十五菩薩練供養で有名な9番**当麻寺**には、重文の法然上人坐像・行状絵巻がある。

13番**清水寺阿弥陀堂**は、文治4年（1188）、上人が我が国で初めて常行念仏を修した道場。14番**小松谷正林寺**は上人に深く帰依した九条兼実が、上人のために建てた庵跡である。

16番粟生の**光明寺**は、熊谷蓮生房の創建になり、西山浄土宗の総本山。回心を遂げた法然上人が、比叡山を降りて最初に居住した地で、また荼毘に付された旧跡。御影堂の背後に上人の廟がある。石畳の長い紅葉の参道の素晴らしさも有名。

小倉山の麓の17番**二尊院**は、上人が、専修念仏に対する比叡山などからの抗議

1番・誕生寺

特殊な霊場

法然上人二十五霊場

1	誕生寺	浄土宗	岡山県久米郡久米南町誕生寺
2	法然寺	浄土宗	香川県高松市仏生山町甲
3	十輪寺	西山禅林	兵庫県高砂市高砂町横町
4	如来院	浄土宗	〃 尼崎市寺町
5	勝尾寺二階堂	高野真言	大阪府箕面市粟生間谷
6	四天王寺六時堂	和宗	〃 大阪市天王寺区四天王寺
7	一心寺	浄土宗	〃 〃 天王寺区逢阪
8	報恩講寺	西山浄土	和歌山県和歌山市大川
9	当麻寺奥ノ院	浄土宗	奈良県北葛城郡当麻町当麻
10	法然寺	浄土宗	〃 橿原市南浦町
11	東大寺指図堂	華厳宗	〃 奈良市雑司町
12	欣浄寺	浄土宗	三重県伊勢市一之木
13	清水寺阿弥陀堂	北法相宗	京都府京都市東山区清水
14	小松谷正林寺	浄土宗	〃 〃 東山区渋谷通東大路東入
15	源空寺	浄土宗	〃 〃 伏見区瀬戸物町
16	光明寺	西山浄土	〃 長岡京市粟生西条の内
17	二尊院	天台宗	〃 京都市右京区嵯峨二尊院門前
18	月輪寺	天台宗	〃 〃 右京区嵯峨清滝月輪町
19	法然寺	浄土宗	〃 〃 右京区嵯峨天竜寺立石町
20	誓願寺	西山深草	〃 〃 中京区新京極桜之町
21	勝林院	天台宗	〃 〃 左京区大原勝林院町
22	百萬遍知恩寺	浄土宗	〃 〃 左京区田中門前町
23	清浄華院	浄土宗	〃 〃 上京区寺町通広小路上ル
24	金戒光明寺	浄土宗	〃 〃 左京区黒谷町
25	知恩院	浄土宗	〃 〃 東山区林下町
	永観堂禅林寺	西山禅林	〃 〃 左京区永観堂町
	黒谷青龍寺	浄土宗	〃 〃 左京区八瀬大原秋元町

を鎮めるために「七箇条制誡」をしたため、弟子たちの放逸や他宗への非難を誡めたところ。

京都大原の三千院にほど近い21番**勝林院**は、上人が南都・北嶺の碩学たちと浄土教について論議した（大原問答）地で、本尊前の左右に置かれた問答台は、往時を彷彿とさせる。

22番**百萬遍知恩寺**は、上人に常随給仕すること18年という勢観房源智が、師の恩に報いるため上人の草庵跡に建立したもの。毎月15日の百万遍大念珠繰りは有名。

「黒谷さん」の名で知られる24番**金**

戒光明寺の山内塔頭西雲院の境内では、上人が腰掛けて念仏を称えたところ紫雲がたなびいたという紫雲石を見ることができる。また同塔頭の一つ、蓮池院（熊谷堂）には熊谷蓮生房の像が祀られ、すぐその前には蓮生房と平敦盛を供養するための五輪塔がある。

最終25番知恩院は浄土宗の総本山。上人が弟子たちと長年過ごした吉水の庵室があったところで、入滅した地に建つ勢至堂の脇の石段を上ると廟がある。大鐘楼の裏手に登ると吉水の名を彫った古井戸や、浄水が湧く「法垂窟」を見つけることができる。

縁故本山の永観堂禅林寺には浄土美術品が多いが、なかでも、みかえり阿弥陀如来像と山越阿弥陀図は有名。紅葉の名所でもある。

特別霊場の黒谷青龍寺は、上人が18歳から43歳までの25年間、ここに隠遁し修学の日々を過ごした地。比叡山の峰道駐車場から新道を約2キロメートル、今なお他の堂塔から遠く離れた山中深くにある。

なお二十五霊場に入ってはいないが、京都市では左京区鹿ヶ谷の法然院と安楽寺もゆかりの深い寺だ。法然院は法然上人と弟子たちが六時礼讃を修した故地であり、安楽寺には上人らの流罪事件まで引き起こしてしまった弟子の住蓮・安楽、そして後鳥羽上皇の院の女房、松虫・鈴虫の供養塔がある。

★問合せ先

法然上人二十五霊場会事務局
知恩院内☎075—531—2111

★参考図書

高橋良和著『法然上人の足あと』（探究社刊）

栗原行信著『法然の遺跡と傳記』（あそか書林刊）

左方郁子著『京都・宗祖の旅—法然』（淡光社刊）

『圓光大師・法然上人御霊跡巡拝の栞』（知恩院内浄宗会刊）

親鸞聖人二十四輩

流罪の地、越後から家族とともに関東へ移った親鸞聖人（浄土真宗の開祖、1173〜1262）は、京都へ戻るまでの20年余り、北関東の地で、人生の苦悩を抱えて生きる庶民を相手に救いの道、仏教的生き方を説いた。その関東教化時代の有名な弟子たち24人、またその遺跡寺院を二十四輩という。

二十四輩のいわれについては、元弘2年（1332）、本願寺3世覚如が2世如信の33回忌を奥州大網で営んだ際に、「一流相伝之遺弟」として24名（異本では23名）を選んだこと、及び『改邪抄』（覚如撰）の「聖人の門弟の中において、二十余輩の流々の学者達」という文に由来するといわれている。

近世、二十四輩巡拝が盛んになり、関東以外にも遺跡寺院が続出し、全国で百数十か所に及んだこともあるという。現在は表に見られるように、茨城県を中心に北は岩手県、西は長

野県に及ぶ43か寺を数える。なお、これらの霊場は各地に散らばっており、鉄道やバスの便も決していいとは言えないので、車で巡ることをお勧めしたい。

二十四輩の筆頭に挙げられた性信房は、鹿島神宮の宮司の子として生まれたが、18歳の時、法然を訪ね、親鸞聖人の弟子となった。のち下総の横曽根に念仏の道場、報恩寺を開創、これが水海道市にある1番**下総報恩寺**で、付近には聖人が舟を繋いだという「舟繋ぎの松」や性信の墓がある。性信は横曽根門徒の中心として活躍し、聖人から自筆の『教行信証』を授けられている。

1番東京・上野の**坂東報恩寺**は横曽根の報恩寺が合戦で焼失した後、江戸に移転したもので、毎年1月21日に行われる有名な「まないた開き」も性信ゆかりの行事である。

2番高田の**専修寺**は、三重県津市にある真宗高田派の本山である専修寺の旧地で、聖人が信濃の善光寺から一光三尊仏を迎えて本尊とし、53歳以来7年間住んだ念仏道場。聖人帰洛後は、直弟子の真仏・顕智が継ぎ関東の教団をリードした。巨大な御影堂も立派だが、樹齢700年のケヤキを前にした総門も往時の勢いを感じさせる。

どっしりした茅葺き屋根が印象的な3番鳥栖の**無量寿寺**は、二十四輩の寺のなかでも寺基を移したことのない数少ない寺の一つ。聖人が小石に経文を書いて幽霊を済度したという伝説や、聖人お手植えの菩提樹・カヤの巨木が残っている。開基の順信は鹿島神宮の大宮司であったが、鹿島明神のお告げにより、聖人の弟子になったという。

5番厚木の**弘徳寺**には、親鸞聖人の長男で義絶されたことで知られる善鸞の墓がある。6番前橋の**妙安寺**は、開山の成然が聖人から授けられた聖人自刻の寿像を、京都・東本願寺創建にあたり寄進したことから「御里御坊」と呼ばれている。寺宝に聖人真筆の『唯信抄』がある。

8番**蓮生寺**の開基、証性は鎌倉時代の武将・畠山重忠の次男である。しかし父の戦死後、栂尾の明恵上人の門をたたいて出家し、後に聖人の弟子になったという。信仰の篤かった重忠の守本尊といわれる阿弥陀如来の絵像が今も残っている。

10番盛岡の**本誓寺**は、親鸞聖人の命を受けて奥州布教に尽力した是信房が開いた寺。是信はもと藤原氏の流れをくむ公卿であったが、越前に配流の身となり、赦免後、聖人を常陸の小島の草庵に訪ね、その弟子になったと伝えられる。

11番**無為信寺**のある新潟県水原町は白鳥の飛来する瓢湖で有名な地。当寺は、江戸時代の真宗大谷派の教学者として名高い香樹院徳龍の出た寺でもある。

樹齢750年、聖人お手植えの銀杏がそびえる14番東海村の**願船寺**は、かつて住職が水戸藩による厳しい廃仏毀釈に抵抗して殺されたという歴

親鸞聖人二十四輩

	二十四輩名		
1	坂東報恩寺	性信	東京都台東区東上野
1	下総報恩寺	性信	茨城県水海道市豊岡町丙
2	専修寺	真仏	栃木県芳賀郡二宮町高田
3	無量寿寺	順信	茨城県鹿島郡鉾田町鳥栖
3	無量寿寺	順信	〃　〃　鉾田町下富田
4	如来寺	乗念	〃　新治郡八郷町柿岡
5	弘徳寺	信楽	〃　結城郡八千代町新地
5	弘徳寺	信楽	神奈川県厚木市飯山
6	妙安寺	成然	群馬県前橋市千代田町
6	妙安寺	成然	茨城県岩井市三村
6	妙安寺	成然	〃　猿島郡境町一ノ谷
7	西念寺	西念	〃　岩井市辺田
7	長命寺	西念	千葉県野田市上花輪太子堂
7	宗願寺	西念	茨城県古河市中央町
7	長命寺	西念	長野県長野市南堀
8	蓮生寺	証性	福島県東白川郡棚倉町新町
8	青蓮寺	証性	茨城県久慈郡水府村東連地
9	東弘寺	善性	〃　結城郡石下町大房
10	本誓寺	是信	岩手県盛岡市名須川町
10	本誓寺	是信	長野県長野市松代町松代
11	無為信寺	無為信	新潟県北蒲原郡水原町下条
11	称念寺	無為信	宮城県仙台市青葉区新坂町
12	善重寺	善念	茨城県水戸市酒門町
12	善徳寺	善念	〃　那珂郡美和村鷲子
13	慈願寺	信願	栃木県那須郡馬頭町健武
13	慈願寺	信願	〃　〃　烏山町中央
13	観専寺	信願	〃　宇都宮市材木町
14	阿弥陀寺	定信	茨城県那珂郡那珂町額田南郷
14	願船寺	定信	〃　〃　東海村石神外宿
15	枕石寺	入西	〃　常陸太田市上河合町
16	寿命寺	穴沢の入信	〃　東茨城郡御前山村野口
17	照願寺	念信	〃　那珂郡美和村鷲子
17	照願寺	念信	千葉県夷隅郡大原町大原
18	常福寺	八田の入信	茨城県つくば市大曽根

19	上宮寺	明法（弁円）	茨城県那珂郡那珂町本米崎
19	法専寺	明法（弁円）	〃　〃　大宮町東野
20	常弘寺	慈善	〃　〃　大宮町石沢
21	浄光寺	唯仏	〃　ひたちなか市館山
22	唯信寺	外森の唯信	〃　西茨城郡友部町大田町
23	信願寺	幡谷の唯信	〃　水戸市緑町
23	覚念寺	幡谷の唯信	〃　日立市金沢町
24	西光寺	鳥喰の唯円	〃　常陸太田市谷河原町
24	本泉寺	鳥喰の唯円	〃　那珂郡山方町野上
(その他の主な旧跡寺院)			
西念寺			茨城県笠間市稲田
大覚寺			〃　新治郡八郷町大増
願入寺			〃　東茨城郡大洗町磯浜町
報仏寺			〃　水戸市河和田町
光照寺			〃　笠間市笠間

史も伝えている。

15番**枕石寺**は、親鸞聖人が吹雪の夜、一夜の宿を断られ石を枕に寝たという、倉田百三の『出家とその弟子』で有名な話の出たお寺。その家の主人は霊夢によって、追い出した人物が阿弥陀如来の化身であることを知らされ、聖人の弟子となり、自宅を寺とした。これが枕石寺の草創である。石を枕にして横になった聖人の像と枕石を寺宝としている。

17番千葉県大原町の**照願寺**は、国の重文「親鸞聖人伝絵四巻」を所蔵する。筑波山山頂近くの岩窟は、親鸞聖人餓鬼済度の旧跡と伝説されているが、18番**常福寺**ではその「筑波山餓鬼済度の御影」を拝覧することができる。

19番の**上宮寺**と**法専寺**はともに明法房弁円が開いた寺。当時、常陸の国で活躍していた山伏弁円は、人心が聖人に傾いていくのを恐れて聖人を襲うが、反対にその魅力にひかれて弟子となったという。法専寺は弁円往生の地であり、上宮寺には法螺貝など弁円の遺品が残されている。

『歎異抄』第二章に「おのおの十余か国のさかいを越えて、身命を顧みずして、往生極楽の道を（京都の親鸞聖人に）尋ね来た」とあるが、この同行の多くは、22番**唯信寺**の門弟であったという。開基唯信は、聖人が鎌倉で執権北条泰時に一切経の校合を依頼された際、手伝ったと伝えられる。

水戸の偕楽園にほど近い23番**信願寺**の境内には、親鸞聖人が妻恵信尼と幼児を連れて越後から関東へ移住したおりの旅姿であろう一家の像が建てられている（1979年建立）。開

稲田の西念寺

基の唯信は常陸幡谷村の城主であったが、ある夜、夢告を得て親鸞聖人と出会い、その弟子になったという。

24番を名乗る寺は**西光寺**と**本泉寺**の2か寺ある。開基はいずれも鳥喰の唯円であり、『歎異抄』の著者はこの人という説もあるが、両寺に伝わるその伝記はなぜか別人のように違う。

なお二十四輩には入っていないが、欠かすことのできない寺・遺跡を何か所か挙げたい。関東鉄道常総線下妻駅から東南約2キロにある**小島の草庵跡**は、越後から常陸へ入った親鸞聖人が最初に住んだ所。今は建物もなく、単調な広大な畑の真中で一本の銀杏の巨木だけが遺跡を守っている。

稲田の**西念寺**（宿泊施設有り）は水戸市街から西へ20数キロ。45歳の聖人と家族が小島の草庵から移って17年間過ごし、主著『教行信証』を草した地。辺りの山々や風光は、京都の東山や、聖人誕生の地、日野の里を彷彿させる。親鸞聖人の伝説も数々残っている。

板敷山の**大覚寺**（宿泊可能）は山伏弁円ゆかりの寺。緑の山を背にした本堂の青瓦の大屋根と白壁が美しい。寺の背後の山に連なる板敷山には弁円が築いたという護摩壇跡を見ることができる。

大洗の**願入寺**は、聖人の孫の本願寺2世如信が奥州大網に草創したのが始まり、光圀の時代にその庇護を受けて現在地に移った。

河和田の**報仏寺**は一般に『歎異抄』の著者といわれる河和田の唯円の開いた寺。小さく質素な茅葺き屋根の本堂を、4月には枝垂れ桜が、5月には八重椿（ともに樹齢約100年）の赤い花が見事に飾る。

笠間の**光照寺**も、聖人の草庵跡で、「かさまの念仏者」居住の地といわれる。

★問合せ先

関東二十四輩旧跡会本部（現在は実際の活動はしていないが、問合せはできる）
信願寺☎029—221—5769

★案内書

新妻久郎著『親鸞聖人二十四輩巡拝』（朱鷺書房刊）
『親鸞のふるさと』（新いばらきタイムス社刊）

道元禅師を慕う 釈迦三十二禅刹

我が国の曹洞宗の宗祖・道元禅師（1200～1253）の教えに学び、正しい仏法（八正道）の実践を目指そうという趣旨で「釈迦三十二禅会」が結成され、平成8年（1996）に開創された新霊場である。

大本山永平寺と大本山総持寺祖院を総括寺院に、山城国（京都）・近江国（滋賀）・若狭国（福井）・越前国（福井）から各8か寺ずつの計32か寺で構成されている。三十二というのは釈尊が具える三十二相にちなんだもの。

なお当会では納経（朱印）に代えて「禅語」を頒布するという。

大本山永平寺は寛元2年（1244）波多野義重の請により、道元禅師が一宇を建立し大仏寺と号したことに創まる（後に仏法が初めて中国に伝わった年号の「永平」をとって永平寺と改めた）、日本を代表する大寺院である。禅師は当山にあること10年で、京都にもどって建長5年（1253）8月28日に入寂したが、そ

道元禅師を慕う釈迦三十二禅刹

（総括寺院）	**大本山永平寺**	福井県吉田郡永平寺町		
	総持寺祖院	石川県鳳至郡門前町		
（山城国）			（若狭国）	
誕生寺	京都市伏見区久我本町		**久永寺**	福井県遠敷郡上中町
欣浄寺	〃 伏見区墨染		**龍泉寺**	〃 小浜市新保
栄春寺	〃 伏見区桃山町		**神通寺**	〃 〃 遠敷
源光庵	〃 北区鷹峯北鷹峯町		**常在院**	〃 三方郡三方町
天寧寺	〃 北区寺町通鞍馬口		**龍源院**	〃 〃 美浜町
興聖寺	京都府宇治市宇治山田		**永建寺**	〃 敦賀市松島町
靖国寺	〃 〃 宇治金井戸		**永賞寺**	〃 〃 栄新町
禅定寺	〃 綴喜郡宇治田原町		**永厳寺**	〃 〃 金ヶ崎町
（近江国）			（越前国）	
願成寺	滋賀県蒲生郡蒲生町		**慈眼寺**	福井県南条郡今庄町
仲明寺	〃 〃 日野町		**宗生寺**	〃 武生市新保町
清凉寺	〃 彦根市古沢町		**禅林寺**	〃 福井市徳尾町
全長寺	〃 伊香郡余呉町		**永昌寺**	〃 〃 東郷二ヶ町
常栄寺	〃 高島郡マキノ町		**禅師峰寺**	〃 大野市西大月
曹沢寺	〃 〃 今津町		**曹源寺**	〃 〃 明倫町
正伝寺	〃 〃 新旭町		**吉峰寺**	〃 吉田郡上志比村
興聖寺	〃 〃 朽木村		**宝慶寺**	〃 大野市宝慶寺

大本山永平寺

の遺骨は当山の承陽殿に祀られている。禅語は積善餘慶。

大本山総持寺祖院は天平年間(729～49)に行基が創建した古寺を元亨元年(1321)瑩山紹瑾禅師が譲り受けたもの。永平寺と並ぶ曹洞宗大本山であったが、明治43年(1910)に大本山総持寺が神奈川県鶴見に移転してからは祖院(別院)と呼ばれて今日に至っている。禅語は平常心是道。

誕生寺は道元禅師が誕生した聖跡で、大正9年(1920)に時の永平寺66世・日置黙仙禅師によって建てられた。禅語は本来無一物。

山城国の**興聖寺**は禅師が貞永元年(1232)に建立、興聖宝林寺と称したのに創まり、永平寺に移るまでの11年間を過ごした道場である。禅語は古佛心。

吉峰寺は禅師が永平寺に入る前に住し、『正法眼蔵』20巻を示衆された入越最初の道場。禅語は慕古風。

宝慶寺は中国の天童山で道元禅師と師弟の契りを結んだ中国僧・寂円が禅師を慕って来朝し創建した寺で、永平寺に次ぐ第二道場といわれた名刹である。禅語は孤坐渕黙。

★問合せ先
釈迦三十二禅刹会事務局
誕生寺☎075—932—4650

★案内書
釈迦三十二禅刹会編・冨永航平著『道元禅師を慕う釈迦三十二禅刹巡拝』(朱鷺書房刊)

西山国師遺跡霊場

法然上人の高弟で浄土宗西山派の祖・証空上人(西山上人・鑑智国師、1177～1247)のゆかりの地を巡る旅で、霊場は、東は福島県から西は兵庫県まで1都2府10県にわたる21か所が指定されている。

1番札所の**白河の関**は、奥州のいり口として、古来多くの歌に詠まれた所。西山国師もこの関で歌を残し、法を伝えるため陸奥国に分け入ったのである。

2番**光明寺**は、西山国師が奥州教化の帰路に立ち寄り、念仏の教えを説いた地で、「関東弘通念仏最初道場」の石標がある。客番**鶴ケ岡八幡宮**には、仏門流布を願って一週間の参籠をしたという。

国師は大和の当麻寺で見た浄土曼荼羅に深く感激し、信濃の善光寺本

特殊な霊場

西山国師遺跡霊場

1	白河の関		福島県白河市旗宿関の森
2	光明寺	浄土宗	東京都大田区調布鵜ノ木町
客	鶴ケ岡八幡宮		神奈川県鎌倉市雪ノ下
3	西蓮寺	浄土宗	長野県小県郡長門町古町
客	善光寺大本願	浄土宗	〃　長野市元善町
4	来迎寺	浄土宗	新潟県上越市寺町
客	法然寺	西山禅林	石川県金沢市菊川
5	善恵寺	西山浄土	岐阜県加茂郡八百津町八百津解脱
6	円福寺	西山深草	愛知県岡崎市岩津町壇ノ上
7	専念寺	真宗本願	滋賀県大津市仰木町
客	延暦寺文殊楼	天台宗	〃　〃　坂本本町比叡山
8	禅林寺	西山禅林	京都府京都市左京区永観堂町
9	誓願寺	西山深草	〃　〃　中京区新京極桜之町
10	南遣迎院	西山深草	〃　〃　東山区本町
11	真宗院	西山深草	〃　〃　伏見区深草真宗院山町
12	三鈷寺	西山宗	〃　〃　西京区大原野石作町
13	光明寺	西山浄土	〃　長岡京市粟生西条の内
14	当麻寺奥の院	浄土宗	奈良県北葛城郡当麻町当麻
15	叡福寺	単立	大阪府南河内郡太子町太子
客	四天王寺	和宗	〃　大阪市天王寺区四天王寺
16	浄橋寺	西山浄土	兵庫県西宮市塩瀬町生瀬

尊に報告しようと同寺に参拝したといい、善光寺参詣は数度にわたった。

その参詣の途中、11か寺を建立し、不断念仏を始めさせたが、4番**来迎寺**もそうした寺の一つで、国師が、居多ケ浜の地で来迎仏と当麻曼荼羅の軸を掛けて法を説いたところ、里人は喜び、その軸を戴いて奉安するために寺を建立したのに始まる。なお居多ケ浜は親鸞聖人が流されてきた地でもある。

5番**善恵寺**も国師が関東下向の際に建立した11か寺の一つ。後花園院の勅願寺で、15世紀半ばには七堂伽藍・塔頭80坊を誇ったこともあった。江戸時代のころから檀家により寄進された沢山の石臼が参道に並んでおり、臼寺とも呼ばれている。

延暦寺文殊楼は、比叡山根本中堂の前の石段を上がった所にある。文殊菩薩を祀るこの楼が焼失したとき、国師も復興資金を献上したと伝えられている。ここの集印納経所は延暦寺会館下の法然堂である。

8番**禅林寺**は浄土宗西山禅林寺派総本山で、本尊みかえり阿弥陀と永

— 447 —

8番・禅林寺のみかえり阿弥陀

観堂の名で広く知られている。かつては広大な寺域があり、施療所や薬としての梅（悲田梅）を窮乏者たちに施すための梅林があったという。西山国師証空上人は、当寺の第13世。

9番**誓願寺**は浄土宗西山深草派総本山で、法然上人二十五霊場の20番でもある。清少納言・和泉式部の念仏往生の話を伝え、落語の始祖と言われる安楽庵策伝の墓がある。10番**南遺迎院**は国師臨終の地。12番**三鈷寺**は茶毘の地で、霊廟（華台廟）が建てられている。

総門前に「浄土根元地」の石碑が立つ13番粟生の**光明寺**は、西山浄土宗の総本山。法然上人の廟があり、法然上人二十五霊場の16番でもある。広大な境内は春は桜、秋は紅葉で彩られる。

14番**当麻寺奥の院**は往生院とも呼ばれる。当麻曼荼羅を見て、大いにうなずき感激した国師は、先に記したように善光寺への参拝、11の寺の建立を初め、浄土の教えを広めることに邁進するのである。

15番**叡福寺**は聖徳太子一族の墓のある寺として有名。弘法大師や親鸞聖人も参籠。西山国師はここで天台止観の法門を学び、仏恩報謝として三重の塔婆を建て、仏舎利を納めたと伝えられている。

大阪人に広く親しまれている**四天王寺**は、聖徳太子の創建で、和宗の総本山。西山国師は夢中に聖徳太子を見て、四天王寺聖霊院に赴き、不断念仏を行じたという。

16番**浄橋寺**は国師の創建になり、寺名も国師の架けた橋に由来する。丈六の阿弥陀三尊と梵鐘は鎌倉期の作で国の重文。

★問合せ先

光明寺☎075—955—0002

★参考図書

三山遺跡顕彰会編『生ける念仏、西山国師遺跡霊場めぐり』

聖徳太子御遺跡霊場

聖徳太子の建立した寺々や太子廟を初めとする太子ゆかりの28か寺を巡拝する霊場。大阪・兵庫・京都・奈良の広範囲にわたり、文字どおり古寺名刹で構成されている。

1番**四天王寺**は聖徳太子を開山・開基とし、推古31年（623）ごろに完成した古寺。建立に際して創立された四か院（敬田・悲田・療病・施

特殊な霊場

聖徳太子御遺跡霊場

		納経題字	
1	四天王寺	和宗	太子誓中四天王	大阪府大阪市天王寺区
2	大聖勝軍寺	高野真言	下之太子	〃 八尾市太子堂
3	道明寺	真言御室	木槵樹	〃 藤井寺市道明寺
4	西琳寺	高野真言	河内史帰仏之寺	〃 羽曳野市古市
5	野中寺	高野真言	中之太子	〃 〃 野々上
6	叡福寺	単立	上之太子	〃 南河内郡太子町太子
7	世尊寺	曹洞宗	南海夜光之霊木	奈良県吉野郡大淀町比曽
8	橘寺	天台宗	太子誕生所橘之宮	〃 高市郡明日香村橘
9	定林寺	浄土宗	太子建立第六院	〃 〃 明日香村立部
10	金剛寺	浄土宗	鞍作止利創建寺	〃 〃 明日香村阪田
11	飛鳥寺	真言豊山	止利仏師丈六釈迦	〃 〃 明日香村飛鳥
12	向原寺	真宗本願	仏法根源精舎	〃 〃 明日香村豊浦
13	日向寺	浄土宗	太子遺寺九院之一	〃 橿原市南浦町
14	法隆寺	聖徳宗	尺寸王身釈像	〃 生駒郡斑鳩町
15	中宮寺	聖徳宗	太子往生天寿国	〃 〃 斑鳩町
16	法輪寺	聖徳宗	山背王誕生水	〃 〃 斑鳩町三井
17	法起寺	聖徳宗	法華経講讃岡本宮	〃 〃 斑鳩町岡本
18	成福寺	聖徳宗	田村皇子 問太子之廟	〃 〃 斑鳩町
19	達磨寺	臨済南禅	飢人相見伝説地	〃 北葛飾郡王寺町本町
20	信貴山 朝護孫子寺	信貴真言	四天王随一毘沙門天	〃 生駒郡平群町信貴山
21	平隆寺	融通念仏	施鹿園	〃 〃 三郷町勢野
22	額安寺	真言律宗	太子熊凝道場	〃 大和郡山市額田部町
23	大安寺	高野真言	太子遺願大寺	〃 奈良市大安寺町
24	広隆寺	真言御室	太子楓野行宮	京都府京都市右京区太秦
25	六角堂	単立	太子守本尊	〃 〃 中京区六角通
26	中山寺	真言中山	太子馬蹄石	兵庫県宝塚市中山寺
27	鶴林寺	天台宗	刀田之太子	〃 加古川市加古川町
28	斑鳩寺	天台宗	鵤之太子	〃 揖保郡太子町鵤

薬)に見る太子の精神は今日なお受け継がれていて、天王寺病院や養老院・保育所・母子寮などの社会福祉事業に実践されている。

3番**道明寺**は太子を開基とし、当地の土師連八島(はじのむらじやしま)の邸宅を寺に改めた

14番・法隆寺

と伝える。本尊の十一面観音像は菅原道真36歳の作といわれ国宝。また「十六歳御影」といわれる聖徳太子像は重文である。

5番**野中寺**(やちゅうじ)は太子の命により蘇我馬子(うまこ)が造立した寺。6番**叡福寺**は太子の霊墓の守護と追福のため建立された寺。7番**世尊寺**は推古3年(595)太子を開基として、大阪湾に漂着した樟の霊木より推古天皇が百済の仏工に本尊を刻ませたことに創まると伝える。

8番**橘 寺**(たちばなでら)は太子が推古天皇のために『勝鬘経』を講説した地に建立されたと伝える寺。10番**金剛寺**は鞍作部多須奈が用明天皇の病気平癒のために建てた寺。11番**飛鳥寺(安居院)**は大臣蘇我馬子が推古4年(596)に開基した寺である。

14番**法隆寺**は推古15年(607)に太子を開基として開創された名刹。天智9年(670)に焼失、現存の堂塔はそれ以後の建立だが、世界最古の木造建築といわれている。国宝や重文など数千点の寺宝を有する。金堂・中門・五重塔・東院夢殿・大講堂・鐘楼・経蔵など七堂伽藍のことごとくが国宝であり、また彫刻では百済観音・救世観音・夢違観音などの国宝像が著名。昭和25年(1950)に太子を本願として聖徳宗を開宗し、その本山でもある。

15番**中宮寺**は太子の母・穴穂部間人皇女(あなほべのはしひとひめみこ)の菩提のために太子がその宮を寺に改めたことに創まるとか、太子を追慕した妃の橘大郎女(たちばなのおおいらつめ)が創建した寺と伝える。

16番**法輪寺**は太子の命により太子の長男・山背皇子(やましろ)らが建立して太子の薨後に太子の妃を檀越にしたとか、法隆寺炎上の後に百済の開法師・円明法師・下氷君雑物の三人が造立して太子姫の後裔である高橋朝臣が住したと伝える古寺。

17番**法起寺**は太子の長男・山背皇子が太子の遺命により岡本宮(太子の別宮)を寺にしたものと伝える。国宝の三重塔で知られる。18番**成福寺**はもと太子の宿坊とか、葦垣宮跡に建てられた寺と伝える。

20番**信貴山朝護孫子寺**は太子が物部守屋(もののべのもりや)の討伐に向かう途次、当山上で毘沙門天を感得して勝利を祈願し、守屋を討つことができたので、ここに毘沙門天を祀ったことに創まると伝える。国宝の『信貴山縁起』はあ

まりにも有名である。信貴山真言宗総本山。

23番**大安寺**は太子の発願により平群郡熊凝村額田部に一精舎を建立し、熊凝精舎と称したことに創まるといい、その後当地に移転した。

24番**広隆寺**は渡来人である秦氏の後裔・秦河勝が太子から賜った仏像を安置するために、推古30年（622）その居住地に造立した寺。本尊の聖徳太子像（重文）初め寺宝も多く、特に弥勒菩薩半跏思惟像（国宝）は有名。真言宗御室派大本山。

26番**中山寺**は太子が神功皇后と不和になって殺害された仲哀天皇の妃大仲姫とその皇子たちを祀った寺、また物部守屋の霊を鎮めるために建てた寺といわれる。真言宗中山寺派大本山。西国観音霊場の24番札所でもある。

27番**鶴林寺**は物部氏の排仏を逃れてこの地に来た高麗の僧恵便のために、太子が創建した寺である。新西国観音霊場の27番札所でもある。

なお、霊場表中の「納経題字」は、各寺と聖徳太子の縁を端的に物語っている。

（当霊場は平成16年現在、活動を停止している。）

長瀞七草寺めぐり

埼玉県西部、外秩父山地を浸食してできあがった荒川中流の峡谷、長瀞（秩父郡長瀞町）は平らな岩畳が美しい国指定の名勝である。この渓谷美を愛でながら、今はあまり見られなくなった秋の七草を栽培する寺を巡り、爽やかな秋を満喫し、先祖供養を行おうというもの。

7か寺は秩父鉄道の長瀞・野上・樋口の各駅から徒歩10〜40分の所に点在している。徒歩だと長瀞駅から不動寺までは20分、野上駅から遍照寺は40分、法善寺は15分、真性寺と多宝寺は各10分、樋口駅から道光寺は10分である。

花は9月から10月が見ごろだが、目当ての花があれば、やはり問合せてから行かれたほうがいい。電話は局番が共通の0494—66局で、撫子の寺不動寺—0262、桔梗の寺多宝寺—2268、葛の寺遍照寺—2713、藤袴の寺法善寺—0235、女郎花の寺真性寺—0584、尾花の寺道光寺—2626、萩の寺洞昌寺—2503番である。

近くには、スリル満点の長瀞ライン下りや、宝登山動物園などがあり、また葡萄園が多いので葡萄狩りも楽しむことができる。

★問合せ先
長瀞七草寺霊場会事務局
☎0494—66—3424

長瀞七草寺めぐり（埼玉県）

不動寺	撫子	長瀞町長瀞
多宝寺	桔梗	〃 本野上
遍照寺	葛	〃 岩田
法善寺	藤袴	〃 井戸
真性寺	女郎花	〃 本野上
道光寺	尾花	〃 岩田
洞昌院	萩	〃 野上下郷

真言宗十八本山巡拝

　弘法大師の教えとその実践に基づき、真言宗各派の総本山・大本山18か寺が真言宗各派総大本山会を結成し、平成7年（1995）に創立した新霊場。京都・奈良・和歌山・香川・兵庫と1府4県の名刹から成り、各本山が真言密教の教えを端的に表現した「法語」を掲げているのが特徴である。（当会では明確に札所番号は付していないが、ここでは表の順番に従って1〜18を付しておく。）

　1・**善通寺**は真言宗善通寺派総本山。弘法大師の誕生地に建てられた寺。四国八十八ヵ所霊場の75番札所でもある。

　2・**須磨寺**は真言宗須磨寺派大本山。新西国観音霊場の24番札所でもある。

　3・**清澄寺**は真言三宝宗大本山。正月三が日、初、春、納の四大祭と、富岡鉄斎の画約1000点を収蔵した鉄斎美術館「聖光殿」は特に名高い。

　4・**中山寺**は真言宗中山寺派大本山。聖徳太子によって開かれた霊跡。西国三十三観音霊場の24番、聖徳太子遺跡霊場の26番札所でもある。また山内には七福神奉安所と干支一代守本尊奉安所がある。

　5・**大覚寺**は真言宗大覚寺派大本山。嵯峨御流華道と写経道場は特に有名。

　6・**仁和寺**は真言宗御室派総本山。古来より西行、兼好、仁清などの文人雅客が居を構えた桜の名所であり、重要文化財の宝庫でもある。山内には八十八ヵ所霊場もある。

　7・**智積院**（ちしゃくいん）は真言宗智山派総本山。国宝の障壁画（長谷川等伯とその一派の作品）や、中国の盧山を形どって造られた名勝庭園で知られる。

　8・**泉涌寺**（せんにゅうじ）は真言宗泉涌寺派総本山。開山以来の皇室の菩提所。本尊は釈迦・弥陀・弥勒の三尊。楊貴妃観音像はその美しさと霊験あらたかなことで有名。山内塔頭の観音寺は西国観音霊場の15番札所である。

　9・**教王護国寺（東寺）**は東寺真言宗総本山。真言密教の根本道場といわれ、建造物・仏像のことごとく国宝・重文である。毎月21日の御影供は「弘法さん」と呼ばれ、当日は法要とともに境内には1000軒ほどの露店が並んで大賑いとなる。

　10・**勧修寺**（かじゅうじ）は真言宗山科派大本山。醍醐天皇が創建され、代々法親王が住職となった寺。境内には無手の聖尼と慕われた大石順教尼によって建立された納経道場「仏光院」がある。

　11・**随心院**は真言宗善通寺派大本山。小野門跡ともいう。美人で才女で知られた小野小町の遺跡がある。

　12・**醍醐寺**は真言宗醍醐派総本山。理源大師聖宝が開山した当山派修験道の根本道場。約300万平方メートルの境内をもつ。上醍醐は西国観音霊場の11番札所でもある。

　13・**宝山寺**は真言律宗大本山。通称「生駒（いこま）の聖天さん」で親しまれている庶民信仰の寺。毎月1日（中興開山の湛海律師の命日）には参詣の

— 452 —

特殊な霊場

真言宗十八本山巡拝

		本　尊	法　語	
1	善通寺	薬師如来	同行二人	香川県善通寺市善通寺町
2	須磨寺	聖観音	除暗遍明	兵庫県神戸市須磨区須磨寺町
3	清澄寺	大日如来	帰依三宝	〃　宝塚市米谷清シ
4	中山寺	十一面	無事是貴人	〃　〃　中山寺
5	大覚寺	五大明王	常住金剛	京都市右京区嵯峨大沢町
6	仁和寺	阿弥陀	一味和合	〃　右京区御室大内
7	智積院	大日如来	如実知自心	〃　東山区東大路七条
8	泉涌寺	釈迦等三尊	生生法城	〃　東山区泉涌寺山内町
9	教王護国寺	薬師如来	済世利人	〃　南区九条町
10	勧修寺	千手観音	三密加持	〃　山科区勧修寺仁王堂町
11	随心院	如意輪	佛心者大慈悲	〃　山科区小野御霊町
12	醍醐寺	薬師如来	実修実証	〃　伏見区醍醐伽藍町
13	宝山寺	歓喜天	加持感応	奈良県生駒市門前町
14	朝護孫子寺	毘沙門天	虚往実帰	〃　生駒郡平群町信貴山
15	西大寺	釈迦如来	入我々入	〃　奈良市西大寺町
16	長谷寺	十一面	福聚海無量	〃　桜井市初瀬
17	根来寺	大日如来	迷中是非 是非倶非	和歌山県那賀郡岩出町根来
18	金剛峯寺	大日如来	即身成仏	〃　伊都郡高野町

信者が多い。

14・**朝護孫子寺**は信貴山真言宗総本山。聖徳太子によって開かれた毘沙門天信仰の霊場で、聖徳太子遺跡霊場の20番札所でもある。

15・**西大寺**は真言律宗総本山。文字どおり東の東大寺に対する西の大寺だった。再三の兵火に遭って衰微したが、興正菩薩叡尊が復興した。その興正菩薩が創めた大茶盛式の茶会でも知られる。

16・**長谷寺**は真言宗豊山派総本山。本尊は10メートル強の巨像。399段の回廊や山水の美、特に初夏の牡丹は天下逸品。西国観音霊場の8番札所でもある。

17・**根来寺**は新義真言宗総本山。

当寺の開山・興教大師覚鑁(かくばん)は真言宗の中興の祖と仰がれる。国宝の大塔や名勝庭園などがある。八角不動堂は近畿三十六不動尊霊場の34番札所。

18・**金剛峯寺**は高野山真言宗総本山。弘法大師入定信仰、高野山浄土信仰は全国に広まり、「日本総菩提所」といわれる聖地である。ここに参詣すれば過去世より積み重ねた罪障がことごとく消滅するという。

★問合せ先

真言宗各派総大本山会
　智積院☎075—561—4819

★案内書

『十八本山巡拝案内記』
（総大本山会刊）

日蓮宗の本山めぐり

　日蓮聖人を宗祖とする日蓮宗には祖山・霊跡・由緒寺院から成る「本山」が全国的に散在している。祖山は総本山で身延山久遠寺の1か寺、霊跡は宗祖一代の重要遺跡で13か寺、由緒寺院は宗門史上に顕著な沿革をもつ巨刹で41か寺あり、計55か寺の本山を数えている。昭和46年(1971)11月に『日蓮宗の本山めぐり』(中野裕道編・本山会事務局)が発刊されたのを機に、これらの本山を巡る気運が高まった。他の霊場のごとく順番は付してないが、ここに特殊霊場の一霊場として紹介しておく。(一覧表の番号数字は便宜上の仮番で、祖山を1とし、2以降の霊跡・由緒寺院は東から西への地域順に並べた。)

　1の**身延山久遠寺**は、日蓮聖人開闢の根本道場で日蓮宗総本山。文永11年(1274)の春、聖人が佐渡配流赦免となって鎌倉に還り、幕府に諫暁を行ったが容れられず、同年5月に甲州波木井の領主・南部実長の請待を受けて当地に隠栖、以来9年間にわたって弟子の育成に当たった霊跡である。山深く広大な境内に建ち並ぶ諸堂宇を一巡した参詣者は、聖人が両親を追慕した思親閣(奥ノ院)へも足を延ばす。また身延山の守護神・七面大明神を祀った七面山(1982メートル)への登拝者も多い。

　7の**法華経寺**は、文応元年(1260)鎌倉・松葉ヶ谷の法難で草庵を焼かれた聖人が、弟子の富木胤継の館(現在の奥ノ院)に下向して法華堂を建てたことに創まる霊跡寺院。ついで4年目に小松原法難の際も聖人はここに難を逃れたが、その法難中に現れて聖人を救った鬼子母神を刻んで安置し祈禱したことから、当寺は祈禱根本道場ともなった。

　14の**誕生寺**は聖人生誕の霊跡寺院である。聖人は貞応元年(1222)2月16日、父貫名次郎重忠、母梅菊のもとで、ここに誕生された。近くには聖人の両親の墓所(両親閣・妙蓮寺)、聖人が小松原法難の折に難を避けて30日のあいだ傷の養生をされた日蓮寺、聖人が海上にお題目を書いたところ多数の鯛が集まってきて、その題目の字を呑み込んだという伝説がある妙(鯛)の浦(天然記念物)もある。

　15の**清澄寺**は、聖人が出家得度した霊跡寺院である。開創が宝亀2年

身延山久遠寺祖師堂

特殊な霊場

（771）と伝える古寺で、特に本尊の虚空蔵菩薩は名高く、承和3年（836）に慈覚大師円仁が当山に登り虚空蔵求聞持法を修したという。

16の**鏡忍寺**は、小松原法難（1264年）の際に討たれた工藤吉隆・鏡忍坊を偲び、吉隆の子日隆が聖人の命をうけて建立した霊跡寺院。

17の**本門寺**は、弘安5年（1282）10月13日、聖人が61歳で入滅せられた最後の地に建つ霊跡寺院である。聖人の命日を期して毎年行われるお会式（10月11日～13日）は大変な人出で賑わう。

18の**妙法寺**は、日朗（六老僧の一人）が伊豆に配流された日蓮聖人を偲んで浮木に刻んだ祖師像を祀る由緒寺院で、厄除けで知られる。

19の**本興寺**は日蓮聖人が鎌倉辻説法をした折に休息された地に、弟子の天目が創建した由緒寺院。

20の**妙本寺**は、聖人の檀越・比企大学三郎能本が自邸を聖人に寄進して寺とした由緒寺院である。21の**本覚寺**も由緒寺院で、聖人が佐渡から鎌倉へ帰ったとき滞在した夷堂の故地に一乗院日出が建立。後に聖人の御真骨を身延から分骨したことから「東身延」と称する。

22の**龍口寺**は、日蓮聖人の四大法難のうち最大といわれる龍口法難の跡に建てられた霊跡寺院である。幕府に『立正安国論』を建白したのが反感を買って捕らえられた聖人は文永8年（1271）9月12日、龍口の刑場で首を刎ねられようとした。その

日蓮聖人像（清澄寺）

とき一天俄にかき曇り、天地が震動して斬ることができなかった、という龍口法難の奇瑞は有名。

26の**妙照寺**と27の**根本寺**は、聖人の佐渡流罪の霊跡寺院である。聖人が佐渡で過ごしたのは文永8年（1271）10月から同11年3月までの2年半で、この間に『開目抄』や『観心本尊抄』を著した。

34の**実相寺**は、もと天台密教の寺で、聖人が『立正安国論』の執筆に先立って当寺の経蔵に入って一切経の研究をした霊跡寺院である。

36の**本門寺**は、聖人の6人の上足（六老僧）の一人・日興上人が開創した霊跡寺院である。

37の**仏現寺**は、弘長元年（1261）日蓮聖人が伊豆に配流されたとき隠れ住んだ毘沙門堂の跡に、日昭上人（六老僧の一人）を開山として建てられた霊跡寺院である。

43の**瑞龍寺**は豊臣秀次の母・瑞龍院妙慧日秀が、後陽成天皇より寺地を賜り、秀次の菩提を弔うために創建した由緒寺院。紫衣と菊の紋章が許された勅願所で「村雲御所」と称して、代々、尼宮によって護持されてきた。

46の**本法寺**は、日親が本阿弥本光を初め京都町衆の外護を得て創建した由緒寺院。日蓮聖人遺文を初め、本阿弥家ゆかりの芸術品など多くの寺宝を所蔵する。日親は数々の迫害に遭遇し、焼けた鍋を被されてもひるまなかったことから「なべかむり日親」と称されたほど法華経信仰を強く堅持した僧として有名。

47の**妙顕寺**は、日蓮聖人の遺命を受けて帝都開教の大任を果たした日像（聖人の孫弟子）が創建した霊跡寺院である。

51の**本圀寺**は、日蓮聖人が鎌倉の松葉ヶ谷に創建した草庵を、第四世の日静の代に京都に移し、皇室の外護を受けて発展していった霊跡寺院である。聖人の持仏像（立像の釈迦仏）・聖人真筆の『立正安国論』・聖人流罪の「赦免状」を蔵する。

★問合せ先・各寺院

日蓮宗の本山めぐり

1	久遠寺	祖　　山	山梨県南巨摩郡身延町身延
2	孝勝寺	由緒寺院	宮城県仙台市宮城野区榴岡
3	妙国寺	〃	福島県会津若松市一箕町八幡幕料
4	久昌寺	〃	茨城県常陸太田市新宿町
5	妙顕寺	〃	栃木県佐野市堀米町
6	妙興寺	〃	千葉県千葉市若葉区野呂
7	法華経寺	霊　　跡	〃　市川市中山
8	弘法寺	由緒寺院	〃　　〃　真間
9	本土寺	〃	〃　松戸市平賀
10	日本寺	〃	〃　香取郡多古町南中
11	正法寺	〃	〃　山武郡大網白里町小西
12	藻原寺	〃	〃　茂原市茂原
13	妙覚寺	〃	〃　勝浦市興津
14	誕生寺	霊　　跡	〃　安房郡天津小湊町小湊
15	清澄寺	〃	〃　　〃　天津小湊町清澄
16	鏡忍寺	〃	〃　鴨川市広場
17	本門寺	〃	東京都大田区池上
18	妙法寺	由緒寺院	〃　杉並区堀ノ内
19	本興寺	〃	神奈川県横浜市泉区上飯田町

特殊な霊場

20	妙本寺	由緒寺院	神奈川県鎌倉市大町
21	本覚寺	〃	〃　　〃　　小町
22	龍口寺	霊　跡	〃　　藤沢市片瀬
23	妙純寺	由緒寺院	〃　　厚木市金田
24	妙法寺	〃	新潟県三島郡和嶋村村田
25	妙宣寺	〃	〃　　佐渡郡真野町阿仏坊
26	妙照寺	霊　跡	〃　　〃　　佐和田町市野沢
27	根本寺	〃	〃　　〃　　新穂村大野
28	妙成寺	由緒寺院	石川県羽咋市滝谷町
29	本遠寺	〃	山梨県南巨摩郡身延町大野
30	妙法寺	〃	〃　　〃　　増穂町小室
31	蓮永寺	〃	静岡県静岡市沓谷
32	本覚寺	〃	〃　　〃　　池田
33	海長寺	〃	〃　　清水市村松南
34	実相寺	霊　跡	〃　　富士市岩本
35	久遠寺	由緒寺院	〃　　富士宮市小泉
36	本門寺	霊　跡	〃　　〃　　北山
37	仏現寺	〃	〃　　伊東市物見が丘
38	妙法華寺	由緒寺院	〃　　三島市玉沢
39	本立寺	〃	〃　　田方郡韮山町金谷
40	実成寺	〃	〃　　〃　　中伊豆町柳瀬
41	玄妙寺	〃	〃　　磐田市見付町
42	妙立寺	〃	〃　　湖西市吉美
43	瑞龍寺	〃	滋賀県近江八幡市宮内町
44	本満寺	〃	京都府京都市上京区寺町通今出川上ル
45	立本寺	〃	〃　　〃　　上京区七本松通仁和寺街道上ル
46	本法寺	〃	〃　　〃　　上京区小川通寺ノ内上ル
47	妙顕寺	霊　跡	〃　　〃　　上京区寺ノ内通新町西入
48	妙覚寺	由緒寺院	〃　　〃　　上京区新町通鞍馬口下ル
49	妙伝寺	〃	〃　　〃　　左京区東大路二条下ル北門前町
50	頂妙寺	〃	〃　　〃　　左京区仁王門通川端東入大菊町
51	本圀寺	霊　跡	〃　　〃　　山科区御陵大岩町
52	妙国寺	由緒寺院	大阪府堺市材木町東
53	報恩寺	〃	和歌山県和歌山市真砂町
54	国前寺	〃	広島県広島市東区山根町
55	光勝寺	〃	佐賀県小城郡小城町松尾

尼寺三十六ヵ所

尼寺のみを巡拝するというユニークなこの霊場巡拝は、大阪の一婦人が家庭内の不幸に悩み、尼寺を巡り、やがて安心を得たことに由来する。昭和46年（1971）3月に、関西を中心として著名な尼寺が幾つも加わり、古寺顕彰会の下休場由晴氏らの手によって、霊場会が結成された（その後、霊場の多少の変更があり、平成16年9月現在、23・29・31番が欠番）。

この尼寺めぐりは、尼僧さんたちの慎ましやかで堅固な仏道への帰依心と、質素で美しい生活ぶりを垣間見ることができ、うまくすれば人生の悩みの相談にも応じてくれるかもしれない。霊場番号はついているが、行きやすい寺から回ればいい。しかし、尼寺は門跡寺院など一般の参詣寺院とは違っているため、参拝は事前に連絡したい。

1番**大聖寺**は足利将軍義満の創建以来、明治維新まで歴代皇女が入寺し、中世京洛に栄えた尼五山の第一位の景愛寺の法灯を伝える格式の高い尼寺。御寺御所、萩寺とも呼ばれる。枯山水の庭園は京都府文化財。

2番**光照院**は常磐御所とも呼ばれ、延文元年（1356）、後伏見天皇の皇女進子内親王が落飾して、室町通一条北に、浄台禅律の四宗兼学道場として創建したことに創まる。

4番**妓王寺**は『平家物語』に登場する白拍子、妓王・妓女を開基とする寺で、二人の墓も境内にある。5番**曇華院**は竹の御所とも呼ばれてきた門跡寺院で、14世紀半ばの開創。歴代宮家の文書や御所人形などを多数所蔵している。

7番**寂光院**は三千院と並ぶ京都大原の観光スポット。推古2年（594）聖徳太子が父の用明天皇の菩提のために建立。建礼門院がここに隠棲し、壇ノ浦の合戦で果てたわが子の安徳帝や平家一門の冥福を祈り、後白河法皇が建礼門院を訪ねた「大原御幸」は皆、学校で習うところだ。

9番**行願寺**は、革堂の名で知られる。その名は、寺を開いた行円上人が出家前に殺した鹿の革を、懺悔のために身に着けていたことから革聖・革上人と呼ばれることに由来する。西国19番札所でもある。

12番**岩屋寺**は忠臣蔵の大石内蔵助ゆかりの寺で大石寺とも呼ばれる。内蔵助は吉良邸討ち入りまでの間、この寺の近くに隠棲を装って住んだという。四十七士の像も祀られ、義士祭が12月14日に営まれる。

13番からは奈良の尼寺。佐保山を背にした石畳の参道を上ると奈良時代創建の**興福院**。ここは小堀遠州作の庭園、茶人の久保長闇堂ゆかりの茶室で有名。

14番**法華寺**は天平13年（741）、光明皇后が総国分尼寺として開創。境内には皇后自ら多くの病人の身体を洗ったという、から風呂が残っている。本尊十一面観音菩薩像（国宝）は光明皇后をモデルとして造られた

特殊な霊場

尼寺三十六ヵ所

1	大聖寺門跡	臨済単立	釈迦如来	京都府京都市上京区烏丸通り
2	光照院門跡	浄土宗	釈迦如来	〃　〃　上京区新町通り
3	遊心庵	天台寺門	阿弥陀如来	滋賀県大津市大門通
4	妓王寺	浄土宗	阿弥陀如来	〃　野洲郡野洲町中北
5	曇華院門跡	臨済単立	十一面観音	京都府京都市右京区嵯峨北堀町
6	観音寺	融通念仏	十一面千手	奈良県桜井市南音羽
7	寂光院	天台宗	地蔵菩薩	京都府京都市左京区大原草生町
8	光明宝院	光明真言	秘鍵大師	和歌山県東牟婁郡那智勝浦町
9	行願寺	天台宗	千手観音	京都府京都市中京区竹屋町
10	得浄明院	浄土宗	一光三尊阿弥陀	〃　〃　東山区林下町
11	香雪院	天台宗	聖天尊	〃　〃　東山区渋谷通り
12	岩屋寺	曹洞宗	不動明王	〃　〃　山科区西野山
13	興福院	浄土鎮西	阿弥陀三尊	奈良県奈良市佐保川西町
14	法華寺門跡	真言律宗	十一面観音	〃　〃　法華寺中町
15	中宮寺門跡	聖徳宗	如意輪観音	〃　生駒郡斑鳩町
16	誕生寺	浄土宗	阿弥陀如来	〃　奈良市東木辻町
17	高林寺	融通念仏	阿弥陀如来	〃　〃　井上町
18	青蓮寺	浄土宗	阿弥陀如来	〃　宇陀郡菟田野町宇賀志
19	大福寺	高野真言	薬師如来	〃　北葛城郡広陵町の場
20	善名称院	高野真言	地蔵菩薩	和歌山県伊都郡九度山町九度山
21	和光寺	浄土宗	一光三尊阿弥陀	大阪府大阪市西区北堀江
22	観音寺	浄土宗	十一面観音	愛知県知多郡阿久比町矢高
23				
24	換骨堂	曹洞宗	阿弥陀如来	京都府京都市左京区浄土寺真如町
25	東山寺	真言大覚	千手観音	兵庫県津名郡津名町生穂長沢
26	引接寺	高野真言	閻魔法王	京都府京都市上京区閻魔前町
27	岩瀧寺	真言大覚	不動明王	兵庫県氷上郡氷上町香良
28	瑞龍寺門跡	日蓮宗	一塔二尊四士	滋賀県近江八幡市宮内町
29				
30	貞寿寺	浄土宗	阿弥陀如来	愛知県津島市今市場町
31				
32	誓願寺	西山浄土	阿弥陀如来	愛知県名古屋市熱田区白鳥
33	仮宿庵	浄土宗	阿弥陀三尊	奈良県生駒郡斑鳩町
34	地蔵院	真言御室	地蔵菩薩	三重県鈴鹿郡関町新所
35	普門寺	天台宗	十一面千手	兵庫県赤穂市尾崎
36	善光寺大本願	浄土宗	一光三尊阿弥陀	長野県長野市元善町

36番・善光寺の一光三尊阿弥陀仏

という藤原期の傑作。

15番**中宮寺**は聖徳太子が母の穴穂部間人皇女の菩提のため、その宮を寺にしたのに創まる。飛鳥時代の彫刻の傑作、弥勒菩薩半跏思惟像（国宝）と日本最古の刺繍である天寿国繍帳（国宝）はあまりにも有名。

16番**誕生寺**は、蓮糸で当麻曼荼羅を織った中将姫誕生の地で、境内に中将姫産湯の井戸が残っている。17番**高林寺**はもと元興寺の一院で、中将姫が当麻寺に入寺するまで修行したところ。18番**青蓮寺**は中将姫が継母のいじめによって捨てられた地で、後に当寺を開いたと伝える。

19番**大福寺**は、聖徳太子建立の広瀬寺の後身と伝える。徳川家康の朱印状をはじめ、歴代将軍の朱印状が残っている名刹。

20番九度山の**善名称院**は、関ヶ原の合戦で敗れた真田昌幸・幸村父子の蟄居の地に建立された寺で、通称は真田庵。5月5日には真田十勇士などの武者行列の出る真田祭がある。牡丹の名所でもある。

21番**和光寺**は、長野・善光寺に縁ふかい浄土宗の寺である。欽明天皇13年の物部尾輿らによる排仏思想で難波の堀江に捨てられた阿弥陀如来像が、本多善光（善光寺の開山）に拾われた古跡とも伝える。2月15日の涅槃会、4月8日の潅仏会は植木市で賑わう。

25番**東山寺**は淡路島の山奥の寺で、険しい山道の果てに淡路島最古の木像建築の山門と本堂が迎えてくれる。所蔵する薬師如来像と十二神将像はともに重文。淡路西国26番、淡路四国49番札所でもある。

26番**引接寺**は、通称「千本閻魔堂」で知られる。紫式部供養塔と伝える石造塔婆（十重塔・国重文）や、無形文化財の大念仏狂言（閻魔堂狂言・5月1日～3日）、盂蘭盆会の精霊迎え（8月8日～15日）も有名。

27番**岩瀧寺**の周辺は県立自然公園で、兵庫県観光百選「香良独鈷の滝」で知られる。開山は弘法大師、嵯峨天皇の勅願所の歴史をもつ。

28番村雲御所**瑞龍寺**は、太閤秀吉の姉で関白豊臣秀次の生母であった日秀尼が、秀吉の怒りに触れて自害した秀次の菩提を弔うために建立。山頂にある境内からは琵琶湖・比叡・比良の峰々が一望できる。

34番**地蔵院**は東海道の交通の要衝、鈴鹿の関にあり、関の地蔵として古くから知られる。天平13年（741）、

聖武天皇が当時流行した痘瘡から人々を救うため、行基に命じて建立させたのが創まりという。

36番は長野の**善光寺**。本尊の一光三尊阿弥陀仏は、欽明天皇の御代に百済から伝わった三国伝来、日本最古の仏像で、宗派を超えて広く信仰されてきたのは周知のとおり。現在、男僧寺院の大勧進（天台宗）と尼僧寺院の大本願（浄土宗）によって守られている。

★問合せ先
巡礼顕彰会☎0721―56―2372
★案内書・参考文献
尼寺三十六所霊場会編『尼寺三十六所法話巡礼』（朱鷺書房刊）
雲輪瑞法著『瑞法の尼寺めぐり』（大法輪閣刊・絶版）

関西花の寺二十五ヵ所

宗旨宗派の垣根を超えて関西一円2府4県、25の花の寺が手をつないだ。これらの寺々を訪れれば、四季折々、一年中、花の境内を楽しむことができる。更に花を縁にして仏教に近づいて欲しいと、住職が花説法、法話をしてくれるというのもうれしい（約10名以上の場合で、電話の予約が必要）。

3番**金剛院**は雨乞いの寺としての歴史をもつ。紅葉に映える重文の三重塔が美しい。4番**高源寺**は後柏原天皇の勅願道場で、紅葉の名所。ここにも三重塔がある。

7番**如意寺**は、行基の護持していた如意宝珠を埋めて建立されたと伝えられる。閼伽井には目の信仰がある。9番**鶴林寺**は崇峻2年（589）、聖徳太子の創建という名刹で、戦国時代の戦火を免れたため、国宝・重文の建物や、仏像・美術品が数多く残されている。

10番**摩耶山忉利天上寺**は弘法大師が中国より持ち帰ったという、釈尊の母、摩耶夫人の尊像を祀ったことに創まる。昔から安産祈願の信仰をあつめている。新西国などの霊場でもある。11番**永澤寺**は、峻烈な禅修行を伝える活埋坑の跡が残る曹洞宗通幻派の根本道場。

平安初期の右大臣、清原夏野の山荘のあった地に建てられたという13番**法金剛院**の庭園は、平安期の貴重な遺構といわれる。本尊の丈六阿弥陀如来像、十一面観音像は重文。

14番**興聖寺**は道元の弟子の懐弉を開山とする寺で、室町期の庭園は国の名勝。15番**岩船寺**は天平年間草創の古刹。重文の三重塔があるほか、近くの山中には鎌倉時代の磨崖仏など石仏が点在している。

九体の阿弥陀如来像を安置するところから、九体寺・九品寺とも呼ばれる16番**浄瑠璃寺**も天平年間に行基が開いたという。阿弥陀堂・三重塔・阿弥陀如来像など国宝・重文が多い。

花の寺として広く知られる17番**般若寺**は、6世紀半ばの創建。国宝の楼門、重文の十三重石塔も有名。20

関西花の寺二十五ヵ所

		主たる花	
1	観音寺	アジサイ・キキョウ	京都府福知山市観音寺
2	楞厳寺	ツツジ・ハス	〃 綾部市舘町楞厳寺
3	金剛院	紅葉	〃 舞鶴市鹿原
4	高源寺	紅葉	兵庫県丹波市青垣町檜倉
5	高照寺	モクレソ(4月)	〃 養父市八鹿町高柳
6	隆国寺	ボタン	〃 城崎郡日高町荒川
7	如意寺	ツツジ・サツキ・ハギ	京都府京丹波郡久美浜町西本町
8	應聖寺	シャラ	兵庫県神崎郡福崎町高岡
9	鶴林寺	ボダイジュ	〃 加古川市加古川町北在家
10	摩耶山天上寺	シャラ	〃 神戸市灘区摩耶山
11	永澤寺	ハナショウブ	〃 三田市永沢寺
12	久安寺	ボタン・アジサイ	大阪府池田市伏尾町
13	法金剛院	ハス	京都府京都市右京区花園扇野町
14	興聖寺	ツバキ(樹齢460年)	滋賀県高島郡朽木村岩瀬
15	岩船寺	アジサイ	京都府相楽郡加茂町岩船上ノ門
16	浄瑠璃寺	アシビ(1月下旬〜)	〃 〃 加茂町西小札場
17	般若寺	コスモス	奈良県奈良市般若寺町
18	白毫寺	ツバキ・ハギ	〃 〃 白毫寺町
19	長岳寺	平戸ツツジ	〃 天理市柳本町
20	石光寺	ボタン	〃 北葛城郡当麻町染野
21	当麻寺西南院	シャクナゲ	〃 〃 当麻町当麻
22	船宿寺	霧島ツツジ・サツキ	〃 御所市五百家
23	金剛寺	ボタン	〃 五條市野原町
24	子安地蔵寺	フジ・平戸ツツジ	和歌山県橋本市菖蒲谷
25	観心寺	ウメ	大阪府河内長野市寺元

番石光寺(せっこうじ)には中将姫が蓮糸を染めたという染め井戸が残っている。4〜5月の牡丹、特に11〜2月のワラをかぶった寒牡丹が有名。

21番西南院は、中将姫の当麻曼荼羅(国宝)の寺、当麻寺の塔頭(たっちゅう)寺院。24番子安地蔵寺は安産祈願の寺として知られる。25番、大阪の観心寺は空海が再興した寺で、本尊の如意輪観音(国宝)は平安期のものながら彩色がよく残り、豊満な美しい姿態であまりにも有名。

★問合せ先

霊場会事務局

観音寺 ☎0773—27—1618

ぼけよけ二十四霊場

高齢化社会を迎え、老人性痴呆症が社会問題ともなっているが、当霊場はそんな時代が生んだ、昭和63年（1988）開創の新霊場。全寺とも同型同大の「老夫婦を足下において数珠をまさぐっている地蔵像」を本堂の外に置き、参拝者を迎えてくれるという地蔵霊場でもある。全寺院が、時間があれば法話も厭わないなど、受け入れ態勢は意欲的である。

1番**聖天宮法輪寺**には海南市の雑賀紀光画伯筆の墨絵「紀の国八景」40枚がある。4番**得生寺**の二十五菩薩来迎会式は県の無形文化財。5番**浄教寺**の大日如来像は鎌倉時代前期の名手の作といわれ重文。

ぼけよけ二十四霊場

1	聖天宮法輪寺	真言単立	十一面観音	和歌山県和歌山市吉田
2	高野寺	高野真言	弘法大師	〃　　〃　　元寺町
3	禅林寺	高野真言	薬師如来	〃　海南市幡川
4	得生寺	西山浄土	阿弥陀如来	〃　有田市糸我
5	浄教寺	西山浄土	阿弥陀如来	〃　有田郡吉備町長田
6	善徳寺	西山浄土	阿弥陀如来	〃　田辺市芳養町
7	観福禅寺	臨済妙心	千手観音	〃　西牟婁郡白浜町栄
8	普門院	高野真言	十一面観音	〃　伊都郡高野口町伏原
9	生蓮寺	高野真言	子安雨晴地蔵	奈良県五條市二見
10	西方寺	高野真言	弘法大師	〃　　〃　　新町
11	観音院	高野真言	十一面観音	〃　御所市神宮町
12	泉徳寺	高野真言	薬師如来	〃　吉野郡大淀町今木
13	菅生寺	高野真言	阿弥陀如来	〃　　〃　吉野町平尾
14	妙法寺	高野真言	十一面観音	〃　橿原市東池尻町
15	桂林寺	高野真言	大青面金剛尊	〃　天理市筑紫町
16	長岳寺	高野真言	阿弥陀三尊	〃　　〃　柳本町
17	蓮光寺	真言御室	延命地蔵	大阪府河内長野市長野町
18	地蔵寺	高野真言	子安延命地蔵	〃　和泉市善正町
19	羅漢寺	高野真言	十一面観音	〃　　〃　平井町
20	弘法寺	高野真言	大日如来	〃　　〃　万町
21	太平寺	高野真言	阿弥陀如来	〃　堺市太平寺
22	禅寂寺	高野真言	薬師如来	〃　和泉市阪本町
23	長慶寺	真言御室	如意輪観音	〃　泉南市信達市場
24	宝樹寺	西山浄土	阿弥陀如来	〃　泉南郡岬町深日
外	玉龍寺	曹洞宗	釈迦如来	秋田県河辺郡雄和町女米木

8番**普門院**には四国八十八ヵ所のお砂踏み場がある。9番**生蓮寺**は大和新四国霊場の63番札所。11番**観音院**の境内には「マリア灯籠」と呼ばれている石仏がある。また12番**泉徳寺**にも500年以上前のものという石仏が十数体ある。

13番**菅生寺**は菅原道真公が誕生した寺。14番**妙法寺**には写真家・入江泰吉氏筆の大津皇子の辞世の歌碑がある。16番**弘仁寺**は「十三まいりの虚空蔵さん」で知られ、毎年6月13日に作られる黄金ちまき（お金が入っている）は人気がある。また当寺の明星菩薩像は快慶作で重文。

20番**弘法寺**は河泉地蔵霊場の18番札所。24番**宝樹寺**は通称「化石寺」と呼ばれ、数万年前のナウマン象の化石など数百点が展示されている。

★問合せ先
　禅林寺☎0734—82—1894
★案内書
　『ぼけよけ二十四霊場のしおり』
　（霊場会刊）

洛陽六阿弥陀巡拝

京都市内の阿弥陀如来像を祀る6か寺で構成する霊場。4番**木食寺**の開祖で社会土木事業にも活躍した木食正禅上人（1687〜1763）が阿弥陀仏の霊感をうけて発願したと伝え、功徳日詣を3年3か月怠らず行ずれば、無病息災・諸願成就するという。

功徳日は各月によって異なり、次のとおりである。

　1月15日　2月8日　3月14日
　4月15日　5月18日　6月19日
　7月14日　8月15日　9月18日
　10月8日　11月24日　12月24日

1番**真如堂**は真正極楽寺ともいい、阿弥陀如来像は正暦3年（992）作と伝える重文である。

2番**禅林寺**の国宝・山越阿弥陀図はあまりにも有名。

3番**清水寺阿弥陀堂**は国宝の清水寺本堂東にある。

5番**安養寺**は本尊阿弥陀如来像の台座の蓮華が逆さまになっているため倒蓮華寺と呼ばれるが、これは女人往生の功徳を表したものという。

6番**誓願寺**は浄土宗西山深草派総本山で、法然上人二十五霊場の20番。
★問合せ先
　安祥院☎075—561—0655

洛陽六阿弥陀巡拝（京都府）

1	**真如堂**（真正極楽寺）	天台宗	京都市左京区浄土寺真如町
2	**禅林寺**（永観堂）	浄土宗西山禅林	〃　左京区永観堂町
3	**清水寺阿弥陀堂**	北法相宗	〃　東山区清水
4	**木食寺**（安祥院）	浄土宗	〃　東山区五条通東大路
5	**安養寺**	浄土宗西山禅林	〃　中京区新京極蛸薬師
6	**誓願寺**	浄土宗西山深草	〃　中京区新京極桜之町

西国愛染十七霊場

1	勝鬘院愛染堂	和宗	大阪府大阪市天王寺区夕陽丘
2	東光寺	高野真言	兵庫県西宮市門戸西
3	鏑射寺	真言単立	〃 神戸市北区道場町生野
4	摩耶山天上寺	高野真言	〃 〃 灘区摩耶山町
5	大龍寺	東寺真言	〃 〃 中央区再度山
6	須磨寺正覚院	真言須磨	〃 〃 須磨区須磨寺町
7	大聖寺	真言大覚	岡山県英田郡作東町大聖寺
8	東寺(教王護国寺)	東寺真言	京都府京都市南区九条町
9	覚性律庵	天台宗	滋賀県大津市仰木
10	地蔵院	真言御室	三重県鈴鹿郡関町新所
11	愛染院	真言豊山	〃 上野市農人町
12	久修園院	真言律宗	大阪府枚方市楠葉中之芝
13	西大寺	真言律宗	奈良県奈良市西大寺芝町
14	宝山寺	真言律宗	〃 生駒市門前町
15	施福寺	天台宗	大阪府和泉市槙尾山
16	福智院	高野真言	和歌山県伊都郡高野町高野山
17	金剛三昧院	高野真言	〃 〃 高野町高野山

西国愛染十七霊場

平成6年（1994）に古寺顕彰会の下休場由晴氏の尽力で、近畿地方の愛染明王を祀る寺院17か寺によって開創された新霊場である。

愛染明王の誓願は12あり、そのうち有名なのは「智慧の弓方便の矢を以って愛敬を与え幸運を授けよう」と、「女人には愛を与えて良縁を結ばしめ善児を授けん」の2願という。

1番**勝鬘院愛染堂**は開創年代は不明だが、聖徳太子創建の四天王寺四か院の施薬院の近く、あるいは太子の勝鬘講の旧跡とも伝える。愛染明王は金堂（本堂）に祀られ、秘仏であるが、毎年正月の3が日と6月30日～7月2日の愛染祭りには開扉される。当寺の多宝塔は重文。

4番**摩耶山中院**は弘法大師が唐から将来した摩耶夫人（釈尊の生母）尊像を奉安し、その後、荒廃していた当寺を復興したときに宿坊とした山内の寺院と伝える。愛染明王像は、当寺の本尊・一字金輪が秘仏であるため、その前立本尊として安置されてきた尊である。摩耶山天上寺は関西花の寺二十五ヵ所の10番でもある。

6番**正覚院**は真言宗須磨寺派大本山・須磨寺の塔頭(たっちゅう)である。

8番**東寺**は教王護国寺ともいい、東寺真言宗総本山。密教文化財の宝庫としてあまりにも有名である。愛染明王像は御影堂（大師堂）に祀ら

れている。

10番**地蔵院**は尼寺三十六ヵ所の34番でもある。

11番**愛染院**は松尾芭蕉の菩提寺で、境内の各所に芭蕉の句碑や記念碑がある。

13番**西大寺**は真言律宗総本山で、多数の国宝を有する名刹。愛染明王像は愛染堂に秘仏本尊として祀られている。

14番**宝山寺**は真言律宗大本山で、「生駒の聖天さん」と呼び親しまれている。愛染明王像は多宝塔の本尊である。

15番**施福寺**は槙尾寺ともいい、西国観音霊場の4番札所。愛染堂は弘法大師が剃髪された跡と伝える。

16番**福智院**と17番**金剛三昧院**は高野山真言宗総本山・金剛峯寺の塔頭である。

★**問合せ先**
西国愛染霊場会事務局
☎0721－56－2372（昼）
FAX 0721－56－7411

★**案内書**
霊場会編『西国愛染十七霊場巡礼』（朱鷺書房刊）

高野長峰霊場

和歌山県の高野山の西、弘法大師がよく通られたという高野表街道の高野山真言宗の10か寺が昭和62年（1987）に開創した新霊場。貴志川の清流、山野の美観は中国の聖地・天台山を彷彿させる。

2番**蓮花寺**は貞応2年（1223）明恵上人が開基した霊場である。

5番**釜滝薬師**は金剛寺の別称。当地に大滝と釜石があることから釜滝といい、眼病に効験があることで知られる。

8番**惣福寺**は境内に坂上田村麻呂の由来による将軍桜と将軍塚がある。

★**問合せ先**
満福寺☎073－495－3210

高野長峰霊場（和歌山県）

1	禅林寺	高野真言	薬師如来	海南市幡川
2	蓮花寺	高野真言	延命地蔵	〃 大野中
3	医王寺	高野真言	薬師如来	海草郡野上町吉野
4	大観寺	高野真言	十一面観音	〃 野上町中田
5	釜滝薬師	高野真言	薬師如来	〃 野上町釜滝
6	満福寺	高野真言	十一面観音	〃 美里町神野市場
7	玉泉寺	高野真言	薬師如来	〃 美里町三尾川
8	惣福寺	高野真言	千手観音	〃 美里町国吉田
9	大日寺	高野真言	不動明王	〃 美里町毛原宮
10	泉福寺	高野真言	十一面観音	〃 美里町長谷宮

丹波古刹十五ヵ寺霊場

1	龍蔵寺	天台宗	千手観音	兵庫県多紀郡丹南町真南条上
2	太寧寺	曹洞宗	聖観音	〃 〃 篠山町奥畑
3	慧日寺	臨済妙心	釈迦如来	〃 氷上郡山南町太田
4	常勝寺	天台宗	千手観音	〃 〃 山南町谷川
5	石龕寺	高野真言	毘沙門天	〃 〃 山南町岩屋
6	達身寺	曹洞宗	阿弥陀如来	〃 〃 氷上町清住
7	高山寺	真言大覚	十一面観音	〃 〃 氷上町常楽
8	岩瀧寺	真言大覚	不動明王	〃 〃 氷上町香良
9	高源寺	臨済妙心	釈迦如来	〃 〃 青垣町桧倉
10	白毫寺	天台宗	薬師如来	〃 〃 市島町白毫寺
11	石像寺	曹洞宗	釈迦如来	〃 〃 市島町中竹田
12	清薗寺	高野真言	薬師如来	〃 〃 市島町下竹田
13	長安寺	臨済南禅	釈迦如来	京都府福知山市奥野部
14	天寧寺	臨済妙心	釈迦如来	〃 〃 大呂
15	観音寺	高野真言	十一面千手	〃 〃 観音寺

丹波古刹十五ヵ寺霊場

平成8年（1996）に開創された新霊場。兵庫県多紀郡と氷上郡、京都府福知山市の寺院15か寺が、参拝者に丹波の古寺と自然に触れ、信仰を深めてもらおうということで発足した。各札所では、住職が直接応対することを原則としている。

1番**龍蔵寺**は大化3年（647）インド僧の法道仙人の開基と伝える古寺で、本尊に千手千眼観音像・薬師如来像のほか将軍愛宕大権現を祀り、毎年2月24日と8月24日に愛宕祭を催している。

2番**太寧寺**は殿様椿のある寺。3番**慧日寺**では精進料理（要予約）が食べられる。4番**常勝寺**の十一面観音像・薬師如来像と、5番**石龕寺**の仁王門金剛力士像は重文。

6番**達身寺**は「丹波の正倉院」といわれ、阿弥陀・薬師・観音像など重文が12体ある。7番**高山寺**には白龍に乗った珍しい十一面観音像がある。

8番**岩瀧寺**は岩窟の中に弘法大師作と伝える不動明王像が祀られ、また独鈷の滝がある。9番**高源寺**には普応国師像（重文）を初め、約250点の文化財があり、また精進料理（要予約）も食べられる。

10番**白毫寺**、11番**石像寺**、12番**清薗寺**の3か寺には、いずれも美しい石庭がある。

13番**長安寺**は「もみじ寺」とも呼ばれ、薬師三尊四十九灯の庭も見もの。14番**天寧寺**は「京都の自然200選」に選定された寺。15番**観音寺**は

伊予府中十三石仏霊場（愛媛県）

発	海禅寺	臨済妙心	修行大師	今治市山方町2丁目甲
1	真光寺	高野真言	不動明王	〃 東村
2	大雄寺	曹洞宗	釈迦如来	〃 室屋町
3	東禅寺	真言醍醐	文殊菩薩	〃 南宝来町
4	佛城寺	臨済東福	普賢菩薩	〃 四村
5	附嘱寺	真言醍醐	地蔵菩薩	〃 郷本町
6	高野山今治別院	高野真言	弥勒菩薩	〃 別宮町
7	国分寺	真言律宗	薬師如来	〃 国分
8	明積寺	真言醍醐	観音菩薩	〃 北鳥生町
9	宝蔵寺	曹洞宗	勢至菩薩	越智郡玉川町桂甲
10	法華寺	真言律宗	阿弥陀如来	今治市桜井甲
11	円照寺	臨済東福	阿閦如来	〃 高橋甲
12	南光坊	真言醍醐	大日如来	〃 別宮町
13	龍岡寺	高野真言	虚空蔵菩薩	越智郡玉川町龍岡上甲
結	光林寺	高野真言	入定大師	〃 玉川町畑寺甲

「あじさい寺」といわれ、1万株が咲き誇る。

★問合せ先
丹波古利十五ヵ寺霊場会事務局
清薗寺☎0795—86—0271

伊予府中十三石仏霊場

愛媛県の今治市と越智郡玉川町の15か寺で構成して昭和58年（1983）に開創された、石仏の本尊を巡るというユニークなミニ霊場。

各札所の石仏本尊は屋外にあるので誰もが巡拝でき、特に新仏のできた各家は簡単に十三仏を巡って回向できるのが特徴。15か所を巡るには車で6時間、近くには温泉郷もある。

7番国分寺は四国八十八ヵ所霊場の59番、12番南光坊は同55番札所でもある。

★問合せ先
伊予府中十三石仏霊場会
円照寺☎0898—22—6888

尾張三霊場

物から心の時代へ——というテーマで「中日新聞」に連載された愛知県の3寺院の若い僧たちが結束し、これを機縁に昭和49年（1974）6月に開創したミニ霊場。

尾張三霊場（愛知県）

地泉寺	地蔵	中島郡祖父江町
大徳院	大黒天	海部郡甚目寺町
西福院	薬師	稲沢市大塚南

《参考文献》

『日本寺院名鑑』上・下巻　日本寺院名鑑刊行会編（名著普及会刊）
『全国寺院大鑑』上・下・別巻　全国寺院大鑑編纂委員会編（法蔵館刊）
『天台宗寺籍簿』天台宗庶務部編（金聲堂刊）
『全真言宗総鑑』（全真言宗総鑑出版会刊）
『浄土宗寺院名鑑』（浄土宗宗務庁刊）
『真宗本願寺派寺院名簿』寺院名簿編纂委員会編（宗務所刊）
『真宗大谷派寺院教会名簿』真宗大谷派宗務所出版部編（宗務所刊）
『臨済宗黄檗宗寺院名鑑』禅文化研究所編（臨済宗黄檗宗連合各派会議所）
『曹洞宗寺院名鑑』曹洞宗出版部編（曹洞宗宗務庁刊）
『寺院教会結社名簿』宗務院総務部編（日蓮宗宗務院刊）
『全国寺院名鑑』（全日本仏教会寺院名鑑刊行会刊）
『日本名刹大事典』圭室文雄編（雄山閣刊）
『古寺名刹大辞典』金岡秀友編（東京堂出版刊）
『古寺巡礼辞典』中尾堯編（東京堂出版刊）
『古寺名刹の百科事典』歴史百科編集部編（新人物往来社刊）
『日本「寺院」総覧』（新人物往来社刊）
『日本「霊地・巡礼」総覧』（新人物往来社刊）
『図説仏像巡礼事典』（山川出版社刊）
『県別史跡・文化財一覧』児玉幸多監修・藤本篤編（山川出版社刊）

追補

【追補目次】
観音霊場……………………………………………………………………473
弘法大師霊場………………………………………………………………482
薬師霊場……………………………………………………………………485
地蔵霊場……………………………………………………………………490
十三仏霊場…………………………………………………………………492
十二支霊場…………………………………………………………………494
七福神霊場…………………………………………………………………495
　　　　北海道・東北 495　　関東 498　　東京 507
　　　　中部 508　　近畿 512　　中国・四国・九州 514
特殊な霊場…………………………………………………………………517

【改訂新版に関する凡例】

★本書の初版は平成9年6月だった。それから7年余を経た平成17年春、ここに《改訂新版》を発刊する運びとなったのは、めまぐるしく変化している町村合併による新市誕生など、霊場の最新情報を採り入れたためである。

★すなわち《改訂新版》では、初版掲載の全霊場に、各札所の所在地・問合せ先の変更を知らせてもらい、最新情報に改めた（同時に解説文中の加筆・変更の要望も少なからずあったが、これも出来る範囲で要望に沿って改めた）。

★また、初版で掲載漏れした霊場、その後に開創された霊場（合わせて89霊場）を《追補》として、次頁以降のごとく増頁の形で追加掲載した。

★追補掲載した霊場の目次は上記の通りだが、（89霊場）個々の掲載頁は旧版の目次、及び索引中に組み入れた。

★《追補》に掲載した霊場のうち、とくに七福神霊場の情報源はインターネットのホームページである。その中から、1か寺だけの霊場を除く七福神霊場を選び、各霊場へ郵送で確認の問合せをしたが、返信がなかった霊場については、解説の末尾に（HP調べ）と入れた。

観 音 霊 場

尾花沢大石田三十三観音霊場

　山形県の尾花沢市と（北村山郡）大石田町は名だたる雪国。その厳しい自然の中、明治26年に開創された聖地と伝える。平成5年、開創100周年記念に別当会を結成し、今日に至る。

★問合せ先
　尾花沢大石田三十三観音別当会事務局
　長泉寺☎0237—25—2405
★案内書
　『尾花沢大石田三十三観音・新西国御詠歌』（別当会刊）

東上州三十三観音霊場

　群馬県の桐生市から太田市・館林市にかけて、渡良瀬川の南側に点在する霊場。創設は江戸時代中期と古く、かつては繁栄を極めていたが、昭和の大戦頃から衰退。しかし近年、地元在住の樋口正洋氏の尽力により全札所でご朱印をいただけることが確認され、地元新聞にもガイド地図が掲載されるなどして徐々に復活の兆しが見えてきた。

　一覧表の12番**恵林寺**は旧・清水寺、13番**江徳寺**は旧・観音寺。なお現在、札所と納経所が異なるのが1番（納経所は実相寺または柏崎宅）・2番（森田宅）・4番（飯島宅または吉祥寺）・7番（観音寺）・10番（龍泉院）・14番（樋口宅）・15番（吉祥寺）・16番（荻原宅）・18番（渡辺宅）・20番（川島宅）・23番（北沢宅）・24番（大慶寺）・27番（津久井宅）・28番（大雄院）・33番（東禅寺）と多いので、案内図とガイドは必携となろう。

★問合せ先
　東上州三十三観音霊場会事務局（樋口方）☎0276—45—6200

準西国稲毛三十三所観音霊場

　稲毛は当霊場の発願者・山田平七翁の出身地である武州橘樹郡稲毛領平（現在の神奈川県川崎市宮前区平）に因んだ古い地名である（鎌倉時代に稲毛三郎重成が武蔵国橘樹郡の北東の57か村を支配し、稲毛領と称したことに由来するという）。

　山田翁は宝暦4年（1757）の発願から十余年をかけて当地に観音霊場を成就したと伝える。4月15日がその大願成就の日とされ、12年に一度の午年の当日を中心に、各本尊のご開帳を行うなどしてきたという古い歴史がある。

　近年では昭和53年に盛大な回向がいとなまれ、案内書も作成された。平成14年にはその改訂版も発刊され、霊場会の意気込みはますます高まっている。

尾花沢大石田三十三観音霊場（山形県）

1	向川寺	曹洞宗	如意輪観音	村山市楯岡湯沢
2	横山 里		聖観音	北村山郡大石田町横山
3	高松院	曹洞宗	千手観音	〃 大石田町田沢
4	曹源院	曹洞宗	千手観音	〃 大石田町横山
5	乗船寺	浄土宗	千手観音	〃 大石田町大石田
6	西光寺	時宗	十一面観音	〃 大石田町大石田
7	竜昌寺	曹洞宗	如意輪観音	尾花沢市尾花沢
8	薬師堂		聖観音	〃 尾花沢
9	知教寺	浄土宗	聖観音	〃 尾花沢
10	観音堂		千手観音	〃 正厳
11	巣林寺	曹洞宗	千手観音	〃 丹生
12	宝鏡院	曹洞宗	千手観音	〃 荻袋
13	岩松院	曹洞宗	聖観音	北村山郡大石田町岩ヶ袋
14	普門寺	曹洞宗	聖観音	〃 大石田町井出
15	延命寺	曹洞宗	聖観音	〃 大石田町豊田
16	地福寺	曹洞宗	千手観音	〃 大石田町鷹巣
17	種林寺	曹洞宗	聖観音	尾花沢市尾花沢
18	長泉寺	曹洞宗	聖観音	〃 名木沢
19	東光寺	曹洞宗	千手観音	〃 寺内
20	田沢（水月庵）		聖観音	北村山郡大石田町田沢
21	観音堂		聖観音	尾花沢市押切
22	清印寺	曹洞宗	聖観音	〃 牛房野
23	東照寺	曹洞宗	千手観音	〃 富山
24	全弅院	曹洞宗	聖観音	〃 行沢
25	樹泉寺	曹洞宗	聖観音	〃 二藤袋
26	実相院		聖観音	〃 延沢
27	円照寺	曹洞宗	如意輪観音	〃 六沢
28	竜泉寺	曹洞宗	聖観音	〃 鶴子
29	金城寺	浄土宗	馬頭観音	〃 延沢
30	竜護寺	曹洞宗	千手観音	〃 延沢
31	地蔵堂		聖観音	〃 尾花沢
32	延命寺	曹洞宗	聖観音	〃 延沢
33	薬師寺	曹洞宗	千手観音	〃 上柳渡戸
番外	青松寺	曹洞宗	聖観音	北村山郡大石田町次年子

東上州三十三観音霊場 （群馬県）

1	宝福寺	真言豊山	如意輪観音	邑楽郡板倉町大字板倉
2	円満寺（岩田観音）	真言豊山	千手観音	〃 板倉町大字岩田甲
3	花蔵院	真言豊山	聖観音	〃 板倉町大字除川
4	明善寺	真言豊山	如意輪観音	館林市大島
5	善導寺	浄土宗	聖観音	〃 楠町
6	遍照寺	真言豊山	十一面観音	〃 緑町
7	蓮葉院	新義真言	聖観音	〃 上早川田
8	宝生寺	真言豊山	十一面観音	〃 日向甲
9	谷中観音堂		如意輪観音	邑楽郡邑楽町
10	正眼寺	曹洞宗	聖観音	〃 大泉町大字上小泉
11	浄光寺	曹洞宗	千手観音	太田市大字龍舞
12	恵林寺	曹洞宗	聖観音	〃 大字矢場甲
13	江徳寺	曹洞宗	聖観音	〃 大字台之郷
14	観音山		馬頭観音	〃 （東山球場の南）
15	松島観音堂		聖観音	〃 （下浜田の信号南）
16	徳性寺	高野真言	十一面観音	新田郡尾島町大字押切
17	儀源寺	曹洞宗	聖観音	〃 尾島町大字亀岡
18	円福寺	高野真言	千手観音	太田市大字別所
19	正法寺	高野真言	千手観音	〃 大字脇屋甲
20	四間在家観音堂		千手観音	新田郡新田町
21	医王寺	高野真言	如意輪観音	〃 新田町大字小金井
22	聖王寺	高野真言	千手観音	太田市大字寺井甲
23	慈眼院観音堂		十一面観音	〃 （群馬銀行近く）
24	慈眼寺	高野真言	十一面観音	〃 大字下田島
25	法楽寺	真言豊山	聖観音	桐生市広沢町
26	大雄院	曹洞宗	十一面観音	〃 広沢町
27	古庭観音堂		聖観音	〃 （大雄院近く）
28	福寿堂		聖観音	〃 （下山薬局の隣地）
29	最勝寺	天台宗	聖観音	〃 錦町
30	浄運寺	浄土宗	聖観音	〃 本町
31	妙音寺	高野真言	十一面観音	〃 西久方町
32	光明寺	曹洞宗	千手観音	〃 宮本町
33	小倉峠観音堂		馬頭観音	〃 （小ギャラリー近く）

準西国稲毛三十三所観音霊場

1	広福寺	真言豊山	聖観音	神奈川県川崎市多摩区枡形
2	観音寺	真言豊山	正観音	〃　〃　多摩区生田
3	香林寺	臨済建長	十一面観音	〃　〃　麻生区細山
4	寿福寺	臨済建長	十一面観音	〃　〃　多摩区菅仙谷
5	妙覚寺	臨済建長	十一面観音	東京都稲城市矢野口
6	観音寺	天台宗	如意輪観音	神奈川県川崎市多摩区中野島
7	常照寺	真言豊山	十一面観音	〃　〃　多摩区宿河原
8	龍巌寺	天台宗	聖観音	〃　〃　多摩区堰
9	安立寺	日蓮宗	正観音	〃　〃　多摩区東生田
10	盛源寺	曹洞宗	聖観音	〃　〃　多摩区長沢
11	秋月院	曹洞宗	準提観音	〃　〃　宮前区菅生
12	福王寺	臨済円覚	十一面観音	〃　〃　宮前区有馬
13	観音寺	天台宗	聖観音	〃　横浜市都筑区東山田
14	蓮花寺	真言智山	聖観音	〃　川崎市高津区久末
15	蓮乗院	真言智山	準提観音	〃　〃　高津区子母口
16	能満寺	天台宗	聖観音	〃　〃　高津区千年
17	泉澤寺	浄土宗	正観音	〃　〃　中原区上小田中
18	西明寺	真言智山	十一面観音	〃　〃　中原区小杉御殿町
19	正福寺	真言智山	正観音	〃　〃　高津区北見方
20	明王院	真言智山	聖観音	〃　〃　高津区諏訪
21	養周院	曹洞宗	聖観音	〃　〃　高津区久地
22	大蓮寺	浄土宗	聖観音	〃　〃　高津区久本
23	増福寺	天台宗	聖観音	〃　〃　高津区末長
24	養福寺	天台宗	正観音	〃　〃　高津区新作
25	千手堂	天台宗	千手観音	〃　〃　宮前区馬絹 泉福寺内
26	泉福寺	天台宗	聖観音	〃　〃　宮前区馬絹
27	延命寺	天台宗	聖観音	〃　〃　高津区上作延
28	神木堂	天台宗	十一面観音	〃　〃　宮前区神木本町
29	千手堂	天台宗	千手観音	〃　〃　宮前区神木本町
30	土橋観音堂	曹洞宗	千手観音	〃　〃　宮前区土橋柴原方
31	圓福寺	曹洞宗	聖観音	〃　〃　高津区下作延
32	西蔵寺	天台宗	聖観音	〃　〃　宮前区野川
32	薬王庵	曹洞宗	如意輪観音	〃　〃　宮前区平
33	東泉寺	曹洞宗	聖観音	〃　〃　宮前区平
番外	玉林寺	臨済建長	正観音	〃　〃　多摩区菅馬場
別格	よみうりランド観音		聖観音	東京都稲城市矢野口

追補／観音霊場

奥三河七観音霊場（愛知県）

1	長全禅寺	曹洞宗	十一面観音	新城市稲木
2	正養寺	曹洞宗	十一面観音	〃 杉山
特	庚申寺	曹洞宗	十一面観音	〃 北畑
3	勅養寺	曹洞宗	十一面観音	〃 矢部
4	高勝寺	曹洞宗	十一面観音	北設楽郡設楽町田峰
5	満光寺	曹洞宗	十一面観音	南設楽郡鳳来町下吉田
6	常福寺	曹洞宗	十一面観音	新城市日吉
7	立岩観音	曹洞宗	十一面観音	〃 日吉

★問合せ先
札所会事務局
東泉寺☎044−866−2532

★案内書
『準西国稲毛三十三所観音霊場札所めぐり』（霊場札所会刊）

奥三河七観音霊場

愛知県の新城市を中心とする8か所から成るミニ霊場で、昭和54年の創立。ここでいう七観音は七札所の意で、本尊はいずれも十一面観音。特番札所の**庚申寺**も十一面観音を祀るが、主尊は新城城主・菅沼定実が寛文2年（1662）に建立したという庚申碑である。

★問合せ先
事務局・常福寺☎05362−2−0182

ぼけ封じ近畿十楽観音霊場

当霊場の前身は昭和57年に発足した「ぼけ封じ観音三十三ヶ所霊場」である。この三十三ヶ所は近畿から中国・四国・九州にかけての広範囲

ぼけ封じ近畿十楽観音霊場

1	今熊野観音寺	真言泉涌	十一面観音	京都市東山区泉涌寺山内町
2	大報恩寺	真言智山	釈迦如来	〃 上京区今出川通り
3	慈尊院	真言智山	不動明王	京都府宇治市大久保町
4	正法寺	真言醍醐	千手観音	滋賀県大津市石山内畑町
5	玉桂寺	高野真言	弘法大師	〃 甲賀郡信楽町勅旨
6	総持寺	高野真言	千手観音	大阪府茨木市総持寺
7	太融寺	高野真言	千手観音	〃 大阪市北区太融寺町
8	大龍寺	東寺真言	如意輪観音	兵庫県神戸市中央区再度山
9	七寳寺	高野真言	薬師如来	〃 神崎郡神崎町大山
10	常瀧寺	高野真言	大日如来	〃 氷上郡青垣町大名草

にわたっていたことからまとめきれず、翌58年に近畿の10ヶ所のみで再結成した。文字通り「ぼけ」を観音に封じてもらおうという、高齢化社会に呼応して誕生した新霊場である。

1番**今熊野観音寺**は西国三十三観音霊場の第15番、2番**大報恩寺**は新西国三十三観音霊場の第16番と京都十三仏霊場の第8番、4番**正法寺**は西国三十三観音霊場の第11番、6番**総持寺**は西国三十三観音霊場の第22番、7番**太融寺**は新西国三十三観音霊場の第2番と近畿三十六不動尊霊場の第6番、8番**大龍寺**は近畿三十六不動尊霊場の第9番の札所と、古寺名刹が多い。

★問合せ先
　ぼけ封じ近畿十楽観音霊場会
　事務局 総持寺☎0726―22―3209

近畿楽寿観音三十三ヶ所霊場

京都府・兵庫県・滋賀県の33か寺が集合して平成元年に発足した霊場。前出の「ぼけ封じ近畿十楽観音霊場」同様に「ぼけ封じ」を中心として、健康・信仰・観光の「三幸」をテーマに掲げる(事務局の常瀧寺は同霊場の第10番札所)。

そのほか4番**隆国寺**は関西花の寺二十五ヵ所の第6番、33番**宝厳寺**は西国三十三観音霊場の第30番札所でもある。

★問合せ先
　近畿楽寿観音霊場会事務局
　常瀧寺☎0795―87―5145

備後西国三十三観音霊場

備後は広島県東部の旧国名。この霊場の創立は定かでないが、33番観音堂の扁額に享保5年(1720)の記録があるので、それ以前の創立と推定できる。廃寺となった28番龍蔵寺の本尊は29番観音寺へ遷座されている。

★問合せ先
　善昌寺☎0847―62―3054

豊後西国霊場

大分県の全域にわたる観音霊場。1番から12番を「豊後水道を臨む日豊札所」、13番から19番を「深山幽谷を越える奥豊後札所」、20番から27番を「神仏習合の国東満山札所」、28番から33番を「いで湯別府から府内への札所」と、それぞれテーマを設けた4ブロックに分けているのが特徴。

他の観音霊場との重複も多い。九州西国三十三観音霊場には22番**天念寺**、23番**両子寺**、29番**宝満寺**、32番**霊山寺**があり、国東三十三観音霊場には18番**報恩寺**、21番**胎蔵寺**、23番**両子寺**、24番**宝命寺**がある。

★問合せ先
　観音院☎0975―58―1350

追補／観音霊場

近畿楽寿観音三十三ヶ所霊場

1	成相寺	高野真言	京都府宮津市字成相寺
2	泰平寺	高野真言	〃 熊野郡久美浜町字壱分
3	極楽寺	臨済大徳	兵庫県城崎郡城崎町湯島
4	隆国寺	曹洞宗	〃 〃 日高町荒川
5	日光院	高野真言	〃 養父郡八鹿町石原
6	法雲寺	天台宗	〃 美方郡村岡町村岡
7	光明寺	高野真言	〃 〃 美方町平野
8	蓮華寺	高野真言	〃 養父郡大屋町夏梅
9	常楽寺	高野真言	〃 宍粟郡一宮町百千満
10	誠心院	高野真言	〃 龍野市龍野町日山
11	光明寺	高野真言	〃 赤穂市東有年黒沢
12	七寶寺	高野真言	〃 神崎郡神崎町大山
13	願成寺	高野真言	〃 朝来郡生野円山
14	常瀧寺	高野真言	〃 永上郡青垣町大名草
15	安海寺	高野真言	〃 多可郡八千代町中村
16	和田寺	天台宗	〃 多紀郡今田町下小野原
17	松隣寺	曹洞宗	〃 〃 西紀町本郷
18	白毫寺	天台宗	〃 氷上郡市島町白毫寺
19	安養院	真言御室	京都府福知山市猪野々
20	観音寺	高野真言	〃 加佐郡大江町字南山
21	正暦寺	高野真言	〃 綾部市寺町堂ノ前
22	大聖寺	真言醍醐	〃 舞鶴市北吸
23	祥雲寺	曹洞宗	〃 船井郡和知町大迫
24	教伝寺	浄土宗	〃 〃 園部町新町火打谷
25	谷性寺	真言大覚	〃 亀岡市宮前町猪倉土山
26	成就院	高野真言	〃 船井郡日吉町字殿田小字ヒノ谷
27	大聖院	真言御室	〃 北桑田郡京北町上弓削上ノ段
28	覚伝寺	曹洞宗	滋賀県高島郡新旭町饗庭字岡
29	大崎寺	真言智山	〃 〃 マキノ町大字海津
30	西福寺	曹洞宗	〃 坂田郡山東町長岡
31	慈眼寺	曹洞宗	〃 彦根市野田山町
32	慈眼院	曹洞宗	〃 蒲生郡日野町大窪
33	宝厳寺	真言豊山	〃 東浅井郡びわ町早崎

備後西国三十三観音霊場(広島県)

1	明王院	真言大覚	十一面観音	福山市草土町
2	福禅寺	真言善通	千手観音	〃 鞆町
3	磐台寺	臨済妙心	十一面観音	沼隈郡沼隈町能登原
4	西提寺	曹洞宗	聖観音	尾道市向東町
5	浄土寺	真言泉涌	十一面観音	〃 東久保町
6	西国寺	真言醍醐	如意輪観音	〃 西久保町
7	千光寺	真言(単立)	十一面千手観音	〃 東土堂町
8	正法寺	真言御室	千手観音	三原市本町
9	中台院	廃寺	聖観音	〃 堀川町
10	成就寺	臨済妙心	千手観音	〃 本町
11	今高野山龍華寺	真言醍醐	十一面観音	世羅郡甲山町甲山
12	善昌寺	曹洞宗	千手観音	府中市上下町上下
13	龍興寺	曹洞宗	聖観音	甲奴郡総領町稲草
14	大慈寺	臨済仏通	聖観音	三次市吉舎町白根
15	正興寺	臨済妙心	聖観音	〃 吉舎町矢野地
16	吉祥院	真言御室	千手観音	〃 三次町
17	岩屋寺	真言醍醐	千手観音	〃 畠敷町
18	円通寺	臨済妙心	千手観音	庄原市本郷町
19	円福寺	臨済妙心	十一面観音	〃 実留町
20	宝蔵寺	真言御室	聖観音	〃 本町
21	浄久寺	曹洞宗	聖観音	比婆郡西条町栗
22	徳雲寺	曹洞宗	聖観音	〃 東城町菅
23	千手寺	曹洞宗	千手観音	〃 東城町川東
24	龍雲寺	曹洞宗	十一面観音	神石郡神石町相渡
25	永聖寺	臨済永源	聖観音	〃 油木町安田
26	岩屋寺	臨済永源	千手千眼観音	〃 三和町小畠
27	十輪院	真言御室	聖観音	府中市鵜飼町
28	龍蔵寺	廃寺	如意輪観音	福山市山手町
29	観音寺	真言大覚	千手千眼観音	〃 北吉津町
30	長尾寺	真言大覚	千手観音	〃 桜馬場町
31	寒水寺	真言大覚	十一面千手観音	深安郡神辺町西中条
32	福盛寺	高野真言	千手観音	福山市駅家町新山
33	観音堂		如意輪観音	〃 新市町宮内
番外	弘宗寺	臨済妙心	十一面観音	〃 桜馬場町

豊後西国霊場（大分県）

1	観音院	天台宗	大分市千歳
	吉祥院(高城観音)		〃 岡町
2	福寿寺	臨済南禅	〃 松原町
3	長勝寺	臨済妙心	〃 三川下
4	龍興寺	臨済妙心	〃 小中島
5	円通寺	天台宗	〃 広内九六位山
6	延命寺	臨済妙心	〃 細
7	正願寺	臨済妙心	北海部郡佐賀関町大字志生木
8	福正寺	臨済妙心	〃 佐賀関町大字関
9	正念寺	浄土宗	〃 佐賀関曲大字関
10	多福寺	臨済妙心	臼杵市大字二王座
11	解脱寺	臨済妙心	津久見市大字井無田
12	龍護寺	臨済妙心	佐伯市大字稲垣
13	瑞祥寺	臨済妙心	南海部郡本匠村大字因尾
14	蓮城寺(内山観音)	高野真言	大野郡三重町大字内山
15	浄水寺		〃 大野町大字高野
16	神角寺	高野真言	〃 朝地町大字島田
17	浄水寺(内山観音)		大分郡庄内町大字直野内山
18	報恩寺		〃 湯布院町大字湯ノ平中山
19	龍門寺	黄檗宗	玖珠郡九重町大字松木
20	西明寺		速見郡山香町大字辻小野
21	胎蔵寺	天台宗	豊後高田市大字平野
22	天念寺	天台宗	〃 大字長屋
23	両子寺	天台宗	東国東郡安岐町大字両子
24	宝命寺(小城観音)	天台宗	〃 武蔵町大字小城
25	安住寺	臨済南禅	杵築市寺町
26	覚雲寺	曹洞宗	速見郡日出町大字藤原
27	松屋寺	曹洞宗	〃 日出町大字日出
28	曹源寺	臨済妙心	別府市中須賀元町
29	宝満寺	天台宗	〃 田の口
30	石城寺	臨済東福	〃 内成
31	国分寺	天台宗	大分市国分
32	霊山寺(霊山観音)	天台宗	〃 岡川
33	円寿寺	天台宗	〃 上野ヶ丘西

弘法大師霊場

豊島八十八ヵ所霊場

　東京都内にあり、しかも明治41年（1908）の開創というのに、あまり知られていない霊場の一つ。豊島は豊島区ではなく、江戸から明治にかけて豊島領・豊島七領・北豊島郡と変遷があった旧地名に起因する。

　江戸時代に開創された御府内八十八ヵ所霊場の15か寺がそのままの札所番になっているごとく、両霊場の関連は密接。

　そのほか他の霊場との関連は、16番**三宝寺**は武蔵野三十三観音霊場の第3番と関東三十六不動尊霊場の第11番、17番**長命寺**は武蔵野三十三観音霊場の第1番札所である。

　都内寺院の変貌ははげしいが、とりわけ81番**観蔵院**は平成13年に仏画家・染川英輔氏筆「両部曼荼羅」を収蔵した曼荼羅美術館が完成するなどして、景観が一変した。

★**問合せ先**・各寺院

★**案内書**

　新田明江著『豊島八十八ヵ所霊場案内』（栴檀社刊）

豊島八十八カ所霊場（東京都）

1	安養院	真言豊山	阿弥陀如来	板橋区東新町
2	東福寺	真言豊山	不動明王	中野区江古田
3	龍泉院	真言智山	聖観音	新宿区西早稲田
4	光徳寺	真言豊山	大日如来	新宿区上落合
5	浄光寺	真言豊山	薬師如来	荒川区西日暮里
6	観音寺	真言豊山	十一面観音	荒川区荒川
7	正覚院	真言豊山	不動明王	練馬区豊玉南
8	圓照寺	真言豊山	薬師如来	新宿区北新宿
9	光明院	真言豊山	大日如来	北区田端
10	光伝寺	真言豊山	不動明王	練馬区氷川台
11	円光院	真言豊山	不動明王	練馬区貫井
12	寿徳寺	真言豊山	聖観音	北区滝野川
13	重林寺	真言豊山	不動明王	豊島区池袋本町
14	長徳寺	真言豊山	不動明王	板橋区大原町
15	南蔵院	真言豊山	薬師如来	練馬区中村
16	三宝寺	真言智山	不動明王	練馬区石神井台
17	長命寺	真言豊山	十一面観音	練馬区高野台
18	文殊院	真言豊山	文殊菩薩	板橋区仲宿

19	寿福寺	真言豊山	薬師如来	練馬区春日町
20	地蔵寺	真言霊雲	地蔵菩薩	荒川区西尾久
21	大龍寺	真言霊雲	大日如来	北区田端
22	延命寺	真言豊山	地蔵菩薩	板橋区志村
23	泉福寺	真言智山	不動明王	板橋区赤塚
24	自性院	真言豊山	阿弥陀如来	新宿区西落合
25	常楽院	真言豊山	不動明王	板橋区前野町
26	愛染院	真言豊山	愛染明王	練馬区春日町
27	圓明院	真言豊山	不動明王	練馬区錦
28	地福寺	真言智山	薬師如来	北区中十条
29	真光寺	真言智山	観音菩薩	北区中十条
30	西音寺	真言智山	不動明王	北区中十条
31	普門院	真言智山	聖観音	北区赤羽西
32	金乗院	真言豊山	愛染明王	練馬区錦
33	真性寺	真言豊山	薬師如来	豊島区巣鴨
34	南蔵院	真言智山	十一面観音	板橋区蓮沼町
35	安楽寺	真言智山	阿弥陀如来	板橋区徳丸
36	薬王院	真言豊山	薬師如来	新宿区下落合
37	大満寺	真言智山	大日如来	北区岩淵町
38	西蓮寺	真言智山	阿弥陀如来	北区志茂
39	専福寺	真言智山	薬師如来	北区神谷
40	自性院	真言豊山	不動明王	北区神谷
41	南蔵院	真言豊山	薬師如来	豊島区高田
42	阿弥陀堂	真言智山	阿弥陀如来	練馬区田柄
43	金剛寺	真言豊山	不動明王	東京都北区滝野川
44	延命寺	真言豊山	地蔵菩薩	北区堀船
45	宝幢院	真言智山	薬師如来	北区赤羽
46	教学院	真言豊山	十一面観音	練馬区大泉町
47	城官寺	真言豊山	阿弥陀如来	北区上中里
48	禅定院	真言豊山	不動明王	中野区沼袋
49	日曜寺	真言霊雲	愛染明王	板橋区大和町
50	長命寺	真言豊山	薬師如来	板橋区東山町
51	清涼寺	真言智山	不動明王	板橋区赤塚
52	観音寺	真言豊山	十一面観音	新宿区西早稲田
53	不動院	真言豊山	不動明王	北区西ケ原

54	花蔵院	真言豊山	聖観音	荒川区東尾久
55	金輪寺	真言霊雲	一字金輪仏頂	北区岸町
56	与楽寺	真言豊山	地蔵菩薩	北区田端
57	福性寺	真言豊山	大日如来	北区堀船
58	荘厳寺	真言豊山	不動明王	練馬区氷川台
59	無量寺	真言豊山	不動明王	北区西ケ原
60	蓮華寺	真言智山	薬師如来	板橋区蓮根
61	能満寺	真言豊山	不動明王	練馬区旭丘
62	西福寺	真言豊山	阿弥陀如来	豊島区駒込
63	阿遮院	真言豊山	不動明王	荒川区東尾久
64	延命寺	真言豊山	如意輪観音	板橋区中台
65	慈眼寺	真言豊山	薬師如来	荒川区町屋
66	東覚寺	真言豊山	不動明王	北区田端
67	西福寺	真言豊山	阿弥陀如来	北区豊島
68	寶蔵院	新義真言	虚空蔵菩薩	荒川区西尾久
69	真頂院	真言智山	大日如来	北区赤羽
70	禅定院	真言智山	阿弥陀如来	練馬区石神井町
71	遍照寺	真言智山	不動明王	板橋区仲宿
72	玄國寺	真言豊山	阿弥陀如来	新宿区高田馬場
73	養福寺	真言豊山	如意輪観音	荒川区西日暮里
74	実相院	真言豊山	十一面観音	中野区沼袋
75	阿弥陀堂	真言霊雲	阿弥陀如来	北区王子本町
76	金剛院	真言豊山	阿弥陀如来	豊島区長崎
77	青蓮寺	真言智山	薬師如来	板橋区成増町
78	東福寺	真言豊山	十一面観音	豊島区南大塚
79	清光寺	真言豊山	不動明王	北区豊島
80	西光寺	真言豊山	聖観音	板橋区大谷口
81	観蔵院	真言智山	不動明王	練馬区南田中
82	西光院	真言豊山	阿弥陀如来	板橋区南町
83	密厳院	真言豊山	如意輪観音	荒川区荒川
84	成田山不動大教会	真言智山	不動明王	板橋区赤塚
85	観音寺	単立	聖観音	新宿区高田馬場
86	龍福寺	真言智山	大日如来	板橋区小豆沢
87	東光寺	真言豊山	薬師如来	中野区上高田
88	観明寺	真言豊山	観自在菩薩	板橋区板橋

追補／薬師霊場

薬師霊場

上総国薬師如来霊場二十八カ所

上総(かずさ)は今の千葉県中央部の旧国名。平成8年再興の新上総国三十三観音霊場のあと創立された新霊場である。発起人が同じこともあり、重複する札所が約半数を占める。

すなわち1番**圓鏡寺**は観音霊場の第15番、（以下同様に）2番**像法寺**(ぞうぼうじ)は第16番、5番**岩富寺**(いわとみじ)は第18番、6番**正法院**は第20番、7番**醫光寺**は第22番、8番**最勝福寺**は第19番、13番**円如寺**は第8番、15番**新宿不動堂**は第25番、17番**円明院**は第3番、18番**釋蔵院**は第18番、24番**最明寺**は第7番、27番**不動院**は第32番、28番**観音教寺**は第33番の札所である。

★問合せ先
　最明寺　☎0470—68—2881

★案内書
　一條薫著『おんころころの心　上総国薬師如来霊場二十八カ所』（千葉日報社出版局刊）

中国四十九薬師霊場

霊場の仕掛け人という異名をもつ冨永航平氏の呼びかけで平成9年に開創された新霊場。

3番**勇山寺**(いぎやまじ)の薬師如来坐像は国宝。11番**東福院**は毘沙門天信仰の寺としても知られる。16番**西國寺**は中国観音霊場の特番札所。21番**不動院**の薬師如来坐像は定朝様藤原時代(じょうちょうよう)の秀作といわれ国の重文。22番**大願寺**は厳島弁財天（秘仏）を祀る寺でも有名である。

★問合せ先
　中国四十九薬師霊場会事務局
　　光明寺☎08452—4—1407

★案内書
　冨永航平著・霊場会編『中国四十九薬師巡礼』（朱鷺書房刊）

九州四十九院薬師霊場

前掲の中国薬師霊場につづき、冨永航平氏の尽力で平成11年に開創された新霊場である。

1番**國分寺**の薬師如来像は鎌倉時代作の重文。3番**安国寺**は白衣観音の信仰で知られる。7番**相円寺**の薬師如来像は洞窟中の巨像で行基菩薩作と伝える。17番**蓮城寺**は日本唯一という千体薬師を祀る。18番**今山大師寺**には像高17mの巨大な弘法大師像が立つ。

30番**西巌殿寺**(さいがんでんじ)は九州西国三十三観音霊場の第13札所。46番**青龍寺**奥之院の石像薬師如来は霊験篤く、その薬壺より流出する霊水（瑠璃光水）で知られる。

★問合せ先
　九州四十九院薬師霊場事務局

上総国薬師如来霊場二十八カ所（千葉県）

1	圓鏡寺	真言智山	富津市八幡
2	像法寺	真言智山	〃　鶴岡
3	慈眼寺	真言智山	〃　笹毛
4	東明寺	真言智山	〃　湊
5	岩富寺	真言智山	〃　亀沢
6	正法院	曹洞宗	〃　西大和田
7	醫光寺	真言智山	〃　富津
8	最勝福寺	曹洞宗	君津市新御堂
9	空藏院	真言豊山	〃　南子安
10	長福寺	真言智山	〃　糠田
11	自性院	真言智山	〃　西猪原
12	円藏寺（眼薬師）	真言智山	〃　豊田
13	円如寺（髪薬師）	真言智山	〃　小市部
14	東光院（峯の薬師）	真言豊山	木更津市桜井
15	新宿不動堂	真言智山	〃　　新宿
16	喜光院	真言智山	袖ヶ浦市奈良輪
17	円明院	真言智山	市原市牛久
18	釋藏院	新義真言	〃　能満
19	長福寿寺（子育薬師）	天台宗	長生郡長南町
20	行元寺	天台宗	夷隅郡夷隅町荻原
21	法興寺（喜多薬師）	天台宗	〃　岬町岩熊
22	三光寺	天台宗	〃　夷隅町万木
23	長福寺	天台宗	〃　大原町下布施
24	最明寺（堂坂薬師）	天台宗	〃　御宿町須賀
25	薬王寺	日蓮宗	東金市上布田
26	勝覺寺	真言智山	山武郡成東町松ヶ谷
27	不動院（浪切不動院）	真言智山	〃　成東町成東
28	観音教寺	天台宗	〃　芝山町芝山

妙法院☎0955－22－8497

★案内書

冨永航平著・霊場会編『九州四十九院薬師巡礼』（朱鷺書房刊）

中国四十九薬師霊場

1	大村寺	天台宗	岡山県上房郡賀陽町大字上竹
2	薬師院	真言善通	〃 高梁市上谷町
3	勇山寺	高野真言	〃 真庭郡落合町鹿田
4	福王寺	真言御室	〃 〃 八束村中福田
5	長雲寺	高野真言	〃 津山市小田中
6	普光寺	天台宗	〃 久米郡中央町打穴西
7	佛教寺	高野真言	〃 〃 久米南町仏教寺
8	恩徳寺 (沢田薬師)	高野真言	〃 岡山市沢田
9	久昌寺	臨済妙心	〃 玉野市用吉
10	日光寺	高野真言	〃 笠岡市神島町外浦
11	東福院 (湯の薬師)	高野真言	広島県深安郡神辺町湯野
12	国分寺	真言大覚	〃 〃 神辺町下御領
13	徳雲寺	曹洞宗	〃 比婆郡東城町大字菅
14	日光寺	金峯修験	〃 三次市十日市南
15	薬師寺	真言御室	〃 福山市今津町
16	西國寺	真言醍醐	〃 尾道市西久保町
17	見性寺	曹洞宗	〃 因島市大浜町
18	光明寺 (山の薬師)	験乗宗	〃 〃 中庄町
19	薬師寺 (原のお寺)	高野真言	〃 〃 原町
20	浄福寺	臨済妙心	〃 豊田郡安芸津町大字風早
21	不動院	広島真言	〃 広島市東区牛田新町
22	大願寺	高野真言	〃 佐伯郡宮島町
23	溪月院	曹洞宗	山口県光市小周防新宮
24	法瀧院	金峯修験	〃 新南陽市皿山町
25	月輪寺薬師堂	曹洞宗	〃 佐波郡徳地町大字上村
26	興隆寺	天台宗	〃 山口市大字大内御堀
27	広沢寺	曹洞宗	〃 〃 大字黒川
28	常福寺	曹洞宗	〃 美祢郡美東町長登
29	長徳寺 (禿山薬師)	曹洞宗	〃 吉敷郡秋穂町東
30	覚天寺	曹洞宗	〃 小野田市有帆大休
31	東光寺	曹洞宗	〃 下関市豊前田町
32	向徳寺	曹洞宗	〃 大津郡油谷町向津具下
33	円政寺	真言御室	〃 萩市南古萩町
34	長福寺	臨済東福	島根県浜田市内村町
35	延命寺	高野真言	〃 邑智郡羽須美村下口羽

36	神宮寺	曹洞宗	島根県簸川郡大社町大字日御碕
37	延命寺	真言醍醐	〃 斐川町阿宮
38	常栄寺	曹洞宗	〃 松江市寺町
39	安国寺	臨済南禅	〃 〃 竹矢町
40	安国寺	曹洞宗	鳥取県米子市寺町
41	長昌寺	天台宗	〃 日野郡溝口町金屋谷
42	大日寺	天台宗	〃 倉吉市桜
43	皆成院(峯の薬師)	天台宗	〃 東伯郡三朝町三徳
44	宝泉寺(湯の薬師)	曹洞宗	〃 鳥取市吉岡温泉町
45	座光寺(因幡薬師)	天台宗	〃 〃 菖蒲
46	最勝院木山堂	高野真言	〃 〃 湯所町
47	東源寺(長者薬師)	天台宗	〃 岩美郡岩美町岩井
48	大樹寺	曹洞宗	〃 八頭郡郡家町福地
49	森福寺	曹洞宗	〃 鳥取市古郡家

九州四十九院薬師霊場

1	國分寺(筑前国分寺)	高野真言	福岡県太宰府市国分
2	南淋寺	真言大覚	〃 朝倉郡朝倉町大字宮野
3	安国寺	天台宗	〃 山田市大字下山田
4	種因寺	天台宗	〃 嘉穂郡桂川町土師
5	薬師院	高野真言	〃 鞍手郡鞍手町大字古門
6	福聚寺	黄檗宗	〃 北九州市小倉北区寿山町
7	相円寺(内尾薬師)	単立	〃 京都郡苅田町大字馬場
8	国分寺	高野真言	〃 〃 豊津町大字国分
9	長安寺	天台宗	大分県豊後高田市大字加礼川
10	岩戸寺	天台宗	〃 国東郡国東町大字岩戸
11	正平寺	天台宗	〃 下毛郡耶馬渓町大字中畑
12	観海寺(温泉薬師)	曹洞宗	〃 別府市南立石
13	大山寺	天台宗	〃 大分市大字八幡

14	神護寺	臨済妙心	大分県大分市鶴崎国宗
15	龍興寺	臨済妙心	〃　〃　大字小中島
16	當陽寺	臨済妙心	〃　〃　大字市尾
17	蓮城寺(千体薬師)	高野真言	〃　大野郡三重町大字内山
18	今山大師寺(今山大師)	単立	宮崎県延岡市山下町
19	昌龍寺	曹洞宗	〃　西臼杵郡日之影町舟の尾
20	極楽寺	曹洞宗	〃　延岡市土々呂町
21	全長寺(火切り地蔵)	曹洞宗	〃　東臼杵郡北郷村大字宇納間
22	浄土寺	曹洞宗	〃　西都市大字三納
23	幸福寺(幸福薬師)	曹洞宗	〃　日向市大字平岩
24	明星寺	曹洞宗	〃　宮崎市吉村町寺ノ下甲
25	光明禅寺	曹洞宗	鹿児島県指宿市十町南迫田
26	妙円寺	曹洞宗	〃　日置郡伊集院町徳重
27	鎮國寺(頂峯院)	高野真言	〃　串木野市上名
28	光厳禅寺	曹洞宗	熊本県水俣市天神町
29	法泉寺(轟き薬師)	曹洞宗	〃　宇土市神馬町
30	西巌殿寺	天台宗	〃　阿蘇郡阿蘇町黒川
31	相良寺(相良観音)	天台宗	〃　鹿本郡菊鹿町相良
32	金剛乗寺	高野真言	〃　山鹿市九日町
33	龍泉寺	曹洞宗	長崎県南高来郡西有家町須川
34	平仙寺	天台宗	〃　諫早市上野町
35	祇園寺	天台宗	〃　佐世保市針尾中町
36	薬王寺	曹洞宗	〃　〃　新替町
37	東光寺	真言大覚	佐賀県杵島郡山内町大字三間坂甲
38	安福寺(水堂さん)	天台宗	〃　〃　白石町大字堤
39	妙法院	金峯修験	〃　伊万里市東山代町長浜
40	来雲寺	天台宗	〃　唐津市字木
41	医王寺	曹洞宗	〃　東松浦郡相知町黒岩
42	見明寺	天台宗	〃　小城郡小城町晴気
43	常福禅寺	臨済南禅	〃　〃　牛津町大字上砥川
44	寶琳院	天台宗	〃　佐賀市鬼丸町
45	持光寺	天台宗	〃　〃　本庄町大字末次
46	青龍寺	天台宗	〃　三養基郡基山町大字宮浦
47	永勝寺(日本薬師)	曹洞宗	福岡県久留米市山本町豊田
48	昌元寺	天台宗	佐賀県鳥栖市田代上町
49	大興善寺(つつじ寺)	天台宗	〃　三養基郡基山町園部

地蔵霊場

中国地蔵尊霊場

　中国地方の5県10宗、30か寺が結集して平成9年に開創された。総距離1300キロという。

　1番**誕生寺**は法然上人二十五霊場の第1番、中国観音霊場の特別霊場でもある。3番**高徳寺**には大きな合掌形の御影石・お助け地蔵尊が建つ。21番**清水大師寺**は山陰地方屈指の弘法大師霊場で、遠近を問わず参詣人が多い。28番**地蔵院**の本尊・丈六木造地蔵菩薩半跏像は国の重文である。30番**玄忠寺**には剣豪・荒木又右衛門の墓がある。

★問合せ先

　中国地蔵尊霊場会事務局
　大通寺☎0866—82—0909

★案内書

　下休場由晴著・霊場会編『中国地蔵尊巡拝』（朱鷺書房刊）

中国地蔵尊霊場

1	誕生寺	浄土宗	岡山県久米郡久米南町里方
2	大雲寺	西山浄土	〃 岡山市表町
3	高徳寺	高野真言	〃 浅口郡船穂町
4	寶鏡寺	曹洞宗	〃 川上郡川上町領家
5	大通寺	曹洞宗	〃 小田郡矢掛町小林
6	明王院	天台宗	〃 浅口郡鴨方町六条院中
7	賢忠寺	曹洞宗	広島県福山市寺町
8	地蔵院	真言大覚	〃 〃 鞆町後地
9	海龍寺	真言泉涌	〃 尾道市久保町
10	大山寺	真言醍醐	〃 〃 長江町
11	明星院	真言御室	〃 広島市東区二葉里
12	延命寺	曹洞宗	〃 佐伯郡大野町宮島口
13	籌勝院	曹洞宗	山口県岩国市小瀬
14	久屋寺	曹洞宗	〃 大島郡久賀町久賀
15	真福寺	曹洞宗	〃 新南陽市福川中市町
16	禅昌寺	曹洞宗	〃 山口市下小鯖
17	長徳寺	曹洞宗	〃 吉敷郡秋穂町東
18	極楽寺	浄土宗	〃 長門市仙崎新町
19	光明寺	浄土宗	島根県鹿足郡津和野町後田
20	妙義寺	曹洞宗	〃 益田市七尾町
21	清水大師寺	高野真言	〃 邇摩郡温泉津町小浜
22	福城寺	浄土宗	〃 大田市川合町川合
23	月照寺	浄土宗	〃 松江市外中原町
24	印珠寺	曹洞宗	〃 安来市岩舟町
25	光祐寺	浄土宗	鳥取県境港市馬場崎町
26	光西寺	浄土宗	〃 米子市博労町
27	退休寺	曹洞宗	〃 西伯郡中山町退休寺
28	地蔵院	真言御室	〃 東伯郡関金町関金宿
29	譲伝寺	曹洞宗	〃 気高郡鹿野町今市
30	玄忠寺	浄土宗	〃 鳥取市新品治町

十三仏霊場

北海道十三仏霊場

昭和62年5月に開創された。番外3か所を含めた16か寺はすべて高野山真言宗である。広大な北海道全域にわたるが、2泊3日で巡ることができるという。

★問合せ先
北海道十三仏霊場会事務局
金毘羅密寺☎011−669−6666

神戸十三仏霊場

兵庫県神戸市内の13寺院が結集し、平成4年に開創した。

他の霊場と関連する寺院も多く、1番**轉法輪寺**は明石西国三十三観音霊場の第27番札所、3番**如意寺**は同21番、4番**太山寺**は同26番、5番**性海寺**は同16番札所である。また2番**天上寺**は新西国三十三観音霊場の第22番、4番**太山寺**は同25番、8番**能福寺**は同23番、11番**須磨寺**は同24番札所である。

さらに6番**大龍寺**は近畿三十六不動尊霊場の第9番、12番**無動寺**は同10番、13番**鏑射寺**(かぶらいじ)は同11番札所であるなど古寺名刹で占められる。名宝を蔵する寺院も多く、とりわけ建造物では**太山寺**の本堂（国宝）と三重塔（重文）、**如意寺**の三重塔（重文）が圧巻である。

★問合せ先
神戸十三仏霊場会事務局

北海道十三仏霊場

1	隆光寺	不動明王	札幌市中央区円山西町
2	誓願寺	釈迦如来	〃 中央区南13条西
3	金毘羅密寺	文殊菩薩	〃 西区宮の沢1条
4	光照寺	普賢菩薩	〃 中央区円山西町　隆光寺
5	金毘羅大本院	地蔵菩薩	小樽市松ケ枝
6	法蔵院	弥勒菩薩	〃 長橋
7	阿弥陀院	薬師如来	余市郡余市町入船町
8	金毘羅寺	観世音菩薩	虻田郡倶知安町北7条西
9	真言院	勢至菩薩	〃 真狩村真狩
10	不動寺	阿弥陀如来	伊達市鹿島町
11	観音寺	阿閦如来	白老郡白老町虎杖浜
12	龍照寺	大日如来	勇払郡鵡川町大原町
13	玉泉寺	虚空蔵菩薩	石狩郡当別町太美町
番外	千光寺	般若菩薩	登別市中央町
番外	真言密寺	愛染明王	江別市向ヶ丘
番外	金寳寺	金剛薩埵	小樽市稲穂

神戸十三仏霊場 (兵庫県)

1	**轉法輪寺**	高野真言	不動明王	神戸市垂水区名谷町
2	**天上寺**	高野真言	釈迦如来	〃 灘区摩耶山町
3	**如意寺**	天台宗	文殊菩薩	〃 西区櫨谷町谷口
4	**太山寺**	天台宗	普賢菩薩	〃 西区伊川谷町前開
5	**性海寺**	高野真言	地蔵菩薩	〃 西区押部谷町高和
6	**大龍寺**	東寺真言	弥勒菩薩	〃 中央区再度山
7	**石峯寺**	高野真言	薬師如来	〃 北区淡河町神影
8	**能福寺**	天台宗	観世音菩薩	〃 兵庫区北逆瀬川町
9	**念佛寺**	浄土宗	勢至菩薩	〃 北区有馬町
10	**多聞寺**	天台宗	阿弥陀如来	〃 垂水区多聞台
11	**須磨寺**	真言須磨	阿閦如来	〃 須磨区須磨寺町
12	**無動寺**	高野真言	大日如来	〃 北区山田町福地
13	**鏑射寺**	真言宗	虚空蔵菩薩	〃 北区道場町生野

天上寺☎078-861-2684

★案内書

神戸十三仏霊場会編『神戸十三仏めぐり』(朱鷺書房刊)

十二支霊場

武州路十二支霊場

武州路十二支霊場会本部
歓喜院 ☎048—88—1644

十二支霊場は全国でも極めて少ない新霊場である。埼玉県では昭和53年に成立した武州寄居(よりい)十二支守り本尊霊場が知られるが、この霊場は同じ埼玉県に誕生した二つ目の十二支霊場ということになる。

他霊場と重複する名刹が多く、申年の**安楽寺**は坂東三十三観音霊場の第11番札所、かつ関東八十八ヵ所霊場の第75番でもある。そのほか子年**龍泉寺**は関東八十八ヵ所霊場の第83番、(以下、同様に)卯年**正法院**は第81番、午年**歓喜院**は第88番、未年**華蔵寺**は第87番、酉年**正福寺**は第84番、亥年**宥勝寺**は第86番札所である。

★問合せ先

武州路十二支霊場(埼玉県)

子	龍泉寺	真言豊山	千手観音	熊谷市三ヶ尻
丑	大光寺	真言智山	虚空蔵菩薩	飯能市川寺
寅	宝持寺	曹洞宗	虚空蔵菩薩	鴻巣市箕田
卯	正法院	真言智山	文殊菩薩	南埼玉郡菖蒲町上栢間
辰	満讃寺	曹洞宗	普賢菩薩	大里郡江南町小江川
巳	大應寺	真言智山	普賢菩薩	富士見市水子
午	歓喜院	高野真言	勢至菩薩	大里郡妻沼町妻沼
未	華蔵寺	真言豊山	大日如来	深谷市横瀬
申	安楽寺	真言智山	大日如来	比企郡吉見町御所
酉	正福寺	真言豊山	不動明王	大里郡川本町瀬山
戌	宝積寺	真言豊山	阿弥陀如来	深谷市大谷
亥	宥勝寺	真言智山	阿弥陀如来	本庄市栗崎

七福神霊場

◆北海道・東北の七福神霊場

函館山七福神

北海道函館市は江戸末期から明治にかけ北の商業都市として発展し、そのころは七福神まつりを営んでいたという。その後衰退したが平成11年になって、当地と深いつながりのある東京墨田区と交流し、すみだ文化函館研究会（現・函館山七福神研究会）を設立、七福神霊場の発掘にとりかかって翌年に再興した。

弁財天	**厳島神社**	弁天町
毘沙門天	**称名寺**	船見町
大黒天	**実行寺**	船見町
福禄寿	**船魂神社**	元町
恵比須	**恵比須神社**	末広町
布袋尊	**天祐寺**	青柳町
寿老神	**住三吉神社**	住吉町

問合せ先・函館山七福神研究会
☎0138—23—6334

陸奥国津軽七福神

青森県のかなり広範囲にわたる霊場。（HP調べ）

恵比須	**地蔵院**	黒石市山形町
大黒天	**求聞寺**	中津軽郡岩木町
毘沙門天	**加福不動寺**	弘前市茂森新町
弁財天	**蓮正院**	中津軽郡板柳町
布袋尊	**金剛寺**	南津軽郡尾上町
寿老人	**覚応院**	中津軽郡相馬村
福禄寿	**弘法寺**	西津軽郡木造町

問合せ先・加福不動寺
☎0172—35—4777

秋田七福神

秋田県秋田市内の寺社が結集して昭和60年頃に開創した。5月に「つつじ祭り」を兼ねて七福神のイベントをやることもある。

毘沙門天	**上新城道川神社**	上新城字道川
福禄寿	**乗福寺**	添川
大黒天	**補陀寺**	山内松原
寿老人	**石動神社**	広面
布袋尊	**隣勝院**	旭北栄町
弁財天	**嶺梅院**	土崎港中央
恵比寿	**土崎神明社**	土崎港中央

問合せ先・乗福寺☎0188―68―1262

羽州山形七福神

　山形県山形市の湯殿山(ゆどのさん)神社を中心に結成した霊場。ご朱印・拝観対応は通年。車利用で約3時間の行程である。(HP調べ)

恵比寿	**湯殿山神社**	
		山形市旅籠町
大黒天	**白鳥寺**	
		東村山郡山辺町
毘沙門天	**養千寺**	
		山形市妙見寺
弁財天	**無量寺**	山形市双月町
布袋尊	**法来寺**	山形市釈迦堂
寿老人	**円同寺**	
		東村山郡中山町
福禄寿	**真松寺**	山形市平清水

問合せ先・湯殿山神社
　　　　　　☎023―633―1819

上山七福神

　山形県上山(かみのやま)市内の8か寺（布袋尊が2か所）で構成し、上山七福神八霊場ともいう。通年対応で、約2時間の行程。(HP調べ)

恵比寿	**龍谷寺**	皆沢
大黒天	**延命寺**	三上
毘沙門天	**蓬莱院**	小穴
弁財天	**大慈院**	中生居
布袋尊	**久昌寺**	牧野
布袋尊	**川口寺**	川口
寿老人	**円通寺**	長清水
福禄寿	**長龍寺**	小倉

問合せ先・上山市観光協会
　　　　　　☎023―672―0839

山形七福神

　山形県全域にわたる霊場。湯殿山(ゆどのさん)大日坊（真言豊山）は木食行者・真如海(にょかい)の即身仏が安置されていることで知られる。(HP調べ)

恵比寿	**福王寺**	酒田市南千日
大黒天	**甲子大黒天本山**	
		米沢市小野川町
毘沙門天	**金比羅毘沙門天梨郷総社**	
		南陽市竹原
弁財天	**湯殿山大日坊**	
		東田川郡朝日村
布袋尊	**猿羽根山地蔵堂**	
		最上郡舟形町
寿老人	**居合神社**	村山市林崎
福禄寿	**諏訪神社**	
		山形市諏訪町

問合せ先・湯殿山大日坊
　　　　　　☎0235―54―6301

さくらんぼ七福神

　さくらんぼの産地、山形県の7か寺で構成した霊場である。拝観は通年対応。手拭い（全札所・200円）、湯のみ（満福寺・700円）、土鈴（永

昌寺・800円）などの七福神グッズもある。(HP調べ)

恵比寿	**岩松寺**	
		西村山郡西川町
大黒天	**永昌寺**	
		西村山郡川北町
毘沙門天	**禅会寺**	東根市長瀞
弁財天	**本源寺**	東根市荷口
布袋尊	**満福寺**	
		寒河江市寒河江丁
寿老人	**泉蓮寺**	寒河江市島
福禄寿	**長福寺**	寒河江市矢沢

問合せ先・永昌寺☎0237—72—3022

福島浜三郡七福神

福島県の浜三郡（いわき・双葉・相馬）の7か寺で平成の初めに結成した霊場。7年に1度、例大祭を行っている。

寿老福神	**医王寺**	いわき市
恵比須神	**寳藏寺**	
		いわき市豊間
毘沙門天	**長源寺**	いわき市平
布袋尊	**慈眼寺**	双葉郡富岡町
大黒天	**金性寺**	相馬郡小高町
福禄寿	**法輪寺**	相馬郡新池町
弁財天	**摂取院**	相馬市尾浜

問合せ先・医王寺☎0246—28—3512

いわき七福神

福島県いわき市内の7か寺が結集し、昭和50年頃に開創した霊場。7か寺はすべて臨済宗妙心寺派である。

大黒天	**聖樹院**	内郷御厩町
恵比寿	**波立寺**	久之浜町
布袋尊	**龍春寺**	瀬戸町
福禄寿尊	**建徳寺**	常磐藤原町
寿老人	**長興寺**	好間町
毘沙門天	**妙光寺**	遠野町
辯財天	**龍光寺**	久之浜町

問合せ先・龍光寺☎0246—82—3003

◆関東の七福神霊場

銅七福神

　利根川の支流、**群馬県**と**栃木県**にかけて流れる渡良瀬川沿いを走る私鉄「わたらせ渓谷鐵道」が、渓谷美の観光を兼ねて企画開創した霊場。
　銅(あがかね)は足尾駅に近い（足尾鉱山の採掘で知られる）銅山にちなむ呼称である。この鉄道は桐生から間藤まで17の駅があるが、そのうちの6（または7）駅で下車し、いずれも徒歩5〜10分で各札所に至る（下記の札所右の所在地名はここでは駅名）。七福神めぐりのフリー切符・色紙・ガイドブックのセット（2000円）も用意されている。

弁財天	**神明宮**	大間々
波之利大黒天・毘沙門天		
	宝増寺	足尾（または通洞）
福禄寿	**大澤寺**	沢入
恵比寿尊	**清水寺**	神戸
布袋尊	**祥禅寺**	花輪
寿老人	**常鑑寺**	水沼

問合せ先・わたらせ渓谷鐵道
　　　　　　　☎0277—73—2110

城下町小幡七福神

　群馬県甘楽郡甘楽町小幡の7か寺で構成、平成4年に開創した霊場。この地は小幡・織田・松平の城下として栄えた歴史と文化が色濃い町で、武家屋敷（現在は歴史民俗資料館）・国峯城跡・織田家七代の墓などが遺っている。

大黒天	**興巌寺**	甘楽町小幡（以下同じ）
福禄寿	**福巌寺**	
恵比寿	**宝泉寺**	
寿老人	**龍門寺**	
毘沙門天	**長巌寺**	
布袋尊	**宝積寺**	
弁財天	**天徳寺**	

問合せ先・甘楽町観光協会
　　　　　　　☎0274—74—3131

桐生七福神

　群馬県の桐生市内の7か寺が結集し、平成4年に創立した。歩行距離は約7.5キロ、約2時間の行程である。**光明寺**の弁財天像は別称「光明寺宝珠弁財天」と呼ばれ注目されている珍しい形の石塔で、室町時代の造立という。

弁財天	**光明寺**	宮本町
寿老人	**妙音寺**	西久方町
大黒天	**法経寺**	西久方町
福禄寿	**青蓮寺**	西久方町
恵比寿	**久昌寺**	天神町
毘沙門天	**鳳仙寺**	梅田町
布袋尊	**西方寺**	梅田町

問合せ先・光明寺 ☎0277—22—4854

つつじの館林七福神

群馬県の館林市(たてばやし)内の3神社・4寺院から成る。一周およそ25キロ。宝船色紙に参拝印を押してもらえる期間は1月3日～31日（午前9時～午後4時）。市の観光協会も協力し、「花と史跡を巡る」をテーマにPRしている。つつじが岡公園のつつじまつり（4月中旬～5月上旬）のほか、各霊場の花と見ごろは、**普濟寺**（しだれ桜・3月下旬～4月上旬）、**茂林寺**（萩・6月上旬～7月上旬）、**長良神社**（銀杏）、**尾曳稲荷神社**（藤・5月上旬）、**善長寺**（水仙・3月下旬～4月中旬）、**善導寺**（すみれ・3月下旬～4月中旬）、**雷電神社**（椿・3月下旬～4月中旬）。

```
布袋尊    普濟寺        当郷町
大黒尊天  茂林寺        掘工町
恵比寿神  長良神社      代官町
弁財天    尾曳稲荷神社  尾曳町
寿老尊    善長寺        当郷町
毘沙門天  善導寺        楠町
福禄寿    雷電神社      板倉町板倉
```

問合せ先・雷電神社
☎0276－82－0007

おうら七福神

群馬県邑楽郡(おうら)の邑楽町内にできた霊場。浮島弁財天は白鳥の飛来地で知られる多々良沼公園内である。約15キロ、5～6時間の行程。寿老人・**永明寺**のキンモクセイは国指定の天然記念物である。（HP調べ）

```
恵比寿    光林寺    邑楽町秋妻
大黒天    慶徳寺    邑楽町石打
毘沙門天  高源寺    邑楽町狸塚
弁財天    浮島弁財天
                  邑楽町鶉神殿
布袋尊    大信寺    邑楽町篠塚
寿老人    永明寺    邑楽町中野
福禄寿    明王院    邑楽町赤堀
```

問合せ先・光林寺 ☎0276－884928

小野寺七福神

栃木県下都賀郡岩舟町の小野寺という地域に平成13年に開創した霊場。所要時間は3～4時間、どこからスタートしてもOKで、霊場会で用意した「宝印受帳」（300円）を購入すれば各寺社で奉拝印（200円）を押してもらえる。

```
恵比須神  西宮神社
                  大字小野寺
大黒天    成就院    大字三谷
毘沙門天  大慈寺    大字小野寺
弁財天    龍鏡寺    大字新里
福禄寿    浄琳寺    大字古江
布袋尊    住林寺    大字小野寺
寿老人    東光院    大字古江
```

問合せ先・岩舟町観光協会
☎0282－54－3313

佐野七福神

栃木県佐野市内の真言宗豊山派の7か寺が結集し、平成4年に開創した。

光永寺の庭園は樹齢200年以上のツゲの木（市の名木）を中心とした回遊式の名園で、ツツジやハナミズキなど四季を通じて花が絶えない。

恵比寿	**安楽寺**	並木町
大黒寺	**観音寺**	金井上町
毘沙門天	**西光院**	赤見町
弁財天	**出流原弁天堂**	出流原町
布袋尊	**円照寺**	上羽田町
寿老人	**金蔵院**	越名町
福禄寿	**光永寺**	飯田町

問合せ先・光永寺☎0283－22－5648

おおたわら七福神

栃木県大田原市内の1社6寺が結集し、平成15年に開創した新霊場。開帳期間は毎年1・5・9月の1日～7日（午前9時～午後4時）。各札所に専門色紙が用意されている。

恵比寿神	**大田原神社**	山の手
大黒天	**光真寺**	山の手
毘沙門天	**不退寺**	新富町
弁財天	**成田山**	本町
福禄寿	**長泉寺**	花園
寿老人	**正法寺**	中央
布袋尊	**洞泉院**	山の手

問合せ先・長泉寺☎0287－28－3167

今市宿七福神

栃木県今市市内の霊場で、単に「今市七福神」とも。七福神のほか当地出身の二宮尊徳を祀った神社も加えて8か所となっているのが特徴。今市市観光協会の主催による七福神めぐり（平成16年は2月7日）も行われている。（HP調べ）

恵比寿	**追分地蔵尊**	今市
大黒天	**瀧尾神社**	今市
毘沙門天	**瑞光寺**	平ヶ崎
弁財天	**如来寺**	今市
布袋尊	**徳性院**	平ヶ崎
寿老人	**本敬寺**	今市
福禄寿	**明静寺**	瀬尾
二宮尊徳	**報徳二宮神社**	今市

問合せ先・今市市観光協会
☎0288－21－5611

とね七福神

茨城県北相馬郡の利根町内の3社4寺による霊場である。一周約12キロ、3～4時間の行程で、町では健康ウォーキングに最適とPRしている。（HP調べ）

恵比寿	**布川神社**	布川
大黒天	**蚊もう神社**	立木
毘沙門天	**徳満寺**	布川
弁財天	**来見寺**	布川

追補／七福神霊場

布袋尊	円明寺	立木
寿老人	応願寺	羽中
福禄寿	早尾天神社	早尾

問合せ先・利根町経済課
☎0297—68—2211

佐竹七福神

茨城県の北部、すなわち北常陸(きたひたち)と呼ばれた地域の霊場で、「北常陸七福神」ともいう。弁財天・日輪寺は坂東三十三観音霊場の第21番札所、布袋尊・佐竹寺（常陸の大富豪・佐竹氏の菩提寺）は同第2番札所である。(HP調べ)

恵比寿	静神社	那珂郡瓜連町
大黒天	立野神社	
		那珂郡緒川村
毘沙門天	小松寺	
		東茨城郡常北町
弁財天	日輪寺	久慈郡大子町
布袋尊	佐竹寺	
		常陸太田市天神林町
寿老人	徳蔵寺	
		西茨城郡七会村
福禄寿	大山寺	東茨城郡桂村

問合せ先・静神社☎029—296—0029

武州本庄七福神

埼玉県本庄(ほんじょう)市内、本庄駅北口まちづくり推進の会と9霊場が主催で平成15年12月に発会式を営んだことに創まる。銭洗い弁財天が3か所あり、9寺社で構成されているのが特徴。9霊場は旧中山道沿いに点在し、約4キロ、ゆっくり歩いて2時間半の行程である。

恵比須尊	金鑚神社	千代田
大黒天	城立寺	銀座
毘沙門天	安養院	中央
弁財天	佛母寺	千代田
弁財天	慈恩寺	中央
弁財天	大正院	本庄
布袋尊	開善寺	中央
寿老人	泉林寺	銀座
福禄寿	円心寺	本庄

問合せ先・本庄市観光協会
☎0495—25—1174

くりはし八福神

埼玉県北葛飾郡の栗橋(くりはし)町内、吉祥天を含む八か寺で構成した霊場である。(HP調べ)

恵比寿	深廣寺	栗橋町東
大黒天	常薫寺	栗橋町東
毘沙門天	顕正寺	栗橋町東
弁財天	迎盛院	栗橋町伊坂
布袋尊	定福院	栗橋町佐間
寿老人	浄信寺	栗橋町東
福禄寿	福寿院	栗橋町中央
吉祥天	寶聚寺	栗橋町高柳

問合せ先・深廣寺☎0480—52—0719

深谷七福神・七草寺巡り

埼玉県深谷市内の7か寺による霊場で、おのおのの七草の寺にダブらせ、七草めぐりもできるのが特徴。（HP調べ）

恵比寿・女郎花		
	泉光寺	上敷免
大黒天・萩	浄瑠璃寺	稲荷町
毘沙門天・葛	正伝院	高島
弁財天・尾花	惣持寺	蓮沼
布袋尊・撫子	一乗寺	人見
寿老人・藤袴	全久院	東方
福禄寿・桔梗	宝泉寺	境

問合せ先・深谷市観光協会
☎048－575－0015

日光街道すぎと七福神

埼玉県北葛飾郡の杉戸町内の7寺院が、平成9年に開創した霊場。杉戸観光協会の協賛もあり、「（七福神グルメと称する）料理店で昼食し、七福神加盟店でショッピングを楽しみながら、ガイドがついての七福神めぐりができます」と町ぐるみで盛り上げている。全長距離14キロ、23,000歩という。

恵比寿	来迎院	杉戸町清地
大黒天	馬頭院	杉戸町堤根
毘沙門天	宝性院	杉戸町杉戸
弁財天	延命院	杉戸町倉松
布袋尊	全長寺	杉戸町大字下高野
寿老人	永福寺	杉戸町大字下高野
福禄寿	福正院	杉戸町大字下野

問合せ先・宝性院☎0480－32－0342

佐倉七福神

千葉県の佐倉市内の7寺社で構成、平成15年に開創した新霊場。佐倉は歴史ロマン漂う史跡の多い町であり、武家屋敷、順天堂記念館、旧堀田邸なども訪ねながら、ゆっくりとウォーキングを兼ねて巡ろうと呼びかけている。

毘沙門天	甚大寺	新町
弁財天	嶺南寺	新町
寿老人	宗圓寺	新町
毘沙門天	松林寺	弥勒町
大黒天	妙隆寺	鏑木町
福禄寿・恵比寿		
	麻賀多神社	鏑木町
布袋尊・大黒天		
	大聖寺	鏑木町

問合せ先・佐倉TMO事務局
☎043－486－6117

上総の七福神

上総は**千葉県**中央部の旧地名。その富津市・君津市・木更津市の3市に点在する寺院で構成した霊場である。

「お色気いっぱいの七福神」というのが売りもの。(HP調べ)

```
恵比寿   圓鏡寺   富津市八幡
大黒天   長泉寺   君津市大井
毘沙門天 久原寺
                 君津市西猪原
弁財天   新宿不動堂
                 木更津市新宿
布袋尊   不動院   富津市竹岡
寿老人   円如寺   君津市小市部
福禄寿   圓明院   君津市山本
```

問合せ先・圓明院 ☎0439—35—2984

市川七福神

千葉県市川市内を巡る、平成15年に開創した新霊場である。所要時間は約4時間。毘沙門天が2か所あり、また**妙応寺**が一寺で全七福神を祀った「妙応寺七福神」霊場でもあることがユニーク。(HP調べ)

```
恵比寿   所願寺   宮久保
大黒天   本将寺   大野町
毘沙門天 浄光寺   大野町
毘沙門天 国分寺   国文
弁財天   奥之院   若宮
布袋尊   安養寺   高谷
寿老人・福禄寿
         妙応寺   本行徳
```

問合せ先・妙応寺 ☎047—357—4834

しろい七福神

千葉県白井市内の7か寺による霊場。白井市観光課の協力により平成5年に開創した。通年の巡拝が可能だが、とくに正月1日~7日と毎月7日を御縁日とし、当日の巡拝をすすめている(御朱印の受付は午前9時~午後4時)。車で2時間の行程。

```
大黒天   延命寺   平塚
弁財天   薬王寺   清戸
恵比寿神 長楽寺   根
布袋尊   来迎寺   折立
福禄寿   西輪寺   富塚
毘沙門天 秋本寺   白井
寿老人   佛法寺   復
```

問合せ先・長楽寺 ☎047—491—0434

安房七福神

安房は**千葉県**南部の旧国名。安房郡天津小湊町観光協会が主体で、7か所中に美術館が含まれているのがユニークだ。布袋尊の**清澄寺**は日蓮聖人生誕の霊跡寺院であり、また安房三十四観音霊場の第17番霊場でもある。(HP調べ)

```
恵比寿   妙の浦恵比須堂
                 安房郡天津小湊町
大黒天   真野寺   安房郡丸山町
毘沙門天 多聞寺
                 安房郡天津小湊町
弁財天   厳島神社  鴨川市磯村
```

布袋尊	清澄寺	
		安房郡天津小湊町
寿老人	仁右衛門島	
		鴨川市太海浜
福禄寿	白浜海洋美術館	
		安房郡白浜町

問合せ先・天津小湊町観光協会
☎0470―95―2218

習志野七福神

千葉県習志野市内の7か寺で構成した霊場。正月3が日と毎月7日が縁日。七福神のほとんどが屋外の祠に祀られている。（HP調べ）

毘沙門天	**西光寺**	谷津
恵比須	**東福寺**	谷津
福禄寿	**東嶺寺**	津田沼
大黒天	**慈眼寺**	鷺沼
布袋尊	**正福寺**	藤崎
弁財天	**薬師寺**	大久保
寿老人	**無量寺**	実籾

問合せ先・習志野市社会教育課
☎047―492―1151

しもふさ七福神

千葉県香取郡下総町内の、牧場も含めた霊場。毎月7日が縁日。毘沙門天の龍正院は坂東三十三観音霊場の第28番札所である。成田ゆめ牧場では搾りたての牛乳を飲んで長寿・福徳をとPRしている。（HP調べ）

恵比寿	**楽満寺**	下総町中里
大黒天	**常福寺**	
		下総町名木門前
毘沙門天	**龍正院**	下総町滑川
弁財天	**眞城院**	下総町高岡
布袋尊	**乗願寺**	下総町名古屋
寿老人	**昌福寺**	
		下総町西大須賀
福禄寿	**成田ゆめ牧場**	
		下総町名木

問合せ先・むらおこし実行委員会
☎0476―96―2839

九十九里七福神

千葉県山武郡の2町（成東町・松尾町）内の7か寺で構成した霊場である。車で約2時間、徒歩で約4時間の行程。町の観光協会が強力に応援している。（HP調べ）

恵比寿	**慈広寺**	成東町小松
大黒天	**月蔵寺**	成東町早船
毘沙門天	**観音堂**	
		成東町新泉富田
弁財天	**海厳寺**	成東町木戸
布袋尊	**真光寺**	
		松尾町借毛本郷
寿老人	**光明寺**	成東町富田
福禄寿	**宝積寺**	松尾町大堤

問合せ先・光明寺☎0475―82―4597

追補／七福神霊場

九十九里　浜の七福神

千葉県の九十九里浜、山武郡と長生郡にまたがる、やや広範囲の霊場である。（HP調べ）

```
恵比寿　八坂神社
　　　　　　山武郡九十九里町
大黒天　五所神社
　　　　　　山武郡蓮沼村
毘沙門天　真光寺
　　　　　　長生郡白子町
弁財天　清泰寺　長生郡長生村
布袋尊　四社神社
　　　　　　山武郡横芝町
寿老人　要行寺
　　　　　　山武郡大網白里町
福禄寿　観明寺　長生郡一宮町
```

問合せ先・清泰寺☎0475—32—0402

心の駅　外房七福神

千葉県の南部、長生郡と夷隅郡の7か寺が結集し、平成13年に開創した新霊場。「心の駅」には、日本人の心に失われたものを取り戻すべく、共生と平和、慈悲の心を世界に発信するという思いが込められている。
観明寺は前掲の「浜の七福神」の福禄寿の霊場でもある。

```
寿老人　観明寺　長生郡一宮町
弁財天　三光寺　夷隅郡夷隅町
恵比寿　遍照寺　長生郡一宮町
大黒天　法興寺　夷隅郡岬町
```

```
毘沙門天　行元寺
　　　　　　夷隅郡夷隅町
福禄寿　西善寺　夷隅郡岬町
布袋尊　東漸寺　長生郡一宮町
```

問合せ先・観明寺☎0475—42—2342

印旛七福神

千葉県印旛郡印旛村内の7か寺で構成された霊場。印旛村を循環するバスを活用した巡拝も可能。各寺に当霊場指定の色紙（1000円）が用意してある。

```
恵比寿神　西定寺　印旛村山田
大黒天　慶昌寺　印旛村萩原
毘沙門天　万福寺　印旛村吉田
弁財天　迎福寺　印旛村吉高
布袋尊　円蔵寺　印旛村山田
寿老人　東祥寺　印旛村鎌苅
福禄寿　高岩寺　印旛村岩戸
```

問合せ先・印旛村経済環境課振興係
　　　　　☎0476—98—1111

八千代八福神

千葉県八千代市の（吉祥天を含む）8か寺で構成した霊場。八千代郷土研究会（市民団体）からの要望により、平成4年に開創した。一年中いつでもお詣りできる。

```
吉祥天　妙光寺　小池
大黒天　妙徳寺　真木野
```

福禄寿　**東栄寺**　保品
弁財天　**長福寺**　米本
毘沙門天　**正覚院**　村上
寿老人　**長福寺**　萱田
恵比寿　**貞福寺**　吉橋
布袋尊　**観音寺**　高津

問合せ先・観音寺☎047―450―2753

相州小出七福神

　神奈川県茅ヶ崎市内の7か寺が結集し、平成10年に開創した新霊場。徒歩で3時間ほど。(HP調べ)

恵比寿　**来迎寺**　芹沢
大黒天　**宝蔵寺**　行谷
毘沙門天　**妙伝寺**　堤
弁財天　**蓮妙寺**　芹沢
布袋尊　**正覚院**　堤
寿老人　**白峯寺**　下寺尾
福禄寿　**善谷寺**　芹沢

問合せ先・白峯寺☎0467―53―2241

小田原七福神

　神奈川県小田原市内の7か寺が結集し、平成10年に開創した霊場。市の観光協会が後援し、多数の協賛店が名を連ねるなど、市をあげて協力態勢にある。

毘沙門天　**潮音寺**　久野
満願弁財天　**福泉寺**　城山
寿老人　**鳳巣院**　城山

大黒尊天　**蓮船寺**　城山
恵比寿神　**報身寺**　南町
福禄寿　**大蓮寺**　南町
布袋尊　**圓福寺**　本町

問合せ先・圓福寺☎0465―22―9511

相模七福神

　相模は神奈川県の旧国名。この霊場は座間市と海老名市の私鉄・小田急線沿いの7か寺から成る。徒歩で3時間ほど。(HP調べ)

恵比寿　**浄土寺**　座間市四ッ谷
大黒天　**妙元寺**　海老名市大谷
毘沙門天　**本覚寺**
　　　　　　　　海老名市本郷
弁財天　**龍源院**　座間市入谷
布袋尊　**善教寺**
　　　　　　　　海老名市杉久保
寿老人　**宗仲寺**　座間市座間
福禄寿　**増全寺**
　　　　　　　　海老名市中新田

問合せ先・本覚寺☎046―238―3593

追補／七福神霊場

◆東京の七福神霊場

千住宿千寿七福神

東京都足立区千住の寺社で構成した、千住＝千寿の語呂合わせが生きた霊場。足立区観光協会・足立史談会・千住本町商店街振興組合など地元諸会の賛同が多く、町の活性化に一役買っている。参拝期間は元旦より7日（午前9時〜午後4時）まで。

　弁財天　**氷川神社**　千住仲町
　寿老人　**源長寺**　千住仲町
　恵比寿天　**千住神社**
　　　　　　　　　　千住宮元町
　福禄寿　**不動院**　千住
　毘沙門天　**勝専寺**　千住
　大黒天　**本氷川神社**　千住
　布袋尊　**長円寺**　千住

問合せ先・事務局（氷見方）
　　　　　☎03−3888−7372

荏原七福神

東京都品川区内、かつての武蔵国荏原郷の寺社が結集し、平成6年に開創した。7社寺すべてを押印した所定の色紙（有料）1枚につき、満願の絵馬をくれるという。

　福禄寿
　　　　大井蔵王権現神社　大井
　毘沙門天　**東光寺**　二葉
　布袋尊　**如来寺**　西大井
　弁財天　**上神明天祖神社**　二葉
　恵比須　**法蓮寺**　旗の台
　寿老人　**摩耶寺**　荏原
　大国天　**小山八幡神社**　荏原

問合せ先・法蓮寺☎03−3781−4011

いこう七福神

東京都足立区の伊興という町内の4寺院で構成した霊場。（HP調べ）

　恵比寿　**源正寺**　伊興
　大黒天　**実相院**　伊興
　毘沙門天　**実相院**　〃
　弁財天　**実相院**　〃
　布袋尊　**法受寺**　東伊興
　寿老人　**福寿院**　伊興
　福禄寿　**福寿院**　〃

問合せ先・実相院☎03−3899−2328

小石川七福神

東京都文京区の小石川という町内に、平成7年に開創された霊場。弁財天が2か所あり、その1か所・**極楽水**というのは祠で、朱印は宗慶寺でもらえる。福禄寿は**東京ドーム**22番ゲート前、総合案内所の裏手にある。8か所をめぐる所要時間は約2時間。（HP調べ）

　恵比寿　**深光寺**　小日向

大黒天	**福聚院**	小石川
毘沙門天	**源覚寺**	小石川
弁財天	**徳雲寺**	小日向
弁財天	**極楽水**	小石川
布袋尊	**真珠院**	小石川
寿老人	**宗慶寺**	小石川
福禄寿	**東京ドーム**	後楽

問合せ先・文京区経済課
観光担当☎03—3812—7111

日野七福神

　新選組のふるさと東京都日野市内をめぐる、平成11年開創の新霊場。多摩丘陵の自然と浅川の清流に恵まれた全長13キロの快適なコース。

弁財天	**高幡不動尊**	高幡
福禄寿	**石田寺**	石田
恵比寿天	**真照寺**	落川
寿老尊	**延命寺**	川辺堀之内
毘沙門天	**安養寺**	万願寺
大黒天	**善生寺**	東豊田
布袋尊	**宗印寺**	平山

問合せ先・高幡不動尊
　　　　☎042—591—0032

◆中部の七福神霊場

甲斐石和温泉七福神

　山梨県笛吹市石和町は温泉観光地として有名。その観光協会の推薦や旅館協同組合の協賛をえた通年対応の霊場である。当霊場の専用色紙（700円）に7か寺の御朱印を押し終った巡礼者には「ミニ招福熊手」がプレゼントされる。

恵比寿神	**常徳寺**	高橋
弥勒布袋尊	**常在寺**	唐柏
弁財天	**蓮長寺**	小石和
毘沙門天	**恵法寺**	四日市場
大黒天	**遠妙寺**	市部
福禄寿尊	**佛陀禅寺**	市部
寿老尊	**大蔵経寺**	松本

問合せ先・常徳寺☎055—262—5003

甲斐西八代七福神

　山梨県西八代郡の市川大門町と三珠町、その2町内の高野山真言宗の7か寺が結集して平成15年に開創した新霊場。歩いて回れる霊場（約3.3キロ、半日の行程）とアピールしている。（HP調べ）

毘沙門天	**福寿院**	市川大門町
弁財天	**宝寿寺**	市川大門町
福禄寿	**宝寿院**	市川大門町

布袋尊	花園院	市川大門町
恵比寿大神	薬王寺	三珠町
寿老人	不動院	三珠町
大黒天	光勝寺	三珠町

問合せ先・薬王寺☎055—272—1398

甲斐七福神

山梨県北杜市（ほくと）を中心とする霊場。弁財天が山梨銘醸の七賢（しちけん）というのがユニーク。（HP調べ）

恵比寿	萬林院	北杜市武川村
大黒天	妙林寺	北杜市長坂町
毘沙門天	道喜院	北杜市大泉村
弁財天	七賢	北杜市白州町
布袋尊	清光寺	北杜市長坂町
寿老人	高龍寺	北杜市武川村
福禄寿	高福寺	北巨摩郡小淵沢町

問合せ先・高福寺☎0551—36—3390

諏訪湖・湖畔七福神

長野県諏訪湖（すわこ）周辺の7寺社で構成された霊場。平成8年、世話人会が発足して開創した。毎日20日をバスハイクの日（午前9時、上諏訪駅西口集合、参加費4800円）とし、当日は世話人も同乗して7寺社のほか諏訪大社（たいしゃ）の上社（かみしゃ）・下社（しもしゃ）などへも寄るガイド巡礼を行っている。（HP調べ）

追補／七福神霊場

恵比寿	秋宮恵比寿社	
		諏訪郡下諏訪町
大黒天	法華寺	
		諏訪市中州神宮寺
毘沙門天	久保寺	岡谷市湊
弁財天	教念寺	諏訪市小和田
布袋尊	温泉寺	諏訪市湯の脇
寿老人	平福寺	
		岡谷市長池東堀
福禄寿	江音寺	
		諏訪市豊田有賀

問合せ先・世話人会
　　　　　　☎0266—52—2072

善光寺七福神

長野県長野市内、庶民信仰で全国に名高い善光寺（ぜんこうじ）（世尊院）界隈の霊場。（HP調べ）

恵比寿	西宮神社	長野岩石町
大黒天	大国主神社	
		南長野南県町
毘沙門天	善光寺世尊院	
		長野元善町
弁財天	往生院	鶴賀権堂町
布袋尊	御本陣藤屋	
		長野大門町
寿老人	西光寺	
		南長野北石堂町
福禄寿	西後町秋葉神社	
		南長野西後町

問合せ先・御本陣藤屋
　　　　　　☎026—232—1241

焼津七福神

静岡県焼津市内の7寺院が結集し、昭和50年代に開創した。弁財天の**法華寺**は駿河三十三観音霊場の第10番札所。大黒天の**海蔵寺**は霊験あらたかな「こがわのお地蔵さん」で親しまれている。福禄寿の**成道寺**には国の重文・蘆葉達磨図がある。

```
恵比寿    信香院    小川
大黒天    海蔵寺    東小川
毘沙門天  正岳寺    小柳津
弁財天    法華寺    花沢
布袋尊    泰善寺    中根
福禄寿    成道寺    一色
寿老人    法昌寺    大覚寺
```

問合せ先・法昌寺☎054—627—6969

藤枝七福神

静岡県藤枝市内の7か寺で構成した霊場。車でゆっくり巡って2時間ほど。(HP調べ)

```
恵比寿    向善寺    天王町
大黒天    清水寺    原
毘沙門天  大慶寺    藤枝
弁財天    長楽寺    本町
布袋尊    盤脚院    西方
寿老人    洞雲寺    藤枝
福禄寿    心岳寺    稲葉
```

問合せ先・盤脚院☎054—638—0405

浜松七福神

静岡県浜松市内の7か寺で構成した霊場。「浜松七福財天」の別称もある。車で巡って4～5時間の行程。(HP調べ)

```
恵比寿    常久院    上石田町
大黒天    円福寺    都田町
毘沙門天  養源寺    下石田町
弁財天    甘露寺    中郡町
布袋尊    好徳寺    堤町
寿老人    富春院    小沢渡町
福禄寿    正福寺    高町
```

問合せ先・富春院☎053—447—1855

浜名湖七福神

静岡県の浜名湖周辺に点在する7か寺が結集し、平成元年に開創した霊場。布袋尊の**大福寺**には室町時代の築庭といわれる900坪の名園(浄土苑)がある。福禄寿の**岩水寺**は安産の霊験あらたかな子安地蔵の霊場として知られる。

```
布袋尊    大福寺    引佐郡三ヶ日町
寿老人    長楽寺    引佐郡細江町
福禄寿    岩水寺    浜北市根堅
弁財天    鴨江寺    浜北市鴨江
毘沙門天  遠州信貴山
                  浜松市中沢町
大黒天    摩訶耶寺
                  引佐郡三ヶ日町
恵比須    応賀寺    浜名郡新居町
```

追補／七福神霊場

問合せ先・遠州信貴山
　　　　　☎053―472―6671

大府七福神場

愛知県大府市内の7寺院で構成した霊場。毎月7日が縁日だが、毎年節分の前の日曜日に一大行事がある。その日は、七福神の当番寺に結集し、午前9時より祈願の受付を開始、10時より祈願した方々による豆まきが行われ、同時に七福神の特別拝観とご朱印がもらえる。

恵比寿尊	**浄通寺**	追分町
大黒尊天	**普門寺**	横根町石丸
毘沙門天	**地蔵寺**	長草町本郷
辨財尊天	**光善寺**	北崎町
福禄寿尊	**地蔵院**	中央町
寿老尊	**大日寺**	月見町
布袋尊	**賢聖院**	北崎町北屋敷

問合せ先・地蔵院☎0562―46―0408

吉田七福神

愛知県豊橋市内の7寺院に、番外の達磨大師を加えた8か所が結集し、平成10年に開創した新霊場。吉田は近世の旧地名で、ここは松平（大河内）氏の城下町である。1月7日は大祭。

恵比寿天	**神宮寺**	魚町
大黒天	**普門寺**	雲谷町
毘沙門天	**永福寺**	下地町
福禄寿神		
	英霊殿宝形院	向山町
寿老人	**薬師寺**	牛川薬師町
布袋尊	**常心寺**	杉山町
達磨大師	**日進院**	新吉町

問合せ先・普門寺☎0532―41―4500

越中万葉七福神

富山県の高岡は「万葉集」の編者・大伴家持ゆかりの地。この霊場は高岡市を中心に、新湊市・氷見市におよぶ。越中万葉七福神めぐり友の会では、その3市の観光協会や万葉線・高岡交通など地域ぐるみの協賛をえて、毎年10月の第一金曜〜日曜にかけて開催される万葉まつり朗詠の会（万葉集全4516首を2000人余が三昼夜かけ歌い継ぐ）と同時に七福神めぐりを実施している（平成16年は第11回）。

恵比須	**西宮神社**	新湊市本町
寿老人	**千手寺**	氷見市幸町
大黒天	**関野神社**	
		高岡市末広町
毘沙門天	**総持寺**	高岡市関町
	弘源寺	高岡市二上
布袋尊	**妙法寺**	
		高岡市伏木古国府
福禄寿	**佛石寺**	
		高岡市伏木一宮鉢伏
弁財天	**新湊弁財天**	新湊市片口

問合せ先・関野神社
　　　　　☎0776―25―2491

◆近畿の七福神霊場

西近江七福神

　滋賀県高島郡内、琵琶湖の東南、近江鉄道沿線に7寺社が点在する霊場。寿老人の白髭(しらひげ)神社と福禄寿の行過天満宮は湖西蓬萊七福神の霊場でもある。5～6時間の行程。(HP調べ)

恵比寿	**唐崎神社**	マキノ町
大黒天	**正傳寺**	新旭町
毘沙門天	**大崎寺**	マキノ町
弁財天	**西江寺**	今津町
布袋尊	**玉泉寺**	安曇川町
寿老人	**白髭神社**	高島町
福禄寿	**行過天満宮**	今津町

問合せ先・西江寺☎0740―22―0637

高野七福神

　和歌山県伊都郡高野町、高野山真言宗の総本山(金剛峯寺)内の塔頭(たっちゅう)4か寺(うち3か寺が2尊を兼務)が平成12年に開創した。**宝善院**は小堀遠州の作庭がある寺、**熊谷寺**は熊谷直実(がいなおざね)ゆかりの寺、**恵光院**は阿字観修行道場の寺、**本覚院**は尾張徳川家ゆかりの寺と、いずれも名刹である。距離が短いとはいえ、徒歩で4～5時間の行程。

寿老人	**宝善院**
福禄寿	**(宝善院)奥之院**
恵比寿神	**熊谷寺**
布袋尊	**(熊谷寺)持宝院**
毘沙門天	**恵光院**
弁財天	**本覚院**
大黒天	**(本覚院)西生院**

問合せ先・熊谷寺☎0736―56―2119

兵庫七福神

　兵庫県神戸市兵庫区内の7寺社による霊場。開創は定かでないが長らく活動を休止していたのを、平成13年に再興した。福禄寿・**真光寺**は一遍上人の墓がある名刹。毘沙門天・**能福寺**の兵庫大仏は奈良・鎌倉と並び日本三大仏のひとつに数えられている。

弁財天	**和田神社**	和田宮通
寿老人	**薬仙寺**	今出在家町
福禄寿	**真光寺**	松原通
毘沙門天	**能福寺**	北逆瀬川町
布袋	**天神社**	東柳原町
大黒天	**福海寺**	西柳原町
蛭子	**蛭子神社**	西柳原町

問合せ先・和田神社
　　　　☎078―652―1551

夢前七福神

　兵庫県飾磨郡夢前町(ゆめさき)の町内7か寺で構成した霊場。山間の森林や田園

追補／七福神霊場

を背景にした素朴なたたずまいが魅力という。寿老人の**正覚寺**本堂内には西国三十三所の観音像が祀られ、大黒天の**臨済寺**の裏山には四国八十八ヶ所（ミニ）霊場がある。

布袋尊	**弥勒寺**	寺
寿老人	**正覚寺**	都倉
福禄寿	**真楽寺**	山之内己
毘沙門天	**生福寺**	山之内甲
大黒天	**臨済寺**	新床
恵比寿神	**蓮華寺**	杉之内
弁財天	**性海寺**	宮置

問合せ先・夢前町商工観光課
☎07933―6―0001

北摂七福神

旧国名の摂津の北部、**兵庫県川西市内の7寺社**で構成する霊場。（HP調べ）

恵比寿	**山下恵比寿神社**	
		山下町
大黒天	**能勢妙見**	黒川奥山
毘沙門天	**満願寺**	満願寺町
弁財天	**多田神社**	
		多田院多田所町
布袋尊	**法泉寺**	新田
寿老人	**頼光寺**	東畦野
福禄寿	**多太神社**	平野

問合せ先・川西市商工観光課
☎0727―40―1161

新丹波七福神

丹波（たんば）は現在の京都府と兵庫県にまたがる旧国名。この霊場はその**兵庫県側**の霊場である。天台宗丹波七福神とも称するように天台宗寺院だけの構成で、古寺名刹が並ぶ。恵比寿の**神池寺**（しんちじ）は法道仙人開基で「丹波比叡」と呼ばれ、現在は宿泊施設がある。大黒天の**大国寺**（たいこくじ）は寺宝が多く、本堂をはじめ大日如来像・阿弥陀如来像などの仏像5体は国の重文。また寿老人の**常勝寺**の十一面千手観音像・薬師如来像も重文である。（HP調べ）

恵比寿	**神池寺**	氷上郡市島町
大黒天	**大国寺**	篠山市味間奥
毘沙門天	**済納寺**	
		氷上郡市島町
弁財天	**高蔵寺**	篠山市高倉
布袋尊	**白毫寺**	氷上郡市島町
寿老人	**常勝寺**	氷上郡山南町
福禄寿	**桂谷寺**	氷上郡春日町

問合せ先・神池寺☎0795―85―0325

◆中国・四国・九州の七福神霊場

小豆島七福神

　香川県小豆郡、すなわち瀬戸内海国立公園・小豆島の神社だけで構成された霊場。大黒神・**亀山八幡宮**の桟敷と、寿老神・**離宮八幡神社**の（毎年5月3日の例祭で農村歌舞伎が上演されている）舞台は国の重文。福禄寿・**富丘八幡神社**が建つ富丘は4～5世紀の古墳が散在する考古の丘である。

```
毘沙門天　葦田八幡神社
　　　　　　　　　　　　内海町
弁財天　内海八幡神社　内海町
大黒神　亀山八幡宮　池田町
寿老神　離宮八幡神社　土庄町
布袋尊　伊喜末八幡神社
　　　　　　　　　　　　土庄町
ゑびす神　土庄八幡神社
　　　　　　　　　　　　土庄町
福禄寿　富丘八幡神社　土庄町
```

問合せ先・ホテル海南荘
　　　　　☎0879―62―1422

さぬき七福神

　讃岐は**香川県**の旧国名。その首都・高松は、高松東自動車道の開通により四国の表玄関としてより便利になった。当霊場はそんな趨勢を背景に「観光と信仰」をテーマとし、高松市を中心とする4か寺3神社が結集して平成13年に開創した新霊場である。宝印色紙・宝印帳のほか宝印カード・福飾りといった七福神授与品（有料）や、記念品・得得カードのような目新しいグッズも豊富だ。弁財天・**國分寺**は四国八十八ヵ所霊場の第80番札所、大黒天・**法然寺**は法然上人二十五霊場の第2番札所でもある。

```
福禄寿　滝宮天満宮
　　　　　　　　　綾歌郡綾南町
弁財天　國分寺
　　　　　　　　　綾歌郡国分寺町
毘沙門天　香西寺
　　　　　　　　　高松市香西西町
布袋尊　田村神社
　　　　　　　　　高松市一宮町
大黒天　法然寺
　　　　　　　　　高松市仏生山町
寿老人　與田寺　大川郡大内町
恵比須神　白鳥神社
　　　　　　　　　大川郡白鳥町
```

問合せ先・田村神社
　　　　　☎087―885―1541

伊予七福神

　伊予は**愛媛県**の旧国名。その首都・松山市を中心とする7寺社で構成した霊場である。ご朱印をいただいたときミニ尊像が授与され、7尊揃うとそれを収めるお守り袋が授与

追補／七福神霊場

される。毘沙門天の**文殊院**は四国八十八ヵ所霊場の番外札所でもある。（HP調べ）

恵比寿	伊豫稲荷神社	
		伊予市稲荷
大黒天	出雲大社松山分祠	
		松山市本町
毘沙門天	文殊院	
		松山市恵原町
弁財天	弘願寺	松山市御幸
布袋尊	昌福寺	松山市井門町
寿老人	三津厳島神社	
		松山市神田町
福禄寿	浄土寺	東温市下林

問合せ先・弘願寺☎089—924—1677

南予七福神

　愛媛県の東南部、いずれも四国八十八ヵ所の霊場で構成される。すなわち**観自在寺**は第40番、**龍光寺**は第41番、**仏木寺**は第42番、**明石寺**は第43番札所であり、また**龍光院・出石寺・永徳寺**（十夜ヶ橋大師堂）は番外札所である。（HP調べ）

恵比寿	龍光寺	
		北宇和郡三間町
大黒天	仏木寺	
		北宇和郡三間町
毘沙門天	龍光院	
		宇和島市天神町
弁財天	観自在寺	
		南宇和郡御荘町
布袋尊	明石寺	西予市宇和町
寿老人	出石寺	喜多郡長浜町
福禄寿	永徳寺	大洲市東大洲

問合せ先・出石寺☎0895—57—0011

わじき七福神

　徳島県那珂郡鷲敷町内の霊場。この町は「鷲敷ライン」と呼ばれる景勝の渓流（カヌーの全日本選手権大会が行われる競技場がある）や、四国八十八ヵ所の第21番・太龍寺を結ぶロープウェイの起点となったことなどもあって、平成4年に観光による町おこしを始めた。七福神めぐりもその一環といえよう。なお各寺社に祀られた七福神像は鷲敷町に生まれた仏師・石本朋隆師（故松久朋琳師の門下）の新製作である。

恵比須大神	蛭子神社	和食
大黒天	八幡神社	仁宇
毘沙門天	谷の坊薬師	八幡原
弁財天	光盛庵	小仁宇
布袋尊	氷柱観音	田野
寿老人	持福院	中山
福禄寿	蓮台寺	阿井

問合せ先・鷲敷町商工地積課
　　　　　☎08846—2—1121

日向国延岡七福神

宮崎県延岡(のべおか)市内の7か寺で構成した霊場。布袋尊・円照寺の入口には隠れキリシタンの墓がある。福禄寿・如意輪寺は那智の滝(幅6m・長さ20m)と梅の寺として知られ、境内には石造の弘法大師像や諸仏菩薩像が33体ある。(HP調べ)

恵比寿	**光明寺**	古城町
大黒天	**竜仙寺**	西階町
毘沙門天	**清高寺**	稲葉崎町
弁財天	**天福寺**	小峰町
布袋尊	**円照寺**	山下町
寿老人	**大武寺**	大武町
福禄寿	**如意輪寺**	川島町

問合せ先・円照寺☎0982—33—4188

豊後高田蓬莱七福神

大分県豊後高田(ぶんごたかだ)市内に昭和63年開創された霊場。豊後高田は往昔、彦(ひこ)山の座主・法蓮が手にした玉を東海に投じ、また秦の除福がこの地の神々を蓬莱(ほうらい)七福神と崇めて霊薬を求めて旅した霊地と伝える。七福神の7か寺に宝来船の恵比須神社(航海の安全と豊漁を祈願する「ホーランエンヤ」の行事で有名)を加えた全長42.195キロの行程は奇しくもマラソンコースと同じで、これを人との出合いを信じられる「幸福の道」と称している。弁財天・**富貴寺**(ふきじ)は国東三十三観音霊場の第2番札所である。

大黒天	**大聖寺**	来縄
毘沙門天	**長安寺**	加礼川
恵比須	**高山寺**	小田原
福禄寿	**妙覚寺**	荒尾
寿老人	**安養寺**	真中
布袋尊	**円福寺**	玉津坂ノ上
弁財天	**富貴寺**	蕗
宝来船	**恵比須神社**	玉津磯

問合せ先・大聖寺☎0978—22—3884

特殊な霊場

近江湖北名刹二十七ヶ所霊場

古寺顕彰会・下休場由晴氏の働きかけで平成4年に開創した。滋賀県の琵琶湖の周辺(湖北・湖東・湖南・湖西の4地域)には歴史的にも文化的にも貴重な寺や像が多く、それを顕彰しようと、先ずは湖北の27か所を選定した(将来は27寺×4地域=108か所を選定する構想で、宗派に一切とらわれず、本尊も限定しないのが特徴という)。

近江湖北名刹二十七ヶ所霊場(滋賀県)

1	菅山寺	真言宗	不動明王	伊香郡余呉町坂口
2	全長寺	曹洞宗	釈迦三尊	〃 余呉町池原
3	洞壽院	曹洞宗	釈迦三尊	〃 余呉町大字菅並
4	鶏足寺	真言豊山	十一面・薬師	〃 木之本町古橋
5	石道寺	真言豊山	十一面観音	〃 木之本町石道
6	腹帯観音堂	天台宗	十一面観音	〃 西浅井町大浦
7	阿弥陀寺	時宗	阿弥陀如来	〃 西浅井町菅浦
8	赤後寺	天台宗	千手・聖観音	〃 高月町唐川
9	西野薬師堂	真宗大谷	薬師・十一面	〃 高月町西野
10	渡岸寺観音堂	真宗大谷	十一面観音	〃 高月町渡岸寺
11	小谷寺	真言豊山	如意輪観音	東浅井郡湖北町伊部
12	孤蓬庵	臨済大徳	釈迦如来	〃 浅井町上野
13	大吉寺	天台宗	聖観音	〃 浅井町野瀬
14	醍醐寺	真言豊山	不動明王	〃 浅井町醍醐
15	神照寺	真言智山	大日如来	長浜市新庄寺町
16	安楽寺	臨済妙心	釈迦如来	東浅井郡びわ町細江
17	知善院	天台真盛	阿弥陀如来	長浜市元浜町
18	宝厳寺	真言豊山	千手・弁才天	東浅井郡びわ町早崎
19	良疇寺	臨済妙心	阿弥陀如来	長浜市下坂浜町
20	総持寺	真言豊山	薬師如来	〃 宮司町
21	観音寺	天台宗	千手観音	坂田郡山東町朝日
22	悉地院	真言豊山	千手観音	〃 伊吹町上野
23	徳源院	天台宗	聖観音	〃 山東町清滝
24	松尾寺	天台宗	聖・十一面観音	〃 米原町醒井
25	蓮華寺	浄土宗	釈迦・阿弥陀	〃 米原町番場
26	西圓寺	黄檗宗	聖観音	〃 近江町西円寺
27	青岸寺	曹洞宗	聖観音	〃 米原町米原

他の霊場との関連は、18番**宝厳寺**は西国三十三観音霊場の第30番札所、5番**石道寺**は近江三十三観音霊場の第11番、21番**観音寺**は同12番、24番**松尾寺**は同13番札所である。

1番**菅山寺**は756年開創、菅原道真が中興し、後嵯峨天皇の后妃(陰明門院)の墓がある古寺。4番**鶏足寺**の本尊・十一面観音像は重文。10番**渡岸寺観音堂**の十一面観音立像(国宝)は天平美術の白眉といわれる名像である。15番**神照寺**は萩の寺でも有名。19番**良疇寺**の境内には国防弥陀如来の大仏がある。20番**総持寺**は通称ぼたん寺。25番**蓮華寺**は番場の忠太郎(長谷川伸『瞼の母』)地蔵尊を祀る。

★問合せ先

近江湖北名刹会事務局

☎0721-56-2372

近江湖東名刹二十七ヶ所霊場(滋賀県)

1	長寿院	真言醍醐	阿弥陀・弁財天	彦根市古沢町
2	龍潭寺	臨済妙心	楊柳観音	〃 古沢町
3	清凉寺	曹洞宗	釈迦如来	〃 古沢町大洞
4	長久寺	真言豊山	千手観音	〃 後三条町
5	北野寺	真言豊山	聖観音	〃 馬場
6	天寧寺	曹洞宗	釈迦如来	〃 里根町
7	高源寺	臨済妙心	阿弥陀如来	犬上郡多賀町楢崎
8	西明寺	天台宗	薬師如来	〃 甲良町池寺
9	大覚寺	天台宗	十一面観音	愛知郡愛東町大覚寺
10	金剛輪寺	天台宗	聖観音	〃 秦荘町松尾寺
11	百済寺	天台宗	十一面観音	〃 愛東町大字百済寺
12	東光寺	浄土宗	薬師如来	〃 愛東町平尾
13	昌善寺	浄土宗	阿弥陀如来	〃 湖東町大字南菩提寺
14	千樹寺	臨済永源	聖観音・阿弥陀	犬上郡豊郷町下枝
15	善勝寺	曹洞宗	十一面観音	神崎郡能登川町佐野
16	石馬寺	臨済妙心	千手観音	〃 五個荘町石馬寺
17	観音正寺	単立	千手観音	蒲生郡安土町石寺
18	桑實寺	天台宗	薬師如来	〃 安土町桑実寺
19	長命寺	天台宗	千手観音	近江八幡市長命寺町
20	瑞龍寺門跡	日蓮宗	釈迦如来	〃 宮内町
21	願成就寺	天台宗	十一面観音	〃 小舟木町
22	長光寺	高野真言	千手観音	〃 長光寺町
23	弘誓寺	浄土宗	阿弥陀如来	八日市市建部下野町
24	願成寺	曹洞宗	聖観音	蒲生郡蒲生町川合
25	雪野寺	天台宗	薬師如来	〃 竜王町川守
26	石塔寺	天台宗	聖観音	〃 蒲生町石塔
27	正明寺	黄檗宗	千手観音	〃 日野町松尾

★案内書

近江湖北名刹会編『近江湖北二十七名刹巡礼』（朱鷺書房刊）

近江湖東名刹二十七ヶ所霊場

近江湖北名刹二十七ヶ所霊場（前掲）につづく琵琶湖畔の巡礼シリーズ第2弾。平成9年の開創である。

他の霊場との関連は、17番**観音正寺**は西国三十三観音霊場の第32番、近江三十三観音霊場の第19番札所。19番**長命寺**は西国三十三観音霊場の第31番、近江三十三観音霊場の第21番札所。また5番**北野寺**は近江三十三観音霊場の第14番、26番**石塔寺**は同22番、27番**正明寺**は同24番札所である。

1番**長寿寺**は聖武天皇の勅願により良弁が開いたという古寺で、桧皮葺の本堂は国宝。また8番**西明寺**の本堂と三重塔、10番**金剛輪寺**の本堂も国宝である。

★問合せ先

近江湖東名刹会事務局

☎0721－56－2372

★案内書

近江湖東名刹会編『近江湖北二十七名刹巡礼』（朱鷺書房刊）

役行者霊蹟札所

平成13年、修験道の祖・役行者神変大菩薩1300年遠忌を機に開創されたユニークな新霊場。いずれも役行者にゆかりのある35寺社だが、その中軸は金峯山寺（通称、蔵王堂。金峯山修験本宗総本山）・聖護院門跡（本山修験宗総本山）・醍醐寺（真言宗醍醐派総本山）の3本山であろう。

金峯山寺は役行者が金剛蔵王権現を感得された聖域。**聖護院門跡**は増誉大僧正が熊野三山検校職に任命されて全国の修験者を統括した以来の名刹で、当寺の宸殿において神変大菩薩の諡号が追賜された。**醍醐寺**は当寺の理源大師聖宝が大峯山の奥駆を再興した由緒ある寺。

そのほか、後醍醐天皇が日夜祈願していた金剛蔵王権現像を所蔵する**如意輪寺**、行者が感得したという聖天像を祀る**櫻本坊**、大峯奥駆修行で知られる**東南院**、泉を発見した行者がそこに八大龍王を祀ったと伝える**龍泉寺**、産湯の井戸がある**吉祥草寺**、行者が修行した因縁のある**千光寺**・**飯福田寺**・**伊吹山寺**、行者が彫ったと伝える毘沙門天を本尊とする**神峯山寺**、最古の役行者画像を所蔵する**松尾寺**、八大童子像を配する役行者像を祀る**世義寺**など、役行者をめぐる歴史的・伝説的霊蹟は興趣に満ちている。

（表中の本尊欄、櫻本坊の本尊は不動明王・蔵王権現・神変大菩薩、吉

役行者霊蹟札所 (1～36は仮ナンバー)

1	金峯山寺	金峯修験	蔵王権現	奈良県吉野郡吉野町吉野山
2	如意輪寺	浄土宗	如意輪観音	〃　　〃　吉野町吉野山
3	竹林院	単立	不動明王	〃　　〃　吉野町吉野山
4	櫻本坊	金峯修験	(解説参照)	〃　　〃　吉野町吉野山
5	喜蔵院	本山修験	役行者	〃　　〃　吉野町吉野山
6	善福寺	高野真言	薬師如来	〃　　〃　吉野町吉野山
7	大日寺	真言醍醐	五智如来	〃　　〃　吉野町吉野山
8	東南院	金峯修験	役行者	〃　　〃　吉野町吉野山
9	吉水神社		(解説参照)	〃　　〃　吉野町吉野山
10	大峯山寺	金峯修験	蔵王権現	〃　　〃　天川村洞川
11	龍泉寺	真言醍醐	弥勒菩薩	〃　　〃　天川村洞川
12	菅生寺	高野真言	阿弥陀如来	〃　　〃　吉野町平尾
13	吉祥草寺	本山修験	五大明王	〃　御所市茅原
14	千光寺	真言醍醐	千手観音	〃　生駒郡平群町鳴川
15	寶山寺	真言律宗	不動明王	〃　生駒市門前町
16	靈山寺	霊山真言	薬師如来	〃　奈良市中町
17	松尾寺	松尾真言	十一面千手	〃　大和郡山市山田町
18	朝護孫子寺	信貴真言	毘沙門天	〃　生駒郡平群町信貴山
19	室生寺	真言室生	如意輪観音	〃　宇陀郡室生村室生
20	大野寺	真言室生	弥勒菩薩	〃　　〃　室生村大野
21	聖護院門跡	本山修験	不動明王	京都市左京区聖護院中町
22	醍醐寺	真言醍醐	薬師如来	〃　伏見区醍醐東大路町
23	神峯山寺	天台宗	毘沙門天	大阪府高槻市原
24	法楽寺	真言泉涌	不動明王	〃　大阪市東住吉区山坂
25	松尾寺	天台宗	如意輪観音	〃　和泉市松尾寺町
26	七寶瀧寺	真言犬鳴	不動明王	〃　泉佐野市大木
27	弘川寺	真言醍醐	薬師如来	〃　南河内郡河南町弘川
28	観心寺	高野真言	如意輪観音	〃　河内長野市寺元
29	転法輪寺	真言醍醐	法起菩薩	奈良県御所市高天
30	千手寺	真言宗	千手観音	大阪府大阪市東石切町
31	天龍院	金峯修験	八大龍王	〃　　〃　　山手町
32	興法寺	真言醍醐	十一面千手	〃　　〃　　上石切町
33	巴陵院	高野真言	阿弥陀如来	和歌山県伊都郡高野町高野山
34	飯福田寺	真言醍醐	薬師如来	三重県松阪市飯福田町
35	世義寺	真言醍醐	薬師如来	〃　伊勢市岡本
36	伊吹山寺	天台宗	薬師如来	滋賀県坂田郡伊吹町大字上野

水神社の祭神は後醍醐天皇である）
★**問合せ先**
役行者霊蹟札所会事務局
☎0721—56—2372
★**案内書**
役行者霊蹟札所会編『役行者霊蹟札所巡礼』（朱鷺書房刊）

良寛さん こころの寺巡り

江戸期の名僧・良寛さん（1758～1831）のこころに触れ、遺徳を偲んでほしいと、平成16年10月、良寛ゆかりの曹洞宗寺院5か寺が結集して「備中良寛さん　こころの寺の会」が発足したのに創まる。備中は現在の岡山県西部地方の旧国名。

1番**円通寺**は良寛さんが青年時代に修行した寺。2番**長連寺**は良寛の師である国仙和尚が住職だった寺。3番**洞松寺**は当時の葬儀資料に「大愚（良寛）上座」の記録が発見された寺。4番**大通寺**と5番**長川寺**は住職さんが良寛顕彰に功績のある寺である。

★**問合せ先**
円通寺☎085—522—2444

良寛さん　こころの寺巡り（岡山県）

1	**円通寺**	曹洞宗	倉敷市玉島柏島
2	**長蓮寺**	曹洞宗	〃　船倉町
3	**洞松寺**	曹洞宗	小田郡矢掛町横谷
4	**高勝寺**	曹洞宗	〃　矢掛町小林
5	**満光寺**	曹洞宗	浅口郡鴨方町鴨方

◇都道府県別霊場索引◇

★ここでは、本書で取り上げた全国の霊場を都道府県別に分けてまとめてある。各都道府県にどんな霊場があるか知りたいときに、お使い頂きたい。

★項目の配列は、観音霊場・弘法大師霊場・不動霊場・薬師霊場・地蔵霊場・十三仏霊場・十二支霊場・七福神霊場・特殊な霊場というように、本書の掲載順序と同じにした。同霊場内の項目については、五十音順に配列してある。

★数字は、各霊場の本文の始まる最初のページを表している。本文と霊場の一覧表が別のページから始まる場合は、一覧表のある最初のページを太数字で表した。

北海道

北海道三十三観音霊場 ……… 58・59
北海道三十六不動尊霊場 … 323・324
北海道十三仏霊場 ……………… 492
北の都札幌七福神 ……………… 398
函館山七福神 …………………… 495

青森県

津軽三十三観音霊場 ………… 58・61
東北三十六不動尊霊場 …… 323・325
陸奥国七福神 …………………… 495

岩手県

奥州三十三観音霊場 ………… 63・64
東北三十六不動尊霊場 …… 323・325
親鸞聖人二十四輩 ………… 440・442

宮城県

奥州三十三観音霊場 ………… 63・64
東北三十六不動尊霊場 …… 323・325
奥州仙臺七福神 ………………… 398
親鸞聖人二十四輩 ………… 440・442
日蓮宗の本山めぐり ……… 454・456

秋田県

秋田三十三観音霊場 ………… 65・66
東北三十六不動尊霊場 …… 323・325

秋田七福神 ……………………… 495

山形県

置賜三十三観音霊場 ………… 70・71
尾花沢大石田三十三観音霊場
 ……………………………… 473・474
庄内三十三観音霊場 ………… 70・72
最上三十三観音霊場 ………… 67・69
東北三十六不動尊霊場 …… 323・325
山形百八地蔵尊霊場 …………… 367
山形十三仏霊場 ………………… 379
上山七福神 ……………………… 496
さくらんぼ七福神 ……………… 496
出羽七福神八霊場 ……………… 398
羽州山形七福神 ………………… 496
山形七福神 ……………………… 496

福島県

会津ころり三観音霊場 ………… 76
会津三十三観音霊場 ………… 73・75
奥州三十三観音霊場 ………… 63・64
信達三十三観音霊場 ………… 76・77
会津五色不動尊霊場 …………… 326
東北三十六不動尊霊場 …… 323・325
会津七福神 ……………………… 399
いわき七福神 …………………… 497
福島浜三郡七福神 ……………… 497
親鸞聖人二十四輩 ………… 440・442

西山国師遺跡霊場	446・447
日蓮宗の本山めぐり	454・456

茨城県

坂東三十三観音霊場	45・47
関東八十八ヵ所霊場	209・211
相馬霊場八十八ヵ所	208
北関東三十六不動尊霊場	326・327
奥久慈大子七福神	400
佐竹七福神	501
とね七福神	500
とりで利根川七福神	400
常陸七福神	400
親鸞聖人二十四輩	440・442
日蓮宗の本山めぐり	454・456

栃木県

下野三十三観音霊場	78・80
那須三十三観音霊場	78・79
坂東三十三観音霊場	45・47
関東八十八ヵ所霊場	209・211
北関東三十六不動尊霊場	326・327
銅七福神	498
足利七福神	401
今市宿七福神	500
おおたわら七福神	500
小野寺七福神	499
上三川七福神	401
佐野七福神	500
下野七福神	402
八溝七福神	401
親鸞聖人二十四輩	440・442
日蓮宗の本山めぐり	454・456

群馬県

高崎観音六観音霊場	81
坂東三十三観音霊場	45・47
東上州三十三観音霊場	473・475
関東八十八ヵ所霊場	209・211
北関東三十六不動尊霊場	326・327
銅七福神	498
おうら七福神	499
桐生七福神	498
城下町小幡七福神	498
上州七福神	402
上州太田七福神	402
つつじの館林七福神	499
親鸞聖人二十四輩	440・442

埼玉県

児玉三十三霊場	83・84
狭山三十三観音霊場	81・82
秩父三十四観音霊場	52・55
坂東三十三観音霊場	45・47
武蔵野三十三観音霊場	93・95
奥多摩新四国八十八ヵ所霊場	225・227
関東八十八ヵ所霊場	209・211
埼東八十八ヵ所霊場	213・214
関東三十六不動尊霊場	328・329
秩父十三仏霊場	38
武州寄居十二支守り本尊霊場	393
武州路十二支霊場	494
くりはし七福神	501
小江戸川越七福神	403
秩父七福神	403
日光街道すぎと七福神	502
深谷七福神・七草寺巡り	502
武州川口七福神	404
武州本庄七福神	501
武州寄居七福神	404
武蔵越生七福神	404
武蔵野七福神	402
与野七福神	404
長瀞七草寺めぐり	451

千葉県

安房三十四観音霊場	86・87
行徳三十三観音霊場	84・85
新上総国三十三観音霊場	90・91
坂東三十三観音霊場	45・47
印西大師講	216
関東八十八ヵ所霊場	209・211
相馬霊場八十八ヵ所	208

| 関東三十六不動尊霊場 …… 328・329
上總国薬師如来霊場二十八ヵ所
…………………………… 485・486
安房七福神 ……………………… 503
市川七福神 ……………………… 503
印旛七福神 ……………………… 505
上総の七福神 …………………… 502
九十九里七福神 ………………… 504
九十九里 浜の七福神 ………… 505
心の駅 外房七福神 …………… 505
佐倉七福神 ……………………… 502
しもふさ七福神 ………………… 504
しろい七福神 …………………… 503
利根川いんざい七福神 ………… 405
流山七福神 ……………………… 405
習志野七福神 …………………… 504
松戸七福神 ……………………… 405
八千代八福神 …………………… 505
親鸞聖人二十四輩 ……… 440・442
日蓮宗の本山めぐり ……… 454・456

東京都

旧小机領三十三所観音霊場 99・100
狭山三十三観音霊場 ………… 81・82
昭和新撰江戸三十三観音霊場 91・92
坂東三十三観音霊場 ………… 45・47
武蔵野三十三観音霊場 ……… 93・95
奥多摩新四国八十八ヵ所霊場
…………………………… 225・227
関東八十八ヵ所霊場 ……… 209・211
御府内八十八ヵ所霊場 …… 218・219
多摩八十八ヵ所霊場 ……… 222・223
玉川八十八ヵ所霊場 ……… 229・231
豊島八十八ヵ所霊場 …………… 482
関東三十六不動尊霊場 …… 328・329
五色(東都五眼)不動尊 … 330・331
武相不動尊霊場 ………… 331・332
武相寅歳薬師如来霊場 ………… 347
江戸六地蔵 ……………………… 368
青山七福神 ……………………… 412
浅草名所七福神 ………………… 410
池上七福神 ……………………… 412

いこう七福神 …………………… 507
板橋七福神 ……………………… 411
江戸川ライン七福神 …………… 411
亀戸七福神 ……………………… 410
小石川七福神 …………………… 507
下谷七福神 ……………………… 409
柴又七福神 ……………………… 410
新宿山手七福神 ………………… 413
隅田川七福神 …………………… 409
千住宿千寿七福神 ……………… 507
多摩(青梅)七福神 …………… 414
調布七福神 ……………………… 414
東海(品川)七福神 …………… 412
日本橋七福神 …………………… 411
八王子七福神 …………………… 413
東久留米七福神 ………………… 413
日野七福神 ……………………… 508
深川七福神 ……………………… 410
港区七福神 ……………………… 412
谷中七福神 ……………………… 409
山手七福神 ……………………… 413
親鸞聖人二十四輩 ……… 440・442
西山国師遺跡霊場 ……… 446・447
日蓮宗の本山めぐり ……… 454・456

神奈川県

鎌倉三十三観音霊場 ………… 96・97
旧小机領三十三所観音霊場 99・100
準西国稲毛三十三所観音霊場 473・476
津久井観音霊場 ………………… 101
坂東三十三観音霊場 ………… 45・47
三浦三十三観音霊場 ……… 102・103
関東八十八ヵ所霊場 ……… 209・211
御府内八十八ヵ所霊場 …… 218・219
玉川八十八ヵ所霊場 ……… 229・231
関東三十六不動尊霊場 …… 328・329
武相不動尊霊場 ………… 331・332
武相寅歳薬師如来霊場 ………… 347
武南十二薬師霊場 ……………… 348
鎌倉二十四地蔵霊場 ……… 369・370
鎌倉十三仏霊場 ………………… 381
磯子七福神 ……………………… 406

鎌倉・江の島七福神 …………… 407
川崎七福神 ……………………… 406
相模七福神 ……………………… 506
湘南七福神 ……………………… 407
相州小出七福神 ………………… 506
箱根七福神 ……………………… 408
藤沢七福神 ……………………… 407
武州稲毛七福神 ………………… 406
三浦七福神 ……………………… 408
横浜七福神 ……………………… 405
横浜瀬谷八福神 ………………… 406
親鸞聖人二十四輩 ……… 440・442
西山国師遺跡霊場 ……… 446・447
日蓮宗の本山めぐり …… 454・456

|||||||||||||||| 新潟県 ||||||||||||||||

越後三十三観音霊場 ……… 109・111
佐渡西国三十三観音霊場 … 112・113
弘法大師越後廿一ヶ所霊場 240・241
佐渡新四国八十八ヵ所霊場 290・291
佐渡七福神 ……………………… 415
親鸞聖人二十四輩 ……… 440・442
西山国師遺跡霊場 ……… 446・447
日蓮宗の本山めぐり …… 454・456

|||||||||||||||| 富山県 ||||||||||||||||

北陸三十三観音霊場 …… 114・116
北陸不動尊霊場 ………… 332・333
越中万葉七福神 ………………… 511

|||||||||||||||| 石川県 ||||||||||||||||

能登国三十三観音霊場 …… 115・116
北陸三十三観音霊場 …… 114・116
北陸不動尊霊場 ………… 332・333
西山国師遺跡霊場 ……… 446・447
道元禅師を慕う釈迦三十二禅刹 445
日蓮宗の本山めぐり …… 454・456

|||||||||||||||| 福井県 ||||||||||||||||

北陸三十三観音霊場 …… 114・116
若狭三十三観音霊場 …… 116・117
北陸不動尊霊場 ………… 332・333

道元禅師を慕う釈迦三十二禅刹 445

|||||||||||||||| 山梨県 ||||||||||||||||

甲斐国三十三観音霊場 … 108・109
甲斐百八ヵ所霊場 ……… 234・235
中部四十九薬師霊場 …… 350・351
甲州都留七福神 ………………… 415
甲州東郡七福神 ………………… 415
甲斐石和温泉七福神 …………… 508
甲斐七福神 ……………………… 509
甲斐西八代七福神 ……………… 508
日蓮宗の本山めぐり …… 454・456

|||||||||||||||| 長野県 ||||||||||||||||

信濃三十三観音霊場 …… 104・105
諏訪八十八番霊場 ……… 238・239
中部四十九薬師霊場 …… 350・351
いいやま七福神 ………………… 415
伊那七福神 ……………………… 416
木曽七福神 ……………………… 416
信州七福神 ……………………… 416
諏訪湖・湖畔七福神 …………… 509
善光寺七福神 …………………… 509
尼寺三十六ヵ所 ………… 458・459
親鸞聖人二十四輩 ……… 440・442
西山国師遺跡霊場 ……… 446・447

|||||||||||||||| 岐阜県 ||||||||||||||||

恵那三十三観音霊場 …… 118・119
西国三十三観音霊場 ……… 38・41
東海白寿三十三観音霊場 … 140・141
飛騨三十三観音霊場 …… 121・122
益田三十三観音霊場 …… 123・124
美濃三十三観音霊場 …… 120・121
美濃新四国八十八ヵ所霊場 241・242
東海三十六不動尊霊場 … 334・335
中部四十九薬師霊場 …… 350・351
東海四十九薬師霊場 …… 352・353
西山国師遺跡霊場 ……… 446・447

|||||||||||||||| 静岡県 ||||||||||||||||

伊豆横道三十三観音霊場 … 123・127

遠州三十三観音霊場	128・129
駿河三十三観音霊場	130・131
遠江三十三観音霊場	130・132
伊豆八十八ヵ所霊場	244・245
東海四十九薬師霊場	352・353
遠江四十九薬師霊場	348・349
伊豆天城七福神	418
伊豆国七福神	418
伊東温泉七福神	417
遠州七福神	418
源氏山七福神	417
浜名湖七福神	510
浜松七福神	510
藤枝七福神	510
焼津七福神	510
日蓮宗の本山めぐり	454・456

愛知県

尾張三十三観音霊場	130・134
東海白寿三十三観音霊場	140・141
三河三十三観音霊場	133・135
南知多三十三観音霊場	136・137
知多新四国八十八ヵ所霊場	248・249
三河新四国霊場	252・253
東海三十六不動尊霊場	334・335
三河三不動霊場	336
中部四十九薬師霊場	350・351
東海四十九薬師霊場	352・353
三河十二支霊場	393・394
大府七福神	511
尾張七福神	419
高蔵十徳神	419
知多七福神	420
東海七福神	420
なごや七福神	419
三河七福神	420
吉田七福神	511
尼寺三十六ヵ所	458・459
尾張三霊場	468
西山国師遺跡霊場	446・447

三重県

伊勢西国三十三観音霊場	138
東海白寿三十三観音霊場	140・141
三重四国八十八ヵ所霊場	256・257
東海三十六不動尊霊場	334・335
西国薬師霊場	354・355
東海四十九薬師霊場	352・353
伊勢七福神	422
志摩国七福神	422
鈴鹿七福神	422
松阪霊地七福神	422
尼寺三十三ヵ所	458・459
役行者霊蹟札所	518・519
西国愛染十七霊場	465
法然上人二十五霊場	438・439

滋賀県

近江三十三観音霊場	140・142
西国三十三観音霊場	38・41
新西国三十三観音霊場	150・151
近畿楽寿観音三十三ヶ所霊場	478・479
ぼけ封じ近畿十楽観音霊場	477
近畿三十六不動霊場	337・338
西国薬師霊場	354・355
近江七福神	423
近江国・びわ湖七福神	423
湖西蓬莱七福神	423
西近江七福神	512
尼寺三十六ヵ所	458・459
役行者霊蹟札所	518・519
近江湖東名刹二十七ヶ所霊場	519
近江湖北名刹二十七ヶ所霊場	517
関西花の寺二十五ヵ所	461・462
西国愛染十七霊場	465
西山国師遺跡霊場	446・447
道元禅師を慕う釈迦三十二禅刹	445
日蓮宗の本山めぐり	454・456

京都府

天田郡三十三観音霊場	149・150

綾部三十三観音霊場 ……… 144・145
西国三十三観音霊場 ……… 38・41
新西国三十三観音霊場 …… 150・151
丹波国三十三観音霊場 …… 147・148
洛西三十三観音霊場 ……… 146・147
近畿楽寿観音三十三ヶ所霊場
……………………………… 478・479
ぼけ封じ近畿十楽観音霊場 …… 477
近畿三十六不動尊霊場 … 337・338
西国薬師霊場 …………… 354・355
京都六地蔵めぐり ……… 369・370
京都十三仏霊場 ………………… 382
京都泉涌寺七福神 ……………… 425
京洛七福神 ……………………… 424
丹波七福神 ……………………… 425
天龍寺山内七福神 ……………… 425
都七福神 ………………………… 424
尼寺三十六ヵ所 ………… 458・459
役行者霊蹟札所 ………… 518・519
関西花の寺二十五ヵ所 … 461・462
西国愛染十七霊場 ……………… 465
聖徳太子御遺跡霊場 …… 448・449
真言宗十八本山巡拝 …… 452・453
西山国師遺跡霊場 ……… 446・447
丹波古刹十五ヵ寺霊場 ………… 467
道元禅師を慕う釈迦三十二禅刹 … 445
日蓮宗の本山めぐり …… 454・456
法然上人二十五霊場 …… 438・439
洛陽六阿弥陀巡拝 ……………… 464

大阪府

大坂三十三観音霊場 …………… 154
河内西国三十三観音霊場 … 153・154
西国三十三観音霊場 ……… 38・41
新西国三十三観音霊場 …… 150・151
ぼけ封じ近畿十楽観音霊場 …… 477
摂津国八十八ヵ所霊場 … 259・261
近畿三十六不動尊霊場 … 337・338
西国薬師霊場 …………… 354・355
河泉二十四地蔵霊場 …………… 371
おおさか十三仏霊場 …………… 383
大阪七福神 ……………………… 425

河内飛鳥七福神 ………………… 426
南海沿線七福神 ………………… 426
阪急沿線西国七福神 …………… 426
尼寺三十六ヵ所 ………… 458・459
役行者霊蹟札所 ………… 518・519
関西花の寺二十五ヵ所 … 461・462
西国愛染十七霊場 ……………… 465
聖徳太子御遺跡霊場 …… 448・449
西山国師遺跡霊場 ……… 446・447
日蓮宗の本山めぐり …… 454・456
法然上人二十五霊場 …… 438・439
ぼけよけ二十四霊場 …………… 463

兵庫県

明石西国三十三観音霊場 … 155・156
淡路西国三十三観音霊場 … 155・157
西国三十三観音霊場 ……… 38・41
新西国三十三観音霊場 …… 150・151
瀬戸内三十三観音霊場 … 172・173
丹波国三十三観音霊場 … 147・148
近畿楽寿観音三十三ヶ所霊場
……………………………… 478・479
ぼけ封じ近畿十楽観音霊場 …… 477
淡路四国八十八ヵ所霊場 … 294・295
摂津国八十八ヵ所霊場 … 259・261
近畿三十六不動尊霊場 … 337・338
淡路四十九薬師霊場 …………… 361
西国薬師霊場 …………… 354・355
播州薬師霊場 …………………… 357
神戸六地蔵霊場 ………… 372・373
但馬六十六地蔵霊場 …… 373・374
淡路島十三仏霊場 ……………… 384
神戸十三仏霊場 ………… 492・493
淡路島七福神 …………………… 428
伊丹七福神 ……………………… 427
神戸七福神 ……………………… 427
新丹波七福神 …………………… 513
天台宗丹波七福神 ……………… 428
中山寺山内七福神 ……………… 427
西日本播磨美作七福神 ………… 430
阪急沿線西国七福神 …………… 426
兵庫七福神 ……………………… 512

— 527 —

北摂七福神 ・・・・・・・・・・・・・・・・・・・・・ 513
夢前七福神 ・・・・・・・・・・・・・・・・・・・・・ 512
尼寺三十六ヵ所 ・・・・・・・・・・・ 458・459
関西花の寺二十五ヵ所 ・・・・・ 461・462
西国愛染十七霊場 ・・・・・・・・・・・・・ 465
聖徳太子御遺跡霊場 ・・・・・・・ 448・449
真言宗十八本山巡拝 ・・・・・・・ 452・453
西山国師遺跡霊場 ・・・・・・・・・ 446・447
丹波古社寺十五ヵ寺霊場 ・・・・・・・・ 467
法然上人二十五霊場 ・・・・・・・ 438・439

|||||||||||||||| **奈良県** ||||||||||||||||

西国三十三観音霊場 ・・・・・・・・・・ 38・41
新西国三十三観音霊場 ・・・・・ 150・151
大和新四国八十八ヵ所霊場 263・264
近畿三十六不動尊霊場 ・・・・・ 337・338
西国薬師霊場 ・・・・・・・・・・・・・・ 354・355
東海四十九薬師霊場 ・・・・・・・・・・・ 353
大和十三仏霊場 ・・・・・・・・・・・・・・・・ 385
大和七福八宝めぐり ・・・・・・・・・・・・ 428
尼寺三十六ヵ所 ・・・・・・・・・・・ 458・459
役行者霊蹟札所 ・・・・・・・・・・・ 518・519
関西花の寺二十五ヵ所 ・・・・・ 461・462
西国愛染十七霊場 ・・・・・・・・・・・・・ 465
聖徳太子御遺跡霊場 ・・・・・・・ 448・449
真言宗十八本山巡拝 ・・・・・・・ 452・453
西山国師遺跡霊場 ・・・・・・・・・ 446・447
法然上人二十五霊場 ・・・・・・・ 438・439
ぼけよけ二十四霊場 ・・・・・・・・・・・ 463

|||||||||||||||| **和歌山県** ||||||||||||||||

西国三十三観音霊場 ・・・・・・・・・・ 38・41
新西国三十三観音霊場 ・・・・・ 150・151
東海白寿三十三観音霊場 ・・・ 140・141
和歌山西国三十三観音霊場 158・159
近畿三十六不動尊霊場 ・・・・・ 337・338
西国薬師霊場 ・・・・・・・・・・・・・・ 354・355
紀伊之国十三仏霊場 ・・・・・・・・・・・ 386
高野七福神 ・・・・・・・・・・・・・・・・・・・・・ 512
尼寺三十六ヵ所 ・・・・・・・・・・・ 458・459
役行者霊蹟札所 ・・・・・・・・・・・ 518・519
関西花の寺二十五ヵ所 ・・・・・ 461・462

高野長峰霊場 ・・・・・・・・・・・・・・・・・・ 466
西国愛染十七霊場 ・・・・・・・・・・・・・ 465
真言宗十八本山巡拝 ・・・・・・・ 452・453
日蓮宗の本山めぐり ・・・・・・・ 454・456
法然上人二十五霊場 ・・・・・・・ 438・439
ぼけよけ二十四霊場 ・・・・・・・・・・・ 463

|||||||||||||||| **鳥取県** ||||||||||||||||

因幡三十三観音霊場 ・・・・・・・ 160・162
中国観音霊場 ・・・・・・・・・・・・・・ 169・170
伯耆三十三観音霊場 ・・・・・・・ 160・161
因幡薬師霊場 ・・・・・・・・・・・・・・ 358・359
中国四十九薬師霊場 ・・・・・・・ 485・487
中国地蔵尊霊場 ・・・・・・・・・・・ 490・491

|||||||||||||||| **島根県** ||||||||||||||||

出雲三十三観音霊場 ・・・・・・・ 164・166
石見曼荼羅観音霊場 ・・・・・・・ 168・169
中国観音霊場 ・・・・・・・・・・・・・・ 169・170
松江三十三観音霊場 ・・・・・・・ 163・164
出雲十大薬師霊場 ・・・・・・・・・・・・・ 359
中国四十九薬師霊場 ・・・・・・・ 485・487
中国地蔵尊霊場 ・・・・・・・・・・・ 490・491
松江六地蔵 ・・・・・・・・・・・・・・・・・・・・・ 373
出雲国十三仏霊場 ・・・・・・・・・ 387・388
出雲国七福神 ・・・・・・・・・・・・・・・・・・ 431
石見銀山天領七福神 ・・・・・・・・・・・ 431

|||||||||||||||| **岡山県** ||||||||||||||||

瀬戸内三十三観音霊場 ・・・・・ 172・173
中国観音霊場 ・・・・・・・・・・・・・・ 169・170
神島八十八ヵ所霊場 ・・・・・・・ 300・301
高野山真言宗美作八十八ヶ所霊場
・・・・・・・・・・・・・・・・・・・・・・・・・・・・・・・・・・ 267
児島四国八十八ヵ所霊場 ・・・・・・・ 298
中国四十九薬師霊場 ・・・・・・・ 485・487
中国地蔵尊霊場 ・・・・・・・・・・・ 490・491
西日本播磨美作七福神 ・・・・・・・・・ 430
美作国七福神 ・・・・・・・・・・・・・・・・・・ 430
西国愛染十七霊場 ・・・・・・・・・・・・・ 465
法然上人二十五霊場 ・・・・・・・ 438・439

広島県

瀬戸内三十三観音霊場	172・173
中国観音霊場	169・170
備後西国三十三観音霊場	478・480
因島八十八ヵ所霊場	303・304
広島新四国八十八ヵ所霊場	270・271
中国四十九薬師霊場	485・487
中国地蔵尊霊場	490・491
せとうち七福神	430
日蓮宗の本山めぐり	454・456

山口県

周防三十三観音霊場	175・176
中国観音霊場	169・170
長門三十三観音霊場	172・174
周防大島八十八ヵ所霊場	306・307
中国四十九薬師霊場	485・487
中国地蔵尊霊場	490・491
周南七福神	431

徳島県

阿波西国三十三観音霊場	177・178
四国八十八ヵ所霊場	192・195
四国別格二十霊場	274・275
新四国曼荼羅霊場	276・277
四国三十六不動霊場	339・340
阿波七福神	432
阿波秘境祖谷渓大歩危七福神	433
徳島七福神	432
わじき七福神	515

香川県

讃岐三十三観音霊場	177・179
四国八十八ヵ所霊場	192・195
四国別格二十霊場	274・275
小豆島八十八ヶ所霊場	309・311
新四国曼荼羅霊場	276・277
四国三十六不動霊場	339・340
さぬき十二支霊場	394
さぬき七福神	514
四国讃州七福之寺	432

小豆島七福神	514
真言宗十八本山巡拝	452・453
法然上人二十五霊場	438・439

愛媛県

伊予道前道後十観音霊場	180
えひめ大島准四国八十八ヵ所霊場	314
四国八十八ヵ所霊場	192・195
四国別格二十霊場	274・275
新四国曼荼羅霊場	276・277
にいはま新四国八十八ヶ所霊場	280
四国三十六不動霊場	339・340
伊予十二薬師霊場	360
伊予十三佛霊場	388・389
伊予七福神	514
四国七福神	432
せとうち七福神	430
南予七福神	515
伊予府中十三石仏霊場	468

高知県

四国八十八ヵ所霊場	192・195
四国別格二十霊場	274・275
新四国曼荼羅霊場	276・277
四国三十六不動霊場	339・340
土佐七福神	433

福岡県

九州西国三十三観音霊場	180・182
九州八十八ヵ所霊場	285・287
篠栗八十八ヵ所霊場	281・283
九州三十六不動霊場	341・343
九州四十九院薬師霊場	485・488
九州二十四地蔵尊霊場	375

佐賀県

九州西国三十三観音霊場	180・182
九州八十八ヶ所霊場	285・287
九州三十六不動霊場	341・343
九州四十九院薬師霊場	485・488
九州二十四地蔵尊霊場	375
肥前国西海七福神	433

日蓮宗の本山めぐり………… 454・456

長崎県

九州西国三十三観音霊場 … 180・182
壱岐四国八十八ヶ所霊場 … 316・317
九州八十八ヶ所霊場 ……… 285・287
九州三十六不動霊場 ……… 341・343
九州四十九院薬師霊場 …… 485・488
九州二十四地蔵尊霊場 ………… 375
肥前国西海七福神 ……………… 433

熊本県

九州西国三十三観音霊場 … 180・182
相良三十三観音霊場 ……… 186・187
山鹿三十三観音霊場 ……… 186・188
九州八十八ヶ所霊場 ……… 285・287
九州四十九院薬師霊場 …… 485・488
九州三十六不動霊場 ……… 341・343

大分県

九州西国三十三観音霊場 … 180・182
国東三十三観音霊場 ……… 184・185
豊後西国三十三観音霊場 … 478・481
九州八十八ヶ所霊場 ……… 285・287
九州三十六不動霊場 ……… 341・343
九州四十九院薬師霊場 …… 485・488
豊の国宇佐七福神 ……………… 434
豊後国臨済七福神 ……………… 434
豊後国高田蓬莱七福神 ………… 516

宮崎県

九州八十八ヶ所霊場 ……… 285・287
九州三十六不動霊場 ……… 341・343
九州四十九院薬師霊場 …… 485・488
日向国延岡七福神 ……………… 516
日向之国七福神 ………………… 434

鹿児島県

九州八十八ヶ所霊場 ……… 285・287
九州三十六不動霊場 ……… 341・343
九州四十九院薬師霊場 …… 485・488

全国霊場巡拝事典 ＜改訂新版＞

平成17年2月10日　発行Ⓒ

編　者	大法輪閣編集部
発行者	石　原　大　道
印刷所	三協美術印刷株式会社
製　本	株式会社　越後堂製本
発行所	有限会社　大法輪閣

東京都渋谷区東2-5-36 大泉ビル2F
電話 (03) 5466-1401 (代表)
振　替　　00130—8—19番

ISBN4-8046-1216-5 C0515

大法輪閣刊

西国観音霊場・新紀行	松本 章男 著	二三〇五円
巡礼・遍路〜こころと歴史	清水谷孝尚ほか15氏執筆	一九九五円
空海密教と四国遍路──マンダラの風光	宮坂宥勝ほか11氏執筆	二一〇〇円
弘法大師のすべて	《大法輪選書》	一五七五円
不動さま入門	《大法輪選書》	一四七〇円
地蔵さま入門	《大法輪選書》	一四七〇円
「七観音」経典集	伊藤 丈 著	三一五〇円
石仏巡り入門──見方・愉しみ方	日本石仏協会編	一九九五円
真言・梵字の基礎知識	加藤精一ほか9氏執筆	一六八〇円
図解・仏像の見分け方	宮地昭ほか10氏執筆	一八九〇円
月刊『大法輪』昭和九年創刊。宗派に片寄らない、やさしい仏教総合雑誌。毎月十日発売。		八四〇円〈送料一〇〇円〉

定価は5％の税込み、平成17年2月現在。単行本送料各210円。